高等学校工程管理专业系列教材

建 设 法 规

（第三版）

马凤玲　刘晓宏　王德东　编著

中国建筑工业出版社

图书在版编目（CIP）数据

建设法规 / 马凤玲，刘晓宏，王德东编著. — 3 版
. — 北京：中国建筑工业出版社，2023.4（2025.7重印）
高等学校工程管理专业系列教材
ISBN 978-7-112-28498-6

Ⅰ. ①建… Ⅱ. ①马… ②刘… ③王… Ⅲ. ①建筑法
－中国－高等学校－教材 Ⅳ. ①D922.297

中国国家版本馆 CIP 数据核字(2023)第 052208 号

本书根据《中华人民共和国建筑法》《中华人民共和国城乡规划法》《中华人民共和国招标投标法》《中华人民共和国民法典》《中华人民共和国土地管理法》等相关法律法规，结合建筑业相关职业资格考试内容，以工程建设程序为线索，梳理和解读了工程建设程序法律制度、工程建设用地法律制度、城乡规划法律制度、建设许可法律制度、建设工程发包与承包法律制度、建设工程招标投标与政府采购法律制度、建设工程合同法律制度、建设工程勘察设计法律制度、建设工程监理法律制度、建设工程安全生产法律制度、建筑工程质量管理法律制度、建设工程环境保护法律制度、工程建设标准法律制度等。本书在进行编写时，参考了建造师职业资格考试的标准，综合了建设行业岗位的任职要求。因此本教材适用于土木工程、工程管理、工程造价、建筑工程技术、工程监理、房地产经营与估价、园林工程技术、工程测量技术、给水排水工程技术等专业建设法规的教学工作，也可以作为建造师、造价工程师、监理工程师等职业资格考试的参考书目。

本书作者制作了多媒体教学课件，选用此教材的教师可通过以下方式获取。1. 邮箱：47364196@qq.com；2. 电话：010-58337170；3. 建工书院：http://edu.cabplink.com.

责任编辑：毕凤鸣　郭　栋　张　晶
责任校对：孙　莹

高等学校工程管理专业系列教材

建设法规（第三版）

马凤玲　刘晓宏　王德东　编著

*

中国建筑工业出版社出版、发行（北京海淀三里河路 9 号）

各地新华书店、建筑书店经销

北京红光制版公司制版

建工社（河北）印刷有限公司印刷

*

开本：787 毫米×1092 毫米　1/16　印张：24¾　字数：618 千字
2023 年 8 月第三版　　2025 年 7 月第二次印刷
定价：**55.00 元**（赠教师课件）
ISBN 978-7-112-28498-6
（40976）

前　言

法治社会是构筑法治国家的基础。党的二十大报告指出，"社会主义法治国家建设深入推进，全面依法治国总体格局基本形成，中国特色社会主义法治体系加快建设，司法体制改革取得重大进展，社会公平正义保障更为坚实，法治中国建设开创新局面。"建筑业作为我国国民经济的支柱产业，为推动国民经济增长和社会全面发展发挥了重要作用。在建筑业逐步规范化以及与国际接轨的过程中，工程建设领域的法治化更具重要意义。鉴于此，编著者在从事多年建设法规教学基础上，结合教学实践和研究的需要编写本教材。

本书根据《中华人民共和国建筑法》《中华人民共和国城乡规划法》《中华人民共和国招标投标法》《中华人民共和国民法典》《中华人民共和国土地管理法》等相关法律法规，以下采用简称《建筑法》《城乡规划法》《招标投标法》《民法典》《土地管理法》等，结合建筑业相关职业资格考试内容，以工程建设程序为线索，梳理和解读了工程建设程序法律制度、工程建设用地法律制度、城乡规划法律制度、建设许可法律制度、建设工程发包与承包法律制度、建设工程招标投标与政府采购法律制度、建设工程合同法律制度、建设工程勘察设计法律制度、建设工程监理法律制度、建设工程安全生产法律制度、建筑工程质量管理法律制度、建设工程环境保护法律制度、工程建设标准法律制度等。本书在进行编写时，参考了建造师职业资格考试的标准，综合了建设行业岗位的任职要求。因此本教材适用于土木工程、工程管理、工程造价、建筑工程技术、工程监理、房地产经营与估价、园林工程技术、工程测量技术、给水排水工程技术等专业建设法规的教学工作，也可以作为建造师、造价工程师、监理工程师等职业资格考试的参考书目。

本书具有以下显著的特点：（1）基础性。任何学科应该有自己的理论基础，建设法规不从属于我国现行任何一个法律部门，换言之，建设法规实质就是与工程建设业相关的法律法规的集合。为系统阐述建设法规的相关内容，本书特设专章，从法律相关层面对建设法规进行理论解读。（2）时效性。随着建设领域的立法进程的加快，近几年来国家修订、颁布了《民法典》《建筑法》《招标投标法》等相关法律法规。本书在编写中尽力关注建设法规的前沿动态，吸收最新的法律内容，以法律为主线，辅之以行政法规和部门规章，对建设法规进行系统阐释，内容符合相关专业教学大纲要求。党的二十大报告提出，必须坚持创新是第一动力，深入实施创新驱动发展战略。本教材将创新思想融入各个环节，教材内容与时俱进、面向未来。（3）实用性。本书的内容和体系结合建造师考试，与考试内容衔接。从学生毕业的岗位对接上看，本书力求结合学生将来可能从事的工作的性质和需要，结合行业培训、行业特点组织和编制教材内容。在《建设法规》编写和修订过程中，牢牢把握社会主义办学方向，始终把坚持立德树人作为中心环节，坚持把思想政治工作贯穿教育教学全过程，围绕"培养什么人、怎样培养人、为谁培养人"根本问题，全面推进教材修订，着力画好"课程思政"的同心圆。在教材修订过程中，通过创新教材编写形式，把教与学紧密地结合，把"立德树人"融入教学之中，依托相关的知识背景，充分考虑学生的认知结构，在系统地传授专业知识过程中，从根本上影响学生的国家认同观与情感态度。

由于编著者水平有限，加之时间仓促，本书难免有不当之处，敬请广大读者和同行批评指正。

编者

2023 年 2 月

目　录

第1章 建设法规概述

党的二十大报告指出，"我们要坚持走中国特色社会主义法治道路，建设中国特色社会主义法治体系、建设社会主义法治国家，围绕保障和促进社会公平正义，坚持依法治国、依法执政、依法行政共同推进，坚持法治国家、法治政府、法治社会一体建设，全面推进科学立法、严格执法、公正司法、全民守法，全面推进国家各方面工作法治化。"在工程建设领域，应当积极推进科学立法、民主立法、依法立法，以良法促进发展、保障善治，将工程建设的全过程和各环节均纳入法治化轨道。

1.1 建设法规的概念与调整对象

1.1.1 建设法规的概念

工程虽广泛地存在于人们生活之中，我国现行法律法规都未正面对工程进行内涵式界定，作为我国工程建设的基本法《建筑法》也并没有对工程一词进行界定，而是分别使用了"建筑活动""工程项目""建设工程""工程建设"等术语。《建筑法》规定的"建筑工程"主要是针对房屋建筑工程，而"建设工程"是一个较为宽泛的概念，在法律上涵盖了"房屋建筑工程"在内的各专业工程。《建设工程质量管理条例》和《建设工程安全生产管理条例》对工程的概念有所扩大。《建设工程质量管理条例》第一章第二条：本条例所称建设工程，是指土木工程、建筑工程、线路管道和设备安装工程及装修工程。《建设工程安全生产管理条例》第一章第二条：本条例所称建设工程，是指土木工程、建筑工程、线路管道和设备安装工程及装修工程。《政府采购法》第一章第二条规定：本法所称工程，是指建设工程，包括建筑物和构筑物的新建、改建、扩建、装修、拆除、修缮等。根据《建筑法》，工程施工许可、企业资质和工程发包、承包、禁止转包，以及工程勘察、设计、监理、安全和质量管理等基本法律制度均适用于包括我国房屋建筑工程在内的各专业工程。❶ 本书一般采用"建设工程"这一用语。

《建筑法》第二条规定：本法所称建筑活动，是指各类房屋建筑及其附属设施的建造和与其配套的线路、管道、设备的安装活动。通常，我们认为建筑活动包括土木建筑工程、线路管道安装工程、装饰装修工程的新建、扩建和改建。而建设活动的范围要更广，除了包括上述建筑活动之外，还包括与其相关的勘察、设计、监理活动等。虽然从理论上看，建设活动的外延要涵盖建筑活动；但是，从我们的语言使用习惯来看，基本将"建筑"与"建设"等同使用。因此，本书使用的"建筑"一词与"建设"将不做严格区分，除非涉及我国《建筑法》调整的事项。

建设法规，是指国家立法机关或其授权的行政机关制定的，旨在调整建设活动中或建

---

❶ 李恒，马凤玲. 建设工程法：法律制度与实务技能 [M]. 3版. 北京：法律出版社，2020：5-8.

设行政管理活动中发生的各种社会关系的法律规范的统称。建设法规主要调整国家机关、企业、事业单位、经济组织、社会团体和自然人在工程建设领域内中发生的各类社会关系；直接体现了国家组织、管理、协调城市建设、乡村建设、工程建设、建筑业、房地产业、市政公用事业等各项建设活动的方针、政策和基本原则。

1.1.2　建设法规的调整对象

建设法规的调整对象，即建设关系，也就是在建设活动中发生的各种社会关系。按照法律关系的性质，建设关系分为建设活动中的行政管理关系和民事关系。

1. 建设活动中的行政管理关系

建设活动是我国经济活动中的重要部分，其牵涉的资金规模庞大，与国民经济、民生皆有举足轻重的利害关系；因此，国家对建设活动实行严格的行政管理。国家对建设工程的立项、计划、资金筹集、设计、施工、验收等环节均进行严格的行政许可与监督管理，在此过程中形成了建设活动中的行政管理关系。

建设活动中的行政管理关系，是国家行政机关在建设活动中同建设单位、设计单位、施工单位及有关单位（如中介服务机构）之间发生的管理与被管理的法律关系。在建设活动中，从事建设行政管理的国家行政机关通常包括各级建设行政主管部门、各级城乡规划主管部门、各级自然资源主管部门等。此类行政管理关系表现为两种模式：规划、指导、协调与服务模式；检查、监督、控制与调节模式。建设法规不仅应当明确在上述两种模式的行政管理关系中建设行政管理部门相互间及内部各方面的权利、义务及责任关系，而且还要科学地建立建设行政主管部门同各类建设活动主体及中介服务机构之间规范的管理制度。

2. 建设活动中的民事关系

建设活动还包括建筑关系主体之间发生的民事活动，比如，建设单位、设计单位、勘察单位、施工单位之间因合作形成的法律关系，即民事关系。建设活动中的民事关系是指因从事建设活动而产生的自然人、法人和非法人组织之间的民事权利、义务关系。具体包括：在建设活动中发生的有关自然人的人身损害赔偿关系；建设单位、勘察设计单位、施工单位等之间的建设工程合同关系；房地产交易中买卖合同、租赁合同等法律关系；土地征收与补偿安置中产生的法律关系等等。建筑活动中的民事关系应按照《民法典》等调整民事关系的法律法规予以规范。

1.1.3　建设法律关系

建设法律关系，是指由建设法规调整的，在建设活动的过程中所产生的权利义务关系，包括行政管理关系和民事关系两类。由于建设活动本身的复杂性、科学性及涉及主体的多样性，决定了建设法律关系具有综合性、复杂性和协同性的特点。

1. 建设法律关系的构成要素

任何法律关系都是由法律关系主体、客体和内容三个要素构成的，建设法律关系亦不例外；但在上述构成要素中，建设法律关系有其特殊性。

（1）建设法律关系主体

建设法律关系主体是指参加建设活动，受建设法规调整，在法律上享有权利、承担义务的人。此处的"人"包括自然人、法人和非法人组织。

① 自然人。自然人即生物学意义上的人，是基于出生而取得民事主体资格的人。通

常，自然人在建设活动中可以成为建设法律关系的主体。例如，施工企业工作人员（专业技术人员、建筑工人等）同企业订立劳动合同时，即成为建设法律关系主体。

② 法人。法人是具有民事权利能力和民事行为能力，依法独立享有民事权利和承担民事义务的组织，包括营利法人、非营利法人和特别法人。以取得利润并分配给股东等出资人为目的成立的法人，为营利法人。营利法人包括有限责任公司、股份有限公司和其他企业法人等。为公益目的或者其他非营利目的成立，不向出资人、设立人或者会员分配所取得利润的法人，为非营利法人。非营利法人包括事业单位、社会团体、基金会、社会服务机构等。机关法人、农村集体经济组织法人、城镇农村的合作经济组织法人、基层群众性自治组织法人，为特别法人。建设活动经常涉及的营利法人包括勘察设计单位、施工单位、监理单位等等。非营利法人和特别法人可以作为建设单位成为建设法律关系的主体。

③ 非法人组织。非法人组织是不具有法人资格，但是能够依法以自己的名义从事民事活动的组织。非法人组织包括个人独资企业、合伙企业、不具有法人资格的专业服务机构等。这些组织在我国社会的政治、经济、文化、教育、卫生等方面具有重要作用，也可以成为建设法律关系的主体。

（2）建设法律关系客体

建设法律关系客体，是指参加建设法律关系的主体享有的权利及承担的义务共同指向的目标性事物。在通常情况下，建设法律关系的主体都是为了某一客体，彼此才设立一定的权利、义务，从而产生工程建设法律关系，这里的权利、义务所指向的目标性事物，便是工程建设法律关系的客体。法学理论上，客体一般指物质财富、智力成果、人身利益和行为结果等。建设法律关系中常见的客体为物质财富、行为结果和智力成果。

① 物质财富。法律意义上的物是指法律关系主体支配的、在生产上和生活上所需要的客观实体。它可以是天然物，也可以是生产物；可以是活动物，也可以是不活动物。在建设法律关系中表现为物的客体主要是建筑材料（如钢材、木材、水泥）、建筑机械等，及其构成的建筑。

② 行为结果。作为法律关系客体的行为结果是特定的，即义务人完成其行为所产生的能够满足权利人利益要求的结果。这种结果一般分为两种：一种是物化结果，即义务人的行为（劳动）凝结于一定的物体，产生一定的物化产品或营建物（房屋、道路、桥梁等）；另一种是非物化结果，即义务人的行为没有转化为物化实体，而仅表现为一定的行为过程，直至终了，最后产生权利人所期望的结果（或效果）。在建设法律关系中，行为结果多表现为完成一定的工作，如勘察设计、施工安装等活动。

③ 智力成果。知识产权是权利人对其创造的智力成果依法享有的权利。按照《民法典》的规定，知识产权是权利人依法就下列客体享有的专有的权利：a. 作品；b. 发明、实用新型、外观设计；c. 商标；d. 地理标志；e. 商业秘密；f. 集成电路布图设计；g. 植物新品种；h. 法律规定的其他客体。施工单位编制的投标文件等文字作品、项目经理完成的工作报告等，都会享有著作权。

（3）建设法律关系的内容

建设法律关系的内容主要是指建设法律关系主体享有的权利和承担的义务。建设权利主体可要求其他主体为或不为一定行为，以实现自己的建设权利。因其他主体的行为而使建设权利不能实现时，建设权利主体有权要求国家机关予以保护。建设义务，是指建设法律关系主体必须按法律规定或约定为或不为一定行为。建设义务和建设权利是相对应。义务主体应自觉履行建设义务，义务主体如果不履行或不适当履行，需承担由此产生的法律责任。

2. 建设法律关系的产生、变更和消灭

建设法律关系并不是由建设法规本身产生的，只有在一定的情况下才能产生，而这种法律关系的变更和消灭也由一定情况决定的。这种引起建设法律关系产生、变更和消灭的情况，即是人们通常所称的法律事实，包括事件和行为。

（1）建设法律关系的产生

建设法律关系的产生，是指建设法律关系的主体之间形成了一定的权利和义务关系；基于某个法律事实而产生。比如，某建设单位与某施工单位签订了工程建设承包合同，主体双方产生了相应的权利和义务。此时，受建设法规调整的建设法律关系即告产生。

（2）建设法律关系的变更

建设法律关系的变更包括主体变更、客体变更、内容变更。主体变更是指建设法律关系主体数目增多或减少，也可以是主体改变。在建设合同中，客体不变，相应权利义务也不变，此时主体改变也称为合同转让。客体变更是指建设法律关系中权利和义务所指向的客体发生变化。客体变更可以是其范围变更，也可以是其性质变更。建设法律关系中主体与客体的变更，必然导致相应的权利和义务的变更，即内容的变更。

（3）建设法律关系的消灭

建设法律关系的消灭是指建设法律关系主体之间的权利义务不复存在，彼此丧失了约束力，包括自然消灭、协议消灭和违约消灭。建设法律关系自然消灭，是指建设法律关系所规范的权利和义务顺利得到履行，取得了各自的利益，从而使该法律关系达到完结。建设法律关系的协议消灭，是指建设法律关系主体之间协商解除建设法律关系规范的权利和义务，致使该法律关系归于消灭。建设法律关系违约消灭，是指建设法律关系主体一方违约，或发生不可抗力，致使建设法律关系规范的权利不能实现而告终结。

1.1.4　建设法规的特征

建设法规作为调整建设活动所发生的行政管理关系和民事关系的法律规范，除具备一般法律的基本特征外，还具有特殊性。

1. 兼具公法性和私法性

建设活动中的行政管理关系，建设法规采用以行政指令为主的调整方法，此类调整方法包括授权、命令、禁止、许可、免除、确认、计划和撤销。因此建设法规具有强烈的行政隶属性，具有鲜明的公法性。建设法规调整在建设活动中形成的民事关系，即平等主体之间形成的权利义务关系，其私法性亦不容忽视。

2. 经济性

在我国，建筑业已成为国民经济的支柱产业之一。建设活动与经济生产、分配、交换、消费活动紧密相连，直接为社会创造财富，为国家增加积累。如工程建设勘察设计、房地产开发、工程施工等都直接为社会创造财富。建设业的可持续发展不仅涉及老百姓的生活质量，而且也关系国计民生，因此，调整建设业活动的建设法规具备明显的经济性。

3. 政策性

建设法规的政策性表现为两方面：一方面，建筑法规以法律规范的方式落实我国关于工程建设的各项政策，即政策的规范化；另一方面，随着经济形势的发展，我国工程建设政策会产生变化。国家人力、财力、物力紧张时，基建投资政策需要适当紧缩；国力储备充足时，基建投资政策可以适当放宽；上述政策导向均会对建设法规的实施和修订产生影响。因此，建设法规具有一定的政策性。

4. 技术性

建设产品的质量关系人民群众的生命财产安全。建设活动兼具科学性和艺术性，而科学性是建设产品质量的基本保障。为保证建设产品的质量，大量的工程建设法规以技术规范形式出现，直接、具体、严密、系统，操作性强，便于广大工程技术人员及管理机构遵守和执行。比如，各种设计规范、施工规范、验收规范等。此外，有些非技术规范的建设法规中也包含技术性的规定，比如，《城乡规划法》含有规划技术、规划编制内容等技术性规范。

1.1.5 建设法规的作用

1. 规范指导建设活动

各种建设活动应当遵循既定的建设法规进行。只有在法律规定的范围内进行的建设行为才能得到国家的承认与保护，也才能实现行为人的预期目的。

2. 保护合法建设行为

建设法规的作用不仅在于对建设主体的行为加以规范和指导，还在于对符合法律法规的建设行为给予确认和保护。这种确认和保护性规定一般是通过建设法规的原则规定反映的。例如，《民用建筑节能条例》规定，对在民用建筑节能工作中做出显著成绩的单位和个人，按照国家有关规定给予表彰和奖励。

3. 处罚违法建设行为

建设法规要实现对建筑行为的规范和指导作用，就必须对违法建设行为给予应有的处罚。否则，建设法规的制度由于得不到强制手段的法律保障，即变成无实际意义的规范。比如，关于违法建筑的处罚，《城乡规划法》第六十四条规定："未取得建设工程规划许可证或者未按照建设工程规划许可证的规定进行建设的，由县级以上地方人民政府城乡规划主管部门责令停止建设；尚可采取改正措施消除对规划实施的影响的，限期改正，处建设工程造价5％以上10％以下的罚款；无法采取改正措施消除影响的，限期拆除，不能拆除的，没收实物或者违法收入，可以并处建设工程造价10％以下的罚款。"

1.2 建设法规的体系

1.2.1 建设法规体系的概念

建设法规体系，是指把已经制定和需要制定的建设法律、建设行政法规和建设部门规章衔接起来，形成一个相互联系、相互协调的完整统一的框架结构。就广义的建设法规体系而言，还包括地方性建设法规、建设规章、国家制定或认可的技术法规和与建设工程有关的国际公约、国际惯例和国际标准等。我国建设工程法律体系采用的是梯形结构方式，由宪法、建设法律、建设行政法规、建设部门规章、地方性建设法规、地方性建设规章、有关建设工程的司法解释、建设工程技术法规、有关建设工程的国际条约、国际惯例和国际标准构成。

1989 年，建设部组织了建设法规体系的研究、论证工作，并于 1991 年制定出《建设法律体系规划方案》。该方案附有《建设法规体系示意图》（见图 1-1），使我国建设立法走上了系统化、科学化的健康发展之路。我国建设法规体系采用了梯形结构形式，由《城市规划法》《市政公用事业法》《村镇建设法》《风景名胜区法》《工程勘察设计法》《建筑法》《城市房地产管理法》《住宅法》8 部关于专项业务的法律构成我国建设法规体系的顶层；并由城市规划法实施条例等 38 部行政法规对这些法律加以细化和补充。根据具体问题和各地不同情况，建设行政主管部门和各省人大及人民政府还可制定颁行相应的建设规章及法规。建设法规体系是国家法律体系的重要组成部分，应覆盖建设活动的各个行业、各个领域以及工程建设的全过程，使建设活动的各个方面都有法可依；同时，它还应该注意纵向不同层次法规之间的相互衔接和横向同层次法规之间的配套和协调，防止不同法规之间出现立法重复、矛盾和抵触的现象。

1.2.2 建设法规体系的构成

根据《立法法》关于立法权限的规定，我国建设法规体系由五个层次的规范性文件组成：

1. 建设法律

法律是指由全国人民代表大会和全国人民代表大会常务委员会制定颁布的规范性法律文件，是建设法规体系的核心和基础。建设法律既包括专门的建设领域的法律，也包括与建设活动相关的其他法律。例如，前者有《建筑法》《城乡规划法》《城市房地产管理法》等，后者有《民法典》《行政许可法》《行政处罚法》等。

2. 建设行政法规

行政法规是国家最高行政机关国务院根据宪法和法律就有关执行法律和履行行政管理职权的问题，以及依据全国人民代表大会及其常务委员会特别授权所制定的规范性文件的总称。依照《立法法》的规定，国务院根据宪法和法律，制定行政法规。行政法规可以就下列事项作出规定：（1）为执行法律的规定需要制定行政法规的事项；（2）宪法规定的国务院行政管理职权的事项。应当由全国人民代表大会及其常务委员会制定法律的事项，国务院根据全国人民代表大会及其常务委员会的授权决定先制定的行政法规，经过实践检验，制定法律的条件成熟时，国务院应当及时提请全国人民代表大会及其常务委员会制定法律。现行的建设行政法规主要有《建设工程质量管理条例》《建设工程安全生产管理条例》《建设工程勘察设计管理条例》《城市房地产开发经营管理条例》《招标投标法实施条例》等。

3. 建设部门规章

国务院各部、委员会、中国人民银行、审计署和具有行政管理职能的直属机构所制定的规范性文件称为部门规章。部门规章规定的事项应当属于执行法律或者国务院的行政法规、决定、命令的事项，其名称可以是"规定""办法"和"实施细则"等。没有法律或者国务院的行政法规、决定、命令的依据，部门规章不得设定减损公民、法人和其他组织权利或者增加其义务的规范，不得增加本部门的权力或者减少本部门的法定职责。目前，大量的建设法规是以部门规章的方式发布，如住房和城乡建设部发布的《建筑业企业资质

建设法规体系示意图

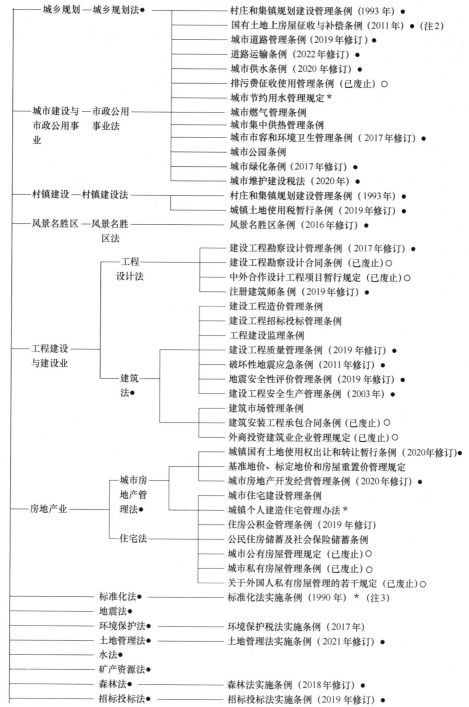

图 1-1　建设法规体系示意图

注 1，本示意图参照建设部 1991 年印发的建设法律体系规划方案制作；其中，加 * 号者，为 1991 年之前发布的法律、行政法规；加 ● 号者，为 1991 年之后发布或再行修订的法律、行政法规；加 ○ 号者，为目前已废止的法律、行政法规。

注 2，国有土地上房屋征收与补偿条例，既从属于城乡规划法，又从属于城市房地产管理法与住宅法。

注 3，工程建设标准化实施条例从属于标准化法，又与工程建设密切相关。

管理规定》《房屋建筑和市政基础设施工程竣工验收备案管理办法》，国家发展和改革委员会发布的《招标公告发布暂行办法》《必须招标的工程项目规定》等。涉及两个以上国务院部门职权范围的事项，应当提请国务院制定行政法规或者由国务院有关部门联合制定规章。目前，国务院有关部门已联合制定了一些规章，如 2013 年 3 月国家发展和改革委员会、工业和信息化部、财政部、住房和城乡建设部、交通运输部、铁道部、水利部、国家广播电影电视总局、中国民用航空局经修改后联合发布的《评标委员会和评标方法暂行规定》等。

4. 地方性建设法规

省、自治区、直辖市的人民代表大会及其常务委员会根据本行政区域的具体情况和实际需要，在不同宪法、法律、行政法规相抵触的前提下，可以制定地方性法规。设区的市的人民代表大会及其常务委员会根据本市的具体情况和实际需要，在不同宪法、法律、行政法规和本省、自治区的地方性法规相抵触的前提下，可以对城乡建设与管理、环境保护、历史文化保护等方面的事项制定地方性法规。设区的市的地方性法规须报省、自治区的人民代表大会常务委员会批准后施行。地方性法规可以就下列事项作出规定：（1）为执行法律、行政法规的规定，需要根据本行政区域的实际情况作具体规定的事项；（2）属于地方性事务需要制定地方性法规的事项。目前，各地方都制定了大量的规范建设活动的地方性法规、自治条例和单行条例，如《北京市建筑市场管理条例》《山东省建筑市场管理条例》等。

5. 地方性建设规章

省、自治区、直辖市和设区的市、自治州的人民政府，可以根据法律、行政法规和本省、自治区、直辖市的地方性法规，制定地方政府规章。地方政府规章可以就下列事项作出规定：（1）为执行法律、行政法规、地方性法规的规定需要制定规章的事项；（2）属于本行政区域的具体行政管理事项。设区的市、自治州的人民政府制定地方政府规章，限于城乡建设与管理、环境保护、历史文化保护等方面的事项。已经制定的地方政府规章，涉及上述事项范围以外的，继续有效。没有法律、行政法规、地方性法规的依据，地方政府规章不得设定减损公民、法人和其他组织权利或者增加其义务的规范。

此外，还有最高人民法院关于建设法律法规适用的司法解释。例如，最高人民法院发布的《最高人民法院关于审理建设工程施工合同纠纷案件适用法律问题的解释（一）》（法释〔2020〕25 号，以下简称《施工合同司法解释（一）》）等。在我国，司法解释虽不是法律体系的构成部分，也是解决建设工程纠纷的重要依据。

在我国法律体系中，法律的效力是仅次于宪法而高于其他法的形式。行政法规的法律地位和法律效力仅次于宪法和法律，高于地方性法规和部门规章。地方性法规的效力，高于本级和下级地方政府规章。省、自治区人民政府制定的规章的效力，高于本行政区域内的设区的市、自治州人民政府制定的规章。自治条例和单行条例依法对法律、行政法规、地方性法规作变通规定的，在本自治地方适用自治条例和单行条例的规定。经济特区法规根据授权对法律、行政法规、地方性法规作变通规定的，在本经济特区适用经济特区法规的规定。部门规章之间、部门规章与地方政府规章之间具有同等效力，在各自的权限范围内施行。建设法规体系是国家法律体系的重要组成部分，同时又自成体系，具有相对独立性。根据法制统一原则，工程建设法规体系应与宪法和相关基本法律保持一致，建设行政法规、部门规章和地方性法规、规章不得与宪法、法律抵触。在建设法规体系内部，纵向不同层次的法规之间，应当相互衔接，不能抵触；横向同层次的法规之间，应协调配套，不互相矛盾、重复或者留白。建设法规体系作为法律体系中的一个子系统，还应考虑与法律体系其他子系统之间的衔接。

1.3 建设法规的立法原则与实施

1.3.1 建设法规体系的立法原则

1. 法制统一原则

所有法律均有着内在统一联系，并构成一个国家的法律体系。建设法规体系是我国法律体系中的重要组成部分。该体系的每一部法律都必须符合宪法的精神与要求，该法律体系与其他体系法律也不应冲突，对于基本法律的规定，建设行政法规和部门规章以及地方性建设法规、规章必须遵循，与其他地位同等的法律、法规所确立的有关内容应相互协调。建设法规系统内部高层次的法律、法规对低层次的法规、规章具有制约性和指导性，地位相等的建设法规和规章在内容规定上不应相互矛盾，即建设法规的立法必须遵循法制统一原则。

2. 遵循市场经济规律原则

社会主义市场经济，是指与社会主义基本制度相结合的、市场在国家宏观调控下对资源配置起基础性作用的经济体制。第八届全国人大第一次会议通过的《宪法》修正案规定"国家实行社会主义市场经济"。这不仅是宪法的基本原则，也是建设法规的立法基本原则。建设法规立法应在遵循市场经济规律原则的前提下，确保建设法规立法本身具有完备性，可以把各项建设行为纳入法治轨道，要建立健全市场主体体系，明确建设市场主体的法律地位，确保建设市场体系具有统一性和开放性，要确立以间接手段为主的宏观调控体系。

3. 权利、义务、责任相一致的原则

该原则是对建设行为主体的权利、义务和责任在建设立法上提出的一项基本要求。具体表现为：建设法律关系主体享有的权利和履行的义务是统一的，任何一个主体享有法律规定的权利，同时必须履行法律规定的义务；不履行法律规定的义务将承担相应的法律责任。建设行政主管部门行使行政管理权既是其权利，也是其责任或义务。

1.3.2 建设法规的实施

法律实施是指法在社会生活中被实际施行，包括执法、司法、守法和法律监督。是法律从抽象的行为模式变成人们的具体行为，从应然状态到实然状态的过程。建设法规的实施是指建设法律关系的主体实现建设法律的活动，包括执法、司法和守法三个方面。

1. 建设法规的行政执法

建设法规的行政执法，是指建设行政主管部门及其委托的单位，在职责权限或受委托的范围内，使用或执行关于建设行政管理方面的法律、法规、规章等规范性文件的具体行政行为。建设领域内的行政执法包括：城乡规划管理执法、工程建设和建筑业管理执法、城市市容和环境卫生管理执法、城市市政公用事业管理执法、城市园林绿化管理执法、风景名胜区管理执法、城市房地产管理执法、村镇规划建设管理执法等。总的来说，建设领域内的行政执法主要分类如下：

（1）建设行政许可

建设行政许可，指建设行政主管部门根据公民、法人或者其他组织的申请，经依法审查，准予其从事特定活动的行为，是最常见的建设行政执法形式。建设行政许可一般有两种方式：①颁发资质、资格证书，包括勘察设计、建筑施工、房地产开发等企业资质等级证书和注册建筑师、注册建造师、注册监理工程师等个人职业资格证书。②颁发某种活动许可证，包括建设用地规划许可证、建设工程规划许可证、施工许可证等。

（2）建设行政处罚

建设行政处罚，是指建设行政主管部门对违反建设法规的行政相对人依法实施的惩戒或制裁的行为。根据《行政处罚法》，行政处罚的种类包括：①警告；②罚款；③没收违法所得、没收非法财物；④责令停产停业；⑤暂扣或者吊销许可证、暂扣或者吊销执照；⑥行政拘留；⑦法律、行政法规规定的其他行政处罚。

（3）建设行政征收

行政征收是指行政主体凭借国家行政权，根据国家和社会公共利益的需要，依法向行政相对人强制性征集一定数额金钱和实物的行政行为。征收内容主要是税和费。宪法第13条第3款规定："国家为了公共利益的需要，可以依照法律规定对公民的私有财产实行征收或者征用并给予补偿。"

（4）建设行政检查

建设行政检查，是指建设行政主管部门依法对相对人是否守法的事实，进行单方面强制性了解；包括两种方式：①实地检查，即直接到现场进行检查监督。例如，行政执法人员到现场进行施工安全、环境卫生检查等。②书面检查，即对相对人提交的书面材料，确认其是否符合有关的法规；例如，要求生产单位提供有关产品技术资料、施工单位提供工程质量验评资料等。

（5）行政强制

行政强制，包括行政强制措施和行政强制执行。行政强制措施是指行政机关在行政管理过程中，为制止违法行为、防止证据损毁、避免危害发生、控制危险扩大等情形，依法对公民的人身自由实施暂时性限制，或者对公民、法人或其他组织的财物实施暂时性控制的行政行为。行政强制执行是指行政机关或者行政机关申请人民法院，对不履行行政决定的公民、法人或者其他组织，依法强制履行义务的行政行为。行政强制易导致的行政纠纷，通常是行政强制超越职权、滥用职权、违反法定程序、事实认定错误、适用法律错误等。

（6）建设行政奖励，是指建设行政主管部门对一定的单位或个人进行物质或精神奖励，如对优质工程、优秀设计、优秀施工企业和个人的奖励等。

此外，建筑领域内的行政执法还包括建设行政强制措施、建设行政计划、建设行政决策、建设行政指导等。

2. 建设法规的司法

建设法规的司法，包括建设行政司法和我国专门司法机关的司法。党的十八届四中全会提出，健全社会矛盾纠纷预防化解机制，完善调解、仲裁、行政裁决、行政复议、诉讼等有机衔接、相互协调的多元化纠纷解决机制。当事人可以通过和解或者调解解决民事争议。当事人不愿和解、调解或者和解、调解不成的，可以根据仲裁协议向仲裁机构申请仲裁。当事人没有订立仲裁协议或者仲裁协议无效的，可以向人民法院起诉。

（1）仲裁与民事诉讼

仲裁是当事人根据在纠纷发生前或纠纷发生后达成的仲裁协议，自愿将纠纷提交第三方（仲裁机构）作出裁决，纠纷各方都有义务执行该裁决的一种解决纠纷的方式。仲裁机构通常是民间团体的性质，其受理案件的管辖权来自双方协议，没有仲裁协议就无权受理仲裁。但是，有效的仲裁协议可以排除法院的管辖权；纠纷发生后，一方当事人提起仲裁的，另一方应当通过仲裁程序解决纠纷。2017年9月经修改后公布的《仲裁法》规定，其调整范围仅限于民商事仲裁，即"平等主体的公民、法人和其他组织之间发生的合同纠纷和其他财产权纠纷"。《劳动争议调解仲裁法》规定的劳动争议仲裁、《农村土地承包经营纠纷调解仲裁法》规定的农业承包合同纠纷仲裁是由特定行政仲裁机构依法处理的行政仲裁。

民事诉讼是指人民法院在当事人和其他诉讼参与人的参加下，以审理、裁判、执行等方式解决民事纠纷的活动，以及由此产生的各种诉讼关系的总和。民事诉讼是由人民法院代表国家意志行使司法审判权，通过司法手段解决平等民事主体之间的纠纷。民事诉讼主要分为一审程序、二审程序和执行程序三大诉讼阶段，但并非每个案件都要经过这三个阶段。法院的裁判则具有强制执行的效力，一方当事人不履行生效判决或裁定，另一方当事人可以申请法院强制执行。

除和解、调解、仲裁和民事诉讼等民事纠纷解决方式外，由于建设工程活动及其纠纷的专业性、复杂性，我国在建设工程法律实践中还有其他解决纠纷的新方式，如建设工程争议评审机制。

（2）建设行政裁决、建设行政复议与建设行政诉讼

建设行政裁决是建设行政机关根据当事人申请，根据法律法规授权，居中对与行政管理活动密切相关的民事纠纷进行裁处的行为。建设行政裁决的主体是法律法规授权的行政机关，裁决的受理范围是与行政管理活动密切相关的民事纠纷，主要集中在自然资源权属争议、知识产权侵权纠纷和补偿争议、政府采购活动争议等方面，合同纠纷等一般民事争议不属于行政裁决的受理范围。行政裁决结果具有非终局性。当事人不服行政裁决的，可依法向法院提起诉讼。

建设行政复议是与建设行政行为具有法律上利害关系的人认为行政机关所作出的建设行政行为侵犯其合法权益，依法向具有法定权限的行政机关申请复议，由复议机关依法对被申请行政行为合法性和合理性进行审查并作出决定的活动和制度。建设行政复议是行政机关实施的被动行政行为，它兼具行政监督、行政救济和行政司法行为的特征和属性。

建设行政诉讼是公民、法人或其他组织依法请求法院对建设行政机关行政行为的合法性进行审查并依法裁判的法律制度。2017年6月经修改后公布的《行政诉讼法》规定，公民、法人或者其他组织认为行政机关和行政机关工作人员的行政行为侵犯其合法权益，有权依照本法向人民法院提起诉讼。对行政行为除法律、法规规定必须先申请行政复议的以外，公民、法人或者其他组织可以自主选择申请行政复议还是提起行政诉讼。公民、法人或者其他组织对行政复议决定不服的，除法律规定行政复议决定为最终裁决的以外，可

以依照《行政诉讼法》的规定向人民法院提起行政诉讼。

3. 建设法规的遵守

建设法规的遵守，是指建设法律关系的主体按照建设法规的要求，行使权利和履行义务。即建设法律关系的主体，包括国家机关、企事业单位、其他组织及自然人，在从事建设活动时应恪守其守法之义务，为建设法规所要求或允许为之行为，不为建设法规所禁止之行为。

第 2 章　工程建设程序法律制度

党的二十大报告指出，"必须坚持系统观念。万事万物是相互联系、相互依存的。只有用普遍联系的、全面系统的、发展变化的观点观察事物，才能把握事物发展规律。"工程项目建设程序是工程项目从策划、评估、决策、设计、施工到竣工验收、投入生产或交付使用的整个建设过程中，各项工作必须遵循的先后工作次序。我们应当"不断提高战略思维、历史思维、辩证思维、系统思维、创新思维、法治思维、底线思维能力，为前瞻性思考、全局性谋划、整体性推进党和国家各项事业提供科学思想方法。""坚持科学决策、民主决策、依法决策，全面落实重大决策程序制度。"

2.1　工程建设程序概述

2.1.1　工程建设的概念

工程建设，是指土木建筑工程、线路管道和设备安装工程、建筑装修装饰工程等工程项目的新建，扩建和改建，是形成固定资产的基本生产过程以及与之相关的其他建设工程的总称。与工程建设有关的一个概念就是建筑活动，建筑活动则是指从事土木建筑工程、线路管道和设备安装工程的新建、扩建、改建以及建筑装饰装修活动。

具体而言，土木建筑工程，包括矿山、铁路、公路、道路、隧道、桥梁、堤坝、电站、码头、飞机场、运动场、房屋等工程。线路管道和设备安装工程，包括电力、通信线路、石油、燃气、给水、排水、供热等管道系统和各类机械设备、装置的安装工程。其他工程建设工作，包括建设单位及其上级主管部门的投资决策活动以及征用土地、工程勘察设计、工程监理等，这些工作也是在工程建设中必不可少的内容。

2.1.2　工程建设程序的概念

在建设过程中，工作量极大，牵涉面很广，内外协作关系复杂，并且存在着活动空间有限和后续工作无法提前进行的矛盾。因此，工程建设也就必然存在着一个分阶段，按步骤，各项工作必须按序进行的客观规律和行为规则。工程建设程序，是指工程建设项目实施过程中各环节、各步骤之间应遵循的不可破坏的先后组织顺序。这一程序是在认识工程建设客观规律基础上总结后提出的，也是工程建设各个环节相互衔接的次序，这一次序有着极强的科学性和客观性，不依当事人的意志为转移。工程项目建设程序是工程项目从策划、评估、决策、设计、施工到竣工验收、投入生产或交付使用的整个建设过程中，各项工作必须遵循的先后工作次序。

以世界银行贷款项目为例，其建设周期包括项目选定、项目准备、项目评估、项目谈判、项目实施和项目总结评价六个阶段。每一阶段的工作深度，决定着项目在下一阶段的发展，彼此相互联系、相互制约。在项目选定阶段，要根据借款申请国所提出的项目清单，进行鉴别选择，一般根据项目性质选择符合世界银行贷款原则，有助于当地经济和社会发展的急需项目。被选定的项目经过 1～2 年的项目准备，提出详细可行性研究报告，由世界银行组织专家进行项目评估之后，与申请国进行贷款谈判、签订协议，然后进入项目的勘察设计、采购、施工、生产准备和试运转等实施阶段，在项目贷款发放完成后一年左右进行项目的总结评价。正是由于其科学、严密的项目周期，保证了世界银行在各国的投资保持有较高的成功率。

2.1.3　我国工程建设程序的立法现状

在《建筑法》《城乡规划法》《招标投标法》等法律中，虽然没有对工程建设程序进行专门的阐述，但是其中一些条款对此问题已经有所涉及。例如，《建筑法》第七条规定，建筑工程开工前，建设单位应当按照国家有关规定向工程所在地县级以上人民政府建设行政主管部门申请领取施工许可证；但是，国务院建设行政主管部门确定的限额以下的小型工程除外。《建设工程质量管理条例》第五条规定，从事建设工程活动，必须严格执行基本建设程序，坚持先勘察、后设计、再施工的原则。县级以上人民政府及其有关部门不得超越权限审批建设项目或者擅自简化基本建设程序。《建设工程勘察设计管理条例》第 4 条规定，从事建设工程勘察、设计活动，应当坚持先勘察、后设计、再施工的原则。还有一些行政法规也有关于工程建设程序的一些规定，如《机关团体建设楼堂馆所管理条例》《招标投标法实施条例》等。

当前，我国工程建设程序方面的法律渊源多是部门规章和规范性文件，主要有：1978 年国家计划委员会、建设委员会、财政部联合颁发的《关于基本建设程序的若干规定》，这一规定比较全面地规定了工程建设的程序环节和步骤，为工程建设程序法治化建设奠定了重要基础，是一个里程碑式的部门规章。随着经济体制的改革和决策科学化、管理规范化要求的提出，由国务院各主管部门先后发布的《关于简化基本建设项目审批手续的通知》（1982 年）、《关于颁发建设项目进行可行性研究的试行管理办法的通知》（1983 年）、《关于编制建设前期工作计划的通知》（1984 年）、《关于建设项目经济评价工作的暂行规定》（1987 年）、《关于大型和限额以上固定资产投资项目建议书审批问题的通知》（1988 年）、《工程建设项目实施阶段程序管理暂行规定》（1994 年）、《工程建设项目报建管理办法》（1994 年）等规范性文件。

根据《国务院办公厅关于开展工程建设项目审批制度改革试点的通知》（国办发〔2018〕33 号），国务院决定开展工程建设项目审批制度改革试点。《国务院办公厅关于全面开展工程建设项目审批制度改革的实施意见》（国办发〔2019〕11 号）要求，全面开展工程建设项目审批制度改革，统一审批流程，统一信息数据平台，统一审批管理体系，统一监管方式，实现工程建设项目审批"四统一"。对工程建设项目审批制度实施全流程、全覆盖改革。改革覆盖工程建设项目审批全过程（包括从立项到竣工验收和公共设施接入服务），将工程建设项目审批流程主要划分为立项用地规划许可、工程建设许可、施工许可、竣工验收四个阶段。其中，立项用地规划许可阶段主要包括项目审批核准、选址意见书核发、用地预审、用地规划许可证核发等。工程建设许可阶段主要包括设计方案审查、建设工程规划许可证核发等。施工许可阶段主要包括设计审核确认、施工许可证核发等。竣工验收阶段主要包括规划、土地、消防、人防、档案等验收及竣工验收备案等。其他行政许可、强制性评估、中介服务、市政公用服务以及备案等事项纳入相关阶段办理或与相关阶段并行推进。

2.1.4 工程建设程序阶段的划分

依据我国现行工程建设程序法规的规定，我国工程建设程序如图 2-1 所示：

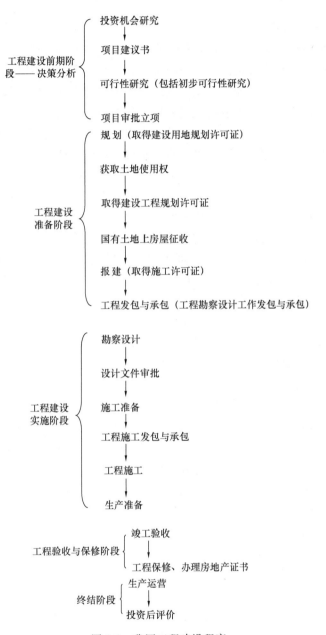

图 2-1 我国工程建设程序

从图中可知，我国工程建设程序共分五个阶段，每个阶段又包含若干环节。各阶段、各环节的工作应按规定顺序进行。当然，工程项目的性质不同，规模不一，同一阶段内各环节的工作有一些交叉，有些环节还可省略，在具体执行时，可根据本行业、本项目的特点，在遵守工程建设程序的大前提下，灵活开展各项工作。

2.2　工程建设前期阶段

2.2.1　工程建设前期阶段概述

工程建设前期阶段，即项目决策阶段，是指投资者在调查分析、研究的基础上，按照自己的意图和目的，从技术和经济角度对投资规模、投资方向、投资结构、投资分配以及投资项目的选择、布局等方面作出分析，判断投资项目是否必要或可行的一种选择。在此阶段，决策单位或决策者按照客观的建设程序，根据投资方向、投资布局的战略构想，充分考虑国家有关的方针政策，在广泛占有信息资料的基础上，对拟建项目进行技术经济分析和多种角度的综合分析评价，决定项目是否建设，在什么地方建设，选择并确定项目建设的较优方案。

无论是企业投资项目还是政府投资项目都必须从市场需要出发，讲求投资效益，这是进行项目决策的前提条件，也是项目决策的最根本原则。在进行具体决策时，必须用科学的精神、科学的方法和程序，采用先进的技术手段，运用多种专业知识，通过定性分析与定量分析相结合，在决策依据充分和数据可靠的基础上，最终得出科学合理的结论和意见。在决策的过程中可以通过独立咨询机构、专家和公众的参与，以保证决策的民主化。这一阶段主要是对工程项目投资的合理性进行考察和对工程项目进行选择。对投资者来讲，是进行战略决策，它将从根本上决定其投资效益。这个阶段包含投资机会研究、项目建议书、可行性研究、项目审批立项等几个环节。

2.2.2　投资机会研究

投资机会研究，即投资机会鉴别，是指为寻找有价值的投资机会而进行的准备性调查研究，其目的在于发现投资机会和项目，并为项目的投资方向和项目设想提出建议。投资机会研究是投资主体对投资机会所进行的初步考察和分析，在认为机会合适，有良好的预期效益时，则可进行进一步的行动。投资机会研究应当分析政治经济环境，寻找投资机会，鉴别投资方向，筛选投资项目，并确定可行性研究范围和辅助研究的关键方面。投资机会研究内容包括项目背景和依据、市场与政策分析、企业战略和内外部条件、投资总体结构以及其他具体建议等。

2.2.3　项目建议书

项目建议书，是投资决策分析结果文字化后所形成的书面文件，以方便投资决策者分析、抉择。项目建议书是建设项目前期工作的第一步，它是对拟建项目的轮廓性设想，主要是从客观考察项目建设的必要性，看其是否符合国家长远规划的方针和要求，同时初步分析建设项目条件是否具备，是否值得进一步投入人力、物力作进一步深入研究。从总体上看，项目建议书是属于定性性质的。编制项目建议书既要全面论述，更要突出重点，一般侧重于项目建设的必要性，建设条件的可能性，获利的可能性这三方面，结论要明确客观。

2.2.4　可行性研究

可行性研究，是确定建设项目前具有决定性意义的工作，是在投资决策之前，对拟建项目进行全面技术经济分析论证的科学方法。在投资管理中，可行性研究是指对拟建项目有关的自然、社会、经济、技术等进行调研、分析比较以及预测建成后的社会经济效益。

在此基础上，综合论证项目建设的必要性、财务的盈利性、经济上的合理性，技术上的先进性和适应性以及建设条件的可能性和可行性，从而为投资决策提供科学依据。可行性研究是项目前期咨询论证的核心内容，它从项目建设到生产经营的全过程来考察分析项目的可行性，为项目投资的科学决策、工程方案设计、实施、监测及工程监理提供依据，也为银行和工程咨询机构进行项目评估提供依据。

可行性研究报告是建设单位投资决策、筹措资金和申请贷款的依据，是编制设计文件的依据，也是建设单位签订设计、施工、设备采购等有关合同或协议的依据。可行性研究是投资前期工作的重要内容，它一方面充分研究建设条件，提出建设的可能性；另一方面进行经济分析评估，提出建设的合理性。它既是项目工作的起点，也是以后一系列工作的基础。可行性研究不仅对拟建的项目进行系统分析和全面论证，判断项目是否可行，值得投资，还要进行反复比较，寻求最佳建设方案，避免项目方案的多变造成的人力、物力、财力的巨大浪费和时间的延误。这就需要严格可行性研究报告的审批制度，确保可行性研究报告的质量和足够的深度。

2.2.5 项目审批立项

项目审批，是国家有关部门对可行性研究报告进行审查，如果审查通过即予以立项。

2004 年出台的《国务院关于投资体制改革的决定》中第 2 条有着明确规定，列入《政府核准的投资项目目录》的企业投资项目需经有关政府部门核准后方能立项实施；对于《目录》以外的企业投资项目，企业自主决定实施，仅需向有关部门备案即可。由此可见，对于企业不使用政府投资建设的项目，一律不再实行审批制，区别不同情况实行核准制和备案制。其中，政府仅对重大项目和限制类项目从维护社会公共利益角度进行核准，其他项目无论规模大小，均改为备案制，项目的市场前景、经济效益、资金来源和产品技术方案等均由企业自主决策、自担风险，并依法办理环境保护、土地使用、资源利用、安全生产、城市规划等许可手续和减免税确认手续。对于企业使用政府补助、转贷、贴息投资建设的项目，政府只审批资金申请报告。

《政府投资条例》第十三条规定，对下列政府投资项目，可以按照国家有关规定简化需要报批的文件和审批程序：（1）相关规划中已经明确的项目；（2）部分扩建、改建项目；（3）建设内容单一、投资规模较小、技术方案简单的项目；（4）为应对自然灾害、事故灾难、公共卫生事件、社会安全事件等突发事件需要紧急建设的项目。上述规定是对简化程序的政府投资项目的明确界定，但应当注意的是简化程序的政府投资项目本质上依然属于政府投资项目，依然需要履行审批程序，特别规定仅仅是对相关程序的简化和审批时点的前移。

2.3 工程建设准备阶段

工程建设准备阶段是为勘察、设计、施工创造条件所做的建设现场、建设队伍、建设设备等方面的准备工作。这一阶段包括满足规划要求、获取土地使用权、拆迁、报建、工程承发包等主要环节。

2.3.1 满足规划要求

经依法批准的国土空间规划是各类开发、保护、建设活动的基本依据。已经编制国土空间规划的，不再编制土地利用总体规划和城乡规划。城市、镇规划区内的建设活动应当符合规划要求，其工程选址和布局，必须取得城乡规划主管部门的同意和批准。在城市、镇规划区内进行建筑物、构筑物、道路、管线和其他工程建设的或者在乡、村庄规划区内进行乡镇企业、乡村公共设施和公益事业建设的，建设单位或者个人依法领取城乡规划主管部门核发的"选址意见书""建设用地规划许可证""建设工程规划许可证""乡村建设规划许可证"，方能进行获取土地使用权、设计、施工等相关建设活动。

2.3.2 获取土地使用权

《土地管理法》规定，城市市区的土地属于国家所有。农村和城市郊区的土地，除由法律规定属于国家所有的以外，属于农民集体所有；宅基地和自留地、自留山，属于农民集体所有。《土地管理法》规定，建设单位使用国有土地的，应当按照土地使用权出让等有偿使用合同的约定或者土地使用权划拨批准文件的规定使用土地；确需改变该幅土地建设用途的，应当经有关人民政府自然资源主管部门同意，报原批准用地的人民政府批准。其中，在城市规划区内改变土地用途的，在报批前，应当先经有关城市规划行政主管部门同意。乡（镇）村公共设施、公益事业建设，需要使用土地的，经乡（镇）人民政府审核，向县级以上地方人民政府自然资源主管部门提出申请，按照省、自治区、直辖市规定的批准权限，由县级以上地方人民政府批准；其中，涉及占用农用地的，依法办理审批手续。

建设单位使用国有土地，应当以出让等有偿使用方式取得；但是，下列建设用地，经县级以上人民政府依法批准，可以划拨方式取得：（1）国家机关用地和军事用地；（2）城市基础设施用地和公益事业用地；（3）国家重点扶持的能源、交通、水利等基础设施用地；（4）法律、行政法规规定的其他用地。以出让等有偿使用方式取得国有土地使用权的建设单位，按照国务院规定的标准和办法，缴纳土地使用权出让金等土地有偿使用费和其他费用后，方可使用土地。

2.3.3 报建

原建设部《工程建设项目报建管理办法》（2016 年 2 月 18 日失效）规定，工程建设项目由建设单位或其代理机构在工程项目可行性研究报告或其他立项文件批准后，须向当地建设行政主管部门或其授权机构进行报建，交验工程项目立项的批准文件。《国务院关于印发清理规范投资项目报建审批事项实施方案的通知》（国发〔2016〕29 号）加大报建审批事项整合力度，优化办理流程，提高办事效率，打通投资项目开工前"最后一公里"。《清理规范投资项目报建审批事项实施方案》要求，住房城乡建设部门保留报建审批事项5 项：建设用地（含临时用地）规划许可证核发、乡村建设规划许可证核发、建筑工程施工许可证核发、超限高层建筑工程抗震设防审批、风景名胜区内建设活动审批。住房城乡建设部门 11 项整合为 4 项：（1）将"建设工程（含临时建设）规划许可证核发""历史文化街区、名镇、名村核心保护范围内拆除历史建筑以外的建筑物、构筑物或者其他设施审批""历史建筑实施原址保护审批""历史建筑外部修缮装饰、添加设施以及改变历史建筑的结构或者使用性质审批"4 项，合并为"建设工程规划类许可证核发"1 项；（2）将"临时占用城市绿地审批""砍伐城市树木、迁移古树名木审批"2 项，合并为"工程建设涉及城市绿地、树木审批"1 项；（3）将"占用、挖掘城市道路审批""依附于城市道路建设各种管线、杆线等设施审批""城市桥梁上架设各类市政管线审批"3 项，合并为

"市政设施建设类审批"1项；（4）将"因工程建设确需改装、拆除或者迁移城市公共供水设施审批""拆除、移动城镇排水与污水处理设施方案审核"2项，合并为"因工程建设需要拆除、改动、迁移供水、排水与污水处理设施审核"1项。

2.3.4 工程发包与承包或工程勘察设计工作发包与承包

建设单位或其代理机构在上述准备工作完成后，须对拟建工程进行发包，以择优选定工程勘察设计单位、施工单位或总承包单位。工程发包与承包有招标发包和直接发包两种方式，为鼓励公平竞争，建立公正的竞争秩序，国家提倡招标投标方式，并对许多工程强制进行招标投标，详细内容见后续相关章节。

2.4　工程建设实施阶段

2.4.1　工程勘察设计

设计是工程项目建设的重要环节，设计文件是制定建设计划、组织工程施工和控制建设投资的依据。它对实现投资者的意愿起关键作用。设计与勘察是密不可分的，设计必须在进行工程勘察，取得足够的地质、水文等基础资料之后才能进行。另外，勘察工作也服务于工程建设的全过程，在工程选址、可行性研究、工程施工等各阶段，也必须进行必要的勘察。建设工程勘察，是指根据建设工程的要求，查明、分析、评价建设场地的地质地理环境特征和岩土工程条件，编制建设工程勘察文件的活动。建设工程设计，是指根据建设工程的要求，对建设工程所需的技术、经济、资源、环境等条件进行综合分析、论证，编制建设工程设计文件的活动。

《建设工程勘察设计管理条例》规定，建设工程勘察、设计应当与社会、经济发展水平相适应，做到经济效益、社会效益和环境效益相统一。从事建设工程勘察、设计活动，应当坚持先勘察、后设计、再施工的原则。国家对从事建设工程勘察、设计活动的单位，实行资质管理制度。建设工程勘察、设计单位应当在其资质等级许可的范围内承揽建设工程勘察、设计业务。禁止建设工程勘察、设计单位超越其资质等级许可的范围或者以其他建设工程勘察、设计单位的名义承揽建设工程勘察、设计业务。禁止建设工程勘察、设计单位允许 其他单位或者个人以本单位的名义承揽建设工程勘察、设计业务。国家对从事建设工程勘察、设计活动的专业技术人员，实行执业资格注册管理制度。未经注册的建设工程勘察、设计人员，不得以注册执业人员的名义从事建设工程勘察、设计活动。

2.4.2　施工准备

施工准备工作的基本任务是为拟建工程的施工监理提供必要的技术和物质条件，统筹安排施工力量和施工现场。施工准备工作是施工企业搞好目标管理、推行技术经济承包的重要依据，也是土建施工和设备安装顺利进行的根本保证。工程项目施工准备工作按其性质及内容通常包括技术准备、物资准备、劳动组织准备、施工现场准备和施工场外准备。

各项施工准备工作不是分离的、孤立的，而是互为补充，相互配合的。为了提高施工准备工作的质量、加快施工准备工作的速度，必须加强建设单位、设计单位和施工单位之间的协调工作，建立健全施工准备工作的责任制度和检查制度，使施工准备工作有领导、有组织、有计划和分期分批地进行，贯穿施工全过程的始终。

2.4.3　工程施工

工程施工，是施工队伍具体地配置各种施工要素，将工程设计物化为建筑产品的过程，也是投入劳动量最大，所费时间较长的工作。其管理水平的高低、工作质量的好坏对建设项目的质量和所产生的效益起着十分重要的作用。

《建筑法》规定，建筑活动应当确保建筑工程质量和安全，符合国家的建筑工程安全标准。国家扶持建筑业的发展，支持建筑科学技术研究，提高房屋建筑设计水平，鼓励节约能源和保护环境，提倡采用先进技术、先进设备、先进工艺、新型建筑材料和现代管理方式。

工程施工管理具体包括施工调度、施工安全、文明施工、环境保护等方面的内容。施工调度，是施工单位的各级管理机构均应配备专职调度人员，建立和健全各级调度机构。施工安全，是指施工活动中，为保证职工身体健康与安全、机械设备使用的安全及物资的安全等制定的保障制度和所采取的措施。文明施工，是指施工单位应推行现代管理方法，科学组织施工，保证施工活动整洁、有序、合理地进行，具体内容包括：按照施工总平面布置图设置各项临时设施，施工现场设置明显标牌，主要管理人员佩戴身份标志，机械操作人员持证上岗，施工现场的用电线路、用电设施的安装使用和现场水源、道路的设置要符合规范要求等。环境保护，是指施工单位必须遵守国家有关环境保护的法律法规，采取措施控制各种粉尘、废气、噪声等对环境的污染和危害。

2.4.4　生产准备

生产准备，是指施工临近结束时，为保证建设项目能及时投产使用所进行的准备活动。生产准备工作包括：技术准备、机械设备的准备、物资准备、劳动力的配备和调整、工作地准备等。例如，招收和培训必要的生产人员，组织人员参加设备安装调试和工程验收，组建生产管理机构，制定规章制度，收集生产技术资料和样品，落实原材料、外协产品、燃料、水、电的来源及其他配合条件等。建设单位要根据建设项目或主要单项工程的生产技术特点，及时组成专门机构，有计划地做好这一工作。

2.5　工程竣工验收及后评价阶段

2.5.1　工程竣工验收

建设工程竣工验收，是指建设工程完工且具备法定条件后，由建设单位组织有关单位依法定程序及相关依据对工程项目进行全面检验与测试。建设工程经验收合格的，方可交付使用。工程施工质量验收是工程建设质量控制的一个重要环节，它包括工程施工质量验收和工程的竣工验收两个方面。通过对工程建设中间产出品和最终产品的质量验收，从过程控制和终端把关两个方面进行工程项目的质量控制，以确保达到业主所要求的使用价值，实现建设投资的经济效益和社会效益。《建筑法》第六十一条规定，交付竣工验收的建筑工程，必须符合规定的建筑工程质量标准，有完整的工程技术经济资料和经签署的工程保修书，并具备国家规定的其他竣工条件。建筑工程竣工经验收合格后，方可交付使用；未经验收或者验收不合格的，不得交付使用。

根据《房屋建筑和市政基础设施工程竣工验收备案管理办法》，建设单位办理工程竣工验收备案应当提交下列文件：（1）工程竣工验收备案表；（2）工程竣工验收报告。竣工验收报告应当包括工程报建日期、施工许可证号、施工图设计文件审查意见，勘察、设计、施工、工程监理等单位分别签署的质量合格文件及验收人员签署的竣工验收原始文件，市政基础设施的有关质量检测和功能性试验资料以及备案机关认为需要提供的有关资料；（3）法律、行政法规规定应当由规划、环保等部门出具的认可文件或者准许使用文件；（4）法律规定应当由公安消防部门出具的对大型的人员密集场所和其他特殊建设工程验收合格的证明文件；（5）施工单位签署的工程质量保修书；（6）法规、规章规定必须提供的其他文件。住宅工程还应当提交《住宅质量保证书》和《住宅使用说明书》。另外，根据《民用建筑节能条例》第十七条规定，建设单位组织竣工验收，应当对民用建筑是否符合民用建筑节能强制性标准进行查验；对不符合民用建筑节能强制性标准的，不得出具竣工验收合格报告。

2.5.2 工程保修

建设工程质量保修，是指建设工程办理竣工验收手续后，在规定的保修期内，因勘察、设计、施工、材料等原因造成的质量缺陷，应当由施工单位负责维修。《建筑法》第六十二条规定，建筑工程实行质量保修制度。建筑工程的保修范围应当包括地基基础工程、主体结构工程、屋面防水工程和其他土建工程，以及电气管线、上下水管线的安装工程，供热、供冷系统工程等项目；保修的期限应当按照保证建筑物合理寿命年限内正常使用，维护使用者合法权益的原则确定。具体的保修范围和最低保修期限由国务院规定。建设工程承包单位在向建设单位提交工程竣工验收报告时，应当向建设单位出具质量保修书。质量保修书中应当明确建设工程的保修范围、保修期限和保修责任等。

2.5.3 项目后评价

项目后评价是指在项目已经完成并运行一段时间后，对项目的目的、执行过程、效益、作用和影响进行系统的、客观的分析和总结的一种技术经济活动。项目后评价于19世纪30年代产生在美国，直到20世纪70年代，才广泛地被许多国家和世界银行、亚洲银行等双边或多边援助组织用于世界范围的资助活动结果评价中。通过对投资活动实践的检查总结，确定投资预期的目标是否达到，项目或规划是否合理有效，项目的主要效益指标是否实现，通过分析评价找出成败的原因，总结经验教训，并通过及时有效的信息反馈，为未来项目的决策和提高完善投资决策管理水平提出建议，同时也为被评价项目实施运营中出现的问题提出改进建议，从而达到提高投资效益的目的。项目后评价基本内容包括：项目目标评价、项目实施过程评价、项目效益评价、项目影响评价和项目持续性评价。

《国务院关于投资体制改革的决定》（国发〔2004〕20号）中明确指出，完善重大项目稽查制度，建立政府投资项目后评价制度，对政府投资项目进行全过程监管。国有资产监督管理委员会《中央企业固定资产投资项目后评价工作指南》（国资发规划〔2005〕92号）中明确了项目后评价的概念及一般要求、项目后评价内容、项目后评价方法、项目后评价的实施以及项目后评价成果应用等。

第3章　工程建设用地法律制度

党的二十大报告指出，"深化农村土地制度改革，赋予农民更加充分的财产权益。保障进城落户农民合法土地权益，鼓励依法自愿有偿转让。""坚持房子是用来住的、不是用来炒的定位，加快建立多主体供给、多渠道保障、租购并举的住房制度。"工程建设用地法律制度应当维护土地的社会主义公有制，保护、开发土地资源，合理利用土地，切实保护耕地，维护房地产市场秩序，保障房地产权利人的合法权益，促进社会经济的可持续发展。

3.1　土地所有权和土地使用权

3.1.1　土地所有权

1. 土地所有权的概念

土地所有权是指土地所有人依法对其所有的土地享有的占有、使用、收益、处分并排除他人干涉的权利。《土地管理法》第二条第（一）款规定，中华人民共和国实行土地的社会主义公有制，即全民所有制和劳动群众集体所有制。我国的土地所有权依土地所有权人的不同在法律上分为国家土地所有权和集体土地所有权。全民所有，即国家所有土地的所有权由国务院代表国家行使。

2. 国家土地所有权

国家土地所有权是指国家作为土地所有权的权利主体依法对国家所有的土地享有的占有、使用、收益和处分的权利。国家土地所有权是我国土地所有权制度的重要内容，是确定社会主义全民所有制经济占主导地位的经济制度的基础。

《土地管理法》第八条规定，城市市区的土地属于国家所有。农村和城市郊区的土地，除由法律规定属于国家所有的以外，属于农民集体所有；宅基地和自留地、自留山，属于农民集体所有。《土地管理法实施条例》进一步规定，下列土地属于全民所有即国家所有：（1）城市市区的土地；（2）农村和城市郊区中已经依法没收、征收、征购为国有的土地；（3）国家依法征收的土地；（4）依法不属于集体所有的林地、草地、荒地、滩涂及其他土地；（5）农村集体经济组织全部成员转为城镇居民的，原属于其成员集体所有的土地；（6）因国家组织移民、自然灾害等原因，农民成建制地集体迁移后不再使用的原属于迁移农民集体所有的土地。

3. 集体土地所有权

集体土地所有权是在1949年新中国成立之后逐步发展形成的。1952年，我国土地改革基本完成后，互助合作运动开始在全国范围内开展，之后发展为初级农业生产合作社，农民以土地入股，合作社获得土地的经营决策权，农民的土地所有权转化为合作社社员权，农民通过参与合作社的决策和经营、劳动而实现其土地所有权。1956年，伴随着社会主义改造，中国掀起了农业合作化高潮，开始建立高级农业生产合作社，农民成为拥有土地所有权的合作社集体的成员。集体土地所有权，是指农村劳动群众集体经济组织对于依法属于自己所有的土地享有占有、使用、收益和处分的权利。集体土地所有权是我国基本的土地所有形式之一，是伴随着合作化运动、人民公社运动而形成的一种所有权形态，为《宪法》《民法典》和《土地管理法》等法律所确认和规范。集体土地所有权主体有权对集体土地进行占有、使用、收益和处分，但集体土地所有权依法也受到限制。对集体土地最重要的限制是集体土地所有权不得交易、转让，以及土地用途管制，任何人都不得非法改变集体所有土地的用途。国家保护耕地，严格控制耕地转为非耕地。

《土地管理法》规定，农民集体所有的土地依法属于村农民集体所有的，由村集体经济组织或者村民委员会经营、管理；已经分别属于村内两个以上农村集体经济组织的农民集体所有的，由村内各该农村集体经济组织或者村民小组经营、管理；已经属于乡（镇）农民集体所有的，由乡（镇）农村集体经济组织经营、管理。

3.1.2 土地使用权

《土地管理法》规定，任何单位和个人不得侵占、买卖或者以其他形式非法转让土地。土地使用权可以依法转让。国家依法实行国有土地有偿使用制度。但是，国家在法律规定的范围内划拨国有土地使用权的除外。国有土地和农民集体所有的土地，可以依法确定给单位或者个人使用。使用土地的单位和个人，有保护、管理和合理利用土地的义务。

1. 土地使用权的概念

土地使用权是土地所有权派生出来的一种权利，是指土地使用人根据法律的规定和当事人的约定，在法律允许的范围内，对国家或集体所有的土地享有的占用、适用、收益和限定范围内进行处分的权利。土地使用权人对土地的使用具有直接的支配力，其对土地的占有、使用和收益，不需要他人履行任何义务就可直接实现。土地使用权的这种直接性源于土地使用权的物权性质，具有排除他人干涉的权利。

2. 土地使用权的主要类型

（1）建设用地使用权

《民法典》规定，建设用地使用权人依法对国家所有的土地享有占有、使用和收益的权利，有权利用该土地建造建筑物、构筑物及其附属设施。建设用地使用权，是指自然人、法人或其他组织依法享有的在国有土地及其上下建造建筑物、构筑物及其附属设施的用益物权。

（2）土地承包经营权

《民法典》规定，农村集体经济组织实行家庭承包经营为基础、统分结合的双层经营体制。农民集体所有和国家所有由农民集体使用的耕地、林地、草地以及其他用于农业的土地，依法实行土地承包经营制度。土地承包经营权，又称为农村土地承包经营权，是指农业生产经营者以从事农业生产为目的，对集体所有或者国家所有的由农村集体使用的土地进行占有、使用和收益的用益物权。土地承包经营权人依法对其承包经营的耕地、林地、草地等享有占有、使用和收益的权利，有权从事种植业、林业、畜牧业等农业生产。《土地管理法》规定，农民集体所有和国家所有依法由农民集体使用的耕地、林地、草地，以及其他依法用于农业的土地，采取农村集体经济组织内部的家庭承包方式承包，不宜采取家庭承包方式的荒山、荒沟、荒丘、荒滩等，可以采取招标、拍卖、公开协商等方式承包，从事种植业、林业、畜牧业、渔业生产。家庭承包的耕地的承包期为 30 年，草地的承包期为 30 年至 50 年，林地的承包期为 30 年至 70 年；耕地承包期届满后再延长 30 年，草地、林地承包期届满后依法相应延长。国家所有依法用于农业的土地可以由单位或者个人承包经营，从事种植业、林业、畜牧业、渔业生产。发包方和承包方应当依法订立承包合同，约定双方的权利和义务。承包经营土地的单位和个人，有保护和按照承包合同约定的用途合理利用土地的义务。土地承包经营权自土地承包经营权合同生效时设立。登记机构应当向土地承包经营权人发放土地承包经营权证、林权证等证书，并登记造册，确认土地承包经营权。土地承包经营权人依照法律规定，有权将土地承包经营权互换、转让。未经依法批准，不得将承包地用于非农建设。承包地被征收的，土地承包经营权人有权依法获得相应补偿。土地承包经营权人可以自主决定依法采取出租、入股或者其他方式向他人流转土地经营权。土地经营权人有权在合同约定的期限内占有农村土地，自主开展农业生产经营并取得收益。通过招标、拍卖、公开协商等方式承包农村土地，经依法登记取得权属证书的，可以依法采取出租、入股、抵押或者其他方式流转土地经营权。

（3）宅基地使用权

《民法典》规定，宅基地使用权人依法对集体所有的土地享有占有和使用的权利，有权依法利用该土地建造住宅及其附属设施。宅基地使用权是指以建造住宅及其附属设施为目的，对集体所有的土地进行占有和使用的用益物权。宅基地使用权的取得、行使和转让，适用土地管理的法律和国家有关规定。《土地管理法》规定，农村村民一户只能拥有一处宅基地，其宅基地的面积不得超过省、自治区、直辖市规定的标准。人均土地少、不能保障一户拥有一处宅基地的地区，县级人民政府在充分尊重农村村民意愿的基础上，可以采取措施，按照省、自治区、直辖市规定的标准保障农村村民实现户有所居。农村村民建住宅，应当符合乡（镇）土地利用总体规划、村庄规划，不得占用永久基本农田，并尽量使用原有的宅基地和村内空闲地。编制乡（镇）土地利用总体规划、村庄规划应当统筹并合理安排宅基地用地，改善农村村民居住环境和条件。农村村民住宅用地，由乡（镇）人民政府审核批准；其中，涉及占用农用地的，依法办理审批手续。农村村民出卖、出租、赠与住宅后，再申请宅基地的，不予批准。国家允许进城落户的农村村民依法自愿有偿退出宅基地，鼓励农村集体经济组织及其成员盘活利用闲置宅基地和闲置住宅。

（4）集体经营性建设用地使用权

《土地管理法》规定，土地利用总体规划、城乡规划确定为工业、商业等经营性用途，并经依法登记的集体经营性建设用地，土地所有权人可以通过出让、出租等方式交由单位或者个人使用，并应当签订书面合同，载明土地界址、面积、动工期限、使用期限、土地用途、规划条件和双方其他权利义务。集体经营性建设用地出让、出租等，应当经本集体经济组织成员的村民会议 2/3 以上成员或者 2/3 以上村民代表的同意。通过出让等方式取得的集体经营性建设用地使用权可以转让、互换、出资、赠与或者抵押，但法律、行政法规另有规定或者土地所有权人、土地使用权人签订的书面合同另有约定的除外。集体经营性建设用地的出租，集体建设用地使用权的出让及其最高年限、转让、互换、出资、赠与、抵押等，参照同类用途的国有建设用地执行。集体建设用地的使用者应当严格按照土地利用总体规划、城乡规划确定的用途使用土地。

3.1.3 土地的征收与补偿

《宪法》第十条规定：国家为了公共利益的需要，可以依照法律规定对土地实行征收或者征用并予以补偿。

1. 土地征收的概念

土地征收是指国家为了公共利益需要，依照法律规定的程序和权限将集体所有的土地转化为国有土地，并依法给予被征地的农村集体和个人合理补偿和妥善安置的法律行为。国家为了公共利益的需要，可以依法对土地实行征收或者征用并给予补偿。《宪法》从根本大法的高度确立土地征收制度，《土地管理法》《民法典》等均对土地征收的原则、范围和程序进行了细节性和可操作性的规定，构建起了我国土地征收制度，为依法征收土地提供了可靠的法律依据与法律保障。国家建设征收土地并非民事行为，是国家授权的并依照法律规定的依据和程序所实施的行政行为，并不以取得征得被征地人的同意为必要条件，具有强制性。

2. 土地征收的条件

为了公共利益的需要，有下列情形之一，确需征收农民集体所有的土地的，可以依法实施征收：（1）军事和外交需要用地的；（2）由政府组织实施的能源、交通、水利、通信、邮政等基础设施建设需要用地的；（3）由政府组织实施的科技、教育、文化、卫生、体育、生态环境和资源保护、防灾减灾、文物保护、社区综合服务、社会福利、市政公用、优抚安置、英烈保护等公共事业需要用地的；（4）由政府组织实施的扶贫搬迁、保障性安居工程建设需要用地的；（5）在土地利用总体规划确定的城镇建设用地范围内，经省级以上人民政府批准由县级以上地方人民政府组织实施的成片开发建设需要用地的；（6）法律规定为公共利益需要可以征收农民集体所有的土地的其他情形。上述建设活动，应当符合国民经济和社会发展规划、土地利用总体规划、城乡规划和专项规划；其中（4）、（5）规定的建设活动，还应当纳入国民经济和社会发展年度计划；（5）规定的成片开发同时应当符合国务院自然资源主管部门规定的标准。

3. 土地征收的程序

（1）农用地转用审批

建设占用土地，涉及农用地转为建设用地的，应当办理农用地转用审批手续。永久基本农田转为建设用地的，由国务院批准。在土地利用总体规划确定的城市和村庄、集镇建设用地规模范围内，为实施该规划而将永久基本农田以外的农用地转为建设用地的，按土地利用年度计划分批次按照国务院规定由原批准土地利用总体规划的机关或者其授权的机关批准。在已批准的农用地转用范围内，具体建设项目用地可以由市、县人民政府批准。在土地利用总体规划确定的城市和村庄、集镇建设用地规模范围外，将永久基本农田以外的农用地转为建设用地的，由国务院或者国务院授权的省、自治区、直辖市人民政府批准。

（2）土地征收的审批

《土地管理法》规定，征收下列土地的，由国务院批准：（1）永久基本农田；（2）永久基本农田以外的耕地超过35公顷的；（3）其他土地超过70公顷的。征收前款规定以外的土地的，由省、自治区、直辖市人民政府批准。征收农用地的，应当依法先行办理农用地转用审批。其中，经国务院批准农用地转用的，同时办理征地审批手续，不再另行办理征地审批；经省、自治区、直辖市人民政府在征地批准权限内批准农用地转用的，同时办理征地审批手续，不再另行办理征地审批，超过征地批准权限的，应当依法另行办理征地审批。

国家征收土地的，依照法定程序批准后，由县级以上地方人民政府予以公告并组织实施。县级以上地方人民政府拟申请征收土地的，应当开展拟征收土地现状调查和社会稳定风险评估，并将征收范围、土地现状、征收目的、补偿标准、安置方式和社会保障等在拟征收土地所在的乡（镇）和村、村民小组范围内公告至少 30 日，听取被征地的农村集体经济组织及其成员、村民委员会和其他利害关系人的意见。多数被征地的农村集体经济组织成员认为征地补偿安置方案不符合法律、法规规定的，县级以上地方人民政府应当组织召开听证会，并根据法律、法规的规定和听证会情况修改方案。拟征收土地的所有权人、使用权人应当在公告规定期限内，持不动产权属证明材料办理补偿登记。县级以上地方人民政府应当组织有关部门测算并落实有关费用，保证足额到位，与拟征收土地的所有权人、使用权人就补偿、安置等签订协议；个别确实难以达成协议的，应当在申请征收土地时如实说明。相关前期工作完成后，县级以上地方人民政府方可申请征收土地。

4. 土地征收的补偿

（1）土地征收的补偿原则

征收土地应当给予公平、合理的补偿，保障被征地农民原有生活水平不降低、长远生计有保障。①保障被征地农民原有生活水平原则。土地是农民最基本的生产资料，征收农民的土地等于剥夺了他们的生活来源。因此，征地补偿应使被征地农民的生活水平不降低为原则，以保障农民的利益不因征地而受损。②按照被征收土地的原用途给予补偿原则。征收土地的补偿标准和补偿范围不能因征收土地之后的用途改变而改变，而是按照被征用土地的原用途确定补偿标准和补偿范围。原来是耕地的，按耕地的标准给予补偿；原来是林地的，按林地的标准给予补偿，对地上物的补偿和对人员的安置也是如此。

（2）土地征收的补偿范围和标准

征收土地应当依法及时足额支付土地补偿费、安置补助费以及农村村民住宅、其他地上附着物和青苗等的补偿费用，并安排被征地农民的社会保障费用。征收农用地的土地补偿费、安置补助费标准由省、自治区、直辖市通过制定公布区片综合地价确定。制定区片综合地价应当综合考虑土地原用途、土地资源条件、土地产值、土地区位、土地供求关系、人口以及经济社会发展水平等因素，并至少每 3 年调整或者重新公布一次。征收农用地以外的其他土地、地上附着物和青苗等的补偿标准，由省、自治区、直辖市制定。对其中的农村村民住宅，应当按照先补偿后搬迁、居住条件有改善的原则，尊重农村村民意愿，采取重新安排宅基地建房、提供安置房或者货币补偿等方式给予公平、合理的补偿，并对因征收造成的搬迁、临时安置等费用予以补偿，保障农村村民居住的权利和合法的住房财产权益。县级以上地方人民政府应当将被征地农民纳入相应的养老等社会保障体系。被征地农民的社会保障费用主要用于符合条件的被征地农民的养老保险等社会保险缴费补贴。被征地农民社会保障费用的筹集、管理和使用办法，由省、自治区、直辖市制定。被征地的农村集体经济组织应当将征收土地的补偿费用的收支状况向本集体经济组织的成员公布，接受监督。

土地补偿费归农村集体经济组织所有；地上附着物及青苗补偿费归地上附着物及青苗

的所有者所有。征收土地的安置补助费必须专款专用，不得挪作他用。需要安置的人员由农村集体经济组织安置的，安置补助费支付给农村集体经济组织，由农村集体经济组织管理和使用；由其他单位安置的，安置补助费支付给安置单位；不需要统一安置的，安置补助费发放给被安置人员个人或者征得被安置人员同意后用于支付被安置人员的保险费用。

3.2　土地利用总体规划

3.2.1　土地利用总体规划与土地利用年度计划

《土地管理法》规定，国家实行土地用途管制制度。国家编制土地利用总体规划，规定土地用途，将土地分为农用地、建设用地和未利用地。严格限制农用地转为建设用地，控制建设用地总量，对耕地实行特殊保护。土地利用总体规划是在一定区域内，根据国家社会经济可持续发展的要求和当地自然、经济、社会条件，对土地的开发、利用、治理、保护在空间上、时间上所作的总体安排和布局，是国家实行土地用途管制的基础。土地利用总体规划是指在各级行政区域内，根据土地资源特点和社会经济发展要求，对今后一段时期内土地利用的总安排。土地利用总体规划是国家空间规划体系的重要组成部分，是实施土地用途管制，保护土地资源，统筹各项土地利用活动的重要依据。

土地利用年度计划是根据国民经济和社会发展计划、国家产业政策、土地利用总体规划以及建设用地和土地利用的实际状况编制的，对计划年度内新增建设用地量、土地整治补充耕地量和耕地保有量的具体安排。它是实施土地利用总体规划的主要措施，是当年农用地转用审批、建设项目立项审查和用地审批、土地开发和土地管理的依据。各级人民政府应当加强土地利用计划管理，实行建设用地总量控制。土地利用年度计划，根据国民经济和社会发展计划、国家产业政策、土地利用总体规划以及建设用地和土地利用的实际状况编制。土地利用年度计划应当对规定的集体经营性建设用地作出合理安排。土地利用年度计划的编制审批程序与土地利用总体规划的编制审批程序相同，一经审批下达，必须严格执行。省、自治区、直辖市人民政府应当将土地利用年度计划的执行情况列为国民经济和社会发展计划执行情况的内容，向同级人民代表大会报告。

3.2.2　土地利用总体规划的编制与审批

各级人民政府应当依据国民经济和社会发展规划、国土整治和资源环境保护的要求、土地供给能力以及各项建设对土地的需求，组织编制土地利用总体规划。土地利用总体规划的规划期限由国务院规定。

1. 土地利用总体规划的编制原则

土地利用总体规划按照下列原则编制：（1）落实国土空间开发保护要求，严格土地用途管制；（2）严格保护永久基本农田，严格控制非农业建设占用农用地；（3）提高土地节约集约利用水平；（4）统筹安排城乡生产、生活、生态用地，满足乡村产业和基础设施用地合理需求，促进城乡融合发展；（5）保护和改善生态环境，保障土地的可持续利用；（6）占用耕地与开发复垦耕地数量平衡、质量相当。

2. 土地利用总体规划的编制依据

下级土地利用总体规划应当依据上一级土地利用总体规划编制。地方各级人民政府编制的土地利用总体规划中的建设用地总量不得超过上一级土地利用总体规划确定的控制指标，耕地保有量不得低于上一级土地利用总体规划确定的控制指标。省、自治区、直辖市人民政府编制的土地利用总体规划，应当确保本行政区域内耕地总量不减少。县级土地利用总体规划应当划分土地利用区，明确土地用途。乡（镇）土地利用总体规划应当划分土地利用区，根据土地使用条件，确定每一块土地的用途，并予以公告。

城市建设用地规模应当符合国家规定的标准，充分利用现有建设用地，不占或者尽量少占农用地。城市总体规划、村庄和集镇规划，应当与土地利用总体规划相衔接，城市总体规划、村庄和集镇规划中建设用地规模不得超过土地利用总体规划确定的城市和村庄、集镇建设用地规模。

国家建立国土空间规划体系。编制国土空间规划应当坚持生态优先，绿色、可持续发展，科学有序统筹安排生态、农业、城镇等功能空间，优化国土空间结构和布局，提升国土空间开发、保护的质量和效率。经依法批准的国土空间规划是各类开发、保护、建设活动的基本依据。已经编制国土空间规划的，不再编制土地利用总体规划和城乡规划。

3. 土地利用总体规划的审批

土地利用总体规划实行分级审批。省、自治区、直辖市的土地利用总体规划，报国务院批准。省、自治区人民政府所在地的市、人口在 100 万以上的城市以及国务院指定的城市的土地利用总体规划，经省、自治区人民政府审查同意后，报国务院批准。上述规定以外的土地利用总体规划，逐级上报省、自治区、直辖市人民政府批准；其中，乡（镇）土地利用总体规划可以由省级人民政府授权的设区的市、自治州人民政府批准。土地利用总体规划一经批准，必须严格执行。在城市规划区内、村庄和集镇规划区内，城市和村庄、集镇建设用地应当符合城市规划、村庄和集镇规划。

3.2.3　土地利用总体规划的修改

经批准的土地利用总体规划的修改，须经原批准机关批准；未经批准，不得改变土地利用总体规划确定的土地用途。经国务院批准的大型能源、交通、水利等基础设施建设用地，需要改变土地利用总体规划的，根据国务院的批准文件修改土地利用总体规划。经省、自治区、直辖市人民政府批准的能源、交通、水利等基础设施建设用地，需要改变土地利用总体规划的，属于省级人民政府土地利用总体规划批准权限内的，根据省级人民政府的批准文件修改土地利用总体规划。

3.3　建设用地使用权

3.3.1　建设用地概述

1. 建设用地的概念

《土地管理法》规定，国家实行土地用途管制制度。国家编制土地利用总体规划，规定土地用途，将土地分为农用地、建设用地和未利用地。建设用地是指建造建筑物、构筑物的土地，包括城乡住宅和公共设施用地、工矿用地、交通水利设施用地、旅游用地、军事设施用地等。

2. 建设用地的管理

城市建设用地规模应当符合国家规定的标准，充分利用现有建设用地，不占或者尽量少占农用地。城市总体规划、村庄和集镇规划，应当与土地利用总体规划相衔接，城市总体规划、村庄和集镇规划中建设用地规模不得超过土地利用总体规划确定的城市和村庄、集镇建设用地规模。在城市规划区内、村庄和集镇规划区内，城市和村庄、集镇建设用地应当符合城市规划、村庄和集镇规划。各级人民政府应当加强土地利用计划管理，实行建设用地总量控制。土地利用年度计划，根据国民经济和社会发展计划、国家产业政策、土地利用总体规划以及建设用地和土地利用的实际状况编制。土地利用年度计划应当对规定的集体经营性建设用地作出合理安排。土地利用年度计划的编制审批程序与土地利用总体规划的编制审批程序相同，一经审批下达，必须严格执行。

建设占用土地，涉及农用地转为建设用地的，应当办理农用地转用审批手续。在土地利用总体规划确定的城市和村庄、集镇建设用地规模范围内，为实施该规划而将永久基本农田以外的农用地转为建设用地的，按土地利用年度计划分批次按照国务院规定由原批准土地利用总体规划的机关或者其授权的机关批准。在土地利用总体规划确定的城市和村庄、集镇建设用地规模范围外，将永久基本农田以外的农用地转为建设用地的，由国务院或者国务院授权的省、自治区、直辖市人民政府批准。

3.3.2 建设用地使用权概念和设立

1. 建设用地使用权

《民法典》《土地管理法》和《城市房地产管理法》等法律分别对建设用地使用权进行了规定。《民法典》中使用"建设用地使用权"，《土地管理法》和《城市房地产管理法》使用"土地使用权"，而土地使用权包括国有土地建设用地使用权和集体建设用地使用权。本节以下建设用地使用权专指国有土地的建设用地使用权。

建设用地使用权，是指自然人、法人或其他组织依法享有的在国有土地及其上下建造建筑物、构筑物及其附属设施的用益物权。建设用地使用权的客体为国家所有的土地，不包括集体所有的农村土地。《民法典》规定，集体所有的土地作为建设用地的，应当依照土地管理的法律规定办理。建设用地使用权可以在土地的地表、地上或者地下分别设立。设立建设用地使用权，应当符合节约资源、保护生态环境的要求，遵守法律、行政法规关于土地用途的规定，不得损害已经设立的用益物权。

2. 建设用地使用权的设立

设立建设用地使用权，可以采取出让或者划拨等方式。

（1）建设用地使用权出让

新中国成立后在社会主义建设过程中确立了我国土地的社会主义公有制地位，并在土地管理和土地利用上形成了一套与计划经济体制相适应的模式。国家的土地使用权以无偿划拨的方式授予用地单位，而用地单位享有无期限的无偿使用权。1988年4月，全国人民代表大会通过的《宪法修正案》明确规定：土地的使用权可以依照法律的规定转让，从而为建立土地使用权二级市场和完善土地有偿使用制度提供了根本法律依据。1988年12月修改后公布的《土地管理法》规定：国有土地和集体所有的土地使用权可以依法转让，土地使用权转让的具体办法由国务院另行规定，该法的修订，为国家依法实行国有土地有偿使用制度提供了基本法律依据，标志着我国土地有偿使用法治化进入了新的阶段。土地使用权进入市场流动的新机制的建立，使土地资源通过市场配置得到了更为合理的开发和集约利用，从客观上满足了我国社会主义市场经济建设的需要。

建设用地使用权出让，是指国家将国有土地使用权在一定年限内出让给土地使用者，由土地使用者向国家支付土地使用权出让金的行为。土地使用权出让，必须符合土地利用总体规划、城乡规划和年度建设用地计划。土地使用权出让，可以采取拍卖、招标或者双方协议的方式。工业、商业、旅游、娱乐和商品住宅等经营性用地以及同一土地有两个以上意向用地者的，应当采取招标、拍卖等公开竞价的方式出让。采取双方协议方式出让土地使用权的出让金不得低于按国家规定所确定的最低价。

通过招标、拍卖、协议等出让方式设立建设用地使用权的，当事人应当采用书面形式订立建设用地使用权出让合同。建设用地使用权出让合同一般包括下列条款：①当事人的名称和住所；②土地界址、面积等；③建筑物、构筑物及其附属设施占用的空间；④土地用途、规划条件；⑤建设用地使用权期限；⑥出让金等费用及其支付方式；⑦解决争议的方法。设立建设用地使用权的，应当向登记机构申请建设用地使用权登记。建设用地使用权自登记时设立。登记机构应当向建设用地使用权人发放权属证书。

土地使用权出让最高年限由国务院规定。根据《城镇国有土地使用权出让和转让暂行条例》，土地使用权出让最高年限按下列用途确定：①居住用地 70 年；②工业用地 50 年；③教育、科技、文化、卫生、体育用地 50 年；④商业、旅游、娱乐用地 40 年；⑤综合或者其他用地 50 年。土地使用权出让合同约定的使用年限届满，土地使用者需要继续使用土地的，应当至迟于届满前一年申请续期，除根据社会公共利益需要收回该幅土地的，应当予以批准。经批准准予续期的，应当重新签订土地使用权出让合同，依照规定支付土地使用权出让金。土地使用权出让合同约定的使用年限届满，土地使用者未申请续期或者虽申请续期但依照上述规定未获批准的，土地使用权由国家无偿收回。

（2）建设用地使用权划拨

建设用地使用权划拨，是指县级以上人民政府依法批准，在土地使用者缴纳补偿、安置等费用后将该幅土地交付其使用，或者将土地使用权无偿交付给土地使用者使用的行为。依法以划拨方式取得土地使用权的，除法律、行政法规另有规定外，没有使用期限的限制。与出让不同，划拨是国家为了维护国家利益和社会公共利益需要，依照严格的法律程序授予用地者土地使用权，本质上是一种非市场化的建设用地使用权的设定方式。建设单位使用国有土地，应当以出让等有偿使用方式取得；但是，下列建设用地，经县级以上人民政府依法批准，可以以划拨方式取得：①国家机关用地和军事用地；②城市基础设施用地和公益事业用地；③国家重点扶持的能源、交通、水利等基础设施用地；④法律、行政法规规定的其他用地。

以划拨方式设立的建设用地使用权，原则上不得进入市场进行交易。《城市房地产管理法》第四十条规定，以划拨方式取得土地使用权的，转让房地产时，应当按照国务院规定，报有批准权的人民政府审批。有批准权的人民政府准予转让的，应当由受让方办理土地使用权出让手续，并依照国家有关规定缴纳土地使用权出让金。以划拨方式取得土地使用权的，转让房地产报批时，有批准权的人民政府按照国务院规定决定可以不办理土地使用权出让手续的，转让方应当按照国务院规定将转让房地产所获收益中的土地收益上缴国家或者作其他处理。

3.3.3　建设用地使用权人的权利和义务

1. 建设用地使用权人的权利

（1）占有和使用土地。建设用地使用权就是为保存建筑物或其他工作物而使用土地的权利，因此使用土地是土地使用权人的最主要权利。建设用地使用权人可以依照法律规定和出让合同约定的用途对建设用地进行以建造和保有建筑物、构造物以及其他工作设施为目的进行使用和收益。建设用地使用权人对土地的使用权，应当在设定建设用地使用权的行为所限定的范围内进行。由于建设用地使用权为使用土地的物权，建设用地使用权人为实现其权利，自然以占有土地为前提；同时，建设用地使用权人也可以准用不动产相邻关系的规定。

（2）建设用地使用权人有权将建设用地使用权转让、互换、出资、赠与或者抵押，但法律另有规定的除外。

（3）进行附属行为的权利。建设用地使用权人可以在其地基范围内进行非保存建筑物或其他工作物的附属行为，如修筑围墙、种植花木、养殖等。

（4）取得地上建筑物或其他工作物的补偿。建设用地使用权人在土地上建造的建筑物或其他工作物以及其他附着物，其所有权应当属于建设用地使用权人。建设用地使用权期限届满前，因公共利益需要提前收回该土地的，应当依法对该土地上的房屋以及其他不动产给予补偿，并退还相应的出让金。

2. 建设用地使用权人的义务

（1）支付土地出让金等费用。土地使用者必须按照出让合同约定，支付土地使用权出让金；未按照出让合同约定支付土地使用权出让金的，土地管理部门有权解除合同，并可以请求违约赔偿。支付土地出让金是建设用地使用权人的义务，并非建设用地使用权的成立要件，换言之，即使受让人没有按照约定支付出让金，也只是承担违约责任，并不意味着建设用地使用权当然归于消灭。

（2）合理利用土地。建设用地使用权人应当按照土地的自然属性和法律属性合理地使用土地，维护土地的价值和使用价值。

（3）按照土地用途使用土地。土地用途关系到城市的规划，关系到建设用地使用权的期限和出让金的多少，建设用地使用权人应当按照出让合同规定的方式加以利用，不得改变土地用途。土地使用者需要改变土地使用权出让合同约定的土地用途的，必须取得出让方和市、县人民政府城市规划行政主管部门的同意，签订土地使用权出让合同变更协议或者重新签订土地使用权出让合同，相应调整土地使用权出让金。

（4）恢复土地原状。建设用地使用权人在建设用地使用权消灭时，应当将土地返还给所有权人，原则上应恢复土地的原状。因此，如果建设用地使用权人以取回地上建筑物或其他工作物及附着物为恢复原状的手段时，则取回不仅是建设用地使用权人的权利，也是其义务。

3.3.4 建设用地使用权的流转

《民法典》规定，建设用地使用权人有权将建设用地使用权转让、互换、出资、赠与或者抵押，但是法律另有规定的除外。转让、互换、出资、赠与或者抵押均为建设用地使用权主体的变更，建设用地使用权的流转确认建设用地使用权人有权对其权利进行依法处分，既是肯定和保护权利人合法权益的需要，也可以使土地这一重要生产要素向更能产生价值的方向流动，从而提高土地利用效率并促进土地资源的市场化。建设用地使用权转让、互换、出资、赠与或者抵押的，当事人应当采用书面形式订立相应的合同。使用期限由当事人约定，但是不得超过建设用地使用权的剩余期限。

1. 建设用地使用权的转让

建设用地使用权转让是指建设用地土地使用者将土地使用权再转移的行为，包括出售、交换和赠与。未按建设用地土地使用权出让合同规定的期限和条件投资开发、利用土地的，建设用地土地使用权不得转让。

土地使用权转让应当签订转让合同。土地使用权转让时，土地使用权出让合同和登记文件中所载明的权利、义务随之转移。土地使用者通过转让方式取得的土地使用权，其使用年限为土地使用权出让合同规定的使用年限减去原土地使用者已使用年限后的剩余年限。土地使用权转让时，其地上建筑物、其他附着物所有权随之转让。地上建筑物、其他附着物的所有人或者共有人，享有该建筑物、附着物使用范围内的土地使用权。土地使用者转让地上建筑物、其他附着物所有权时，其使用范围内的土地使用权随之转让，但地上建筑物、其他附着物作为动产转让的除外。

2. 建设用地使用权的出租

建设用地使用权的出租，是指建设用地使用人作为出租人，将建设用地使用权随同地上建筑物、其他附着物租赁给承租人使用，由承租人向出租人交付租金的行为。

从我国现行立法来看，对建设用地使用权出租的客体是有一定限制的。根据《城镇国有土地使用权出让和转让暂行条例》第二十八条规定，未按土地使用权出让合同规定的期限和条件投资开发、利用土地的，土地使用权不得出租。土地使用权出租，出租人与承租人应当签订租赁合同。租赁合同不得违背国家法律、法规和土地使用权出让合同的规定。土地使用权出租后，出租人必须继续履行土地使用权出让合同。土地使用权和地上建筑物、其他附着物出租，出租人应当依照规定办理登记。

3. 建设用地使用权的抵押

建设用地使用权的抵押，是指抵押人以其建设用地使用权向抵押权人提供债务履行担保的行为，债务人不履行到期债务或出现当事人约定的实现抵押权的条件时，抵押权人有权依法从抵押的建设用地使用权的变价款中优先受偿。

土地使用权抵押，抵押人与抵押权人应当签订抵押合同。抵押合同不得违背国家法律、法规和土地使用权出让合同的规定。土地使用权和地上建筑物、其他附着物抵押，应当依照规定办理抵押登记，抵押权自登记时设立。土地使用权抵押时，其地上建筑物、其他附着物随之抵押。地上建筑物、其他附着物抵押时，其使用范围内的土地使用权随之抵押。

3.3.5 建设用地使用权的消灭

1. 建设用地使用权消灭的事由

土地使用权因土地使用权出让合同规定的使用年限届满、提前收回及土地灭失等原因而终止。

（1）存续期间届满。《民法典》规定，住宅建设用地使用权期限届满的，自动续期。续期费用的缴纳或者减免，依照法律、行政法规的规定办理。非住宅建设用地使用权期限届满后的续期，依照法律规定办理。该土地上的房屋以及其他不动产的归属，有约定的，按照约定；没有约定或者约定不明确的，依照法律、行政法规的规定办理。非住宅建设用地使用权的续期采取的是申请续期，因此如果权利人未按时申请续期或者虽申请续期但未获批准，期满建设用地使用权消灭。

（2）建设用地使用权被收回。《土地管理法》规定，有下列情形之一的，由有关人民政府自然资源主管部门报经原批准用地的人民政府或者有批准权的人民政府批准，可以收回国有土地使用权：①为实施城市规划进行旧城区改建以及其他公共利益需要，确需使用土地的；②土地出让等有偿使用合同约定的使用期限届满，土地使用者未申请续期或者申请续期未获批准的；③因单位撤销、迁移等原因，停止使用原划拨的国有土地的；④公路、铁路、机场、矿场等经核准报废的。《房地产管理法》规定，建设用地使用权人未按合同约定开发土地达一定程度，国家也可以无偿收回建设用地使用权。

（3）国家因公共利益征收土地。建设用地使用权期限届满前，因公共利益需要提前收回该土地的，应当依法对该土地上的房屋以及其他不动产给予补偿，并退还相应的出让金。

（4）土地灭失。土地使用权因土地灭失而终止。在土地全部灭失的情况下，建设用地使用权的标的已经不复存在，权利也应当消灭；在部分灭失的情况下，建设用地使用权就剩余的部分继续存在。

（5）其他消灭事由。建设用地使用权还可以因权利人的抛弃、国家受让建设用地使用权从而发生混同而消灭。但此时，如果该权利为他人权利的标的，则建设用地使用权不能消灭。

2. 建设用地使用权消灭的法律后果

建设用地使用权消灭的法律后果，除了出让人应当及时办理注销登记，登记机构应当收回权属证书以外，最主要的是如何处理该土地上的房屋以及其他不动产。对此，《民法典》确立了以下规则：建设用地使用权期限届满前，因公共利益需要提前收回该土地的，应当依法对该土地上的房屋以及其他不动产给予补偿，并退还相应的出让金。非住宅建设用地使用权期间届满后的续期，依照法律规定办理。该土地上的房屋及其他不动产的归属，有约定的，按照约定；没有约定或者约定不明确的，依照法律、行政法规的规定办理。

3.4 房地产开发与交易

3.4.1 房地产开发

1. 房地产开发

房地产开发，是指在依据本法取得国有土地使用权的土地上进行基础设施、房屋建设的行为。房地产开发必须严格执行城市规划，按照经济效益、社会效益、环境效益相统一的原则，实行全面规划、合理布局、综合开发、配套建设。

以出让方式取得土地使用权进行房地产开发的，必须按照土地使用权出让合同约定的土地用途、动工开发期限开发土地。超过出让合同约定的动工开发日期满1年未动工开发的，可以征收相当于土地使用权出让金20%以下的土地闲置费；满2年未动工开发的，可以无偿收回土地使用权；但是，因不可抗力或者政府、政府有关部门的行为或者动工开发必需的前期工作造成动工开发迟延的除外。房地产开发项目的设计、施工，必须符合国家的有关标准和规范。房地产开发项目竣工，经验收合格后，方可交付使用。

2. 房地产开发企业

房地产开发企业是以营利为目的，从事房地产开发和经营的企业。设立房地产开发企业，应当具备下列条件：（1）有自己的名称和组织机构；（2）有固定的经营场所；（3）有符合国务院规定的注册资本；（4）有足够的专业技术人员；（5）法律、行政法规规定的其他条件。设立房地产开发企业，应当向工商行政管理部门申请设立登记。工商行政管理部门对符合条件的，应当予以登记，发给营业执照；对不符合条件的，不予登记。设立有限责任公司、股份有限公司，从事房地产开发经营的，还应当执行公司法的有关规定。房地产开发企业在领取营业执照后的一个月内，应当到登记机关所在地的县级以上地方人民政府规定的部门备案。

房地产开发企业的注册资本与投资总额的比例应当符合国家有关规定。房地产开发企业分期开发房地产的，分期投资额应当与项目规模相适应，并按照土地使用权出让合同的约定，按期投入资金，用于项目建设。

3.4.2　房地产交易

1. 房地产交易的一般规定

房地产交易，包括房地产转让、房地产抵押和房屋租赁。房地产转让、抵押时，房屋的所有权和该房屋占用范围内的土地使用权同时转让、抵押。

国家实行房地产价格评估制度。房地产价格评估，应当遵循公正、公平、公开的原则，按照国家规定的技术标准和评估程序，以基准地价、标定地价和各类房屋的重置价格为基础，参照当地的市场价格进行评估。国家实行房地产成交价格申报制度。房地产权利人转让房地产，应当向县级以上地方人民政府规定的部门如实申报成交价，不得瞒报或者作不实的申报。

2. 房地产转让

（1）房地产转让的概念

房地产转让，是指房地产权利人通过买卖、赠与或者其他合法方式将其房地产转移给他人的行为。《城市房地产管理法》第三十八条规定，下列房地产，不得转让：①以出让方式取得土地使用权的，不符合《城市房地产管理法》第三十九条规定的条件的；②司法机关和行政机关依法裁定、决定查封或者以其他形式限制房地产权利的；③依法收回土地使用权的；④共有房地产，未经其他共有人书面同意的；⑤权属有争议的；⑥未依法登记领取权属证书的；⑦法律、行政法规规定禁止转让的其他情形。

（2）房地产转让的条件

房地产转让，应当签订书面转让合同，合同中应当载明土地使用权取得的方式。房地产转让时，土地使用权出让合同载明的权利、义务随之转移。以出让方式取得土地使用权的，转让房地产时，应当符合相应的条件；以划拨方式取得土地使用权的，转让房地产时，应当按照国务院规定，报有批准权的人民政府审批。以出让方式取得土地使用权的，转让房地产后，受让人改变原土地使用权出让合同约定的土地用途的，必须取得原出让方和市、县人民政府城市规划行政主管部门的同意，签订土地使用权出让合同变更协议或者重新签订土地使用权出让合同，相应调整土地使用权出让金。

《城市房地产管理法》规定，以出让方式取得土地使用权的，转让房地产时，应当符合下列条件：其一，按照出让合同约定已经支付全部土地使用权出让金，并取得土地使用权证书；其二，按照出让合同约定进行投资开发，属于房屋建设工程的，完成开发投资总额的 25% 以上，属于成片开发土地的，形成工业用地或者其他建设用地条件。转让房地产时房屋已经建成的，还应当持有房屋所有权证书。《城市房地产管理法》规定，以划拨方式取得土地使用权的，转让房地产时，应当按照国务院规定，报有批准权的人民政府审批。有批准权的人民政府准予转让的，应当由受让方办理土地使用权出让手续，并依照国家有关规定缴纳土地使用权出让金。以出让方式取得土地使用权的，转让房地产后，其土地使用权的使用年限为原土地使用权出让合同约定的使用年限减去原土地使用者已经使用年限后的剩余年限。以划拨方式取得土地使用权的，转让房地产报批时，有批准权的人民政府按照国务院规定决定可以不办理土地使用权出让手续的，转让方应当按照国务院规定将转让房地产所获收益中的土地收益上缴国家或者作其他处理。

根据《最高人民法院关于审理涉及国有土地使用权合同纠纷案件适用法律问题的解释》的规定，土地使用权人与受让方订立合同转让划拨土地使用权，起诉前经有批准权的人民政府同意转让，并由受让方办理土地使用权出让手续的，土地使用权人与受让方订立的合同可以按照补偿性质的合同处理。土地使用权人与受让方订立合同转让划拨土地使用权，起诉前经有批准权的人民政府决定不办理土地使用权出让手续，并将该划拨土地使用权直接划拨给受让方使用的，土地使用权人与受让方订立的合同可以按照补偿性质的合同处理。

（3）商品房预售

商品房预售是指房地产开发企业将正在建设中的房屋预先出售给承购人，由承购人支付定金或房价款的行为。商品房预售，应当符合下列条件：①已交付全部土地使用权出让金，取得土地使用权证书；②持有建设工程规划许可证；③按提供预售的商品房计算，投入开发建设的资金达到工程建设总投资的 25% 以上，并已经确定施工进度和竣工交付日期；④向县级以上人民政府房产管理部门办理预售登记，取得商品房预售许可证明。商品房预售实行许可制度。开发企业进行商品房预售，应当向房地产管理部门申请预售许可，取得《商品房预售许可证》。未取得《商品房预售许可证》的，不得进行商品房预售。

商品房预售人应当按照国家有关规定将预售合同报县级以上人民政府房产管理部门和土地管理部门登记备案。商品房预售所得款项，必须用于有关的工程建设。商品房预售的，商品房预购人将购买的未竣工的预售商品房再行转让的问题，由国务院规定。

3. 房地产抵押

房地产抵押，是指抵押人以其合法的房地产以不转移占有的方式向抵押权人提供债务履行担保的行为。债务人不履行债务时，抵押权人有权依法以抵押的房地产拍卖所得的价款优先受偿。依法取得的房屋所有权连同该房屋占用范围内的土地使用权，可以设定抵押权。以出让方式取得的土地使用权，可以设定抵押权。

房地产抵押，抵押人和抵押权人应当签订书面抵押合同。设定房地产抵押权的土地使用权是以划拨方式取得的，依法拍卖该房地产后，应当从拍卖所得的价款中缴纳相当于应缴纳的土地使用权出让金的款额后，抵押权人方可优先受偿。房地产抵押合同签订后，土地上新增的房屋不属于抵押财产。需要拍卖该抵押的房地产时，可以依法将土地上新增的房屋与抵押财产一同拍卖，但对拍卖新增房屋所得，抵押权人无权优先受偿。

4. 房屋租赁

房屋租赁，是指房屋所有权人作为出租人将其房屋出租给承租人使用，由承租人向出租人支付租金的行为。房屋租赁，出租人和承租人应当签订书面租赁合同，约定租赁期限、租赁用途、租赁价格、修缮责任等条款，以及双方的其他权利和义务，并向房产管理部门登记备案。

住宅用房的租赁，应当执行国家和房屋所在城市人民政府规定的租赁政策。租用房屋从事生产、经营活动的，由租赁双方协商议定租金和其他租赁条款。以营利为目的，房屋所有权人将以划拨方式取得使用权的国有土地上建成的房屋出租的，应当将租金中所含土地收益上缴国家。

3.4.3　房地产权属登记管理

国家实行土地使用权和房屋所有权登记发证制度。不动产登记暂行条例规定，国家实行不动产统一登记制度。不动产权利人已经依法享有的不动产权利，不因登记机构和登记程序的改变而受到影响。《不动产登记暂行条例》规定，下列不动产权利，依照本条例的规定办理登记：（1）集体土地所有权；（2）房屋等建筑物、构筑物所有权；（3）森林、林木所有权；（4）耕地、林地、草地等土地承包经营权；（5）建设用地使用权；（6）宅基地使用权；（7）海域使用权；（8）地役权；（9）抵押权；（10）法律规定需要登记的其他不动产权利。

以出让或者划拨方式取得土地使用权，应当向县级以上地方人民政府土地管理部门申请登记，经县级以上地方人民政府土地管理部门核实，由同级人民政府颁发土地使用权证书。在依法取得的房地产开发用地上建成房屋的，应当凭土地使用权证书向县级以上地方人民政府房产管理部门申请登记，由县级以上地方人民政府房产管理部门核实并颁发房屋所有权证书。房地产转让或者变更时，应当向县级以上地方人民政府房产管理部门申请房产变更登记，并凭变更后的房屋所有权证书向同级人民政府土地管理部门申请土地使用权变更登记，经同级人民政府土地管理部门核实，由同级人民政府更换或者更改土地使用权证书。房地产抵押时，应当向县级以上地方人民政府规定的部门办理抵押登记。

第4章 城乡规划法律制度

党的二十大报告指出，"促进区域协调发展。深入实施区域协调发展战略、区域重大战略、主体功能区战略、新型城镇化战略，优化重大生产力布局，构建优势互补、高质量发展的区域经济布局和国土空间体系。""健全主体功能区制度，优化国土空间发展格局。""以城市群、都市圈为依托构建大中小城市协调发展格局，推进以县城为重要载体的城镇化建设。坚持人民城市人民建、人民城市为人民，提高城市规划、建设、治理水平，加快转变超大特大城市发展方式，实施城市更新行动，加强城市基础设施建设，打造宜居、韧性、智慧城市。"城乡规划法律制度应当协调城乡空间布局，改善人居环境，促进城乡经济社会全面协调可持续发展。

4.1 城乡规划与城乡规划法

4.1.1 城乡规划的概念、种类与体系构成

1. 城乡规划的概念

城乡规划是指为了实现一定时期内城市和乡村的经济和社会发展目标，确定城乡的性质、规模和发展方向，合理利用城乡土地，协调城市空间布局和各项建设的综合部署和具体安排。城乡，包括了城市、村庄、集镇三个层面。其中，城市是历史上形成的、具有一定规模的非农业人口聚居的地域单元，它是国家或者地区的政治、经济、文化中心，包括国家按行政建制设立的直辖市、市、建制镇。村庄是指农村村民居住和从事各种生产的聚居点；集镇是指乡、民族乡人民政府所在地和经县级人民政府确认由集市发展而形成的作为农村一定区域经济文化和生活服务中心的非建制镇。

城乡规划是城乡建设和城乡管理的基本依据，是保证城乡土地合理利用和城乡生产、生活协调运行的重要手段。实践证明，要把城乡建设好、管理好首先必须把城乡规划好。只有科学合理地编制城乡规划，明确城乡的发展方向，发展格局，通过规划指导建设和管理，在规划的引导和控制下，逐步实现城乡经济和社会发展目标。因此，在城乡建设过程中，城乡规划始终处于"龙头"的重要地位。

与城乡规划相关的一个重要概念是规划区。根据《城乡规划法》第二条规定，规划区是指城市、镇和村庄的建成区以及因城乡建设和发展需要，必须实行规划控制的区域。规划区的具体范围由有关人民政府在组织编制的城市总体规划、镇总体规划、乡规划和村庄规划中，根据城乡经济社会发展水平和统筹城乡发展的需要划定。规划区内的各项建设必须依照既定的城乡规划有序进行。

2. 城乡规划的种类

（1）城镇体系规划

城镇体系规划是指一定地域范围内，以区域生产力合理布局和城镇职能分工为依据，

确定不同人口规模等级和职能分工的城镇的分布和发展规划。城镇体系规划分为全国城镇体系规划、省域城镇体系规划、市域（镇域）城镇体系规划以及县域城镇体系规划。省域城镇体系规划是省、自治区人民政府实施城乡规划管理，合理配置省域空间资源，优化城乡空间布局，统筹基础设施和公共设施建设的基本依据，是落实全国城镇体系规划，引导本省、自治区城镇化和城镇发展，指导下层次规划编制的公共政策。

（2）城市总体规划和镇总体规划

城市总体规划是一定时期内城市发展目标、发展规模、土地利用、空间布局以及各项建设的综合部署和实施措施，是引导和调控城市建设，保护和管理城市空间资源的重要依据和手段。

镇总体规划包括县人民政府所在地镇的总体规划和其他镇的总体规划。镇总体规划是对镇行政区内的土地利用、空间布局以及各项建设的综合部署，是管制空间资源开发、保护生态环境和历史文化遗产、创造良好生活生产环境的重要手段，在指导镇的科学建设、有序发展，充分发挥规划的协调和社会服务等方面具有先导作用。

（3）详细规划

详细规划是以总体规划为依据，详细规划建设用地的各项控制指标和其他规划管理要求或者直接对建设作出具体的安排和规划设计。详细规划分为控制性详细规划和修建性详细规划。控制性详细规划是以总体规划为依据，确定建设地区的土地使用性质和使用强度的控制指标、道路和工程管线控制性位置以及空间环境控制的规划要求。修建性详细规划是以总体规划和控制性详细规划为依据，制定用以指导各项建筑和工程建设的设计和施工的规划设计。

（4）近期建设规划和专项规划

近期建设规划是根据城市总体规划、镇总体规划、土地利用总体规划和年度计划以及国民经济和社会发展规划，对短期内建设目标、发展布局和主要建设项目的实施所作的安排。

专项规划是在总体规划的指导下，为更有效实施规划意图，对城乡建设要素中系统性强、关联度大的内容或对城乡整体、长期发展影响比较深远的建设项目进行的规划。

3. 城乡规划的体系构成

《城乡规划法》第二条规定，本法所称城乡规划，包括城镇体系规划、城市规划、镇规划、乡规划和村庄规划。城市规划、镇规划分为总体规划和详细规划。详细规划分为控制性详细规划和修建性详细规划。第十二条、第十三条又规定了全国城镇体系规划和省域城镇体系规划。第三十四条还规定了近期建设规划。这些共同形成了法定的城乡规划体系。城乡规划体系由上述各项规划有机组成，如图4-1所示。

4.1.2 城乡规划与相关规划的关系

《城乡规划法》规定，城市总体规划、镇总体规划以及乡规划和村庄规划的编制，应当依据国民经济和社会发展规划，并与土地利用总体规划相衔接。

1. 城乡规划与国民经济和社会发展计划

城市总体规划、镇总体规划以及乡规划和村庄规划的编制，应当依据国民经济和社会发展规划相衔接。因此，编制城乡规划除依据当地的自然条件、资源条件、历史情况、现状特点外，还要依据城乡的国民经济和社会发展计划。国民经济和社会发展长远计划，或

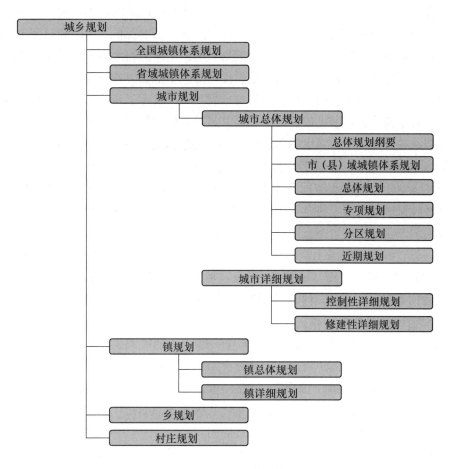

图 4-1　城乡规划的体系构成

者称之为城乡发展战略，或者称之为城乡发展大纲，是城乡规划确定的建设项目得以实施的保证。因此，城乡规划确定的近期需要建设的城乡基础设施项目，应当列入五年计划和年度计划，按照基本建设规定的程序有计划、分期分批地实施。

2. 城乡规划与土地利用总体规划

土地利用总体规划是在一定区域内，根据国家社会经济可持续发展的要求和当地自然、经济、社会条件，对土地的开发、利用、治理、保护在空间上、时间上所作的总体安排和布局，是国家实行土地用途管制的基础。《土地管理法》规定，各级人民政府应当依据国民经济和社会发展规划、国土整治和资源环境保护的要求、土地供给能力以及各项建设对土地的需求，组织编制土地利用总体规划。土地利用总体规划的规划期限由国务院规定。城市总体规划、村庄和集镇规划，应当与土地利用总体规划相衔接，城市总体规划、村庄和集镇规划中建设用地规模不得超过土地利用总体规划确定的城市和村庄、集镇建设用地规模。在城市规划区内、村庄和集镇规划区内，城市和村庄、集镇建设用地应当符合城市规划、村庄和集镇规划。

3. 城乡规划与国土空间规划

《土地管理法》规定，国家建立国土空间规划体系。经依法批准的国土空间规划是各类开发、保护、建设活动的基本依据。已经编制国土空间规划的，不再编制土地利用总体规划和城乡规划。国土空间规划是对一定区域国土空间开发保护在空间和时间上作出的安排，包括总体规划、详细规划和相关专项规划。国土空间规划是国家空间发展的指南、可持续发展的空间蓝图，是各类开发保护建设活动的基本依据。各级各类空间规划在支撑城镇化快速发展、促进国土空间合理利用和有效保护方面发挥了积极作用，但也存在规划类型过多、内容重叠冲突，审批流程复杂、周期过长，地方规划朝令夕改等问题。建立国土空间规划体系并监督实施，将主体功能区规划、土地利用规划、城乡规划等空间规划融合为统一的国土空间规划，实现"多规合一"，强化国土空间规划对各专项规划的指导约束作用，整体谋划新时代国土空间开发保护格局，综合考虑人口分布、经济布局、国土利用、生态环境保护等因素，科学布局生产空间、生活空间、生态空间，有利于形成绿色生产方式和生活方式，推进生态文明建设，建设美丽中国。

国家、省、市县编制国土空间总体规划，各地结合实际编制乡镇国土空间规划。相关专项规划是指在特定区域（流域）、特定领域，为体现特定功能，对空间开发保护利用作出的专门安排，是涉及空间利用的专项规划。国土空间总体规划是详细规划的依据、相关专项规划的基础；相关专项规划要相互协同，并与详细规划做好衔接。全国国土空间规划是对全国国土空间作出的全局安排，是全国国土空间保护、开发、利用、修复的政策和总纲，侧重战略性。省级国土空间规划是对全国国土空间规划的落实，指导市县国土空间规划编制，侧重协调性。市县和乡镇国土空间规划是本级政府对上级国土空间规划要求的细化落实，是对本行政区域开发保护作出的具体安排，侧重实施性。下级国土空间规划要服从上级国土空间规划，相关专项规划、详细规划要服从总体规划；坚持先规划、后实施，不得违反国土空间规划进行各类开发建设活动；坚持"多规合一"，不在国土空间规划体系之外另设其他空间规划。相关专项规划的有关技术标准应与国土空间规划衔接。

4.1.3 城乡规划法的概念与适用范围

1. 城乡规划法与城乡规划法的体系

城乡规划法有广义狭义之分。广义的城乡规划法是指国家制定和认可的，旨在调整城乡规划活动中发生的各种社会关系的法律规范的总称。狭义的城乡规划法是指《城乡规划法》这部法律。

1989 年 12 月，第七届全国人民代表大会常务委员会通过了《城市规划法》，随后，国务院及建设行政主管部门相继发布了关于城市规划方面的行政法规、部门规章等，主要包括《村庄和集镇规划建设管理条例》《城市规划编制办法》《城市国有土地使用权出让转让规划管理办法》《城镇体系规划编制审批办法》等。2007 年 10 月 28 日，第十届全国人大常委会通过了《城乡规划法》。《城乡规划法》的颁布实施，标志着我国长期以来实行的"城乡二元结构"的规划制度变为城乡统筹的规划制度，进入了城乡一体化的规划管理时代。全国人民代表大会常务委员会分别在 2015 年和 2019 年对《城乡规划法》进行了修正。目前，我国规制城乡规划的规范性法律文件主要有法律、行政法规、部门规章等形式，详细情况见表 4-1；另外，还有一些地方性法规和地方政府规章。

城乡规划相关法律文件一览表　　　　　　　　　　　　表 4-1

法律文件名称	简称	施行时间	修订	性质
《中华人民共和国城乡规划法》	《城乡规划法》	2008 年 1 月 1 日	2015 年 4 月 24 日第一次修正 2019 年 4 月 23 日第二次修正	法律
《村庄和集镇规划建设管理条例》	国务院令第 116 号	1993 年 11 月 1 日	2017 年 3 月 1 日第一次修订 2018 年 3 月 19 日第二次修订 2019 年 3 月 2 日第三次修订	行政法规
《历史文化名城名镇名村保护条例》	国务院令第 524 号	2008 年 7 月 1 日	2017 年 10 月 7 日修订	行政法规
《风景名胜区条例》	国务院令第 474 号	2006 年 12 月 1 日	2016 年 2 月 6 日修订	行政法规
《城市规划编制办法》	建设部令第 146 号	2006 年 4 月 1 日		部门规章
《省域城镇体系规划编制审批办法》	住房和城乡建设部令第 3 号	2010 年 7 月 1 日		部门规章
《历史文化名城名镇名村街区保护规划编制审批办法》	住房和城乡建设部令第 20 号	2014 年 12 月 29 日		部门规章
《城市国有土地使用权出让转让规划管理办法》	建设部令第 22 号	1993 年 1 月 1 日	2011 年 1 月 26 日修订	部门规章
《建制镇规划建设管理办法》	建设部令第 44 号	1995 年 7 月 1 日	2011 年 1 月 26 日修订	部门规章
《城市地下空间开发利用管理规定》	建设部令第 58 号	1997 年 12 月 1 日	2001 年 11 月 20 日修订	部门规章
《城市抗震防灾规划管理规定》	建设部令第 117 号	2003 年 11 月 1 日	2011 年 1 月 26 日修订	部门规章
《城市绿线管理办法》	建设部令第 112 号	2002 年 9 月 13 日	2011 年 1 月 26 日修订	部门规章
《城市紫线管理办法》	建设部令第 119 号	2004 年 2 月 1 日	2011 年 1 月 26 日修订	部门规章
《城市蓝线管理办法》	建设部令第 145 号	2006 年 3 月 1 日	2011 年 1 月 26 日修订	部门规章
《城市黄线管理办法》	建设部令第 144 号	2006 年 3 月 1 日	2011 年 1 月 26 日修订	部门规章
《城市、镇控制性详细规划编制审批办法》	住房和城乡建设部令第 7 号	2011 年 1 月 1 日		部门规章
《城乡规划违法违纪行为处分办法》	监察部人力资源和社会保障部住房和城乡建设部令第 29 号	2013 年 1 月 1 日		部门规章
《村镇规划编制办法（试行）》	建村〔2000〕36 号	2000 年 2 月 1 日		规范性文件
《城市规划编制办法实施细则》	建规字第 333 号	1995 年 6 月 8 日		规范性文件

法律文件名称	简称	施行时间	修订	性质
《建设项目选址规划管理办法》	建规〔1991〕583 号	1991 年 8 月 23 日		规范性文件
《关于城乡规划公开公示的规定》	建规〔2013〕166 号	2013 年 11 月 26 日		规范性文件

2. 城乡规划法的适用范围

（1）城乡的含义

按照国家有关划分城乡标准的规定，直辖市、设市城乡、建制镇属于城市的范畴。因此，城乡规划法所规定的城市是指按国家行政建制设立的直辖市、市、镇。其中镇不是指以镇一词命名的自然村，建制镇主要有县人民政府所在地的镇和其他县以下的镇。1982年《宪法》明确了乡是我国最低级别的行政区划单位。乡与镇是同一级别的行政区划单位。在我国的城市化过程中，逐步推行撤乡建镇。我国的建制镇数量较多，其规模、发展水平差异较大，但从性质上说，都是城乡型居民点，都是一定区域内政治或经济或交通或文化的中心。从城乡化的趋势及发展上看，为了避免建制镇的盲目发展，浪费土地、布局混乱，环境污染，要求其编制城乡规划，按规划进行建设是非常必要的。

（2）城乡规划法适用的地域范围

制定和实施城乡规划，在规划区内进行建设活动，必须遵守《城乡规划法》。城乡规划法地域上的适用范围是指规划区。规划区的具体范围由有关人民政府在组织编制的城市总体规划、镇总体规划、乡规划和村庄规划中，根据城乡经济社会发展水平和统筹城乡发展的需要划定。

（3）城乡规划法约束的行为范畴

从规划实施管理的角度，城乡规划法约束的行为范畴主要是制定和实施城乡规划，在城乡规划区内的土地利用和各项建设。① 土地利用活动。城乡土地是指各项城乡建设用地，土地利用也就是利用土地进行城乡建设的活动。城乡土地包括国有土地和城乡规划区内的集体土地。城乡规划区内各项建设必须符合城乡规划，服从规划管理。② 各项建设活动。所谓各项建设是指与城乡规划管理有关各项建设，包括以新建、扩建、改建的方式进行各类房屋的建设；城乡道路、桥梁、地铁、港口、机场及附属设施等城乡基础的建设；各类防灾工程、绿化工程及其他工程的建设。在城乡规划区进行土地利用和各项建设活动的有关部门、单位和个人，其活动必须符合城乡规划，并服从城乡规划主管部门的规划管理。

4.2　城乡规划的制定与修改制度

4.2.1　制定和实施城乡规划的基本原则

《城乡规划法》规定，制定和实施城乡规划，应当遵循城乡统筹、合理布局、节约土地、集约发展和先规划后建设的原则，改善生态环境，促进资源、能源节约和综合利用，保护耕地等自然资源和历史文化遗产，保持地方特色、民族特色和传统风貌，防止污染和其他公害，并符合区域人口发展、国防建设、防灾减灾和公共卫生、公共安全的需要。在规划区内进行建设活动，应当遵守土地管理、自然资源和环境保护等法律、法规的规定。县级以上地方人民政府应当根据当地经济社会发展的实际，在城市总体规划、镇总体规划中合理确定城市、镇的发展规模、步骤和建设标准。因此在制定和实施城乡规划应当遵循以下原则：

1. 城乡统筹原则

《城乡规划法》第二条规定，城乡规划包括城镇体系规划、城市规划、镇规划、乡规划和村庄规划。在第十三条、第十七条、第十八条中明确了上述规划的内容，建立了城乡统筹的城乡规划体系，体现了党的十七大提出的"城乡、区域协调互动发展机制基本形成"的目标要求，有利于在规划的制定和实施过程中将城市、镇、乡和村庄的发展统筹考虑，促进城乡居民享受公共服务的均衡化。城乡规划编制单位必须按照城乡统筹的要求，根据各类规划的内容要求与特点，认真编制好相关规划。

2. 合理布局原则

合理布局是城乡规划制定和实施的重要内容。《城乡规划法》明确省域城镇体系规划要有城镇空间布局和规模控制内容，城市和镇总体规划要有城市、镇的发展布局、功能分区、用地布局的内容。编制城乡规划，要从实现空间资源的优化配置，维护空间资源利用的公平性，促进能源资源的节约和利用，保障城市运行安全和效率方面，综合研究城镇布局问题，促进大中小城市和小城镇协调发展，促进城市、镇、乡和村庄的有序健康发展。

3. 节约土地原则

《城乡规划法》第四条规定，在规划区内进行建设活动，应当遵守土地管理、自然资源和环境保护等法律、法规的规定。要切实改变铺张浪费的用地观念和用地结构不合理的状况，始终把节约和集约利用土地、严格保护耕地作为城乡规划制定与实施的重要目标，要根据产业结构调整的目标要求，合理调整用地结构，提高土地利用效益，促进产业协调发展。

4. 集约发展原则

党的十七大提出"建设生态文明，基本形成节约能源资源和保护生态环境的产业结构、增长方式、消费模式"。编制城乡规划，必须充分认识我国长期面临的资源短缺约束和环境容量压力的基本国情，认真分析城镇发展的资源环境条件，推进城镇发展方式从粗放型向集约型转变，建设资源节约环境友好型城镇，增强可持续发展能力。

5. 先规划后建设原则

坚持"先规划后建设"，是《城乡规划法》确定的基本原则。这是根据我国城乡建设快速发展的实际，从保障城镇发展的目标出发而提出的。坚持这一原则，一是各级人民政府及其城乡规划主管部门要严格依据法定的事权，及时制定城乡规划、加强规划的实施管理与监督；二是要严格依据法定程序制定和修改城乡规划，保证法定规划的严肃性；三是要严格依据法律规定，充分发挥法定规划对土地使用的指导和调控，促进城乡社会有序发展。

4.2.2 城乡规划编制的依据

1. 依据已经批准的上一层次城乡规划

我国的城乡规划由不同等级层次的具体规划组成，一般来说，已经批准的上一层次城乡规划是编制下一层次规划的依据。国务院城乡规划主管部门会同国务院有关部门组织编制全国城镇体系规划，用于指导省域城镇体系规划、城市总体规划的编制。城市人民政府城乡规划主管部门根据城市总体规划的要求，组织编制城市的控制性详细规划。镇人民政府根据镇总体规划的要求，组织编制镇的控制性详细规划，报上一级人民政府审批。具体层次体系如图 4-2 所示：

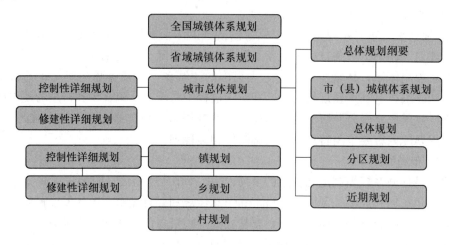

图 4-2　城乡规划的层次

2. 依据相关法律规范及技术规范与标准

城乡规划是一项涉及面广、综合性强的系统工作，制定城乡规划，除依据《城乡规划法》外，还应依据关于城乡建设的其他法律规范，如《土地管理法》《水法》《环境保护法》《森林法》《防震减灾法》等一系列法律、法规、规章等。除依据法律规范外，《城乡规划法》规定，编制城乡规划必须遵守国家有关标准，也即编制城乡规划应当依据有关技术规范与标准。目前，我国城乡规划的标准和技术规范分为两个层次：第一层次是与城乡规划相关的国家和部级标准与规范，如《城市规划基本术语标准》《城市用地分类与规划建设用地标准》等；第二层次是省、自治区、直辖市及国务院确定较大的城市根据当地的实际情况颁布的地方性标准与技术规范，如《上海市城市规划管理技术规定》《深圳市城市规划标准与准则》等。

3. 依据勘察、测绘、气象、地震、水文、环境等基础资料

《城乡规划法》规定，编制城乡规划，应当具备国家规定的勘察、测绘、气象、地震、水文、环境等基础资料。县级以上地方人民政府有关主管部门应当根据编制城乡规划的需要，及时提供有关基础资料。

4. 其他依据

（1）国民经济和社会发展规划

《城乡规划法》规定，城市总体规划、镇总体规划以及乡规划和村庄规划的编制，应当依据国民经济和社会发展规划。国民经济和社会发展规划是全国或者某一地区经济、社会发展的总体纲要，是具有战略意义的指导性规则，因此它也是城乡规划制定的依据。城市、县、镇人民政府应当根据国民经济和社会发展规划，制定近期建设规划。另外规定近期建设规划的规划期限为五年，这与国民经济和社会发展规划的期限一致。

（2）土地利用总体规划

《城乡规划法》规定，城市总体规划、镇总体规划以及乡规划和村庄规划的编制，应当与土地利用总体规划相衔接。土地利用总体规划是在一定区域内，根据国家社会经济可持续发展的要求和当地自然、经济、社会条件，对土地的开发、利用、治理、保护在空间上、时间上所作的总体安排和布局，是国家实行土地用途管制的基础。土地是国家发展的最基本的物质基础，城乡建设离不开土地，我国现在人均土地资源相对较少，土地利用总体规划是国家发展战略规划的重点，因此，城乡规划中的土地利用方面的规划必须与土地利用总体规划协调。

（3）党和国家的方针政策等

城乡规划是政治、经济、文化、社会等各方面发展的综合体现，要体现与落实党和国家的政策。城乡规划具有很强的公共政策属性，规划编制本身也是一种政策性很强的工作。因此，城乡规划编制中的重大问题必须依据党和国家的方针政策。城乡规划具有很强的属地特征，是地方政府制定公共政策的重要依据，在城乡规划编制中，必须充分体现政府对经济和社会发展的意见，必须与地方的国民经济和社会发展规划相衔接。

4.2.3 城乡规划的制定

1. 城镇体系规划的编制

国务院城乡规划主管部门会同国务院有关部门组织编制全国城镇体系规划，用于指导省域城镇体系规划、城市总体规划的编制。全国城镇体系规划由国务院城乡规划主管部门报国务院审批。

省、自治区人民政府组织编制省域城镇体系规划，报国务院审批。省、自治区人民政府组织编制的省域城镇体系规划，在报上一级人民政府审批前，应当先经本级人民代表大会常务委员会审议，常务委员会组成人员的审议意见交由本级人民政府研究处理。规划的组织编制机关报送审批省域城镇体系规划，应当将本级人民代表大会常务委员会组成人员或者镇人民代表大会代表的审议意见和根据审议意见修改规划的情况一并报送。

2. 城市总体规划和镇总体规划的编制

城市人民政府组织编制城市总体规划。直辖市的城市总体规划由直辖市人民政府报国务院审批。省、自治区人民政府所在地的城市以及国务院确定的城市的总体规划，由省、自治区人民政府审查同意后，报国务院审批。其他城市的总体规划，由城市人民政府报省、自治区人民政府审批。县人民政府组织编制县人民政府所在地镇的总体规划，报上一级人民政府审批。其他镇的总体规划由镇人民政府组织编制，报上一级人民政府审批。

城市、县人民政府组织编制的总体规划，在报上一级人民政府审批前，应当先经本级人民代表大会常务委员会审议，常务委员会组成人员的审议意见交由本级人民政府研究处理。镇人民政府组织编制的镇总体规划，在报上一级人民政府审批前，应当先经镇人民代表大会审议，代表的审议意见交由本级人民政府研究处理。规划的组织编制机关报送审批城市总体规划或者镇总体规划，应当将本级人民代表大会常务委员会组成人员或者镇人民代表大会代表的审议意见和根据审议意见修改规划的情况一并报送。

3. 详细规划的编制

城市人民政府城乡规划主管部门根据城市总体规划的要求，组织编制城市的控制性详细规划，经本级人民政府批准后，报本级人民代表大会常务委员会和上一级人民政府备案。

镇人民政府根据镇总体规划的要求，组织编制镇的控制性详细规划，报上一级人民政府审批。县人民政府所在地镇的控制性详细规划，由县人民政府城乡规划主管部门根据镇总体规划的要求组织编制，经县人民政府批准后，报本级人民代表大会常务委员会和上一级人民政府备案。

城市、县人民政府城乡规划主管部门和镇人民政府可以组织编制重要地块的修建性详细规划。修建性详细规划应当符合控制性详细规划。

4. 乡规划和村庄规划

乡规划、村庄规划应当从农村实际出发，尊重村民意愿，体现地方和农村特色。乡、镇人民政府组织编制乡规划、村庄规划，报上一级人民政府审批。村庄规划在报送审批前，应当经村民会议或者村民代表会议讨论同意。

5. 风景名胜区规划

风景名胜区规划分为总体规划和详细规划。风景名胜区总体规划的编制，应当体现人与自然和谐相处、区域协调发展和经济社会全面进步的要求，坚持保护优先、开发服从保护的原则，突出风景名胜资源的自然特性、文化内涵和地方特色。风景名胜区详细规划应当根据核心景区和其他景区的不同要求编制，确定基础设施、旅游设施、文化设施等建设项目的选址、布局与规模，并明确建设用地范围和规划设计条件。风景名胜区详细规划，应当符合风景名胜区总体规划。

国家级风景名胜区规划由省、自治区人民政府建设主管部门或者直辖市人民政府风景名胜区主管部门组织编制。省级风景名胜区规划由县级人民政府组织编制。

国家级风景名胜区的总体规划，由省、自治区、直辖市人民政府审查后，报国务院审批。国家级风景名胜区的详细规划，由省、自治区人民政府建设主管部门或者直辖市人民政府风景名胜区主管部门报国务院建设主管部门审批。省级风景名胜区的总体规划，由省、自治区、直辖市人民政府审批，报国务院建设主管部门备案。省级风景名胜区的详细规划，由省、自治区人民政府建设主管部门或者直辖市人民政府风景名胜区主管部门审批。

6. 历史文化名城、名镇、名村保护规划

历史文化名城批准公布后，历史文化名城人民政府应当组织编制历史文化名城保护规划。历史文化名镇、名村批准公布后，所在地县级人民政府应当组织编制历史文化名镇、名村保护规划。保护规划应当自历史文化名城、名镇、名村批准公布之日起1年内编制完成。

保护规划报送审批前，保护规划的组织编制机关应当广泛征求有关部门、专家和公众的意见；必要时，可以举行听证。保护规划报送审批文件中应当附具意见采纳情况及理由；经听证的，还应当附具听证笔录。

保护规划由省、自治区、直辖市人民政府审批。保护规划的组织编制机关应当将经依法批准的历史文化名城保护规划和中国历史文化名镇、名村保护规划，报国务院建设主管部门和国务院文物主管部门备案。保护规划的组织编制机关应当及时公布经依法批准的保护规划。

4.2.4 城乡规划的内容

1. 省域城镇体系规划的内容

省域城镇体系规划的内容应当包括：城镇空间布局和规模控制，重大基础设施的布局，为保护生态环境、资源等需要严格控制的区域。

2. 城镇总体规划的内容

城市总体规划、镇总体规划的内容应当包括：城市、镇的发展布局，功能分区，用地布局，综合交通体系，禁止、限制和适宜建设的地域范围，各类专项规划等。规划区范围、规划区内建设用地规模、基础设施和公共服务设施用地、水源地和水系、基本农田和绿化用地、环境保护、自然与历史文化遗产保护以及防灾减灾等内容，应当作为城市总体规划、镇总体规划的强制性内容。

3. 详细规划的内容

控制性详细规划应当包括下列基本内容：（1）土地使用性质及其兼容性等用地功能控制要求；（2）容积率、建筑高度、建筑密度、绿地率等用地指标；（3）基础设施、公共服务设施、公共安全设施的用地规模、范围及具体控制要求，地下管线控制要求；（4）基础设施用地的控制界线（黄线）、各类绿地范围的控制线（绿线）、历史文化街区和历史建筑的保护范围界线（紫线）、地表水体保护和控制的地域界线（蓝线）等"四线"及控制要求。

修建性详细规划应当包括下列内容：（1）建设条件分析及综合技术经济论证；（2）建筑、道路和绿地等的空间布局和景观规划设计，布置总平面图；（3）对住宅、医院、学校和托幼等建筑进行日照分析；（4）根据交通影响分析，提出交通组织方案和设计；（5）市政工程管线规划设计和管线综合；（6）竖向规划设计；（7）估算工程量、拆迁量和总造价，分析投资效益。

4. 乡村规划的内容

乡规划、村庄规划的内容应当包括：规划区范围，住宅、道路、供水、排水、供电、垃圾收集、畜禽养殖场所等农村生产、生活服务设施、公益事业等各项建设的用地布局、建设要求，以及对耕地等自然资源和历史文化遗产保护、防灾减灾等的具体安排。乡规划还应当包括本行政区域内的村庄发展布局。

5. 风景名胜区总体规划的内容

风景名胜区总体规划应当包括下列内容：（1）风景资源评价；（2）生态资源保护措施、重大建设项目布局、开发利用强度；（3）风景名胜区的功能结构和空间布局；（4）禁止开发和限制开发的范围；（5）风景名胜区的游客容量；（6）有关专项规划。风景名胜区应当自设立之日起2年内编制完成总体规划。总体规划的规划期一般为20年。

6. 历史文化名城、名镇、名村保护规划的内容

保护规划应当包括下列内容：（1）保护原则、保护内容和保护范围；（2）保护措施、开发强度和建设控制要求；（3）传统格局和历史风貌保护要求；（4）历史文化街区、名镇、名村的核心保护范围和建设控制地带；（5）保护规划分期实施方案。

4.2.5 城乡规划的期限

《城乡规划法》规定，城市总体规划、镇总体规划的规划期限一般为20年，城市总体规划还应当对城市更长远的发展作出预测性安排，近期建设规划的规划期限为5年。

《村镇规划编制办法》（试行）规定，村镇总体规划的期限一般为 10 年至 20 年；村镇建设规划的期限一般为 10 年至 20 年，宜与总体规划一致；村镇近期建设规划的期限一般为 3 年至 5 年。

《历史文化名城名镇名村保护条例》规定，历史文化名城、名镇保护规划的规划期限应当与城市、镇总体规划的规划期限相一致；历史文化名村保护规划的规划期限应当与村庄规划的规划期限相一致。

4.2.6　城乡规划的修改

1. 省域城镇体系规划、城市总体规划及镇总体规划修改

省域城镇体系规划、城市总体规划、镇总体规划的组织编制机关，应当组织有关部门和专家定期对规划实施情况进行评估，并采取论证会、听证会或者其他方式征求公众意见。组织编制机关应当向本级人民代表大会常务委员会、镇人民代表大会和原审批机关提出评估报告并附具征求意见的情况。

有下列情形之一的，组织编制机关方可按照规定的权限和程序修改省域城镇体系规划、城市总体规划、镇总体规划：（1）上级人民政府制定的城乡规划发生变更，提出修改规划要求的；（2）行政区划调整确需修改规划的；（3）因国务院批准重大建设工程确需修改规划的；（4）经评估确需修改规划的；（5）城乡规划的审批机关认为应当修改规划的其他情形。

修改省域城镇体系规划、城市总体规划、镇总体规划前，组织编制机关应当对原规划的实施情况进行总结，并向原审批机关报告；修改涉及城市总体规划、镇总体规划强制性内容的，应当先向原审批机关提出专题报告，经同意后，方可编制修改方案。修改后的省域城镇体系规划、城市总体规划、镇总体规划，应当依照《城乡规划法》规定的审批程序报批。

2. 控制性详细规划修改

修改控制性详细规划的，组织编制机关应当对修改的必要性进行论证，征求规划地段内利害关系人的意见，并向原审批机关提出专题报告，经原审批机关同意后，方可编制修改方案。修改后的控制性详细规划，应当依照《城乡规划法》第十九条、第二十条规定的控制性详细规划制定的审批程序报批。控制性详细规划修改涉及城市总体规划、镇总体规划的强制性内容的，应当先修改总体规划。

3. 乡规划、村庄规划的修改

修改乡规划、村庄规划的，应当依照《城乡规划法》第二十二条规定的乡规划、村庄规划制定的审批程序报批。

4. 近期建设规划的修改

城市、县、镇人民政府修改近期建设规划的，应当将修改后的近期建设规划报总体规划审批机关备案。

5. 风景名胜区规划的修改

经批准的风景名胜区规划不得擅自修改。确需对风景名胜区总体规划中的风景名胜区范围、性质、保护目标、生态资源保护措施、重大建设项目布局、开发利用强度以及风景名胜区的功能结构、空间布局、游客容量进行修改的，应当报原审批机关批准；对其他内容进行修改的，应当报原审批机关备案。风景名胜区详细规划确需修改的，应当报原审批

机关批准。风景名胜区总体规划的规划期届满前2年，规划的组织编制机关应当组织专家对规划进行评估，作出是否重新编制规划的决定。在新规划批准前，原规划继续有效。

6. 历史文化名城、名镇、名村保护规划的修改

《历史文化名城名镇名村保护条例》规定，经依法批准的保护规划，不得擅自修改；确需修改的，保护规划的组织编制机关应当向原审批机关提出专题报告，经同意后，方可编制修改方案。修改后的保护规划，应当按照原审批程序报送审批。

7. 城乡规划修改补偿制度

《城乡规划法》规定，在选址意见书、建设用地规划许可证、建设工程规划许可证或者乡村建设规划许可证发放后，因依法修改城乡规划给被许可人合法权益造成损失的，应当依法给予补偿。经依法审定的修建性详细规划、建设工程设计方案的总平面图不得随意修改；确需修改的，城乡规划主管部门应当采取听证会等形式，听取利害关系人的意见；因修改给利害关系人合法权益造成损失的，应当依法给予补偿。

《风景名胜区条例》规定，政府或者政府部门修改风景名胜区规划对公民、法人或者其他组织造成财产损失的，应当依法给予补偿。

4.3 城乡规划的实施制度

4.3.1 城乡规划实施制度的概述

1. 行政许可与城乡规划的实施

行政许可，是指行政机关根据公民、法人或者其他组织的申请，经依法审查，准予其从事特定活动的行为。设定和实施行政许可，应当遵循公开、公平、公正、非歧视的原则。城乡规划实施，指的是城乡规划行政主管部门根据城乡规划法律规范和已批准的城乡规划，对城乡规划区内各项建设用地和建设活动进行规划审查，并核发规划许可的行政行为❶。因此，城乡规划的实施是把城乡规划的内容付诸现实的活动。城乡规划的实施通过对建设项目的规划许可得以完成。《城乡规划法》规定了城乡规划实施管理中，建设项目选址管理、建设用地规划管理和建设工程规划管理，必须由城乡规划主管部门核发选址意见书、建设用地规划许可证、建设工程规划许可证和乡村建设规划许可证的法律制度，也即规划许可制度。城乡规划主管部门根据依法审批的城乡规划和有关法律规范，通过规划许可制度，对各项建设用地和各类工程建设进行组织、控制、引导和协调，将其纳入城乡规划的轨道。城乡规划实施管理行政许可主要表现为"一书三证"。1984年1月5日，国务院《城市规划条例》以行政法规的形式，对建设用地许可、临时用地许可、建设工程许可及改变地形地貌活动的许可做出了规定，在此基础上，《城市规划法》规定了"一书两证"的规划许可制度，即城市建设项目的规划管理要求核准建设方的选址意见书、建设用地规划许可证、建设工程规划许可证。《城乡规划法》规定我国城镇规划实施管理实行"一书两证"的规划管理制度，即依法核发选址意见书、建设用地规划许可证、建设工程规划许可证；乡村规划实施管理实行"乡村建设规划许可证"的规划管理制度。"一书三证"构成了我国城乡规划实施管理的主要法定手段和形式，依法核发"一书三证"是《城

---

❶ 耿毓修. 城市规划管理与法规 [M]. 南京：东南大学出版社，2004：120.

乡规划法》赋予城乡规划行政主管部门的法定职责，各类建设工程必须严格实行规划许可制度，不得以政府文件、会议纪要、领导批示等形式取代。这一许可制度是确保开发建设符合规划的关键环节，基本上保证了规划区内的土地利用和各项建设依照规划实施，避免了城市混乱无序发展。

2. 地方各级人民政府实施城乡规划时应遵守的原则

《城乡规划法》第二十八条规定了保障城乡规划实施的基本原则，即地方各级人民政府应当根据当地经济社会发展水平，量力而行，尊重群众意愿，有计划、分步骤地组织实施城乡规划。《城乡规划法》第二十九条的规定，城市的建设和发展，应当优先安排基础设施以及公共服务设施的建设，妥善处理新区开发与旧区改建的关系，统筹兼顾进城务工人员生活和周边农村经济社会发展、村民生产与生活的需要。镇的建设和发展，应当结合农村经济社会发展和产业结构调整，优先安排供水、排水、供电、供气、道路、通信、广播电视等基础设施和学校、卫生院、文化站、幼儿园、福利院等公共服务设施的建设，为周边农村提供服务。乡、村庄的建设和发展，应当因地制宜、节约用地，发挥村民自治组织的作用，引导村民合理进行建设，改善农村生产、生活条件。地方各级人民政府实施城乡规划时应当遵守的原则主要有❶：

（1）应当根据当地经济社会发展水平实施城乡规划的原则

经济社会发展水平，是指地方各级人民政府管辖范围内的社会生产力发展水平以及由生产力发展水平所决定的产业结构的基本情况、当地市场的发育情况。当地市场的发育情况与当地的经济社会发展水平有着密切的联系。地方的经济社会发展水平是确保城乡规划得以全面实施的重要条件。因此，本原则是城乡规划实施的一条总原则。科学的城乡规划体现了党的十七大提出的"城乡、区域协调互动发展机制基本形成"的目标要求。各地在制定城乡规划的过程中应统筹考虑城市、镇、乡和村庄发展，根据各类规划的内容要求和特点，编制好相关规划。实施城乡规划时，要根据城乡特点，强化对乡村规划建设的管理，完善乡村规划许可制度，坚持便民利民和以人为本。

（2）量力而行的原则

本原则指的是，指的是地方各级人民政府实施城乡规划时，在当地经济社会发展水平的情况下，根据本地区的人力、物力、财力等实际情况，实事求是地提出实施城乡规划的工作思路，制定切实可行的奋斗目标。这一原则体现了唯物主义的认识论，是科学发展观及构建和谐社会的要求。

（3）尊重群众意愿的原则

本原则指的是，地方各级人民政府实施城乡规划时在根据当地经济社会发展水平的情况下，要端正对人民群众的态度，虚心接受群众监督，充分听取人民群众的意见，要有民主作风，不能粗暴强制推行。尊重群众意愿，是我党分群众路线的重要体现，是构建和谐社会的重要基础。坚持把维护公共利益、促进社会公平、关注和改善民生，作为实施城乡规划的重要目标；要按照《城乡规划法》的有关要求，落实党的十七大提出的加快推进以改善民生为重点的社会建设的重要战略部署，在实施城乡规划时进一步重视社会公正和改善民生。要有效配置公共资源，合理安排城市基础设施和公共服务设施，改善人居环境，

---

❶ 吴高盛. 中华人民共和国城乡规划法释义［M］. 北京：中国法制出版社，2007：64-65.

方便群众生活。要关注中低收入阶层的住房问题，做好住房建设规划。要加强对公共安全的研究，提高城乡居民点的综合防灾减灾能力。

（4）有计划、分步骤地组织实施的原则

本原则指的是，实施城乡规划时在根据当地经济社会发展水平的情况下，要制定落实城乡规划的具体实施意见和配套措施，要确定不同阶段的工作重点和工作方向，要分阶段、分步骤地扎扎实实地给予落实。

3. 城乡规划公示制度

城乡规划公开是指各级人民政府及其有关部门依法对城乡规划有关信息进行公开，便于公众知晓、接受公众监督的行政行为，包括城乡规划及其修改的批后公布，实施规划许可的批后公告和违法建设查处的公布等，有主动公开和依申请公开等方式；城乡规划公示是指各级人民政府及其城乡规划主管部门在履行城乡规划管理职能过程中，通过多种方式和渠道，征询公众意见，接受公众监督的行政行为，包括城乡规划及其修改、实施规划许可的批前公示和听证会、论证会等。城乡规划公开公示的内容指城乡规划的组织编制、修改、实施规划许可、违法建设查处等行政行为中依法应当公开公示信息。

城乡规划公开公示可在项目现场、展示厅进行，也可采用政府网站、新闻媒体等发布，或采取听证会、论证会等方式，方便利害关系人知晓。城乡规划制定的批前公示和批后公布应当至少采用政府网站公示和展示厅公示，其中控制性详细规划在批准前还应当在所在地块的主要街道或公共场所进行公示，乡规划、村庄规划的批前公示和批后公布可根据当地实际采用现场公示或政府网站公示，有关建设项目许可、审批及其变更的公开公示应当至少采用现场公示和政府网站公示。鼓励使用网络等新媒体多种方式进行城乡规划公开公示。

城乡规划公开公示制度是坚持依法行政、深化审批制度改革、防止与杜绝领导干部干预城乡规划建设的有效方法，是保证规划决策和规划管理科学化、公开化的重要手段，是健全规划管理机制、充分尊重公众意见的重要内容。《城乡规划法》规定，城乡规划组织编制机关应当及时公布经依法批准的城乡规划。但是，法律、行政法规规定不得公开的内容除外。城市、县人民政府城乡规划主管部门或者省、自治区、直辖市人民政府确定的镇人民政府应当依法将经审定的修建性详细规划、建设工程设计方案的总平面图予以公布。

4. 城市新区开发和旧区建设的规划要求

（1）新区开发的规划要求

新区开发，是指在城市建成区之外，集中成片地在一定规模的地段内，通过统一规划，合理布局、配套建设、综合开发，进行城市建设的一种活动。新区开发伴随着城市经济和社会发展、城市规模扩大，为了进一步满足城市生产、生活的需求，而逐步地发展起来。城市新区的开发和建设，应当合理确定建设规模和时序，充分利用现有市政基础设施和公共服务设施，严格保护自然资源和生态环境，体现地方特色。在城市总体规划、镇总体规划确定的建设用地范围以外，不得设立各类开发区和城市新区。

（2）旧区改建的规划要求

旧区改建，是指在建成区内，对不能适应城市经济、社会发展的地区进行改造，对有保护价值的文物古迹、传统街区进行保护、利用，以改造、保护、发挥建成区的潜力、功能而进行的一种建设活动。城市旧区是长期发展过程中，逐步形成的进行各类政治、经济、文化活动的聚集地区。城市旧区体现了各个历史阶段的发展，具有较强的吸引力，但同时，也遗留下种种弊端。因此，只有通过旧区改建，才能挖掘旧区的潜力，发挥出它固有的优势，真正地实施城市总体规划的设想，实现城市的经济和社会发展目标。《城乡规划法》规定，旧城区的改建，应当保护历史文化遗产和传统风貌，合理确定拆迁和建设规模，有计划地对危房集中、基础设施落后等地段进行改建。历史文化名城、名镇、名村的保护以及受保护建筑物的维护和使用，应当遵守有关法律、行政法规和国务院的规定。

5. 近期建设规划的要求

近期建设规划，是落实城镇总体规划的必要、重要步骤，是城镇近期建设项目安排的依据。《城乡规划法》规定，城市、县、镇人民政府应当根据城市总体规划、镇总体规划、土地利用总体规划和年度计划以及国民经济和社会发展规划，制定近期建设规划，报总体规划审批机关备案。

近期建设规划应当以重要基础设施、公共服务设施和中低收入居民住房建设以及生态环境保护为重点内容，明确近期建设的时序、发展方向和空间布局。近期建设规划的规划期限为 5 年。根据《近期建设规划工作暂行办法》，城乡规划行政主管部门向规划设计单位和建设单位提供规划设计条件，审查建设项目，核发建设项目选址意见书、建设用地规划许可证、建设工程规划许可证，必须符合近期建设规划。

6. 城市地下空间利用的规划要求

城市地下空间规划是城市规划的重要组成部分。各级人民政府在组织编制城市总体规划时，应根据城市发展的需要，编制城市地下空间开发利用规划。各级人民政府在编制城市详细规划时，应当依据城市地下空间开发利用规划对城市地下空间开发利用作出具体规定。城市地下空间开发利用规划的主要内容包括：地下空间现状及发展预测，地下空间开发战略，开发层次、内容、期限，规模与布局，以及地下空间开发实施步骤等。城市地下空间的开发和利用，应当与经济和技术发展水平相适应，遵循统筹安排、综合开发、合理利用的原则，充分考虑防灾减灾、人民防空和通信等需要，并符合城市规划，履行规划审批手续。

城市地下空间的工程建设必须符合城市地下空间规划，服从规划管理。附着地面建筑进行地下工程建设，应随地面建筑一并向城市规划行政主管部门申请办理选址意见书、建设用地规划许可证、建设工程规划许可证。独立开发的地下交通、商业、仓储、能源、通信、管线、人防工程等设施，应持有关批准文件、技术资料，依据《城乡规划法》的有关规定，向城市规划行政主管部门申请办理选址意见书、建设用地规划许可证、建设工程规划许可证。

7. 保护风景名胜资源和公共设施用地的规划要求

《城乡规划法》第三十二条规定，城乡建设和发展，应当严格保护和合理利用风景名胜资源；统筹安排风景名胜区及周边镇、乡，村庄的建设；风景名胜区的规划、建设和管理，应当遵守有关法律、行政法规和国务院的规定。

《城乡规划法》第三十五条规定，城乡规划确定的铁路、公路、港口、机场、道路、绿地、输配电设施及输电线路走廊、通信设施、广播电视设施、管道设施、河道、水库、水源地、自然保护区、防汛通道、消防通道、核电站、垃圾填埋场及焚烧厂、污水处理厂和公共服务设施的用地以及其他需要依法保护的用地，禁止擅自改变用途。

4.3.2 建设项目选址意见书

1. 建设项目选址意见书的概念

建设项目选址意见书，指的是在建设工程前期可行性研究阶段，由城乡规划主管部门依已被批准的城乡规划对工程选址和布局作出要求的法定文件。❶ 城市规划管理的核心是建设用地的规划管理，选址意见书是针对划拨用地进行规划管理的一项重要工作。通过建设项目选址意见书的核发，既可以从规划上对建设项目加以引导和控制，充分合理利用现有土地资源，避免无序建设；又可以为项目审批或核准提供依据，有利于从源头上把好项目开工建设关，维护投资建设秩序，促进国民经济又好又快发展。《城乡规划法》规定，在选址意见书发放后，因依法修改城乡规划给被许可人合法权益造成损失的，应当依法给予补偿。选址意见书具有法律效力，其效力受到信赖保护。

根据《自然资源部关于以"多规合一"为基础推进规划用地"多审合一、多证合一"改革的通知》（自然资规〔2019〕2号），将建设项目选址意见书、建设项目用地预审意见合并，自然资源主管部门统一核发建设项目用地预审与选址意见书，不再单独核发建设项目选址意见书、建设项目用地预审意见。建设项目用地预审与选址意见书有效期为三年，自批准之日起计算。

2. 建设项目选址意见书的适用范围

《城乡规划法》第三十六条规定，按照国家规定需要有关部门批准或者核准的建设项目，以划拨方式提供国有土地使用权的，建设单位在报送有关部门批准或者核准前，应当向城乡规划主管部门申请核发选址意见书。上述规定以外的建设项目不需要申请选址意见书。根据《城乡规划法》的规定，出让地块必须附有城乡规划主管部门提出的规划条件，明确出让地块的面积、使用性质、建设强度、基础设施、公共设施的配置原则等相关要求，有偿出让地块的建设项目本身就具有与城乡规划相符合的明确的建设地点和建设条件，不再需要城乡规划主管部门进行建设项目的选址。

根据《国务院办公厅关于加强和规范新开工项目管理的通知》（国办发〔2007〕64号），实行审批制的政府投资项目，项目单位应首先向发展改革等项目审批部门报送项目建议书，依据项目建议书批复文件分别向城乡规划、国土资源和环境保护部门申请办理规划选址、用地预审和环境影响评价审批手续。完成相关手续后，项目单位根据项目论证情况向发展改革等项目审批部门报送可行性研究报告，并附规划选址、用地预审和环评审批文件。项目单位依据可行性研究报告批复文件向城乡规划部门申请办理规划许可手续，向国土资源部门申请办理正式用地手续。实行核准制的企业投资项目，项目单位分别向城乡规划、国土资源和环境保护部门申请办理规划选址、用地预审和环评审批手续。完成相关手续后，项目单位向发展改革等项目核准部门报送项目申请报告，并附规划选址、用地预审和环评审批文件。项目单位依据项目核准文件向城乡规划部门申请办理规划许可手续，向国土资源部门申请办理正式用地手续。各级发展改革等项目审批（核准、备案）部门和城乡规划、国土资源、环境保护、建设等部门都要严格遵守程序和规定，加强相互衔接，确保各个工作环节按规定程序进行。对未取得规划选址、用地预审和环评审批文件的项目，发展改革等部门不得予以审批或核准。因此，目前，建设项目选址意见书的主要职能

---

❶ 王庆海. 城市规划与管理［M］. 北京：中国建筑工业出版社，2006：248.

是划拨用地可行性研究批复的前置条件之一。

按照国家规定需要有关部门批准或者核准的建设项目，往往是涉及基础设施建设和公共利益的重大建设项目，而这些项目多以划拨方式提供国有土地使用权，因此需要城乡规划主管部门核发建设项目选址意见书，使其选址和建设既能为有效实施省域城镇体系规划提供保证，有利于城乡建设功能发挥，又能兼顾建设单位的利益和人民群众的切身利益。不需要核发选址意见书的，城乡规划行政主管部门则直接核发建设用地规划许可证。

3. 建设项目选址意见书的内容

根据《建设项目选址规划管理办法》（建规〔1991〕583 号）的规定，建设项目选址意见书应当包括下列内容：①建设项目的基本情况。主要是建设项目名称、性质，用地与建设规模，供水与能源的需求量，采取的运输方式与运输量，以及废水、废气、废渣的排放方式和排放量。②建设项目规划选址的主要依据，主要是经批准的项目建议书；建设项目与城市规划布局的协调；建设项目与城市交通、通信、能源、市政、防灾规划的衔接与协调；建设项目配套的生活设施与城市生活居住及公共设施规划的衔接与协调；建设项目对于城市环境可能造成的污染影响，以及与城市环境保护规划和风景名胜、文物古迹保护规划的协调。③建设项目选址、用地范围和具体规划要求。

4. 建设项目选址意见书的审批

《建设项目选址规划管理办法》（建规〔1991〕583 号）的规定，建设项目选址意见书，按建设项目计划审批权限实行分级规划管理。①县人民政府计划行政主管部门审批的建设项目，由县人民政府城市规划行政主管部门核发选址意见书；②地级、县级市人民政府计划行政主管部门审批的建设项目，由该市人民政府城市规划行政主管部门核发选址意见书；③直辖市、计划单列市人民政府计划行政主管部门审批的建设项目，由直辖市、计划单列市人民政府城市规划行政主管部门核发选址意见书；④省、自治区人民政府计划行政主管部门审批的建设项目，由项目所在地县、市人民政府城市规划行政主管部门提出审查意见，报省、自治区人民政府城市规划行政主管部门核发选址意见书；⑤中央各部门、公司审批的小型和限额以下的建设项目，由项目所在地县、市人民政府城市规划行政主管部门核发选址意见书；⑥国家审批的大中型和限额以上的建设项目，由项目所在地县、市人民政府城市规划行政主管部门提出审查意见，报省、自治区、直辖市、计划单列市人民政府城市规划行政主管部门核发选址意见书，并报国务院城市规划行政主管部门备案。

5. 建设项目选址意见审查程序

建设项目选址意见书作为法定审批项目和划拨土地的前置条件，按照下列程序申请核发：

（1）申请。凡按照国家规定需要有关部门批准或者核准的建设项目，以划拨方式提供国有土地使用权的，建设单位在报送有关部门批准或者核准前，应当向审批建设项目同级的城乡规划行政主管部门提出规划选址申请，填写建设项目选址意见书申请表，以便城乡规划主管部门依法进行审核。

（2）选址审查。省、市、县城乡规划行政主管部门收到申请后，应在法定时限内依据已制定的城市规划和相关法律法规对建设项目的选址申请进行审查。一是程序性审查，即审查建设单位是否符合法定资格，申请事项是否符合法定程序和法定形式，申请表及其所附图纸、资料是否完备和符合要求等。二是实质性审查，即根据有关法律规范和依法制定的城乡规划要求，对所申请的建设项目选址提出审查意见。建设项目选址意见书规划许可的法律依据为《城乡规划法》和《建设项目选址规划管理办法》。经审查符合城乡规划的，依据本法规定核发规划选址意见书；对不符合城乡规划的，不予核发选址意见书，书面告知建设单位，并说明理由。对于跨行政区域的建设项目可以向上级城乡规划行政主管部门申请办理选址意见书，国家级的重大建设项目可以向省级城乡规划主管部门申请办理选址意见书。

（3）核发选址意见书。城市规划行政主管部门经过选址审查后，对符合城乡规划的选址，应分级核发建设项目选址意见书。由国家和自治区有关部门批准或者核准、以划拨方式提供国有土地使用权建设项目，由自治区城乡规划行政主管部门核发选址意见书。由市、县有关部门批准或者核准、以划拨方式提供国有土地使用权的建设项目由市、县城乡规划行政主管部门核发选址意见书。建设项目选址意见书是有关部门批准或者核准建设项目的重要前置条件。对于不符合城乡规划的选址，应当说明理由，给予书面回复。另外，应当加强对建设项目选址的后续管理。对已取得项目选址意见书但建设项目最终未得到审批或核准的，选址意见书自动失效。

4.3.3 建设用地规划许可证制度

1. 建设用地规划许可证的概念

建设用地规划许可证，是指经城乡规划主管部门依法确认其建设项目位置和用地范围的法律凭证。建设用地规划许可证明确了建设项目的具体位置和用地范围，是建设工程规划许可证的前置条件。建设用地规划管理的内容包括控制土地使用性质、核定土地开发强度，核定其他土地使用规划管理的要求，例如：建筑退让、建筑间距、建筑高度、绿地率和基地标高等，审核建设工程总平面、确定建设用地定点位置和范围，调整城市用地布局等。核发建设用地规划许可证的目的在于确保土地利用符合城市规划，维护建设单位按照城乡规划使用土地的合法权益，为自然资源主管部门审批土地提供必要的法律依据。建设项目如果不具备城乡规划行政主管部门核发的建设用地规划许可证，则属非法用地，在该宗地上所建设的项目属非法建设，不能领取房地产权属证件。

由于我国国有土地使用权的取得有两种方式：土地使用权划拨和土地使用权出让，在不同的国有土地使用权取得方式中，建设用地规划许可证承担的职能有所区别。对于划拨用地，建设用地规划许可证是土地主管部门划拨土地的前置条件，而对于出让土地，建设用地规划许可证仅具有象征意义。

根据《自然资源部关于以"多规合一"为基础推进规划用地"多审合一、多证合一"改革的通知》（自然资规〔2019〕2号），将建设用地规划许可证、建设用地批准书合并，自然资源主管部门统一核发新的建设用地规划许可证，不再单独核发建设用地批准书。以划拨方式取得国有土地使用权的，建设单位向所在地的市、县自然资源主管部门提出建设用地规划许可申请，经有建设用地批准权的人民政府批准后，市、县自然资源主管部门向建设单位同步核发建设用地规划许可证、国有土地划拨决定书。以出让方式取得国有土地使用权的，市、县自然资源主管部门依据规划条件编制土地出让方案，经依法批准后组织土地供应，将规划条件纳入国有建设用地使用权出让合同。建设单位在签订国有建设用地使用权出让合同后，市、县自然资源主管部门向建设单位核发建设用地规划许可证。

2. 建设用地规划许可证办理程序

《城乡规划法》第三十七条规定，在城市、镇规划区内以划拨方式提供国有土地使用权的建设项目，经有关部门批准、核准、备案后，建设单位应当向城市、县人民政府城乡规划主管部门提出建设用地规划许可申请，由城市、县人民政府城乡规划主管部门依据控制性详细规划核定建设用地的位置、面积、允许建设的范围，核发建设用地规划许可证。建设单位在取得建设用地规划许可证后，方可向县级以上地方人民政府土地主管部门申请用地，经县级以上人民政府审批后，由土地主管部门划拨土地。

《城乡规划法》第 38 条规定，在城市、镇规划区内以出让方式提供国有土地使用权的，在国有土地使用权出让前，城市、县人民政府城乡规划主管部门应当依据控制性详细规划，提出出让地块的位置、使用性质、开发强度等规划条件，作为国有土地使用权出让合同的组成部分。未确定规划条件的地块，不得出让国有土地使用权。以出让方式取得国有土地使用权的建设项目，建设单位在取得建设项目的批准、核准、备案文件和签订国有土地使用权出让合同后，向城市、县人民政府城乡规划主管部门领取建设用地规划许可证。城市、县人民政府城乡规划主管部门不得在建设用地规划许可证中，擅自改变作为国有土地使用权出让合同组成部分的规划条件。

土地使用性质，根据其不同用途，土地可分为居住用地、工业用地，教育、文化、卫生、体育用地，商业、旅游、娱乐用地，综合或其他用地等。凡需新建、改建、扩建的建设项目，不得随意改变土地使用性质。确需改变土地性质的，必须按照法定程序审批，以确保各地区规划和各专业规划之间的综合平衡。土地开发强度，是通过容积率和建筑密度两个指标来控制的。容积率指项目规划建设用地范围内总建筑面积与规划建设总用地面积之比。建筑密度，指一定地块内所有建筑物的基地总面积与规划建设总用地面积的比例。容积率和建筑密度关系居住的舒适度，容积率越低，建筑密度越低，居住越舒适，但是对土地的利用率也会降低，因此为了在居住舒适度和土地有效利用率之间寻求一个经济效益最佳的方案，一般由城乡规划主管部门根据本地的实际情况具体确定这两项指标的范围。

法定的控制性详细规划以城市、镇总体规划为依据，细分地块，并对具体地块的土地利用和建设提出控制指标和规划管理要求，明确了规划地块内的面积、使用性质、建设强度、基础设施、公共设施的配置原则等相关控制指标和要求，是城乡规划主管部门引导和控制土地使用和各项建设活动的基本依据。根据控制性详细规划，确定规划条件，限定建设单位在进行土地使用和建设活动时必须遵循的基本准则，强化了城乡规划主管部门对国有土地使用状况的规划调控和引导，有利于促进土地利用符合规划发展确定的发展目标，为实现城乡协调、可持续发展提供了保障。城市、县人民政府城乡规划主管部门根据控制性详细规划，提出规划条件，作为国有土地使用权出让合同的组成部分。《城乡规划法》第 39 条规定：规划条件未纳入国有土地使用权出让合同的，该国有土地使用权出让合同无效；对未取得建设用地规划许可证的建设单位批准用地的，由县级以上人民政府撤销有关批准文件；占用土地的，应当及时退回；给当事人造成损失的，应当依法给予赔偿。

3. 建设用地规划许可的限制

《城乡规划法》第四十二条规定，城乡规划主管部门不得在城乡规划确定的建设用地范围以外作出规划许可。建设用地是指建造建筑物、构筑物的土地，包括城乡住宅和公共设施用地、工矿用地，能源、交通、水利、通信等基础设施用地、旅游用地、军事用地等。国家通过建设用地管理制度保障城乡规划的实施，并在城乡规划的指引下达到合理利用和节约土地的目的。因此，建设用地的规模和范围，以及土地利用的性质和强度必须严格按照城乡规划主管部门确定的内容进行，各级城乡规划主管部门在进行规划许可时不可逾越该范围。

4.3.4 建设工程规划许可证制度

1. 建设工程规划许可证的概念

建设工程规划许可证，是指在城市、镇规划区内进行建筑物、构筑物、道路、管线和其他工程建设的建设单位或者个人依照规定，向城市、县人民政府城乡规划主管部门或者省、自治区、直辖市人民政府确定的镇人民政府申请领取有关建设工程的法律凭证。❶ 核发建设工程规划许可证，表明了该建设工程符合城市规划的要求、规划条件和相关法律法规的要求，获得建设工程规划许可证是建设单位申请领取施工许可证的法定批准条件之一。

建设工程规划许可证是有关建设工程符合城乡规划要求的法律凭证，是建设单位建设工程的法律凭证，是建设活动中接受监督检查时的法定依据。《城乡规划法》第 64 条规定，未取得建设工程规划许可证或者未按照建设工程规划许可证的规定进行建设的，由县级以上地方人民政府城乡规划主管部门责令停止建设；尚可采取改正措施消除对规划实施的影响的，限期改正，处建设工程造价 5％以上 10％以下的罚款；无法采取改正措施消除影响的，限期拆除，不能拆除的，没收实物或者违法收入，可以并处建设工程造价 10％以下的罚款。

2. 建设工程规划管理的内容

在城市、镇规划区内进行建筑物、构筑物、道路、管线和其他工程建设的，建设单位或者个人应当向城市、县人民政府城乡规划主管部门或者省、自治区、直辖市人民政府确定的镇人民政府申请办理建设工程规划许可证。

申请办理建设工程规划许可证，应当提交使用土地的有关证明文件、建设工程设计方案等材料。需要建设单位编制修建性详细规划的建设项目，还应当提交修建性详细规划。对符合控制性详细规划和规划条件的，由城市、县人民政府城乡规划主管部门或者省、自治区、直辖市人民政府确定的镇人民政府核发建设工程规划许可证。

城市、县人民政府城乡规划主管部门或者省、自治区、直辖市人民政府确定的镇人民政府应当依法将经审定的修建性详细规划、建设工程设计方案的总平面图予以公布。建设工程规划许可证核发后，建设行政主管部门应当依法将审定的建设工程修建性详细规划、设计方案总平面图在固定的媒体和建设项目所在区域予以公布和明示。

根据《国务院关于印发清理规范投资项目报建审批事项实施方案的通知》（国发〔2016〕29 号）要求，将原建设工程规划许可证核发、历史建筑实施原址保护审批等 4 项合并为"建设工程规划类许可证核发"。

4.3.5 乡村建设规划许可证

根据《城乡规划法》第 41 条规定，在乡、村庄规划区内进行乡镇企业、乡村公共设

---

❶ 吴高盛. 城乡规划法释义 [M]. 北京：中国法制出版社，2007：132.

施和公益事业建设的，建设单位或者个人应当向乡、镇人民政府提出申请，由乡、镇人民政府报城市、县人民政府城乡规划主管部门核发乡村建设规划许可证。……在乡、村庄规划区内进行乡镇企业、乡村公共设施和公益事业建设以及农村村民住宅建设，不得占用农用地；确需占用农用地的，应当依照《土地管理法》有关规定办理农用地转用审批手续后，由城市、县人民政府城乡规划主管部门核发乡村建设规划许可证。

在乡、村庄规划区内进行乡镇企业、乡村公共设施和公益事业建设的，建设单位或者个人应当向乡、镇人民政府提出申请，由乡、镇人民政府报城市、县人民政府城乡规划主管部门核发乡村建设规划许可证。乡村建设许可证制度的设置，破解农村建设无规划的无序状态，其意义在于：一是有利于保证有关的建设工程能够依据法定的城乡规划和村庄规划进行；二是有利于为土地管理部门在乡、村庄规划区内行使权属管辖职能提供必要的法律依据；三是有利于维护建设单位按照规划使用土地的合法权益。

4.3.6　临时建设规划许可

1. 临时用地和临时建设

临时用地，即临时建设用地，是指在城市、镇规划区内进行临时建设时施工堆料、堆物或其他情况需要临时使用并按期收回的土地。临时建设，是指城市规划主管部门批准的在城市、镇规划区内建设的临时性使用并在限期期内拆除的建筑物、构筑物及其他设施。任何单位或个人在城市规划区内需临时使用土地的，必须向城乡规划主管部门提出临时用地申请，经审查同意并核发建设用地规划许可证后，方可向土地行政管理部门申请领取临时建设用地使用权证。临时建设工程、临时用地的使用期限不得超过 2 年，使用期满，使用单位或个人必须无条件拆除临时建设工程，恢复原地貌，按期退还临时用地。临时建设工程在使用期限内，因国家建设需要拆除的，使用单位或个人必须在规定期限内拆除，退还临时用地。

在城市、镇规划区内进行临时建设的，应当经城市、县人民政府城乡规划主管部门批准。临时建设影响近期建设规划或者控制性详细规划的实施以及交通、市容、安全等的，不得批准。临时建设应当在批准的使用期限内自行拆除。临时建设和临时用地规划管理的具体办法，由省、自治区、直辖市人民政府制定。

2. 审批临时建设用地规划许可的依据

《城乡规划法》第四十四条和《土地管理法》第五十七条是审批临时建设用地规划许可的依据。《城乡规划法》第四十四条规定，在城市、镇规划区内进行临时建设的，应当经城市、县人民政府城乡规划主管部门批准。临时建设影响近期建设规划或者控制性详细规划的实施以及交通、市容、安全等的，不得批准。临时建设应当在批准的使用期限内自行拆除。临时建设和临时用地规划管理的具体办法，由省、自治区、直辖市人民政府制定。《土地管理法》第五十七条规定，建设项目施工和地质勘查需要临时使用国有土地或者农民集体所有的土地的，由县级以上人民政府自然资源主管部门批准。其中，在城市规划区内的临时用地，在报批前，应当先经有关城市规划行政主管部门同意。土地使用者应当根据土地权属，与有关自然资源主管部门或者农村集体经济组织、村民委员会签订临时使用土地合同，并按照合同的约定支付临时使用土地补偿费。临时使用土地的使用者应当按照临时使用土地合同约定的用途使用土地，并不得修建永久性建筑物。临时使用土地期限一般不超过 2 年。

4.3.7 规划条件的变更和规划核实

1. 规划条件的变更

建设单位应当按照规划条件进行建设，确需变更的，必须向城市、县人民政府城乡规划主管部门提出申请。变更内容不符合控制性详细规划的，城乡规划主管部门不得批准。城市、县人民政府城乡规划主管部门应当及时将依法变更后的规划条件通报同级土地主管部门并公示。建设单位应当及时将依法变更后的规划条件报有关人民政府土地主管部门备案。

2. 规划核实

规划核实，是指城乡规划主管部门为保证建设工程符合国家有关规范、标准并满足质量和使用要求，对建设工程的放线情况和建设情况是否符合建设工程规划许可证及其附件、附图所确定的内容进行验核和确认的行政行为。规划核实是城乡规划许可的组成部分。规划核实不是一项行政许可，而是对被许可的建设项目建设情况的事实进行确认和证明的行政行为。《城乡规划法》第四十五条规定，县级以上地方人民政府城乡规划主管部门按照国务院规定对建设工程是否符合规划条件予以核实。未经核实或者经核实不符合规划条件的，建设单位不得组织竣工验收。建设单位应当在竣工验收后6个月内向城乡规划主管部门报送有关竣工验收资料。

规划核实分为放线核实、基础竣工核实、工程竣工核实三个环节。（1）放线核实。也称灰线验线，是指城乡规划主管部门将放线报告与依法审定的建筑工程总平面图进行对照，验核该建筑工程的放线情况与城乡规划主管部门审定的总平面图是否一致。（2）基础竣工核实，也称±0.00验线，是指城乡规划主管部门将基础竣工测量报告与建设工程规划许可证及附件、附图确定的有关建筑基础规划部分内容进行对照，验核建筑工程基础的建设情况是否与建设工程规划许可证及附件、附图相符。（3）工程竣工核实。工程竣工核实，是指城乡规划主管部门将工程竣工测量报告与建设工程规划许可证及附件、附图所确定的内容进行对照，验核建筑工程的建设情况是否与建设工程规划许可证及附件、附图相符。

在具体实践中，各地都要求建设单位委托具有相应资质的测绘单位对建筑工程实施放线、基础竣工测量、工程竣工测量后，及时向城乡规划主管部门提供该建设工程的放线报告、基础竣工测量报告、竣工测量报告。然后，城乡规划主管部门根据每个环节的监管重点，将测量报告与建设工程规划许可证及附件、附图所确定的内容进行对照验核，办理竣工规划核实确认书。

4.4 城乡规划的监督检查与违反《城乡规划法》的法律责任

4.4.1 城乡规划的监督检查

《城乡规划法》专门设立了"监督检查"一章，明确了人大监督、公众监督、行政监督以及各项监督检查措施。对城乡规划实施进行监督检查有利于保障城乡规划法律、法规、规章正确实施和城乡规划正确实施，有利于保障城乡规划行政主管部门依法行使职权和纠正违法用地、违法建设行为。城乡规划监督检查贯穿于城乡规划的制定和实施的全过程，是城乡规划管理工作的重要组成部分，也是保障城乡规划工作科学性与严肃性的重要手段。

1. 《城乡规划法》中城乡规划监督检查的内容

《城乡规划法》专设第五章规定城乡规划的监督检查制度，对城乡规划编制、审批、实施、修改的监督检查做了规定。主要内容包括以下几个方面：一是明确了县级以上人民政府及其城乡规划主管部门负责城乡规划编制、审批、实施、修改的监督检查工作；二是各级人民政府应当向本级人民代表大会或者人民代表大会常务委员会报告城乡规划的实施情况，接受监督；三是县级以上人民政府城乡规划主管部门对城乡规划的实施情况进行监督检查时有权采取的措施以及执法人员的行为规范要求；四是规定了政府及其城乡规划主管部门开展的监督检查情况和处理结果应当依法公开，供公众查询和监督。五是对城乡规划主管部门及其工作人员不依法履行职责或者其他国家机关工作人员存在违法行为时的处理，作出明确规定。《城乡规划法》中的监督检查主要包括城乡规划工作的行政监督和城乡规划的立法监督以及城乡规划的公众监督。

2. 城乡规划的行政监督制度

《城乡规划法》规定，县级以上人民政府及其城乡规划主管部门应当加强对城乡规划编制、审批、实施、修改的监督检查。县级以上人民政府城乡规划主管部门对城乡规划的实施情况进行监督检查，有权采取以下措施：（1）要求有关单位和人员提供与监督事项有关的文件、资料，并进行复制；（2）要求有关单位和人员就监督事项涉及的问题作出解释和说明，并根据需要进入现场进行勘测；（3）责令有关单位和人员停止违反有关城乡规划的法律、法规的行为。城乡规划主管部门的工作人员履行前款规定的监督检查职责，应当出示执法证件。被监督检查的单位和人员应当予以配合，不得妨碍和阻挠依法进行的监督检查活动。

3. 城乡规划的立法监督制度

《城乡规划法》第五十二条规定，地方各级人民政府应当向本级人民代表大会常务委员会或者乡、镇人民代表大会报告城乡规划的实施情况，并接受监督。

地方各级人民政府必须向本级人民代表大会及其常务委员会报告城乡规划的实施情况，可以根据实际需要进行主动报告，也可以根据人大及其常委会的要求进行报告，以充分运用听取和审议政府专项工作报告这一基本形式，接受人民代表大会及其常委会的检查和监督。此外，根据宪法和有关法律的规定，地方各级人民政府还应当接受本级人民代表大会常务委员会和乡、镇人民代表大会依法对城乡规划实施情况的其他形式的监督，如接受本级人民代表大会常务委员会组成人员和本级人民代表大会代表对城乡规划工作进行视察；对《城乡规划法》实施情况进行执法检查；人民代表大会及其常委会通过接受人民群众的申诉、控告等，责成人民政府依法进行处理；人民代表大会及其常委会对特定问题进行调查、询问和质询等。

4. 城乡规划的公众监督制度

《城乡规划法》规定，县级以上人民政府城乡规划主管部门监督检查的基本情况和处理结果都应当依法公开，供公众查询和监督。

将监督检查的情况和处理结果公开，对于保障行政相对人、利害关系人和公众的知情权，加强对行政机关监督具有重要的意义。首先，将监督检查的情况和处理结果予以公开，可以使社会公众了解行政机关的执法及监督的过程和理由，从而有利于社会公众对行政机关的行为进行监督，有利于提高城乡规划工作的透明度，促进人民政府及其城乡规划主管部门依法行政。其次，对于行政相对人、利害关系人来说，监督检查的情况和处理结果公开，有助于其了解行政机关监督检查的情况，以决定是否采取保护自身权益的措施，寻求相应的司法救济。最后，对于公众来说，监督检查的情况和处理结果的公开，能够更好地保证其知情权，了解自己需要的信息，也是一次的普法教育。还能够保证人民政府及其工作部门同人民群众保持联系，接受人民群众的监督。

4.4.2 违反《城乡规划法》的法律责任

1. 有关人民政府违反《城乡规划法》应承担的法律责任

人民政府依法应当编制城乡规划而未组织编制，或者未按法定程序编制、审批、修改城市规划的，由上级人民政府责令改正，通报批评；对有关人民政府负责人和其他责任人员依法给予处分。人民政府委托不具有相应资质等级的单位编制城乡规划的，由上级人民政府责令改正，通报批评；对有关人民政府负责人和其他责任人员依法给予处分。

2. 城乡规划行政主管部门违反《城乡规划法》应承担的法律责任

城乡规划行政主管部门有下列行为之一的，由本级人民政府、上级人民政府城乡规划行政主管部门或者监察机关依据职权责令改正，通报批评；对直接负责的主管人员和其他直接责任人员依法给予处分：（1）未依法组织编制城市的控制性详细规划、县人民政府所在地镇的控制性详细规划的。（2）超越职权或者对不符合法定条件的申请人核发选址意见书、建设用地规划许可证、建设工程规划许可证、乡村建设规划许可证的。（3）对符合法定条件的申请人未在法定期限内核发选址意见书、建设用地规划许可证、建设工程规划许可证、乡村建设规划许可证的。（4）未依法对经审定的修建性详细规划、建设工程设计方案的总平面图予以公布的。（5）同意修改修建性详细规划、建设工程设计方案的总平面图前未采取听证会等形式听取利害关系人的意见的。（6）发现未依法取得规划许可或者违反规划许可的规定在规划区内进行建设的行为，而不予查处或者接到举报后不依法处理的。

3. 相关行政部门违反《城乡规划法》应承担的法律责任

县级以上人民政府有关部门有下列行为之一的，由本级人民政府或者上级人民政府有关部门责令改正，通报批评；对直接负责的主管人员和其他直接责任人员依法给予处分：①对未依法取得选址意见书的建设项目核发建设项目批准文件的。②未依法在国有土地使用权出让合同中确定规划条件或者改变国有土地使用权出让合同中依法确定的规划条件的。③对未依法取得建设用地规划许可证的建设单位划拨国有土地使用权的。

4. 城乡规划编制单位违反《城乡规划法》应承担的法律责任

（1）城乡规划编制单位有下列行为之一的，由所在地城市、县人民政府城乡规划主管部门责令限期改正，并处合同约定的规划编制费1倍以上2倍以下的罚款；情节严重的，责令停业整顿，由原发证机关降低资质等级或者吊销资质证书；造成损失的，依法承担赔偿责任：超越资质等级许可的范围承揽城乡规划编制工作的；违反国家有关标准编制城乡规划的。

（2）未依法取得资质证书承揽城乡规划编制工作的，由县级以上地方人民政府城乡规划主管部门责令停止违法行为，依照前款规定处以罚款；造成损失的，依法承担赔偿责任。

（3）以欺骗手段取得资质证书承揽城乡规划编制工作的，由原发证机关吊销资质证书，依照前款规定处以罚款；造成损失的，依法承担赔偿责任。

（4）城乡规划编制单位取得资质证书后，不再符合相应的资质条件的，由原发证机关责令限期改正；逾期不改正的，降低资质等级或者吊销资质证书。

5. 行政相对方违反《城乡规划法》应承担的法律责任

（1）未取得建设工程规划许可证或者未按照建设工程规划许可证的规定进行建设的，由县级以上地方人民政府城乡规划主管部门责令停止建设；尚可采取改正措施消除对规划实施的影响的，限期改正，处建设工程造价 5％以上 10％以下的罚款；无法采取改正措施消除影响的，限期拆除，不能拆除的，没收实物或者违法收入，可以并处建设工程造价 10％以下的罚款。

（2）建设单位或者个人有下列行为之一的，由所在地城市、县人民政府城乡规划主管部门责令限期拆除，可以并处临时建设工程造价 1 倍以下的罚款：未经批准进行临时建设的；未按照批准内容进行临时建设的；临时建筑物、构筑物超过批准期限不拆除的。

（3）建设单位未在建设工程竣工验收后 6 个月内向城乡规划主管部门报送有关竣工验收资料的，由所在地城市、县人民政府城乡规划主管部门责令限期补报；逾期不补报的，处 1 万元以上 5 万元以下的罚款。

6. 乡村建设违反《城乡规划法》应承担的法律责任

在乡、村庄规划区内未依法取得乡村建设规划许可证或者未按照乡村建设规划许可证的规定进行建设的，由乡、镇人民政府责令停止建设、限期改正；逾期不改正的，可以拆除。

7. 对违反《城乡规划法》建设的强制执行

城乡规划主管部门作出责令停止建设或者限期拆除的决定后，当事人不停止建设或者逾期不拆除的，建设工程所在地县级以上地方人民政府可以责成有关部门采取查封施工现场、强制拆除等措施。

8. 违反《城乡规划法》应承担的刑事法律责任

违反《城乡规划法》规定，构成犯罪的，依法追究刑事责任。

第5章 建设许可法律制度

党的二十大报告指出，"法治政府建设是全面依法治国的重点任务和主体工程。转变政府职能，优化政府职责体系和组织结构，推进机构、职能、权限、程序、责任法定化，提高行政效率和公信力。"工程建设活动的专业性、技术性极强。对建设工程是否具备施工条件以及对从业单位、专业技术人员依法实施行政许可，进行严格的过程管控，对于规范建设市场秩序，保证工程质量和安全施工，保障公民生命财产安全和国家财产安全，提高投资效益，意义重大。《国务院关于深化"证照分离"改革进一步激发市场主体发展活力的通知》（国发〔2021〕7号）要求，实施涉企经营许可事项清单管理。按照全覆盖要求，将全部涉企经营许可事项纳入清单管理，并逐项确定改革方式、具体改革举措和加强事中事后监管措施。

5.1 建筑许可制度

5.1.1 行政许可权

1. 行政许可的概念

行政许可，就是行政上的允许、准许。我国《行政许可法》第二条规定，行政许可，是指行政机关根据公民、法人或者其他组织的申请，经依法审查，准予其从事特定活动的行为。也即行政许可是行政机关根据相对人的申请，对符合法定条件的行政相对人，以颁发许可证或执照等形式，确立其从事某种活动或实施某种行为的权利和资格，并通过审查、确认等实施了对相关事务的监督和管理的行政行为。行政许可的这一概念包含三层含义：一是存在法律一般禁止；二是行政主体对相对人予以一般禁止的解除；三是行政相对方因此获得了从事某种活动或实施某种行为的资格或权利，行政机关从而实现了对一定社会事务和国家事务的管理。

行政许可作为一种制度，是现代各国普遍采用的行政管理手段之一，是人类社会自觉调控资源供求关系的产物。从行政许可的产生及其宗旨看，行政许可是适应市场经济的发展和需要的产物，对"市场失灵"进行治理，对财产权和资源进行保护，对社会经济活动进行宏观调控，实现个人利益和社会利益的平衡。行政许可的真正目的在于追求社会秩序的规范化、有序化和稳定性，限制和禁止只不过是行政许可的手段和方式，是行政许可的外在表现形式。因此，可以说，行政许可是一种以控制、规范某类权利或资格的享有为主导，兼具赋权性的行政行为和法律制度❶。

2. 行政许可的范围

设定行政许可，应当遵循经济和社会发展规律，有利于发挥公民、法人或者其他组织

---

❶ 肖金明. 行政许可要论［M］. 山东：山东大学出版社，2003：60.

的积极性、主动性，维护公共利益和社会秩序，促进经济、社会和生态环境协调发展。设定和实施行政许可，应当遵循公开、公平、公正、非歧视的原则，依照法定的权限、范围、条件和程序。

《行政许可法》规定，下列事项可以设定行政许可：（1）直接涉及国家安全、公共安全、经济宏观调控、生态环境保护以及直接关系人身健康、生命财产安全等特定活动，需要按照法定条件予以批准的事项；（2）有限自然资源开发利用、公共资源配置以及直接关系公共利益的特定行业的市场准入等，需要赋予特定权利的事项；（3）提供公众服务并且直接关系公共利益的职业、行业，需要确定具备特殊信誉、特殊条件或者特殊技能等资格、资质的事项；（4）直接关系公共安全、人身健康、生命财产安全的重要设备、设施、产品、物品，需要按照技术标准、技术规范，通过检验、检测、检疫等方式进行审定的事项；（5）企业或者其他组织的设立等，需要确定主体资格的事项；（6）法律、行政法规规定可以设定行政许可的其他事项。上述所列事项，通过下列方式能够予以规范的，可以不设行政许可：（1）公民、法人或者其他组织能够自主决定的；（2）市场竞争机制能够有效调节的；（3）行业组织或者中介机构能够自律管理的；（4）行政机关采用事后监督等其他行政管理方式能够解决的。

3. 行政许可设定权的分配

行政许可的设定权分配是指各种主要法律渊源形式在设定行政许可上的权力配置。（1）法律的行政许可设定权。法律可以在规定的设定行政许可的事项范围以外设定其他行政许可。（2）行政法规的行政许可设定权。尚未制定法律的，行政法规可以设定行政许可。行政法规可以在法律设定的行政许可事项范围内，对实施该行政许可作出具体规定。（3）国务院决定的行政许可设定权。必要时，国务院可以采用发布决定的方式设定行政许可。实施后，除临时性行政许可事项外，国务院应当及时提请全国人民代表大会及其常务委员会制定法律，或者自行制定行政法规。（4）地方性法规和省级政府规章的行政许可设定权。尚未制定法律、行政法规的，地方性法规可以设定行政许可。地方性法规可以在法律、行政法规设定的行政许可事项范围内，对实施该行政许可作出具体规定。尚未制定法律、行政法规和地方性法规的，因行政管理的需要，确需立即实施行政许可的，省、自治区、直辖市人民政府规章可以设定临时性的行政许可。临时性的行政许可实施满一年需要继续实施的，应当提请本级人民代表大会及其常务委员会制定地方性法规。地方性法规和省、自治区、直辖市人民政府规章，不得设定应当由国家统一确定的公民、法人或者其他组织的资格、资质的行政许可；不得设定企业或者其他组织的设立登记及其前置性行政许可。其设定的行政许可，不得限制其他地区的个人或者企业到本地区从事生产经营和提供服务，不得限制其他地区的商品进入本地区市场。规章可以在上位法设定的行政许可事项范围内，对实施该行政许可作出具体规定。法规、规章对实施上位法设定的行政许可作出的具体规定，不得增设行政许可；对行政许可条件作出的具体规定，不得增设违反上位法的其他条件。（5）其他规范性文件一律不得设定行政许可。

4. 优化营商环境与简化行政许可

营商环境，指的是企业等市场主体在市场经济活动中所涉及的体制机制性因素和条件。近年来，国家持续深化简政放权、放管结合、优化服务改革，最大限度减少政府对市场资源的直接配置，最大限度减少政府对市场活动的直接干预，加强和规范事中事后监管,我国营商环境得到了明显改善。据世界银行 2019 年发布的《全球营商环境报告 2020》数据显示,中国营商环境全球排名升至第 31 位,跻身全球前 40,连续两年入列全球优化营商环境改善幅度最大的十大经济体。《优化营商环境条例》规定,国家严格控制新设行政许可。新设行政许可应当按照行政许可法和国务院的规定严格设定标准,并进行合法性、必要性和合理性审查论证。对通过事中事后监管或者市场机制能够解决以及行政许可法和国务院规定不得设立行政许可的事项,一律不得设立行政许可,严禁以备案、登记、注册、目录、规划、年检、年报、监制、认定、认证、审定以及其他任何形式变相设定或者实施行政许可。法律、行政法规和国务院决定对相关管理事项已作出规定,但未采取行政许可管理方式的,地方不得就该事项设定行政许可。对相关管理事项尚未制定法律、行政法规的,地方可以依法就该事项设定行政许可。国家实行行政许可清单管理制度,适时调整行政许可清单并向社会公布,清单之外不得违法实施行政许可。国家大力精简已有行政许可。对已取消的行政许可,行政机关不得继续实施或者变相实施,不得转由行业协会商会或者其他组织实施。市场主体认为地方性法规同行政法规相抵触,或者认为规章同法律、行政法规相抵触的,可以向国务院书面提出审查建议,由有关机关按照规定程序处理。

5.1.2 建设许可制度

工程建设活动的专业性、技术性极强。因此,对建设工程是否具备施工条件以及对从业单位、专业技术人员依法实施行政许可,进行严格的过程管控,对于规范建设市场秩序,保证工程质量和安全施工,保障公民生命财产安全和国家财产安全,维护建筑市场秩序,促进建筑业持续健康发展,意义重大。

1. 建设许可的概念和特点

建设许可是指建设行政主管部门准许、变更和终止公民、法人和其他组织从事建筑活动的具体行政行为。建设许可的表现形式为施工许可证、批准证件(开工报告)、资质证书、职业资格证书等。实行建设许可制度旨在有效保证建筑工程质量和安全,也是国际上的通行做法。《建筑法》规定的建设许可包括施工许可与从业资格许可两种。实践证明,实行施工许可,既可以保证建设工程的合法性和可行性,监督建设单位尽快建成拟建项目,防止闲置土地,影响社会公共利益;又能保证建设项目开工后能够顺利进行,避免由于不具备施工条件而盲目上马,给参与建筑工程的单位造成不必要的损失;同时也有助于建设行政主管部门对在建项目实施有效的监督管理。实行从业资格制度,有利于确保从事建筑活动的单位和个人的素质,提高建筑工程的质量,确保建筑工程的安全和国家财产安全。建立建设许可制度实际上类同于在宏观的建筑市场的"门口"设立了一个"售票员"和"检票员",通过这个"售票"和"检票"的程序,防止不具备条件的建设工程的上马,防止不具备法定资格的公民或者企业涉足建设工程。从而维护建筑市场秩序,保证建筑业健康、有序的发展。

建设许可具有以下特点:(1)建设许可行为的主体是建设行政主管部门,而不是其他行政机关。(2)建设许可是为了对建设工程的开工和建设从业单位与个人的资格施行行政管理。(3)建设许可的事项与条件必须依据法律法规的规定进行,不能随意设置。

2. 建设许可的类别

根据《建筑法》第二章的规定,建设许可包括施工许可和从业许可。

（1）施工许可。施工许可是建设行政主管部门根据建设单位的申请，依法对建设工程是否具备施工条件进行审查，符合条件者，对符合条件的建设工程允许其开工建设的法定制度。

（2）从业许可。从业许可包含从业单位许可和从业个人许可，从业单位许可是建设行政主管部门对从事建设活动的建设施工企业、勘察单位、设计单位和工程监理单位的人员素质、管理水平、资金数量、业务能力等进行审查，以确定其承担工程任务的范围，并发给相应的资质证书的一种行政许可；从业个人许可是建设行政主管部门及有关部门对从事建设活动的专业技术人员，依法进行考试和注册，并颁发执业资格证书的一种行政许可。

5.2　建设工程施工许可制度

施工许可制度是由国家授权的有关行政主管部门，在建设工程开工之前对其是否符合法定的开工条件进行审核，对符合条件的建设工程允许其开工建设的法定制度。我国目前对建设工程开工条件的审批，存在着颁发"施工许可证"和批准"开工报告"两种形式。我国目前建设工程多数工程是办理施工许可证，由建设行政主管部门审批，作为开发计划；部分工程则为批准开工报告，由国家发展改革主管部门审批，作为基建计划。

5.2.1　施工许可证和开工报告的范围

1. 需要办理施工许可证的建设工程

《建筑法》第七条规定，建筑工程开工前，建设单位应当按照国家有关规定向工程所在地县级以上人民政府建设行政主管部门申请领取施工许可证；但是，国务院建设行政主管部门确定的限额以下的小型工程除外。按照国务院规定的权限和程序批准开工报告的建筑工程，不再领取施工许可证。《建筑工程施工许可管理办法》进一步规定，在中华人民共和国境内从事各类房屋建筑及其附属设施的建造、装修装饰和与其配套的线路、管道、设备的安装，以及城镇市政基础设施工程的施工，建设单位在开工前应当依照本办法的规定，向工程所在地的县级以上地方人民政府住房城乡建设主管部门申请领取施工许可证。应当申请领取施工许可证的建筑工程未取得施工许可证的，一律不得开工。任何单位和个人不得将应当申请领取施工许可证的工程项目分解为若干限额以下的工程项目，规避申请领取施工许可证。

《住房城乡建设部办厅公关于工程总承包项目和政府采购工程建设项目办理施工许可手续有关事项的通知》（建办市〔2017〕46 号）中规定，各级住房城乡建设主管部门可以根据工程总承包合同及分包合同确定设计、施工单位，依法办理施工许可证。对在工程总承包项目中承担分包工作，且已与工程总承包单位签订分包合同的设计单位或施工单位，各级住房城乡建设主管部门不得要求其与建设单位签订设计合同或施工合同，也不得将上述要求作为申请领取施工许可证的前置条件。对依法通过竞争性谈判或单一来源方式确定供应商的政府采购工程建设项目，应严格执行《建筑法》《建筑工程施工许可管理办法》等规定，对符合申请条件的，应当颁发施工许可证。

2. 不需要办理施工许可证的建设工程

（1）限额以下的小型工程。《建筑法》规定，国务院建设行政主管部门确定的限额以下的小型工程，可以不申请办理施工许可证。据此，《建筑工程施工许可管理办法》规定，工程投资额在 30 万元以下或者建筑面积在 300m² 以下的建筑工程，可以不申请办理施工许可证。省、自治区、直辖市人民政府住房城乡建设主管部门可以根据当地的实际情况，对限额进行调整，并报国务院住房城乡建设主管部门备案。目前有些省、自治区、直辖市人民政府住房城乡建设主管部门规定的限额已经超过了《建筑工程施工许可管理办法》规定的限额标准。

（2）抢险救灾等工程。抢险救灾及其他临时性房屋建筑和农民自建低层住宅的建筑活动，不适用《建筑法》的施工许可规定。

（3）不重复办理施工许可证的建设工程。为避免同一建设工程的开工由不同行政主管部门重复审批的现象，《建筑法》规定，按照国务院规定的权限和程序批准开工报告的建筑工程，不再领取施工许可证。实行开工报告批准制度的建设工程，必须符合国务院的规定，其他任何部门的规定无效。开工报告与施工许可证不必重复办理。

（4）另行规定的建设工程。《建筑法》规定，军用房屋建筑工程建筑活动的具体管理办法，由国务院、中央军事委员会依据本法制定。据此，军用房屋建筑工程不向建设行政主管部门申请办理施工许可证。

3. 实行开工报告制度的建设工程

开工报告制度是我国沿用已久的一种建设项目开工管理制度。1979 年，国家计划委员会、国家基本建设委员会在《关于做好基本建设前期工作的通知》中规定了这项制度。1984 年原国家计划委员会发布的《关于简化基本建设项目审批手续的通知》中将其简化。1988 年以后，又恢复了开工报告制度。1995 年国务院《关于严格限制新开工项目、加强固定资产投资资金源头的通知》《关于严格控制高档房地产开发项目的通知》中，均提到了开工报告审批制度。近些年来，公路建设项目等已由开工报告制度改为施工许可制度。2019 年 4 月 14 日公布的《政府投资条例》规定，国务院规定应当审批开工报告的重大政府投资项目，按照规定办理开工报告审批手续后方可开工建设。

开工报告是建设单位依照国家有关规定向计划行政主管部门申请准予开工的文件。为了避免出现同一项工程的开工由不同的政府行政主管部门多头重复审批的现象，《建筑法》第七条规定，按照国务院规定的权限和程序批准开工报告的建筑工程，不再领取施工许可证。至于哪些工程实行开工报告审批制度，有关行政主管部门对开工报告的审批权限和审批程序，则应当按照国务院的有关规定执行。

开工报告审查的内容主要包括：（1）资金到位情况；（2）投资项目市场预测；（3）设计图纸是否满足施工要求；（4）现场条件是否具备"三通一平"等的要求。按照原国家计委的有关规定，建设单位在向计划行政主管部门申请批准开工报告时也要具备一定的条件，如项目法人已经确定，项目初步设计及总概算已经审查核定和批复，项目资本金和其他建设资金已经落实，项目总体网络计划已经编制完成，项目主体工程的施工单位已经通过招标选定，项目法人与项目设计单位已签订供图协议，项目征地、拆迁和施工场地"四通一平"工作已经完成，项目建设所需大型、专用设备或材料已作出计划安排等等，这些同《建筑法》第八条规定的申请领取施工许可证的条件基本一致。对于实行开工报告制度的建设工程，《建筑法》规定，按照国务院有关规定批准开工报告的建筑工程，因故不能按期开工或者中止施工的，应当及时向批准机关报告情况。因故不能按期开工超过 6 个月的，应当重新办理开工报告的批准手续。

5.2.2　施工许可证的申请主体

《建筑法》规定，建设单位应当按照国家有关规定向工程所在地县级以上人民政府建设行政主管部门申请领取施工许可证。建设单位是建设项目的投资者，为建设工程开工和施工单位进场做好各项前期准备工作，是建设单位应尽的义务。因此，施工许可证的申请领取，应是由建设单位负责，而不是施工单位或其他单位。

5.2.3　施工许可证的法定批准条件

《建筑法》规定，申请领取施工许可证，应当具备下列条件：（1）已经办理该建筑工程用地批准手续；（2）依法应当办理建设工程规划许可证的，已经取得建设工程规划许可证；（3）需要拆迁的，其拆迁进度符合施工要求；（4）已经确定建筑施工企业；（5）有满足施工需要的资金安排、施工图纸及技术资料；（6）有保证工程质量和安全的具体措施。《建筑工程施工许可管理办法》进一步规定，建设单位申请领取施工许可证，应当具备下列条件，并提交相应的证明文件：（1）依法应当办理用地批准手续的，已经办理该建筑工程用地批准手续；（2）依法应当办理建设工程规划许可证的，已经取得建设工程规划许可证；（3）施工场地已经基本具备施工条件，需要征收房屋的，其进度符合施工要求；（4）已经确定施工企业；（5）有满足施工需要的资金安排、施工图纸及技术资料，建设单位应当提供建设资金已经落实承诺书，施工图设计文件已按规定审查合格；（6）有保证工程质量和安全的具体措施。

根据的《建筑法》和《建筑工程施工许可管理办法》的规定，建设单位申请领取施工许可证，应当具备下列条件，并提交相应的证明文件：

1. 依法应当办理用地批准手续的，已经办理该建筑工程用地批准手续

《土地管理法》规定，经批准的建设项目需要使用国有建设用地的，建设单位应当持法律、行政法规规定的有关文件，向有批准权的县级以上人民政府自然资源主管部门提出建设用地申请，经自然资源主管部门审查，报本级人民政府批准。如果没有办理用地批准手续，意味着将没有合法的土地使用权，自然是无法开工的，因此，不能颁发施工许可证。《土地管理法实施条例》规定，抢险救灾、疫情防控等急需使用土地的，可以先行使用土地。其中，属于临时用地的，用后应当恢复原状并交还原土地使用者使用，不再办理用地审批手续；属于永久性建设用地的，建设单位应当在不晚于应急处置工作结束六个月内申请补办建设用地审批手续。

2. 依法应当办理建设工程规划许可证的，已经取得建设工程规划许可证

在城市、镇规划区内，规划许可证包括建设用地规划许可证和建设工程规划类许可证。在乡、村庄规划区内进行乡镇企业、乡村公共设施和公益事业建设的，须核发乡村建设规划许可证。根据《国务院关于印发清理规范投资项目报建审批事项实施方案的通知》（国发〔2016〕29号）要求，将原建设工程规划许可证核发、历史建筑实施原址保护审批等4项合并为"建设工程规划类许可证核发"。

（1）建设用地规划许可证

《城乡规划法》对于建设用地规划许可证作出了规定：①以划拨方式提供国有土地使用权的建设项目用地规划许可证。在城市、镇规划区内以划拨方式提供国有土地使用权的建设项目，经有关部门批准、核准、备案后，建设单位应当向城市、县人民政府城乡规划主管部门提出建设用地规划许可申请，由城市、县人民政府城乡规划主管部门依据控制性

详细规划核定建设用地的位置、面积、允许建设的范围，核发建设用地规划许可证。建设单位在取得建设用地规划许可证后，方可向县级以上地方人民政府土地主管部门申请用地，经县级以上人民政府审批后，由土地主管部门划拨土地。②以出让方式提供国有土地使用权的建设项目用地规划许可证。在城市、镇规划区内以出让方式提供国有土地使用权的，在国有土地使用权出让前，城市、县人民政府城乡规划主管部门应当依据控制性详细规划，提出出让地块的位置、使用性质、开发强度等规划条件，作为国有土地使用权出让合同的组成部分。未确定规划条件的地块，不得出让国有土地使用权。以出让方式取得国有土地使用权的建设项目，建设单位在取得建设项目的批准、核准、备案文件和签订国有土地使用权出让合同后，向城市、县人民政府城乡规划主管部门领取建设用地规划许可证。城市、县人民政府城乡规划主管部门不得在建设用地规划许可证中，擅自改变作为国有土地使用权出让合同组成部分的规划条件。

（2）建设工程规划许可证

在城市、镇规划区内进行建筑物、构筑物、道路、管线和其他工程建设的，建设单位或者个人应当向城市、县人民政府城乡规划主管部门或者省、自治区、直辖市人民政府确定的镇人民政府申请办理建设工程规划许可证。

在乡、村庄规划区内进行乡镇企业、乡村公共设施和公益事业建设的，建设单位或者个人应当向乡、镇人民政府提出申请，由乡、镇人民政府报城市、县人民政府城乡规划主管部门核发乡村建设规划许可证。建设单位或者个人在取得乡村建设规划许可证后，方可办理用地审批手续。

3. 施工场地已经基本具备施工条件，需要征收房屋的，其进度符合施工要求

施工场地应该具备的基本施工条件，通常要根据建设工程项目的具体情况决定。对在城市旧区进行建筑工程的新建、改建、扩建，拆迁是施工准备的一项重要任务。对成片进行综合开发的，应根据工程建设计划，在满足施工要求的前提下，分期分批进行拆迁。拆迁必须按计划和施工进度要求进行，过早或过迟，都会造成损失和浪费。因此，开始修建工程之前，必须首先解决拆迁的问题。但是，解决拆迁的问题并不意味着必须要拆迁完毕才能施工，只要拆迁的进度能够满足后续施工的要求就可以了。例如：已进行场区的施工测量，设置永久性经纬坐标桩、水准基桩和工程测量控制网；搞好"三通一平"或"七通一平"；在施工现场要设安全纪律牌、施工公告牌、安全标志牌等。实行监理的建设工程，一般要由监理单位查看后填写"施工场地已具备施工条件的证明"，并加盖单位公章确认。《民法典》规定，为了公共利益的需要，依照法律规定的权限和程序可以征收集体所有的土地和组织、个人的房屋以及其他不动产。但是，征收进度必须能满足建设工程开始施工和连续施工的要求。

4. 已经确定施工企业

在工程开工前，建设单位必须确定承包该工程的施工企业。只有确定了施工企业，才具有了开工的可能。建设单位依法确定施工企业后，双方应当签订书面的建设工程合同，并将该合同的副本作为申领施工许可证的必备资料之一报建设行政主管机关。因此，在建设工程开工前，建设单位必须依法通过招标或直接发包的方式确定承包该建设工程的施工企业，并签订建设工程承包合同，明确双方的责任、权利和义务。《建筑工程施工许可管理办法》规定，按照规定应该招标的工程没有招标，应该公开招标的工程没有公开招标，

或者肢解发包工程，以及将工程发包给不具备相应资质条件的，所确定的施工企业无效。

5. 有满足施工需要的资金安排、施工图纸及技术资料，建设单位应当提供建设资金已经落实承诺书，施工图设计文件已按规定审查合格

建设资金的落实是建设工程开工后能否顺利实施的关键。建设单位在工程施工过程中必须拥有足够的建设资金，这是预防拖欠工程款，保证施工顺利进行的基本经济保障。因此，在工程开工前，要求建设单位提供建设资金已经落实承诺书，否则不予颁发施工许可证。施工图纸是工程建设最根本的技术文件，是施工的依据。因此，在开工前必须有满足施工需要的施工图纸。技术资料一般包括地形、地质、水文、气象等自然条件资料和主要原材料、燃料来源、水电供应和运输条件等技术经济条件资料。

《建设工程勘察设计管理条例》规定，编制施工图设计文件，应当满足设备材料采购、非标准设备制作和施工的需要，并注明建设工程合理使用年限。施工图设计文件审查机构应当对房屋建筑工程、市政基础设施工程施工图设计文件中涉及公共利益、公众安全、工程建设强制性标准的内容进行审查。县级以上人民政府交通运输等有关部门应当按照职责对施工图设计文件中涉及公共利益、公众安全、工程建设强制性标准的内容进行审查。《建设工程质量管理条例》规定，施工图设计文件未经审查批准的，不得使用。根据《国务院关于优化建设工程防雷许可的决定》（国发〔2016〕39号），整合部分建设工程防雷许可，将气象部门承担的房屋建筑工程和市政基础设施工程防雷装置设计审核，整合纳入建筑工程施工图审查，统一由住房城乡建设部门监管，切实优化流程、缩短时限、提高效率。

6. 有保证工程质量和安全的具体措施

《建设工程质量管理条例》规定，建设单位在开工前，应当按照国家有关规定办理工程质量监督手续，工程质量监督手续可以与施工许可证或者开工报告合并办理。《建设工程安全生产管理条例》规定，建设单位在申请领取施工许可证时，应当提供建设工程有关安全施工措施的资料。建设行政主管部门在审核发放施工许可证时，应当对建设工程是否有安全施工措施进行审查，对没有安全施工措施的，不得颁发施工许可证。《建筑工程施工许可管理办法》中对"有保证工程质量和安全的具体措施"作了进一步规定，施工企业编制的施工组织设计中有根据建筑工程特点制定的相应质量、安全技术措施。建立工程质量安全责任制并落实到人。专业性较强的工程项目编制了专项质量、安全施工组织设计，并按照规定办理了工程质量、安全监督手续。

建设工程申请领取施工许可证，除了应当具备以上六项条件外，还应当具备其他法律、行政法规规定的有关工程开工的条件。由于施工活动自身的复杂性，以及各类工程的建设要求也不同，申领施工许可证的条件会随着国家对建设活动管理的不断完善而作相应调整。但是根据《建筑法》的规定，只有全国人大及其常委会制定的法律和国务院制定的行政法规，才有权增加施工许可证新的申领条件。据此，《建筑工程施工许可管理办法》明确规定，县级以上地方人民政府住房城乡建设主管部门不得违反法律法规规定，增设办理施工许可证的其他条件。

（1）消防设计图纸及技术资料

《消防法》规定，对按照国家工程建设消防技术标准需要进行消防设计的建设工程，实行建设工程消防设计审查验收制度。特殊建设工程未经消防设计审查或者审查不合格

的，建设单位、施工单位不得施工；其他建设工程，建设单位未提供满足施工需要的消防设计图纸及技术资料的，有关部门不得发放施工许可证或者批准开工报告。

（2）节能环保审核

《民用建筑节能条例》第十三条规定，施工图设计文件审查机构应当按照民用建筑节能强制性标准对施工图设计文件进行审查；经审查不符合民用建筑节能强制性标准的，县级以上地方人民政府建设主管部门不得颁发施工许可证。

（3）防震、规费等其他法规规定的条件

《防震减灾法》规定：新建、扩建、改建建设工程，应当达到抗震设防要求。《山东省防震减灾条例》第二十四条规定，新建、改建、扩建建设工程，必须达到国家规定的抗震设防要求。不符合抗震设防要求的工程不得开工建设。对未按规定进行地震安全性评价的工程建设项目，计划部门不得批准立项，建设行政主管部门不得批准施工。《云南省建设工程抗震设防管理条例》第二十二条规定，建筑工程未经抗震设防专项审查的，建设行政主管部门不予批复初步设计、不予颁发施工许可证。《建设部关于加强建筑意外伤害保险工作的指导意见》（建质〔2003〕107号）规定，各级建设行政主管部门要强化监督管理，把在建工程项目开工前是否投保建筑意外伤害保险情况作为审查企业安全生产条件的重要内容之一；未投保的工程项目，不予发放施工许可证。2010年河北省清欠办发出《调整规范农民工工资保证金收缴方式和使用管理的通知》，主管部门在核发施工许可证时，核验建设单位和施工企业缴纳农民工工资保证金的缴费凭证，不能提供缴纳保证金凭证的，不予办理施工许可证。2011年，东营市《关于进一步规范建筑工程施工许可管理的通知》第五条规定，建设单位在申领施工许可证前应一次性足额缴纳城市基础设施配套费、建筑企业养老保障金、新型墙体材料专项基金等建设规费，否则不予办理施工许可手续。

根据《建筑法》的规定，只有全国人民代表大会及其常务委员会制定的法律和国务院制定的行政法规，方可有权增加施工许可证的申领条件。因此，已增加的施工许可证申领条件主要是《消防法》中的消防设计审核和《民用建筑节能条例》中的节能环保审核。虽然上述地方性法规等规范性法律文件规定了施工许可证申请的其他条件，比如防震、规费等，但是由于《建筑工程施工许可管理办法》规定县级以上地方人民政府住房城乡建设主管部门不得违反法律法规规定，增设办理施工许可证的其他条件，因此上述关于防震、规费的规定并不能影响施工许可证的颁发。

5.2.4 施工许可证的颁发与管理

1. 施工许可证的颁发程序

根据《建筑工程施工许可管理办法》，申请办理施工许可证，应当按照下列程序进行：（1）建设单位向发证机关领取《建筑工程施工许可证申请表》。（2）建设单位持加盖单位及法定代表人印鉴的《建筑工程施工许可证申请表》，并附规定的证明文件，向发证机关提出申请。（3）发证机关在收到建设单位报送的《建筑工程施工许可证申请表》和所附证明文件后，对于符合条件的，应当自收到申请之日起7日内颁发施工许可证；对于证明文件不齐全或者失效的，应当当场或者5日内一次告知建设单位需要补正的全部内容，审批时间可以自证明文件补正齐全后作相应顺延；对于不符合条件的，应当自收到申请之日起7日内书面通知建设单位，并说明理由。建筑工程在施工过程中，建设单位或者施工单位发生变更的，应当重新申请领取施工许可证。

《优化营商环境条例》规定，设区的市级以上地方人民政府应当按照国家有关规定，优化工程建设项目（不包括特殊工程和交通、水利、能源等领域的重大工程）审批流程，推行并联审批、多图联审、联合竣工验收等方式，简化审批手续，提高审批效能。《住房和城乡建设部办公厅关于全面推行建筑工程施工许可证电子证照的通知》（建办市〔2020〕25 号）规定，全面推行施工许可电子证照。自 2021 年 1 月 1 日起，全国范围内的房屋建筑和市政基础设施工程项目全面实行施工许可电子证照。电子证照与纸质证照具有同等法律效力。

2. 施工许可证的管理

（1）施工许可证的延期

《建筑法》规定，建设单位应当自领取施工许可证之日起 3 个月内开工。因故不能按期开工的，应当向发证机关申请延期；延期以两次为限，每次不超过 3 个月。建设单位的施工许可证在以下两种情形自行废止：①在施工许可证的有效期内没有开工，建设单位又没有向原发证机关申请延期；②建设单位超过延期时限的。

（2）施工许可证的核验

《建筑法》规定，在建的建筑工程因故中止施工的，建设单位应当自中止施工之日起 1 个月内，向发证机关报告，并按照规定做好建筑工程的维护管理工作。建筑工程恢复施工时，应当向发证机关报告；中止施工满 1 年的工程恢复施工前，建设单位应当报发证机关核验施工许可证。

中止施工，是指建设工程开工后，在施工过程中因特殊情况的发生而中途停止施工的一种行为。中止施工的原因很复杂，如地震、洪水等不可抗力，以及宏观调控压缩基建规模、停建缓建建设工程等。对于因故中止施工的，建设单位应当按照规定的时限向发证机关报告，并按照规定做好建设工程的维护管理工作，以防止建设工程在中止施工期间遭受不必要的损失，保证在恢复施工时可以尽快启动。在恢复施工时，建设单位应当向发证机关报告恢复施工的有关情况。中止施工满 1 年的，在建设工程恢复施工前，建设单位还应当报发证机关核验施工许可证，看是否仍具备组织施工的条件，经核验符合条件的，应允许恢复施工，施工许可证继续有效；经核验不符合条件的，应当收回其施工许可证，不允许恢复施工，待条件具备后，由建设单位重新申领施工许可证。

5.2.5　未取得施工许可证开工的法律后果

1. 未取得施工许可证擅自开工不影响建设工程施工合同的效力

（1）施工许可证是一种行政许可，不影响民事合同的效力

颁发施工许可证是建设行政主管部门对建设工程项目加强监管的一种行政手段，主要目的是审查建设单位或者施工单位是否具备法律规定的建设或者施工条件，具有行政管理的性质。从关于办理施工许可证的规定列于《建筑法》"建筑许可"一章来看，也可以说明施工许可证是一种行政许可，如果建设单位或者施工单位违反该管理规定，应当受到相应的行政处理。《建筑法》并没有规定发包人因没有施工许可证而导致合同无效。因此，建设单位未取得施工许可证的，不影响施工合同的效力。

（2）我国现行法律法规并没有规定在签订建设工程施工合同前必须申领施工许可证，也未规定申领施工许可证是建设工程施工合同生效的必备条件

我国现行法律法规并没有规定在签订建设工程施工合同前必须申领施工许可证，也未

规定申领施工许可证是建设工程施工合同生效的必备条件。相反,《建筑法》第八条规定在申请领取施工许可证时必须具备的条件之一就是要有确定的建筑施工企业。可见依据法律规定签订建设工程施工合同必须在申领施工许可证之前。

2. 未取得施工许可证施工需要承担的行政责任

(1) 未经许可开工应承担的法律责任

《建筑法》规定,违反本法规定,未取得施工许可证或者开工报告未经批准擅自施工的,责令改正,对不符合开工条件的责令停止施工,可以处以罚款。《建设工程质量管理条例》规定,建设单位未取得施工许可证或者开工报告未经批准,擅自施工的,责令停止施工,限期改正,处工程合同价款1%以上2%以下的罚款。《建筑工程施工许可管理办法》规定,对于未取得施工许可证或者为规避办理施工许可证将工程项目分解后擅自施工的,由有管辖权的发证机关责令停止施工,限期改正,对建设单位处工程合同价款1%以上2%以下罚款;对施工单位处3万元以下罚款。

(2) 规避办理施工许可证应承担的法律责任

《建筑工程施工许可管理办法》规定,对于未取得施工许可证或者为规避办理施工许可证将工程项目分解后擅自施工的,由有管辖权的发证机关责令停止施工,限期改正,对建设单位处工程合同价款1%以上2%以下罚款;对施工单位处3万元以下罚款。

(3) 骗取和伪造施工许可证应承担的法律责任

《建筑工程施工许可管理办法》规定,建设单位采用欺骗、贿赂等不正当手段取得施工许可证的,由原发证机关撤销施工许可证,责令停止施工,并处1万元以上3万元以下罚款;构成犯罪的,依法追究刑事责任。建设单位隐瞒有关情况或者提供虚假材料申请施工许可证的,发证机关不予受理或者不予许可,并处1万元以上3万元以下罚款;构成犯罪的,依法追究刑事责任。建设单位伪造或者涂改施工许可证的,由发证机关责令停止施工,并处1万元以上3万元以下罚款;构成犯罪的,依法追究刑事责任。

(4) 对单位主管人员等处罚的规定

给予单位罚款处罚的,对单位直接负责的主管人员和其他直接责任人员处单位罚款数额5%以上10%以下罚款。单位及相关责任人受到处罚的,作为不良行为记录予以通报。

(5) 违法行政应承担的法律责任

《优化营商环境条例》规定,政府和有关部门及其工作人员有下列情形之一的,依法依规追究责任:违法干预应当由市场主体自主决策的事项;制定或者实施政策措施不依法平等对待各类市场主体;变相设定或者实施行政许可,继续实施或者变相实施已取消的行政许可,或者转由行业协会商会或者其他组织实施已取消的行政许可;为市场主体指定或者变相指定中介服务机构,或者违法强制市场主体接受中介服务;其他不履行优化营商环境职责或者损害营商环境的情形。

5.3 工程建设从业单位资质等级许可制度

工程建设从业单位资质等级许可制度是对从事工程建设活动的企业进入市场的准入资格审查,属于行政许可法的调整范围,是一种准入性的行政许可制度。2013年11月12

日《中共中央关于全面深化改革若干重大问题的决定》指出，必须切实转变政府职能，深化行政体制改革，创新行政管理方式，增强政府公信力和执行力，建设法治政府和服务型政府。为进一步深化建筑业"放管服"改革，加快产业升级，促进建筑业持续健康发展，根据国务院办公厅关于促进建筑业持续健康发展的意见（国办发〔2017〕19 号）规定，进一步简化工程建设企业资质类别和等级设置，减少不必要的资质认定。选择部分地区开展试点，对信用良好、具有相关专业技术能力、能够提供足额担保的企业，在其资质类别内放宽承揽业务范围限制，同时，加快完善信用体系、工程担保及个人执业资格等相关配套制度，加强事中事后监管。之后，规定建设工程从业资质制度的相关法律法规，也在不断地简化工程建设企业资质类别和等级设置，减少不必要的资质认定。

5.3.1 从业单位资质等级许可制度概述

《建筑法》规定，从事建筑活动的建筑施工企业、勘察单位、设计单位和工程监理单位，应当具备下列条件：（1）有符合国家规定的注册资本；（2）有与其从事的建筑活动相适应的具有法定执业资格的专业技术人员；（3）有从事相关建筑活动所应有的技术装备；（4）法律、行政法规规定的其他条件。从事建筑活动的建筑施工企业、勘察单位、设计单位和工程监理单位，按照其拥有的注册资本、专业技术人员、技术装备和已完成的建筑工程业绩等资质条件，划分为不同的资质等级，经资质审查合格，取得相应等级的资质证书后，方可在其资质等级许可的范围内从事建筑活动。

《建设工程质量管理条例》进一步规定，建设单位应当将工程发包给具有相应资质等级的单位。从事建设工程勘察、设计、施工的单位应当依法取得相应等级的资质证书，并在其资质等级许可的范围内承揽工程。工程监理单位应当依法取得相应等级的资质证书，并在其资质等级许可的范围内承担工程监理业务。

5.3.2 工程建设从业单位的资质等级和业务范围

1. 工程勘察和设计单位的资质等级和业务范围

根据《建设工程勘察设计资质管理规定》，从事建设工程勘察、工程设计活动的企业，应当按照其拥有的资产、专业技术人员、技术装备和勘察设计业绩等条件申请资质，经审查合格，取得建设工程勘察、工程设计资质证书后，方可在资质许可的范围内从事建设工程勘察、工程设计活动。

工程勘察资质分为工程勘察综合资质、工程勘察专业资质、工程勘察劳务资质。工程勘察综合资质只设甲级；工程勘察专业资质设甲级、乙级，根据工程性质和技术特点，部分专业可以设丙级；工程勘察劳务资质不分等级。取得工程勘察综合资质的企业，可以承接各专业（海洋工程勘察除外）、各等级工程勘察业务；取得工程勘察专业资质的企业，可以承接相应等级相应专业的工程勘察业务；取得工程勘察劳务资质的企业，可以承接岩土工程治理、工程钻探、凿井等工程勘察劳务业务。

工程设计资质分为工程设计综合资质、工程设计行业资质、工程设计专业资质和工程设计专项资质。工程设计综合资质只设甲级；工程设计行业资质、工程设计专业资质、工程设计专项资质设甲级、乙级。根据工程性质和技术特点，个别行业、专业、专项资质可以设丙级，建筑工程专业资质可以设丁级。取得工程设计综合资质的企业，可以承接各行业、各等级的建设工程设计业务；取得工程设计行业资质的企业，可以承接相应行业相应等级的工程设计业务及本行业范围内同级别的相应专业、专项（设计施工一体化资质除外）工程设计业务；取得工程设计专业资质的企业，可以承接本专业相应等级的专业工程设计业务及同级别的相应专项工程设计业务（设计施工一体化资质除外）；取得工程设计专项资质的企业，可以承接本专项相应等级的专项工程设计业务。

2. 建筑业企业（施工企业）的资质等级和业务范围

建筑业企业，是指从事土木工程、建筑工程、线路管道设备安装工程的新建、扩建、改建等施工活动的企业。《建筑业企业资质管理规定》规定，企业应当按照其拥有的资产、主要人员、已完成的工程业绩和技术装备等条件申请建筑业企业资质，经审查合格，取得建筑业企业资质证书后，方可在资质许可的范围内从事建筑施工活动。建筑业企业资质分为施工总承包资质、专业承包资质、施工劳务资质三个序列。施工总承包资质、专业承包资质按照工程性质和技术特点分别划分为若干资质类别，各资质类别按照规定的条件划分为若干资质等级。施工劳务资质不分类别与等级。根据《建筑业企业资质等级标准》（建市〔2014〕159号），施工总承包序列设有12个类别，一般分为4个等级（特级、一级、二级、三级）；专业承包序列设有36个类别，一般分为3个等级（一级、二级、三级）；施工劳务序列不分类别和等级。

施工总承包资质序列设有12个类别，分别是：建筑工程施工总承包、公路工程施工总承包、铁路工程施工总承包、港口与航道工程施工总承包、水利水电工程施工总承包、电力工程施工总承包、矿山工程施工总承包、冶金工程施工总承包、石油化工工程施工总承包、市政公用工程施工总承包、通信工程施工总承包、机电工程施工总承包。施工总承包资质一般分为4个等级，即特级、一级、二级和三级。

专业承包序列设有36个类别，分别是：地基基础工程专业承包、起重设备安装工程专业承包、预拌混凝土专业承包、电子与智能化工程专业承包、消防设施工程专业承包、防水防腐保温工程专业承包、桥梁工程专业承包、隧道工程专业承包、钢结构工程专业承包、模板脚手架专业承包、建筑装修装饰工程专业承包、建筑机电安装工程专业承包、建筑幕墙工程专业承包、古建筑工程专业承包、城市及道路照明工程专业承包、公路路面工程专业承包、公路路基工程专业承包、公路交通工程专业承包、铁路电务工程专业承包、铁路铺轨架梁工程专业承包、铁路电气化工程专业承包、机场场道工程专业承包、民航空管工程及机场弱电系统工程专业承包、机场目视助航工程专业承包、港口与海岸工程专业承包、航道工程专业承包、通航建筑物工程专业承包、港航设备安装及水上交管工程专业承包、水工金属结构制作与安装工程专业承包、水利水电机电安装工程专业承包、河湖整治工程专业承包、输变电工程专业承包、核工程专业承包、海洋石油工程专业承包、环保工程专业承包、特种工程专业承包。

不同资质序列的建筑业企业承揽业务范围的范围包括：（1）施工总承包工程应由取得相应施工总承包资质的企业承担。取得施工总承包资质的企业可以对所承接的施工总承包工程内各专业工程全部自行施工，也可以将专业工程依法进行分包。对设有资质的专业工程进行分包时，应分包给具有相应专业承包资质的企业。施工总承包企业将劳务作业分包时，应分包给具有施工劳务资质的企业。（2）设有专业承包资质的专业工程单独发包时，应由取得相应专业承包资质的企业承担。取得专业承包资质的企业可以承接具有施工总承包资质的企业依法分包的专业工程或建设单位依法发包的专业工程。取得专业承包资质的企业应对所承接的专业工程全部自行组织施工，劳务作业可以分包，但应分包给具有施工劳务资质的企业。（3）取得施工劳务资质的企业可以承接具有施工总承包资质或专业承包资质的企业分包的劳务作业。（4）取得施工总承包资质的企业，可以从事资质证书许可范围内的相应工程总承包、工程项目管理等业务。

3. 工程监理单位的资质等级和业务范围

从事建设工程监理活动的企业，应当按照本规定取得工程监理企业资质，并在工程监理企业资质证书许可的范围内从事工程监理活动。

《工程监理企业资质管理规定》规定，工程监理企业资质分为综合资质、专业资质和事务所资质。其中，专业资质按照工程性质和技术特点划分为若干工程类别。综合资质、事务所资质不分级别。专业资质分为甲级、乙级；其中，房屋建筑、水利水电、公路和市政公用专业资质可设立丙级。

工程监理企业资质相应许可的业务范围如下：（1）综合资质。可以承担所有专业工程类别建设工程项目的工程监理业务。（2）专业资质。专业甲级资质可承担相应专业工程类别建设工程项目的工程监理业务，专业乙级资质可承担相应专业工程类别二级以下（含二级）建设工程项目的工程监理业务，专业丙级资质可承担相应专业工程类别三级建设工程项目的工程监理业务。（3）事务所资质。可承担三级建设工程项目的工程监理业务，但是，国家规定必须实行强制监理的工程除外。工程监理企业可以开展相应类别建设工程的项目管理、技术咨询等业务。

4. 建设工程企业资质管理制度改革

根据《住房和城乡建设部关于印发建设工程企业资质管理制度改革方案的通知》（建市〔2020〕94号），精简资质类别，归并等级设置。改革后，工程勘察资质分为综合资质和专业资质，工程设计资质分为综合资质、行业资质、专业和事务所资质，施工资质分为综合资质、施工总承包资质、专业承包资质和专业作业资质，工程监理资质分为综合资质和专业资质。资质等级原则上压减为甲、乙两级（部分资质只设甲级或不分等级）。

（1）工程勘察资质。保留综合资质；将4类专业资质及劳务资质整合为岩土工程、工程测量、勘探测试等3类专业资质。综合资质不分等级，专业资质等级压减为甲、乙两级。

（2）工程设计资质。保留综合资质；将21类行业资质整合为14类行业资质；将151类专业资质、8类专项资质、3类事务所资质整合为70类专业和事务所资质。综合资质、事务所资质不分等级；行业资质、专业资质等级原则上压减为甲、乙两级（部分资质只设甲级）。

（3）施工资质。将10类施工总承包企业特级资质调整为施工综合资质，可承担各行业、各等级施工总承包业务；保留12类施工总承包资质，将民航工程的专业承包资质整合为施工总承包资质；将36类专业承包资质整合为18类；将施工劳务企业资质改为专业作业资质，由审批制改为备案制。综合资质和专业作业资质不分等级；施工总承包资质、专业承包资质等级原则上压减为甲、乙两级（部分专业承包资质不分等级），其中，施工总承包甲级资质在本行业内承揽业务规模不受限制。

（4）工程监理资质。保留综合资质；取消专业资质中的水利水电工程、公路工程、港口与航道工程、农林工程资质，保留其余10类专业资质；取消事务所资质。综合资质不分等级，专业资质等级压减为甲、乙两级。

5.3.3 施工企业资质的法定条件

根据《建筑法》《行政许可法》《建设工程质量管理条例》《建设工程安全生产管理条例》等法律、行政法规，《建筑业企业资质管理规定》中规定，企业应当按照其拥有的资产、主要人员、已完成的工程业绩和技术装备等条件申请建筑业企业资质，经审查合格，取得建筑业企业资质证书后，方可在资质许可的范围内从事建筑施工活动。

1. 有符合规定的净资产

企业资产是指企业拥有或控制的能以货币计量的经济资源，包括各种财产、债权和其他权利。企业净资产是指企业的资产总额减去负债以后的净额。净资产是属于企业所有并可以自由支配的资产，即所有者权益。相对于注册资本而言，它能够更准确地体现企业的经济实力。所有建筑业企业都必须具备基本的责任承担能力。这是法律上权利与义务相一致、利益与风险相一致原则的体现，是维护债权人利益的需要。显然，对净资产要求的全面提高意味着对企业资信要求的提高。《住房和城乡建设部关于调整建筑业企业资质标准中净资产指标考核有关问题的通知》（建市〔2015〕177号）规定，企业净资产以企业申请资质前一年度或当期合法的财务报表中净资产指标为准考核。

以建筑工程施工总承包企业为例，《建筑业企业资质标准》（建市〔2014〕159号）规定，一级企业净资产1亿元以上；二级企业净资产4000万元以上；三级企业净资产800万元以上。

2. 有符合规定的主要人员

工程建设施工活动专业性、技术性较强。因此，建筑业企业应当拥有注册建造师及其他注册人员、工程技术人员、施工现场管理人员和技术工人。但为了简化企业资质考核指标，《住房城乡建设部关于简化建筑业企业资质标准部分指标的通知》（建市〔2016〕226号）要求，除各类别最低等级资质外，取消关于注册建造师、中级以上职称人员、持有岗位证书的现场管理人员、技术工人的指标考核。取消通信工程施工总承包三级资质标准中关于注册建造师的指标考核。

《住房城乡建设部办公厅关于取消建筑业企业最低等级资质标准现场管理人员指标考核的通知》（建办市〔2018〕53号）进一步要求，取消建筑业企业最低等级资质标准中关于持有岗位证书现场管理人员的指标考核。

3. 有符合规定的已完成工程业绩

《住房城乡建设部关于简化建筑业企业资质标准部分指标的通知》（建市〔2016〕226号）中要求，调整建筑工程施工总承包一级及以下资质的建筑面积考核指标。按照调整后的企业工程业绩考核指标，建筑工程施工总承包的一级企业：近5年承担过下列4类中的2类工程的施工总承包或主体工程承包，工程质量合格。（1）地上25层以上的民用建筑工程1项或地上18～24层的民用建筑工程2项；（2）高度100米以上的构筑物工程1项或高度80～100米（不含）的构筑物工程2项；（3）建筑面积12万平方米以上的建筑工程1项或建筑面积10万平方米以上的建筑工程2项；（4）钢筋混凝土结构单跨30米以上（或钢结构单跨36米以上）的建筑工程1项或钢筋混凝土结构单跨27～30米（不含）〔或钢结构单跨30～36米（不含）〕的建筑工程2项。

二级企业：近5年承担过下列4类中的2类工程的施工总承包或主体工程承包，工程质量合格。（1）地上12层以上的民用建筑工程1项或地上8～11层的民用建筑工程2项；

（2）高度 50 米以上的构筑物工程 1 项或高度 35～50 米（不含）的构筑物工程 2 项；

（3）建筑面积 6 万平方米以上的建筑工程 1 项或建筑面积 5 万平方米以上的建筑工程 2 项；（4）钢筋混凝土结构单跨 21 米以上或钢结构单跨 24 米以上的建筑工程 1 项或钢筋混凝土结构单跨 18～21 米（不含）[或钢结构单跨 21～24 米（不含）]的建筑工程 2 项。

三级企业不再要求已完成的工程业绩。

同时，《关于简化建筑业企业资质标准部分指标的通知》进一步规定，对申请建筑工程、市政公用工程施工总承包特级、一级资质的企业，未进入全国建筑市场监管与诚信信息发布平台的企业业绩，不作为有效业绩认定。

4. 有符合规定的技术装备

施工单位必须使用与其从事施工活动相适应的技术装备，而许多大中型机械设备都可以采用租赁或融资租赁的方式取得。因此，目前的企业资质标准对技术装备的要求并不多。

5.3.4　施工企业的资质许可

我国对施工企业的资质管理，实行分级实施与有关部门相配合的管理模式。

1. 施工企业资质管理体制

《建筑业企业资质管理规定》中规定，国务院住房城乡建设主管部门负责全国建筑业企业资质的统一监督管理。国务院交通运输、水利、工业信息化等有关部门配合国务院住房城乡建设主管部门实施相关资质类别建筑业企业资质的管理工作。省、自治区、直辖市人民政府住房城乡建设主管部门负责本行政区域内建筑业企业资质的统一监督管理。省、自治区、直辖市人民政府交通运输、水利、通信等有关部门配合同级住房城乡建设主管部门实施本行政区域内相关资质类别建筑业企业资质的管理工作。

企业违法从事建筑活动的，违法行为发生地的县级以上地方人民政府住房城乡建设主管部门或者其他有关部门应当依法查处，并将违法事实、处理结果或者处理建议及时告知该建筑业企业资质的许可机关。

2. 施工企业资质的许可权限

下列建筑业企业资质，由国务院住房城乡建设主管部门许可：（1）施工总承包资质序列特级资质、一级资质及铁路工程施工总承包二级资质；（2）专业承包资质序列公路、水运、水利、铁路、民航方面的专业承包一级资质及铁路、民航方面的专业承包二级资质；涉及多个专业的专业承包一级资质。《国务院关于第二批取消 152 项中央指定地方实施行政审批事项的决定》（国发〔2016〕9 号）中，取消了对住房城乡建设部负责的建筑业企业总承包特级、一级、部分专业承包一级资质审批的初审。据此，2016 年 3 月住房城乡建设部办公厅颁发了《关于做好取消建设工程企业资质和个人执业资格初审事项后续衔接工作的通知》，规定各省级住房城乡建设主管部门不再对企业资质和个人执业资格事项出具初审意见。《建筑业企业资质管理规定》中规定，申请本规定第 9 条所列资质的（注：即上述由国务院住房城乡建设主管部门许可的资质），可以向企业工商注册所在地省、自治区、直辖市人民政府住房城乡建设主管部门提交申请材料。省、自治区、直辖市人民政府住房城乡建设主管部门收到申请材料后，应当在 5 日内将全部申请材料报审批部门。国务院住房城乡建设主管部门在收到申请材料后，应当依法作出是否受理的决定，并出具凭证；申请材料不齐全或者不符合法定形式的，应当在 5 日内一次性告知申请人需要补正的全部内容。逾期不告知的，自收到申请材料之日起即为受理。国务院住房城乡建设主管部门应当自受理之日起 20 个工作日内完成审查。自作出决定之日起 10 日内公告审批结果。其中，涉及公路、水运、水利、通信、铁路、民航等方面资质的，由国务院住房城乡建设主管部门会同国务院有关部门审查。

下列建筑业企业资质，由企业工商注册所在地省、自治区、直辖市人民政府住房城乡建设主管部门许可：（1）施工总承包资质序列二级资质及铁路、通信工程施工总承包三级资质；（2）专业承包资质序列一级资质（不含公路、水运、水利、铁路、民航方面的专业承包一级资质及涉及多个专业的专业承包一级资质）；（3）专业承包资质序列二级资质（不含铁路、民航方面的专业承包二级资质）；铁路方面专业承包三级资质；特种工程专业承包资质。

下列建筑业企业资质，由企业工商注册所在地设区的市人民政府住房城乡建设主管部门许可：（1）施工总承包资质序列三级资质（不含铁路、通信工程施工总承包三级资质）；（2）专业承包资质序列三级资质（不含铁路方面专业承包资质）及预拌混凝土、模板脚手架专业承包资质；（3）施工劳务资质；（4）燃气燃烧器具安装、维修企业资质。

《建设工程企业资质管理制度改革方案》中规定，进一步加大放权力度，选择工作基础较好的地方和部分资质类别，开展企业资质审批权下放试点，将除综合资质外的其他等级资质，下放至省级及以下有关主管部门审批（其中，涉及公路、水运、水利、通信、铁路、民航等资质的审批权限由国务院住房城乡建设主管部门会同国务院有关部门根据实际情况决定），方便企业就近办理。企业资质全国通用，严禁各行业、各地区设置限制性措施，严厉查处变相设置市场准入壁垒，违规限制企业跨地区、跨行业承揽业务等行为，维护统一规范的建筑市场。

5.3.5 施工企业的资质证书的申请、延续和变更

《优化营商环境条例》规定，国家推进"证照分离"改革，持续精简涉企经营许可事项，依法采取直接取消审批、审批改为备案、实行告知承诺、优化审批服务等方式，对所有涉企经营许可事项进行分类管理，为企业取得营业执照后开展相关经营活动提供便利。除法律、行政法规规定的特定领域外，涉企经营许可事项不得作为企业登记的前置条件。《建设工程企业资质管理制度改革方案》中规定，深化"互联网＋政务服务"，加快推动企业资质审批事项线上办理，实行全程网上申报和审批，逐步推行电子资质证书，实现企业资质审批"一网通办"，并在全国建筑市场监管公共服务平台公开发布企业资质信息。简化各类证明事项，凡是通过政府部门间信息共享可以获取的证明材料，一律不再要求企业提供。

1. 施工企业资质的告知承诺制

《国务院办公厅关于开展工程建设项目审批制度改革试点的通知》（国办发〔2018〕33号）规定，对通过事中事后监管能够纠正不符合审批条件的行为且不会产生严重后果的审批事项，实行告知承诺制。公布实行告知承诺制的审批事项清单及具体要求，申请人按照要求作出书面承诺的，审批部门可以直接作出审批决定。

《住房和城乡建设部办公厅关于进一步做好建设工程企业资质告知承诺制审批有关工作的通知》（建办市〔2020〕59号）规定，自2021年1月1日起，建筑工程、市政公用工程施工总承包一级资质继续实行告知承诺制审批，涉及上述资质的重新核定事项不实行告知承诺制审批。实施建设工程企业资质审批权限下放试点的地区，上述企业资质审批方式由相关省级住房和城乡建设主管部门自行确定。通过告知承诺方式申请上述资质的企业，须保证填报的包括业绩项目及项目技术指标在内的所有信息真实有效，项目符合法定基本建设程序、相关工程建设资料齐全，并由企业法定代表人签署书面承诺书。

告知承诺制审批流程：（1）申请。企业通过建设工程企业资质申报软件或本地区省级住房和城乡建设主管部门资质申报系统，按要求填报企业资质申请信息生成电子数据包（须包含企业法定代表人承诺书），由省级住房和城乡建设主管部门上传至住房和城乡建设部企业资质审批系统。（2）受理。住房和城乡建设部行政审批集中受理办公室通过资质审批系统在线受理企业告知承诺申请事项，并出具受理凭证。（3）公示。企业告知承诺申请事项及填报的人员、业绩项目等信息在住房和城乡建设部门户网站公示，接受社会监督，公示期 10 个工作日。（4）审批。住房和城乡建设部依据企业填报的资质申请信息和全国建筑市场监管公共服务平台人员、项目信息进行审批。（5）公告。对企业填报信息符合资质标准要求且在公示期内未被投诉举报的企业，住房和城乡建设部按规定办理资质核准公告。（6）核查。对企业申报业绩项目通过遥感卫星照片比对、组织实地核查、委托省级住房和城乡建设主管部门抽查等方式进行核查。

《住房和城乡建设部办公厅关于做好建筑业"证照分离"改革衔接有关工作的通知》（建办市〔2021〕30 号）规定，对于按照实行告知承诺方式改革的许可事项，各级住房和城乡建设主管部门应当明确实行告知承诺制审批的资质目录，制定并公布告知承诺书格式文本、告知承诺内容、核查办法和办事指南。对通过告知承诺方式取得资质证书的企业，要加强事中事后监管，经核查发现承诺不实的，依法撤销其相应资质，并按照有关规定进行处罚。对于按照优化审批服务方式改革的许可事项，各级住房和城乡建设主管部门要进一步优化审批流程，推动线上办理，实行全程电子化申报和审批。要精简企业申报材料，不得要求企业提供人员身份证明和社保证明、企业资质证书、注册执业人员资格证书等证明材料，切实减轻企业负担。

2. 企业资质的申请

《建筑业企业资质管理规定》中规定，建筑业企业可以申请一项或多项建筑业企业资质；企业首次申请或增项申请资质，应当申请最低等级资质。企业申请建筑业企业资质，在资质许可机关的网站或审批平台提出申请事项，提交资金、专业技术人员、技术装备和已完成业绩等电子材料。

《住房和城乡建设部办公厅关于做好建筑业"证照分离"改革衔接有关工作的通知》规定，建筑业企业施工劳务资质由审批制改为备案制，由企业注册地设区市住房和城乡建设主管部门负责办理备案手续。企业提交企业名称、统一社会信用代码、办公地址、法定代表人姓名及联系方式、企业净资产、技术负责人、技术工人等信息材料后，备案部门应当场办理备案手续，并核发建筑业企业施工劳务资质证书。企业完成备案手续并取得资质证书后，即可承接施工劳务作业。

3. 企业资质证书的使用与延续

《住房城乡建设部办公厅关于规范使用建筑业企业资质证书的通知》（建办市函〔2016〕462 号）中指出，为切实减轻企业负担，各有关部门和单位在对企业跨地区承揽业务监督管理、招标活动中，不得要求企业提供建筑业企业资质证书原件，企业资质情况可通过扫描建筑业企业资质证书复印件的二维码查询。

《建筑业企业资质管理规定》中规定，资质证书有效期为 5 年。建筑业企业资质证书有效期届满，企业继续从事建筑施工活动的，应当于资质证书有效期届满 3 个月前，向原资质许可机关提出延续申请。资质许可机关应当在建筑业企业资质证书有效期届满前做出是否准予延续的决定；逾期未做出决定的，视为准予延续。

4. 企业资质证书的变更

《优化营商环境条例》规定，企业申请办理住所等相关变更登记的，有关部门应当依法及时办理，不得限制。除法律、法规、规章另有规定外，企业迁移后其持有的有效许可证件不再重复办理。

（1）办理企业资质证书变更手续的程序

《建筑业企业资质管理规定》中规定，企业在建筑业企业资质证书有效期内名称、地址、注册资本、法定代表人等发生变更的，应当在工商部门办理变更手续后 1 个月内办理资质证书变更手续。由国务院住房城乡建设主管部门颁发的建筑业企业资质证书的变更，企业应当向企业工商注册所在地省、自治区、直辖市人民政府住房城乡建设主管部门提出变更申请，省、自治区、直辖市人民政府住房城乡建设主管部门应当自受理申请之日起 2 日内将有关变更证明材料报国务院住房城乡建设主管部门，由国务院住房城乡建设主管部门在 2 日内办理变更手续。上述规定以外的资质证书的变更，由企业工商注册所在地的省、自治区、直辖市人民政府住房城乡建设主管部门或者设区的市人民政府住房城乡建设主管部门依法另行规定。变更结果应当在资质证书变更后 15 日内，报国务院住房城乡建设主管部门备案。涉及公路、水运、水利、通信、铁路、民航等方面的建筑业企业资质证书的变更，办理变更手续的住房城乡建设主管部门应当将建筑业企业资质证书变更情况告知同级有关部门。

（2）企业更换、遗失补办建筑业企业资质证书

企业需更换、遗失补办建筑业企业资质证书的，应当持建筑业企业资质证书更换、遗失补办申请等材料向资质许可机关申请办理。资质许可机关应当在 2 个工作日内办理完毕。《住房和城乡建设部关于取消部分部门规章和规范性文件设定的证明事项的决定》（建法规〔2019〕6 号）规定，建筑业企业资质证书遗失补办，由申请人告知资质许可机关，由资质许可机关在官网发布信息。

（3）企业发生合并、分立、改制的资质办理

《建筑业企业资质管理规定》中规定，企业发生合并、分立、重组以及改制等事项，需承继原建筑业企业资质的，应当申请重新核定建筑业企业资质等级。

5. 不予批准企业资质升级申请和增项申请的规定

企业申请建筑业企业资质升级、资质增项，在申请之日起前 1 年至资质许可决定作出前，有下列情形之一的，资质许可机关不予批准其建筑业企业资质升级申请和增项申请：（1）超越本企业资质等级或以其他企业的名义承揽工程，或允许其他企业或个人以本企业的名义承揽工程的；（2）与建设单位或企业之间相互串通投标，或以行贿等不正当手段谋取中标的；（3）未取得施工许可证擅自施工的；（4）将承包的工程转包或违法分包的；（5）违反国家工程建设强制性标准施工的；（6）恶意拖欠分包企业工程款或者劳务人员工

资的；（7）隐瞒或谎报、拖延报告工程质量安全事故，破坏事故现场、阻碍对事故调查的；（8）按照国家法律、法规和标准规定需要持证上岗的现场管理人员和技术工种作业人员未取得证书上岗的；（9）未依法履行工程质量保修义务或拖延履行保修义务的；（10）伪造、变造、倒卖、出租、出借或者以其他形式非法转让建筑业企业资质证书的；（11）发生过较大以上质量安全事故或者发生过两起以上一般质量安全事故的；（12）其他违反法律、法规的行为。

6. 企业资质证书的撤回、撤销和注销

（1）撤回

取得建筑业企业资质证书的企业，应当保持资产、主要人员、技术装备等方面满足相应建筑业企业资质标准要求的条件。企业不再符合相应建筑业企业资质标准要求条件的，县级以上地方人民政府住房城乡建设主管部门、其他有关部门，应当责令其限期改正并向社会公告，整改期限最长不超过 3 个月；企业整改期间不得申请建筑业企业资质的升级、增项，不能承揽新的工程；逾期仍未达到建筑业企业资质标准要求条件的，资质许可机关可以撤回其建筑业企业资质证书。被撤回建筑业企业资质证书的企业，可以在资质被撤回后 3 个月内，向资质许可机关提出核定低于原等级同类别资质的申请。

（2）撤销

有下列情形之一的，资质许可机关应当撤销建筑业企业资质：①资质许可机关工作人员滥用职权、玩忽职守准予资质许可的；②超越法定职权准予资质许可的；③违反法定程序准予资质许可的；④对不符合资质标准条件的申请企业准予资质许可的；⑤依法可以撤销资质许可的其他情形。以欺骗、贿赂等不正当手段取得资质许可的，应当予以撤销。

（3）注销

有下列情形之一的，资质许可机关应当依法注销建筑业企业资质，并向社会公布其建筑业企业资质证书作废，企业应当及时将建筑业企业资质证书交回资质许可机关：①资质证书有效期届满，未依法申请延续的；②企业依法终止的；③资质证书依法被撤回、撤销或吊销的；④企业提出注销申请的；⑤法律、法规规定的应当注销建筑业企业资质的其他情形。

5.3.6　外商投资建筑业企业

《外商投资法》规定，本法所称外商投资，是指外国的自然人、企业或者其他组织（以下称外国投资者）直接或者间接在中国境内进行的投资活动，包括下列情形：（1）外国投资者单独或者与其他投资者共同在中国境内设立外商投资企业；（2）外国投资者取得中国境内企业的股份、股权、财产份额或者其他类似权益；（3）外国投资者单独或者与其他投资者共同在中国境内投资新建项目；（4）法律、行政法规或者国务院规定的其他方式的投资。

1. 外商投资建筑业企业的准入

外国投资者在依法需要取得许可的行业、领域进行投资的，应当依法办理相关许可手续。有关主管部门应当按照与内资一致的条件和程序，审核外国投资者的许可申请，法律、行政法规另有规定的除外。

2. 外商投资建筑业企业的组织形式

外商投资企业的组织形式、组织机构及其活动准则，适用《中华人民共和国公司法》《中华人民共和国合伙企业法》等法律的规定。

3. 外商投资建筑业企业的依法经营和信息报告制度

外商投资企业开展生产经营活动，应当遵守法律、行政法规有关劳动保护、社会保险的规定，依照法律、行政法规和国家有关规定办理税收、会计、外汇等事宜，并接受相关主管部门依法实施的监督检查。外国投资者并购中国境内企业或者以其他方式参与经营者集中的，应当依照《中华人民共和国反垄断法》的规定接受经营者集中审查。外国投资者或者外商投资企业应当通过企业登记系统以及企业信用信息公示系统向商务主管部门报送投资信息。

5.4 工程建设专业技术人员从业资格许可制度

执业资格制度是指对具备一定专业学历和资历并从事特定专业技术活动的专业技术人员，通过考试和注册确定其执业资格，获得相应文件签字权的一种制度。《建筑法》第 14 条规定，从事建筑活动的专业技术人员，应当依法取得相应的执业资格证书，并在执业资格证书许可的范围内从事建筑活动。

在技术要求较高的行业实行专业技术人员执业资格制度，在发达国家已有 100 多年的历史，现已成为国际惯例。当前世界大多数发达国家对从事涉及公众生命和财产的建筑活动的专业技术人员都制定了严格的执业资格制度，如美国、英国、日本、加拿大等。自 20 世纪 80 年代中期开始，我国也先后在律师、会计、教师、建筑师、医生、资产评估等行业开始实行执业资格制度。为了适应社会主义市场经济体制建立，自 20 世纪 80 年代末开始，原建设部在调研国外一些发达国家在专业技术人员资格管理方面好的经验和做法的基础上，结合建设行业发展的需要，会同国家人事部逐步建立了注册建筑师、勘察设计注册工程师、造价工程师、注册城市规划师、监理工程师、房地产估价师、房地产经纪人、建造师、物业管理师九项执业资格制度。其中建筑行业是从 1992 年开始实行注册监理工程师制度的。2004 年，依据《行政许可法》，经国务院批准除房地产经纪人外，其他八项执业资格正式列入行政许可项目。2016 年，《国务院关于取消一批职业资格许可和认定事项的决定》（国发〔2016〕35 号）取消了包括物业管理师在内的 47 项专业技术人员职业资格许可和认定事项。

5.4.1 注册建筑师

注册建筑师，是指依法取得注册建筑师证书并从事房屋建筑设计及相关业务的人员。注册建筑师分为一级注册建筑师和二级注册建筑师。

《注册建筑师条例》《注册建筑师条例实施细则》对我国境内注册建筑师的考试、注册、执业、继续教育和监督管理等作出了具体规定。

1. 注册

注册建筑师实行注册执业管理制度。取得执业资格证书或者互认资格证书的人员，必须经过注册方可以注册建筑师的名义执业。注册证书和执业印章是注册建筑师的执业凭证，由注册建筑师本人保管、使用。注册建筑师由于办理延续注册、变更注册等原因，在领取新执业印章时，应当将原执业印章交回。禁止涂改、倒卖、出租、出借或者以其他形式非法转让执业资格证书、互认资格证书、注册证书和执业印章。

申请注册建筑师初始注册，应当具备以下条件：（1）依法取得执业资格证书或者互认资格证书；（2）只受聘于中华人民共和国境内的 1 个建设工程勘察、设计、施工、监理、招标代理、造价咨询、施工图审查、城乡规划编制等单位（以下简称聘用单位）；（3）近 3 年内在中华人民共和国境内从事建筑设计及相关业务 1 年以上；（4）达到继续教育要求；（5）没有不予注册的情形。初始注册者可以自执业资格证书签发之日起 3 年内提出申请。逾期未申请者，须符合继续教育的要求后方可申请初始注册。注册建筑师每一注册有效期为 2 年。注册建筑师注册有效期满需继续执业的，应在注册有效期届满 30 日前，按照规定的程序申请延续注册。延续注册有效期为 2 年。注册建筑师变更执业单位，应当与原聘用单位解除劳动关系，并按照规定的程序办理变更注册手续。变更注册后，仍延续原注册有效期。

申请人有下列情形之一的，不予注册：（1）不具有完全民事行为能力的；（2）申请在 2 个或者 2 个以上单位注册的；（3）未达到注册建筑师继续教育要求的；（4）因受刑事处罚，自刑事处罚执行完毕之日起至申请注册之日止不满 5 年的；（5）因在建筑设计或者相关业务中犯有错误受行政处罚或者撤职以上行政处分，自处罚、处分决定之日起至申请之日止不满 2 年的；（6）受吊销注册建筑师证书的行政处罚，自处罚决定之日起至申请注册之日止不满 5 年的；（7）申请人的聘用单位不符合注册单位要求的；（8）法律、法规规定不予注册的其他情形。

注册建筑师有下列情形之一的，其注册证书和执业印章失效：（1）聘用单位破产的；（2）聘用单位被吊销营业执照的；（3）聘用单位相应资质证书被吊销或者撤回的；（4）已与聘用单位解除聘用劳动关系的；（5）注册有效期满且未延续注册的；（6）死亡或者丧失民事行为能力的；（7）其他导致注册失效的情形。

2. 执业

取得资格证书的人员，应当受聘于中华人民共和国境内的一个建设工程勘察、设计、施工、监理、招标代理、造价咨询、施工图审查、城乡规划编制等单位，经注册后方可从事相应的执业活动。从事建筑工程设计执业活动的，应当受聘并注册于中华人民共和国境内 1 个具有工程设计资质的单位。

注册建筑师的执业范围具体为：（1）建筑设计；（2）建筑设计技术咨询；（3）建筑物调查与鉴定；（4）对本人主持设计的项目进行施工指导和监督；（5）国务院建设主管部门规定的其他业务。建筑设计技术咨询包括建筑工程技术咨询，建筑工程招标、采购咨询，建筑工程项目管理，建筑工程设计文件及施工图审查，工程质量评估，以及国务院建设主管部门规定的其他建筑技术咨询业务。

一级注册建筑师的执业范围不受工程项目规模和工程复杂程度的限制。二级注册建筑师的执业范围只限于承担工程设计资质标准中建设项目设计规模划分表中规定的小型规模的项目。注册建筑师的执业范围不得超越其聘用单位的业务范围。注册建筑师的执业范围与其聘用单位的业务范围不符时，个人执业范围服从聘用单位的业务范围。

3. 权利和义务

注册建筑师有权以注册建筑师的名义执行注册建筑师业务。非注册建筑师不得以注册建筑师的名义执行注册建筑师业务。二级注册建筑师不得以一级注册建筑师的名义执行业务，也不得超越国家规定的二级注册建筑师的执业范围执行业务。国家规定的一定跨度、跨径和高度以上的房屋建筑，应当由注册建筑师进行设计。任何单位和个人修改注册建筑师的设计图纸，应当征得该注册建筑师同意；但是，因特殊情况不能征得该注册建筑师同意的除外。

注册建筑师应当履行下列义务：（1）遵守法律、法规和职业道德，维护社会公共利益；（2）保证建筑设计的质量，并在其负责的设计图纸上签字；（3）保守在执业中知悉的单位和个人的秘密；（4）不得同时受聘于二个以上建筑设计单位执行业务；（5）不得准许他人以本人名义执行业务。

5.4.2 监理工程师

注册监理工程师，是指经考试取得中华人民共和国监理工程师资格证书并按照规定注册，取得中华人民共和国注册监理工程师注册执业证书和执业印章，从事工程监理及相关业务活动的专业技术人员。未取得注册证书和执业印章的人员，不得以注册监理工程师的名义从事工程监理及相关业务活动。《注册监理工程师管理规定》对我国境内注册监理工程师的注册、执业、继续教育和监督管理等作出了具体规定。

1. 注册

注册监理工程师实行注册执业管理制度。取得资格证书的人员，经过注册方能以注册监理工程师的名义执业。注册监理工程师依据其所学专业、工作经历、工程业绩，按照《工程监理企业资质管理规定》划分的工程类别，按专业注册。每人最多可以申请两个专业注册。取得资格证书的人员申请注册，由国务院住房城乡建设主管部门审批。取得资格证书并受聘于一个建设工程勘察、设计、施工、监理、招标代理、造价咨询等单位的人员，应当通过聘用单位提出注册申请，符合条件的，由国务院住房城乡建设主管部门核发注册证书，并核定执业印章编号。注册证书和执业印章是注册监理工程师的执业凭证，由注册监理工程师本人保管、使用。注册证书和执业印章的有效期为3年。

初始注册者，可自资格证书签发之日起3年内提出申请。逾期未申请者，须符合继续教育的要求后方可申请初始注册。申请初始注册，应当具备以下条件：（1）经全国注册监理工程师执业资格统一考试合格，取得资格证书；（2）受聘于一个相关单位；（3）达到继续教育要求；（4）没有不予注册的情形。注册监理工程师每一注册有效期为3年，注册有效期满需继续执业的，应当在注册有效期满30日前，按照规定的程序申请延续注册。延续注册有效期3年。在注册有效期内，注册监理工程师变更执业单位，应当与原聘用单位解除劳动关系，并按规定的程序办理变更注册手续，变更注册后仍延续原注册有效期。

申请人有下列情形之一的，不予初始注册、延续注册或者变更注册：（1）不具有完全民事行为能力的；（2）刑事处罚尚未执行完毕或者因从事工程监理或者相关业务受到刑事处罚，自刑事处罚执行完毕之日起至申请注册之日止不满2年的；（3）未达到监理工程师继续教育要求的；（4）在两个或者两个以上单位申请注册的；（5）以虚假的职称证书参加考试并取得资格证书的；（6）年龄超过65周岁的；（7）法律、法规规定不予注册的其他情形。

注册监理工程师有下列情形之一的，其注册证书和执业印章失效：（1）聘用单位破产的；（2）聘用单位被吊销营业执照的；（3）聘用单位被吊销相应资质证书的；（4）已与聘用单位解除劳动关系的；（5）注册有效期满且未延续注册的；（6）年龄超过 65 周岁的；（7）死亡或者丧失行为能力的；（8）其他导致注册失效的情形。

2. 执业

取得资格证书的人员，应当受聘于一个具有建设工程勘察、设计、施工、监理、招标代理、造价咨询等一项或者多项资质的单位，经注册后方可从事相应的执业活动。从事工程监理执业活动的，应当受聘并注册于一个具有工程监理资质的单位。注册监理工程师可以从事工程监理、工程经济与技术咨询、工程招标与采购咨询、工程项目管理服务以及国务院有关部门规定的其他业务。

工程监理活动中形成的监理文件由注册监理工程师按照规定签字盖章后方可生效。修改经注册监理工程师签字盖章的工程监理文件，应当由该注册监理工程师进行；因特殊情况，该注册监理工程师不能进行修改的，应当由其他注册监理工程师修改，并签字、加盖执业印章，对修改部分承担责任。因工程监理事故及相关业务造成的经济损失，聘用单位应当承担赔偿责任；聘用单位承担赔偿责任后，可依法向负有过错的注册监理工程师追偿。

3. 权利和义务

注册监理工程师享有下列权利：（1）使用注册监理工程师称谓；（2）在规定范围内从事执业活动；（3）依据本人能力从事相应的执业活动；（4）保管和使用本人的注册证书和执业印章；（5）对本人执业活动进行解释和辩护；（6）接受继续教育；（7）获得相应的劳动报酬；（8）对侵犯本人权利的行为进行申诉。

注册监理工程师应当履行下列义务：（1）遵守法律、法规和有关管理规定；（2）履行管理职责，执行技术标准、规范和规程；（3）保证执业活动成果的质量，并承担相应责任；（4）接受继续教育，努力提高执业水准；（5）在本人执业活动所形成的工程监理文件上签字、加盖执业印章；（6）保守在执业中知悉的国家秘密和他人的商业、技术秘密；（7）不得涂改、倒卖、出租、出借或者以其他形式非法转让注册证书或者执业印章；（8）不得同时在两个或者两个以上单位受聘或者执业；（9）在规定的执业范围和聘用单位业务范围内从事执业活动；（10）协助注册管理机构完成相关工作。

5.4.3　造价工程师

造价工程师，是指通过职业资格考试取得中华人民共和国造价工程师职业资格证书，并经注册后从事建设工程造价工作的专业技术人员。造价工程师分为一级造价工程师和二级造价工程师。《造价工程师职业资格制度规定》和《造价工程师职业资格考试实施办法》对造价工程师的考试、注册、执业等作出了规定。

1. 注册

国家对造价工程师职业资格实行执业注册管理制度。取得造价工程师职业资格证书且从事工程造价相关工作的人员，经注册方可以造价工程师名义执业。住房城乡建设部、交通运输部、水利部按照职责分工，制定相应注册造价工程师管理办法并监督执行。住房城乡建设部、交通运输部、水利部分别负责一级造价工程师注册及相关工作。各省、自治区、直辖市住房城乡建设、交通运输、水利行政主管部门按专业类别分别负责二级造价工程师注册及相关工作。造价工程师执业时应持注册证书和执业印章。

2. 执业

造价工程师在工作中，必须遵纪守法，恪守职业道德和从业规范，诚信执业，主动接受有关主管部门的监督检查，加强行业自律。住房城乡建设部、交通运输部、水利部共同建立健全造价工程师执业诚信体系，制定相关规章制度或从业标准规范，并指导监督信用评价工作。造价工程师不得同时受聘于两个或两个以上单位执业，不得允许他人以本人名义执业，严禁"证书挂靠"。出租出借注册证书的，依据相关法律法规进行处罚；构成犯罪的，依法追究刑事责任。

一级造价工程师的执业范围包括建设项目全过程的工程造价管理与咨询等，具体工作内容：（1）项目建议书、可行性研究投资估算与审核，项目评价造价分析；（2）建设工程设计概算、施工预算编制和审核；（3）建设工程招标投标文件工程量和造价的编制与审核；（4）建设工程合同价款、结算价款、竣工决算价款的编制与管理；（5）建设工程审计、仲裁、诉讼、保险中的造价鉴定，工程造价纠纷调解；（6）建设工程计价依据、造价指标的编制与管理；（7）与工程造价管理有关的其他事项。二级造价工程师主要协助一级造价工程师开展相关工作，可独立开展以下具体工作：（1）建设工程工料分析、计划、组织与成本管理，施工图预算、设计概算编制；（2）建设工程量清单、最高投标限价、投标报价编制；（3）建设工程合同价款、结算价款和竣工决算价款的编制。

造价工程师应在本人工程造价咨询成果文件上签章，并承担相应责任。工程造价咨询成果文件应由一级造价工程师审核并加盖执业印章。对出具虚假工程造价咨询成果文件或者有重大工作过失的造价工程师，不再予以注册，造成损失的依法追究其责任。

5.4.4　勘察设计注册工程师

勘察设计注册工程师，是指经考试取得中华人民共和国注册工程师资格证书，并按照本规定注册，取得中华人民共和国注册工程师注册执业证书和执业印章，从事建设工程勘察、设计及有关业务活动的专业技术人员。注册工程师按专业类别设置，具体专业划分由国务院建设主管部门和人事主管部门商国务院有关部门制定。除注册结构工程师分为一级和二级外，其他专业注册工程师不分级别。《勘察设计注册工程师管理规定》对工程勘察设计注册工程师的注册、执业、继续教育和监督管理作出了具体规定。

1. 注册

注册工程师实行注册执业管理制度。取得资格证书的人员，必须经过注册方能以注册工程师的名义执业。取得资格证书的人员申请注册，由国务院住房城乡建设主管部门审批；其中涉及有关部门的专业注册工程师的注册，由国务院住房城乡建设主管部门和有关部门审批。取得资格证书并受聘于一个建设工程勘察、设计、施工、监理、招标代理、造价咨询等单位的人员，应当通过聘用单位向单位工商注册所在地的省、自治区、直辖市人民政府建设主管部门提出注册申请；省、自治区、直辖市人民政府建设主管部门受理后提出初审意见，并将初审意见和全部申报材料报审批部门审批；符合条件的，由审批部门核发由国务院建设主管部门统一制作、国务院建设主管部门或者国务院建设主管部门和有关部门共同用印的注册证书，并核发执业印章。二级注册结构工程师的注册受理和审批，由省、自治区、直辖市人民政府建设主管部门负责。注册证书和执业印章是注册工程师的执业凭证，由注册工程师本人保管、使用。注册证书和执业印章的有效期为3年。

初始注册者，可自资格证书签发之日起 3 年内提出申请。逾期未申请者，须符合本专业继续教育的要求后方可申请初始注册。注册工程师每一注册期为 3 年，注册期满需继续执业的，应在注册期满前 30 日，按照规定的程序申请延续注册。在注册有效期内，注册工程师变更执业单位，应与原聘用单位解除劳动关系，并按规定的程序办理变更注册手续，变更注册后仍延续原注册有效期。有下列情形之一的，不予注册：（1）不具有完全民事行为能力的；（2）因从事勘察设计或者相关业务受到刑事处罚，自刑事处罚执行完毕之日起至申请注册之日止不满 2 年的；（3）法律、法规规定不予注册的其他情形。

注册工程师有下列情形之一的，其注册证书和执业印章失效：（1）聘用单位破产的；（2）聘用单位被吊销营业执照的；（3）聘用单位相应资质证书被吊销的；（4）已与聘用单位解除聘用劳动关系的；（5）注册有效期满且未延续注册的；（6）死亡或者丧失行为能力的；（7）注册失效的其他情形。

2. 执业

取得资格证书的人员，应受聘于一个具有建设工程勘察、设计、施工、监理、招标代理、造价咨询等一项或多项资质的单位，经注册后方可从事相应的执业活动。但从事建设工程勘察、设计执业活动的，应受聘并注册于一个具有建设工程勘察、设计资质的单位。注册工程师的执业范围：（1）工程勘察或者本专业工程设计；（2）本专业工程技术咨询；（3）本专业工程招标、采购咨询；（4）本专业工程的项目管理；（5）对工程勘察或者本专业工程设计项目的施工进行指导和监督；（6）国务院有关部门规定的其他业务。

建设工程勘察、设计活动中形成的勘察、设计文件由相应专业注册工程师按照规定签字盖章后方可生效。各专业注册工程师签字盖章的勘察、设计文件种类及办法由国务院建设主管部门会同有关部门规定。修改经注册工程师签字盖章的勘察、设计文件，应当由该注册工程师进行；因特殊情况，该注册工程师不能进行修改的，应由同专业其他注册工程师修改，并签字、加盖执业印章，对修改部分承担责任。因建设工程勘察、设计事故及相关业务造成的经济损失，聘用单位应承担赔偿责任；聘用单位承担赔偿责任后，可依法向负有过错的注册工程师追偿。

3. 权利和义务

注册工程师享有下列权利：（1）使用注册工程师称谓；（2）在规定范围内从事执业活动；（3）依据本人能力从事相应的执业活动；（4）保管和使用本人的注册证书和执业印章；（5）对本人执业活动进行解释和辩护；（6）接受继续教育；（7）获得相应的劳动报酬；（8）对侵犯本人权利的行为进行申诉。

注册工程师应当履行下列义务：（1）遵守法律、法规和有关管理规定；（2）执行工程建设标准规范；（3）保证执业活动成果的质量，并承担相应责任；（4）接受继续教育，努力提高执业水准；（5）在本人执业活动所形成的勘察、设计文件上签字、加盖执业印章；（6）保守在执业中知悉的国家秘密和他人的商业、技术秘密；（7）不得涂改、出租、出借或者以其他形式非法转让注册证书或者执业印章；（8）不得同时在两个或两个以上单位受聘或者执业；　（9）在本专业规定的执业范围和聘用单位业务范围内从事执业活动；（10）协助注册管理机构完成相关工作。

5.4.5　注册城乡规划师

注册城乡规划师，是指通过全国统一考试取得注册城乡规划师职业资格证书，并依法注册后，从事城乡规划编制及相关工作的专业人员。从事城乡规划实施、管理、研究工作的国家工作人员及相关人员，可以通过考试取得注册城乡规划师职业资格证书。《注册城乡规划师职业资格制度规定》和《注册城乡规划师职业资格考试实施办法》对注册城乡规划师的考试、注册、执业、权利和义务等作出了规定。

1. 注册

国家对注册城乡规划师职业资格实行注册执业管理制度。取得注册城乡规划师职业资格证书且从事城乡规划编制及相关工作的人员，经注册方可以注册城乡规划师名义执业。中国城市规划协会负责注册城乡规划师注册及相关工作。

申请注册的人员必须同时具备以下条件：（1）遵纪守法，恪守职业道德和从业规范；（2）取得注册城乡规划师职业资格证书；（3）受聘于一家城乡规划编制机构；（4）注册管理机构规定的其他条件。经批准注册的申请人，由中国城市规划协会核发该协会用印的《中华人民共和国注册城乡规划师注册证书》。注册证书的每一注册有效期为3年。注册证书在有效期内是注册城乡规划师的执业凭证，由注册城乡规划师本人保管、使用。

申请初始注册的，应当自取得注册城乡规划师职业资格证书之日起3年内提出申请。逾期申请初始注册的，应符合继续教育有关要求。中国城市规划协会应当及时向社会公告注册城乡规划师注册有关情况，并于每年年底将注册人员信息报住房城乡建设部备案。继续教育是注册城乡规划师延续注册、重新注册和逾期初始注册的必备条件。在每个注册有效期内，注册城乡规划师应当按照规定完成相应的继续教育。以不正当手段取得注册证书的，由发证机构撤销其注册证书，3年内不予重新注册；构成犯罪的，依法追究刑事责任。出租出借注册证书的，由发证机构撤销其注册证书，不再予以重新注册；构成犯罪的，依法追究刑事责任。

住房城乡建设部及地方各级城乡规划行政主管部门发现注册城乡规划师违法违规行为的，或发现不能履行注册城乡规划师职责情形的，应通知中国城市规划协会，协会须依据有关规定进行处理，并将处理结果报住房城乡建设部备案。

2. 执业

住房城乡建设部及地方各级城乡规划行政主管部门依法对注册城乡规划师执业活动实施监管。中国城市规划协会受住房城乡建设部委托，在职责范围内承担相关工作。

注册城乡规划师的执业范围：（1）城乡规划编制；（2）城乡规划技术政策研究与咨询；（3）城乡规划技术分析；（4）住房城乡建设部规定的其他工作。注册城乡规划师应当具备如下的执业能力：（1）熟悉相关法律、法规及规章；（2）熟悉我国城乡规划相关技术标准与规范体系，并能熟练运用；（3）具有良好的与社会公众、相关管理部门沟通协调的能力；（4）具有较强的科研和技术创新能力；（5）了解国际相关标准和技术规范，及时掌握技术前沿发展动态。

《城乡规划法》要求编制的城镇体系规划、城市规划、镇规划、乡规划和村庄规划的成果应有注册城乡规划师签字。注册城乡规划师在执业活动中，须对所签字的城乡规划编制成果中的图件、文本的图文一致、标准规范的落实等负责，并承担相应责任。

3. 权利义务

注册城乡规划师享有下列权利：（1）使用注册城乡规划师称谓；（2）对违反相关法律、法规和技术规范的要求及决定提出劝告，并可在拒绝执行的同时向注册管理机构或者上级城乡规划主管部门报告；（3）接受继续教育；（4）获得与执业责任相应的劳动报酬；（5）对侵犯本人权利的行为进行申诉；（6）其他法定权利。

注册城乡规划师履行下列义务：（1）遵守法律、法规和有关管理规定，恪守职业道德和从业规范；（2）执行城乡规划相关法律、法规、规章及技术标准、规范；（3）履行岗位职责，保证执业活动质量，并承担相应责任；（4）不得同时受聘于两个或两个以上单位执业，不得允许他人以本人名义执业，严禁"证书挂靠"；（5）不断更新专业知识，提高技术能力；（6）保守在工作中知悉的国家秘密和聘用单位的商业、技术秘密；（7）协助城乡规划主管部门及注册管理机构开展相关工作。

5.4.6　注册房地产估价师

注册房地产估价师，是指通过全国房地产估价师执业资格考试或者资格认定、资格互认，取得中华人民共和国房地产估价师执业资格，并按照规定注册，取得中华人民共和国房地产估价师注册证书，从事房地产估价活动的人员。《注册房地产估价师管理办法》对注册房地产估价师的注册、执业、监督管理和法律责任作出了规定。

1. 注册

注册房地产估价师实行注册执业管理制度。取得执业资格的人员，经过注册方能以注册房地产估价师的名义执业。注册证书是注册房地产估价师的执业凭证。注册有效期为3年。

注册房地产估价师的注册条件为：（1）取得执业资格；（2）达到继续教育合格标准；（3）受聘于具有资质的房地产估价机构；（4）无规定的不予注册的情形。申请人有下列情形之一的，不予注册：（1）不具有完全民事行为能力的；（2）刑事处罚尚未执行完毕的；（3）因房地产估价及相关业务活动受刑事处罚，自刑事处罚执行完毕之日起至申请注册之日止不满5年的；（4）因前项规定以外原因受刑事处罚，自刑事处罚执行完毕之日起至申请注册之日止不满3年的；（5）被吊销注册证书，自被处罚之日起至申请注册之日止不满3年的；（6）以欺骗、贿赂等不正当手段获准的房地产估价师注册被撤销，自被撤销注册之日起至申请注册之日止不满3年的；（7）申请在2个或者2个以上房地产估价机构执业的；（8）为现职公务员的；（9）年龄超过65周岁的；（10）法律、行政法规规定不予注册的其他情形。

注册证书是注册房地产估价师的执业凭证。注册有效期为3年。注册有效期满需继续执业的，应当在注册有效期满30日前，按照规定的程序申请延续注册；延续注册的，注册有效期为3年。注册房地产估价师变更执业单位，应当与原聘用单位解除劳动合同，并按规定的程序办理变更注册手续，变更注册后延续原注册有效期。

注册房地产估价师有下列情形之一的，其注册证书失效：（1）聘用单位破产的；（2）聘用单位被吊销营业执照的；（3）聘用单位被吊销或者撤回房地产估价机构资质证书的；（4）已与聘用单位解除劳动合同且未被其他房地产估价机构聘用的；（5）注册有效期满且未延续注册的；（6）年龄超过65周岁的；（7）死亡或者不具有完全民事行为能力的；（8）其他导致注册失效的情形。

2. 执业

取得执业资格的人员，应当受聘于一个具有房地产估价机构资质的单位，经注册后方可从事房地产估价执业活动。注册房地产估价师可以在全国范围内开展与其聘用单位业务范围相符的房地产估价活动。

在房地产估价过程中给当事人造成经济损失，聘用单位依法应当承担赔偿责任的，可依法向负有过错的注册房地产估价师追偿。

3. 权利和义务

注册房地产估价师享有下列权利：（1）使用注册房地产估价师名称；（2）在规定范围内执行房地产估价及相关业务；（3）签署房地产估价报告；（4）发起设立房地产估价机构；（5）保管和使用本人的注册证书；（6）对本人执业活动进行解释和辩护；（7）参加继续教育；（8）获得相应的劳动报酬；（9）对侵犯本人权利的行为进行申诉。

注册房地产估价师应当履行下列义务：（1）遵守法律、法规、行业管理规定和职业道德规范；（2）执行房地产估价技术规范和标准；（3）保证估价结果的客观公正，并承担相应责任；（4）保守在执业中知悉的国家秘密和他人的商业、技术秘密；（5）与当事人有利害关系的，应当主动回避；（6）接受继续教育，努力提高执业水准；（7）协助注册管理机构完成相关工作。

注册房地产估价师不得有下列行为：（1）不履行注册房地产估价师义务；（2）在执业过程中，索贿、受贿或者谋取合同约定费用外的其他利益；（3）在执业过程中实施商业贿赂；（4）签署有虚假记载、误导性陈述或者重大遗漏的估价报告；（5）在估价报告中隐瞒或者歪曲事实；（6）允许他人以自己的名义从事房地产估价业务；（7）同时在2个或者2个以上房地产估价机构执业；（8）以个人名义承揽房地产估价业务；（9）涂改、出租、出借或者以其他形式非法转让注册证书；（10）超出聘用单位业务范围从事房地产估价活动；（11）严重损害他人利益、名誉的行为；（12）法律、法规禁止的其他行为。

5.4.7 注册建造师

建造师执业资格制度于1834年起源于英国，迄今已有180多年的历史。许多发达国家如美国、英国、日本、加拿大等不仅早已建立这项制度，1997年还成立了建造师的国际组织——国际建造师协会。注册建造师，是指通过考核认定或考试合格取得中华人民共和国建造师资格证书，并按照规定注册，取得中华人民共和国建造师注册证书和执业印章，担任施工单位项目负责人及从事相关活动的专业技术人员。《注册建造师管理规定》《建造师执业资格制度暂行规定》《注册建造师执业管理办法（试行）》对注册建造师的考试、注册、执业、监督管理和法律责任等作出了规定。

1. 注册

注册建造师实行注册执业管理制度，注册建造师分为一级注册建造师和二级注册建造师。取得资格证书的人员，经过注册方能以注册建造师的名义执业。

申请初始注册时应当具备以下条件：（1）经考核认定或考试合格取得资格证书；（2）受聘于一个相关单位；（3）达到继续教育要求；（4）没有不予注册的情形。取得一级建造师资格证书并受聘于一个建设工程勘察、设计、施工、监理、招标代理、造价咨询等单位的人员，应当通过聘用单位提出注册申请，符合条件的，由国务院住房城乡建设主管部门核发《中华人民共和国一级建造师注册证书》，并核定执业印章编号。取得二级建造师资格证书的人员申请注册，由省、自治区、直辖市人民政府住房城乡建设主管部门负责受理和审批，具体审批程序由省、自治区、直辖市人民政府住房城乡建设主管部门依法确定。对批准注册的，核发由国务院建设主管部门统一样式的《中华人民共和国二级建造师注册证书》和执业印章，并报送国务院住房城乡建设主管部门备案。注册证书和执业印章是注册建造师的执业凭证，由注册建造师本人保管、使用。注册证书与执业印章有效期为3年。

申请人有下列情形之一的，不予注册：（1）不具有完全民事行为能力的；（2）申请在两个或者两个以上单位注册的；（3）未达到注册建造师继续教育要求的；（4）受到刑事处罚，刑事处罚尚未执行完毕的；（5）因执业活动受到刑事处罚，自刑事处罚执行完毕之日起至申请注册之日止不满5年的；（6）因前项规定以外的原因受到刑事处罚，自处罚决定之日起至申请注册之日止不满3年的；（7）被吊销注册证书，自处罚决定之日起至申请注册之日止不满2年的；（8）在申请注册之日前3年内担任项目经理期间，所负责项目发生过重大质量和安全事故的；（9）申请人的聘用单位不符合注册单位要求的；（10）年龄超过65周岁的；（11）法律、法规规定不予注册的其他情形。

初始注册者，可自资格证书签发之日起3年内提出申请。逾期未申请者，须符合本专业继续教育的要求后方可申请初始注册。注册有效期满需继续执业的，应当在注册有效期届满30日前，按照规定申请延续注册。延续注册的，有效期为3年。在注册有效期内，注册建造师变更执业单位，应当与原聘用单位解除劳动关系，并按照规定办理变更注册手续，变更注册后仍延续原注册有效期。注册建造师需要增加执业专业的，应当按照规定申请专业增项注册，并提供相应的资格证明。

注册建造师有下列情形之一的，注册证书和执业印章失效：（1）聘用单位破产的；（2）聘用单位被吊销营业执照的；（3）聘用单位被吊销或者撤回资质证书的；（4）已与聘用单位解除聘用合同关系的；（5）注册有效期满且未延续注册的；（6）年龄超过65周岁的；（7）死亡或不具有完全民事行为能力的；（8）其他导致注册失效的情形。

注册建造师有下列情形之一的，由注册机关办理注销手续，收回注册证书和执业印章或者公告注册证书和执业印章作废：（1）有以上规定的注册证书和执业印章失效情形发生的；（2）依法被撤销注册的；（3）依法被吊销注册证书的；（4）受到刑事处罚的；（5）法律、法规规定应当注销注册的其他情形。注册建造师因遗失、污损注册证书或执业印章，需要补办的，应当持在公众媒体上刊登的遗失声明的证明，向原注册机关申请补办。

《住房城乡建设部办公厅关于一级建造师执业资格实行电子化申报和审批的通知》（建办市〔2018〕48号）规定，自2018年10月22日起，一级建造师初始注册、增项注册、重新注册、注销等申请事项通过新版一级建造师注册管理信息系统实行网上申报、网上审批。一级建造师执业资格认定实行承诺制。申请人和其聘用企业对申报信息真实性和有效性进行承诺，并承担相应法律责任。取得一级建造师执业资格证书或取得一级建造师注册证书的人员及其聘用企业在办理注册业务前，须在新系统中完成实名认证。取得一级建造师执业资格证书的人员应通过新系统提出注册申请，其聘用企业确认后，通过新系统上报住房城乡建设部。住房城乡建设部在20个工作日内做出书面决定，并向社会公告，不再公示审核意见。一级注册建造师变更执业单位，应通过新系统先完成注销手续再申请重新注册。对于注册人员或企业基本信息变更的，须通过新系统提交相关材料。一级注册建造师办理注销手续的，应通过新系统提交注销申请，其聘用企业完成确认后，即为完成注销。

2. 执业

（1）建造师的受聘单位

《注册建造师管理规定》规定，取得资格证书的人员应当受聘于一个具有建设工程勘察、设计、施工、监理、招标代理、造价咨询等一项或者多项资质的单位，经注册后方可从事相应的执业活动。担任施工单位项目负责人的，应当受聘并注册于一个具有施工资质的企业。

（2）建造师的执业范围

《建造师执业资格制度暂行规定》中规定，建造师的执业范围包括：①担任建设工程项目施工的项目经理；②从事其他施工活动的管理工作；③法律、行政法规或国务院建设行政主管部门规定的其他业务。《注册建造师管理规定》规定，注册建造师可以从事建设工程项目总承包管理或施工管理，建设工程项目管理服务，建设工程技术经济咨询，以及法律、行政法规和国务院建设主管部门规定的其他业务。大中型工程施工项目负责人必须由本专业注册建造师担任。一级注册建造师可担任大、中、小型工程施工项目负责人，二级注册建造师可以承担中、小型工程施工项目负责人。各专业大、中、小型工程分类标准按《关于印发〈注册建造师执业工程规模标准〉（试行）的通知》（建市〔2007〕171号）执行。

《注册建造师执业管理办法（试行）》规定，注册建造师不得同时担任两个及以上建设工程施工项目负责人。发生下列情形之一的除外：①同一工程相邻分段发包或分期施工的；②合同约定的工程验收合格的；③因非承包方原因致使工程项目停工超过120天（含），经建设单位同意的。注册建造师担任施工项目负责人期间原则上不得更换。如发生下列情形之一的，应当办理书面交接手续后更换施工项目负责人：①发包方与注册建造师受聘企业已解除承包合同的；②发包方同意更换项目负责人的；③因不可抗力等特殊情况必须更换项目负责人的。注册建造师担任施工项目负责人，在其承建的建设工程项目竣工验收或移交项目手续办结前，除以上规定的情形外，不得变更注册至另一企业。建设工程合同履行期间变更项目负责人的，企业应当于项目负责人变更5个工作日内报建设行政主管部门和有关部门及时进行网上变更。

注册建造师应当在其注册证书所注明的专业范围内从事建设工程施工管理活动。注册建造师分10个专业，注册建造师的具体执业范围按照《注册建造师执业工程规模标准》执行。注册建造师不得同时在两个及两个以上的建设工程项目上担任施工单位项目负责人。建设工程施工活动中形成的有关工程施工管理文件，应当由注册建造师签字并加盖执业印章。施工单位签署质量合格的文件上，必须有注册建造师的签字盖章。

3. 权利和义务

注册建造师享有下列权利：（1）使用注册建造师名称；（2）在规定范围内从事执业活动；（3）在本人执业活动中形成的文件上签字并加盖执业印章；（4）保管和使用本人注册证书、执业印章；（5）对本人执业活动进行解释和辩护；（6）接受继续教育；（7）获得相应的劳动报酬；（8）对侵犯本人权利的行为进行申述。

注册建造师应当履行下列义务：（1）遵守法律、法规和有关管理规定，恪守职业道德；（2）执行技术标准、规范和规程；（3）保证执业成果的质量，并承担相应责任；（4）接受继续教育，努力提高执业水准；（5）保守在执业中知悉的国家秘密和他人的商业、技术等秘密；（6）与当事人有利害关系的，应当主动回避；（7）协助注册管理机关完成相关工作。

注册建造师不得有下列行为：（1）不履行注册建造师义务；（2）在执业过程中，索贿、受贿或者谋取合同约定费用外的其他利益；（3）在执业过程中实施商业贿赂；（4）签署有虚假记载等不合格的文件；（5）允许他人以自己的名义从事执业活动；（6）同时在两个或者两个以上单位受聘或者执业；（7）涂改、倒卖、出租、出借或以其他形式非法转让资格证书、注册证书和执业印章；（8）超出执业范围和聘用单位业务范围内从事执业活动；（9）法律、法规、规章禁止的其他行为。

《住房城乡建设部办公厅等关于开展工程建设领域专业技术人员职业资格"挂证"等违法违规行为专项整治的通知》（建办市〔2018〕57 号）规定，严肃查处持证人注册单位与实际工作单位不符、买卖租借（专业）资格（注册）证书等"挂证"违法违规行为，以及提供虚假就业信息、以职业介绍为名提供"挂证"信息服务等违法违规行为。《住房和城乡建设部办公厅关于做好工程建设领域专业技术人员职业资格"挂证"等违法违规行为专项整治工作的补充通知》（建办市函〔2019〕92 号）规定，对实际工作单位与注册单位一致，但社会保险缴纳单位与注册单位不一致的人员，以下 6 类情形，原则上不认定为"挂证"行为：（1）达到法定退休年龄正式退休和依法提前退休的；（2）因事业单位改制等原因保留事业单位身份，实际工作单位为所在事业单位下属企业，社会保险由该事业单位缴纳的；（3）属于大专院校所属勘察设计、工程监理、工程造价单位聘请的本校在职教师或科研人员，社会保险由所在院校缴纳的；（4）属于军队自主择业人员的；（5）因企业改制、征地拆迁等买断社会保险的；（6）有法律法规、国家政策依据的其他情形。

第6章 建设工程发包与承包法律制度

党的二十大报告指出，"构建全国统一大市场，深化要素市场化改革，建设高标准市场体系。完善产权保护、市场准入、公平竞争、社会信用等市场经济基础制度，优化营商环境。""加强反垄断和反不正当竞争，破除地方保护和行政性垄断，依法规范和引导资本健康发展。"建设工程发包与承包法律制度应当规范工程发包与承包活动，保证工程质量和施工安全，遏制违法发包、转包、违法分包及挂靠等违法行为，维护建筑市场秩序和建设工程主要参与方的合法权益。建设全国统一大市场是构建新发展格局的基础支撑和内在要求，《中共中央、国务院关于加快建设全国统一大市场的意见》强调，加快建立全国统一的市场制度规则，打破地方保护和市场分割，打通制约经济循环的关键堵点，促进商品要素资源在更大范围内畅通流动，加快建设高效规范、公平竞争、充分开放的全国统一大市场，全面推动我国市场由大到强转变，为建设高标准市场体系、构建高水平社会主义市场经济体制提供坚强支撑。

6.1 建设工程发包与承包概述

6.1.1 建设工程发包与承包的概念

建设工程发包与承包是指发包人通过合同将完成某一工程的全部或其中一部分工程交由承包人承揽的交易行为。其中，把某项工作交给他人完成并有义务接受工作成果，支付工作报酬是发包；承揽他人交付某项工作，并完成该项工作任务，有权利接受工作报酬的是承包。工程发包人一般为建设单位或工程总承包单位；工程承包人一般为工程勘察、设计单位、施工单位等。发包人与承包人的权利、义务都由双方签订的合同来加以规定。

6.1.2 建设工程发包与承包的历史发展

在计划经济时期，我国的工程建设任务采取由行政主管部门分配的方式。改革开放以后，我国的经济体制向市场经济转轨，过去计划经济下的分配工程任务的方式已不适应市场经济的竞争机制。自1982年起，我国工程建设领域开始进行改革，逐步确定了建设工程发包与承包制度，把工程勘察设计与施工推向市场，由相关企业在公平竞争的环境中竞争承包。实践证明，建设工程发包与承包制度，能鼓励竞争，防止垄断，有效提高工程质量、严格控制工程造价和工期，对市场经济发展起到了良好的促进作用。当然，也要清醒地看到，我国建设工程承发包市场仍存在不少混乱现象，如多种形式的肢解发包、转包、违法分包等，扰乱了正常的市场秩序，严重影响了建设工程的质量。为解决上述问题，必须进一步完善并严格实行建设工程发包与承包制度。

6.1.3 建设工程发包与承包的立法概况

目前，我国现行的与建设工程发、承包有关的主要法规有：《建筑法》和《招标投标

法》两部法律以及住房和城乡建设部颁布的部门规章和规范性文件，主要包括：2017 年 1
月 24 日住房和城乡建设部发布的《建筑工程设计招标投标管理办法》（住房和城乡建设部
令第 33 号）；2013 年 3 月 11 日修订后公布的《工程建设项目施工招标投标办法》；2013
年 3 月 11 日国家发展和改革委员会修订后公布的《工程建设项目自行招标试行办法》；
2018 年 3 月 27 日公布的《必须招标的工程项目规定》（国家发展和改革委员会令第 16
号）；2018 年 6 月 6 日公布的《必须招标的基础设施和公用事业项目范围规定》（发改法
规规〔2018〕843 号）；2019 年 3 月 13 日修改后发布的《房屋建筑和市政基础设施工程施
工招标投标管理办法》（住房和城乡建设部令第 43 号）；2019 年 3 月 13 日修改后发布的
《房屋建筑和市政基础设施工程施工分包管理办法》（住房和城乡建设部令第 19 号）；2015
年 4 月 25 日国家发展和改革委员会、财政部、住房和城乡建设部等联合发布《基础设施
和公用事业特许经营管理办法》；2019 年 1 月 3 日住房和城乡建设部发布的《建筑工程施
工发包与承包违法行为认定查处管理办法》（建市规〔2019〕1 号）；2019 年 12 月 23 日住
房和城乡建设部、国家发展改革委发布的《房屋建筑和市政基础设施项目工程总承包管理
办法》（建市规〔2019〕12 号）等。

6.1.4　建设工程发包与承包的一般原则

建设工程发包与承包必须遵循交易活动的一些基本原则，依法进行，才能确保工程建
设活动的顺利、高效、公平地进行。《建筑法》将这些基本原则以法律的形式作了如下
规定：

1. 发承包双方依法订立书面合同和全面履行合同义务的原则

此处所称"书面合同"是指建设工程合同。由于建设工程承包合同所涉及的内容特别
复杂，合同履行期较长，为便于明确各自的权利与义务，减少纷争，《建筑法》和《民法
典》都明确规定，建设工程承包合同应当采用书面形式。这包括建设工程合同的订立、合
同条款的变更，均应采用书面形式。全部或者部分使用国有资金投资或者国家融资的建设
工程应当采用国家发布的建设工程示范合同文本。

订立建设工程合同时，应当以发包单位发出的招标文件和中标通知书规定的承包范
围、工期、质量和价款等实质性内容为依据；非招标工程应当以当事人双方协商达成的一
致意见为依据订立合同。发承包双方应根据建设工程承包合同约定的时间、地点、方式、
内容及标准等要求，全面、准确地履行合同义务。一旦发生不按照合同约定履行义务的情
况，违约方将依法承担违约责任。

2. 建设工程发包、承包实行以招标、投标为主，直接发包为辅的原则

工程发包分为招标发包与直接发包两种形式。招标发包是国际通用的形式，因此，
《建筑法》规定，建设工程依法实行招标发包，对不适于招标发包的可以直接发包。对于
依法必须招标范围内的建设工程，必须依照《招标投标法》实行招标发包，遵循公开、公
正、公平的原则，择优选择承包单位。

3. 禁止发承包双方采取不正当竞争手段的原则

发包单位及其工作人员在建设工程发包中不得收受贿赂、回扣或者索取其他好处。承
包单位及其工作人员不得利用向发包单位及其他工作人员行贿、提供回扣或者给予其他好
处等不正当手段承揽工程。

6.2 建 设 工 程 发 包

6.2.1 建设工程发包的方式

《建筑法》规定，建筑工程依法实行招标发包，对不适于招标发包的可以直接发包。因此，建设工程发包有招标发包和直接发包两种方式。建筑工程实行招标发包的，发包单位应当将建筑工程发包给依法中标的承包单位。建筑工程实行直接发包的，发包单位应当将建筑工程发包给具有相应资质条件的承包单位。

1. 招标发包

建设工程招标发包是指发包人事先通过招标公告或者投标邀请书标明其拟建工程的内容和要求，由存在承包意愿的单位递交投标书，明确承包工程的价格工期、质量等条件，再由发包人从中择优选择工程承包人的交易方式。招标发包又分为公开招标发包和邀请招标发包。

2. 直接发包

建设工程直接发包是指发包人与承包人直接进行协商，以约定工程建设的价格、工期、质量和其他条件的交易方式。比如，建设单位直接同相应资质等级的建筑施工企业洽谈建设工程的事宜，通过协商来确定工程承包单位。

建设工程招标发包比直接发包更有利于实现承包单位候选人之间的公平竞争，也更符合市场经济的内在规律。通过招标投标，建设单位和承包单位进入市场，公平交易、公平竞争，有利于控制建设工期，确保工程质量，提高投资效益。我国《招标投标法》等相关法律法规都提倡招标投标发包方式，对直接发包予以限制。《招标投标法》第三条规定，在中华人民共和国境内进行下列工程建设项目包括项目的勘察、设计、施工、监理以及与工程建设有关的重要设备、材料等的采购，必须进行招标的项目包括：（1）大型基础设施、公用事业等关系社会公共利益、公众安全的项目；（2）全部或者部分使用国有资金投资或者国家融资的项目；（3）使用国际组织或者外国政府贷款、援助资金的项目。建筑工程发包与承包的招标投标活动，应当遵循公开、公正、平等竞争的原则，择优选择承包单位。根据《招标投标法》等法律法规的规定，建设工程招标投标活动通常应当包括招标、投标、开标、评标、定标等步骤。

6.2.2 建设工程发包的一般规定

建设工程的发包单位必须依照法律、行政法规的规定发包建设工程。依据《建筑法》以及其他法律、行政法规的规定，建设工程发包必须遵守以下规定：

1. 建设工程发包单位应当将建设工程发包给相应资质的承包人

《建筑法》第二十二条规定，建筑工程实行招标发包的，发包单位应当将建筑工程发包给依法中标的承包单位。建筑工程实行直接发包的，发包单位应当将建筑工程发包给具有相应资质条件的承包单位。建设活动不同于一般的经济活动，它具有技术要求高、社会影响大等特点。在我国，承包建设工程勘察、设计、施工、监理的单位，必须持有营业执照和相应的资质证书。

《建筑法》第六十五条规定，发包单位将工程发包给不具有相应资质条件的承包单位的，或者违反规定将建筑工程肢解发包的，责令改正，处以罚款。《建筑工程质量管理条例》第 54 条进一步规定，违反规定，建设单位将建设工程发包给不具有相应资质等级的勘察、设计、施工单位或者委托给不具有相应资质等级的工程监理单位的，责令改正，处 50 万元以上 100 万元以下的罚款。根据《施工合同司法解释（一）》之规定，发包人与未取得建筑业企业资质或者超越资质等级的承包人订立的建设工程施工合同属于无效合同。

2. 建设工程发包与承包中，禁止行贿和受贿

通过行贿获取建设工程承包权是一种我国《反不正当竞争法》规定的不正当竞争手段之一，也是危害社会正常经济秩序的犯罪行为，它严重违背市场竞争的公平原则，是一种非法行为，应当予以禁止。《建筑法》第十七条规定，发包单位及其工作人员在建筑工程发包中不得收受贿赂、回扣或者索取其他好处。承包单位及其工作人员不得利用向发包单位及其工作人员行贿、提供回扣或者给予其他好处等不正当手段承揽工程。《反不正当竞争法》第七条规定，经营者不得采用财物或者其他手段贿赂下列单位或者个人，以谋取交易机会或者竞争优势：（1）交易相对方的工作人员；（2）受交易相对方委托办理相关事务的单位或者个人；（3）利用职权或者影响力影响交易的单位或者个人。经营者在交易活动中，可以以明示方式向交易相对方支付折扣，或者向中间人支付佣金。经营者向交易相对方支付折扣、向中间人支付佣金的，应当如实入账。接受折扣、佣金的经营者也应当如实入账。经营者的工作人员进行贿赂的，应当认定为经营者的行为；但是，经营者有证据证明该工作人员的行为与为经营者谋取交易机会或者竞争优势无关的除外。《中华人民共和国刑法》对此也有明确规定，对单位犯罪采取双罚制，除对单位判处罚金外，还对直接负责的主管人员和其他直接责任人员判处相应的刑罚。

3. 发包单位应当按照合同的约定，及时拨付工程款项

《建筑法》第十八条规定，建筑工程造价应当按照国家有关规定，由发包单位与承包单位在合同中约定。公开招标发包的，其造价的约定，须遵守招标投标法律的规定。发包单位应当按照合同的约定，及时拨付工程款项。《政府投资条例》规定，政府投资项目所需资金应当按照国家有关规定确保落实到位。政府投资项目不得由施工单位垫资建设。

在我国工程建设领域，工程款拖欠是普遍现象。拖欠工程款不仅仅造成施工企业的困难，拖欠行为继续延伸，甚至形成了债务的锁链；建设单位拖欠建筑企业工程款，建筑企业将拖欠转嫁，又拖欠分包企业的工程款、材料设备商的货款、农民工工资、国家税款和银行贷款等等。有的建筑企业为转嫁拖欠工程款的风险，将工程分包给技术管理水平较低的企业或者包工头，造成施工中偷工减料，使工程质量水平大大降低，甚至留下安全隐患，从而产生工程质量事故。

4. 发包单位应当依照法律、行政法规规定的程序和方式进行公开招标并接受有关行政主管部门的监督

《建筑法》第二十条规定，建筑工程实行公开招标的，发包单位应当依照法定程序和方式，发布招标公告，提供载有招标工程的主要技术要求、主要的合同条款、评标的标准和方法以及开标、评标、定标的程序等内容的招标文件。开标应当在招标文件规定的时间、地点公开进行。开标后应当按照招标文件规定的评标标准和程序对标书进行评价、比较，在具备相应资质条件的投标者中，择优选定中标者。建筑工程招标的开标、评标、定标由建设单位依法组织实施，并接受有关行政主管部门的监督。

5. 发包人不得将建设工程肢解发包

《建筑法》第二十四条规定，提倡对建筑工程实行总承包，禁止将建筑工程肢解发包。建筑工程的发包单位可以将建筑工程的勘察、设计、施工、设备采购一并发包给一个工程总承包单位，也可以将建筑工程勘察、设计、施工、设备采购的一项或者多项发包给一个工程总承包单位；但是，不得将应当由一个承包单位完成的建筑工程肢解成若干部分发包给几个承包单位。《建设工程质量管理条例》第七十八条第（一）款规定，本条例所称肢解发包，指建设单位将应当由一个承包单位完成的建设工程分解成若干部分发包给不同的承包单位的行为。违反《建设工程质量管理条例》规定，建设单位将建设工程肢解发包的，责令改正，处工程合同价款 0.5% 以上 1% 以下的罚款；对全部或者部分使用国有资金的项目，并可以暂停项目执行或者暂停资金拨付。从上述规定可看出，肢解发包属违法行为，应予处罚。肢解发包中，本应由一个承包单位完成的建筑工程，如果分解成若干部分由几个承包单位完成任务，使原本很狭小的工作面同时涌入过多的承包单位，导致工作界面不清，责任主体不明，合同纠纷增多，工作秩序必然混乱。因肢解发包人为地增加了承发包单位对项目的管理难度和管理成本，稍有不慎，就会引起工作质量和安全事故，故其是我国明令禁止的违法行为。但由于《建筑法》《建设工程质量管理条例》未对"应当由一个承包单位完成的 建设工程分解成若干部分发包给不同的承包单位的行为"作出更加明确的解释或界定，又因平行发包与肢解发包都有一个以上承包单位承担工程勘察、设计，以及究竟什么是"应当由一个承包单位完成的建设工程"没有界定，导致实践中很多人把合法的平行发包模式误认为肢解发包。

6. 发包人不得向承包人指定购入用于建设工程的建筑材料、建筑构配件和设备或指定生产厂、供应商

《建筑法》第二十五条规定，按照合同约定，建筑材料、建筑构配件和设备由工程承包单位采购的，发包单位不得指定承包单位购入用于工程的建筑材料、建筑构配件和设备或者指定生产厂、供应商。这并不意味着建设单位不可以采购材料。如果建设单位自行采购建筑材料，必须先合同约定，否则就是剥夺了合同中属于承包人的权利，属于违约。《建设工程质量管理条例》第十四条规定，按照合同约定，由建设单位采购建筑材料、建筑构配件和设备的，建设单位应当保证建筑材料、建筑构配件和设备符合设计文件和合同要求。建设单位不得明示或者暗示施工单位使用不合格的建筑材料、建筑构配件和设备。

6.2.3 建设工程违法发包的认定

根据《住房和城乡建设部关于印发建筑工程施工发包与承包违法行为认定查处管理办法的通知》（建市规〔2019〕1号），存在下列情形之一的，属于违法发包：（1）建设单位将工程发包给个人的；（2）建设单位将工程发包给不具有相应资质的单位的；（3）依法应当招标未招标或未按照法定招标程序发包的；（4）建设单位设置不合理的招标投标条件，限制、排斥潜在投标人或者投标人的；（5）建设单位将一个单位工程的施工分解成若干部分发包给不同的施工总承包或专业承包单位的。

建设单位违法发包，拒不整改或者整改后仍达不到要求的，视为没有依法确定施工企业，将其违法行为记入诚信档案，实行联合惩戒。对全部或部分使用国有资金的项目，同时将建设单位违法发包的行为告知其上级主管部门及纪检监察部门，并建议对建设单位直接负责的主管人员和其他直接责任人员给予相应的行政处分。

6.3　建 设 工 程 承 包

6.3.1　承包单位资质管理法律规定

《建筑法》第二十六条规定，承包建筑工程的单位应当持有依法取得的资质证书，并在其资质等级许可的业务范围内承揽工程。承包建设工程的单位，包括建筑施工企业、监理单位、勘察设计单位，因其单位性质和技术、设备不同，其资质等级也不完全一样。级别不同，所从事的业务范围也不完全相同。一般情况下，高资质等级的企业可以从事低资质等级企业的业务，但低资质等级的企业不能从事高资质等级企业的业务。如果低资质等级单位从事高资质等级单位的业务，则会因其不具备从事高资质等级单位的业务条件，而给承揽的工程带来质量与安全问题。所以，承包建设工程的单位应当在其资质等级许可的业务范围内承揽工程。

禁止建筑施工企业超越本企业资质等级许可的业务范围或者以任何形式用其他建筑施工企业的名义承揽工程。禁止建筑施工企业以任何形式允许其他单位或者个人使用本企业的资质证书、营业执照，以本企业的名义承揽工程。禁止承包单位将其承包的全部建筑工程转包给他人，禁止承包单位将其承包的全部建筑工程肢解以后以分包的名义分别转包给他人。禁止总承包单位将工程分给不具备相应资质条件的单位。禁止分包单位将其承包的工程再分包。

6.3.2　承包单位违反资质管理承揽工程应当承担的法律责任

1. 超越本单位资质等级承揽工程的法律责任

对承包单位违反规定，超越其资质等级所许可的业务范围承揽工程的行为，应当承担相应的法律责任。《建筑法》规定，超越本单位资质等级承揽工程的，责令停止违法行为，处以罚款，可以责令停业整顿，降低资质等级；情节严重的，吊销资质证书；有违法所得的，予以没收。《建筑工程质量管理条例》进一步规定，违反规定，勘察、设计、施工、工程监理单位超越本单位资质等级承揽工程的，责令停止违法行为，对勘察、设计单位或者工程监理单位处合同约定的勘察费、设计费或者监理酬金 1 倍以上 2 倍以下的罚款；对施工单位处工程合同价款 2% 以上 4% 以下的罚款，可以责令停业整顿，降低资质等级；情节严重的，吊销资质证书；有违法所得的，予以没收。

2. 未取得资质证书承揽工程的法律责任

从事建筑活动的建筑施工企业、勘察单位、设计单位和工程监理单位，按照一定的资质条件，划分为不同的资质等级，经资质审查合格，取得相应的资质等级证书后，方可在其资质等级许可的业务范围内从事建筑活动。违反上述规定，未取得资质证书承揽建设工程的，应依法追究其法律责任。

《建筑法》规定，未取得资质证书承揽工程的，予以取缔，并处罚款，违法所得的，予以没收。《建筑工程质量管理条例》进一步规定，未取得资质证书承揽工程的，予以取缔，对勘察、设计单位或者工程监理单位处合同约定的勘察费、设计费或者监理酬金 1 倍以上 2 倍以下的罚款；对施工单位处工程合同价款 2% 以上 4% 以下的罚款，可以责令停业整顿，降低资质等级；情节严重的，吊销资质证书；有违法所得的，予以没收。

3. 以欺骗手段取得资质证书承揽工程的法律责任

以欺骗手段取得资质证书的行为是指建筑施工企业、勘察单位、设计单位和工程监理单位用瞒报、谎报其拥有的注册资金、专业技术人员、技术装备和已完成的建设工程业绩等手段欺骗资质等级管理机关取得资质证书的行为。《建筑法》规定，以欺骗手段取得资质证书的，吊销资质证书，处以罚款；构成犯罪的，依法追究刑事责任。对这种明知违法而采取不正当手段的行为，不仅要按《建筑法》的规定给予罚款，并没收违法所得对以欺骗手段取得资质证书的，依照《建筑法》的规定，由行政执法机关吊销其骗取的资质证书，并处以罚款；对构成犯罪的。由司法机关依照《中华人民共和国刑法》的有关规定追究刑事责任。《建设工程质量管理条例》进一步规定，以欺骗手段取得资质证书承揽工程的，吊销资质证书，依照规定处以罚款；有违法所得的，予以没收。第六十条第（一）款的规定，违反本条例规定，勘察、设计、施工、工程监理单位超越本单位资质等级承揽工程的，责令停止违法行为，对勘察、设计单位或者工程监理单位处合同约定的勘察费、设计费或者监理酬金1倍以上2倍以下的罚款；对施工单位处工程合同价款2％以上4％以下的罚款，可以责令停业整顿，降低资质等级；情节严重的，吊销资质证书；有违法所得的，予以没收。

4. 建筑施工企业转让、出借资质证书或者以其他方式允许他人以本企业的名义承揽工程的法律责任

建筑施工企业转让、出借资质证书是指该建筑施工企业将其依法取得的资质证书转让或者借给其他低资质等级或者不具备资质条件的施工单位使用，并从中谋取非法利益的行为。以其他方式允许他人以本企业的名义承揽工程是指允许低资质等级或者不具备资质条件的施工单位或者个人利用假"联营""挂靠"等方式以本施工企业的名义承揽工程的行为。《建筑法》规定，建筑施工企业不得以转让、出借本企业的资质证书或其他任何形式允许其他单位或者个人以本企业的名义承揽工程。勘察、设计、施工、监理单位转让、出借资质证书或以其他方式允许他人以本单位名义承揽工程业务，将造成建设工程实际需要的资金、人才、设备、技术、管理等保证能力达不到预期的要求，从而工程质量保证体系失控，质量保证能力下降。如果借用名义承包的单位和个人不熟悉建设技术业务的，将导致工程质量失控，甚至产生严重质量事故，危及国家、公众、投资者的利益，因此不仅要对违法行为责令改正，还必须给予必要的行政处罚。

《建筑法》对建筑施工企业转让、出借本企业的资质证书或者以其他方式允许他人以本企业的名义承揽工程的违法行为，规定了其应当承担的行政责任和民事责任。即建筑施工企业转让、出借资质证书或者以其他方式允许他人以本企业的名义承揽工程的，责令改正，没收违法所得，并处罚款，可以责令停业整顿，降低资质等级；情节严重的，吊销资质证书。对因该项承揽工程不符合规定的质量标准造成的损失，建筑施工企业与使用本企业名义的单位或者个人承担连带赔偿责任。

5. 承包单位将其承包的工程转包或者违法分包的法律责任

（1）承包单位将承包的工程转包的法律责任

《建筑法》规定，禁止承包单位将承包的全部建设工程转包给他人，禁止承包单位将其承包的全部工程肢解以后以分包的名义分别转包给他人。承包单位将承包的工程转包的，责令改正，没收违法所得，并处罚款，可以责令停业整顿，降低资质等级；情节严重

的，吊销资质证书。承包单位有上述规定的违法行为的，对因转包工程或者违法分包的工程不符合规定的质量标准造成的损失，与接受转包或者分包的单位承担连带赔偿责任。

（2）承包单位违法分包的法律责任

《建筑法》规定，建筑工程总承包单位可以将承包工程中的部分工程发包给具有相应资质条件的分包单位；但是，除总承包合同中约定的分包外，必须经建设单位认可。施工总承包的，建筑工程主体结构的施工必须由总承包单位自行完成。建筑工程总承包单位按照总承包合同的约定对建设单位负责；分包单位按照分包合同的约定对总承包单位负责。总承包单位和分包单位就分包工程对建设单位承担连带责任。禁止总承包单位将工程分包给不具备相应资质条件的单位。禁止分包单位将其承包的工程再分包。对于违反法律规定进行工程分包的行为，可依法追究相应法律责任。《建筑法》规定，承包单位违反规定进行分包的，责令改正，没收违法所得，并处罚款，可以责令停业整顿，降低资质等级；情节严重的，吊销资质证书。承包单位有上述规定的违法行为的，对因转包工程或者违法分包的工程不符合规定的质量标准造成的损失，与接受转包或者分包的单位承担连带赔偿责任。

6.4　建设工程承包方式

6.4.1　建设工程总承包

1. 建设工程总承包的历史发展

为克服工程建设传统模式存在的超概算、拖工期等诸多弊端，从 20 世纪 80 年代初以设计为主导的工程总承包拉开帷幕，我国建设工程领域逐步开启了对工程总承包模式的探索。1982 年 6 月 8 日化工部发布的《关于改革现行基本建设管理体制，试行以设计为主体的工程总承包制的意见》决定进行以设计为主体的工程总承包管理体制的试点，拉开了以设计单位主导的工程总承包的序幕。

1984 年 9 月 18 日国务院发布的《关于改革建筑业和基本建设管理体制若干问题的暂行规定》（国发〔1984〕123 号）规定，工程承包公司接受建设项目主管部门（或建设单位）的委托，或投标中标，对项目建设的可行性研究、勘察设计、设备选购、材料订货、工程施工、生产准备直到竣工投产实行全过程的总承包，或部分承包。1992 年 4 月 3 日建设部发布的《工程总承包企业资质管理暂行规定》（建施字〔1992〕第 189 号）规定，工程总承包企业是指对工程从立项到交付使用全过程承包的企业，不包括以设计院为主体的设计工程公司，对工程总承包进行资质管理。1997 年颁布的《建筑法》提倡对建筑工程实行总承包，建筑工程的发包单位可以将建筑工程的勘察、设计、施工、设备采购一并发包给一个工程总承包单位，也可以将建筑工程勘察、设计、施工、设备采购的一项或者多项发包给一个工程总承包单位。2003 年 2 月 13 日建设部发布的《关于培育发展工程总承包和工程项目管理企业的指导意见》（建市〔2003〕30 号）明确了工程总承包的概念和工程总承包可采用的四种主要形式：设计采购施工（EPC）/交钥匙总承包、设计—施工总承包（D-B）、设计—采购总承包（E-P）、采购—施工总承包（P-C）。鼓励具有工程勘察、设计或施工总承包资质的勘察、设计和施工企业，通过改造和重组，建立与工程总承包业务相适应的组织机构、项目管理体系，充实项目管理专业人员，提高融资能力，发展成为具有设计、采购、施工（施工管理）综合功能的工程公司，在其勘察、设计或施工总承包资质等级许可的工程项目范围内开展工程总承包业务。2016 年 2 月 6 日中共中央、国务院发布了《中共中央国务院关于进一步加强城市规划建设管理工作的若干意见》（中发〔2016〕6 号），提出深化建设项目组织实施方式改革，推广工程总承包制。2017 年住房和城乡建设部修订后公布的《建设项目工程总承包管理规范》GB/T 50358—2017 是我国建设项目工程总承包管理的国家标准。

2016 年 5 月 20 日住房和城乡建设部发布的《住房和城乡建设部关于进一步推进工程总承包发展的若干意见》（建市〔2016〕93 号）对工程总承包项目的发包阶段、工程总承包企业的选择、工程总承包项目的分包、工程总承包项目的监管手续等等作出了相应规定。2019 年 12 月 23 日国家发改委、住房和城乡建设部发布的《关于印发房屋建筑和市政基础设施项目工程总承包管理办法的通知》（建市规〔2019〕12 号）规定工程总承包，是指承包单位按照与建设单位签订的合同，对工程设计、采购、施工或者设计、施工等阶段实行总承包，并对工程的质量、安全、工期和造价等全面负责的工程建设组织实施方式。该《办法》作为我国工程总承包管理的规范性文件，从政策层面明确了"施工总承包"向"工程总承包"的发展趋势。2020 年住房和城乡建设部、国家市场监管总局修订印发了《建设项目工程总承包合同（示范文本）》，以促进建设项目工程总承包健康发展，维护工程总承包合同当事人的合法权益。

2. 建设工程总承包的概念

工程总承包是国际通行的建设项目组织实施方式。大力推进工程总承包，有利于提升项目可行性研究和初步设计深度，实现设计、采购、施工等各阶段工作的深度融合，提高工程建设水平。

根据《关于培育发展工程总承包和工程项目管理企业的指导意见》（建市〔2003〕30号），工程总承包是指从事工程总承包的企业（以下简称工程总承包企业）受业主委托，按照合同约定对工程项目的勘察、设计、采购、施工、试运行（竣工验收）等实行全过程或若干阶段的承包。工程总承包企业按照合同约定对工程项目的质量、工期、造价等向业主负责。工程总承包企业可依法将所承包工程中的部分工作发包给具有相应资质的分包企业；分包企业按照分包合同的约定对总承包企业负责。这一概念之下，工程总承包模式有四种类型：设计采购施工（EPC）/交钥匙总承包、设计—施工总承包（D-B）、设计—采购总承包（E-P）、采购—施工总承包（P-C）。而《建设项目工程总承包合同示范文本（试行）》GF-2011—216、《住房城乡建设部关于进一步推进工程总承包发展的若干意见》（建市〔2016〕93 号）以及《房屋建筑和市政基础设施项目工程总承包管理办法》（建市规〔2019〕12 号）对工程总承包的概念范围进行了限缩，认为工程总承包，是指承包单位按照与建设单位签订的合同，对工程设计、采购、施工或者设计、施工等阶段实行总承包，并对工程的质量、安全、工期和造价等全面负责的工程建设组织实施方式。

3. 工程总承包的主要方式

根据《关于培育发展工程总承包和工程项目管理企业的指导意见》（建市〔2003〕30号），我国工程总承包模式可分为设计采购施工（EPC）/交钥匙总承包、设计—施工总承包（D-B）、设计—采购总承包（E-P）、采购—施工总承包（P-C）这四种类型，建设单位可以根据项目的特点和自身管理的实际需要选择。根据《建设项目工程总承包合同示范文本（试行）》GF-2011—216、《中华人民共和国标准设计施工总承包招标文件》《住房城乡建设部关于进一步推进工程总承包发展的若干意见》（建市〔2016〕93号）和《房屋建筑和市政基础设施项目工程总承包管理办法》（建市规〔2019〕12号），我国的工程总承包主要有两种方式：工程总承包一般采用设计—采购—施工总承包（EPC）或者设计—施工总承包模式（D-B）。建设单位也可以根据项目特点和实际需要，按照风险合理分担原则和承包工作内容采用其他工程总承包模式。工程总承包的具体方式、工作内容和责任等，由业主与工程总承包企业在合同中约定。工程总承包主要有如下方式：

（1）设计采购施工（EPC）/交钥匙总承包。设计采购施工总承包是指工程总承包企业按照合同约定，承担工程项目的设计、采购、施工、试运行服务等工作，并对承包工程的质量、安全、工期、造价全面负责。交钥匙总承包是设计采购施工总承包业务和责任的延伸，最终是向业主提交一个满足使用功能、具备使用条件的工程项目。"交钥匙"总承包即设计—采购—施工总承包，简称"EPC"。EPC合同条件更适用于设备专业性强、技术性复杂的工程项目，FIDIC《设计采购施工（EPC）交钥匙工程合同条件》前言推荐此类合同条件："可适用于以交钥匙方式提供加工或动力设备、工厂或类似设施、基础设施工程或其他类型开发项目"。

（2）设计—施工总承包（D-B）。设计—施工总承包是指工程总承包企业按照合同约定，承担工程项目设计和施工，并对承包工程的质量、安全、工期、造价全面负责。根据工程项目的不同规模、类型和业主要求，工程总承包还可采用设计—采购总承包（E-P）、采购—施工总承包（P-C）等方式。

4. EPC模式和DB模式的区别

（1）工作内容不同。EPC模式包括对工程建设项目的设计、采购、施工、试运行等工作内容；DB模式是对从决策、设计到试运行的建设项目发展周期实行等工作内容。（2）管理机制不同。EPC模式采用二元管理体制，即不再设置工程师角色，仅要求业主派遣业主代表负责项目的监督管理工作，并不需要聘请工程师这一独立的第三方角色实施对工程的监督管理；DB模式采用由业主、总承包商、工程师组成的三元管理体制，见图6-1。（3）发、承包双方承担的风险范围区别。在EPC模式下，由于承包人介入项目较

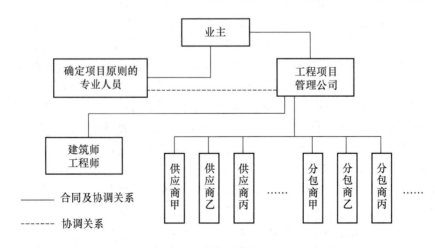

图6-1 DB模式的组织形式

早，承包人承担了合同价格包含的风险范围之内的全部风险，合同价格一般不允许调整，承包人风险较大。而在 DB 模式之下，承包人介入项目在详细设计阶段，建设单位承担一部分风险，承包人承担一部分，承包人承担的风险没有 EPC 条件下大。(4) 发包人的控制程度区别。风险与权利是相对等的，鉴于承包人在 EPC 模式中承担较多工作和较大风险，承包人对项目的控制程度高，利润也高。DB 模式中承包人的风险小，控制程度低些，利润也相对低些。

鉴于我国推行强制监理制度，由于监理单位必须作为总承包项目管理中一个重要角色出现，无论项目采用哪种总承包模式，EPC 与 DB 均在管理结构上的差别缩小。根据《中共中央国务院关于进一步加强城市规划建设管理工作的若干意见》和《国务院办公厅关于促进建筑业持续健康发展的意见》(国办发〔2017〕19 号)，对于政府投资项目推荐采用工程总承包模式发包。但根据《房屋建筑和市政基础设施项目工程总承包管理办法》(建市规〔2019〕12 号)规定，采用工程总承包方式的政府投资项目，原则上应当在初步设计审批完成后进行工程总承包项目发包。所以对于政府投资项目，原则上应在初步设计审批完成后才启动工程总承包招标工作。那么无论采取哪种工程总承包形式，承包人的设计工作均从施工图设计开始，设计范围差别将会缩小。根据《房屋建筑和市政基础设施项目工程总承包管理办法》(建市规〔2019〕12 号)，政府投资项目在完成初步设计审批后，大型工程设备已完成选型，除非配套性、非标准设备外，承包人可主导的设备选型有限，使得 EPC 总承包模式下承包人自主权受限。❶

5. 工程总承包项目的发包和承包

(1) 工程总承包项目的发包

建设单位应当在发包前完成项目审批、核准或者备案程序。采用工程总承包方式的企业投资项目，应当在核准或者备案后进行工程总承包项目发包。采用工程总承包方式的政府投资项目，原则上应当在初步设计审批完成后进行工程总承包项目发包；其中，按照国家有关规定简化报批文件和审批程序的政府投资项目，应当在完成相应的投资决策审批后进行工程总承包项目发包。建设单位依法采用招标或者直接发包等方式选择工程总承包单位。工程总承包项目范围内的设计、采购或者施工中，有任一项属于依法必须进行招标的项目范围且达到国家规定规模标准的，应当采用招标的方式选择工程总承包单位。

建设单位应当根据招标项目的特点和需要编制工程总承包项目招标文件，主要包括以下内容：①投标人须知；②评标办法和标准；③拟签订合同的主要条款；④发包人要求，列明项目的目标、范围、设计和其他技术标准，包括对项目的内容、范围、规模、标准、功能、质量、安全、节约能源、生态环境保护、工期、验收等的明确要求；⑤建设单位提供的资料和条件，包括发包前完成的水文地质、工程地质、地形等勘察资料，以及可行性研究报告、方案设计文件或者初步设计文件等；⑥投标文件格式；⑦要求投标人提交的其他材料。建设单位可以在招标文件中提出对履约担保的要求，依法要求投标文件载明拟分包的内容；对于设有最高投标限价的，应当明确最高投标限价或者最高投标限价的计算方法。推荐使用由住房和城乡建设部会同有关部门制定的工程总承包合同示范文本。

---

❶ 李宏远. 我国政策环境下工程总承包模式的特点简介［EB/OL］. 2020-02-28［2020-03-25］. http：//www. dehenglaw. com/CN/tansuocontent/0008/017941/7. aspx？MID＝0902.

（2）工程总承包单位的资质

工程总承包单位应当同时具有与工程规模相适应的工程设计资质和施工资质，或者由具有相应资质的设计单位和施工单位组成联合体。工程总承包单位应当具有相应的项目管理体系和项目管理能力、财务和风险承担能力，以及与发包工程相类似的设计、施工或者工程总承包业绩。设计单位和施工单位组成联合体的，应当根据项目的特点和复杂程度，合理确定牵头单位，并在联合体协议中明确联合体成员单位的责任和权利。联合体各方应当共同与建设单位签订工程总承包合同，就工程总承包项目承担连带责任。

工程总承包单位不得是工程总承包项目的代建单位、项目管理单位、监理单位、造价咨询单位、招标代理单位。政府投资项目的项目建议书、可行性研究报告、初步设计文件编制单位及其评估单位，一般不得成为该项目的工程总承包单位。政府投资项目招标人公开已经完成的项目建议书、可行性研究报告、初步设计文件的，上述单位可以参与该工程总承包项目的投标，经依法评标、定标，成为工程总承包单位。

鼓励设计单位申请取得施工资质，已取得工程设计综合资质、行业甲级资质、建筑工程专业甲级资质的单位，可以直接申请相应类别施工总承包一级资质。鼓励施工单位申请取得工程设计资质，具有一级及以上施工总承包资质的单位可以直接申请相应类别的工程设计甲级资质。完成的相应规模工程总承包业绩可以作为设计、施工业绩申报。

（3）工程总承包项目的风险分担

建设单位和工程总承包单位应当加强风险管理，合理分担风险。建设单位承担的风险主要包括：①主要工程材料、设备、人工价格与招标时基期价相比，波动幅度超过合同约定幅度的部分；②因国家法律法规政策变化引起的合同价格的变化；③不可预见的地质条件造成的工程费用和工期的变化；④因建设单位原因产生的工程费用和工期的变化；⑤不可抗力造成的工程费用和工期的变化。具体风险分担内容由双方在合同中约定。鼓励建设单位和工程总承包单位运用保险手段增强防范风险能力。

企业投资项目的工程总承包宜采用总价合同，政府投资项目的工程总承包应当合理确定合同价格形式。采用总价合同的，除合同约定可以调整的情形外，合同总价一般不予调整。建设单位和工程总承包单位可以在合同中约定工程总承包计量规则和计价方法。依法必须进行招标的项目，合同价格应当在充分竞争的基础上合理确定。

6. 工程总承包项目实施

（1）建设单位的项目管理

建设单位应当加强工程总承包项目全过程管理，督促工程总承包企业履行合同义务。建设单位根据自身资源和能力，可以自行对工程总承包项目进行管理，也可以委托勘察设计单位、代建单位等项目管理单位，赋予相应权利，依照合同对工程总承包项目进行管理。项目管理单位可以是本项目的可行性研究、方案设计或者初步设计单位，也可以是其他工程设计、施工或者监理等单位，但项目管理单位不得与工程总承包企业具有利害关系。

（2）工程总承包单位的管理

工程总承包单位应当建立与工程总承包相适应的组织机构和管理制度，形成项目设计、采购、施工、试运行管理以及质量、安全、工期、造价、节约能源和生态环境保护管理等工程总承包综合管理能力。工程总承包单位应当设立项目管理机构，设置项目经理，配备相应管理人员，加强设计、采购与施工的协调，完善和优化设计，改进施工方案，实现对工程总承包项目的有效管理控制。

工程总承包项目经理应当具备下列条件：①取得相应工程建设类注册执业资格，包括注册建筑师、勘察设计注册工程师、注册建造师或者注册监理工程师等；未实施注册执业资格的，取得高级专业技术职称；②担任过与拟建项目相类似的工程总承包项目经理、设计项目负责人、施工项目负责人或者项目总监理工程师；③熟悉工程技术和工程总承包项目管理知识以及相关法律法规、标准规范；④具有较强的组织协调能力和良好的职业道德。工程总承包项目经理不得同时在两个或者两个以上工程项目担任工程总承包项目经理、施工项目负责人。

（3）工程总承包项目的分包

工程总承包单位可以采用直接发包的方式进行分包。但以暂估价形式包括在总承包范围内的工程、货物、服务分包时，属于依法必须进行招标的项目范围且达到国家规定规模标准的，应当依法招标。

建设单位不得迫使工程总承包单位以低于成本的价格竞标，不得明示或者暗示工程总承包单位违反工程建设强制性标准、降低建设工程质量，不得明示或者暗示工程总承包单位使用不合格的建筑材料、建筑构配件和设备。工程总承包单位应当对其承包的全部建设工程质量负责，分包单位对其分包工程的质量负责，分包不免除工程总承包单位对其承包的全部建设工程所负的质量责任。工程总承包单位、工程总承包项目经理依法承担质量终身责任。

建设单位不得对工程总承包单位提出不符合建设工程安全生产法律、法规和强制性标准规定的要求，不得明示或者暗示工程总承包单位购买、租赁、使用不符合安全施工要求的安全防护用具、机械设备、施工机具及配件、消防设施和器材。工程总承包单位对承包范围内工程的安全生产负责。分包单位应当服从工程总承包单位的安全生产管理，分包单位不服从管理导致生产安全事故的，由分包单位承担主要责任，分包不免除工程总承包单位的安全责任。工程保修书由建设单位与工程总承包单位签署，保修期内工程总承包单位应当根据法律法规规定以及合同约定承担保修责任，工程总承包单位不得以其与分包单位之间保修责任划分而拒绝履行保修责任。

工程总承包企业应当加强对分包的管理，不得将工程总承包项目转包，也不得将工程总承包项目中设计和施工业务一并或者分别分包给其他单位。工程总承包企业自行实施设计的，不得将工程总承包项目工程主体部分的设计业务分包给其他单位。工程总承包企业自行实施施工的，不得将工程总承包项目工程主体结构的施工业务分包给其他单位。

（4）工程总承包项目的监管手续

建设单位和工程总承包单位应当加强设计、施工等环节管理，确保建设地点、建设规模、建设内容等符合项目审批、核准、备案要求。政府投资项目所需资金应当按照国家有关规定确保落实到位，不得由工程总承包单位或者分包单位垫资建设。政府投资项目建设投资原则上不得超过经核定的投资概算。

（5）工程总承包企业的责任

《建筑法》规定，建筑工程总承包单位按照总承包合同的约定对建设单位负责；分包单位按照分包合同的约定对总承包单位负责。总承包单位和分包单位就分包工程对建设单位承担连带责任。《建设工程质量管理条例》进一步规定，建设工程实行总承包的，总承包单位应当对全部建设工程质量负责；建设工程勘察、设计、施工、设备采购的一项或者多项实行总承包的，总承包单位应当对其承包的建设工程或者采购的设备的质量负责。《国务院办公厅关于促进建筑业持续健康发展的意见》中规定，按照总承包负总责的原则，落实工程总承包单位在工程质量安全、进度控制、成本管理等方面的责任。除以暂估价形式包括在工程总承包范围内且依法必须进行招标的项目外，工程总承包单位可以直接发包总承包合同中涵盖的其他专业业务。

《住房城乡建设部关于进一步推进工程总承包发展的若干意见》进一步规定，工程总承包企业对工程总承包项目的质量和安全全面负责。工程分包不能免除工程总承包企业的合同义务和法律责任，工程总承包企业和分包企业就分包工程对建设单位承担连带责任。工程总承包企业按照合同约定向建设单位出具履约担保，建设单位向工程总承包企业出具支付担保。工程总承包企业自行实施工程总承包项目施工的，应当依法取得安全生产许可证；将工程总承包项目中的施工业务依法分包给具有相应资质的施工企业完成的，施工企业应当依法取得安全生产许可证。工程总承包企业应当组织分包企业配合建设单位完成工程竣工验收，签署工程质量保修书。

工程总承包单位和工程总承包项目经理在设计、施工活动中有转包违法分包等违法违规行为或者造成工程质量安全事故的，按照法律法规对设计、施工单位及其项目负责人相同违法违规行为的规定追究责任。

6.4.2　建设工程共同承包

《建筑法》第二十七条规定：大型建筑工程或结构复杂的建筑工程，可以由两个以上的承包单位联合承包。《招标投标法》第三十一条规定：两个以上法人或其他组织，可以组成一个联合体，以一个投标人的身份共同投标。《关于培育发展工程总承包和工程项目管理企业的指导意见》（建市〔2003〕30 号）第四条第（一）项第 2 款规定：工程勘察、设计、施工企业也可以组成联合体，对工程项目进行联合总承包。根据上述法规的规定，承包人可以单独承包工程，也可以与其他企业联合共同承包（包括联合总承包）。在具体项目操作过程中，如果工程建设联合体中标，联合投标就转化成共同承包。建设工程共同承包是指由两个以上具备承包资格的单位共同组成非法人的联合体，以共同的名义对工程进行承包的行为。这是在国际工程发承包活动中较为通行的一种做法，可有效地规避工程承包风险。如果两个以上的单位组成一个法人实体进行承包某一建设工程，与发包人签订了建设工程承包合同，那么这就属于该法人实体的单独承包，不属于共同承包。

1. 建设工程共同承包的适用范围

《建筑法》规定，大型建筑工程或者结构复杂的建筑工程，可以由两个以上的承包单位联合共同承包。作为大型的建筑工程或结构复杂的建筑工程，一般是投资额大、技术要求复杂和建设周期长，潜在风险较大，如果采取联合共同承包的方式，有利于更好发挥各承包单位在资金、技术、管理等方面优势，增强抗风险能力，保证工程质量和工期，提高投资效益。至于中小型或结构不复杂的工程，则无需采用共同承包方式，完全可由一家承包单位独立完成。

2. 共同承包的资质要求

《建筑法》规定，两个以上不同资质等级的单位实行联合共同承包的，应当按照资质等级低的单位的业务许可范围承揽工程。两个以上的承包单位联合承包工程，资质类别不同的，按照各方资质证书许可范围承揽工程；资质类别相同的，按照较低资质等级许可范围承揽工程。实行联合承包的，应当明确主承包单位，由其负责整个工程项目的总体协调。这主要是为防止以联合共同承包为名而进行"资质挂靠"的不规范行为。

3. 共同承包的责任

《招标投标法》规定，联合体中标的，联合体各方应当共同与招标人签订合同，就中标项目向招标人承担连带责任。《建筑法》也规定，共同承包的各方对承包合同的履行承担连带责任。共同承包各方应签订联合承包协议，明确约定各方的权利、义务以及相互合作、违约责任承担等条款。各承包方就承包合同的履行对建设单位承担连带责任。如果出现赔偿责任，建设单位有权向共同承包的任何一方请求赔偿，而被请求方不得拒绝，在其支付赔偿后可依据联合承包协议及有关各方过错大小，有权对超过自己应赔偿的那部分份额向其他方进行追偿。

6.4.3 建设工程平行发承包

1. 建设工程平行发承包的概念

建设工程平行承包，又称为分别承包，是指发包人根据建设工程项目的特点、项目进展情况和控制的要求等因素，将建设工程勘察、设计、施工和设备材料采购其中之一项或多项工作按工程部位或者专业进行合理分解，分别发包给一家或者多家资质、信誉等条件符合要求的勘察、设计、施工承包单位和供应商，并分别与之签订合同。发包单位与各个勘察、设计、施工、供应单位之间的关系是平行的，分别对发包单位负责。这是国际上通行的承发包模式之一，也是我国允许的承发包模式。

采用平行发承包模式，由于有隶属不同和专业不同的多家承包单位共同承担同一个建设项目，同时工作作业面增多，施工空间扩大，勘察、设计、施工各个建设阶段以及施工各阶段搭接顺畅，有利于缩短项目建设周期。平行发承包模式由于合同个数较多，合同界面之间存在相互制约关系，具有他人控制质量的特点，在我国目前具有一般承包资质的单位总体多于具有总承包资质的单位情况下，平行发承包模式有利于建设单位择优选择承包单位。

2. 平行发承包模式的主要优缺点

（1）平行发承包模式的优点

设计阶段与施工阶段有可能形成搭接关系，从而缩短整个建设工程工期。整个工程经过分解分别发包给各承建单位，合同约束与相互制约使每一部分能够较好地实现质量要求。这种模式的合同内容比较单一，无论大型承建单位还是中小型承建单位都有机会竞争，有利于业主选择承建单位。

（2）平行发承包模式的缺点

合同数量多，合同关系复杂，使建设工程系统内结合部位数量增加，组织协调工作量，合同管理困难。平行发承包模式下投资控制难度大。这主要表现在：一是总合同价不易确定，影响投资控制实施；二是工程招标任务量大，需控制多项合同价格，增加了投资控制难度；三是在施工过程中设计变更和修改较多，可能导致投资增加。

3. 平行发包与肢解发包

肢解发包是指将应当由一个承包单位完成的建设工程肢解成若干部分发包给几个承包

单位的行为。平行发包与肢解发包有其相似之处：都是有一个以上的承包单位在承担工程勘察、设计、施工中的一项工作，发包单位既可以是建设单位，也可以是总包单位，各承包单位之间的关系是平行的。两种发包模式主要区别在于发包的工程是不是"应当由一个承包单位完成的工程"。如果是应当由一个承包单位完成的工程，且只有一个承包单位在完成这项工程，那么，这种发包模式就是平行发包模式；反之，则是肢解发包模式。

6.4.4　BOT 模式

根据建设部《关于培育发展工程总承包和工程项目管理企业的指导意见》（建市〔2003〕30 号）第四条，鼓励有投融资能力的工程总承包企业，对具备条件的工程项目，根据业主的要求，按照建设—转让（BT）、建设—经营—转让（BOT）、建设—拥有—经营（BOO）、建设—拥有—经营—转让（BOOT）等方式组织实施。

1. BOT 模式的概念

BOT 是英文 Build-Operate-Transfer 的缩写，即建设—运营—移交，是指政府授予私营企业以一定期限的特许经营权，许可其融资建设和经营特定的公用基础设施，并准许其通过向用户收取费用或出售产品以清偿贷款、回收投资并赚取利润；特许经营权期满时，该基础设施无偿移交给政府，见图 6-2。

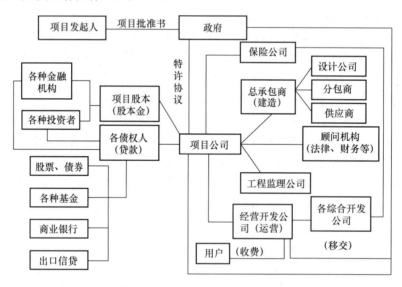

图 6-2　BOT 模式典型结构框架

2. BOT 模式的特征

（1）私营企业基于许可取得通常由政府部门承担的建设和经营特定基础设施的专营权（由招标方式进行）；BOT 投资的基础设施项目范围比较广泛。具体包括：①自然资源的开采，如采油、采矿、采气等，但前提是储量已经探明的；②电厂、水厂、污水和垃圾处理厂，但是先要与政府达成政府购买足够产量的合同，并有一套严格的支付机制；③公路、桥梁、隧道，但要保证在一定区域范围内项目的唯一性；④铁路和地铁，但这类项目的投资相对较大，施工难度和内部结算方式等可能导致风险较大；⑤机场、港口，但这类项目涉及与国内外航空、航海公司签订协议，且受国际政治、外交和经济形势等影响大，而后者不是某个公司或政府容易控制的，因此风险较大。此外，通信等高科技项目，如移动电话、光缆和卫星等也多采取 BOT 方式，因为技术垄断性且利润相对较高，但技术更新的风险较大。

（2）由获专营权的私营企业在特许权期限内负责项目的建设、经营、管理，并用取得的收益偿还贷款；根据 BOT 投资方式，取得特许权的私人投资者对特定项目享有独立建设权和经营权，一般自己负责项目的设计，自己通过股权投资和项目融资建设该项目。项目完成以后，在规定期限进行经营，以经营获取的收益偿还贷款、回收投资并赚取一定利润。这一点是 BOT 与工程承包的重要区别，工程承包一般只提供承包服务，并不进行股权投资或融资，也不负责项目的经营。

（3）在特许权期限内，私人投资者通过项目经营回收投资，偿还贷款并获取收益。特许权期限届满时，项目公司须无偿将该基础设施移交给政府。

3. BOT 的基本方式及其演变形式

（1）BOT 的基本方式

世界银行《1994 年世界发展报告》，BOT 至少有三种方式：BOT、BOOT 和 BOO。①BOT（Build-Operate-Transfer）：即建设—运营—移交。私人合伙人或国际财团，在获得政府对项目建设的特许权后，融资、建设基础设施，通过对设施的经营收回投资并取得合理利润后，将其无偿移交给业主国政府。政府授予项目公司建设新项目的特许权时，通常采用这种方式。②BOOT（Build-Own-Operate-Transfer）：建设—所有—经营—移交。私人合伙人或某国际财团融资建设基础设施项目，项目建成后，在规定的期限内拥有所有权并进行经营，期满后将项目移交给政府。③BOO（Build-Own-Operate）：即建设—拥有—运营。这种方式是开发商按照政府授予的特许权，建设并经营某项基础设施，但并不将此基础设施移交给政府或公共部门。项目一旦建成，项目公司对其拥有所有权，当地政府只是购买项目服务。

（2）BOT 的演变形式

BOT 经历了数百年的发展，为了适应不同的条件，还有 BT、BOOST、ROT、POT、TOT、BRT、DBOT、SOT、DOT、OT、OMT、DCMF、DBOM、ROMT、SLT、MOT 等等演变形式。①BT（Build-Transfer）：建设—移交。即政府通过特许协议，引入国外资金或民间资金进行专属于政府的基础设施建设，项目建成后立即移交，可按项目的收购价格分期付款。也即采取"企业投资建设、政府一次回购、资金分期支付"的模式。②BOOST（Build-Own-Operate-Subsidy-Transfer）：建设—拥有—运营—补贴—移交。发展商在项目建成后，在授权期限内，既直接拥有项目资产又经营管理项目，但由于存在相当高的风险，或非经营管理原因的经济效益不佳，须由政府提供一定的补贴，授权期满后将项目的资产转让给政府。③ROT（Renovate-Operate-Transfer）：重整—经营—移交。重整是指在获得政府特许专营权的基础上，对政府陈旧的项目设施、设备进行改造更新，由投资者经营若干年后再转让给政府。这是 BOT 模式适用于已经建成，但已陈旧过时的基础设施改造项目的一个变体，其差别在于"建设"变为"重整"。④POT（Purchase-Operate-Transfer）：购买—经营—移交。即政府出售已建成的、基本完好的基础设施并授予特许专营权，由投资者购买基础设施项目的股权和特许专营权。⑤TOT（Transfer-Operate-Transfer）即"转让—经营—转让"，指投资者购买一个国家所有的已经投产运行的公用基础设施的所有权，由该国政府授予投资者以特许经营权，投资者在约定的时间内拥有该设施的所有权和经营权，通过经营活动取得的收入收回全部投资并获取利润。约定期间届满时，投资者将该基础设施的所有权和经营权无偿移交给该国政府。

4. 我国关于 BOT 的立法

我国第一个 BOT 项目是 1984 年的深圳沙角 B 电厂项目，至 1995 年对外贸易经济合作部发布《关于以 BOT 方式吸收外商投资有关问题的通知》（本节以下简称《通知》）。《通知》规定 BOT 仍然纳入我国现行的有关外商投资企业法律和审批体制，外商可以以合作、合资或独资的方式建立 BOT 项目公司，原外贸合作部按照现有利用外资的有关法律和审批程序对项目公司合同、章程进行审批。1995 年 8 月，国家计委、电力部和交通部联合下发《关于试办外商投资特许权项目审批管理有关问题的通知》（本节以下简称"联合"《通知》），为国内运作 BOT 项目提供了法规依据。其中"联合"《通知》对特许权项目的内容、所有权、项目公司权利与义务、政府权力与保证责任、投资范围及项目的审批程序均作出了具体规定。

但是这两个《通知》属于国务院下属各部委制定的部门规章，效力层次较低。另外这两个《通知》条文内容过于简单，难以指导和规范 BOT 项目的实际运作。如《通知》第三条明确规定：政府机构一般不应对项目做任何形式的担保或承诺（如外汇兑换担保、贷款担保等）。而"联合"《通知》第三条则规定：对于项目公司偿还贷款本金、利息和红利汇出所需要外汇，国家保证兑换或汇出境外。对于 BOT 方式中应否转移项目所有权的问题在内容上也存在冲突，原对外贸易经济合作部的《通知》将 BOT 界定为"建设—运营—转交"的狭义模式，即认为在 BOT 方式中，东道国政府不转移项目的所有权；而"联合"《通知》的第二条则规定，在特许期内项目公司拥有特许权项目的所有权，认为东道国政府应转移项目所有权，两部规章内部上的冲突不利于 BOT 方式在我国的良好发展。此外，两个《通知》与我国现行的一些法律法规之间也存在着一些矛盾。由于两个《通知》都是在我国 BOT 项目试点期间颁布的，当时基本上都是外资 BOT 项目，因此文件中的各条款也主要是针对外资 BOT 投资方式中出现的问题制定的。而且我国目前关于 BOT 的鼓励政策及相关法规都是以外商作为政策制定对象和法规实施对象，对于国内民间资本参与投资的政策和法规甚少，缺乏内资 BOT 投资项目的政策法规。

6.4.5 PPP 模式

1. PPP 模式基本含义

目前，关于 PPP 的起源，一般认为现代 PPP 起源于 20 世纪 80 年代的英国，最早涉及的是交通、供水等公共基础设施建设和公共服务领域。英国政府于 1989 年解除原有限制，开始允许私营资本投向公用事业领域，并在 1992 年率先提出私营融资计划（Private Finance Initiative，PFI）的模式。英国工党政府于 1997 开始执政后，设立了专门机构负责组织和协调 PPP 相关事宜，并于 2000 年成立了"英国伙伴关系"（Partnerships UK，PUK）机构，专门代表公共部门主管 PPP 项目，逐渐形成了一系列成熟的 PPP 模式管理制度，确立了完整的私营资本参与公共事业建设的机制。

PPP 是英文"Public-Private Partnership"的缩写，其有多种译法，如公私伙伴关系、公私合作伙伴模式、公共/私人合作关系、公私机构的伙伴合作、民间开放公共服务、公共民营合作制等，目前在国际上尚未形成公认的定义。从广义上讲，PPP 是指公共部门和私营部门为提供公共产品或服务而建立的各种合作关系的总称，以授予特许经营权为特征，主要包括建设—经营—转让（BOT）、建设—拥有—经营（BOO）以及各种衍生模式、私人筹资计划（PFI）等模式。狭义 PPP 与 BOT 的原理相似，都由"使用者付费"，但它比 BOT 更强调合作过程中的风险分担机制和项目的衡工量值（Value For Money）原则。在我国财政部发布的《关于推广运用政府和社会资本合作模式有关问题的通知》（财金〔2014〕76 号）中，PPP 模式定义如下：政府部门和社会资本在基础设施及公共服务领域建立的一种长期合作关系。通常模式是由社会资本承担设计、建设、运营、维护基础设施的大部分工作，并通过"使用者付费"及必要的"政府付费"获得合理投资回报；政府部门负责基础设施及公共服务价格和质量监管，以保证公共利益最大化。

2. PPP 模式在我国的发展历程

早在 20 世纪 80 年代，我国就已经开始探索在基础设施和市政公用事业领域采用 BOT 模式（即 PPP 模式的一种具体形式）进行合作。党的十八届三中全会确定"允许社会资本通过特许经营等方式参与城市基础设施投资和运营"的改革方向以来，国务院发布《关于创新重点领域投融资机制鼓励社会投资的指导意见》（国发〔2014〕60 号）大力倡导在若干重点发展领域（不限于城市基础设施）创新投融资体制，吸引和鼓励社会资本（特别是民间资本）参与投资，我国 PPP 模式改革就此展开。

2014 年被称为 PPP 模式迅猛发展的元年，无论在理论界还是在实践界 PPP 模式都广受关注与应用。2014 年 5 月，财政部专门成立政府和社会资本合作（PPP）工作领导小组。2015 年对 PPP 模式的推崇更是呈几何倍增长，国务院与各部委相继推出了十几部文件规范期于行，虽然这些文件都是以"意见""通知"等形式下发的，但是对于当时的基础设施建设而言却是意义重大的。2015 年 4 月 25 日发布的《基础设施和公共事业特许经营管理办法》被成为 PPP 模式的"基本法"。这些法律规范的相继出台，促使 PPP 模式的运行更加有法可依，在具体的操作上也更加规范，为未来统一立法奠定了充实的基础。为转变经济增长方式、化解地方政府债务风险、治理环境问题等，近年来国务院及相关部委陆续出台一系列政策文件，大力推广 PPP 模式，地方政府也积极推介各种 PPP 项目。在未来很长一段时期内，PPP 模式将在我国基础设施和公共服务供给等领域占主导地位。

3. PPP 模式的分类

关于 PPP 分类模型还没有完全统一。有学者认为 PPP 模式分为三种，第一种为外包类，这种类型主要由政府进行投资，私人部门仅为项目的分包商，不需要对整个项目负责，因此也不需要承担太大风险。第二种为特许经营类，这种类型需要私人部门部分投资，双方风险共担收益共享。三是私有化类，这种类型需要私人部门全部投资，风险最大。❶ 对于 PPP 模式的具体运作方式的运用则取决于项目投资收益系数、融资需求程度、风险分担方式等因素。❷ 根据 2014 财政部发布的《政府与社会资本合作模式操作指南》，PPP 项目运作方式主要包括委托运营、管理合同、建设运营移交、建设拥有—运营、转让运营—移交和改建运营移交等。

（1）委托运营（Operations & Maintenance，O&M），是指政府将存量公共资产的运营维护职责委托给社会资本或项目公司，社会资本或项目公司不负责用户服务的政府和社

---

❶ 王灏. PPP 的定义和分类研究 [J]. 都市快轨交通，2004（5）：23-27.

❷ 吕江林. 我国 PPP 模式中政府监管存在的主要问题及法律对策 [D]. 长沙：湖南师范大学，2018.

会资本合作项目运作方式。政府保留资产所有权，只向社会资本或项目公司支付委托运营费。合同期限一般不超过 8 年。

（2）管理合同（Management Contract，MC），是指政府将存量公共资产的运营、维护及用户服务职责授权给社会资本或项目公司的项目运作方式。政府保留资产所有权，只向社会资本或项目公司支付管理费。管理合同通常作为转让－运营－移交的过渡方式，合同期限一般不超过 3 年。

（3）建设－运营－移交（Build-Operate-Transfer，BOT），是指由社会资本或项目公司承担新建项目设计、融资、建造、运营、维护和用户服务职责，合同期满后项目资产及相关权利等移交给政府的项目运作方式。合同期限一般为 20～30 年。

（4）建设－拥有－运营（Build-Own-Operate，BOO），由 BOT 方式演变而来，二者区别主要是 BOO 方式下社会资本或项目公司拥有项目所有权，但必须在合同中注明保证公益性的约束条款，一般不涉及项目期满移交。

（5）转让－运营－移交（Transfer-Operate-Transfer，TOT），是指政府将存量资产所有权有偿转让给社会资本或项目公司，并由其负责运营、维护和用户服务，合同期满后资产及其所有权等移交给政府的项目运作方式。合同期限一般为 20～30 年。

（6）改建－运营－移交（Rehabilitate-Operate-Transfer，ROT），是指政府在 TOT 模式的基础上，增加改扩建内容的项目运作方式。合同期限一般为 20～30 年。

6.5　建设工程分包与转包

6.5.1　建设工程分包

《建筑法》第二十九条规定，建筑工程总承包单位可以将承包工程中的部分工程发包给具有相应资质条件的分包单位；但是，除总承包合同中约定的分包外，必须经建设单位认可。施工总承包的，建筑工程主体结构的施工必须由总承包单位自行完成。根据《房屋建筑和市政基础设施工程施工分包管理办法》，施工分包分为专业工程分包和劳务作业分包。专业工程分包，是指施工总承包企业将其所承包工程中的专业工程发包给具有相应资质的其他建筑业企业完成的活动。劳务作业分包，是指施工总承包企业或者专业承包企业将其承包工程中的劳务作业发包给劳务分包企业完成的活动。

1. 建设工程合法分包概述

（1）建设工程合法分包概念

建设工程的分包有合法分包和违法分包之分。建设工程合法分包是指建设工程总承包单位将所承包工程的一部分依法发包给具有相应资质的承包单位的行为，该总承包人与分包人就分包人完成的工程成果向发包人承担连带责任。根据《建筑工程施工发包与承包违法行为认定查处管理办法》，违法分包，是指承包单位承包工程后违反法律法规规定，把单位工程或分部分项工程分包给其他单位或个人施工的行为。

（2）建设工程合法分包的要件

建设工程合法分包需要满足以下条件：①分包必须取得发包人的同意或认可；②分包只能是一次分包，即分包单位不得再将其承包的工程再次分包出去；③分包必须是分包给具备相应资质条件的承包单位；④总承包人可以将承包工程中的部分工程发包给具有相应资质条件的分包单位，但不得将主体工程分包。

（3）分包工程的范围

《建筑法》规定，建筑工程总承包单位可以将承包工程中的部分工程发包给具有相应资质条件的分包单位。禁止承包单位将其承包的全部建筑工程转包给他人，禁止承包单位将其承包的全部建筑工程肢解以后以分包的名义分别转包给他人。施工总承包的，建筑工程主体结构的施工必须由总承包单位自行完成。

《招标投标法》也规定，中标人按照合同约定或者经招标人同意，可以将中标项目的部分非主体、非关键性工作分包给他人完成。中标人不得向他人转让中标项目，也不得将中标项目肢解后分别向他人转让。《招标投标法实施条例》进一步规定，中标人不得向他人转让中标项目，也不得将中标项目肢解后分别向他人转让。中标人按照合同约定或者经招标人同意，可以将中标项目的部分非主体、非关键性工作分包给他人完成。接受分包的人应当具备相应的资格条件，并不得再次分包。中标人应当就分包项目向招标人负责，接受分包的人就分包项目承担连带责任。

据此，总承包单位承包工程后可以全部自行完成，也可以将其中的部分工程分包给其他承包单位完成，但依法只能分包部分工程，并且是非主体、非关键性工作；如果是施工总承包，其主体结构的施工则须由总承包单位自行完成。这主要是防止以分包为名而发生转包行为。

2. 建设工程分包的法律性质

《民法典》第七百九十一条规定，总承包人或者勘察、设计、施工承包人经发包人同意，可以将自己承包的部分工作交由第三人完成。第三人就其完成的工作成果与总承包人或者勘察、设计、施工承包人向发包人承担连带责任。《建筑法》第二十九条第（二）款规定，总承包单位和分包单位就分包工程对建设单位承担连带责任。对建设工程分包的法律性质，学者间存在不同的认识，主要存在以下三种观点。

（1）分包人向发包人的履行属于第三人代为履行[1]。

第三人代替履行，又称履行承担，是指第三人与债务人约定，由其代为履行债务的合同。从第三人处于债务关系之外这一点上看，与分包人在总包合同中所处的地位相同。但二者存在着如下区别：①成立条件不同。《民法典》第七百九十一条规定，总承包人或者勘察、设计、施工承包人经发包人同意，可以将自己承包的部分工作交由第三人完成。因此，分包合同的成立必须征得发包人的同意。而在履行承担中第三人只是代替债务人履行合同义务，债务人的主体地位不变，所以履行承担合同的订立，无需债权人的同意，只需第三人单方表示其愿意代替债务人清偿债务，或者与债务人达成代替其清偿债务的协议即可产生效力。②法律效力不同。在分包中，由于分包人须承担连带责任，所以分包工程的质量问题或者违约，发包人可以向总包人主张权利也可以直接向分包人请求，要求其承担责任。而在履行承担当中，第三人仅为履行主体而非义务主体，对于合同的债权人而言，他只能将第三人作为债务履行的辅助人而不能作为合同的当事人对待，只有债务人可以向第三人请求其代为履行的义务，债权人则无权直接请求第三人履行其与债务人之间的合同义务，当第三人拒绝履行时，由合同债务人负责履行。③法律后果不同。建设工程分包，

---

[1]　李显东. 中国合同法要义与案例释解［M］. 北京：中国民主法制出版社，1999：974.

分包人对其完成的工作成果所出现的质量问题除应对总包人负责外，按照《民法典》第七百九十一条规定，还应与总包人向发包方承担连带责任。第三人代为履行中第三人并没有加入到合同关系中来，也没有承担债务而成为合同当事人；在发生纠纷时第三人并无直接的法律责任❶。

（2）在法律性质上，建设工程分包合同属"并存的债务转移"❷

并存的债务转移又称并存的债务承担，是指债权人与第三人订立协议，或者债务人和第三人订立协议，原债务人并不脱离合同关系，而第三人加入债务关系，与债务人连带承担合同义务的债务承担方式。结合实际情况，建筑工程分包合同应当属于"债务人与第三人，或者债权人、债务人与第三人之间共同约定，由第三人加入债的关系"的这种情况。这种情况下，债务人与第三人承担连带责任。虽然从分包人就其完成的工作成果与总包人一起向发包人承担连带责任来看，似乎与并存的债务承担有着相似之处。但是建设工程分包不同于并存的债务承担，在实质上二者之间存在着明显的差异：①订立合同的方式不同。分包合同是总包人与分包人达成的协议，订立分包合同的只能是总包人和分包人，发包人无权与分包人订立分包合同；债务承担的协议；则既可以由债务人与第三人订立，也可以由债权人与第三人订立。②成立的条件不同。分包人与总包人订立分包合同，必须经发包方同意方为有效；债权人与承担人订立的债务承担协议，不必征得债务人同意。③当事人的法律地位不同。在分包情况下，原承包合同关系不变，而是在此基础上，再成立一个新的合同关系，因此发包方不是分包合同的当事人，原承包合同的当事人仍是总包人与发包人，分包人并未因为其与总包人间的分包合同关系而加入到总承包合同当中，成为总承包合同的当事人。在并存的债务承担的情况下，合同主体发生了变更，第三人加入到合同关系中，成为原债权债务关系的当事人，与原债务人一起就债务的履行对债权人承担连带责任。④法律后果不同。分包合同的生效并不可能使分包人成为总承包合同的当事人。他只承担了承担连带责任的义务，却没取得相应的权利，分包人对发包人无抗辩权，只能依照法律的规定就其分包的工程对发包人承担连带责任。而在并存的债务承担中，债务转移生效后，第三人成为合同的连带债务人。根据《民法典》的规定，新债务人可主张原债务人对债权人的抗辩❸。

（3）建设工程分包在理论上类似于债务代替履行，但具有特殊性。分包人向发包人的履行类似于第三人，但是分包人对于发包人并非完全不负责任，并且总承包人将其部分工作交于第三人时，须取得发包人同意，这又使其具有了债的转让的性质，所以建设工程分包的性质较为特殊❹。结合上面的分析，本书认可这一观点。因此，建设工程分包既不同于债的转让，也不同于第三人代替履行，而是具有较为特殊的性质。

3. 建设工程违法分包

不具备建设工程合法分包的任一要件的均是违法分包。违法分包在形式上均是承包人发包其承包的一"部分"或几"部分"工程（在形式上与转包不同）。违法分包主要包括

---

❶ 周娟. 建设工程分包若干法律问题探析［J］. 安徽工业大学学报（社会科学版），2005（04）：9-10.

❷ 李健，张庆云. 建筑工程分包合同若干法律问题的分析［J］. 建筑，2001（08）：8-11.

❸ 周娟. 建设工程分包若干法律问题探析［J］. 安徽工业大学学报（社会科学版），2005（04）：9-10.

❹ 王红亮. 承揽合同建设工程合同［M］. 北京：中国法制出版社，2000：204.

未经发包人同意或认可的分包、虽经发包人同意或认可但未分包给具有相应资质的承包单位、虽经发包人同意或认可但将主体结构部分分包以及再分包等情况。

（1）未经发包人同意或认可的分包

发包人同意或认可是分包合法有效的前提条件之一。《建筑法》规定，在实行总承包的建设工程中，如果发包人与承包人在总承包合同中就非主体结构部分约定可以由总承包人分包的，总承包人可以按照该约定进行分包；如果总承包合同对是否允许分包没有约定或约定不明的，发包人又不认可，总承包人进行的分包无效。

应当明确的是发包人"认可"的含义。《建筑法》等相关法律法规没有明确规定发包人"认可"的方式和时间。可以肯定的是，事先在总承包合同中约定对非主体结构部分允许分包是发包人认可的一种方式。但在实务中，总承包合同对是否允许分包没有约定或约定不明的，有的发包人对于总承包人分包非主体结构部分的施工，不作口头或书面明确表态，也不阻止分包施工；总承包合同约定禁止分包但承包人分包非主体结构部分的施工，有的发包人不反对也不阻止分包施工；有的发包人虽然明确表示不同意总承包人分包但未书面向承包人提出，也未阻止分包施工等等。这些情况下如何认定发包人是否已经"认可"？"认可"作为一项民事行为，可以有明示或默示两种方式，也可以在事前、事中或事后认可。《民法典》第一百四十条规定："行为人可以明示或者默示作出意思表示。沉默只有在有法律规定、当事人约定或者符合当事人之间的交易习惯时，才可以视为意思表示。"由于《建筑法》等法规对于默示的分包"认可"没有规定，一般情况下，应当认为发包人"认可"是一种明示的认可，从证据的确定性和有效性出发，应将"认可"确定为书面的明示认可。因此，发包人"认可"除承发包双方事先在总承包合同中书面约定允许分包外，还包括在承包人实施分包的过程中发包人书面同意或认可。如果承包合同明确约定不允许分包，除非发包人在承包人实施分包过程中书面同意或认可的（视为分包条款的变更），应认定分包无效。作为一个特例，如果总承包合同未约定是否允许分包或约定不明的，发包人既未书面反对承包人分包，也未阻止分包实施，并接受分包施工的成果的，也就是说没有确凿证据证明发包人不认可该分包的情况下，应认定发包人已经以其行为认可了该分包。

（2）虽经发包人同意或认可但未分包给具有相应资质的承包单位

这是对分包方施工资质的要求，分包方作为建筑施工企业，应当与总承包方一样，符合《建筑法》《建筑业企业资质管理规定》等相关法律规定的施工资质要求。特别是一些专业工程分包如消防工程分包等，应符合专业工程的施工资质规定。承包人在依法进行分包时，应审查分包人是否具备合法的施工资质。否则，也可能导致分包无效。

（3）虽经发包人同意或认可但将主体结构部分分包

《建筑法》明确规定，总承包方经发包人认可实施分包，但建设工程的主体结构的施工必须自行完成。然而，《建筑法》规定"自行完成"的含义没有明确界定。根据目前建设工程施工的实际情况，所谓"自行完成"一般是指承包人利用自身提供的机械设备、使用自购或发包人提供的建筑材料、有完善的项目管理机构、运用自身技术和管理力量全面管理施工进度、技术、质量、安全和资金等，达到向发包人交付符合约定的施工成果。承包人"自行完成"下的项目管理人员应属于其自有职工，而施工劳务层，承包人可以使用属于自有职工的劳务人员，也可使用非自有职工的劳务人员。使用非自有职工的劳务人员，承包人可以通过签订劳务分包合同方式，由劳务提供单位为承包人提供施工劳务服务。

现行建筑法律、法规、规章尚未对"主体结构"进行定义。学理上解释一般认为"建筑物的主体结构是指在建筑中，由若干构件连接而成的能承受作用的平面或空间体系。主体结构要具备足够的强度、刚度、稳定性，用以承重建筑物上的各种荷载，建筑物主体结构可以由一种或多种材料构成。建筑物的主体工程更是建筑物的重要组成部分。"根据上述学理解释，可以通俗地认为："主体结构"是工程的"骨骼"，是工程的主要承重及传力体，是工程的主要部分、重要部分。以房屋建筑为例：梁、柱、剪力墙及楼面板，屋面梁及屋面板，就是工程主体结构；屋内上下水、电、煤气、通信、闭路、宽带等各种管道、线路安装工程，楼地面、墙体抹灰喷涂贴砖、门窗安装、防水工程，屋面瓦铺设、立面及屋面造型安装等，则不属于工程的主体结构。专业工程是指非主体结构、需要专业化施工的分部分项工程。❶ 参照《建筑业企业资质等级标准》，专业工程包括 36 种。

（4）再分包也属违法分包

所谓再分包是指分包人将其分的工程再次部分或全部发包给第三人。只要是分包人再次向第三人发包，无论分包人与总承包人的分包是否合法或再分包人是否具备相应施工资质等级，均是违法无效的。为防止层层分包，《房屋建筑和市政基础设施工程施工分包管理办法》中规定，除专业承包企业可以将其承包工程中的劳务作业发包给劳务分包企业外，专业分包工程承包人和劳务作业承包人都必须自行完成所承包的任务。

根据《建筑工程施工发包与承包违法行为认定查处管理办法》，存在下列情形之一的，属于违法分包：①承包单位将其承包的工程分包给个人的；②施工总承包单位或专业承包单位将工程分包给不具备相应资质单位的；③施工总承包单位将施工总承包合同范围内工程主体结构的施工分包给其他单位的，钢结构工程除外；④专业分包单位将其承包的专业工程中非劳务作业部分再分包的；⑤专业作业承包人将其承包的劳务再分包的；⑥专业作业承包人除计取劳务作业费用外，还计取主要建筑材料款和大中型施工机械设备、主要周转材料费用的。

4. 劳务分包

（1）劳务分包概念

根据《房屋建筑和市政基础设施工程施工分包管理办法》，劳务作业分包，是指施工总承包企业或者专业承包企业（以下简称劳务作业发包人）将其承包工程中的劳务作业发包给劳务分包企业（以下简称劳务作业承包人）完成的活动。据此，我们认为劳务分包是指施工总承包企业或者专业承包企业即劳务作业发包人将其承包工程中的劳务作业发包给具有相应资质的劳务承包企业即劳务作业承包人完成的活动。❷ 劳务分包的核心内容是从事劳务作业的承包指向的对象是完成工程分包的劳务作业而不是分包工程本身。这一核心内容也是区别专业工程分包和劳务分包的根本界限。合法的劳务分包应具备的要件是：建设工程（总）承包人与发包人（建设单位）的承包合同合法有效，劳务分包人是具有相应施工劳务资质的企业，劳务分包人提供的仅仅是施工作业劳务。这些要件缺一不可，否则

❶ 高晓英. 浅谈建设工程施工中的转包和分包 [J]. 科学之友，2010（03）：94-95.

❷ 黄松有. 最高人民法院建设工程施工合同司法解释理解与适用 [M]. 北京：人民法院出版社，2004：364.

劳务分包合同可能归于无效。

（2）劳务分包的特征

劳务分包具有以下特征：①从属性。劳务分包是在存在着工程施工合同的前提下派生，属于施工合同等合同的从合同，即没有建设工程施工合同，就不会派生出劳务分包合同。[1] ②劳务分包的发包人是建设工程总承包人，也可以是专业分包的承包人，而劳务承包人是具有相应资质的劳务企业。③劳务分包合同的对象是计件或计时的施工劳务，主要是指人工费用以及劳务施工的相应管理费用，而不是指向分部分项工程，不能计取分包的工程款。④劳务分包并不是《建筑法》第二十九条规定的"分包"形式，该法律规定主要是针对建设工程中的专业工程，如消防工程的分包，以及建设工程除主体结构外的其他部分的分包。因此，劳务分包不受《建筑法》第二十九条的限制，无需建设单位认可或同意。

（3）专业工程分包和劳务分包的区别

专业工程分包和劳务分包有以下区别：①分包主体的资质不同。专业工程分包承包人持有的是专业承包资质，有36个施工资质类型，分为不同资质等级；劳务分包承包人持有的是施工劳务企业资质，不分等级。②合同标的的指向不同。专业工程分包合同指向的标的是分部分项的工程，计取的是工程款，其表现形式主要体现为包工包料；劳务分包合同指向的是工程施工的劳务，计取的是人工费，其表现形式主要体现为包工不包料，俗称"包清工"。③分包条件的限制不同。总承包人对工程分包有一系列的限制，并且必须具备的一个重要条件是经发包人的同意；而总承包人包括工程分包人的劳务分包则无须获得发包人的同意。④承担责任的范围不同。专业工程分包条件下，总承包人要对分包工程实施管理，总分包双方要对分包的工程以及分包工程的质量缺陷向发包人承担连带责任；而劳务分包条件下，分包人可自行进行管理，并且只对总承包人或工程分包承包人负责，总承包人和工程分包承包人对发包人负责，劳务分包承包人对发包人不直接承担责任。

（4）劳务资质

2001年3月8日建设部发布的《建筑业劳务分包企业资质标准》规定了13项劳务作业分包种类及各种类的资质标准，13种劳务作业分别为：木工、砌筑、抹灰、石制作、油漆、钢筋、混凝土、脚手架、模板、焊接、水暖、钣金、架线。劳务分包企业需要具有劳务分包资质，并在资质等级许可的范围内承揽工程，否则被视为违法分包。2015年1月22日住房和城乡建设部令发布《建筑业企业资质管理规定》规定，施工劳务资质不分类别与等级。

2016年4月11日，住房和城乡建设部发布了《住房和城乡建设部关于批准浙江、安徽、陕西3省开展建筑劳务用工制度改革试点工作的函》，批准在浙江省、安徽省、陕西省开展建筑劳务用工制度改革试点工作，这标志着中国建筑劳务用工制度改革的开始。《国务院办公厅关于促进建筑业持续健康发展的意见》（国办发〔2017〕19号）要求深化建筑业简政放权改革，优化资质资格管理。进一步简化工程建设企业资质类别和等级设置，减少不必要的资质认定。为了促进《国务院办公厅关于促进建筑业持续健康发展的意见》（国办发〔2017〕19号）贯彻和实施，地方政府纷纷发文取消劳务资质。《山东省人

---

[1] 王东. 扩大化的劳务分包法律探析 [J]. 建筑经济，2011（06）：37-39.

民政府办公厅关于贯彻国办发〔2017〕19 号文件促进建筑业改革发展的实施意见》（鲁政办发〔2017〕57 号）规定，改革建筑用工模式，推动建筑劳务企业转型，取消建筑劳务资质认定。自此之后，江苏省、河南省、黑龙江省等开始相继取消施工劳务资质。

2020 年 11 月 30 日住房和城乡建设部发布的《建设工程企业资质管理制度改革方案》（建市〔2020〕94 号）将施工劳务企业资质改为专业作业资质，由审批制改为备案制，赋予施工企业更多用工选择权。从事房屋建筑和市政工程的工程总承包、施工总承包和专业承包企业，自主选择具备相应作业能力和从业资格的劳务队伍或建筑工人，既可以与劳务企业、专业作业企业签订劳务合同，也可以直接与劳务人员签订劳动合同，确立劳动关系。明晰"三方"用工关系。按照"总承包负总责""谁用工谁负责"的原则，总承包企业对所承包项目的建筑作业活动负总责，并依法承担全部用工责任；直接与建筑工人确立劳动关系的企业对本企业的用工行为负直接责任。总承包企业对建筑工人工资支付情况负监督责任，对直接与建筑工人确立劳动关系的企业未按月足额支付工资行为负连带责任。

5. 指定分包

（1）指定分包的概念

指定分包是指由于发包人认为某一分包商在工程建设某方面的专业技能值得信赖或其熟悉某一工序、能提供某种令发包人满意的材料或工程设备等，发包人希望其为本工程所雇用，并指定其为分包商，由总承包商与其签订分包合同。"指定分包人"一词援引自FIDIC（国际咨询工程师联合会）编制的《土木工程施工合同条件》，原意是指发包人或工程师指定的进行与工程实施、货物采购等工作有关的分包人。对这些分包人的指定，可以在招标文件中指定，也可以在工程开工后指定。但是这些分包人并不直接与发包人签订合同，而是与承包人签订合同，由总承包人对他们进行协调和管理。指定分包现象在大型公共建筑中尤为普遍。

《建筑法》并未禁止指定分包，但《房屋建筑和市政基础设施工程施工分包管理办法》规定："建设单位不得直接指定分包工程承包人。任何单位和个人不得对依法实施的分包活动进行干预。"根据《工程建设项目施工招标投标办法》，招标人不得直接指定分包人。由于《房屋建筑和市政基础设施工程施工分包管理办法》和《工程建设项目施工招标投标办法》均属于部门规章，法律效力的层级较低，因此实践中存在着大量的发包人以各种形式指定分包的行为，并不能直接以上述部门规章的规定，否定指定分包合同的法律效力。

（2）指定分包的特征

指定分包必须符合《建筑法》和《建设工程质量管理条例》有关工程分包规定。指定分包有以下特征：①指定分包的工程必须是总承包范围中的专业工程；②分包合同必须是与总承包人订立，或与总承包人、发包人订立；③分包人的确定不是总承包人的独立选定，往往以发包人的意见为主来选定。指定分包工程价款结算应遵从合同相对性原则和合同约定优先原则。指定分包造成建设工程质量缺陷的，发包人承担过错责任，但总承包人并不因此完全免责，仍应对免责范围之外的建设工程质量负责。

（3）指定分包的具体模式

指定分包在国内的实际操作中，由于配套制度的不完善，以及各种法律漏洞及利益驱使，产生了各种各样的变异。①常规指定分包。由总承包人与指定分包人签订分包合同，指定分包人的工程款先经过总承包人的账户，再由总承包人支付给指定分包人，这种模式一定程度上有利于总承包人对指定分包人的监管。这也是目前对总承包人来说相对较好的指定分包模式。②发包人直接付工程款。该种形式中由发包人直接将工程款支付给指定分包人，分包合同仍然是由总承包人与指定分包人签订。无论指定分包工程款是否包含在总承包款内，发包人对分包工程款的支付都有绝对的支配权。在这种模式下，总承包人承担的风险最大，一旦发包人不及时付款，指定分包人自然会依据合同向总承包人追索。总包对分包人的控制权将大大的减弱，增加了总包管理的难度。③三方签约。该种形式中，由发包人指定分包人，但分包合同由发包人、总承包人和指定分包人三方签订。实际操作中更多见的是发包人直接与特定分包人签订单项工程分包合同，分包人直接对发包人负责。指定分包人从自身利益的角度考虑，更愿意与发包人直接签订合同，以便从发包人手中直接获取工程款。这种模式并不是严格意义上的指定分包，实际上是独立承包的形式。

（4）指定分包的法律后果

①指定分包工程价款结算应遵从合同相对性原则和合同约定优先原则。指定分包人应和签订合同的总承包人遵守合同约定结算工程价款。通常情况下，发包人直接支付工程款给指定分包人不合法，因为既无法律规定也无合同约定。在这种情况下，发包人支付工程款给指定分包人并不能免除发包人对总承包人所负的债务。这里关键在于发包人支付给指定分包人工程款是否经过总承包人同意，如果没有经过总承包人同意，则发包人有直接发包工程之嫌，既不免除合同责任，又可能为法律所禁止。②指定分包造成建设工程质量缺陷的，发包人承担过错责任，但总承包人并不因此全面免责，仍应对免责范围之外的建设工程质量负责。

《施工合同司法解释（一）》第十三条规定旨在说明承包人的免责事由，即发包人承担过错责任，并不是说指定分包工程只要存在质量缺陷总承包人就不承担任何责任。工程总承包人应当对该分包工程进行项目管理，即总承包人承担项目管理责任。否则，根据《房屋建筑和市政基础设施工程施工分包管理办法》，该指定分包工程很容易演变成为总承包人转包工程，为法律所严格禁止。在建设工程质量缺陷纠纷中，形成质量缺陷往往存在混合过错，即指定分包人和总承包人都有过错，例如指定分包人施工中擅自降低质量标准承包人发现后不予以拒绝或者是承包人没有发现质量缺陷等。《建设工程质量管理条例》规定，建设工程实行总承包的，总承包单位应当对全部建设工程质量负责。总承包人对质量缺陷依然不能免责，这时总承包人依然和指定分包人承担质量缺陷连带责任。

6.5.2 建设工程转包

1. 建设工程转包的概念

对转包的界定，我国法律、法规及部门规章中均有涉及，1992 年建设部发布《工程总承包企业资质管理暂行规定》（建施〔1992〕189 号）规定，工程总承包企业不得倒手转包建设工程项目。前款所称倒手转包，是指将建设项目转包给其他单位承包，只收取管理费，不派项目管理班子对建设项目进行管理，不承担技术经济责任的行为。这里的倒手转包就是建设工程实务中的转包行为。《建筑法》第二十八条规定，禁止承包单位将其承包的全部建筑工程转包给他人，禁止承包单位将其承包的全部建筑工程支解以后以分包的名义分别转包给他人。《民法典》第七百九十一条规定，承包人不得将其承包的全部建设工程转包给第三人或者将其承包的全部建设工程支解以后以分包的名义分别转包给第三人。《建筑法》《民法典》虽然没有明确规定转包的定义，但却明确规定了法律禁止的两种转包行为。

《建设工程质量管理条例》第七十八条第（三）款规定，本条例所称转包，是指承包单位承包建设工程后，不履行合同约定的责任和义务，将其承包的全部建设工程转给他人或者将其承包的全部工程肢解以后以分包的名义分别转给他人承包的行为。根据《建筑工程施工发包与承包违法行为认定查处管理办法》，转包是指承包单位承包工程后，不履行合同约定的责任和义务，将其承包的全部工程或者将其承包的全部工程肢解后以分包的名义分别转给其他单位或个人施工的行为。

2. 建设工程转包的特征

（1）违法性。由于建设工程的特殊性，遏制层层转包层层盘剥的现象，保障建设工程的质量安全，维护公共利益，因此，《建筑法》明确规定无论发包人是否同意承包人转包，均予以禁止。

（2）非法营利性。承包人将其承包的全部建设工程转让给他方，具有营利目的，而且这种营利不具有合法性。建设工程承包人通过转让所承包的全部工程而获取的利益属于非法利益。在实务中承包人往往与受转让方约定计取管理费等费用，在转包基础上承包人获取的诸如管理费之类的利益均不受法律保护。

（3）转让的完全性。《建筑法》规定，转包是承包人将其承包的全部建设工程整体转让或将全部工程肢解后以"分包"名义转包。承包人将全部工程肢解后以"分包"名义转包的，应注意与合法分包的区别。以分包名义转包是承包人将承包的工程分割后"全部"转让给其他方，承包人不自行完成所承包工程的任何部分；而合法分包是经发包人认可只分包除主体结构外的"部分"工程，承包人仍应自行完成主体结构部分的施工。

（4）管理的放任性。承包人对于转包的工程不进行管理和控制，承包人在施工现场不派遣施工技术、质量、安全、财务等人员，也不提供其自有机械设备或采购、提供建筑材料，放任该工程的技术、质量、安全、进度、资金使用等主要方面，该工程实际上完全由受转让方自行管理。

实践中几乎所有的转包合同均以"分包"的名义出现。在认定是否属于转包时，应当严格按照以上含义和特征进行判断。如果不完全符合以上要件，不应当认定为转包，而应认定为违法分包。同时，施工承包人应注意：如果发包人同意承包人不施工该工程而由第三人承揽其整体工程的，应避免采取经发包人同意并由承包人与第三人签订不获利或获利的"转包"合同形式，承包人应采取与发包人协议解除原承包合同，然后由发包人另行组织招标投标与第三人订立承包合同的方式。

3. 转包与相关概念的区别

（1）转包与内部承包

建筑施工企业与其下属分支机构或在册职工签订合同，将其承包的全部或者部分工程分包给其下属分支机构或职工施工，并在资金、技术、设备、人力等方面给予支持的，可以认定为企业内部承包合同。判断是否为企业的在册职工应以书面劳动合同、社保缴纳凭证、工资发放证明等证据综合予以认定。企业内部职工和下属分支机构不得单独主张工程款。

内部承包合同的发包人为建筑施工企业，承包人为建筑施工企业下属分支机构或在册的项目经理等职工，两者之间存在管理与被管理的隶属关系。司法实践中，法院往往会审查建筑施工企业与内部承包人之间是否具有书面劳动合同、社保缴纳凭证、工资表及工资支付记录、考勤册、人事档案等来确定是否存在劳动关系。建筑施工企业对工程施工过程及质量进行管理，在资金、技术、设备、人力等方面对内部承包人予以支持。内部承包人在建筑施工企业统一管理和监督下独立核算、自负盈亏。

（2）建设工程施工转包与分包的区别

区分建设工程施工转包与分包的关键有两点：一是审查承包人发包的是"全部"工程还是其中的"部分"工程。"全部建设工程"支解以后分别转给他人的是转包，如转给他人的只是专业部分的工程则是分包；如果发包给他人的是支解以后的部分工程，那也并非转包，而是违法分包。二是审查承包人是将承包的工程"支解"发包，还是将"专业工程"发包。即其发包的对象是"支解后的工程"还是"专业工程"。所谓"支解发包"，是把一个建设工程支解成几个部分进行发包，该"支解"的各个部分并非都是"专业工程"。

（3）转包与挂靠

《建筑工程施工发包与承包违法行为认定查处管理办法》第八条规定，存在下列情形之一的，应当认定为转包，但有证据证明属于挂靠或者其他违法行为的除外：①承包单位将其承包的全部工程转给其他单位（包括母公司承接建筑工程后将所承接工程交由具有独立法人资格的子公司施工的情形）或个人施工的；②承包单位将其承包的全部工程肢解以后，以分包的名义分别转给其他单位或个人施工的；③施工总承包单位或专业承包单位未派驻项目负责人、技术负责人、质量管理负责人、安全管理负责人等主要管理人员，或派驻的项目负责人、技术负责人、质量管理负责人、安全管理负责人中一人及以上与施工单位没有订立劳动合同且没有建立劳动工资和社会养老保险关系，或派驻的项目负责人未对该工程的施工活动进行组织管理，又不能进行合理解释并提供相应证明的；④合同约定由承包单位负责采购的主要建筑材料、构配件及工程设备或租赁的施工机械设备，由其他单位或个人采购、租赁，或施工单位不能提供有关采购、租赁合同及发票等证明，又不能进行合理解释并提供相应证明的；⑤专业作业承包人承包的范围是承包单位承包的全部工程，专业作业承包人计取的是除上缴给承包单位"管理费"之外的全部工程价款的；⑥承包单位通过采取合作、联营、个人承包等形式或名义，直接或变相将其承包的全部工程转给其他单位或个人施工的；⑦专业工程的发包单位不是该工程的施工总承包或专业承包单位的，但建设单位依约作为发包单位的除外；⑧专业作业的发包单位不是该工程承包单位的；⑨施工合同主体之间没有工程款收付关系，或者承包单位收到款项后又将款项转拨给其他单位和个人，又不能进行合理解释并提供材料证明的。两个以上的单位组成联合体承包工程，在联合体分工协议中约定或者在项目实际实施过程中，联合体一方不进行施工也未对施工活动进行组织管理的，并且向联合体其他方收取管理费或者其他类似费用的，视为联合体一方将承包的工程转包给联合体其他方。《建筑工程施工发包与承包违法行为认定查处管理办法》第十条规定，存在下列情形之一的，属于挂靠：①没有资质的单位或个人借用其他施工单位的资质承揽工程的；②有资质的施工单位相互借用资质承揽工程的，包括资质等级低的借用资质等级高的，资质等级高的借用资质等级低的，相同资质等级相互借用的；③上述转包情形中第③至⑨项规定的情形，有证据证明属于挂靠的。

根据《建筑工程施工发包与承包违法行为认定查处管理办法》，挂靠是指单位或个人以其他有资质的施工单位的名义承揽工程的行为。转包与挂靠是内涵完全不同的两种行为，从实质上看区分明显。①合同关系不同。转包过程中有两份施工合同，一是发包人或承包人与转包人之间的工程施工合同，二是转包人与转承包人之间的工程施工合同；而挂靠行为只涉及一份施工合同，即挂靠人以被挂靠人名义对外同发包人或承包人签订的工程施工合同。②法律关系形成时间不同。转包法律关系形成于转包人与发包人或承包人签订的工程施工合同之后，即先有工程再转包；而挂靠法律关系形成于被挂靠人名义与发包人或承包人签订的工程施工合同之前，即先挂靠再接工程。③所涉及的合同效力不同。转包行为中涉及的两份合同中，转包合同是无效的，但转包人与发包人或承包人之间的工程施工合同并不因此而无效；而挂靠签订的工程施工合同，根据《施工合同司法解释（一）》第一条规定，没有资质的实际施工人借用有资质的建筑施工企业名义订立的工程施工合同无效。④对外责任不同。转包人对转承包人施工的工程质量安全等向发包人承担连带责任，但对于转承包人对外的债务，比如转承包人以自己名义对外签订的材料买卖、周转租赁等合同而产生的债务、转承包人现场人员工伤的赔偿责任等，转包人不承担连带责任；而挂靠行为中，因对外商事等行为及合同都是以被挂靠人名义做出，而挂靠施工经营的最终收益都是归挂靠人。最高人民法院《关于适用〈中华人民共和国民事诉讼法〉的解释》规定，以挂靠形式从事民事活动，当事人请求由挂靠人和被挂靠人依法承担民事责任的，该挂靠人和被挂靠人为共同诉讼人。

但是转包与挂靠往往在表现形式上存在高度的相似性，特别是全部转包与挂靠，导致实践中难以区分。具体表现在：①二者都存在名义上的承包人和实际施工人，且实践中，在转包的情形下，实际施工人往往都没有相应的资质，符合挂靠人的情况；②实践中的工程管理人员往往由实际施工人派驻，无论是挂靠还是转包，均存在承包人与管理人员之间没有劳动关系的情况；③承包人与实际施工人均为相对独立的经济主体，无论是转包还是挂靠中，都存在实际施工人以自己的名义直接对外购买建材等情况；④无论是转包还是挂靠，工程款的支付均有可能发生在施工总承包单位与实际施工人之间，或者由承包人收到款项后支付给实际施工人。转包与挂靠的上述外观相似性，导致实践中无法从合同主体、承包人与项目管理人员之间有无劳动关系、合同主体间是否存在独立的财务核算以及工程款的支付形式等方面明确区分转包与挂靠。由于转包与挂靠在表现形式上存在高度重合性，在司法实践中，二者的认定往往取决于裁判者的自由裁量。且与转包相比，挂靠的认定更加严格，其法律后果也更加严重。因此，《建筑工程施工发包与承包违法行为认定查处管理办法》从另一个角度出发，分别规定了转包和挂靠的基本概念，并在具体情形中区分了二者的基本形式，将二者在外观上相似的部分全部划归到转包情形中，总括性地规定"有证据证明属于挂靠或者其他违法行为的除外"，这对于司法实践的指导意义更大。❶

4. 建设工程转包的法律处理原则

（1）非法转包签订建设工程施工合同无效

根据《施工合同司法解释（一）》第一条规定，承包人因转包、违法分包建设工程与他人签订的建设工程施工合同，应当依据《民法典》第一百五十三条第（一）款及第七百九十一条第（二）款、第（三）款的规定，认定无效。

（2）发包人可以解除合同

---

❶ 广州仲裁委员会. 从"新旧《管理办法》"的对比看转包与挂靠的认定及法律后果［EB/OL］. 2019-01-30［2020-03-25］. http://dy.163.com/v2/article/detail/E6N4SH5R0518KVDO.html.

《民法典》第八百零六条规定，承包人将建设工程转包、违法分包的，发包人可以解除合同。合同解除后，已经完成的建设工程质量合格的，发包人应当按照约定支付相应的工程价款；已经完成的建设工程质量不合格的，参照《民法典》第七百九十三条的规定处理。

（3）建设工程经验收合格的，可以参照合同约定折价补偿承包人

《民法典》第七百九十三条规定，建设工程施工合同无效，但是建设工程经验收合格的，可以参照合同关于工程价款的约定折价补偿承包人。建设工程施工合同无效，且建设工程经验收不合格的，按照以下情形处理：①修复后的建设工程经验收合格的，发包人可以请求承包人承担修复费用；②修复后的建设工程经验收不合格的，承包人无权请求参照合同关于工程价款的约定折价补偿。发包人对因建设工程不合格造成的损失有过错的，应当承担相应的责任。

（4）转包工程应当承担的行政责任

《建筑法》第六十七条第（一）款规定，承包单位将承包的工程转包的，或者违反本法规定进行分包的，责令改正，没收违法所得，并处罚款，可以责令停业整顿，降低资质等级；情节严重的，吊销资质证书。《建设工程质量管理条例》第六十二条规定，违反规定，承包单位将承包的工程转包或者违法分包的，责令改正，没收违法所得，对勘察、设计单位处合同约定的勘察费、设计费 25% 以上 50% 以下的罚款；对施工单位处工程合同价款 0.5% 以上 1% 以下的罚款；可以责令停业整顿，降低资质等级；情节严重的，吊销资质证书。工程监理单位转让工程监理业务的，责令改正，没收违法所得，处合同约定的监理酬金 25% 以上 50% 以下的罚款；可以责令停业整顿，降低资质等级；情节严重的，吊销资质证书。

第7章 建设工程招标投标与政府采购法律制度

党的二十大报告明确指出，"构建高水平社会主义市场经济体制。坚持和完善社会主义基本经济制度，毫不动摇巩固和发展公有制经济，毫不动摇鼓励、支持、引导非公有制经济发展，充分发挥市场在资源配置中的决定性作用，更好发挥政府作用。"中央经济工作会议强调，要坚定不移深化改革，更大激发市场活力和社会创造力。招标投标制度是社会主义市场经济体制的重要组成部分，对于充分发挥市场在资源配置中的决定性作用，更好发挥政府作用，深化投融资体制改革，提高国有资金使用效益，预防惩治腐败具有重要意义。建设工程招标投标与政府采购法律制度应当规范招标投标活动，保护国家利益、社会公共利益和招标投标活动当事人的合法权益，提高经济效益，保证项目质量。

7.1 建设工程招标投标法律制度概述

招标投标是在市场经济条件下进行工程建设、货物买卖、财产出租、中介服务等经济活动的一种竞争形式和交易方式，是引入竞争机制订立合同的一种形式。建设工程招标投标，是建设单位对拟建的建设工程项目通过法定的程序和方式吸引承包单位进行公平竞争，并从中选择条件优越者来完成建设工程任务的行为。

7.1.1 建设工程招标投标在我国的发展

我国的招标投标制度经历了"试行—推广—成熟—法制"四个发展阶段。

1. 试行阶段

"招标投标"字样，在规范性文件中首次出现的时间可以追溯至改革开放初期。1980年10月17日，国务院发布的《关于开展和保护社会主义竞争的暂行规定》提出，为改革现行经济管理体制，进一步开展社会主义竞争，对一些适宜于承包的生产建设项目和经营项目，可以试行招标投标方法。20世纪80年代初，深圳市率先推出了由建设单位邀请数家施工单位"商议""评定"以选择工程承包单位的做法，该做法为其他城市所效仿。1983年6月7日，城乡建设环境保护部发布的《建筑安装工程招标投标试行办法》规定，"凡经国家和省、市、自治区批准的建筑安装工程，均可按规定，通过招标，择优选定施工单位，持有营业执照的国营建筑企业和集体所有制施工单位，均可通过投标，承揽工程任务"。1984年9月18日，国务院发布的《关于改革建筑业和基本建设管理体制若干问题的暂行规定》指出，要大力推行工程招标承包制；要改革单纯用行政手段分配建设任务的老办法，实行招标投标；由发包单位择优选定勘察设计单位、建筑安装企业。它是有关工程建设招标投标的第一个行政法规。在这一时期，工程招标方式以议标为主，招标过程多为暗箱操作，其公正性得不到保障。

2. 推广阶段

20世纪90年代，我国各地普遍加强了对建设工程招标投标活动的监管工作，招标方式实现了从以议标为主到以邀请招标为主的转变，建设工程招标投标管理体系基本形成。1992年12月30日建设部发布的《工程建设施工招标投标管理办法》（以下简称《办法》）规定，凡政府和公有制企、事业单位投资的新建、改建、扩建和技术改造工程项目的施工，除某些不适宜招标的特殊工程外，均应按本办法实行招标投标。该《办法》的实施极大地推动了全国建设工程招标投标工作的开展。

3. 成熟阶段

1997年2月5日，建设部发布了《关于建立建设工程交易中心的指导意见》，深化工程建设管理体制改革，探索适应社会主义市场经济体制的工程建设管理方式。1998年3月1日起施行的《建筑法》规定，建筑工程依法实行招标发包，对不适于招标发包的可以直接发包，正式确立了招标投标活动在建筑工程发包与承包过程中的法律地位。1998年8月7日，建设部发布《关于进一步加强工程招标投标管理的规定》规定，凡未建立有形建筑市场的地级以上城市，在年内要建立起有形建筑市场。有形建筑市场（即建设工程交易中心）的建立，规范工程建设招标投标工作的管理，结束了工程建设招标投标工作各自为政、执法监察不力等状况。

4. 法制阶段

1999年8月30日，第九届全国人大常委会第十一次会议通过了《招标投标法》（自2000年1月1日起施行），是我国招标投标法律体系中的基本法律。它的颁布和施行标志着我国将招标投标活动纳入了法治轨道，这对引导招标投标活动的规范化运作具有重要意义。《招标投标法》在推进招标采购制度的实施，促进公平竞争，加强反腐败制度建设，节约公共采购资金，保证采购质量等方面发挥了重要作用。

随着招标采购方式的广泛运用，招标投标活动中也出现了一系列亟待解决的问题。例如，一些依法必须招标的项目规避招标或者搞"明招暗定"的虚假招标，有的领导干部利用权力干预招标投标活动，搞权钱交易，使工程建设和其他公共采购领域成为腐败现象易发、多发的重灾区；又如，一些招标投标活动的当事人相互串通，严重扰乱招标投标活动的正常秩序，破坏公平竞争。为了应对招标投标活动中存在的突出问题，认真总结了招标投标法实施以来的实践经验，国务院于2011年12月20日颁布了《招标投标法实施条例》。《招标投标法实施条例》将法律规范进一步具体化，增强了可操作性；同时，针对新情况、新问题补充、完善了有关规定。进一步筑牢工程建设和其他公共采购领域预防和惩治腐败的制度屏障，对维护招标投标活动的有序开展具有积极意义。

《招标投标法》和《招标投标法实施条例》为我国社会主义市场经济的发展和市场主体公平竞争提供了制度性保障与支持。随着市场经济体制的深化、国内外竞争环境演变和管理机制的创新，招标投标领域出现了许多新情况、新问题，实务中也产生了很多新经验、新探索，亟待法律规范作出相应的调整与完善。为深化招标投标领域"放管服"改革、优化营商环境，解决招标投标市场存在的突出问题，促进经济高质量发展，2019年12月3日国家发展改革委公布了《招标投标法（修订草案公开征求意见稿）》，目前《招标投标法》正处在修订之中。

7.1.2 建设工程招标投标的立法概况

目前，我国规制建设工程招标投标活动的规范性法律文件主要有法律、行政法规、部门规章等形式，详细情况见表7-1；另外，还有一些地方性法规和地方政府规章。

建设工程招标投标相关法律文件一览表　　　　　　　　　　表 7-1

法律文件名称	简称	施行时间	修订	性质
《中华人民共和国招标投标法》	《招标投标法》	2000 年 1 月 1 日	2017 年 12 月 27 日	法律
《中华人民共和国招标投标法实施条例》	《招标投标法实施条例》	2012 年 2 月 1 日	2017 年 3 月 1 日第一次修订 2018 年 3 月 19 日第二次修订 2019 年 3 月 2 日第三次修订	行政法规
《必须招标的工程项目规定》	国家发展和改革委员会令第 16 号	2018 年 6 月 1 日	无	部门规章
《必须招标的基础设施和公用事业项目范围规定》	发改法规〔2018〕843 号	2018 年 6 月 6 日	无	规范性法律文件
《工程建设项目施工招标投标办法》	七部委 30 号令	2003 年 5 月 1 日	2013 年 3 月 11 日修正	部门规章
《工程建设项目勘察设计招标投标办法》	九部委 23 号令	2003 年 8 月 1 日	2013 年 5 月 1 日修正	部门规章
《建筑工程设计招标投标管理办法》	住房和城乡建设部令第 33 号	2017 年 5 月 1 日	无	部门规章
《工程建设项目货物招标投标办法》	七部委 27 号令	2005 年 3 月 1 日	2013 年 3 月 11 日修正	部门规章
《评标委员会和评标方法暂行规定》	七部委 12 号令	2001 年 7 月 5 日	2013 年 3 月 11 日修正	部门规章
《工程建设项目招标投标活动投诉处理办法》	七部委 11 号令	2004 年 8 月 1 日	2013 年 3 月 11 日修正	部门规章
《招标公告和公示信息发布管理办法》	国家发展和改革委员会令第 10 号	2018 年 1 月 1 日	无	部门规章
《工程建设项目自行招标试行办法》	国家发展计划委员会令第 5 号	2000 年 7 月 1 日	2013 年 3 月 11 日修正	部门规章

7.1.3　建设工程招标投标活动的基本原则

《招标投标法》第五条规定，招标投标活动应当遵循公开、公平、公正和诚实信用的原则。鉴于"公开、公平、公正"这"三公"原则在招标投标活动中的重要性，《招标投标法》始终以其为主线，在总则及分则的各个条款中予以了具体体现。

1. 公开原则

公开原则，就是要求建设工程招标投标活动应具有较高的透明度。首先，招标投标的信息应公开，通过建立和完善建设工程项目报建登记制度，及时向社会发布工程招标投标信息，让有资格的投标者均能便捷地知悉该信息；其次，招标投标的条件应公开，招标的适用范围，招标人及投标人的资格须向社会公开，便于社会监督；再次，招标投标的程序应公开，在建设工程招标投标过程中，招标单位的主要招标活动程序、投标单位的主要投标活动程序和招标投标管理机构的主要监管程序，必须公开；最后，招标投标的结果应公开，参与投标的单位以及最终中标的单位，应当予以公开。

2. 公平原则

公平原则，就是要求在招标投标活动中，双方当事人的权利义务要大致相等，合情合理。招标人和投标人在招标投标活动中的地位平等；任何一方不得歧视对方，不得向对方提出不合理要求，不得将自己的意志强加给对方；招标人对不同的投标人应当采用相同标准，投标人不得以不正当手段参加竞争。

3. 公正原则

公正原则，就是要求招标人在评标时按事先公布的程序和标准对待所有投标人。评标标准应当明确、严格，对所有在投标截止日期以后送达的投标文件都应拒收，与投标人有利害关系的人员都不得作为评标委员会的成员。

4. 诚实信用原则

诚实信用原则，是民事活动的基本原则之一。该原则的含义是，招标投标活动的当事人应当以诚实、善意的态度行使权利，履行义务，以维持双方利益的平衡，以及自身利益与社会利益的平衡。在当事人之间的利益关系中，诚信原则要求尊重他人利益，以对待自己事务的注意义务对待他人事务，以确保双方均能在招标投标活动中获得应得利益。在当事人与社会的利益关系中，诚信原则要求当事人不得通过自己的活动损害第三人和社会的利益，其必须在法律范围内以符合社会经济目的的方式行使权利。遵循这一原则，《招标投标法》将招标投标活动中当事人的规避招标、串通投标、泄露标底、骗取中标、非法转包等行为规定为禁止性规范，并设置了相应的罚则。

7.1.4 建设工程必须招标的范围

1. 必须招标的范围

《招标投标法》规定，在中华人民共和国境内进行下列工程建设项目包括项目的勘察、设计、施工、监理以及与工程建设有关的重要设备、材料等的采购，必须进行招标：（1）大型基础设施、公用事业等关系社会公共利益、公众安全的项目；（2）全部或者部分使用国有资金投资或者国家融资的项目；（3）使用国际组织或者外国政府贷款、援助资金的项目。

《招标投标法实施条例》规定，工程建设项目是指工程以及与工程建设有关的货物、服务。工程是指建设工程，包括建筑物和构筑物的新建、改建、扩建及其相关的装修、拆除、修缮等；与工程建设有关的货物，是指构成工程不可分割的组成部分，且为实现工程基本功能所必需的设备、材料等；与工程建设有关的服务，是指为完成工程所需的勘察、设计、监理等服务。2018年3月，国家发展和改革委员会发布的《必须招标的工程项目规定》和《必须招标的基础设施和公用事业项目范围规定》进一步明确了必须招标的工程项目，规范招标投标活动。详细情况见表7-2。

建设工程必须招标的范围

表7-2

项目类别	具体范围
全部或者部分使用国有资金投资或者国家融资的项目	（1）使用预算资金200万元人民币以上，并且该资金占投资额10%以上的项目； （2）使用国有企业事业单位资金，并且该资金占控股或者主导地位的项目

续表

项目类别	具体范围
使用国际组织或者外国政府贷款、援助资金的项目	（1）使用世界银行、亚洲开发银行等国际组织贷款、援助资金的项目； （2）使用外国政府及其机构贷款、援助资金的项目
不属于以上规定情形的大型基础设施、公用事业等关系社会公共利益、公众安全的项目，必须招标的具体范围由国务院发展改革部门会同国务院有关部门按照确有必要、严格限定的原则制订，报国务院批准	《必须招标的基础设施和公用事业项目范围规定》规定，不属于《必须招标的工程项目规定》第 2 条、第 3 条规定情形的大型基础设施、公用事业等关系社会公共利益、公众安全的项目，必须招标的具体范围包括： （1）煤炭、石油、天然气、电力、新能源等能源基础设施项目； （2）铁路、公路、管道、水运，以及公共航空和 A1 级通用机场等交通运输基础设施项目； （3）电信枢纽、通信信息网络等通信基础设施项目； （4）防洪、灌溉、排涝、引（供）水等水利基础设施项目； （5）城市轨道交通等城建项目

《必须招标的工程项目规定》范围内的项目，其勘察、设计、施工、监理以及与工程建设有关的重要设备、材料等的采购达到下列标准之一的，必须招标：（1）施工单项合同估算价在 400 万元人民币以上；（2）重要设备、材料等货物的采购，单项合同估算价在 200 万元人民币以上；（3）勘察、设计、监理等服务的采购，单项合同估算价在 100 万元人民币以上。同一项目中可以合并进行的勘察、设计、施工、监理以及与工程建设有关的重要设备、材料等的采购，合同估算价合计达到以上规定标准的，必须招标

2. 可以不进行招标的工程建设项目

按照《招标投标法》第六十六条和《招标投标法实施条例》第九条的规定，可以不进行招标的工程建设项目包括八类，详见表 7-3。

可以不进行招标的工程建设项目 表 7-3

法律规范	可以不进行招标的工程建设项目类型
《招标投标法》第 66 条	涉及国家安全、国家秘密或抢险救灾而不适宜招标的； 属于利用扶贫资金实行以工代赈需要使用农民工的
《招标投标法实施条例》第 9 条	除招标投标法第 66 条规定的可以不进行招标的特殊情况外，有下列情形之一的，可以不进行招标：（1）需要采用不可替代的专利或者专有技术；（2）采购人依法能够自行建设、生产或者提供；（3）已通过招标方式选定的特许经营项目投资人依法能够自行建设、生产或者提供；（4）需要向原中标人采购工程、货物或者服务，否则将影响施工或者功能配套要求；（5）国家规定的其他特殊情形

《政府采购法》规定，政府采购工程进行招标投标的，适用招标投标法。《政府采购法实施条例》进一步规定，政府采购工程依法不进行招标的，应当依照政府采购法和本条例规定的竞争性谈判或者单一来源采购方式采购。《国务院办公厅关于促进建筑业持续健康发展的意见》（国办发〔2017〕19 号）中规定，在民间投资的房屋建筑工程中，探索由建设单位自主决定发包方式。对依法通过竞争性谈判或单一来源方式确定供应商的政府采购工程建设项目，符合相应条件的应当颁发施工许可证。

7.1.5 建设工程招标投标交易场所

《招标投标法实施条例》规定，设区的市级以上地方人民政府可以根据实际需要，建立统一规范的招标投标交易场所，为招标投标活动提供服务。招标投标交易场所不得与行政监督部门存在隶属关系，不得以营利为目的。国家鼓励利用信息网络进行电子招标投标。

7.2 建 设 工 程 招 标

7.2.1 招标人

《招标投标法》第八条规定，招标人是依照规定提出招标项目、进行招标的法人或者其他组织。包含两个层面的含义：

1. 招标人须是提出招标项目、进行招标的人

所谓"招标项目"，即采用招标方式进行采购的工程、货物或服务项目。工程建设项目招标发包的招标人，通常为该项建设工程的投资人即项目业主；国家投资的工程建设项目，招标人通常为依法设立的项目法人（就经营性建设项目而言）或者项目的建设单位（就非经营性建设项目而言）。货物招标采购的招标人，通常为货物的买主。服务项目招标采购的招标人，通常为该服务项目的需求方。

2. 招标人须是法人或其他组织，自然人不能成为招标人

《民法典》的规定，法人是具有民事权利能力和民事行为能力，依法独立享有民事权利和承担民事义务的组织。法人包括营利法人、非营利法人和特别法人。以取得利润并分配给股东等出资人为目的成立的法人，为营利法人。营利法人包括有限责任公司、股份有限公司和其他企业法人等。为公益目的或者其他非营利目的成立，不向出资人、设立人或者会员分配所取得利润的法人，为非营利法人。非营利法人包括事业单位、社会团体、基金会、社会服务机构等。机关法人、农村集体经济组织法人、城镇农村的合作经济组织法人、基层群众性自治组织法人，为特别法人。其他组织是指除法人以外的其他实体，包括合伙企业、个人独资企业、外国企业以及企业的分支机构等。鉴于招标采购的项目通常标的大，耗资多，影响范围广，招标人责任较大，为了切实保障招标投标各方的权益，法律未赋予自然人成为招标人的资格。不过，这并不意味着个人投资的项目不能采用招标的方式进行采购。个人投资的项目，可以成立项目公司作为招标人。

7.2.2 招标方式

1. 公开招标和邀请招标

（1）公开招标和邀请招标的概念

《招标投标法》规定，招标分为公开招标和邀请招标。

公开招标，是指招标人以招标公告的方式邀请不特定的法人或者其他组织投标。依法必须进行招标的项目的招标公告，应当通过国家指定的报刊、信息网络或者其他媒介发布。邀请招标，是指招标人以投标邀请书的方式邀请特定的法人或者其他组织投标。《招标投标法》规定，招标人采用邀请招标方式的，应当向3个以上具备承担招标项目的能力、资信良好的特定的法人或者其他组织发出投标邀请书。

（2）公开招标和邀请招标的适用范围

　　国有资金占控股或者主导地位的依法必须进行招标的项目，应当公开招标。国务院发展计划部门确定的国家重点项目和省、自治区、直辖市人民政府确定的地方重点项目不适宜公开招标的，经国务院发展计划部门或者省、自治区、直辖市人民政府批准，可以进行邀请招标。国有资金占控股或者主导地位的依法必须进行招标的项目，应当公开招标；但有下列情形之一的，可以邀请招标：①技术复杂、有特殊要求或者受自然环境限制，只有少量潜在投标人可供选择；②采用公开招标方式的费用占项目合同金额的比例过大。

　　《政府采购货物和服务招标投标管理办法》规定，货物服务招标分为公开招标和邀请招标。公开招标，是指采购人依法以招标公告的方式邀请非特定的供应商参加投标的采购方式。邀请招标，是指采购人依法从符合相应资格条件的供应商中随机抽取 3 家以上供应商，并以投标邀请书的方式邀请其参加投标的采购方式。

　　（3）公开招标与邀请招标的区别

　　公开招标和邀请招标在信息发布方式、招标人选择的范围、投标人竞争的范围、招标投标活动公开的程度、所需时间和费用以及资格审查时间等方面存在区别，具体情况见表 7-4。

公开招标与邀请招标的区别　　　　　　　　　　　　　　　表 7-4

项目	公开招标	邀请招标
信息发布方式	招标公告	投标邀请书
选择的范围	针对一切潜在的对招标项目感兴趣的法人或其他组织；招标人事先不知道投标人的数量	针对特定的法人或其他组织；招标人事先已经知道投标人的数量
竞争的范围	竞争范围较广，竞争性体现得也比较充分，容易获得最佳招标效果	投标人的数量有限，竞争的范围有限，有可能将某些在技术上或报价上更有竞争力的投标人漏掉
公开的程度	所有的活动都必须严格按照预先指定并为大家所知的程序和标准公开进行，大大减少了作弊的可能	公开程度要逊色一些，产生不法行为的机会也就多一些
时间和费用	程序复杂，耗时较长，费用也比较高	缩短了整个招标投标时间，其费用相对减少
资格审查时间	投标前进行资格预审	投标后进行资格后审

　　2. 总承包招标和两阶段招标

　　《招标投标法实施条例》规定，招标人可以依法对工程以及与工程建设有关的货物、服务全部或者部分实行总承包招标。以暂估价形式包括在总承包范围内的工程、货物、服务属于依法必须进行招标的项目范围且达到国家规定规模标准的，应当依法进行招标。以上所称暂估价，是指总承包招标时不能确定价格而由招标人在招标文件中暂时估定的工程、货物、服务的金额。

　　对技术复杂或者无法精确拟定技术规格的项目，招标人可以分两阶段进行招标。第一阶段，投标人按照招标公告或者投标邀请书的要求提交不带报价的技术建议，招标人根据投标人提交的技术建议确定技术标准和要求，编制招标文件。第二阶段，招标人向在第一阶段提交技术建议的投标人提供招标文件，投标人按照招标文件的要求提交包括最终技术方案和投标报价的投标文件。

7.2.3 招标项目应当满足的条件

招标项目按照国家有关规定需要履行项目审批手续的，应当先履行审批手续，取得批准。招标人应当有进行招标项目的相应资金或者资金来源已经落实，并应当在招标文件中如实载明。因招标投标适用对象的不同，招标项目应当满足的条件也略有差别，工程建设项目的施工招标、货物招标、勘察设计招标的条件详见表7-5。

工程建设项目招标条件   表 7-5

法律规范	招标项目应当满足的条件
《工程建设项目施工招标投标办法》第8条	依法必须招标的工程建设项目，应当具备下列条件才能进行施工招标： (1) 招标人已经依法成立； (2) 初步设计及概算应当履行审批手续的，已经批准； (3) 招标范围、招标方式和招标组织形式等应当履行核准手续的，已经核准； (4) 有相应资金或资金来源已经落实； (5) 有招标所需的设计图纸及技术资料
《工程建设项目货物招标投标办法》第8条	依法必须招标的工程建设项目，应当具备下列条件才能进行货物招标： (1) 招标人已经依法成立； (2) 按照国家有关规定应当履行项目审批、核准或者备案手续的，已经审批、核准或者备案； (3) 有相应资金或者资金来源已经落实； (4) 能够提出货物的使用与技术要求
《工程建设项目勘察设计招标投标办法》第9条	依法必须进行勘察设计招标的工程建设项目，在招标时应当具备下列条件： (1) 招标人已经依法成立； (2) 按照国家有关规定需要履行项目审批、核准或者备案手续的，已经审批、核准或者备案； (3) 勘察设计有相应资金或者资金来源已经落实； (4) 所必需的勘察设计基础资料已经收集完成； (5) 法律法规规定的其他条件

7.2.4 招标组织形式

按照组织形式的不同，招标可分为自行招标和代理招标。招标人有权自行选择招标代理机构，委托其办理招标事宜。任何单位和个人不得以任何方式为招标人指定招标代理机构。招标人具有编制招标文件和组织评标能力的，可以自行办理招标事宜。任何单位和个人不得强制其委托招标代理机构办理招标事宜。依法必须进行招标的项目，招标人自行办理招标事宜的，应当向有关行政监督部门备案。

1. 自行招标

招标人自行办理招标事宜，应当具有编制招标文件和组织评标的能力，具体包括：①具有项目法人资格（或者法人资格）；②具有与招标项目规模和复杂程度相适应的工程技术、概预算、财务和工程管理等方面专业技术力量；③有从事同类工程建设项目招标的经验；④拥有3名以上取得招标职业资格的专职招标业务人员；⑤熟悉和掌握招标投标法及有关法规规章。

招标人自行招标的，项目法人或者组建中的项目法人应当在上报项目可行性研究报告时，一并报送符合以上规定的书面材料。书面材料至少应包括：①项目法人营业执照、法人证书或者项目法人组建文件。②与招标项目相适应的专业技术力量情况。③内设的招标机构或者专职招标业务人员的基本情况。④拟使用的专家库情况。⑤以往编制的同类工程建设项目招标文件和评标报告，以及招标业绩的证明材料。⑥其他材料。

2. 代理招标

工程建设项目代理招标，是指工程招标代理机构接受招标人的委托，从事工程的勘察、设计、施工、监理以及与工程建设有关的重要设备（进口机电设备除外）、材料采购招标的代理业务。工程招标代理机构应当与招标人签订书面合同，在合同约定的范围内实施代理，并按照国家有关规定收取费用；超出合同约定实施代理的，依法承担民事责任。工程招标代理机构应当在其资格证书有效期内，妥善保存工程招标代理过程文件以及成果文件。工程招标代理机构不得伪造、隐匿工程招标代理过程文件以及成果文件。

招标代理机构是依法设立、从事招标代理业务并提供相关服务的社会中介组织。招标代理机构应当具备下列条件：①有从事招标代理业务的营业场所和相应资金；②有能够编制招标文件和组织评标的相应专业力量。招标代理机构与行政机关和其他国家机关不得存在隶属关系或者其他利益关系。招标代理机构应当在招标人委托的范围内办理招标事宜，并遵守《招标投标法》关于招标人的规定。

7.2.5　招标的程序

招标是招标人选择中标人并与其签订合同的过程，按招标人和投标人参与的程度，可将招标过程划分为招标准备阶段和招标阶段。

1. 招标准备阶段

（1）履行项目审批手续

《招标投标法》规定，招标项目按照国家有关规定需要履行项目审批手续的，应当先履行审批手续，取得批准。招标人应当有进行招标项目的相应资金或者资金来源已经落实，并应当在招标文件中如实载明。《招标投标法实施条例》进一步规定，按照国家有关规定需要履行项目审批、核准手续的依法必须进行招标的项目，其招标范围、招标方式、招标组织形式应当报项目审批、核准部门审批、核准。项目审批、核准部门应当及时将审批、核准确定的招标范围、招标方式、招标组织形式通报有关行政监督部门。

（2）选择招标组织形式

《招标投标法》规定，招标人具有编制招标文件和组织评标能力的，可以自行办理招标事宜。任何单位和个人不得强制其委托招标代理机构办理招标事宜。依法必须进行招标的项目，招标人自行办理招标事宜的，应当向有关行政监督部门备案。《招标投标法实施条例》进一步规定，招标人具有编制招标文件和组织评标能力，是指招标人具有与招标项目规模和复杂程度相适应的技术、经济等方面的专业人员。招标代理机构在招标人委托的范围内开展招标代理业务，任何单位和个人不得非法干涉。招标代理机构不得在所代理的招标项目中投标或者代理投标，也不得为所代理的招标项目的投标人提供咨询。

（3）编制招标文件、标底及工程量清单计价

《招标投标法》规定，招标人应当根据招标项目的特点和需要编制招标文件。招标文件应当包括招标项目的技术要求、对投标人资格审查的标准、投标报价要求和评标标准等所有实质性要求和条件以及拟签订合同的主要条款。国家对招标项目的技术、标准有规定

的，招标人应当按照其规定在招标文件中提出相应要求。招标文件不得要求或者标明特定的生产供应者以及含有倾向或者排斥潜在投标人的其他内容。招标人对已发出的招标文件进行必要的澄清或者修改的，应当在招标文件要求提交投标文件截止时间至少 15 日前，以书面形式通知所有招标文件收受人。该澄清或者修改的内容为招标文件的组成部分。

招标人应当确定投标人编制投标文件所需要的合理时间；但是，依法必须进行招标的项目，自招标文件开始发出之日起至投标人提交投标文件截止之日止，最短不得少于 20日。《招标投标法实施条例》进一步规定，招标人可以对已发出的资格预审文件或者招标文件进行必要的澄清或者修改。澄清或者修改的内容可能影响资格预审申请文件或者投标文件编制的，招标人应当在提交资格预审申请文件截止时间至少 3 日前，或者投标截止时间至少 15 日前，以书面形式通知所有获取资格预审文件或者招标文件的潜在投标人；不足 3 日或者 15 日的，招标人应当顺延提交资格预审申请文件或者投标文件的截止时间。

招标人对招标项目划分标段的，应当遵守招标投标法的有关规定，不得利用划分标段限制或者排斥潜在投标人。依法必须进行招标的项目的招标人不得利用划分标段规避招标。招标人应当在招标文件中载明投标有效期。投标有效期从提交投标文件的截止之日起算。

潜在投标人或者其他利害关系人对招标文件有异议的，应当在投标截止时间 10 日前提出。招标人应当自收到异议之日起 3 日内作出答复；作出答复前，应当暂停招标投标活动。招标人编制招标文件的内容违反法律、行政法规的强制性规定，违反公开、公平、公正和诚实信用原则，影响潜在投标人投标的，依法必须进行招标的项目的招标人应当在修改招标文件后重新招标。

招标人可以自行决定是否编制标底。一个招标项目只能有一个标底。标底必须保密。接受委托编制标底的中介机构不得参加受托编制标底项目的投标，也不得为该项目的投标人编制投标文件或者提供咨询。招标人设有最高投标限价的，应当在招标文件中明确最高投标限价或者最高投标限价的计算方法。招标人不得规定最低投标限价。

《国务院办公厅关于促进建筑业持续健康发展的意见》中要求，完善工程量清单计价体系和工程造价信息发布机制，形成统一的工程造价计价规则，合理确定和有效控制工程造价。《建筑工程施工发包与承包计价管理办法》中规定，国有资金投资的建筑工程招标的，应当设有最高投标限价；非国有资金投资的建筑工程招标的，可以设有最高投标限价或者招标标底。最高投标限价应当依据工程量清单、工程计价有关规定和市场价格信息等编制。招标人设有最高投标限价的，应当在招标时公布最高投标限价的总价，以及各单位工程的分部分项工程费、措施项目费、其他项目费、规费和税金。招标标底应当依据工程计价有关规定和市场价格信息等编制。全部使用国有资金投资或者以国有资金投资为主的建筑工程，应当采用工程量清单计价；非国有资金投资的建筑工程，鼓励采用工程量清单计价。工程量清单应当依据国家制定的工程量清单计价规范、工程量计算规范等编制。工程量清单应当作为招标文件的组成部分。

2. 招标阶段

（1）发布招标公告或投标邀请书

《招标投标法》规定，招标人采用公开招标方式的，应当发布招标公告。招标公告应当载明招标人的名称和地址、招标项目的性质、数量、实施地点和时间以及获取招标文件的办法等事项。招标人采用邀请招标方式的，应当向 3 个以上具备承担招标项目的能力、资信良好的特定的法人或者其他组织发出投标邀请书。投标邀请书也应当载明招标人的名称和地址、招标项目的性质、数量、实施地点和时间以及获取招标文件的办法等事项。招标人可以根据招标项目本身的要求，在招标公告或者投标邀请书中，要求潜在投标人提供有关资质证明文件和业绩情况，并对潜在投标人进行资格审查。招标人不得以不合理的条件限制或者排斥潜在投标人，不得对潜在投标人实行歧视待遇。招标人不得向他人透露已获取招标文件的潜在投标人的名称、数量以及可能影响公平竞争的有关招标投标的其他情况。招标人设有标底的，标底必须保密。招标人根据招标项目的具体情况，可以组织潜在投标人踏勘项目现场。

《招标投标法实施条例》进一步规定，招标人应当按照资格预审公告、招标公告或者投标邀请书规定的时间、地点发售资格预审文件或者招标文件。资格预审文件或者招标文件的发售期不得少于 5 日。招标人发售资格预审文件、招标文件收取的费用应当限于补偿印刷、邮寄的成本支出，不得以营利为目的。

《招标公告和公示信息发布管理办法》规定，依法必须招标项目的资格预审公告和招标公告，应当载明以下内容：①招标项目名称、内容、范围、规模、资金来源；②投标资格能力要求，以及是否接受联合体投标；③获取资格预审文件或招标文件的时间、方式；④递交资格预审文件或投标文件的截止时间、方式；⑤招标人及其招标代理机构的名称、地址、联系人及联系方式；⑥采用电子招标投标方式的，潜在投标人访问电子招标投标交易平台的网址和方法；⑦其他依法应当载明的内容。

（2）资格审查

资格审查分为资格预审和资格后审。资格预审是指在投标前对潜在投标人进行的资格审查。资格后审是指在开标后对投标人进行资格审查。进行资格预审的一般不进行资格后审，但招标文件另有规定的除外。招标人采用资格后审办法对投标人进行资格审查的，应当在开标后由评标委员会按照招标文件规定的标准和方法对投标人的资格进行审查。

《招标投标法实施条例》规定，招标人采用资格预审办法对潜在投标人进行资格审查的，应当发布资格预审公告、编制资格预审文件。招标人应当合理确定提交资格预审申请文件的时间。依法必须进行招标的项目提交资格预审申请文件的时间，自资格预审文件停止发售之日起不得少于 5 日。

资格预审应当按照资格预审文件载明的标准和方法进行。国有资金占控股或者主导地位的依法必须进行招标的项目，招标人应当组建资格审查委员会审查资格预审申请文件。资格审查委员会及其成员应当遵守招标投标法和本条例有关评标委员会及其成员的规定。资格预审结束后，招标人应当及时向资格预审申请人发出资格预审结果通知书。未通过资格预审的申请人不具有投标资格。通过资格预审的申请人少于 3 个的，应当重新招标。

潜在投标人或者其他利害关系人对资格预审文件有异议的，应当在提交资格预审申请文件截止时间 2 日前提出。招标人应当自收到异议之日起 3 日内作出答复；作出答复前，应当暂停招标投标活动。招标人编制资格预审文件的内容违反法律、行政法规的强制性规定，违反公开、公平、公正和诚实信用原则，影响资格预审结果的，依法必须进行招标的项目的招标人应当在修改资格预审文件后重新招标。

（3）招标文件的发售

招标人应当按照资格预审公告、招标公告或者投标邀请书规定的时间、地点发售资格预审文件或者招标文件。资格预审文件或者招标文件的发售期不得少于5日。招标人发售资格预审文件、招标文件收取的费用应当限于补偿印刷、邮寄的成本支出，不得以营利为目的。招标人应当确定投标人编制投标文件所需要的合理时间；但是，依法必须进行招标的项目，自招标文件开始发出之日起至投标人提交投标文件截止之日止，最短不得少于20日。

（4）组织投标人踏勘现场

招标人根据招标项目的具体情况，可以组织潜在投标人踏勘项目现场。招标人不得组织单个或者部分潜在投标人踏勘项目现场。潜在投标人根据招标人介绍的情况做出的判断和决策，由投标人自行负责。

（5）召开标前会议

标前会议是投标截止日期以前，按投标须知规定的时间和地点召开的会议。对于潜在投标人在阅读招标文件和现场踏勘中提出的疑问，招标人可以书面形式或召开投标预备会的方式解答，但需同时将解答以书面方式通知所有购买招标文件的潜在投标人。该解答内容为招标文件的组成部分。标前会议应在招标管理机构监督下，由招标人或其委托的招标代理机构组织并主持召开，参加会议的人员包括招标人、投标人、投标代理人员、招标文件的编制人员等。

（6）招标文件的澄清和修改

招标人对已发出的招标文件进行必要的澄清或者修改的，应当在招标文件要求提交投标文件截止时间至少15日前，以书面形式通知所有招标文件收受人。该澄清或修改的内容可能影响资格预审申请文件或投标文件编制的，招标人应当在提交资格预审申请文件截止时间至少3日前，或者投标截止时间至少15日前，以书面形式通知所有获取资格预审文件或招标文件的潜在投标人；不足3日或15日的，招标人应当顺延提交资格预审申请文件或投标文件的截止时间。

（7）招标的终止

《招标投标法实施条例》规定，招标人终止招标的，应当及时发布公告，或者以书面形式通知被邀请的或者已经获取资格预审文件、招标文件的潜在投标人。已经发售资格预审文件、招标文件或者已经收取投标保证金的，招标人应当及时退还所收取的资格预审文件、招标文件的费用，以及所收取的投标保证金及银行同期存款利息。

3. 禁止招标人限制、排斥投标人的规定

《招标投标法》规定，依法必须进行招标的项目，其招标投标活动不受地区或者部门的限制。任何单位和个人不得违法限制或者排斥本地区、本系统以外的法人或者其他组织参加投标，不得以任何方式非法干涉招标投标活动。

《招标投标法实施条例》进一步规定，招标人不得以不合理的条件限制、排斥潜在投标人或者投标人。招标人有下列行为之一的，属于以不合理条件限制、排斥潜在投标人或者投标人：①就同一招标项目向潜在投标人或投标人提供有差别的项目信息。②设定的资格、技术、商务条件与招标项目的具体特点和实际需要不相适应或与合同履行无关。③依法必须进行招标的项目以特定行政区域或特定行业的业绩、奖项作为加分条件或中标条件。④对潜在投标人或投标人采取不同的资格审查或评标标准。⑤限定或指定特定的专利、商标、品牌、原产地或供应商。⑥依法必须进行招标的项目非法限定潜在投标人或投标人的所有制形式或组织形式。

《优化营商环境条例》规定，招标投标和政府采购应当公开透明、公平公正，依法平等对待各类所有制和不同地区的市场主体，不得以不合理条件或者产品产地来源等进行限制或者排斥。政府有关部门应当加大反垄断和反不正当竞争执法力度，有效预防和制止市场经济活动中的垄断行为、不正当竞争行为以及滥用行政权力排除、限制竞争的行为，营造公平竞争的市场环境。

《住房和城乡建设部办公厅关于支持民营建筑企业发展的通知》（建办市〔2019〕8号）中还规定，民营建筑企业在注册地以外的地区承揽业务时，地方各级住房和城乡建设主管部门要给予外地民营建筑企业与本地建筑企业同等待遇，不得擅自设置任何审批和备案事项，不得要求民营建筑企业在本地区注册设立独立子公司或分公司。

7.3　建 设 工 程 投 标

7.3.1　投标人

《招标投标法》规定，投标人是响应招标、参加投标竞争的法人或者其他组织。投标人应当具备承担招标项目的能力；国家有关规定对投标人资格条件或者招标文件对投标人资格条件有规定的，投标人应当具备规定的资格条件。《招标投标法实施条例》进一步规定，投标人参加依法必须进行招标的项目的投标，不受地区或者部门的限制，任何单位和个人不得非法干涉。

与招标人存在利害关系可能影响招标公正性的法人、其他组织或者个人，不得参加投标。单位负责人为同一人或者存在控股、管理关系的不同单位，不得参加同一标段投标或者未划分标段的同一招标项目投标。违反以上规定的，相关投标均无效。投标人发生合并、分立、破产等重大变化的，应当及时书面告知招标人。投标人不再具备资格预审文件、招标文件规定的资格条件或者其投标影响招标公正性的，其投标无效。

7.3.2　投标程序

1. 投标准备

在正式投标前，投标人应做好大量的准备工作。这些工作主要是对投资项目宏观环境和微观环境的调查。对投资项目宏观环境的调查，包括对项目所处地的政治法律、自然环境和市场情况的调查；对投资项目微观环境的调查，包括对投资项目情况、业主情况和竞争对手情况的调查。

2. 投标文件的编制

投标文件是投标人根据招标人在招标文件中的要求并结合自身的情况而编制以提供给招标人的一系列文件。投标文件是衡量一个施工企业的资历、质量和技术水平、管理水平的综合文件，也是评标和决标的主要依据。投标人作出投标决策之后，就应着手按照招标文件的要求编制标书，对招标文件提出的实质性要求和条件作出响应。《招标投标法》规定，投标人应当按照招标文件的要求编制投标文件。投标文件应当对招标文件提出的实质性要求和条件作出响应。招标项目属于建设施工项目的，投标文件的内容应当包括拟派出的项目负责人与主要技术人员的简历、业绩和拟用于完成招标项目的机械设备等。

国家发展和改革委员会、财政部、住房和城乡建设部等9部门发布的《〈标准施工招标资格预审文件〉和〈标准施工招标文件〉暂行规定》中进一步明确，投标文件应包括下列内容：①投标函及投标函附录；②法定代表人身份证明或附有法定代表人身份证明的授权委托书；③联合体协议书；④投标保证金；⑤已标价工程量清单；⑥施工组织设计；⑦项目管理机构；⑧拟分包项目情况表；⑨资格审查资料；⑩投标人须知前附表规定的其他材料。但是，投标人须知前附表规定不接受联合体投标的，或投标人没有组成联合体的，投标文件不包括联合体协议书。

《建筑工程施工发包与承包计价管理办法》中规定，投标报价不得低于工程成本，不得高于最高投标限价。投标报价应当依据工程量清单、工程计价有关规定、企业定额和市场价格信息等编制。

3. 投标文件的修改与撤回

《招标投标法》规定，投标人在招标文件要求提交投标文件的截止时间前，可以补充、修改或者撤回已提交的投标文件，并书面通知招标人。补充、修改的内容为投标文件的组成部分。

《招标投标法实施条例》进一步规定，投标人撤回已提交的投标文件，应当在投标截止时间前书面通知招标人。招标人已收取投标保证金的，应当自收到投标人书面撤回通知之日起5日内退还。投标截止后投标人撤销投标文件的，招标人可以不退还投标保证金。

4. 投标文件的送达与签收

《招标投标法》规定，投标人应当在招标文件要求提交投标文件的截止时间前，将投标文件送达投标地点。招标人收到投标文件后，应当签收保存，不得开启。投标人少于3个的，招标人应当依法重新招标。在招标文件要求提交投标文件的截止时间后送达的投标文件，招标人应当拒收。《招标投标法实施条例》进一步规定，未通过资格预审的申请人提交的投标文件，以及逾期送达或者不按照招标文件要求密封的投标文件，招标人应当拒收。招标人应当如实记载投标文件的送达时间和密封情况，并存档备查。

7.3.3 投标保证金

1. 投标保证金的数额

《国务院办公厅关于清理规范工程建设领域保证金的通知》（国办发〔2016〕49号）中规定，对建筑业企业在工程建设中需缴纳的保证金，除依法依规设立的投标保证金、履约保证金、工程质量保证金、农民工工资保证金外，其他保证金一律取消。《优化营商环境条例》规定，设立政府性基金、涉企行政事业性收费、涉企保证金，应当有法律、行政法规依据或者经国务院批准。对政府性基金、涉企行政事业性收费、涉企保证金以及实行政府定价的经营服务性收费，实行目录清单管理并向社会公开，目录清单之外的前述收费和保证金一律不得执行。推广以金融机构保函替代现金缴纳涉企保证金。

《招标投标法实施条例》规定，招标人在招标文件中要求投标人提交投标保证金的，投标保证金不得超过招标项目估算价的2%。投标保证金有效期应当与投标有效期一致。依法必须进行招标的项目的境内投标单位，以现金或者支票形式提交的投标保证金应当从其基本账户转出。招标人不得挪用投标保证金。《工程建设项目施工招标投标办法》进一步规定，投标保证金不得超过项目估算价的2%，但最高不得超过80万元人民币。实行两阶段招标的，招标人要求投标人提交投标保证金的，应当在第二阶段提出。《住房和城乡建设部等关于加快推进房屋建筑和市政基础设施工程实行工程担保制度的指导意见》（建市〔2019〕68 号）规定，加快推行银行保函制度，在有条件的地区推行工程担保公司保函和工程保证保险。严禁任何单位和部门将现金保证金挪作他用，保证金到期应当及时予以退还。

2. 招标人不予退还投标保证金的情形

招标人终止招标，已经收取投标保证金的，招标人应当及时退还所收取的投标保证金及银行同期存款利息。投标人撤回已提交的投标文件，招标人已收取投标保证金的，应当自收到投标人书面撤回通知之日起 5 日内退还。投标截止后投标人撤销投标文件的，招标人可以不退还投标保证金。招标人最迟应当在书面合同签订后 5 日内向中标人和未中标的投标人退还投标保证金及银行同期存款利息。

中标人无正当理由不与招标人订立合同，在签订合同时向招标人提出附加条件，或者不按照招标文件要求提交履约保证金的，取消其中标资格，投标保证金不予退还。

7.3.4　联合体投标

联合体投标是指两个以上法人或其他组织组成一个联合体，以一个投标人的身份所进行的投标。联合体投标是一种特殊的投标形式，常见于一些大型复杂的项目，这些项目依赖一个投标人的力量往往难以完成。组成联合体进行投标的目的是增强投标竞争能力，减少联合体各方因支付巨额履约保证而产生的资金负担，分散联合体各方的投标风险，弥补有关各方技术力量的相对不足，提高共同承担的项目完工的可靠性。

《招标投标法》规定，两个以上法人或者其他组织可以组成一个联合体，以一个投标人的身份共同投标。联合体各方均应当具备承担招标项目的相应能力；国家有关规定或者招标文件对投标人资格条件有规定的，联合体各方均应当具备规定的相应资格条件。由同一专业的单位组成的联合体，按照资质等级较低的单位确定资质等级。联合体各方应当签订共同投标协议，明确约定各方拟承担的工作和责任，并将共同投标协议连同投标文件一并提交招标人。联合体中标的，联合体各方应当共同与招标人签订合同，就中标项目向招标人承担连带责任。招标人不得强制投标人组成联合体共同投标，不得限制投标人之间的竞争。

《招标投标法实施条例》进一步规定，招标人应当在资格预审公告、招标公告或者投标邀请书中载明是否接受联合体投标。招标人接受联合体投标并进行资格预审的，联合体应当在提交资格预审申请文件前组成。资格预审后联合体增减、更换成员的，其投标无效。联合体各方在同一招标项目中以自己名义单独投标或者参加其他联合体投标的，相关投标均无效。

7.3.5　禁止串通投标和其他投标中的不正当竞争行为

《反不正当竞争法》规定，本法所称的不正当竞争行为，是指经营者在生产经营活动中，违反本法规定，扰乱市场竞争秩序，损害其他经营者或者消费者的合法权益的行为。在建设工程招标投标活动中，投标人的不正当竞争行为主要是：投标人相互串通投标、招标人与投标人串通投标、投标人以行贿手段谋取中标、投标人以低于成本的报价竞标、投标人以他人名义投标或者以其他方式弄虚作假骗取中标。

1. 禁止投标人相互串通投标

《招标投标法》也规定，投标人不得相互串通投标报价，不得排挤其他投标人的公平竞争，损害招标人或者其他投标人的合法权益。

《招标投标法实施条例》进一步规定，禁止投标人相互串通投标。有下列情形之一的，属于投标人相互串通投标：①投标人之间协商投标报价等投标文件的实质性内容。②投标人之间约定中标人。③投标人之间约定部分投标人放弃投标或者中标。④属于同一集团、协会、商会等组织成员的投标人按照该组织要求协同投标。⑤投标人之间为谋取中标或者排斥特定投标人而采取的其他联合行动。有下列情形之一的，视为投标人相互串通投标：①不同投标人的投标文件由同一单位或者个人编制。②不同投标人委托同一单位或者个人办理投标事宜。③不同投标人的投标文件载明的项目管理成员为同一人。④不同投标人的投标文件异常一致或者投标报价呈规律性差异。⑤不同投标人的投标文件相互混装。⑥不同投标人的投标保证金从同一单位或者个人的账户转出。

2. 禁止招标人与投标人串通投标

《招标投标法》规定，投标人不得与招标人串通投标，损害国家利益、社会公共利益或者他人的合法权益。

《招标投标法实施条例》进一步规定，禁止招标人与投标人串通投标。有下列情形之一的，属于招标人与投标人串通投标：①招标人在开标前开启投标文件并将有关信息泄露给其他投标人。②招标人直接或者间接向投标人泄露标底、评标委员会成员等信息。③招标人明示或者暗示投标人压低或者抬高投标报价。④招标人授意投标人撤换、修改投标文件。⑤招标人明示或者暗示投标人为特定投标人中标提供方便。⑥招标人与投标人为谋求特定投标人中标而采取的其他串通行为。

3. 禁止投标人以行贿手段谋取中标

《反不正当竞争法》规定，经营者不得采用财物或者其他手段贿赂下列单位或者个人，以谋取交易机会或者竞争优势：①交易相对方的工作人员；②受交易相对方委托办理相关事务的单位或者个人；③利用职权或者影响力影响交易的单位或者个人。经营者的工作人员进行贿赂的，应当认定为经营者的行为；但是，经营者有证据证明该工作人员的行为与为经营者谋取交易机会或者竞争优势无关的除外。同时，《反不正当竞争法》还规定，经营者在交易活动中，可以以明示方式向交易相对方支付折扣，或者向中间人支付佣金。经营者向交易相对方支付折扣、向中间人支付佣金的，应当如实入账。接受折扣、佣金的经营者也应当如实入账。《招标投标法》也规定，禁止投标人以向招标人或者评标委员会成员行贿的手段谋取中标。投标人以行贿手段谋取中标是一种严重的违法行为，其法律后果是中标无效，有关责任人和单位要承担相应的行政责任或刑事责任，给他人造成损失的还应承担民事赔偿责任。

4. 投标人不得以低于成本的报价竞标

低于成本的报价竞标不仅属不正当竞争行为，还易导致中标后的偷工减料，影响建设工程质量。《招标投标法》规定，投标人不得以低于成本的报价竞标。中标人的投标应当符合下列条件之一……但是投标价格低于成本的除外。《建筑工程施工发包与承包计价管理办法》进一步规定，投标报价低于工程成本或者高于最高投标限价总价的，评标委员会应当否决投标人的投标。

5. 投标人不得以他人名义投标或以其他方式弄虚作假骗取中标

《反不正当竞争法》规定，经营者不得实施下列混淆行为，引人误认为是他人商品或者与他人存在特定联系：①擅自使用与他人有一定影响的商品名称、包装、装潢等相同或者近似的标识；②擅自使用他人有一定影响的企业名称（包括简称、字号等）、社会组织名称（包括简称等）、姓名（包括笔名、艺名、译名等）；③擅自使用他人有一定影响的域名主体部分、网站名称、网页等；④其他足以引人误认为是他人商品或者与他人存在特定联系的混淆行为。

《招标投标法》第三十三条中规定，投标人不得以他人名义投标或者以其他方式弄虚作假，骗取中标。《招标投标法实施条例》进一步规定，使用通过受让或者租借等方式获取的资格、资质证书投标的，属于《招标投标法》第三十三条规定的以他人名义投标。投标人有下列情形之一的，属于《招标投标法》第三十三条规定的以其他方式弄虚作假的行为：①使用伪造、变造的许可证件；②提供虚假的财务状况或者业绩；③提供虚假的项目负责人或者主要技术人员简历、劳动关系证明；④提供虚假的信用状况；⑤其他弄虚作假的行为。

7.4　建设工程开标、评标和中标

7.4.1　开标

开标，指招标人按照招标文件所规定的时间和地点，开启投标人提交的投标文件，公开宣布投标人的名称、投标价格及投标文件中的其他主要内容的活动。

1. 开标的时间和地点

《招标投标法》规定，开标应当在招标文件确定的提交投标文件截止时间的同一时间公开进行；开标地点应当为招标文件中预先确定的地点。《招标投标法实施条例》进一步规定，招标人应当按照招标文件规定的时间、地点开标。

2. 开标的程序

《招标投标法》规定，开标由招标人主持，邀请所有投标人参加。开标时，由投标人或者其推选的代表检查投标文件的密封情况，也可以由招标人委托的公证机构检查并公证；经确认无误后，由工作人员当众拆封，宣读投标人名称、投标价格和投标文件的其他主要内容。招标人在招标文件要求提交投标文件的截止时间前收到的所有投标文件，开标时都应当当众予以拆封、宣读。开标过程应当记录，并存档备查。《招标投标法实施条例》进一步规定，投标人少于 3 个的，不得开标；招标人应当重新招标。投标人对开标有异议的，应当在开标现场提出，招标人应当当场作出答复，并制作记录。

7.4.2　评标

评标就是依据招标文件的要求和规定，对投标文件进行审查、评审和比较，最终确定中标人的过程。

1. 评标委员会和评标专家

（1）评标委员会的组成

《招标投标法》规定，评标由招标人依法组建的评标委员会负责。招标人应当采取必要的措施，保证评标在严格保密的情况下进行。任何单位和个人不得非法干预、影响评标的过程和结果。

依法必须进行招标的项目，其评标委员会由招标人的代表和有关技术、经济等方面的专家组成，成员人数为5人以上单数，其中技术、经济等方面的专家不得少于成员总数的2/3。与投标人有利害关系的人不得进入相关项目的评标委员会；已经进入的应当更换。评标委员会成员的名单在中标结果确定前应当保密。上述专家应当从事相关领域工作满8年并具有高级职称或者具有同等专业水平，由招标人从国务院有关部门或者省、自治区、直辖市人民政府有关部门提供的专家名册或者招标代理机构的专家库内的相关专业的专家名单中确定；一般招标项目可以采取随机抽取方式，特殊招标项目可以由招标人直接确定。

与投标人有利害关系的人不得进入相关项目的评标委员会；已经进入的应当更换。评标委员会成员的名单在中标结果确定前应当保密。特殊招标项目，是指技术复杂、专业性强或者国家有特殊要求，采取随机抽取方式确定的专家难以保证胜任评标工作的项目。除上述特殊招标项目外，依法必须进行招标的项目，其评标委员会的专家成员应当从评标专家库内相关专业的专家名单中以随机抽取方式确定。任何单位和个人不得以明示、暗示等任何方式指定或者变相指定参加评标委员会的专家成员。依法必须进行招标的项目的招标人非因《招标投标法》和《招标投标法实施条例》规定的事由，不得更换依法确定的评标委员会成员。更换评标委员会的专家成员应当依照前款规定进行。有关行政监督部门应当按照规定的职责分工，对评标委员会成员的确定方式、评标专家的抽取和评标活动进行监督。行政监督部门的工作人员不得担任本部门负责监督项目的评标委员会成员。

（2）评标专家的条件

《评标委员会和评标方法暂行规定》规定，评标专家应符合下列条件：①从事相关专业领域工作满八年并具有高级职称或者同等专业水平；②熟悉有关招标投标的法律法规，并具有与招标项目相关的实践经验；③能够认真、公正、诚实、廉洁地履行职责。有下列情形之一的，不得担任评标委员会成员：①投标人或者投标人主要负责人的近亲属；②项目主管部门或者行政监督部门的人员；③与投标人有经济利益关系，可能影响对投标公正评审的；④曾因在招标、评标以及其他与招标投标有关活动中从事违法行为而受过行政处罚或刑事处罚的。评标委员会成员有上述规定情形之一的，应当主动提出回避。

（3）评标委员会成员的行为准则

评标委员会成员应当客观、公正地履行职责，遵守职业道德，对所提出的评审意见承担个人责任。评标委员会成员不得私下接触投标人，不得收受投标人给予的财物或者其他好处，不得向招标人征询确定中标人的意向，不得接受任何单位或者个人明示或者暗示提出的倾向或者排斥特定投标人的要求，不得有其他不客观、不公正履行职务的行为。

评标过程中，评标委员会成员有回避事由、擅离职守或者因健康等原因不能继续评标的，应当及时更换。被更换的评标委员会成员作出的评审结论无效，由更换后的评标委员会成员重新进行评审。

2. 评标方法

评标委员会成员应当依法按照招标文件规定的评标标准和方法，客观、公正地对投标文件提出评审意见。招标文件没有规定的评标标准和方法不得作为评标的依据。评标方法包括经评审的最低投标价法、综合评估法或者法律、行政法规允许的其他评标方法。

（1）经评审的最低投标价法

经评审的最低投标价法一般适用于具有通用技术、性能标准或者招标人对其技术、性能没有特殊要求的招标项目。根据经评审的最低投标价法，能够满足招标文件的实质性要求，并且经评审的最低投标价的投标，应当推荐为中标候选人。

采用经评审的最低投标价法的，评标委员会应当根据招标文件中规定的评标价格调整方法，对所有投标人的投标报价以及投标文件的商务部分作必要的价格调整。采用经评审的最低投标价法的，中标人的投标应当符合招标文件规定的技术要求和标准，但评标委员会无需对投标文件的技术部分进行价格折算。根据经评审的最低投标价法完成详细评审后，评标委员会应当拟定一份"标价比较表"，连同书面评标报告提交招标人。"标价比较表"应当载明投标人的投标报价、对商务偏差的价格调整和说明以及经评审的最终投标价。

经评审的最低投标价法，其优点在于操作简单、目标明了。其存在的缺陷是当招标文件对标书技术参数表述不全或评标专家对技术细节查看不够仔细时，易产生中标方降低工程标准、偷换建筑材料的风险。

（2）综合评估法

综合评估法，是指将评审内容分类后赋予不同权重，评标委员会根据评分标准对各类内容进行打分，并按预先设定的权重，计算出每一投标的综合评估分的评标方法。不宜采用经评审的最低投标价法的招标项目，一般应当采取综合评估法进行评审。

根据综合评估法，最大限度地满足招标文件中规定的各项综合评价标准的投标，应当推荐为中标候选人。衡量投标文件是否最大限度地满足招标文件中规定的各项评价标准，可以采取折算为货币的方法、打分的方法或者其他方法。需量化的因素及其权重应当在招标文件中明确规定。评标委员会对各个评审因素进行量化时，应当将量化指标建立在同一基础或者同一标准上，使各投标文件具有可比性。对技术部分和商务部分进行量化后，评标委员会应当对这两部分的量化结果进行加权，计算出每一投标的综合评估价或者综合评估分。

根据综合评估法完成评标后，评标委员会应当拟定一份"综合评估比较表"，连同书面评标报告提交招标人。"综合评估比较表"应当载明投标人的投标报价、所作的任何修正、对商务偏差的调整、对技术偏差的调整、对各评审因素的评估以及对每一投标的最终评审结果。

综合评估法的优点是，定标过程所参照的因素比较多，评标结果量化，说服力较强；缺点是评标过程相对复杂。

3. 评标程序

评标程序可分为评标准备阶段和标书评审阶段。小型招标项目的评标可以采用"即开、即评、即定"的方法，简化评标程序；大型、复杂工程项目的标书评审阶段，因评审内容复杂，通常分为初步评审和详细评审两个步骤。

（1）评标的准备

《评标委员会和评标方法暂行规定》规定，评标委员会成员应当编制供评标使用的相应表格，认真研究招标文件，至少应了解和熟悉以下内容：①招标的目标；②招标项目的范围和性质；③招标文件中规定的主要技术要求、标准和商务条款；④招标文件规定的评标标准、评标方法和在评标过程中考虑的相关因素。招标人或者其委托的招标代理机构应当向评标委员会提供评标所需的重要信息和数据，但不得带有明示或者暗示倾向或者排斥特定投标人的信息。招标人设有标底的，标底在开标前应当保密，并在评标时作为参考。

（2）评审过程

评标委员会可以要求投标人对投标文件中含义不明确的内容作必要的澄清或者说明，但是澄清或者说明不得超出投标文件的范围或者改变投标文件的实质性内容。评标委员会应当按照招标文件确定的评标标准和方法，对投标文件进行评审和比较；设有标底的，应当参考标底。评标委员会完成评标后，应当向招标人提出书面评标报告，并推荐合格的中标候选人。评标委员会经评审，认为所有投标都不符合招标文件要求的，可以否决所有投标。依法必须进行招标的项目的所有投标被否决的，招标人应当依法重新招标。

投标文件中有含义不明确的内容、明显文字或者计算错误，评标委员会认为需要投标人作出必要澄清、说明的，应当书面通知该投标人。投标人的澄清、说明应当采用书面形式，并不得超出投标文件的范围或者改变投标文件的实质性内容。评标委员会不得暗示或者诱导投标人作出澄清、说明，不得接受投标人主动提出的澄清、说明。

招标项目设有标底的，招标人应当在开标时公布。标底只能作为评标的参考，不得以投标报价是否接近标底作为中标条件，也不得以投标报价超过标底上下浮动范围作为否决投标的条件。有下列情形之一的，评标委员会应当否决其投标：①投标文件未经投标单位盖章和单位负责人签字；②投标联合体没有提交共同投标协议；③投标人不符合国家或者招标文件规定的资格条件；④同一投标人提交两个以上不同的投标文件或者投标报价，但招标文件要求提交备选投标的除外；⑤投标报价低于成本或者高于招标文件设定的最高投标限价；⑥投标文件没有对招标文件的实质性要求和条件作出响应；⑦投标人有串通投标、弄虚作假、行贿等违法行为。

评标委员会应当根据招标文件，审查并逐项列出投标文件的全部投标偏差。投标偏差分为重大偏差和细微偏差。下列情况属于重大偏差：①没有按照招标文件要求提供投标担保或者所提供的投标担保有瑕疵；②投标文件没有投标人授权代表签字和加盖公章；③投标文件载明的招标项目完成期限超过招标文件规定的期限；④明显不符合技术规格、技术标准的要求；⑤投标文件载明的货物包装方式、检验标准和方法等不符合招标文件的要求；⑥投标文件附有招标人不能接受的条件；⑦不符合招标文件中规定的其他实质性要求。投标文件有上述情形之一的，为未能对招标文件作出实质性响应，并按规定作否决投标处理。招标文件对重大偏差另有规定的，从其规定。细微偏差是指投标文件在实质上响应招标文件要求，但在个别地方存在漏项或者提供了不完整的技术信息和数据等情况，并且补正这些遗漏或者不完整不会对其他投标人造成不公平的结果。细微偏差不影响投标文件的有效性。评标委员会应当书面要求存在细微偏差的投标人在评标结束前予以补正。拒不补正的，在详细评审时可以对细微偏差作不利于该投标人的量化，量化标准应当在招标文件中规定。

4. 提交书面评标报告和推荐中标候选人

评标委员会完成评标后，评标委员会应当向招标人提交书面评标报告和中标候选人名单。中标候选人应当不超过 3 个，并标明排序。评标报告应当由评标委员会全体成员签字。对评标结果有不同意见的评标委员会成员应当以书面形式说明其不同意见和理由，评标报告应当注明该不同意见。评标委员会成员拒绝在评标报告上签字又不书面说明其不同意见和理由的，视为同意评标结果。

7.4.3　中标

1. 确定中标人

《招标投标法》规定，招标人根据评标委员会提出的书面评标报告和推荐的中标候选人确定中标人。招标人也可以授权评标委员会直接确定中标人。国务院对特定招标项目的评标有特别规定的，从其规定。中标人的投标应当符合下列条件之一：①能够最大限度地满足招标文件中规定的各项综合评价标准；②能够满足招标文件的实质性要求，并且经评审的投标价格最低；但是投标价格低于成本的除外。评标委员会经评审，认为所有投标都不符合招标文件要求的，可以否决所有投标。依法必须进行招标的项目的所有投标被否决的，招标人应当依法重新招标。在确定中标人前，招标人不得与投标人就投标价格、投标方案等实质性内容进行谈判。

《招标投标法实施条例》还规定，国有资金占控股或者主导地位的依法必须进行招标的项目，招标人应当确定排名第一的中标候选人为中标人。排名第一的中标候选人放弃中标、因不可抗力不能履行合同、不按照招标文件要求提交履约保证金，或者被查实存在影响中标结果的违法行为等情形，不符合中标条件的，招标人可以按照评标委员会提出的中标候选人名单排序依次确定其他中标候选人为中标人，也可以重新招标。中标候选人的经营、财务状况发生较大变化或者存在违法行为，招标人认为可能影响其履约能力的，应当在发出中标通知书前由原评标委员会按照招标文件规定的标准和方法审查确认。

2. 发出中标通知书

中标通知书，是指在确定中标人后，招标人向中标人发出的通知其中标的书面凭证。中标人确定后，招标人应当向中标人发出中标通知书，并同时将中标结果通知所有未中标的投标人。中标通知书对招标人和中标人具有法律效力。中标通知书发出后，招标人改变中标结果的，或者中标人放弃中标项目的，应当依法承担法律责任。

招标投标活动是以订立合同为目的的民事活动。从合同法的角度而言，招标人发出的招标公告或投标邀请书，是吸引法人或其他组织向自己投标的意思表示，属于要约邀请；投标人向招标人送达的投标文件，是投标人希望与招标人就招标项目订立合同的意思表示，属于要约；而招标人向中标的投标人发出的中标通知书，属于承诺。

3. 签订合同

《招标投标法》规定，招标人和中标人应当自中标通知书发出之日起 30 日内，按照招标文件和中标人的投标文件订立书面合同。招标人和中标人不得再行订立背离合同实质性内容的其他协议。《招标投标法实施条例》进一步规定，招标人和中标人应当依照《招标投标法》和本条例的规定签订书面合同，合同的标的、价款、质量、履行期限等主要条款应当与招标文件和中标人的投标文件的内容一致。中标人应当按照合同约定履行义务，完成中标项目。中标人不得向他人转让中标项目，也不得将中标项目肢解后分别向他人转让。中标人按照合同约定或者经招标人同意，可以将中标项目的部分非主体、非关键性工作分包给他人完成。接受分包的人应当具备相应的资格条件，并不得再次分包。中标人应当就分包项目向招标人负责，接受分包的人就分包项目承担连带责任。

《施工合同司法解释（一）》第二条规定，招标人和中标人另行签订的建设工程施工合同约定的工程范围、建设工期、工程质量、工程价款等实质性内容，与中标合同不一致，一方当事人请求按照中标合同确定权利义务的，人民法院应予支持。招标人和中标人在中标合同之外就明显高于市场价格购买承建房产、无偿建设住房配套设施、让利、向建设单位捐赠财物等另行签订合同，变相降低工程价款，一方当事人以该合同背离中标合同实质性内容为由请求确认无效的，人民法院应予支持。

《招标投标法》规定，招标文件要求中标人提交履约保证金的，中标人应当提交。《招标投标法实施条例》进一步规定，履约保证金不得超过中标合同金额的 10%。中标人应当按照合同约定履行义务，完成中标项目。《国务院办公厅关于促进建筑业持续健康发展的意见》还规定，引导承包企业以银行保函或担保公司保函的形式，向建设单位提供履约担保。《住房和城乡建设部等部门关于加快推进房屋建筑和市政基础设施工程实行工程担保制度的指导意见》（建市〔2019〕68 号）规定，加快推行银行保函制度，在有条件的地区推行工程担保公司保函和工程保证保险。招标人要求中标人提供履约担保的，应当同时向中标人提供工程款支付担保。以银行保函替代工程质量保证金的，银行保函金额不得超过工程价款结算总额的 3%。在工程项目竣工前，已经缴纳履约保证金的，建设单位不得同时预留工程质量保证金。农民工工资支付保函全部采用具有见索即付性质的独立保函，并实行差别化管理。

4. 提交书面报告

依法必须进行招标的项目，招标人应当自确定中标人之日起 15 日内，向有关行政监

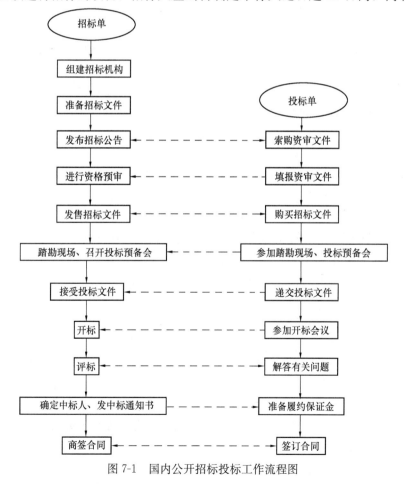

图 7-1 国内公开招标投标工作流程图

督部门提交招标投标情况的书面报告（图 7-1）。

7.5　建设工程招标投标的监督、救济与法律责任

招标投标活动及其当事人应当接受依法实施的监督；对招标投标活动中出现的违法行为，投标人或其他利害关系人可通过提出异议或进行投诉的方式保障自己的利益；针对不同的违法行为，《招标投标法》及《招标投标法实施条例》设定了多种形式的法律责任，包括民事责任、行政责任和刑事责任。

7.5.1　建设工程招标投标的监督

按照《招标投标法》及《招标投标法实施条例》的规定，有关行政监督部门依法对招标投标活动实施监督，依法查处招标投标活动中的违法行为。

（1）国务院发展改革部门指导和协调全国招标投标工作，对国家重大建设项目的工程招标投标活动实施监督检查。国务院工业和信息化、住房和城乡建设、交通运输、铁道、水利、商务等部门，按照规定的职责分工对有关招标投标活动实施监督。

（2）县级以上地方人民政府发展改革部门指导和协调本行政区域的招标投标工作。县级以上地方人民政府有关部门按照规定的职责分工，对招标投标活动实施监督，依法查处招标投标活动中的违法行为。县级以上地方人民政府对其所属部门有关招标投标活动的监督职责分工另有规定的，从其规定。

（3）财政部门依法对实行招标投标的政府采购工程建设项目的预算执行情况和政府采购政策执行情况实施监督。

（4）监察机关依法对与招标投标活动有关的监察对象实施监察。

7.5.2　招标投标投诉与处理

异议制度对投标人和其他利害关系人来说是一种主张权利、表达争议的救济方式。当投标人或者其他利害关系人认为资格预审文件或者招标文件、开标过程和评标结果违反法律规定或者使自己的权益受到损害时，向招标人提出疑问和主张权利的行为。[1] 异议制度使招标人组织的招标投标活动置于所有投标人以及其他利害关系人的监督之下，其推行有利于规范招标人在招标投标活动中的行为，也有利于维护广大投标及其他利害关系人的合法权益。《招标投标法》第六十五条规定确立了异议制度，该条规定，投标人和其他利害关系人认为招标投标活动不符合本法有关规定的，有权向招标人提出异议或者依法向有关行政监督部门投诉。《招标投标法实施条例》对异议制度作出了具体规定。

1. 投诉

（1）异议前置

就下列事项投诉的，投诉人应当先向招标人提出异议；投诉人对答复意见不满意或招标人在规定期限内未作答复的，投诉人可向有关行政监督部门投诉。①对资格预审文件或招标文件的异议。潜在投标人或者其他利害关系人对资格预审文件有异议的，应当在提交资格预审申请文件截止时间 2 日前提出；对招标文件有异议的，应当在投标截止时间 10 日前提出。招标人应当自收到异议之日起 3 日内作出答复；作出答复前，应当暂停招标投

---

❶　何红锋. 招标投标法实施条例条文解读与案例分析 [M]. 北京：中国电力出版社，2015：249.

标活动。②对开标的异议。投标人对开标有异议的，应当在开标现场提出，招标人应当当场作出答复，并制作记录。③对评标结果的异议。强制招标项目，招标人应当自收到评标报告之日起 3 日内公示中标候选人，公示期不得少于 3 日。投标人或者其他利害关系人对强制招标项目的评标结果有异议的，应当在中标候选人公示期间提出。招标人应当自收到异议之日起 3 日内作出答复；作出答复前，应当暂停招标投标活动。

（2）直接投诉

除前述三类异议前置事项外，投标人或者其他利害关系人认为招标投标活动不符合法律、行政法规规定的，可以自知道或者应当知道之日起 10 日内直接向有关行政监督部门投诉。投诉应当有明确的请求和必要的证明材料。

2. 处理

（1）管辖

投诉人就同一事项向两个以上有权受理的行政监督部门投诉的，由最先收到投诉的行政监督部门负责处理。

（2）受理

行政监督部门应当自收到投诉之日起 3 个工作日内决定是否受理投诉，并自受理投诉之日起 30 个工作日内作出书面处理决定；需要检验、检测、鉴定、专家评审的，所需时间不计算在内。投诉人捏造事实、伪造材料或者以非法手段取得证明材料进行投诉的，行政监督部门应当予以驳回。

（3）行政监督部门的职权与职责

行政监督部门处理投诉，有权查阅、复制有关文件、资料，调查有关情况，相关单位和人员应当予以配合；必要时，行政监督部门可以责令暂停招标投标活动。行政监督部门的工作人员对监督检查过程中知悉的国家秘密、商业秘密，应当依法予以保密。

7.5.3 法律责任

1. 招标人的法律责任

《招标投标法》和《招标投标法实施条例》对招标人的法律责任作了比较全面的规定，详细情况见表 7-6～表 7-10。

与招标相关的法律责任

表 7-6

违法情形	具体表现形式	法律责任
规避招标	对强制招标项目不招标的；将强制招标项目化整为零规避招标的；强制招标项目不按规定发布资格预审公告或招标公告，构成规避招标的；以其他方式规避招标的	责令改正，并可罚款；对使用国有资金的项目，可暂停项目执行或资金拨付；对直接负责的主管人员和其他直接责任人员给予处分
违反规定时限	招标文件、资格预审文件的发售、澄清、修改的时限，或确定的提交资格预审申请文件、投标文件的时限违法	责令改正，并可罚款
招标方式过程违法	依法应公开招标而采用邀请招标；接受未通过资格预审的单位或个人参加投标；接受应当拒收的投标文件	责令改正，并可罚款；对直接负责的主管人员和其他直接责任人员给予处分

与投标相关的法律责任　　　　　　　　　　　　　　　　　　　　　　表 7-7

违法情形	具体表现形式	法律责任
限制或排斥潜在投标人	以不合理的条件限制或排斥潜在投标人的；对潜在投标人实行歧视待遇的；强制要求投标人组成联合体共同投标的；限制投标人之间竞争的	责令改正，并可罚款
违反保密义务	强制招标项目的招标人：向他人透露已获取招标文件的潜在投标人情况，可能影响公平竞争的；泄露标底的	警告，并可罚款；对直接负责的主管人员和其他直接责任人员给予处分；构成犯罪的，追究刑事责任；影响中标结果的，中标无效
违法谈判	强制招标项目的招标人：违反法律规定，与投标人就投标价格、投标方案等实质性内容进行谈判的	警告；对直接负责的主管人员和其他直接责任人员给予处分；影响中标结果的，中标无效
违规收取或处理款项	超过法定比例收取投标保证金、履约保证金或不按规定退还投标保证金及银行同期存款利息的	责令改正，并可罚款；给他人造成损失的，承担赔偿责任

与评标相关的法律责任　　　　　　　　　　　　　　　　　　　　　　表 7-8

违法情形	具体表现形式	法律责任
违法确定中标人	在评标委员会依法推荐的中标候选人以外确定中标人的；强制招标项目的招标人在所有投标被评标委员会否决后自行确定中标人的	中标无效；责令改正，并可罚款；对直接负责的主管人员和其他直接责任人员给予处分
违法组建评标委员会	强制招标项目的招标人：不按规定组建评标委员会的；确定、更换评标委员会成员违反法律、行政法规规定的	责令改正，并可罚款；对直接负责的主管人员和其他直接责任人员给予处分；违法确定或更换的评标委员会成员作出的评审结论无效，依法重新进行评审

与中标相关的法律责任　　　　　　　　　　　　　　　　　　　　　　表 7-9

违法情形	具体表现形式	法律责任
定标过程及之后的违法行为	强制招标项目的招标人：无正当理由不发出中标通知书的；不按规定确定中标人的；中标通知书发出后无正当理由改变中标结果的；无正当理由不与中标人订立合同的；订立合同时向中标人提出附加条件的	责令改正，并可罚款；给他人造成损失的，承担赔偿责任；对直接负责的主管人员和其他直接责任人员给予处分
违法订立合同	招标人和中标人：不按招标文件和中标人的投标文件订立合同的；所订立的合同的主要条款与招标文件、中标人的投标文件的内容不一致的；订立背离合同实质性内容的协议的	责令改正，并可罚款

其他违法行为的法律责任   表 7-10

违法行为	法律责任
招标人不按规定对异议作出答复，继续进行招标投标活动的	责令改正；拒不改正或不能改正并影响中标结果的，招标、投标、中标无效，应重新招标或评标
强制招标项目的招标投标活动违法，对中标结果造成实质性影响，且不能纠正的	招标、投标、中标无效，应重新招标或评标

2. 招标代理机构的法律责任

《招标投标法》和《招标投标法实施条例》对招标代理机构在违反保密义务、恶意串通、违法介入等情形下的法律责任作出了规定，具体见表 7-11。

招标代理机构的法律责任   表 7-11

违法情形	具体表现形式	法律责任
违反保密义务	泄露应保密的与招投标活动有关的情况和资料	对招标代理机构及其直接负责的主管人员和其他直接责任人员处以罚款；并处没收违法所得；情节严重的，暂停直至取消招标代理资格；构成犯罪的，追究刑事责任；给他人造成损失的，承担赔偿责任；影响中标结果的，中标无效
恶意串通	与招标人、投标人串通损害国家利益、社会公共利益或他人合法权益	
违法介入	在所代理的招标项目中投标、代理投标或向该项目投标人提供咨询的；接受委托编制标底的中介机构参加受托编制标底项目的投标或为该项目的投标人编制投标文件、提供咨询的	

3. 投标人的法律责任

《招标投标法》和《招标投标法实施条例》对投标人在恶意串通、行贿、骗取中标、违法投诉等情形下的法律责任作出了规定，具体见表 7-12。

投标人的法律责任   表 7-12

违法情形	具体表现形式	法律责任
恶意串通、行贿	投标人相互串通投标或与招标人串通投标的；投标人以向招标人或评标委员会成员行贿的手段谋取中标的	中标无效；对投标人及其直接负责的主管人员和其他直接责任人员处以罚款；并处没收违法所得；情节严重的，取消其1～2年内参加强制招标项目的投标资格并予以公告，直至吊销营业执照；给他人造成损失的，承担赔偿责任；构成犯罪的，追究刑事责任
骗取中标	投标人以他人名义投标或以其他方式弄虚作假，骗取中标的	中标无效；对投标人及其直接负责的主管人员和其他直接责任人员处以罚款；并处没收违法所得；情节严重的，取消其1～3年内参加强制招标项目的投标资格并予以公告，直至吊销营业执照；给招标人造成损失的，承担赔偿责任；构成犯罪的，追究刑事责任
违法投诉	捏造事实、伪造材料或以非法手段取得证明材料进行投诉，给他人造成损失的	承担赔偿责任

4. 评标委员会成员的法律责任

《招标投标法》和《招标投标法实施条例》对评标委员会成员在受贿、违反保密义务、不公正履行职务情形下的法律责任作出了规定，具体见表 7-13。

评标委员会成员的法律责任

表 7-13

违法情形	具体表现形式	法律责任
受贿违反保密义务	收受投标人的财物或其他好处的；向他人透露与评标有关的情况的	警告；没收收受的财物；可并处罚款；取消担任评标委员会成员的资格，不得再参加强制招标项目的评标；构成犯罪的，追究刑事责任
不公正履行职务	应回避而不回避；擅离职守；不按招标文件规定的标准和方法评标；私下接触投标人；向招标人征询确定中标人的意向或接受单位、个人提出的倾向或排斥特定投标人的要求；对应否决的投标不提否决意见；暗示或诱导投标人作出澄清、说明或接受其主动提出的澄清、说明；其他不客观、不公正履行职务的行为	责令改正；情节严重的，禁止其在一定期限内参加强制招标项目的评标；情节特别严重的，取消其担任评标委员会成员的资格

5. 中标人的法律责任

《招标投标法》和《招标投标法实施条例》对中标人的违法行为设定了相应的法律责任，具体见表 7-14。

中标人的法律责任

表 7-14

违法情形	具体表现形式	法律责任
违法转让、违法分包	中标人将中标项目转让给他人的；将中标项目肢解后分别转让给他人的；违法将中标项目的部分主体、关键性工作分包给他人的；分包人再次分包的	转让、分包无效；罚款；并处没收违法所得；可以责令停业整顿；情节严重的，吊销营业执照
违法订立合同	招标人、中标人不按招标文件和中标人的投标文件订立合同的；合同的主要条款与招标文件、中标人的投标文件的内容不一致的；招标人、中标人订立背离合同实质性内容的协议的	责令改正；可处罚款
不正当履行义务	中标人无正当理由不与招标人订立合同的；签订合同时向招标人提出附加条件的；不按招标文件要求提交履约保证金的	取消其中标资格，投标保证金不予退还；对强制招标项目的中标人，责令改正，可处罚款
不履行合同	不履行与招标人订立的合同的	不退还履约保证金，招标人损失超过履约保证金的，对超过部分赔偿；未交履约保证金的，应对招标人承担赔偿责任。不履行合同义务，情节严重的，取消其 2～5 年内参加强制招标项目的投标资格并予以公告，直至吊销营业执照

6. 国家工作人员的法律责任

《招标投标法》和《招标投标法实施条例》对与招标投标有关的国家工作人员的违法行为设定了相应的法律责任，具体见表 7-15。

国家工作人员的法律责任　　　　　　　　　　　　　　　　　　表 7-15

违法主体	违法行为	法律责任
审批、核准部门工作人员	不依法审批、核准项目招标范围、招标方式、招标组织形式的	直接负责的主管人员和其他直接责任人员：构成犯罪的，追究刑事责任；不构成犯罪的，给予行政处分
监督部门工作人员	不履行职责，对违法行为不予查处的；不按规定处理投诉的；不依法公告对招标投标当事人违法行为的行政处理决定的	
国家工作人员	利用职务便利非法干涉招标投标活动的；非法干涉选取评标委员会成员的	记过或记大过；情节严重的，降级或撤职；情节特别严重的，开除；构成犯罪的，追究刑事责任

7. 其他主体的法律责任

《招标投标法》和《招标投标法实施条例》对与招标投标有关的其他主体的违法行为设定了相应的法律责任，具体见表 7-16。

其他主体的法律责任　　　　　　　　　　　　　　　　　　　　表 7-16

违法主体	违法行为	法律责任
单位法人或其他组织	限制或排斥本地区、本系统以外的法人或其他组织参加投标的；为招标人指定招标代理机构的；强制招标人委托招标代理机构办理招标事宜的；以其他方式干涉招标投标活动的	责令改正；对直接负责的主管人员和其他直接责任人员给予警告、记过、记大过处分，情节较重的，给予降级、撤职、开除处分；个人利用职权进行前述行为的，依前述规定追究责任
法人或其他组织	出让或出租资格、资质证书供他人投标的	给予行政处罚；构成犯罪的，追究刑事责任
利害关系人	捏造事实、伪造材料或以非法手段取得证明材料进行投诉	给他人造成损失的，依法承担赔偿责任
招标职业资格持有人	违反国家有关规定办理招标业务	责令改正，警告；情节严重的，暂停一定期限内从事招标业务；情节特别严重的，取消招标职业资格

7.6　政府采购法律制度

7.6.1　政府采购与政府采购立法

1. 政府采购的概念

我国《政府采购法》所称的政府采购，是指各级国家机关、事业单位和团体组织，使用财政性资金采购依法制定的集中采购目录以内的或者采购限额标准以上的货物、工程和服务的行为。政府集中采购目录和采购限额标准依照规定的权限制定。采购，是指以合同方式有偿取得货物、工程和服务的行为，包括购买、租赁、委托、雇用等。货物，是指各种形态和种类的物品，包括原材料、燃料、设备、产品等。工程，是指建设工程，包括建筑物和构筑物的新建、改建、扩建、装修、拆除、修缮等。服务，是指除货物和工程以外的其他政府采购对象。

政府采购应当有助于实现国家的经济和社会发展政策目标，包括保护环境，扶持不发达地区和少数民族地区，促进中小企业发展等。政府采购应当采购本国货物、工程和服务。但有下列情形之一的除外：①需要采购的货物、工程或者服务在中国境内无法获取或者无法以合理的商业条件获取的；②为在中国境外使用而进行采购的；③其他法律、行政法规另有规定的。

各级人民政府财政部门是负责政府采购监督管理的部门，依法履行对政府采购活动的监督管理职责。各级人民政府其他有关部门依法履行与政府采购活动有关的监督管理职责。

2. 政府采购的立法概况

政府采购法是指国家制定的，并由国家强制力保证实施的调整政府采购行为的法律规范的总称。目前，我国规制政府采购活动的规范性法律文件主要有法律、行政法规、部门规章等形式，详细情况见表 7-17；另外，还有一些地方性法规和地方政府规章。2018 年 11 月 14 日，中央全面深化改革委员会第五次会议审议通过《深化政府采购制度改革方案》，系统阐述了深化政府采购制度改革的指导思想、基本原则和改革任务，成为新时期深化政府采购制度改革的行动纲领和科学指南。

政府采购的立法概况

表 7-17

法律文件名称	简称	施行时间	性质
《中华人民共和国政府采购法》	《政府采购法》	2003 年 1 月 1 日 2014 年 8 月 31 日修订	法律
《中华人民共和国政府采购法实施条例》	《政府采购法实施条例》	2015 年 3 月 1 日	行政法规
《政府采购货物和服务招标投标管理办法》	财政部令第 87 号	2017 年 10 月 1 日	部门规章
《政府采购非招标采购方式管理办法》	财政部令第 74 号	2013 年 12 月 19 日	部门规章
《政府采购质疑和投诉办法》	财政部令第 94 号	2018 年 3 月 1 日	部门规章
《政府采购信息发布管理办法》	财政部令第 101 号	2020 年 3 月 1 日	部门规章
《政府购买服务管理办法》	财政部令第 102 号	2020 年 3 月 1 日	部门规章
《政府采购促进中小企业发展管理办法》	财库〔2020〕46 号	2021 年 1 月 1 日	规范性法律文件

7.6.2　政府采购的原则

《政府采购法》规定，政府采购应当遵循公开透明原则、公平竞争原则、公正原则和诚实信用原则。其中，公平竞争是核心，公开透明是体现，公正和诚实信用是保障。

1. 公开透明原则

所谓"阳光下的交易"即为此。只有坚持公开透明，才能营造公平竞争的环境，才能让政府采购资金的使用情况接受全民监督。公开透明包括采购信息公开、采购行为透明。

2. 公平竞争原则

公平竞争要求在竞争的前提下公平地开展政府采购活动。一是要在采购活动中实现充分竞争，优胜劣汰，追求物美价廉，提高财政资金的使用效益。二是竞争必须公平，不能设置不正当竞争条款。

3. 公正原则

公正原则是为采购人和供应商之间在政府采购活动中处于平等地位而设置的原则。该原则要求政府采购要按照事先约定的条件和程序进行，任何单位或个人都无权干预采购活动。本法要求评审委员会人员数量和各方代表人员比例，以及回避原则等，也正是基于这一原则。

4. 诚实信用原则

诚实信用原则要求政府采购当事人在政府采购活动中，本着诚实、守信的态度履行各自的权利和义务，不得串标、围标、欺诈等。任何单位和个人不得采用任何方式，阻挠和限制供应商自由进入本地区和本行业的政府采购市场。

7.6.3 政府采购当事人

政府采购当事人是指在政府采购活动中享有权利和承担义务的各类主体，包括采购人、供应商和采购代理机构等。

1. 采购人

采购人是指依法进行政府采购的国家机关、事业单位、团体组织。

2. 集中采购机构

集中采购机构为采购代理机构。设区的市、自治州以上人民政府根据本级政府采购项目组织集中采购的需要设立集中采购机构。集中采购机构是非营利事业法人，根据采购人的委托办理采购事宜。采购人依法委托采购代理机构办理采购事宜的，应当由采购人与采购代理机构签订委托代理协议，依法确定委托代理的事项，约定双方的权利义务。

集中采购机构进行政府采购活动，应当符合采购价格低于市场平均价格、采购效率更高、采购质量优良和服务良好的要求。采购人采购纳入集中采购目录的政府采购项目，必须委托集中采购机构代理采购；采购未纳入集中采购目录的政府采购项目，可以自行采购，也可以委托集中采购机构在委托的范围内代理采购。纳入集中采购目录属于通用的政府采购项目的，应当委托集中采购机构代理采购；属于本部门、本系统有特殊要求的项目，应当实行部门集中采购；属于本单位有特殊要求的项目，经省级以上人民政府批准，可以自行采购。采购人可以委托集中采购机构以外的采购代理机构，在委托的范围内办理政府采购事宜。

采购人有权自行选择采购代理机构，任何单位和个人不得以任何方式为采购人指定采购代理机构。

3. 供应商

供应商是指向采购人提供货物、工程或者服务的法人、其他组织或者自然人。供应商参加政府采购活动应当具备下列条件：①具有独立承担民事责任的能力；②具有良好的商业信誉和健全的财务会计制度；③具有履行合同所必需的设备和专业技术能力；④有依法缴纳税收和社会保障资金的良好记录；⑤参加政府采购活动前三年内，在经营活动中没有重大违法记录；⑥法律、行政法规规定的其他条件。

采购人可以根据采购项目的特殊要求，规定供应商的特定条件，但不得以不合理的条件对供应商实行差别待遇或者歧视待遇。采购人或者采购代理机构有下列情形之一的，属于以不合理的条件对供应商实行差别待遇或者歧视待遇：①就同一采购项目向供应商提供有差别的项目信息；②设定的资格、技术、商务条件与采购项目的具体特点和实际需要不相适应或者与合同履行无关；③采购需求中的技术、服务等要求指向特定供应商、特定产品；④以特定行政区域或者特定行业的业绩、奖项作为加分条件或者中标、成交条件；⑤对供应商采取不同的资格审查或者评审标准；⑥限定或者指定特定的专利、商标、品牌或者供应商；⑦非法限定供应商的所有制形式、组织形式或者所在地；⑧以其他不合理条件限制或者排斥潜在供应商。采购人可以要求参加政府采购的供应商提供有关资质证明文件和业绩情况，并根据本法规定的供应商条件和采购项目对供应商的特定要求，对供应商的资格进行审查。

两个以上的自然人、法人或者其他组织可以组成一个联合体，以一个供应商的身份共同参加政府采购。以联合体形式进行政府采购的，参加联合体的供应商均应当具备规定的条件，并应当向采购人提交联合协议，载明联合体各方承担的工作和义务。联合体各方应当共同与采购人签订采购合同，就采购合同约定的事项对采购人承担连带责任。

政府采购当事人不得相互串通损害国家利益、社会公共利益和其他当事人的合法权益；不得以任何手段排斥其他供应商参与竞争。供应商不得以向采购人、采购代理机构、评标委员会的组成人员、竞争性谈判小组的组成人员、询价小组的组成人员行贿或者采取其他不正当手段谋取中标或者成交。采购代理机构不得以向采购人行贿或者采取其他不正当手段谋取非法利益。

7.6.4　政府采购方式

《政府采购法》规定，政府采购采用以下方式：①公开招标；②邀请招标；③竞争性谈判；④单一来源采购；⑤询价；⑥国务院政府采购监督管理部门认定的其他采购方式。公开招标应作为政府采购的主要采购方式。

1. 公开招标与邀请招标

采购人采购货物或者服务应当采用公开招标方式的，其具体数额标准，属于中央预算的政府采购项目，由国务院规定；属于地方预算的政府采购项目，由省、自治区、直辖市人民政府规定；因特殊情况需要采用公开招标以外的采购方式的，应当在采购活动开始前获得设区的市、自治州以上人民政府采购监督管理部门的批准。

采购人不得将应当以公开招标方式采购的货物或者服务化整为零或者以其他任何方式规避公开招标采购。符合下列情形之一的货物或者服务，可以采用邀请招标方式采购：①具有特殊性，只能从有限范围的供应商处采购的；②采用公开招标方式的费用占政府采购项目总价值的比例过大的。

货物或者服务项目采取邀请招标方式采购的，采购人应当从符合相应资格条件的供应商中，通过随机方式选择 3 家以上的供应商，并向其发出投标邀请书。货物和服务项目实行招标方式采购的，自招标文件开始发出之日起至投标人提交投标文件截止之日止，不得少于 20 日。在招标采购中，出现下列情形之一的，应予废标：①符合专业条件的供应商或者对招标文件作实质响应的供应商不足 3 家的；②出现影响采购公正的违法、违规行为的；③投标人的报价均超过了采购预算，采购人不能支付的；④因重大变故，采购任务取消的。废标后，采购人应当将废标理由通知所有投标人。废标后，除采购任务取消情形外，应当重新组织招标；需要采取其他方式采购的，应当在采购活动开始前获得设区的市、自治州以上人民政府采购监督管理部门或者政府有关部门批准。

2. 竞争性谈判方式

竞争性谈判方式，是指要求采购人就有关采购事项，与不少于3家供应商进行谈判，最后按照预先规定的成交标准，确定成交供应商的方式。符合下列情形之一的货物或者服务，可以依照本法采用竞争性谈判方式采购：①招标后没有供应商投标或者没有合格标的或者重新招标未能成立的；②技术复杂或者性质特殊，不能确定详细规格或者具体要求的；③采用招标所需时间不能满足用户紧急需要的；④不能事先计算出价格总额的。

采用竞争性谈判方式采购的，应当遵循下列程序：①成立谈判小组。谈判小组由采购人的代表和有关专家共三人以上的单数组成，其中专家的人数不得少于成员总数的三分之二。②制定谈判文件。谈判文件应当明确谈判程序、谈判内容、合同草案的条款以及评定成交的标准等事项。③确定邀请参加谈判的供应商名单。谈判小组从符合相应资格条件的供应商名单中确定不少于3家的供应商参加谈判，并向其提供谈判文件。④谈判。谈判小组所有成员集中与单一供应商分别进行谈判。在谈判中，谈判的任何一方不得透露与谈判有关的其他供应商的技术资料、价格和其他信息。谈判文件有实质性变动的，谈判小组应当以书面形式通知所有参加谈判的供应商。⑤确定成交供应商。谈判结束后，谈判小组应当要求所有参加谈判的供应商在规定时间内进行最后报价，采购人从谈判小组提出的成交候选人中根据符合采购需求、质量和服务相等且报价最低的原则确定成交供应商，并将结果通知所有参加谈判的未成交的供应商。

3. 单一来源方式

单一来源方式，是指采购人向唯一供应商进行采购的方式。符合下列情形之一的货物或者服务，可以依照本法采用单一来源方式采购：①只能从唯一供应商处采购的；②发生了不可预见的紧急情况不能从其他供应商处采购的；③必须保证原有采购项目一致性或者服务配套的要求，需要继续从原供应商处添购，且添购资金总额不超过原合同采购金额10%的。采取单一来源方式采购的，采购人与供应商应当遵循本法规定的原则，在保证采购项目质量和双方商定合理价格的基础上进行采购。

4. 询价方式

询价方式，是指只考虑价格因素，要求采购人向3家以上供应商发出询价单，对一次性报出的价格进行比较，最后按照符合采购需求、质量和服务相等且报价最低的原则，确定成交供应商的方式。采购的货物规格、标准统一、现货货源充足且价格变化幅度小的政府采购项目，可以依照本法采用询价方式采购。采取询价方式采购的，应当遵循下列程序：①成立询价小组。询价小组由采购人的代表和有关专家共3人以上的单数组成，其中专家的人数不得少于成员总数的2/3。询价小组应当对采购项目的价格构成和评定成交的标准等事项作出规定。②确定被询价的供应商名单。询价小组根据采购需求，从符合相应资格条件的供应商名单中确定不少于3家的供应商，并向其发出询价通知书让其报价。③询价。询价小组要求被询价的供应商一次报出不得更改的价格。④确定成交供应商。采购人根据符合采购需求、质量和服务相等且报价最低的原则确定成交供应商，并将结果通知所有被询价的未成交的供应商。

7.6.5 政府采购合同

政府采购合同适用合同法。采购人和供应商之间的权利和义务，应当按照平等、自愿的原则以合同方式约定。采购人可以委托采购代理机构代表其与供应商签订政府采购合同。由采购代理机构以采购人名义签订合同的，应当提交采购人的授权委托书，作为合同附件。政府采购合同应当采用书面形式。国务院政府采购监督管理部门应当会同国务院有关部门，规定政府采购合同必须具备的条款。

采购人与中标、成交供应商应当在中标、成交通知书发出之日起 30 日内，按照采购文件确定的事项签订政府采购合同。中标、成交通知书对采购人和中标、成交供应商均具有法律效力。中标、成交通知书发出后，采购人改变中标、成交结果的，或者中标、成交供应商放弃中标、成交项目的，应当依法承担法律责任。政府采购项目的采购合同自签订之日起 7 个工作日内，采购人应当将合同副本报同级政府采购监督管理部门和有关部门备案。经采购人同意，中标、成交供应商可以依法采取分包方式履行合同。政府采购合同分包履行的，中标、成交供应商就采购项目和分包项目向采购人负责，分包供应商就分包项目承担责任。

政府采购合同履行中，采购人需追加与合同标的相同的货物、工程或者服务的，在不改变合同其他条款的前提下，可以与供应商协商签订补充合同，但所有补充合同的采购金额不得超过原合同采购金额的 10%。政府采购合同的双方当事人不得擅自变更、中止或者终止合同。政府采购合同继续履行将损害国家利益和社会公共利益的，双方当事人应当变更、中止或者终止合同。有过错的一方应当承担赔偿责任，双方都有过错的，各自承担相应的责任。

7.6.6 质疑与投诉

1. 质疑

供应商对政府采购活动事项有疑问的，可以向采购人提出询问，采购人应当及时作出答复，但答复的内容不得涉及商业秘密。供应商认为采购文件、采购过程和中标、成交结果使自己的权益受到损害的，可以在知道或者应知其权益受到损害之日起 7 个工作日内，以书面形式向采购人提出质疑。采购人应当在收到供应商的书面质疑后 7 个工作日内作出答复，并以书面形式通知质疑供应商和其他有关供应商，但答复的内容不得涉及商业秘密。

采购人委托采购代理机构采购的，供应商可以向采购代理机构提出询问或者质疑，采购代理机构应当依照规定就采购人委托授权范围内的事项作出答复。

2. 投诉

质疑供应商对采购人、采购代理机构的答复不满意或者采购人、采购代理机构未在规定的时间内作出答复的，可以在答复期满后 15 个工作日内向同级政府采购监督管理部门投诉。政府采购监督管理部门应当在收到投诉后 30 个工作日内，对投诉事项作出处理决定，并以书面形式通知投诉人和与投诉事项有关的当事人。政府采购监督管理部门在处理投诉事项期间，可以视具体情况书面通知采购人暂停采购活动，但暂停时间最长不得超过 30 日。

投诉人对政府采购监督管理部门的投诉处理决定不服或者政府采购监督管理部门逾期未作处理的，可以依法申请行政复议或者向人民法院提起行政诉讼。

《招标投标法》与《政府采购法》的贯彻执行对于促进招标投标和政府采购活动的规范、健康发展，建立和完善公开、公平、公正的市场竞争机制，维护国家和社会公众利益，推动廉政建设和政府职能转变都具有十分重要的现实和历史意义。《招标投标法》是对招标投标活动的一般性、普遍性规定。《政府采购法》是对政府采购活动的一般性、普遍性规定。从效力层级来说，两者均为全国人大制定颁布的法律，是并列并行的。《招标投标法》与《政府采购法》的根本目的在于维护招标投标市场秩序，规范当事人采购活动行为及公共利益，保障采购人合法权益。在实际操作过程中，有时会遇到两法适用冲突问题，比如招标公告发布媒体的确定，自然人供应商（投标人）资格的确定，监督机关的确定以及自主委托代理机构的确定等问题。我国目前《政府采购法》《招标投标法》两套法律体系的存在，造成不同体系下对采购方式、采购程序、评审专家和代理机构的管理、质疑投诉、法律责任等方面的规定存在诸多差异。❶ 从理论及立法演进史、我国加入世界贸易组织（WTO）《政府采购协议》（GPA）的要求、公共市场营商环境的改善以及业内期盼等多个角度看，按照国际政府采购惯例，与WTO《政府采购协议》和联合国《工程、货物和服务采购示范法》等国际规则接轨，可以将我国现行的《招标投标法》和《政府采购法》合二为一，将招标投标的内容统一纳入修改后的《政府采购法》中。

---

❶ 毛林繁. 谈《招标投标法》与《政府采购法》两法合一［J］. 招标与投标，2018，6（08）：7-11.

第8章 建设工程勘察设计法律制度

工程勘察设计是工程建设的先导和灵魂，正确认识工程勘察设计行业在工程建设中的主导地位、充分发挥其引领作用，对建筑业高质量发展乃至整个经济社会高质量发展至关重要。习近平总书记高度重视工程勘察设计工作，多次作出重要指示批示，要求无论是城市规划还是城市建设，都要"坚持以人民为中心，聚焦人民群众的需求，为人民创造更加幸福的美好生活"；强调"不但要搞好总体规划，还要加强主要功能区块、主要景观、主要建筑物的设计，体现城市精神、展现城市特色、提升城市魅力。"这些重要指示批示，为做好新时期的工程勘察设计工作指明了方向、提供了遵循。

8.1 建设工程勘察设计法律制度概述

在工程建设中，勘察是基础，设计是整个工程建设的灵魂，它们对工程的质量和效益都起着至关重要的作用。

8.1.1 基本概念

1. 建设工程勘察的概念

建设工程勘察，是指根据建设工程的要求，查明、分析、评价建设场地的地质、地理环境特征和岩土工程条件，编制建设工程勘察文件的活动。建设工程勘察包括建设工程项目的工程测量，岩土工程、水文地质勘察，环境地质勘察等工作。建设工程勘察的目的是根据建设工程建设的规划、设计、施工、运营和综合治理的需要，对地形、地质及水文等要素进行测绘、勘察、测试和综合评定，并提供可行性评价和建设所需要的勘察成果。

2. 建设工程设计的概念

建设工程设计，是指根据建设工程的要求，对建设工程所需的技术、经济、资源、环境等条件进行综合分析、论证，编制建设工程设计文件的活动。建设工程设计运用工程技术理论及技术经济方法，按照现行技术标准，对新建、扩建、改建项目的工艺、土建、公用工程、环境工程等进行综合性设计，包括必须的非标准设备设计及经济技术分析，并提供作为工程建设依据的文件和图纸。

8.1.2 建设工程勘察设计现行主要法规

目前，我国规制建设工程勘察设计活动的规范性法律文件主要有行政法规、部门规章等形式，主要涉及规范勘察设计市场管理、规范勘察设计资质管理和规范勘察设计质量管理等。详细情况见表8-1。

建设工程勘察设计现行主要法规　　　　　　　　　　　　表8-1

法律文件名称	简称	施行时间	修订	性质
《建设工程勘察设计管理条例》	国务院令第293号	2000年9月25日	2015年6月12日第一次修订；2017年10月7日第二次修订	行政法规

法律文件名称	简称	施行时间	修订	性质
《建设工程质量管理条例》	国务院令第 279 号	2000 年 1 月 30 日	2017 年 10 月 7 日第一次修订；2019 年 4 月 23 日第二次修订	行政法规
《建筑工程设计招标投标管理办法》	住房和城乡建设部令第 33 号	2017 年 5 月 1 日	无	部门规章
《房屋建筑和市政基础设施工程施工图设计文件审查管理办法》	住房和城乡建设部令第 13 号	2013 年 8 月 1 日	2015 年 5 月 4 日第一次修正；2018 年 12 月 13 日第二次修正	部门规章
《建设工程勘察质量管理办法》	建设部令第 115 号	2003 年 2 月 1 日	2007 年 11 月 22 日第一次修正；2021 年 4 月 1 日第二次修正	部门规章
《工程建设项目勘察设计招标投标办法》	国家发展和改革委员会等八部委令第 2 号	2003 年 8 月 1 日	2013 年 3 月 11 日	部门规章
《勘察设计注册工程师管理规定》	建设部令第 137 号	2005 年 4 月 1 日	2016 年 9 月 13 日	部门规章
《建设工程勘察设计资质管理规定》	建设部令第 160 号	2007 年 9 月 1 日	2015 年 5 月 4 日第一次修正；2016 年 9 月 13 日第二次修正	部门规章
《工程勘察设计咨询业知识产权保护与管理导则》	建质〔2003〕210 号	2003 年 10 月 22 日	无	规范性法律文件
《建筑工程设计文件编制深度规定（2016 版）》	建质函〔2016〕247 号	2017 年 1 月 1 日	无	规范性法律文件

8.1.3　建设工程勘察设计的要求

1. 从业资质和执业资格的要求

勘察设计是专业性很强的工作，为了保证建设工程勘察设计的质量，国家对从事工程建设勘察设计活动的单位实行资质管理制度，并对从事工程建设勘察、设计活动的专业技术人员实行职业资格注册管理制度。

2. 科学勘察设计的要求

建设工程勘察、设计应当与社会、经济发展水平相适应，做到经济效益、社会效益和环境效益相统一。从事建设工程勘察、设计活动，应当坚持先勘察、后设计、再施工的原则。国家鼓励在建设工程勘察、设计活动中采用先进技术、先进工艺、先进设备、新型材料和现代管理方法。

3. 依法勘察设计的要求

从事建设工程勘察、设计单位和个人必须依法进行建设工程勘察、设计，严格执行工程建设强制性标准，并对建设工程勘察、设计的质量负责。

8.1.4　建设工程勘察设计的发包与承包

建设工程勘察、设计发包依法实行招标发包或者直接发包。《建设工程勘察设计管理条例》规定，可以采取直接发包的建设工程勘察设计的项目有：①用特定的专利或者专有技术的；②建筑艺术造型有特殊要求的；③国务院规定的其他建设工程的勘察、设计。除以上有特定要求的一些项目在经有关主管部门批准后可以直接发包外，工程建设勘察设计任务都必须依照我国《招标投标法》的规定，采用招标发包的方式。

发包人不得将建设工程勘察、设计业务发包给不具有相应勘察、设计资质的等级的建设工程勘察、设计单位。承揽建设工程勘察、设计业务的建设工程勘察、设计单位应具有相应勘察、设计资质等级。发包人可以将整个建设工程的勘察、设计发包给一个勘察、设计单位；也可以将建设工程的勘察、设计分别发包给几个勘察、设计单位。建设工程勘察、设计单位不得将所承揽的建设工程勘察、设计转包。除建设工程主体部分的勘察、设计外，经发包人书面同意，承包人可以将建设工程其他部分的勘察、设计再分包给其他具有相应资质等级的建设工程勘察、设计单位。

建设工程勘察、设计的发包人与承包人，应当执行国家规定的建设工程勘察、设计程序，签订建设工程勘察设计合同并执行国家有关建设工程勘察设计收费的管理规定。

8.2　建设工程勘察设计文件的编制与实施

建设工程勘察设计工作是工程建设的关键环节，在建设项目确定以前，为建设项目决策提供科学依据，在建设项目确定以后，为工程建设提供设计文件，做好勘察设计工作，对于建设工程建设过程中节约投资和建成投产后取得好的经济效益，起着决定性的作用。

8.2.1　工程勘察设计文件编制的依据和要求

1. 工程勘察设计文件编制的依据

编制建设工程勘察、设计文件，应当以下列规定为依据：①项目批准文件；②城市规划；③工程建设强制性标准；④国家规定的建设工程勘察、设计深度要求。铁路、交通、水利等专业建设工程，还应当以专业规划的要求为依据。

2. 编制工程勘察、设计文件的要求

编制建设工程勘察文件，应当真实、准确，满足建设工程规划、选址、设计、岩土治理和施工的需要。

编制方案设计文件，应当满足编制初步设计文件和控制概算的需要。编制初步设计文件，应当满足编制施工招标文件、主要设备材料订货和编制施工图设计文件的需要。编制施工图设计文件，应当满足设备材料采购、非标准设备制作和施工的需要，并注明建设工程合理使用年限。设计文件中选用的材料、构配件、设备，应当注明其规格、型号、性能等技术指标，其质量要求必须符合国家规定的标准。除有特殊要求的建筑材料、专用设备和工艺生产线等外，设计单位不得指定生产厂、供应商。

8.2.2　建设工程设计阶段和内容

1. 建设工程设计阶段划分

设计单位应当根据勘察成果文件进行建设工程设计。关于设计阶段的划分，国际上一般分为"概念设计""基本设计"和"详细设计"三个阶段。我国习惯根据建设项目的复杂程度来划分建设工程设计阶段。建设项目一般按初步设计、施工图设计两个阶段进行；技术上复杂的建设项目，根据主管部门的要求，可按初步设计、技术设计和施工图设计三个阶段进行。小型建设项目中技术简单的，经主管部门同意，在简化的初步设计确定后，就可做施工图设计。对有些牵涉面广的大型矿区、油田、林区、垦区和联合企业等建设项目，应做总体设计。

初步设计文件，应根据批准的可行性研究报告、设计任务书和可靠的设计基础资料进行编制。初步设计和总概算经批准后，是确定建设项目的投资额，编制固定资产投资计划，签订建设工程总包合同、贷款总合同，实行投资包干，控制建设工程拨款，组织主要设备订货，进行施工准备以及编制技术设计文件（或施工图设计文件）等的依据。

技术设计文件，应根据批准的初步设计文件进行编制。技术设计和修正总概算经批准后，是建设工程拨款和编制施工图设计文件等的依据。

施工图设计文件，应根据批准的初步设计文件（或技术设计文件）和主要设备订货情况进行编制，并据以指导施工。施工图预算经审定后，即作为预算包干、工程结算等的依据。

2. 建设工程设计各阶段的内容和深度

（1）总体设计

总体设计一般由文字说明和图纸两部分组成。其内容包括：建设规模、产品方案、原料来源、工艺流程概况、主要设备配备、主要建筑物及构筑物、公用和辅助工程、"三废"治理及环境保护方案、占地面积估计、总图布置及运输方案、生活区规划、生产组织和劳动定员估计、工程进度和配合要求、投资估算等。总体设计的深度应满足开展初步设计、主要大型设备、材料的预安排、土地征收谈判等工作的要求。

（2）初步设计

初步设计文件应根据批准的可行性研究报告、设计任务书和可靠的设计基础资料进行编制。初步设计和总概算经批准后，是确定建设项目的投资额，编制固定资产投资计划，签订建设工程总包合同、贷款总合同，施行投资包干，控制建设工程拨款，组织主要设备订货，进行施工准备技艺编制技术设计文件（或施工图设计文件）等的依据。初步设计一般应包括以下文字说明和图纸：设计依据；设计指导思想；建设规模；产品方案；原料、燃料、动力的用量和来源；工艺流程；主要设备选型及配置；总图运输；主要建筑物和构筑物；公用及辅助设施；新技术采用情况；主要材料用量；外部协作条件；占地面积和土地利用情况；综合利用和"三废"治理；生活区建设；抗震和人防措施；生产组织和劳动定员；各项技术经济指标；建设顺序和期限；总概算等。初步设计的深度应满足开展设计方案的比选和确定、主要设备和材料的订货、土地征收、基建投资的控制、施工图设计的编制、施工组织设计的编制、施工准备和生产准备等。

（3）技术设计

技术设计文件应根据批准的初步设计文件进行编制。技术设计和修正总概算经批准后，是建设工程拨款和编制施工图设计文件等的依据。技术设计的内容由有关部门根据工程的特点和需要自行制定。其深度应满足确定设计方案中重大技术问题和有关实验、设备制造等方面的要求。

（4）施工图设计

施工图设计应根据已获批准的初步设计和主要设备的订货情况进行编制，并据以指导施工。施工图预算经审定后，即作为预算、工程结算的依据。施工图设计的深度应满足设备、材料的安排和非标准设备的制作、施工图预算的编制、施工要求等。

8.2.3　设计文件的审批与修改

1. 设计文件的审批

在我国建设项目设计文件的审批实行分级管理、分级审批的原则。《基本建设设计工作管理暂行办法》对设计文件具体审批权限规定如下：①大中型建设项目的初步设计和总概算及技术设计，按隶属关系由国务院主管部门或省、直辖市、自治区负责基本建设部门审批；②小型建设项目初步设计的审批权限由主管部门或省、直辖市、自治区人民政府自行规定；③总体规划设计或总体设计的审批权限与初步设计的审批权限相同；④各部直接代管的下放项目的初步设计，以国务院主管部门为主，会同有关省、市、自治区负责基本建设部门审查或批准。⑤施工图设计除主管部门规定要审查者外，一般不再审批，设计单位要对施工图的质量负责，并向生产、施工单位进行技术交底，听取意见。

2. 设计文件的修改

设计文件是工程建设的主要依据，经批准后就具有一定的严肃性，不得任意修改和变更。如必须修改，则需有关部门批准，根据其批准权限，视修改的内容所涉及的范围而定。

《建设工程勘察设计管理条例》，建设单位、施工单位、监理单位不得修改建设工程勘察、设计文件；确需修改建设工程勘察、设计文件的，应当由原建设工程勘察、设计单位修改。经原建设工程勘察、设计单位书面同意，建设单位也可以委托其他具有相应资质的建设工程勘察、设计单位修改。修改单位对修改的勘察、设计文件承担相应责任。施工单位、监理单位发现建设工程勘察、设计文件不符合工程建设强制性标准、合同约定的质量要求的，应当报告建设单位，建设单位有权要求建设工程勘察、设计单位对建设工程勘察、设计文件进行补充、修改。建设工程勘察、设计文件内容需要作重大修改的，建设单位应当报经原审批机关批准后，方可修改。

建设工程勘察、设计文件中规定采用的新技术、新材料，可能影响建设工程质量和安全，又没有国家技术标准的，应当由国家认可的检测机构进行试验、论证，出具检测报告，并经国务院有关部门或者省、自治区、直辖市人民政府有关部门组织的建设工程技术专家委员会审定后，方可使用。建设工程勘察、设计单位应当在建设工程施工前，向施工单位和监理单位说明建设工程勘察、设计意图，解释建设工程勘察、设计文件。建设工程勘察、设计单位应当及时解决施工中出现的勘察、设计问题。

8.3　施工图设计文件的审查

8.3.1　我国施工图设计文件审查的发展历史

1997 年颁布的《建筑法》中规定了："有满足施工需要的施工图纸及技术资料"是申请领取施工许可证的必要条件之一；"建筑工程的勘察、设计单位必须对其勘察、设计的质量负责。勘察、设计文件应当符合有关法律、行政法规的规定和建筑工程质量、安全标准、建筑工程勘察、设计技术规范以及合同的约定"，并没有涉及施工图审查的相关规定。1998 年我国开始建筑工程项目施工图设计文件的审查试点工作。2000 年国务院颁布的《建设工程质量管理条例》和《建设工程勘察设计管理条例》明确规定进行施工图审查。

至此，施工图审查制度正式确立。设立施工图审查制度，目的是以行政和技术手段将事后的质量管理变为事前的监督管理，将勘察设计文件中存在的质量问题在工程施工之前发现并及时纠正，排除质量安全隐患，确保设计文件符合国家法律、法规和强制性标准，确保工程设计不损害公共安全和公众利益，确保工程设计质量以及国家财产和人民生命财产的安全。施工图设计文件的质量直接影响建设工程的质量，进行严格的施工图审查工作，是一项关系到社会公共安全和社会公众利益的重要举措。

自 2000 年以后，我国施工图审查制度的发展历史大致分为行政审批阶段——行政审批与市场化交叉阶段——政府购买与市场化阶段——逐步取消阶段四个阶段。

1. 第一阶段：行政审批阶段（2000 年—2004 年）

2000 年，国务院分别颁布的《建设工程质量管理条例》和《建设工程勘察设计管理条例》两部行政法规，建立了施工图设计文件审查制度。至此，通过行政立法手段，施工图审查制度被强制实施。❶

《建设工程质量管理条例》第十一条规定，建设单位应当将施工图设计文件报县级以上人民政府建设行政主管部门或者其他有关部门审查。施工图设计文件审查的具体办法，由国务院建设行政主管部门会同国务院其他有关部门制定。施工图设计文件未经审查批准的，不得使用。《建设工程勘察设计管理条例》第三十三条规定，县级以上人民政府建设行政主管部门或者交通、水利等有关部门应当对施工图设计文件中涉及公共利益、公众安全、工程建设强制性标准的内容进行审查。施工图设计文件未经审查批准的，不得使用。

同年，根据建设部颁布的《建筑工程施工图设计文件审查暂行办法》（建设〔2000〕41 号），施工图审查是政府主管部门对建筑工程勘察设计质量监督管理的重要环节，是基本建设必不可少的程序，工程建设各方必须认真贯彻执行。2000 年 5 月 25 日，建设部发布《建筑工程施工图设计文件审查有关问题的指导意见》的通知，在该通知中指出，对施工图设计文件进行安全和强制性标准执行情况的审查是今后建设行政主管部门对建筑工程勘察设计质量进行监督管理的主要途径和方式，各地建设行政主管部门应对此项工作高度重视；2000 年 8 月 25 日，建设部颁布《实施工程建设强制性标准监督规定》中第六条规定，施工图设计文件审查单位应对工程建设勘察、设计阶段执行强制性标准的情况实施监督。

根据建设部颁布的《建筑工程施工图设计文件审查暂行办法》（建设〔2000〕41 号），房屋建筑工程施工图实施由政府主管部门委托的施工图审查机构进行审查。从这一阶段的立法规定看，施工图设计文件的审查是政府行为和职能，法规明确施工图审查由建设行政主管部门负责，审查主体是政府（县级以上人民政府建设行政主管部门或者其他有关部门），对施工图设计文件的审查属于行政审批（施工图设计文件未经审查批准的，不得使用）。由此，从这一制度的设立看，施工图审查的性质一开始便属于行政审批，应该由政府进行施工图文件的审查工作。❷ 在当时的经济和社会环境条件下，施工图审查制度使勘

❶ 孙少华. 取消施工图审查制度对设计单位的影响 [J]. 城市道桥与防洪，2019（07）：247-249.

❷ 陈建国，华春翔，胡文发，张耀尹. 施工图设计文件审查制度发展历程的回顾与分析 [J]. 中国勘察设计，2019（05）：62-67.

察设计质量监管方式实现突破，并可以将勘察设计文件中存在的质量问题在工程施工之前发现并及时纠正。同时，该项制度实现了工程建设的全面覆盖，提升了工程建设的可靠性。因此，该项制度在特定时期发挥了其应有的作用。❶

2. 第二阶段：政府监管与市场化交叉阶段（2004 年—2017 年）

2004 年 5 月 19 日，国务院颁发了《国务院关于第三批取消和调整行政审批项目的决定》（国发〔2004〕16 号），其中，施工图审查被列入国务院决定改变管理方式、不再作为行政审批、实行自律管理的行政审批项目目录。由此，施工图审查的性质和定位有所改变（属于自律管理的行政审批），即由原施工图审查的政府行为和职能转变为由市场化方式实施。但是，此时的《建设工程质量管理条例》并未有修订，《国务院关于第三批取消和调整行政审批项目的决定》（国发〔2004〕16 号）有违上位法之嫌，因此从法律角度上来讲，此阶段仍属行政审批阶段。❷

同年 8 月 23 日，建设部颁布了《房屋建筑和市政基础设施工程施工图设计文件审查管理办法》（建设部令第 134 号），根据《建设工程质量管理条例》《建设工程勘察设计管理条例》，对施工图审查中的各种问题进行了详细的规定和解释，明确施工图审查由审查机构执行，并对审查机构的资质和行为加以了规定。134 号部令第三条明确：国家实施施工图设计文件（含勘察文件）审查制度；施工图审查机构由建设主管部门认定；施工图未经审查合格的，不得使用。第五条规定：建设主管部门"应当按照国家规定的审查机构条件，并结合本行政区域内的建设规模，认定相应数量的审查机构""审查机构是不以营利为目的的独立法人"。此后，在全国范围内有些地方的施工图审查制度就主要以市场化方式或限定条件下的市场化方式实施和开展，建设单位自主选择或按规定自主选择施工图审查机构，与施工图审查机构签订施工图审查合同，并承担相应费用。就实施施工图设计文件审查制度而言，此时的政府建设行政主管部门的职能主要转变为：对施工图审查进行指导和监督、对施工图审查机构进行审批等。2013 年 4 月 27 日，住房和城乡建设部颁布了《房屋建筑和市政基础设施工程施工图设计文件审查管理办法》（住房和城乡建设部令 13 号），对施工图审查中的相关问题进行了更加详细的规定和解释，同时废止了第 134 号部令。但 13 号部令在施工图审查性质和定位等方面的规定与第 134 号部令相比，没有实质性的变化。❸

2015 年 6 月 12 日，国务院公布了《国务院关于修改〈建设工程勘察设计管理条例〉的决定》（国务院令第 662 号），《建设工程勘察设计管理条例》（2015 年 6 月修订）未对涉及施工图审查的相关内容进行修改，第 33 条中依然保留了"县级以上人民政府建设行政主管部门或者交通、水利等有关部门应当对施工图设计文件中涉及公共利益、公众安全、工程建设强制性标准的内容进行审查"的规定。因而此阶段，施工图设计文件的审查

---

❶　住房和城乡建设部. 关于印发徐波、吴慧娟同志在〈房屋建筑和市政基础设施工程施工图设计文件审查管理办法〉宣贯会上讲话的通知［EB/OL］. 2004-10-24. http：//www. Mohurd. Gov. cn/wjfb/200611/t20061101_157975. html.

❷　陈建国，华春翔，胡文发，张耀尹. 施工图设计文件审查制度发展历程的回顾与分析［J］. 中国勘察设计，2019（05）：62-67.

❸　陈建国，华春翔，胡文发，张耀尹. 施工图设计文件审查制度发展历程的回顾与分析［J］. 中国勘察设计，2019（05）：62-67.

仍应是政府行为和职能。从立法层面上讲，施工图审查的性质和定位在这一阶段是较为模糊、不甚清晰的。

3. 第三阶段：政府购买与市场化阶段（2017年—2019年）

为了改善营商环境、加快审批速度、减少审批环节，2017年10月7日，国务院公布了《国务院关于修改部分行政法规的决定》（国务院令第687号），对《建设工程质量管理条例》和《建设工程勘察设计管理条例》两部行政法规的部分条款予以修改。将《建设工程质量管理条例》第十一条第（一）款修改为："施工图设计文件审查的具体办法，由国务院建设行政主管部门、国务院其他有关部门制定"，删除了"建设单位应当将施工图设计文件报县级以上人民政府建设行政主管部门或者其他有关部门审查"的规定。将《建设工程勘察设计管理条例》第三十三条第（一）款修改为："施工图设计文件审查机构应当对房屋建筑工程、市政基础设施工程施工图设计文件中涉及公共利益、公众安全、工程建设强制性标准的内容进行审查。县级以上人民政府交通运输等有关部门应当按照职责对施工图设计文件中涉及公共利益、公众安全、工程建设强制性标准的内容进行审查"，删除了"县级以上人民政府建设行政主管部门或者水利等有关部门应当对施工图设计文件中涉及公共利益、公众安全、工程建设强制性标准的内容进行审查"的规定。修改后的这两部行政法规，明确规定了施工图设计文件的审查不再是政府行为和职能（交通运输工程施工图设计文件审查除外），而由施工图设计文件审查机构对房屋建筑工程、市政基础设施工程的施工图设计文件进行审查。政府的职能转变为指导、监督以及机构审批等。❶

然而，2018年5月14日，国务院办公厅发布了《国务院办公厅关于开展工程建设项目审批制度改革试点的通知》（国办发〔2018〕33号），在"（十）合并审批事项"中，提出"推行以政府购买服务方式开展施工图设计文件审查"。若是"政府购买服务"，施工图审查似乎又应回归政府行为和职能，施工图审查的性质和定位又发生了变化。住房和城乡建设部于2018年12月29日又一次修订《房屋建筑和市政基础设施工程施工图设计文件审查管理办法》，提出"逐步推行以政府购买服务方式开展施工图设计文件审查"。

4. 第四阶段：逐步取消阶段（2019年至今）

在《国务院关于修改部分行政法规的决定》（国务院令第687号）以及《国务院办公厅关于开展工程建设项目审批制度改革试点的通知》（国办发〔2018〕33号）出台后，施工图审查问题更是成为争议焦点，出现了不同的解读：一种意见认为施工图审查应是政府监管行为，或应继续由政府指定的施工图审查机构进行审查，推行政府购买服务，审查制度应不断完善和强化。中国勘察设计协会副理事长王树平指出，对"两个条例"的修改，是再一次强调了施工图审查是建设程序中的强制性要求，进一步明确了施工图审查机构作为专业技术性机构为政府的质量监管提供技术性服务，也进一步确定了施工图审查机构的地位和作用❷。另一种意见则认为施工图行政审批制度应回归基本建设程序，由设计单位自行审查。施工图审查应该回归到设计单位自行审查的源头上来，政府

---

❶ 陈建国，华春翔，胡文发，张耀尹. 施工图设计文件审查制度发展历程的回顾与分析［J］. 中国勘察设计，2019（05）：62-67.

❷ 王树平. 完善施工图审查制度保障工程设计质量［J］. 建筑设计管理，2018（35）：41.

审查施工图不应继续作为行政行为❶。

2019 年 3 月 26 日，根据国务院办公厅公布的《关于全面开展工程建设项目审批制度改革的实施意见》，要进一步精简审批环节，要求"试点地区在加快探索取消施工图审查（或缩小审查范围）、实行告知承诺制和设计人员终身负责制等方面，尽快形成可复制可推广的经验。"这是近年来国务院首次明确提出要取消施工图审查制度，而且对取消施审之后的责任落地提出了解决办法，即告知承诺制以及设计师终身负责制。

至此，2017 年 10 月，国务院对《建设工程质量管理条例》《建设工程勘察设计管理条例》中有关施工图审查的部分进行了修改，取消了其中"应当将施工图设计文件报县级以上人民政府建设行政主管部门或者其他有关部门审查。"即相关部门不必对施工图进行审查，没有了法定义务和责任。直至《关于全面开展工程建设项目审批制度改革的实施意见》提出"将加快探索取消施工图审查"，从行政审批—行政审批与市场化交叉—政府购买与市场化—逐步取消，施工图审查将走完其全生命周期。

8.3.2　施工图设计文件审查的概念、范围和内容

1. 施工图设计文件审查的概念

根据《房屋建筑和市政基础设施工程施工图设计文件审查管理办法》（住房和城乡建设部令第 13 号），施工图审查，是指施工图审查机构（以下简称审查机构）按照有关法律、法规，对施工图涉及公共利益、公众安全和工程建设强制性标准的内容进行的审查。施工图审查应当坚持先勘察、后设计的原则。施工图未经审查合格的，不得使用。从事房屋建筑工程、市政基础设施工程施工、监理等活动，以及实施对房屋建筑和市政基础设施工程质量安全监督管理，应当以审查合格的施工图为依据。

2. 施工图设计文件审查的内容

根据《房屋建筑和市政基础设施工程施工图设计文件审查管理办法》，审查机构应当对施工图审查下列内容：①是否符合工程建设强制性标准；②地基基础和主体结构的安全性；③消防安全性；④人防工程（不含人防指挥工程）防护安全性；⑤是否符合民用建筑节能强制性标准，对执行绿色建筑标准的项目，还应当审查是否符合绿色建筑标准；⑥勘察设计企业和注册执业人员以及相关人员是否按规定在施工图上加盖相应的图章和签字；⑦法律、法规、规章规定必须审查的其他内容。

8.3.3　施工图审查机构的性质和设置

1. 施工图审查机构的性质

根据《房屋建筑和市政基础设施工程施工图设计文件审查管理办法》，省、自治区、直辖市人民政府住房城乡建设主管部门应当会同有关主管部门按照本办法规定的审查机构条件，结合本行政区域内的建设规模，确定相应数量的审查机构，逐步推行以政府购买服务方式开展施工图设计文件审查。具体办法由国务院住房城乡建设主管部门另行规定。审查机构是专门从事施工图审查业务，不以营利为目的的独立法人。省、自治区、直辖市人民政府住房城乡建设主管部门应当将审查机构名录报国务院住房城乡建设主管部门备案，并向社会公布。

---

❶ 何立山，姜兴周，唐礼民，刘毅，汪星槎. 施工图审查权应回归设计单位 [J]. 建筑设计管理，2018，35（03）：10-12.

随着市场经济的发展和政府机构改革的逐步实施，现在全国各地的施工图审查机构性质也不尽相同，以上海、浙江为代表的一些施工图审查机构进行了市场化转变；以江苏为代表的一些施工图审查机构还是行政监管机构。在成都、青岛和连云港等地进行的关于施工图审查机构定位的问卷调查情况如表 8-2 所示[1]。

施工图审查机构定位调查 表 8-2

	成都			青岛			连云港			总平均
	建设	施工	监理	建设	施工	监理	建设	施工	监理	
A（%）	41	33	30	32	45	24	36	31	34	34
B（%）	59	67	70	68	55	76	64	69	66	66

注：A 为市场化；B 为政府非营利性服务机构。

2. 审查机构的设置

审查机构按承接业务范围分两类，一类机构承接房屋建筑、市政基础设施工程施工图审查业务范围不受限制；二类机构可以承接中型及以下房屋建筑、市政基础设施工程的施工图审查。房屋建筑、市政基础设施工程的规模划分，按照国务院住房城乡建设主管部门的有关规定执行。建设单位应当将施工图送审查机构审查，但审查机构不得与所审查项目的建设单位、勘察设计企业有隶属关系或者其他利害关系。送审管理的具体办法由省、自治区、直辖市人民政府住房城乡建设主管部门按照"公开、公平、公正"的原则规定。建设单位不得明示或者暗示审查机构违反法律法规和工程建设强制性标准进行施工图审查，不得压缩合理审查周期、压低合理审查费用。

施工图审查制度要求审查机构具有公正性、公益性，而大多数企业性质的施工图审查公司具有营利性、竞争性，这一对矛盾始终存在。各地在施工图审查主体、审查机构的性质、业务范围、审查费收取等方面进行积极探索，涌现出若干不同的运行模型，典型的模式包括：政府购买服务模式、公益服务型模式、公司竞争型模式。其中，依据审查机构的性质不同，公益服务型模式又可分为：重庆模式（行业协会管理＋审图公司）、江苏模式（事业＋民办非企业审图中心）、贵州模式（事业单位，设计质量监督站）等[2]。也有学者总结我国施工图审查制度运行典型模式包括政府购买服务模式、公益服务型模式和公司竞争型模式（详见表 8-3），进而提出统一施工图审查管理机构、统一管理和分派审查工作任务的运行模式，规范审查机构的入库及评估工作，有条件的地区实行政府购买服务模式，当地财政无力负担的地区采用公益服务型模式[3]。

---

❶ 井润霞，毛龙泉. 美国建筑工程设计和施工图审查质量的法律责任探析 [J]. 工程质量，2010，28（09）：13-16.

❷ 刘少华，吴爱武，崔跃. 施工图审查的云南模式及思考 [J]. 中国勘察设计，2014（6）：56-61.

❸ 余宏亮，范秋怡，张荣青，陈彦. "去市场化"条件下建设工程施工图设计审查制度运行模式研究 [J]. 建筑经济，2017，38（12）：17-20.

国内施工图审查制度运行典型模式　　　　　　表 8-3

模式类别	政府购买服务模式	公益服务型模式	公司竞争型模式
典型案例	武汉模式	江苏模式	上海模式
审查主体	建设行政主管部门	建设行政主管部门	审查机构
审查机构性质	国有、民营企业＋民办非企业	事业＋民办非企业审图中心	国有、民营企业＋民办非企业
审查机构构成	大多依附于原有设计院、工程咨询公司或是其内部派生机构	各级建筑主管部门下属的事业单位或民办非企业审图中心	大多依附于原有设计院、工程咨询公司或是其内部派生机构
审查合同签订	建设单位与建设行政主管部门订立合同	建设单位与审图机构订立合同	建设单位与审图机构订立合同
审查费支付	政府购买服务，向审图机构支付审查费	建设单位向审图机构支付审查费	建设单位向审图机构支付审查费
审查机构业务范围	根据资质自主承接，不受行政区划限制	根据资质在行政区划内承接业务，受行政区划限制	根据资质自主承接，不受行政区划限制
审查机构选择	建设单位不可自主选择审查机构	建设单位不可自主选择审查机构	建设单位可自主选择审查机构
独立法人	完全独立法人	不完全独立法人	完全独立法人
应用省市	武汉	江苏、云南、安徽、内蒙古	上海、浙江、黑龙江

8.3.4　审查机构的责任

根据《房屋建筑和市政基础设施工程施工图设计文件审查管理办法》，勘察设计企业应当依法进行建设工程勘察、设计，严格执行工程建设强制性标准，并对建设工程勘察、设计的质量负责。审查机构对施工图审查工作负责，承担审查责任。施工图经审查合格后，仍有违反法律、法规和工程建设强制性标准的问题，给建设单位造成损失的，审查机构依法承担相应的赔偿责任。该办法体现了施工图审查制度由质量把关型向质量监管型转变的理念。建设行政主管部门不再承担具体的审查事务，而是通过审查机构的审查对建设单位、勘察设计企业、注册执业人员的违法违规行为进行监督，建设主管部门履行对审查机构和审查人员的监督检查职责。

1. 勘察设计单位与人员的责任

勘察设计单位及其人员必须对自己勘察设计文件的质量负责，并不因施工图通过了审查机构的审查就可免责。对此《建设工程质量管理条例》第十九条及《建设工程勘察设计管理条例》第五条第（二）项有明确规定。施工图审查机构应当对审查的图纸质量负相应的审查责任，但不代替设计单位承担设计质量责任。审查机构的审查只是一种监督行为，仅对工程设计质量承担间接的审查责任，其直接责任仍由完成勘察设计的单位及个人负责。倘若出现质量问题，勘察设计单位及人员必须依据实际情况和相关法律规定，负担相应的民事责任、行政责任与刑事责任。

2. 审查机构与人员的责任

审查机构与审查人员在设计质量上的免责并不意味着审查机构与人员就不负担任何责

任。审查机构违反本办法规定，有下列行为之一的，由县级以上地方人民政府住房城乡建设主管部门责令改正，处 3 万元罚款，并记入信用档案；情节严重的，省、自治区、直辖市人民政府住房城乡建设主管部门不再将其列入审查机构名录：①超出范围从事施工图审查的；②使用不符合条件审查人员的；③未按规定的内容进行审查的；④未按规定上报审查过程中发现的违法违规行为的；⑤未按规定填写审查意见告知书的；⑥未按规定在审查合格书和施工图上签字盖章的；⑦已出具审查合格书的施工图，仍有违反法律、法规和工程建设强制性标准的。

根据《房屋建筑和市政基础设施工程施工图设计文件审查管理办法》，审查机构出具虚假审查合格书的，审查合格书无效，县级以上地方人民政府住房城乡建设主管部门处 3 万元罚款，省、自治区、直辖市人民政府住房城乡建设主管部门不再将其列入审查机构名录。审查人员在虚假审查合格书上签字的，终身不得再担任审查人员；对于已实行执业注册制度的专业的审查人员，还应当依照《建设工程质量管理条例》第七十二条、《建设工程安全生产管理条例》第五十八条规定予以处罚。因此，建设工程经施工图审查后因勘察设计原因发生工程质量问题，审查机构必须承担审查失察的责任，其所负的责任可能有民事责任、行政责任与刑事责任，将依具体事实及相关情节依法认定。

3. 政府主管部门的责任

依据相关法律规定，政府各级建设行政主管部门在施工图审查中拥有行政审批权，主要负责行政监督管理和程序性审批工作。对于设计文件的质量不承担直接责任，但对其审批工作的质量，负有不可推卸的责任，此项责任具体表现为行政责任与刑事责任。根据《房屋建筑和市政基础设施工程施工图设计文件审查管理办法》，国家机关工作人员在施工图审查监督管理工作中玩忽职守、滥用职权、徇私舞弊，构成犯罪的，依法追究刑事责任；尚不构成犯罪的，依法给予行政处分。

8.4 工程勘察设计知识产权保护

工程勘察、设计是富有创造性的智力劳动。工程技术人员利用工程勘察设计理论、技术与实践经验所完成的每项工程勘察设计咨询成果都凝聚着他们的心血、智慧和创新精神。对这种原创或创新性智力劳动成果的保护，是对工程技术人员创新与发展的鼓励，有助于工程勘察设计的技术进步，同时也符合建设单位（业主）和公众的利益。

我国已经加入世界贸易组织（WTO），作为 WTO 的三大支柱之一，知识产权保护问题越来越突出。面对日益激烈的市场竞争，我国勘察设计业迫切需要增强自身知识产权保护意识，同时承认并尊重他人的知识产权及合法权益。为此，2003 年 10 月 22 日建设部、国家知识产权局发布的《工程勘察设计咨询业知识产权保护与管理导则》对勘察设计行业和咨询行业的知识产权范围等进行了明确，以指导工程勘察设计行业知识产权保护和管理工作。

8.4.1 勘察设计的知识产权保护范围

《工程勘察设计咨询业知识产权保护与管理导则》中的知识产权包括：著作权及与著作权有关的权利（邻接权）、专利权、专有技术（又称技术秘密）权、商业秘密权、商标专用权及相关识别性标志权利以及依照国家法律、法规规定，或者由合同约定由企业享有的其他知识产权。

1. 著作权及著作邻接权

勘察设计咨询业的著作权主要包括勘察、设计、咨询活动和科研活动中形成的，以各种载体所表现的文字作品、图形作品、模型作品、建筑作品等勘察设计咨询作品的著作权。勘察设计咨询作品包括以下内容：①工程勘察投标方案，专业工程设计投标方案，建筑工程设计投标方案（包括创意或概念性投标方案），工程咨询投标方案等；②工程勘察和工程设计阶段的原始资料、计算书、工程设计图及说明书、技术文件和工程总结报告等；③工程咨询的项目建议书、可行性研究报告、专业性评价报告、工程评估书、监理大纲等；④科研活动的原始数据、设计图及说明书、技术总结和科研报告等；⑤企业自行编制的计算机软件、企业标准、导则、手册、标准设计等。

2. 专利权

勘察设计咨询业的专利权系指获得授权并有效的发明专利权、实用新型专利权和外观设计专利权，包括各种具有新颖性、创造性和实用性的新工艺、新设备、新材料、新结构等新技术和新设计，以及对原有技术的新改进、新组合等的专利权。

3. 专有技术权

勘察设计咨询业的专有技术权系指对没有申请专利，具有实用性，能为企业带来利益，并采取了保密措施，不为公众所知悉的技术享有的权利，包括各种新工艺、新设备、新材料、新结构、新技术、产品配方、各种技术诀窍及方法等。

4. 商业秘密权

勘察设计咨询业除专有技术以外的其他商业秘密，系指具有实用性，能为企业带来利益，并采取了保密措施，不为公众所知悉的经营信息，包括生产经营、企业管理、科技档案、客户名单、财务账册、统计报表等。

5. 商标权及相关识别性标志权

勘察设计咨询业的商标权及相关识别性标志权，系指企业名称、商品商标、服务标志，以及依照法定程序取得的各种资质证明等依法享有的权利。

6. 其他方面的知识产权

其他方面的知识产权是依照国家法律、法规规定，或者由合同约定由企业享有的其他知识产权。如反不正当竞争方面的工业产权。

8.4.2　勘察设计的知识产权归属

根据《工程勘察设计咨询业知识产权保护与管理导则》的规定，勘察设计咨询业的知识产权归属的认定共分为 8 种不同的情形。

1. 勘察设计咨询业著作权及邻接权的归属

勘察设计咨询业著作权及邻接权的归属，一般按以下原则认定：①执行勘察设计咨询企业的任务或主要利用企业的物质技术条件完成的，并由企业承担责任的工程勘察、设计、咨询的投标方案和各类文件等职务作品，其著作权及邻接权归企业所有。直接参加投标方案和文件编制的自然人（包括企业职工和临时聘用人员，下同）享有署名权。建设单位（业主）按照国家规定支付勘察、设计、咨询费后所获取的工程勘察、设计、咨询的投标方案或各类文件，仅获得在特定建设项目上的一次性使用权，其著作权仍属于勘察设计咨询企业所有。②勘察设计咨询企业自行组织编制的计算机软件、企业标准、导则、手册、标准设计等是职务作品，其著作权及邻接权归企业所有。直接参加编制的自然人享有署名权。③执行勘察设计咨询企业的任务或主要利用企业的物质技术条件完成的，并由企业承担责任的科技论文、技术报告等职务作品，其著作权及邻接权归企业所有。直接参加编制的自然人享有署名权。④勘察设计咨询企业职工的非职务作品的著作权及邻接权归个人所有。

2. 勘察设计咨询业专利权和专有技术权的归属

勘察设计咨询业专利权和专有技术权的归属，一般按以下原则认定：①执行勘察设计咨询企业的任务，或主要利用本企业的物质技术条件所完成的发明创造或技术成果，属于职务发明创造或职务技术成果，其专利申请权和专利的所有权、专有技术的所有权，以及专利和专有技术的使用权、转让权归企业所有。直接参加专利或专有技术开发、研制等工作的自然人依法享有署名权。②勘察设计咨询企业职工的非职务专利或专有技术权归个人所有。

3. 勘察设计咨询企业的人员，在离开企业期间形成的知识产权的归属

勘察设计咨询企业的人员，在离开企业期间形成的知识产权的归属，一般按以下原则认定：①企业派遣出国开展合作设计、访问、进修、留学等，或者派遣到其他企事业单位短期工作的人员，在企业尚未完成的勘察、设计、咨询、科研等项目，在国外或其他单位完成而可能获得知识产权的，企业应当与派遣人员和接受派遣人员的单位共同签订协议，明确其知识产权的归属。②企业的离休、退休、停薪留职、调离、辞退等人员，在离开企业一年内形成的，且与其在原企业承担的工作或任务有关的各类知识产权归原企业所有。

4. 勘察设计咨询业其他知识产权的归属

①勘察设计咨询企业在科研、生产、经营、管理等工作中所形成的，能为企业带来经济利益的，采取了保密措施不为公众所知悉的技术、经营、管理信息等商业秘密属于企业所有。②勘察设计咨询企业的名称、商品商标、服务标志，以及依法定程序取得的各种资质证明等的权利为企业所有。③勘察设计咨询企业与其他企事业单位合作所形成的著作权及邻接权、专利权、专有技术权等知识产权，为合作各方所共有，合同另有规定的按照约定确定其权属。④勘察设计咨询企业接受国家、企业、事业单位的委托，或者委托其他企事业单位所形成的著作权及邻接权、专利权、专有技术权等知识产权，按照合同确定其权属。没有合同约定的，其权属归完成方所有。⑤勘察设计咨询企业接收的培训、进修、借用或临时聘用等人员，在接收企业工作或学习期间形成的职务成果的知识产权，按照接收企业与派出方的协议确定归属，没有协议的其权利属于接收企业。

8.4.3 勘察设计知识产权的侵权行为

根据《工程勘察设计咨询业知识产权保护与管理导则》的规定，勘察设计咨询业侵犯知识产权的行为主要包括以下4种。

1. 侵犯或侵占著作权

著作权及邻接权的权利人依法享有著作人身权和财产权，即发表权、署名权、修改权、保护作品完整权、复制权、发行权、改编权、信息网络传播权等。他人未经著作权人同意，不得发表、修改和使用其作品。

发生以下行为或情况的为侵犯或者侵占他人的著作权：①勘察设计咨询企业或工程技术人员不遵守行业道德和从业公约，抄袭、剽窃他人的勘察、设计、咨询文件（设计图）

及其作品的；②勘察设计咨询企业的职工，未经许可擅自将本企业的勘察设计文件（设计图）、工程技术资料、科研资料等复制、摘录、转让给其他单位或个人的；③勘察设计咨询企业的职工，将职务作品或计算机软件作为非职务成果进行登记注册或转让的；④勘察设计咨询企业的职工未经审查许可，擅自发表、出版本企业业务范围内的科技论文、作品，或许可他人发表的；⑤任何单位或个人，未经著作权人同意或超出勘察设计咨询合同的规定，擅自复制、超范围使用、重复使用、转让他人的工程勘察、设计、咨询文件（设计图）及其他作品等。

2. 侵犯或侵占专利权或专有技术权

专利权人对其发明创造享有独占权。任何单位或个人未经专利权人许可不得进行为生产经营目的制造、使用、许诺销售、销售和进口其专利产品，或者未经专利权人许可为生产经营目的使用其专利方法，以及使用、许诺销售、销售和进口依照其专利方法直接获得的产品。专有技术是受国家法律保护的具备法定条件的技术秘密，任何单位或个人不得以不正当手段获取、使用他人的技术秘密，不得以任何形式披露、转让他人的技术秘密。

发生以下情况为侵犯或者侵占他人的专利权或专有技术权：①勘察设计咨询企业的职工违反规定，在工程项目或科研工作完成后，不按时将有关勘察设计文件、设计图、技术资料等归档，私自保留、据为己有的；②勘察设计咨询企业的职工违反规定，将应属于单位的职务发明创造和科技成果申请为非职务专利，或者将其据为己有的；③勘察设计咨询企业的职工，擅自转让本企业或他人的专利或专有技术的；④勘察设计咨询企业或工程技术人员，未经权利人允许，擅自在工程勘察设计中使用他人具有专利权或专有技术权的新工艺、新设备、新技术的；⑤任何单位或个人，采用盗窃、利诱、胁迫或者其他不正当手段获取、使用或者披露他人含有专有技术标识的文件、设计图及说明的；⑥任何单位或个人，违反双方保密约定，将含有专有技术标识的文件、设计图及说明转让给第三方，以及第三方明知是他人的保密文件、设计图及说明仍擅自使用等。

3. 侵犯商标权及相关识别性标志权

商标权的所有人对其注册商标依法享有专用权。他人未经商标权人的同意，不得在经营活动中擅自使用。发生以下行为或情况的为侵犯他人的商标及相关识别性标志权：①勘察设计咨询企业擅自在其勘察设计咨询文件上使用其他勘察设计咨询企业的名称、注册商标、资质证明、图签、出图专用章等企业标识的；②任何单位或个人，未经勘察设计咨询企业授权，以勘察设计咨询企业的名义进行生产经营活动或其他活动的。

4. 侵犯商业秘密权

国家依法保护公民和法人的商业秘密。发生以下行为或情况的为侵犯他人的商业秘密：①勘察设计咨询企业的职工，私自将与本企业签有正式业务合同的客户介绍给其他企业，给企业造成损失的；②勘察设计咨询企业的职工，违反企业保守商业秘密的要求，泄露或私自许可他人使用其所掌握商业秘密的；③第三人明知或应知有上述①、②所述的违法行为，仍获取、使用或者披露他人的商业秘密等；④勘察设计咨询企业的离休、退休、离职、停薪留职人员泄露在职期间知悉的企业商业秘密的，均为侵犯了企业的商业秘密权。

除上述情形外，勘察设计咨询企业的离休、退休、离职、停薪留职人员将离开企业一年内形成的，且与其在原企业承担的工作或任务有关的知识产权视为己有或转让给他人的，均为侵犯了企业的知识产权。

8.5 建设工程勘察设计的责任与保险制度

勘察设计质量是决定工程建设质量的首要环节，它关系到国家财产和人民生命的安全，关系到建设投资的综合效益，也反映一个国家的科技水平和文化水平，因此，勘察设计质量工作一直是各级主管部门和勘察设计单位的工作重点。

8.5.1 建设工程勘察、设计单位的质量责任和义务

1. 勘察设计业务承揽应符合资质要求

从事建设工程勘察、设计的单位应当依法取得相应等级的资质证书，并在其资质等级许可的范围内承揽工程。禁止勘察、设计单位超越其资质等级许可的范围或者以其他勘察、设计单位的名义承揽工程。禁止勘察、设计单位允许其他单位或者个人以本单位的名义承揽工程。勘察、设计单位不得转包或者违法分包所承揽的工程。

2. 勘察设计按照工程建设强制性标准进行

勘察、设计单位必须按照工程建设强制性标准进行勘察、设计，并对其勘察、设计的质量负责。

3. 注册执业人员签字制度

注册建筑师、注册结构工程师等注册执业人员应当在设计文件上签字，对设计文件负责。

4. 工程勘察质量要求

勘察单位提供的地质、测量、水文等勘察成果必须真实、准确，应当符合国家规定的勘察深度要求。工程勘察企业的法定代表人、项目负责人、审核人、审定人等相关人员，应当在勘察文件上签字或者盖章，并对勘察质量负责。

5. 工程设计质量要求

设计单位应当根据勘察成果文件进行建设工程设计。设计文件应当符合国家规定的设计深度要求，注明工程合理使用年限。设计单位在设计文件中选用的建筑材料、建筑构配件和设备，应当注明规格、型号、性能等技术指标，其质量要求必须符合国家规定的标准。除有特殊要求的建筑材料、专用设备、工艺生产线等外，设计单位不得指定生产厂、供应商。

6. 施工图设计文件说明义务

设计单位应当就审查合格的施工图设计文件向施工单位作出详细说明。

7. 设计单位参与设计建设工程质量事故分析

设计单位应当参与建设工程质量事故分析，并对因设计造成的质量事故，提出相应的技术处理方案。

8.5.2 建设工程勘察、设计的违法责任

1. 建设单位的违法责任

发包人将建设工程勘察设计业务发包给不具有相应资质等级的建设工程勘察、设计单位的，责令改正，处50万元以上100万元以下的罚款。

2. 勘察设计单位的违法责任

（1）非法承揽业务的责任

建设工程勘察、设计单位超越其资质等级许可的范围或者以其他建设工程勘察、设计单位的名义承揽建设工程勘察、设计业务；建设工程勘察、设计单位允许其他单位或者个人以本单位的名义承揽建设工程勘察、设计业务。责令停止违法行为，处合同约定的勘察费、设计费 1 倍以上 2 倍以下的罚款，有违法所得的，予以没收；可以责令停业整顿，降低资质等级；情节严重的，吊销资质证书。未取得资质证书承揽工程的，予以取缔，依照前款规定处以罚款；有违法所得的，予以没收。以欺骗手段取得资质证书承揽工程的，吊销资质证书，依照以上规定处以罚款；有违法所得的，予以没收。

（2）非法转包的责任

建设工程勘察、设计单位将所承揽的建设工程勘察、设计转包的，责令改正，没收违法所得，处合同约定的勘察费、设计费 25％以上 50％以下的罚款，可以责令停业整顿，降低资质等级；情节严重的，吊销资质证书。

（3）不按规定进行勘察设计的责任

工程勘察设计单位有下列行为之一的，责令改正，处 10 万元以上 30 万元以下的罚款：①勘察单位未按照工程建设强制性标准进行勘察的；②设计单位未根据勘察成果文件进行工程设计的；③设计单位指定建筑材料、建筑构配件的生产厂、供应商的；④设计单位未按照工程建设强制性标准进行设计的。有上述所列行为，造成工程质量事故的，责令停业整顿，降低资质等级；情节严重的，吊销资质证书；造成损失的，依法承担赔偿责任。

3. 勘察、设计执业人员的违法责任

未经注册，擅自以注册建设工程勘察、设计人员的名义从事建设工程勘察、设计活动的，责令停止违法行为，没收违法所得，处违法所得 2 倍以上 5 倍以下罚款；给他人造成损失的，依法承担赔偿责任。建设工程勘察、设计注册执业人员和其他专业技术人员未受聘于一个建设工程勘察、设计单位或者同时受聘于两个以上建设工程勘察、设计单位，从事建设工程勘察、设计活动的，责令停止违法行为，没收违法所得，处违法所得 2 倍以上 5 倍以下的罚款；情节严重的，可以责令停止执行业务或者吊销资格证书；给他人造成损失的，依法承担赔偿责任。

4. 国家机关工作人员的违法责任

国家机关工作人员在建设工程勘察、设计活动的监督管理工作中玩忽职守、滥用职权、徇私舞弊，构成犯罪的，依法追究刑事责任；尚不构成犯罪的，依法给予行政处分。

8.5.3　建设工程勘察设计责任保险制度

为了保障建设工程的安全和质量、维护社会公众利益，为了提高建设工程设计质量和水平、促进行业持续、健康发展，设立工程勘察设计责任保险制度是必要和切实有效的方法。

1. 我国开展工程勘察设计保险的现状

1999 年，建设部颁布了《关于同意北京市、上海市、深圳市开展工程设计保险试点工作的通知》，决定在以上三个城市实行设计保险。为了配合原建设部的试点工作，由中国人民保险公司牵头，上海、深圳、山东、四川、北京、天津、湖南等相关处室组成险种开发小组，在借鉴国际先进经验的基础上，设计开发了与试点工作相配套的《建设工程设计责任保险条款》，于 1999 年 10 月报经中国保险监督管理委员会核准备案。2003 年，建设部又颁布《关于积极推进工程设计责任保险工作的指导意见》，要求各地在 2004 年年底前建立工程设计责任保险制度，并对试点工作中存在的问题提供了指导性意见。各地方也颁布相关执行文件，如山东省《关于建立建设工程勘察设计责任保险制度的通知》《山东省建设工程勘察设计责任保险实施细则》等。各地对如何推行设计保险、对工程设计保险是否强制性投保却存有较大不同。上海和北京都是强调保险以自愿、合理为基础，政府不强制设计企业参加设计保险，但是明确要求参加投标的设计单位必须提供经济赔偿能力证明，设计单位一般可有以下三个选择：自由资产担保、第三方担保和参加设计保险❶；而深圳市则实行了强制保险制度，要求政府、国有集体企事业单位投资以及国有企事业单位控股企业投资的工程都必须投保，私人投资的工程是否需要设计保险，由业主自主决定。❷

2. 工程勘察设计责任保险的内容

中国人民保险公司会同有关各方，按照国际惯例中的建筑师职业责任险和十年责任险，开发了建设工程设计责任保险和单项建设工程设计责任保险两个险种并制定了相应的保险条款。建设工程设计责任保险（年保）是指工程设计单位以全年设计项目为投保标的，根据其年承担的设计项目所遇风险和出险概率选择年累计赔偿限额，保险期限为一年。单项建设工程设计责任保险（单保）则是以工程设计的单个项目为投保标的，并以工程项目预算为赔偿限额的依据。由于在全国范围的层面缺少工程勘察设计责任保险制度的具体规范，我们以《山东省建设工程勘察设计责任保险实施细则》为例，简单介绍工程勘察设计责任保险制度的基本内容如下：

（1）勘察设计责任保险的投保人

凡取得住房和城乡建设部或省建设行政主管部门核发的勘察设计资质证书，并在工商行政主管部门注册登记具有独立法人资格的勘察设计单位，应当积极参加工程勘察设计责任保险。能够提供自有资产担保和第三方担保证明的勘察设计单位可不参加本保险。

（2）保险范围

单项工程保险范围主要为：全部或部分是财政投资、融资的建设工程；国有、集体单位投资或控股的建设工程；涉及社会公共利益、公众安全的住宅小区、公建、城市基础设施等工程；业主事先约定勘察设计单位应当参加责任保险的建设工程等。年保保险范围是投保单位在保险期内完成的所有勘察设计工程。

（3）投保方式

建设工程勘察设计责任保险分为年保和单项工程投保两类。年保是指工程勘察设计单位以全年设计项目为投保标的，根据其年承担的勘察设计项目所遇风险和出险概率选择年累计赔偿限额。单项工程投保是指以单个工程勘察设计项目为投保标的，以工程项目预算金额为赔偿限额。年保项目保险期限为 1 年。保险期限自保险人签发保险单次日零时起至期满日 24 时止。期满可续保。单项投保项目的保险期限为自保险单约定的起保日开始至

❶ 胡兴球. 国际惯例中的设计保险与我国的实践 [J]. 建筑经济，2004（11）：82-85.
❷ 孙文成. 对我国工程设计保险推行方式的思考 [J]. 工程建设，2007（02）：45-49.

投保工程竣工的验收合格期满 3 年之日终止。除非另有约定，本保险期限不得超过 8 年，大型工程不得超过 10 年。

（4）保险条款和保险合同

建设工程设计责任保险条款原则上按照中国保监会核准备案的条款执行，具体事宜由投保人与保险人协商确定。

（5）业主要求勘察设计单位投保的权利

各级建设行政主管部门要积极推动建设工程勘察设计责任保险工作，在业主进入有形市场招标时，应当告知业主有要求投标人参加工程勘察设计责任保险的权利。

第9章 建设工程合同法律制度

《中华人民共和国民法典》（以下简称《民法典》）的颁布实施是中国特色社会主义法律体系达到新高度的重要标志，具有重大的里程碑意义。习近平总书记指出，"民法典在中国特色社会主义法律体系中具有重要地位，是一部固根本、稳预期、利长远的基础性法律，对推进全面依法治国、加快建设社会主义法治国家，对发展社会主义市场经济、巩固社会主义基本经济制度，对坚持以人民为中心的发展思想、依法维护人民权益、推动我国人权事业发展，对推进国家治理体系和治理能力现代化，都具有重大意义。"合同制度是市场经济的基本法律制度，民法典是合同领域的基本法。建设工程合同是承包人进行工程建设，发包人支付价款的合同。建设工程合同法律制度应当坚持维护契约、平等交换、公平竞争，促进商品和要素自由流动的原则。

任何一个建设工程项目的实施，都需要通过签订、履行相应合同来实现，建设工程合同是实施建设工程中所有各类合同的核心。通过对建设工程合同内容、范围、工期、质量、标准和价款等合同条款的设定和履行，建设工程发承包人的权利得以实现，义务得以履行。

9.1 建设工程合同的概念和种类

9.1.1 建设工程合同的概念和法律特征

1. 建设工程合同的概念

《民法典》第七百八十八条，建设工程合同是承包人进行工程建设，发包人支付价款的合同。建设工程合同包括工程勘察、设计、施工合同。建设工程合同的当事人，即从事建设工程合同的主体是发包人和承包人。在建设工程合同中，发包人委托承包人进行建设工程的勘察、设计、施工，承包人接受委托并完成建设工程的勘察、设计、施工任务，发包人向承包人支付工程价款。由此看出，建设工程合同属于承揽合同的一种，德国、日本、法国及我国台湾地区民法均把建设工程合同的规定纳入承揽合同中。我国《民法典》将承揽合同与建设工程合同作为《民法典》第三编合同编（第二分编典型合同）中的两种典型合同，分别为十七章和十八章予以单独规定，但是基于建设工程合同的本质属性是对不动产的加工承揽，所以在建设工程合同一章的最后一条规定，"本章没有规定的，适用承揽合同的有关规定"。

虽然建设工程监理合同与勘察、设计、施工等建设工程合同密切关联，《民法典》也未将其列入建设工程合同，因此建设工程监理合同严格说来不属于建设工程合同。《民法典》第七百九十六条规定，建设工程实行监理的，发包人应当与监理人采用书面形式订立委托监理合同。发包人与监理人的权利和义务以及法律责任，应当依照本编委托合同以及其他有关法律、行政法规的规定。

2. 建设工程合同的特征

建设工程合同是一种特殊的以不动产为加工对象的加工承揽合同，因此它除了具有承揽合同的一般法律特征如诺成合同、双务合同、有偿合同之外，还具有以下特征：

（1）承包人的主体资格受到严格限定

建设工程合同与一般合同的最大区别之处，在于承包人必须具有民事主体资格的同时，必须具有法律规定的从业资质。自然人不具有作为承包人的资格，不能成为建设工程合同的承包人。

（2）建设工程合同的标的是特定的

建设工程合同的标的具有特殊性，仅限于完成建设工程工作的行为。这就使得建设工程合同具有了内容复杂、履行期限长、投资规模大、风险较大等特点。

（3）建设工程合同签订和履行具有严格的计划性和程序性

对于承揽合同，国家一般不予以特殊的监督和管理，而对于建设工程合同，由于其建设周期长，质量要求高、涉及的方面广，各阶段的工作之间有一定的严密顺序。国家对基本建设项目实行计划控制，尤其是国家重大项目的建设工程合同。一般工程项目的确定，首先要立项，即由有关业务主管部门和建设单位提出项目建议书，经批准后进行可行性研究，编制可行性研究报告，选定工程地址。在可行性研究报告批准后，根据可行性研究报告签订勘察、设计合同。在勘察设计合同履行后，根据批准的初步设计、技术设计、施工图纸和总概算等签订施工合同。

（4）建设工程合同的签订及履行受到行政监督管理

我国规范和调整建设工程合同的法律法规，除了《民法典》《建筑法》等法律外，还存在着大量的行政法规、行政规章、地方性法规以及地方规章。对于大型基础设施，公用事业等关系社会公共利益、公众安全的项目等属于强制招标范围的工程建设项目，包括项目的勘察、设计、施工、监理以及与工程建设有关的重要设备、材料等的采购，一般必须通过招标投标的方式，选定承包人，并订立建设工程合同。同时，大量行政法规和部门规章对工程建设的各个环节都进行严格管制，存在着大量强制性规定和禁止性规定，违反相关规定可能导致建设工程合同无效或造成合同履行障碍。

（5）建设工程合同为要式合同

《民法典》第469条规定，当事人订立合同，可以采用书面形式、口头形式或者其他形式。书面形式是合同书、信件、电报、电传、传真等可以有形地表现所载内容的形式。以电子数据交换、电子邮件等方式能够有形地表现所载内容，并可以随时调取查用的数据电文，视为书面形式。《民法典》第七百八十九条规定，建设工程合同应当采用书面形式。《民法典》第七百九十二条规定，国家重大建设工程合同，应当按照国家规定的程序和国家批准的投资计划、可行性研究报告等文件订立。在实践中，工程建设一般采用合同书的形式订立合同。通过合同书，当事人写明各自的名称、地址，工程的名称和工程范围，明确规定履行内容、方式、期限，违约责任以及解决争议的方法等。住房城乡建设部、国家工商行政管理总局相继发布了建筑行业的合同示范文本并向全国推荐使用。如：《建设工程施工合同（示范文本）》（GF—2017—0201）等。实践中，当事人可以根据自己的需要参照有关的合同示范文本订立建设工程合同。特殊情况下，建设工程承发包双方未订立书面，但承包人已经履行主要义务，发包人接受了履行的工程成果，根据《民法典》第四百九十条的规定，应当认为建设工程合同成立。

9.1.2 建设工程合同的分类

1. 按照工程建设阶段分类

按照工程建设阶段分类，建设工程合同可分为建设工程勘察合同、建设工程设计合同和建设工程施工合同。

（1）建设工程勘察合同

勘察合同，指的是发包人与勘察人就完成建设工程地理、地质等状况的调查研究工作而达成的协议。经发包人同意，承包人也可以与勘查人签订勘查合同。

（2）建设工程设计合同

建设工程设计一般分为方案设计、初步设计和施工图设计，实践中有分别签署方案设计、初步设计和施工图设计合同，也可以订立一份设计合同涵盖方案设计、初步设计和施工图设计。

（3）建设工程施工合同

建设工程施工合同指的是建设单位为发包人，施工企业为承包人，依据基本建设程序，为完成特定建设工程的施工，订立的明确双方权利义务关系的协议。经发包人同意，承包人也可以与符合条件的其他施工企业订立施工分包合同。

2. 根据承包的形式和内容的不同

根据承包的形式和内容的不同，建设工程合同可以分为总承包合同和分包合同。

（1）总承包合同（包括工程总承包合同、施工总承包合同）

建设单位可以将工程勘察、设计、施工、设备采购一并发包给一个工程总承包单位，与工程总承包单位签订建设工程总承包合同。建设单位也可将工程全部施工任务发包给一个施工总承包单位，双方签订建设工程施工总承包合同。

（2）分包合同（包括专业分包、劳务分包合同）

工程总承包单位应依法与分包单位签订分包合同。工程总承包单位和分包单位均可以进行劳务分包，与具备劳务资质的劳务分包单位签订施工劳务分包合同。

3. 按建设工程承包合同的主体进行分类

按建设工程承包合同的主体进行分类，建设工程合同可以分为国内工程合同和国际工程合同。

（1）国内工程合同

国内工程合同，是针对我国国内建设工程承包签订的合同，国内工程合同的承发包双方一般是国内承发包主体（但有例外，如工程方案设计合同的设计人可以是外国设计公司），国内工程合同应适用我国法律法规。

（2）国际工程合同

国际工程合同，是针对外国或境外地区建设工程承包签订的合同。国际工程合同的主体一方或双方是外国人。合同内容是双方当事人依据有关国家的法律和国际惯例，并依据特定的国际工程招标投标程序，确立的为完成国际工程双方当事人之间的权利义务。

9.2　建设工程合同的订立

9.2.1　建设工程合同订立的原则

合同是民事主体之间设立、变更、终止民事法律关系的协议。合同的订立，应当遵循平等原则、自愿原则、公平原则、诚实信用原则、合法原则等。

1. 平等原则

《民法典》规定，民事主体在民事活动中的法律地位一律平等。这一原则包括三方面的内容：（1）合同当事人的法律地位一律平等。不论所有制性质、单位大小和经济实力强弱，其法律地位都是平等的。（2）合同中的权利义务对等。就是说，享有权利的同时就应当承担义务，而且彼此的权利、义务是对等的。（3）合同当事人必须就合同条款充分协商，在互利互惠基础上取得一致，合同方能成立。任何一方都不得将自己的意志强加给另一方，更不得以强迫命令、胁迫等手段签订合同。

2. 自愿原则

《民法典》规定，民事主体从事民事活动，应当遵循自愿原则，按照自己的意思设立、变更、终止民事法律关系。自愿原则体现了民事活动的基本特征，是民事法律关系区别于行政法律关系、刑事法律关系的特有原则。自愿原则贯穿于合同活动的全过程，包括订不订立合同自愿，与谁订立合同自愿，合同内容由当事人在不违法的情况下自愿约定，在合同履行过程中当事人可以协议补充、协议变更有关内容，双方也可以协议解除合同，可以约定违约责任，以及自愿选择解决争议的方式。总之，只要不违背法律、行政法规强制性的规定，合同当事人有权自愿决定，任何单位和个人不得非法干预。

3. 公平原则

《民法典》规定，民事主体从事民事活动，应当遵循公平原则，合理确定各方的权利和义务。公平原则主要包括：（1）订立合同时，要根据公平原则确定双方的权利和义务，不得欺诈，不得假借订立合同恶意进行磋商；（2）根据公平原则确定风险的合理分配；（3）根据公平原则确定违约责任。公平原则作为合同当事人的行为准则，可以防止当事人滥用权利，保护当事人的合法权益，维护和平衡当事人之间的利益。

4. 诚信原则

《民法典》规定，民事主体从事民事活动，应当遵循诚信原则，秉持诚实，恪守承诺。诚信原则主要包括：（1）订立合同时，不得有欺诈或其他违背诚信的行为；（2）履行合同义务时，当事人应当根据合同的性质、目的和交易习惯，履行及时通知、协助、提供必要条件、防止损失扩大、保密等义务；（3）合同终止后，当事人应当根据交易习惯，履行通知、协助、保密等义务，也称为后契约义务。

5. 合法及不得违背公序良俗原则

《民法典》规定，民事主体从事民事活动，不得违反法律，不得违背公序良俗。一般来讲，合同的订立和履行，属于合同当事人之间的民事权利义务关系，只要当事人的意思不与法律规范、社会公序良俗相抵触，即承认合同的法律效力。对于损害社会公共利益、扰乱社会经济秩序的行为，国家应当予以干预，但这种干预要依法进行，根据法律、行政法规作出规定。

6. 有利于节约资源、保护生态环境原则

《民法典》规定，民事主体从事民事活动，应当有利于节约资源、保护生态环境。有利于节约资源、保护生态环境原则是一项限制性的"绿色原则"，即民事主体在从事民事行为过程中，不仅要遵循自愿、公平、诚信原则，不得违反法律和公序良俗，还必须要兼顾社会环境公益，有利于节约资源和生态环境保护。否则，将不受到法律的保护与支持。

9.2.2 建设工程合同的订立

合同的成立一般要经过要约和承诺两个阶段。《民法典》第四百七十一条规定，当事人订立合同，可以采取要约、承诺方式或者其他方式。建设工程合同作为合同的一种，其成立必然遵循合同成立的一般规则。

1. 要约

（1）要约

要约是希望与他人订立合同的意思表示。根据《民法典》的规定，该意思表示应当符合下列条件：①内容具体确定；②表明经受要约人承诺，要约人即受该意思表示约束。

（2）要约邀请

要约邀请是希望他人向自己发出要约的表示。拍卖公告、招标公告、招股说明书、债券募集办法、基金招募说明书、商业广告和宣传、寄送的价目表等为要约邀请。商业广告和宣传的内容符合要约条件的，构成要约。

（3）要约的法律效力

《民法典》规定，要约生效的时间适用本法第一百三十七条的规定。该法第一百三十七条规定，以对话方式作出的意思表示，相对人知道其内容时生效。以非对话方式作出的意思表示，到达相对人时生效。以非对话方式作出的采用数据电文形式的意思表示，相对人指定特定系统接收数据电文的，该数据电文进入该特定系统时生效；未指定特定系统的，相对人知道或者应当知道该数据电文进入其系统时生效。当事人对采用数据电文形式的意思表示的生效时间另有约定的，按照其约定。要约的有效期间由要约人在要约中规定。要约人如果在要约中定有存续期间，受要约人必须在此期间内承诺。要约可以撤回，要约的撤回适用《民法典》第一百四十一条的规定。《民法典》第一百四十一条规定，行为人可以撤回意思表示。撤回意思表示的通知应当在意思表示到达相对人前或者与意思表示同时到达相对人。

（4）要约的撤回、撤销与失效

按照《民法典》的规定，行为人可以撤回意思表示。撤回意思表示的通知应当在意思表示到达相对人前或者与意思表示同时到达相对人。要约可以撤销，但是有下列情形之一的除外：①要约人以确定承诺期限或者其他形式明示要约不可撤销；②受要约人有理由认为要约是不可撤销的，并已经为履行合同做了合理准备工作。撤销要约的意思表示以对话方式作出的，该意思表示的内容应当在受要约人作出承诺之前为受要约人所知道；撤销要约的意思表示以非对话方式作出的，应当在受要约人作出承诺之前到达受要约人。有下列情形之一的，要约失效：①要约被拒绝；②要约被依法撤销；③承诺期限届满，受要约人未作出承诺；④受要约人对要约的内容作出实质性变更。

2. 承诺

《民法典》规定，承诺是受要约人同意要约的意思表示。如招标人向投标人发出的中标通知书，是承诺。

（1）承诺的方式

承诺应当以通知的方式作出；但是，根据交易习惯或者要约表明可以通过行为作出承诺的除外。承诺应当在要约确定的期限内到达要约人。要约没有确定承诺期限的，承诺应当依照下列规定到达：①要约以对话方式作出的，应当即时作出承诺；②要约以非对话方式作出的，承诺应当在合理期限内到达。要约以信件或者电报作出的，承诺期限自信件载明的日期或者电报交发之日开始计算。信件未载明日期的，自投寄该信件的邮戳日期开始计算。要约以电话、传真、电子邮件等快速通讯方式作出的，承诺期限自要约到达受要约人时开始计算。

（2）承诺的生效

《民法典》规定，承诺生效时合同成立，但是法律另有规定或者当事人另有约定的除外。

以通知方式作出的承诺，生效的时间适用《民法典》第一百三十七条的规定。承诺不需要通知的，根据交易习惯或者要约的要求作出承诺的行为时生效。承诺可以撤回。承诺的撤回适用《民法典》第一百四十一条的规定。受要约人超过承诺期限发出承诺，或者在承诺期限内发出承诺，按照通常情形不能及时到达要约人的，为新要约；但是，要约人及时通知受要约人该承诺有效的除外。受要约人在承诺期限内发出承诺，按照通常情形能够及时到达要约人，但是因其他原因致使承诺到达要约人时超过承诺期限的，除要约人及时通知受要约人因承诺超过期限不接受该承诺外，该承诺有效。

（3）承诺的内容

承诺的内容应当与要约的内容一致。受要约人对要约的内容作出实质性变更的，为新要约。有关合同标的、数量、质量、价款或者报酬、履行期限、履行地点和方式、违约责任和解决争议方法等的变更，是对要约内容的实质性变更。承诺对要约的内容作出非实质性变更的，除要约人及时表示反对或者要约表明承诺不得对要约的内容作出任何变更外，该承诺有效，合同的内容以承诺的内容为准。

3. 国家重大建设工程合同的订立程序

建设工程合同因涉及基本建设规划，其标的物为不动产的工程，承包人所完成的工作成果不仅具有不可移动性，而且须长期存在和发挥效用，事关国计民生。因此，国家要实行严格的监督和管理。《民法典》第七百九十二条规定，国家重大建设工程合同，应当按照国家规定的程序和国家批准的投资计划、可行性研究报告等文件订立。国家重大建设工程在事先应当进行可行性研究，对工程的投资规模、建设效益进行论证分析，并编制可行性研究报告，然后到申请立项，立项批准后，再根据立项进行投资计划并报有关国家计划部门进行批准，投资计划批准后，有关建设单位根据工程的可行性研究报告和国家批准的投资计划，遵照国家规定的程序进行发包，与承包人订立建设工程合同。

4. 缔约过失责任

缔约过失责任是指在合同订立过程中，一方因违背其依据的诚实信用原则所产生的义务，而致另一方的信赖利益的损失，应承担的损害赔偿责任。

《民法典》规定，当事人在订立合同过程中有下列情形之一，造成对方损失的，应当承担赔偿责任：①假借订立合同，恶意进行磋商；②故意隐瞒与订立合同有关的重要事实或者提供虚假情况；③有其他违背诚信原则的行为。当事人在订立合同过程中知悉的商业秘密或者其他应当保密的信息，无论合同是否成立，不得泄露或者不正当地使用；泄露、不正当地使用该商业秘密或者信息，造成对方损失的，应当承担赔偿责任。

9.2.3　建设工程合同的形式和内容

1. 建设工程合同的形式

《民法典》规定，当事人订立合同，可以采用书面形式、口头形式或者其他形式。书面形式是合同书、信件、电报、电传、传真等可以有形地表现所载内容的形式。以电子数据交换、电子邮件等方式能够有形地表现所载内容，并可以随时调取查用的数据电文，视为书面形式。《民法典》明确规定，建设工程合同应当采用书面形式。

书面形式合同的内容明确，有据可查，对于防止和解决争议有积极意义。口头形式合同具有直接、简便、快速的特点，但缺乏凭证，一旦发生争议，难以取证，且不易分清责任。其他形式合同，可以根据当事人的行为或者特定情形推定合同的成立。

2. 合同的主要条款

《民法典》第四百七十条规定，合同的内容由当事人约定，一般包括下列条款：①当事人的姓名或者名称和住所；②标的；③数量；④质量；⑤价款或者报酬；⑥履行期限、地点和方式；⑦违约责任；⑧解决争议的方法。当事人可以参照各类合同的示范文本订立合同。

合同的条款是合同中经双方当事人协商一致、规定双方当事人权利义务的具体条文。合同的条款就是合同的内容。合同的权利义务，除法律规定的以外，主要由合同的条款确定。合同的主要条款或者合同的内容要由当事人约定，一般包括这些条款，但不限于这些条款。不同的合同，由其类型与性质决定，其主要条款或者必备条款可能是不同的。

3. 建设工程勘察设计合同的主要条款

《民法典》第七百九十四条规定，勘察、设计合同的内容一般包括提交有关基础资料和概预算等文件的期限、质量要求、费用以及其他协作条件等条款。

根据《建设工程勘察合同（示范文本）》GF—2016—0203，以下简称《示范文本》，该《示范文本》由合同协议书、通用合同条款和专用合同条款三部分组成。（1）合同协议书。《示范文本》合同协议书共计12条，主要包括工程概况、勘察范围和阶段、技术要求及工作量、合同工期、质量标准、合同价款、合同文件构成、承诺、词语定义、签订时间、签订地点、合同生效和合同份数等内容，集中约定了合同当事人基本的合同权利义务。（2）通用合同条款。通用合同条款是合同当事人根据《合同法》《建筑法》《招标投标法》等相关法律法规的规定，就工程勘察的实施及相关事项对合同当事人的权利义务作出的原则性约定。通用合同条款具体包括一般约定、发包人、勘察人、工期、成果资料、后期服务、合同价款与支付、变更与调整、知识产权、不可抗力、合同生效与终止、合同解除、责任与保险、违约、索赔、争议解决及补充条款等共计17条。上述条款安排既考虑了现行法律法规对工程建设的有关要求，也考虑了工程勘察管理的特殊需要。（3）专用合同条款。专用合同条款是对通用合同条款原则性约定的细化、完善、补充、修改或另行约定的条款。合同当事人可以根据不同建设工程的特点及具体情况，通过双方的谈判、协商对相应的专用合同条款进行修改补充。

根据《建设工程设计合同示范文本（房屋建筑工程）》GF—2015—0209，《示范文本》由合同协议书、通用合同条款和专用合同条款三部分组成。该《示范文本》适用于建设用地规划许可证范围内的建筑物构筑物设计、室外工程设计、民用建筑修建的地下工程设计及住宅小区、工厂厂前区、工厂生活区、小区规划设计及单体设计等，以及所包含的相关专业的设计内容（总平面布置、竖向设计、各类管网管线设计、景观设计、室内外环境设计及建筑装饰、道路、消防、智能、安保、通信、防雷、人防、供配电、照明、废水治理、空调设施、抗震加固等）等工程设计活动。根据《建设工程设计合同示范文本（专业建设工程)》GF—2015—0210，《示范文本》由合同协议书、通用合同条款和专用合同条款三部分组成。该《示范文本》适用于房屋建筑工程以外各行业建设工程项目的主体工程和配套工程（含厂/矿区内的自备电站、道路、专用铁路、通信、各种管网管线和配套的建筑物等全部配套工程）以及与主体工程、配套工程相关的工艺、土木、建筑、环境保护、水土保持、消防、安全、卫生、节能、防雷、抗震、照明工程等工程设计活动。房屋建筑工程以外的各行业建设工程统称为专业建设工程，具体包括煤炭、化工石化医药、石油天然气（海洋石油）、电力、冶金、军工、机械、商物粮、核工业、电子通信广电、轻纺、建材、铁道、公路、水运、民航、市政、农林、水利、海洋等工程。

根据《民法典》第八百条规定，勘察、设计的质量不符合要求或者未按照期限提交勘察、设计文件拖延工期，造成发包人损失的，勘察人、设计人应当继续完善勘察、设计，减收或者免收勘察、设计费并赔偿损失。

4. 建筑工程施工合同的主要条款

《民法典》第七百九十五条规定，施工合同的内容一般包括工程范围、建设工期、中间交工工程的开工和竣工时间、工程质量、工程造价、技术资料交付时间、材料和设备供应责任、拨款和结算、竣工验收、质量保修范围和质量保证期、相互协作等条款。

目前我国在建设工程施工合同领域中普遍采用住房城乡建设部、国家工商行政管理总局制定的《建设工程施工合同（示范文本)》GF—2017—0201。该《示范文本》由合同协议书、通用合同条款和专用合同条款三部分组成。(1) 合同协议书。《示范文本》合同协议书共计13条，主要包括：工程概况、合同工期、质量标准、签约合同价和合同价格形式、项目经理、合同文件构成、承诺以及合同生效条件等重要内容，集中约定了合同当事人基本的合同权利义务。(2) 通用合同条款。通用合同条款是合同当事人根据《建筑法》《合同法》等法律法规的规定，就工程建设的实施及相关事项，对合同当事人的权利义务作出的原则性约定。通用合同条款共计20条，具体条款分别为：一般约定、发包人、承包人、监理人、工程质量、安全文明施工与环境保护、工期和进度、材料与设备、试验与检验、变更、价格调整、合同价格、计量与支付、验收和工程试车、竣工结算、缺陷责任与保修、违约、不可抗力、保险、索赔和争议解决。(3) 专用合同条款。专用合同条款是对通用合同条款原则性约定的细化、完善、补充、修改或另行约定的条款。合同当事人可以根据不同建设工程的特点及具体情况，通过双方的谈判、协商对相应的专用合同条款进行修改补充。该示范文本为非强制性使用文本。该《示范文本》适用于房屋建筑工程、土木工程、线路管道和设备安装工程、装修工程等建设工程的施工承发包活动，合同当事人可结合建设工程具体情况，根据该《示范文本》订立合同，并按照法律法规规定和合同约定承担相应的法律责任及合同权利义务。

9.3 建设工程合同的效力

依法成立并生效之合同，犹如当事人之间的法律，当事人应当严格按照合同约定履行。建设工程合同成立后，能否产生法律效力要视合同是否具备生效要件。具备合同有效成立的要件，才能得到国家法律的保护，欠缺有效要件的建设工程合同，属于法律效力有瑕疵的合同，不能产生当事人订立合同所预期的效果。

9.3.1 建设工程合同的成立与生效

1. 合同的成立

合同成立，是指当事人就合同主要条款达成了合意。当事人采用合同书形式订立合同的，自当事人均签名、盖章或者按指印时合同成立。在签名、盖章或者按指印之前，当事人一方已经履行主要义务，对方接受时，该合同成立。法律、行政法规规定或者当事人约定合同应当采用书面形式订立，当事人未采用书面形式但是一方已经履行主要义务，对方接受时，该合同成立。

当事人采用信件、数据电文等形式订立合同要求签订确认书的，签订确认书时合同成立。当事人一方通过互联网等信息网络发布的商品或者服务信息符合要约条件的，对方选择该商品或者服务并提交订单成功时合同成立，但是当事人另有约定的除外。

承诺生效的地点为合同成立的地点。采用数据电文形式订立合同的，收件人的主营业地为合同成立的地点；没有主营业地的，其住所地为合同成立的地点。当事人另有约定的，按照其约定。

当事人采用合同书形式订立合同的，最后签名、盖章或者按指印的地点为合同成立的地点，但是当事人另有约定的除外。

2. 合同的成立与生效

《民法典》第五百零二条规定，依法成立的合同，自成立时生效，但是法律另有规定或者当事人另有约定的除外。依照法律、行政法规的规定，合同应当办理批准等手续的，依照其规定。未办理批准等手续影响合同生效的，不影响合同中履行报批等义务条款以及相关条款的效力。应当办理申请批准等手续的当事人未履行义务的，对方可以请求其承担违反该义务的责任。依照法律、行政法规的规定，合同的变更、转让、解除等情形应当办理批准等手续的，适用上述规定。

从民法理论的角度看，对于建设工程合同来说，其成立和生效是两个不同性质的问题，是两个有着严格区别的法律概念。第一，合同成立并不等于生效。理由是合同的成立仅仅反映的是当事人的意志，它体现了合同自由的原则；而合同的生效反映了国家的意志，即国家法律对已成立合同的一种法律认可或称价值判断，它体现了国家对合同关系的干预，决定了合同的生效。另外，合同的成立是事实问题，而合同的生效是法律问题。合同的成立是合同生效的前提条件，但合同的成立和生效是两个不同性质的问题，应该严格加以区分。第二，在构成要件上，合同的成立，是订约当事人就合同的主要条款达成合意，亦即合同因承诺生效而成立，故合同成立的条件一般就是承诺生效的条件。而合同生

效的条件才是判断合同是否具有法律效力的标准。❶

虽然我国《民法典》没有就合同生效要件作出明确的规定，但《民法典》规定了民事法律行为的有效条件。《民法典》第一百四十三条规定，具备下列条件的民事法律行为有效：①行为人具有相应的民事行为能力；②意思表示真实；③不违反法律、行政法规的强制性规定，不违背公序良俗。建设工程合同作为民事法律行为的一种，当然也应当满足民事法律行为的有效条件。上述条件属于合同生效的一般要件，亦称实质要件。至于形式要件，对于有些合同，合同的生效还须具备特殊要件，也称形式要件。这些合同主要包括两种情形：一是当事人根据《民法典》第一百五十八、一百六十条的规定所订立的合同，在所附条件成就时或所附生效时间到来时，合同才能生效；二是根据《民法典》第五百零二条规定，依照法律、行政法规的规定，合同应当办理批准等手续的，在办理了批准手续后，合同才能生效。但是未办理批准等手续影响合同生效的，不影响合同中履行报批等义务条款以及相关条款的效力。

3. 建设工程合同的生效要件

（1）行为人具有相应的民事行为能力

建设工程合同的当事人即发包人和承包人应当符合法律和行政法规所规定的条件，即合同的主体要件。合同当事人必须具有相应的缔约能力，即相应的民事权利和民事行为能力，发包人应当具备开发建设的条件，承包人应当具备承揽工程的相应资质，才能成为适格的合同主体。

（2）意思表示真实

合同当事人意思表示真实，是指行为人的意思表示应当真实反映其内心的意思，即当事人是否订立建设工程合同，合同对方当事人的选择，以及合同内容的确定等均出于真实的意愿，非受到欺诈、胁迫或乘人之危，也不属于因产生重大误解而订立或合同内容显失公平，违背对方真实意思订立合同的情况。由于合同成立后，当事人的意思表示是否真实往往难以从其外部判断，法律对此一般不主动干预，是否缺乏意思表示真实，应当由当事人举证证明，因此，意思表示不真实，并不导致合同绝对无效。

（3）不违反法律、行政法规的强制性规定，不违背公序良俗

首先，合同的内容合法，即合同条款中约定的权利、义务及其指向的对象及标的等，应符合法律的规定和社会公共利益的要求；其次，合同的目的合法，即当事人缔约的原因和预达目的是合法的，不存在以合法的方式达到非法目的等规避法律的事实。

（4）具备法律、行政法规规定合同生效所必须具备的形式要件

《民法典》规定，建设工程合同应当采用书面形式。建设工程施工合同的当事人即发包人和承包人在签订合同的过程中应当履行法律和行政法规规定的必须履行的程序。如《招标投标法》规定了强制招标的工程建设项目的范围，根据《施工合同司法解释（一）》，建设工程必须进行招标而未招标或者中标无效的，订立的建设工程施工合同无效。

建设工程合同同时具备以上四个要件，即为有效的建设工程合同，当事人应当信守合同，不履行合同或者履行合同不符合约定的，要承担相应的违约责任。

---

❶ 王利明. 民法［M］. 6 版. 北京：中国人民大学出版社，2020：456.

9.3.2 无效的建设工程合同

1. 无效合同的主要类型

无效合同，是指合同内容或者形式违反了法律、行政法规的强制性规定和社会公共利益，因而不能产生法律约束力，不受法律保护的合同。

《民法典》第五百零八条规定，第三编合同第一分编通则对合同的效力没有规定的，适用《民法典》第一编总则第六章民事法律行为的有关规定。根据《民法典》中关于民事法律行为的规定，无效的民事法律行为包括：①无民事行为能力人实施的民事法律行为无效。②行为人与相对人以虚假的意思表示实施的民事法律行为无效。③违反法律、行政法规的强制性规定的民事法律行为无效。但是，该强制性规定不导致该民事法律行为无效的除外。④违背公序良俗的民事法律行为无效。⑤行为人与相对人恶意串通，损害他人合法权益的民事法律行为无效。《民法典》第五百零六条规定，合同中的下列免责条款无效：①造成对方人身损害的；②因故意或者重大过失造成对方财产损失的。

当事人超越经营范围订立的合同的效力，应当依照《民法典》的规定确定，不得仅以超越经营范围确认合同无效。

2. 无效的建设工程合同

建设工程合同的无效，是指合同虽然已经成立，但因违反法律、行政法规的强制性规定或者社会公共利益，自始不能产生法律约束力的合同。建设工程合同的无效主要是因为合同当事人不具备适格的主体资格或者合同内容违法等原因。无效的建设工程合同自始确定不发生任何法律效力。

《民法典》第一百五十三条第（一）款规定，违反法律、行政法规的强制性规定的民事法律行为无效。但是，该强制性规定不导致该民事法律行为无效的除外。《施工合同司法解释（一）》第1条规定建设工程施工合同具有下列情形之一的，应当依据民法典第一百五十三条第（一）款的规定，认定无效：①承包人未取得建筑业企业资质或者超越资质等级的；②没有资质的实际施工人借用有资质的建筑施工企业名义的；③建设工程必须进行招标而未招标或者中标无效的。承包人因转包、违法分包建设工程与他人签订的建设工程施工合同，应当依据民法典第一百五十三条第（一）款及第七百九十一条第（二）款、第（三）款的规定，认定无效。《工程施工合同司法解释（一）》第三条规定，当事人以发包人未取得建设工程规划许可证等规划审批手续为由，请求确认建设工程施工合同无效的，人民法院应予支持，但发包人在起诉前取得建设工程规划许可证等规划审批手续的除外。

《民法典》第七百九十一条第（二）款和第（三）款规定，总承包人或者勘察、设计、施工承包人经发包人同意，可以将自己承包的部分工作交由第三人完成。第三人就其完成的工作成果与总承包人或者勘察、设计、施工承包人向发包人承担连带责任。承包人不得将其承包的全部建设工程转包给第三人或者将其承包的全部建设工程肢解以后以分包的名义分别转包给第三人。禁止承包人将工程分包给不具备相应资质条件的单位。禁止分包单位将其承包的工程再分包。建设工程主体结构的施工必须由承包人自行完成。

3. 无效建设工程合同的法律后果

（1）无效的民事法律行为自始没有法律约束力

《民法典》规定，无效的民事法律行为自始没有法律约束力。民事法律行为部分无效，不影响其他部分效力的，其他部分仍然有效。民事法律行为无效、被撤销或者确定不发生效力后，行为人因该行为取得的财产，应当予以返还；不能返还或者没有必要返还的，应当折价补偿。有过错的一方应当赔偿对方由此所受到的损失；各方都有过错的，应当各自承担相应的责任。法律另有规定的，依照其规定。

（2）建设工程施工合同无效，但是建设工程经验收合格的，可以参照合同约定折价补偿

《民法典》第七百九十三条规定，建设工程施工合同无效，但是建设工程经验收合格的，可以参照合同关于工程价款的约定折价补偿承包人。建设工程施工合同无效，且建设工程经验收不合格的，按照以下情形处理：①修复后的建设工程经验收合格的，发包人可以请求承包人承担修复费用；②修复后的建设工程经验收不合格的，承包人无权请求参照合同关于工程价款的约定折价补偿。发包人对因建设工程不合格造成的损失有过错的，应当承担相应的责任。

（3）合同中有关解决争议方法的条款的效力

《民法典》第五百零七条规定，合同不生效、无效、被撤销或者终止的，不影响合同中有关解决争议方法的条款的效力。

9.3.3　可撤销的建设工程合同

可撤销的合同，指的是欠缺当事人真实意思表示而订立的合同，又称为相对无效的合同，一方当事人可以依照自己的意思，请求人民法院或仲裁机构作出变更或者撤销。可撤销可变更的合同包括：

1. 可撤销合同的种类

根据《民法典》，可撤销的民事法律行为包括：①基于重大误解实施的民事法律行为，行为人有权请求人民法院或者仲裁机构予以撤销。②一方以欺诈手段，使对方在违背真实意思的情况下实施的民事法律行为，受欺诈方有权请求人民法院或者仲裁机构予以撤销。③第三人实施欺诈行为，使一方在违背真实意思的情况下实施的民事法律行为，对方知道或者应当知道该欺诈行为的，受欺诈方有权请求人民法院或者仲裁机构予以撤销。④一方或者第三人以胁迫手段，使对方在违背真实意思的情况下实施的民事法律行为，受胁迫方有权请求人民法院或者仲裁机构予以撤销。⑤一方利用对方处于危困状态、缺乏判断能力等情形，致使民事法律行为成立时显失公平的，受损害方有权请求人民法院或者仲裁机构予以撤销。

2. 撤销权的行使

撤销权通常因意思表示不真实而受损害的一方当事人享有，是一种专属的权利，不得与法律行为相分离而单独转让。撤销权因撤销权行使期间的经过而消灭。《民法典》第一百五十二条规定，有下列情形之一的，撤销权消灭：①当事人自知道或者应当知道撤销事由之日起1年内、重大误解的当事人自知道或者应当知道撤销事由之日起90日内没有行使撤销权；②当事人受胁迫，自胁迫行为终止之日起1年内没有行使撤销权；③当事人知道撤销事由后明确表示或者以自己的行为表明放弃撤销权。当事人自民事法律行为发生之日起5年内没有行使撤销权的，撤销权消灭。

3. 被撤销合同的法律后果

无效的或者被撤销的民事法律行为自始没有法律约束力。合同被撤销的，不影响合同

中有关解决争议方法的条款的效力。

9.3.4　效力待定的建设工程合同

效力待定的合同，是指合同成立后，是否能发生法律效力不能确定，有待于其他行为或者事实使之确定的合同。效力待定的合同包括：

1. 限制行为能力人订立的合同

《民法典》规定，限制民事行为能力人实施的纯获利益的民事法律行为或者与其年龄、智力、精神健康状况相适应的民事法律行为有效；实施的其他民事法律行为经法定代理人同意或者追认后有效。相对人可以催告法定代理人自收到通知之日起 30 日内予以追认。法定代理人未作表示的，视为拒绝追认。民事法律行为被追认前，善意相对人有撤销的权利。撤销应当以通知的方式作出。

2. 无权代理人订立的合同

代理，是指代理人以被代理人名义实施的，其法律效果直接归属于被代理人的行为。《民法典》规定，民事主体可以通过代理人实施民事法律行为。依照法律规定、当事人约定或者民事法律行为的性质，应当由本人亲自实施的民事法律行为，不得代理。代理人在代理权限内，以被代理人名义实施的民事法律行为，对被代理人发生效力。代理人不履行或者不完全履行职责，造成被代理人损害的，应当承担民事责任。代理人和相对人恶意串通，损害被代理人合法权益的，代理人和相对人应当承担连带责任。建设工程活动中涉及的代理行为比较多，如工程招标代理、材料设备采购代理以及诉讼代理等。

（1）代理的种类

代理包括委托代理和法定代理。①委托代理。委托代理人按照被代理人的委托行使代理权。因委托代理中，委托代理授权采用书面形式的，授权委托书应当载明代理人的姓名或者名称、代理事项、权限和期限，并由被代理人签名或者盖章。数人为同一代理事项的代理人的，应当共同行使代理权，但是当事人另有约定的除外。代理人知道或者应当知道代理事项违法仍然实施代理行为，或者被代理人知道或者应当知道代理人的代理行为违法未作反对表示的，被代理人和代理人应当承担连带责任。代理人不得以被代理人的名义与自己实施民事法律行为，但是被代理人同意或者追认的除外。代理人不得以被代理人的名义与自己同时代理的其他人实施民事法律行为，但是被代理的双方同意或者追认的除外。代理人需要转委托第三人代理的，应当取得被代理人的同意或者追认。转委托代理经被代理人同意或者追认的，被代理人可以就代理事务直接指示转委托的第三人，代理人仅就第三人的选任以及对第三人的指示承担责任。转委托代理未经被代理人同意或者追认的，代理人应当对转委托的第三人的行为承担责任；但是，在紧急情况下代理人为了维护被代理人的利益需要转委托第三人代理的除外。②法定代理。法定代理人依照法律的规定行使代理权。例如，《民法典》规定，无民事行为能力人、限制民事行为能力人的监护人是其法定代理人。

（2）代理的终止

《民法典》规定，有下列情形之一的，委托代理终止：①代理期限届满或者代理事务完成；②被代理人取消委托或者代理人辞去委托；③代理人丧失民事行为能力；④代理人或者被代理人死亡；⑤作为代理人或者被代理人的法人、非法人组织终止。被代理人死亡后，有下列情形之一的，委托代理人实施的代理行为有效：①代理人不知道且不应当知道被代理人死亡；②被代理人的继承人予以承认；③授权中明确代理权在代理事务完成时终止；④被代理人死亡前已经实施，为了被代理人的继承人的利益继续代理。作为被代理人的法人、非法人组织终止的，参照适用上述规定。

《民法典》规定，有下列情形之一的，法定代理终止：①被代理人取得或者恢复完全民事行为能力；②代理人丧失民事行为能力；③代理人或者被代理人死亡；④法律规定的其他情形。

（3）无权代理

无权代理是指代理人在从事代理行为时并未获得代理权。无权代理一般存在三种表现形式：①根本没有代理权的代理。如果行为人自始至终没有被授予代理权，就以他人的名义进行民事行为，属于无权代理。②超越代理权的无权代理。代理权限是有范围的，超越了代理权限，依然属于无权代理。③代理权终止以后的无权代理。行为人虽曾得到被代理人的授权，但该代理权已经终止的，行为人如果仍以被代理人的名义进行民事行为，则属无权代理。

《民法典》规定，行为人没有代理权、超越代理权或者代理权终止后，仍然实施代理行为，未经被代理人追认的，对被代理人不发生效力。相对人可以催告被代理人自收到通知之日起 30 日内予以追认。被代理人未作表示的，视为拒绝追认。行为人实施的行为被追认前，善意相对人有撤销的权利。撤销应当以通知的方式作出。行为人实施的行为未被追认的，善意相对人有权请求行为人履行债务或者就其受到的损害请求行为人赔偿。但是，赔偿的范围不得超过被代理人追认时相对人所能获得的利益。相对人知道或者应当知道行为人无权代理的，相对人和行为人按照各自的过错承担责任。

（4）表见代理

表见代理是指行为人虽无权代理，但由于行为人的某些行为，造成了足以使善意相对人相信其有代理权的表象，而与善意相对人进行的，由被代理人承担法律后果的代理行为。《民法典》规定，行为人没有代理权、超越代理权或者代理权终止后，仍然实施代理行为，相对人有理由相信行为人有代理权的，代理行为有效。

表见代理除需符合代理的一般条件外，还需具备以下特别构成要件：①须存在足以使相对人相信行为人具有代理权的事实或理由。这是构成表见代理的客观要件。它要求行为人与被代理人之间应存在某些事实上或法律上的联系，如行为人持有由被代理人发出的委任状、已加盖公章的空白合同书或者有显示被代理人向行为人授予代理权的通知函告等证明类文件。②须被代理人存在过失。其过失表现为被代理人表达了足以使相对人相信有授权意思的表示，或者实施了足以使相对人相信有授权意义的行为，发生了外表授权的事实。③须相对人为善意。这是构成表见代理的主观要件。如果相对人明知行为人无代理权而仍与之实施民事行为，则相对人为主观恶意，不构成表见代理。

表见代理对被代理人产生有权代理的效力，即在相对人与被代理人之间产生民事法律关系。被代理人受表见代理人与相对人之间实施的法律行为的约束，享有该行为设定的权利和履行该行为约定的义务。被代理人不能以无权代理为抗辩。被代理人在承担表见代理行为所产生的责任后，可以向无权代理人追偿因代理行为而遭受的损失。

9.4 建设工程合同的履行

9.4.1 合同履行概述

1. 合同履行的概念

合同的履行，是指债务人全面地、适当地完成其合同义务，债权人的合同债权得到完全实现。如交付约定的标的物，完成约定的工作并交付工作成果，提供约定的服务等。从合同关系消灭的角度观察，债务人全面而适当地履行合同，导致了合同关系的消灭；合同履行是合同关系消灭的原因，并且是正常消灭的原因。从合同效力方面观察，合同的履行是依法成立的合同所必然发生的法律效果，并且是构成合同法律效力的主要内容。

2. 合同履行的原则

合同履行的原则，是当事人在履行合同债务时所应遵循的基本准则。《民法典》规定，当事人应当按照约定全面履行自己的义务。当事人应当遵循诚信原则，根据合同的性质、目的和交易习惯履行通知、协助、保密等义务。当事人在履行合同过程中，应当避免浪费资源、污染环境和破坏生态。合同生效后，当事人不得因姓名、名称的变更或者法定代表人、负责人、承办人的变动而不履行合同义务。

（1）全面履行原则

全面履行原则，又称适当履行原则或正确履行原则。它要求当事人按合同约定的标的及其质量、数量，合同约定的履行期限、履行地点、适当的履行方式、全面完成合同义务的履行原则。依法成立的合同，在订立合同的当事人间具有相当于法律的效力，因此，合同当事人受合同的约束，合同的当事人应当按照合同的约定，全部履行自己的义务。

（2）诚实信用原则

合同履行中的诚实信用原则是对作为民法基本原则的诚实信用原则的确认。诚实信用原则就是要求人们在市场活动中讲究信用，恪守诺言，诚实不欺，在不损害他人利益和社会利益的前提下追求自己的利益。

（3）情事变更原则

情事变更，是指在合同有效成立后履行前，因不可归责于双方当事人的原因而使合同成立的基础发生变化，如继续履行合同将会造成显失公平的后果。在这种情况下，法律允许当事人变更合同的内容或者解除合同，以消除不公平的后果。情势变更的实质，乃是诚实信用原则之具体运用。情事变更原则有其存在的合理性，合同依法成立之时，有其信赖的客观环境，当事人在合同中约定的权利义务是与这种客观环境相适应的。权利义务的对等，也是就该环境而言的。在合同成立之后，该客观环境发生改变或不复存在，原来约定的权利义务如与新形成的客观环境不适应，也就不再公平合理了。只有将合同加以改变乃至解除，才符合公平和诚实信用原则的要求。

《民法典》第五百三十三条规定，合同成立后，合同的基础条件发生了当事人在订立合同时无法预见的、不属于商业风险的重大变化，继续履行合同对于当事人一方明显不公平的，受不利影响的当事人可以与对方重新协商；在合理期限内协商不成的，当事人可以请求人民法院或者仲裁机构变更或者解除合同。人民法院或者仲裁机构应当结合案件的实际情况，根据公平原则变更或者解除合同。这一规定，确认了情势变更原则的法律地位。

3. 合同履行的规则

合同履行的规则主要是指当事人就某些事项没有约定时的处理方法。

《民法典》规定，合同生效后，当事人就质量、价款或者报酬、履行地点等内容没有约定或者约定不明确的，可以协议补充；不能达成补充协议的，按照合同相关条款或者交易习惯确定。当事人就有关合同内容约定不明确，依据上述规定仍不能确定的，适用下列规定：①质量要求不明确的，按照强制性国家标准履行；没有强制性国家标准的，按照推荐性国家标准履行；没有推荐性国家标准的，按照行业标准履行；没有国家标准、行业标准的，按照通常标准或者符合合同目的的特定标准履行。②价款或者报酬不明确的，按照订立合同时履行地的市场价格履行；依法应当执行政府定价或者政府指导价的，依照规定履行。③履行地点不明确，给付货币的，在接受货币一方所在地履行；交付不动产的，在不动产所在地履行；其他标的，在履行义务一方所在地履行。④履行期限不明确的，债务人可以随时履行，债权人也可以随时请求履行，但是应当给对方必要的准备时间。⑤履行方式不明确的，按照有利于实现合同目的的方式履行。⑥履行费用的负担不明确的，由履行义务一方负担；因债权人原因增加的履行费用，由债权人负担。

4. 涉及第三人的合同履行

《民法典》规定，当事人约定由债务人向第三人履行债务，债务人未向第三人履行债务或者履行债务不符合约定的，应当向债权人承担违约责任。法律规定或者当事人约定第三人可以直接请求债务人向其履行债务，第三人未在合理期限内明确拒绝，债务人未向第三人履行债务或者履行债务不符合约定的，第三人可以请求债务人承担违约责任；债务人对债权人的抗辩，可以向第三人主张。当事人约定由第三人向债权人履行债务，第三人不履行债务或者履行债务不符合约定的，债务人应当向债权人承担违约责任。

债务人不履行债务，第三人对履行该债务具有合法利益的，第三人有权向债权人代为履行；但是，根据债务性质、按照当事人约定或者依照法律规定只能由债务人履行的除外。债权人接受第三人履行后，其对债务人的债权转让第三人，但是债务人和第三人另有约定的除外。

5. 执行政府定价或者政府指导价的合同履行

《民法典》规定，执行政府定价或者政府指导价的，在合同约定的交付期限内政府价格调整时，按照交付时的价格计价。逾期交付标的物的，遇价格上涨时，按照原价格执行；价格下降时，按照新价格执行。逾期提取标的物或者逾期付款的，遇价格上涨时，按照新价格执行；价格下降时，按照原价格执行。

9.4.2　建设工程工期和工程价款

1. 建设工程工期

《建设工程施工合同（示范文本）》GF—2017—0201 规定，工期是指在合同协议书约定的承包人完成工程所需的期限，包括按照合同约定所作的期限变更。开工日期包括计划开工日期和实际开工日期。

（1）开工日期

《施工合同司法解释（一）》规定，当事人对建设工程开工日期有争议的，人民法院应当分别按照以下情形予以认定：①开工日期为发包人或者监理人发出的开工通知载明的开工日期；开工通知发出后，尚不具备开工条件的，以开工条件具备的时间为开工日期；因承包人原因导致开工时间推迟的，以开工通知载明的时间为开工日期。②承包人经发包人同意已经实际进场施工的，以实际进场施工时间为开工日期。③发包人或者监理人未发出开工通知，亦无相关证据证明实际开工日期的，应当综合考虑开工报告、合同、施工许可证、竣工验收报告或者竣工验收备案表等载明的时间，并结合是否具备开工条件的事实，认定开工日期。

（2）工期顺延

当事人约定顺延工期应当经发包人或者监理人签证等方式确认，承包人虽未取得工期顺延的确认，但能够证明在合同约定的期限内向发包人或者监理人申请过工期顺延且顺延事由符合合同约定，承包人以此为由主张工期顺延的，人民法院应予支持。当事人约定承包人未在约定期限内提出工期顺延申请视为工期不顺延的，按照约定处理，但发包人在约定期限后同意工期顺延或者承包人提出合理抗辩的除外。

（3）竣工日期

《建设工程施工合同（示范文本）》规定，竣工日期：包括计划竣工日期和实际竣工日期。

《施工合同司法解释（一）》规定，当事人对建设工程实际竣工日期有争议的，人民法院应当分别按照以下情形予以认定：①建设工程经竣工验收合格的，以竣工验收合格之日为竣工日期；②承包人已经提交竣工验收报告，发包人拖延验收的，以承包人提交验收报告之日为竣工日期；③建设工程未经竣工验收，发包人擅自使用的，以转移占有建设工程之日为竣工日期。

2. 工程价款

按照合同约定的时间、金额和支付条件支付工程价款，是发包人的主要合同义务，也是承包人的主要合同权利。

（1）工程价款的确定

合同价款的确定方式有固定价格合同、可调价格合同、成本加酬金合同，双方可在专用条款内约定采用其中一种。《建筑工程施工发包与承包计价管理办法》规定，招标人与中标人应当根据中标价订立合同。不实行招标投标的工程由发承包双方协商订立合同。合同价款的有关事项由发承包双方约定，一般包括合同价款约定方式，预付工程款、工程进度款、工程竣工价款的支付和结算方式，以及合同价款的调整情形等。发承包双方在确定合同价款时，应当考虑市场环境和生产要素价格变化对合同价款的影响。实行工程量清单计价的建筑工程，鼓励发承包双方采用单价方式确定合同价款。建设规模较小、技术难度较低、工期较短的建筑工程，发承包双方可以采用总价方式确定合同价款。紧急抢险、救灾以及施工技术特别复杂的建筑工程，发承包双方可以采用成本加酬金方式确定合同价款。

对于"黑白合同"的纠纷，《施工合同司法解释（一）》规定，招标人和中标人另行签订的建设工程施工合同约定的工程范围、建设工期、工程质量、工程价款等实质性内容，与中标合同不一致，一方当事人请求按照中标合同确定权利义务的，人民法院应予支持。招标人和中标人在中标合同之外就明显高于市场价格购买承建房产、无偿建设住房配套设施、让利、向建设单位捐赠财物等另行签订合同，变相降低工程价款，一方当事人以该合同背离中标合同实质性内容为由请求确认无效的，人民法院应予支持。

（2）工程价款的支付和竣工结算

《民法典》规定，验收合格的，发包人应当按照约定支付价款，并接收该建设工程。《优化营商环境条例》规定，国家机关、事业单位不得违约拖欠市场主体的货物、工程、服务等账款，大型企业不得利用优势地位拖欠中小企业账款。《保障中小企业款项支付条例》规定，机关、事业单位从中小企业采购货物、工程、服务，应当自货物、工程、服务交付之日起 30 日内支付款项；合同另有约定的，付款期限最长不得超过 60 日。合同约定采取履行进度结算、定期结算等结算方式的，付款期限应当自双方确认结算金额之日起算。

《建筑工程施工发包与承包计价管理办法》规定，预付工程款按照合同价款或者年度工程计划额度的一定比例确定和支付，并在工程进度款中予以抵扣。承包方应当按照合同约定向发包方提交已完成工程量报告。发包方收到工程量报告后，应当按照合同约定及时核对并确认。发承包双方应当按照合同约定，定期或者按照工程进度分段进行工程款结算和支付。工程完工后，应当按照下列规定进行竣工结算：①承包方应当在工程完工后的约定期限内提交竣工结算文件。②国有资金投资建筑工程的发包方，应当委托具有相应资质的工程造价咨询企业对竣工结算文件进行审核，并在收到竣工结算文件后的约定期限内向承包方提出由工程造价咨询企业出具的竣工结算文件审核意见；逾期未答复的，按照合同约定处理，合同没有约定的，竣工结算文件视为已被认可。非国有资金投资的建筑工程发包方，应当在收到竣工结算文件后的约定期限内予以答复，逾期未答复的，按照合同约定处理，合同没有约定的，竣工结算文件视为已被认可；发包方对竣工结算文件有异议的，应当在答复期内向承包方提出，并可以在提出异议之日起的约定期限内与承包方协商；发包方在协商期内未与承包方协商或者经协商未能与承包方达成协议的，应当委托工程造价咨询企业进行竣工结算审核，并在协商期满后的约定期限内向承包方提出由工程造价咨询企业出具的竣工结算文件审核意见。③承包方对发包方提出的工程造价咨询企业竣工结算审核意见有异议的，在接到该审核意见后 1 个月内，可以向有关工程造价管理机构或者有关行业组织申请调解，调解不成的，可以依法申请仲裁或者向人民法院提起诉讼。发承包双方在合同中对本条第①项、第②项的期限没有明确约定的，应当按照国家有关规定执行；国家没有规定的，可认为其约定期限均为 28 日。工程竣工结算文件经发承包双方签字确认的，应当作为工程决算的依据，未经对方同意，另一方不得就已生效的竣工结算文件委托工程造价咨询企业重复审核。发包方应当按照竣工结算文件及时支付竣工结算款。

（3）合同价款的调整

《建筑工程施工发包与承包计价管理办法》规定，发承包双方应当在合同中约定，发生下列情形时合同价款的调整方法：①法律、法规、规章或者国家有关政策变化影响合同价款的；②工程造价管理机构发布价格调整信息的；③经批准变更设计的；④发包方更改经审定批准的施工组织设计造成费用增加的；⑤双方约定的其他因素。

（4）工程价款结算争议的解决

《施工合同司法解释（一）》规定，当事人约定，发包人收到竣工结算文件后，在约定期限内不予答复，视为认可竣工结算文件的，按照约定处理。承包人请求按照竣工结算文件结算工程价款的，人民法院应予支持。当事人对工程量有争议的，按照施工过程中形成的签证等书面文件确认。承包人能够证明发包人同意其施工，但未能提供签证文件证明工程量发生的，可以按照当事人提供的其他证据确认实际发生的工程量。

当事人就同一建设工程订立的数份建设工程施工合同均无效，但建设工程质量合格，一方当事人请求参照实际履行的合同关于工程价款的约定折价补偿承包人的，人民法院应予支持。实际履行的合同难以确定，当事人请求参照最后签订的合同关于工程价款的约定折价补偿承包人的，人民法院应予支持。

当事人签订的建设工程施工合同与招标文件、投标文件、中标通知书载明的工程范围、建设工期、工程质量、工程价款不一致，一方当事人请求将招标文件、投标文件、中标通知书作为结算工程价款的依据的，人民法院应予支持。

（5）欠付工程款的利息支付

《保障中小企业款项支付条例》规定，机关、事业单位和大型企业迟延支付中小企业款项的，应当支付逾期利息。双方对逾期利息的利率有约定的，约定利率不得低于合同订立时 1 年期贷款市场报价利率；未作约定的，按照每日利率万分之五支付逾期利息。

《施工合同司法解释（一）》规定，当事人对欠付工程价款利息计付标准有约定的，按照约定处理。没有约定的，按照同期同类贷款利率或者同期贷款市场报价利率计息。利息从应付工程价款之日开始计付。当事人对付款时间没有约定或者约定不明的，下列时间视为应付款时间：①建设工程已实际交付的，为交付之日；②建设工程没有交付的，为提交竣工结算文件之日；③建设工程未交付，工程价款也未结算的，为当事人起诉之日。

（6）工程垫资

《保障中小企业款项支付条例》规定，政府投资项目所需资金应当按照国家有关规定确保落实到位，不得由施工单位垫资建设。《施工合同司法解释（一）》规定，当事人对垫资和垫资利息有约定，承包人请求按照约定返还垫资及其利息的，人民法院应予支持，但是约定的利息计算标准高于垫资时的同类贷款利率或者同期贷款市场报价利率的部分除外。当事人对垫资没有约定的，按照工程欠款处理。当事人对垫资利息没有约定，承包人请求支付利息的，人民法院不予支持。

3. 建设工程价款优先受偿权

《民法典》第八百零七条沿用了《合同法》第二百八十六条确定的建设工程价款优先受偿权制度，即"发包人未按照约定支付价款的，承包人可以催告发包人在合理期限内支付价款。发包人逾期不支付的，除根据建设工程的性质不宜折价、拍卖外，承包人可以与发包人协议将该工程折价，也可以请求人民法院将该工程依法拍卖。建设工程的价款就该工程折价或者拍卖的价款优先受偿。"《施工合同司法解释（一）》进一步规定了建设工程价款优先受偿权的权利主体、行使条件、行使期限和优先受偿权的范围等。

（1）权利主体

与发包人订立建设工程施工合同的承包人，依据民法典的规定请求其承建工程的价款就工程折价或者拍卖的价款优先受偿的，人民法院应予支持。装饰装修工程具备折价或者拍卖条件，装饰装修工程的承包人请求工程价款就该装饰装修工程折价或者拍卖的价款优先受偿的，人民法院应予支持。承包人根据民法典规定享有的建设工程价款优先受偿权优于抵押权和其他债权。

（2）行使方式和程序

根据《民法典》第八百零七条的规定，行使建设工程价款优先受偿权的方式有两种：①由承包人与发包人协议将该建设工程折价；②由承包人申请法院依法拍卖。这两种方法的前提是工程款已被确认，同时承包人已书面催告，给发包人以还款的合理期限。建设工程价款优先受偿权人向法院申请依法拍卖的，须提出证明建设工程价款优先受偿权存在及建设工程价款优先受偿权具备执行条件的证据。法院受理后，应当通知发包人。发包人就建设工程价款优先受偿权是否成立及是否符合执行条件提出异议的，应当终止执行程序，驳回承包人之申请。此种情形，应由承包人另外提起确认之诉，以确认建设工程价款优先受偿权之成立，待获得生效胜诉判决后，始能申请法院依法拍卖。

建设工程价款优先受偿权行使的程序包括催告和折价或者拍卖。①催告。《民法典》第八百零七条规定，发包人未按照约定支付价款的，承包人可以催告发包人在合理期限内支付价款。发包人逾期不支付的，除按照建设工程的性质不宜折价、拍卖的以外，承包人可以与发包人协议将该工程折价，也可以申请人民法院将该工程依法拍卖。建设工程的价款就该工程折价或者拍卖的价款优先受偿。这里的"逾期"不是指建设工程合同约定的发包人支付工程款的期限，而是指前面的"合理期限"，而此"合理期限"又是在承包人"催告"之后才能产生。②折价或者拍卖。折价时应当对建设工程的价值做出合理的评估，发、承包人可以共同聘请具有法定资质的评估机构对建设工程的价值做出科学的评估，并以该评估为基础确定具体的折价款。折价协议达成后，当事人应当履行该协议。但如果折价协议因为发包人的过错被认定为无效，承包人可以申请人民法院拍卖。

（3）行使条件

工程质量合格，是承包人行使工程价款优先受偿权的前提。《施工合同司法解释（一）》第三十八条规定，建设工程质量合格，承包人请求其承建工程的价款就工程折价或者拍卖的价款优先受偿的，人民法院应予支持。根据该条规定，建设工程价款优先受偿权的享有是以建设工程质量是否合格为条件，而不是以合同有效为条件。建设工程质量合格，是对已竣工或者未竣工的工程，经相关部门组织竣工验收、相关机构进行工程质量检测后作出符合国家建筑工程质量标准结论的事实。《施工合同司法解释（一）》第三十九条规定，未竣工的建设工程质量合格，承包人请求其承建工程的价款就其承建工程部分折价或者拍卖的价款优先受偿的，人民法院应予支持。这一规定明确了未竣工的建设工程，只要工程质量合格，承包人就能享有建设工程价款优先受偿权。

（4）优先受偿权的范围

《施工合同司法解释（一）》第四十条规定，承包人建设工程价款优先受偿的范围依照国务院有关行政主管部门关于建设工程价款范围的规定确定。承包人就逾期支付建设工程价款的利息、违约金、损害赔偿金等主张优先受偿的，人民法院不予支持。根据国务院有关行政主管部门的规定，关于建设工程价款范围的规定主要有：《建设工程价款结算暂行办法》（财建〔2004〕369号）第三条规定，本办法所称建设工程价款结算，是指对建设工程的发承包合同价款进行约定和依据合同约定进行工程预付款、工程进度款、工程竣工价款结算的活动。《建设工程工程量清单计价规范》GB 50500—2013 的 1.0.3 规定，建设工程发承包及实施阶段的工程造价应由分部分项工程费、措施项目费、其他项目费、规费和税金组成。《建筑安装工程费用项目组成》（建标〔2013〕44号）第一条第（一）款规定，建筑安装工程费用项目按费用构成要素组成划分为人工费、材料费、施工机具使用费、企业管理费、利润、规费和税金。其中人工费、材料费、施工机具使用费、企业管理费和利润包含在分部分项工程费、措施项目费、其他项目费中。建筑安装工程费用按工程造价形成顺序划分为分部分项工程费、措施项目费、其他项目费、规费和税金。

（5）行使期间

鉴于建设工程结算周期长，流程较为复杂，为保护承包人的利益，《施工合同司法解释（一）》第四十一条规定，承包人应当在合理期限内行使建设工程价款优先受偿权，但最长不得超过十八个月，自发包人应当给付建设工程价款之日起算。关于应当给付建设工程价款之日的确定，《施工合同司法解释（一）》第二十七条规定，利息从应付工程价款之日开始计付。当事人对付款时间没有约定或者约定不明的，下列时间视为应付款时间：①建设工程已实际交付的，为交付之日；②建设工程没有交付的，为提交竣工结算文件之日；③建设工程未交付，工程价款也未结算的，为当事人起诉之日。

（6）优先受偿权的放弃

在实践中，有大量发包人使用在建工程抵押的方式向银行等机构融资贷款，银行及相关企业为确保自身债权的实现并优先受偿，常常会要求发包人提交承包人出具的放弃工程款优先受偿权的承诺书或者直接与发包人、承包人签订三方合同，要求承包人放弃工程款优先受偿权。为此，《施工合同司法解释（一）》第四十二条规定，发包人与承包人约定放弃或者限制建设工程价款优先受偿权，损害建筑工人利益，发包人根据该约定主张承包人不享有建设工程价款优先受偿权的，人民法院不予支持。

9.4.3 建设工程合同履行中的抗辩权

抗辩权，又称异议权，是指对抗对方请求权或者否认对方的权利主张的权利。抗辩权的重要功能在于通过这种权利的行使而使对方的请求权消灭，或者使其效力延期发生。双务合同履行中的抗辩权是合同效力的表现，是指双务合同的当事人一方在对方未履行债务或者债务不符合约定时，拒绝履行其相应债务的权利。双务合同履行中的抗辩权的目的在于贯彻合同双方当事人关于履行先后顺序的约定，避免一方被迫先履行而授予信用给他方并承受他方不履行或者不适当履行的不利后果。双务合同履行中的抗辩权包括同时履行抗辩权、先履行抗辩权和不安抗辩权。建设工程合同是承包人进行工程建设，发包人支付相应价款的合同，属于典型的双务合同，因此在建设工程合同的履行过程中也存在同时履行抗辩权、先履行抗辩权与不安抗辩权。

1. 同时履行抗辩权

《民法典》规定，当事人互负债务，没有先后履行顺序的，应当同时履行。一方在对方履行之前有权拒绝其履行请求。一方在对方履行债务不符合约定时，有权拒绝其相应的履行请求。

双务合同履行上的牵连性是同时履行抗辩权存在的法理基础，在具体的建设工程合同中，要注意区分和适用同时履行抗辩权。如在建设工程施工合同中，双方主给付义务并不都具有牵连性，仅在发包人的工程款和材料、设备给付义务与承包人按设计、质量要求和约定工期施工义务之间互为前提。发包人提供场地和技术资料的义务是施工的条件，属于先履行义务，而非同时履行义务。违反主给付义务可行使同时履行抗辩。一般情况下，主给付义务对附随义务或从给付义务的履行不得作同时履行抗辩。但如果附随义务或从给付义务的履行与合同目的的实现以及对方利益密切相关，依照诚实信用原则，当事人可以援引同时履行抗辩。建设工程合同中，发包人应当履行诸多从给付义务或附随义务，但需注意其中许多义务属于先履行义务，不发生同时履行抗辩。

2. 先履行抗辩权

先履行抗辩权是指依照合同约定或法律规定负有先履行义务的一方当事人，届期未履行义务、履行义务有重大瑕疵或预期违约时，相对方为保护自己的期待利益、顺序利益或为保证自己履行合同的条件而中止履行合同的权利。《民法典》规定，当事人互负债务，有先后履行顺序，应当先履行债务一方未履行的，后履行一方有权拒绝其履行请求。先履行一方履行债务不符合约定的，后履行一方有权拒绝其相应的履行请求。

在建设工程合同履行中，只要一方的履行是另一方履行的先决条件，后履行方就可以行使先履行抗辩权，先履行抗辩权不可能永久存续，当先期违约人纠正违约，使合同的履行趋于正常时，先履行抗辩权消灭，行使先履行抗辩权的一方应当及时恢复履行。例如：在建设工程施工合同中，如合同双方约定了发包人支付工程预付款义务的，在发包人未能按约定支付工程预付款时，承包人就可以主张暂不开工、开工期顺延和损失赔偿的权利。同理，在发包人没有按合同约定支付工程进度款时，承包人也可以主张停工、工期顺延和停工损失赔偿的权利。因为，在此时发包人支付工程预付款和支付工程进度款是合同约定的先履行义务，而承包人实施施工是后履行的义务。在发包人没有履行先行义务的情况下，承包人就有权主张"先履行抗辩权"。

3. 不安抗辩权

不安抗辩权，是指在双务合同中，先履行义务一方在有确切证据证明后履行债务的当事人在缔约后出现足以影响其对待给付的情形下，可以中止履行合同并有条件地可解除合同的权利。不安抗辩权是大陆法系国家对双务合同中，义务履行有先后顺序约定的先履行义务一方当事人利益进行保护而普遍设立的一项重要的合同法制度。

《民法典》规定，应当先履行债务的当事人，有确切证据证明对方有下列情形之一的，可以中止履行：①经营状况严重恶化；②转移财产、抽逃资金，以逃避债务；③丧失商业信誉；④有丧失或者可能丧失履行债务能力的其他情形。当事人没有确切证据中止履行的，应当承担违约责任。当事人依据规定中止履行的，应当及时通知对方。对方提供适当担保的，应当恢复履行。中止履行后，对方在合理期限内未恢复履行能力且未提供适当担保的，视为以自己的行为表明不履行主要债务，中止履行的一方可以解除合同并可以请求对方承担违约责任。

在合同履行中，成立不安抗辩权须具备一定的条件：①双方债务因同一建设工程合同而发生；②负有先履行义务的一方当事人才能享有不安抗辩权；③对方有不能为对待给付的现实危险。为保护对方当事人的合法权益，维护正常的经济秩序，《民法典》对不安抗辩权的行使做了限制。这种限制主要表现在以下三方面：①要有确切证据，当事人没有确切证据就中止履行的，应认定为违约，并应承担相应责任；②依法中止履行时，必须及时通知对方当事人，否则仍应承担相应责任；③中止履行后，一旦对方当事人提供了适当担保，就应当恢复履行，否则将被认定为违约。当然，在中止履行后，对方当事人如在合理期限内未恢复履行能力并且未提供适当担保，先履行的一方可解除合同。

9.4.4　建设工程合同的保全

合同的保全，是指为了防止合同债务人的责任财产不当减少危害债权人债权的实现，允许合同的债权人干预债务人对其财产的自由处分的权利，从而保证债权人债权实现的法律制度。合同保全包括债权人代位权和债权人撤销权两项制度。

1. 债权人代位权

(1) 债权人代位权的概念和意义

债权人代位权，是指在债务人怠于行使其对第三人的权利而危及债权人的债权实现时，债权人为保全其债权而以自己的名义代位行使债务人对第三人的权利。当债务人对第三人享有财产权利时，债务人权利的实现将使得其责任财产增加。如果债务人不积极行使其享有的对第三人的财产权利，其责任财产将出现应增加且能增加而未增加的情形，从而危及债权人债权的实现。因此，允许债权人代为行使属于债务人的权利，增强债务人的履行债务能力，确保债权的实现。

《民法典》第五百三十五条规定规定，因债务人怠于行使其债权或者与该债权有关的从权利，影响债权人的到期债权实现的，债权人可以向人民法院请求以自己的名义代位行使债务人对相对人的权利，但是该权利专属于债务人自身的除外。代位权的行使范围以债权人的到期债权为限。债权人行使代位权的必要费用，由债务人负担。相对人对债务人的抗辩，可以向债权人主张。

人民法院认定代位权成立的，由债务人的相对人向债权人履行义务，债权人接受履行后，债权人与债务人、债务人与相对人之间相应的权利义务终止。

(2) 工程建设领域内的代位权

①分包商对发包人的代位权。在工程项目实施过程中，总承包人不能从建设单位获得工程款，进而不能支付分包商合同价款的情况非常普遍。在这种情况下，分包人可以考虑行使代位权维护自身利益，以自己的名义向发包人提起代位权之诉。②劳务工人、供应商对总承包人的代位权。在由分包人选择劳务施工队伍或材料设备供应商的项目管理模式之下，当分包人不能给付工人工资或材料款时，劳务工人（劳务公司）及供应商可以向拖欠分包商款项的总承包人提起代位权之诉。

(3) 实际施工人的法律地位

《施工合同司法解释（一）》第四十三条规定，实际施工人以转包人、违法分包人为被告起诉的，人民法院应当依法受理。实际施工人以发包人为被告主张权利的，人民法院应当追加转包人或者违法分包人为本案第三人，在查明发包人欠付转包人或者违法分包人建设工程价款的数额后，判决发包人在欠付建设工程价款范围内对实际施工人承担责任。《施工合同司法解释（一）》允许实际施工人以发包人被告主张权利，但是发包人只在欠付工程款的范围内对实际施工人承担责任。如果发包人与承包人（其上家）已完成工程价款结算，实际施工人则无权要求重新结算，只能要求发包人在欠付工程款的范围内支付工程款。因此有学者认为《施工合同司法解释（一）》第四十三条其实是代位权的延伸，如果发包人与承包人已结清工程款，则实际施工人就丧失了要求发包人支付工程款的权利。但笔者认为代位权有严格的条件，实际施工人主张上述权利严格意义上不属于代位权。《施工合同司法解释（一）》的规定在对发包人的责任进行相应限制的同时，将追加转包人或者违法分包人作为案件第三人以及查明发包人欠付转包人或者违法分包人建设工程价款的数额规定为法院的义务，以准确认定发包人的责任范围。

实际施工人也可以提起代位权诉讼。《施工合同司法解释（一）》第四十四条规定，实际施工人依据民法典第五百三十五条规定，以转包人或者违法分包人怠于向发包人行使到期债权或者与该债权有关的从权利，影响其到期债权实现，提起代位权诉讼的，人民法院应予支持。这一规定旨在加大了对实际施工人的保护力度，增加了代位权诉讼，赋予实际施工人提起代位权诉讼的权利。也即实际施工人的转包人、违法分包人等怠于向发包人主张工程款的，造成实际施工人损失的，其可以直接代替转包人或者违法分包人向发包人提起代位权诉讼。

2. 债权人撤销权

债权人撤销权，是指债权人对于债务人所实施的危害债权的行为，可请求法院予以撤销的权利。债权人撤销权是为防止因债务人的责任财产减少而致债权不能实现的现象出现。因债权人撤销权的行使是撤销债务人与第三人间的行为，从而使债务人与第三人间已成立的法律关系被破坏，当然地涉及第三人。因此，债权人的撤销权也为债的关系对第三人效力的表现之一。

《民法典》规定，债务人以放弃其债权、放弃债权担保、无偿转让财产等方式无偿处分财产权益，或者恶意延长其到期债权的履行期限，影响债权人的债权实现的，债权人可以请求人民法院撤销债务人的行为。债务人以明显不合理的低价转让财产、以明显不合理的高价受让他人财产或者为他人的债务提供担保，影响债权人的债权实现，债务人的相对人知道或者应当知道该情形的，债权人可以请求人民法院撤销债务人的行为。撤销权的行使范围以债权人的债权为限。债权人行使撤销权的必要费用，由债务人负担。撤销权自债权人知道或者应当知道撤销事由之日起 1 年内行使。自债务人的行为发生之日起 5 年内没有行使撤销权的，该撤销权消灭。债务人影响债权人的债权实现的行为被撤销的，自始没有法律约束力。

9.4.5　建设工程合同履行的担保

建设工程合同履行的担保，是保证建设工程合同履行的一项法律制度，是建设工程合同当事人为全面履行建设工程合同及避免因对方违约遭受损失而设定的保证措施。建设工程合同履行的担保是通过签订担保合同或是在建设工程合同中设立担保条款来实现的。

1. 保证

保证是工程建设活动中常用的担保方式。保证是指保证人与债权人约定，当债务人不履行债务时，由保证人按照约定代为履行或代为承担责任的担保方式。由于建设工程活动中担保的标的额较大，保证人往往是银行，也有信用较高的其他担保人（如担保公司）。银行出具的书面保证通常称为保函，其他保证人出具的书面保证一般称为保证书。机关法人不得为保证人，但是经国务院批准为使用外国政府或者国际经济组织贷款进行转贷的除外。以公益为目的的非营利法人、非法人组织不得为保证人。《民法典》第三编合同第二分编典型合同设专章规定了保证合同。

（1）保证合同

保证合同是为保障债权的实现，保证人和债权人约定，当债务人不履行到期债务或者发生当事人约定的情形时，保证人履行债务或者承担责任的合同。保证合同是主债权债务合同的从合同。主债权债务合同无效的，保证合同无效，但是法律另有规定的除外。保证合同被确认无效后，债务人、保证人、债权人有过错的，应当根据其过错各自承担相应的民事责任。保证合同的内容一般包括被保证的主债权的种类、数额，债务人履行债务的期限，保证的方式、范围和期间等条款。保证合同可以是单独订立的书面合同，也可以是主债权债务合同中的保证条款。第三人单方以书面形式向债权人作出保证，债权人接收且未提出异议的，保证合同成立。

（2）保证方式

保证的方式包括一般保证和连带责任保证。当事人在保证合同中对保证方式没有约定或者约定不明确的，按照一般保证承担保证责任。当事人在保证合同中约定，债务人不能履行债务时，由保证人承担保证责任的，为一般保证。一般保证的保证人在主合同纠纷未经审判或者仲裁，并就债务人财产依法强制执行仍不能履行债务前，有权拒绝向债权人承担保证责任，但是有下列情形之一的除外：①债务人下落不明，且无财产可供执行；②人民法院已经受理债务人破产案件；③债权人有证据证明债务人的财产不足以履行全部债务或者丧失履行债务能力；④保证人书面表示放弃本款规定的权利。当事人在保证合同中约定保证人和债务人对债务承担连带责任的，为连带责任保证。连带责任保证的债务人不履行到期债务或者发生当事人约定的情形时，债权人可以请求债务人履行债务，也可以请求保证人在其保证范围内承担保证责任。

（3）保证责任

保证的范围包括主债权及其利息、违约金、损害赔偿金和实现债权的费用。当事人另有约定的，按照其约定。

保证期间是确定保证人承担保证责任的期间，不发生中止、中断和延长。债权人与保证人可以约定保证期间，但是约定的保证期间早于主债务履行期限或者与主债务履行期限同时届满的，视为没有约定；没有约定或者约定不明确的，保证期间为主债务履行期限届满之日起六个月。债权人与债务人对主债务履行期限没有约定或者约定不明确的，保证期间自债权人请求债务人履行债务的宽限期届满之日起计算。

一般保证的债权人未在保证期间对债务人提起诉讼或者申请仲裁的，保证人不再承担保证责任。连带责任保证的债权人未在保证期间请求保证人承担保证责任的，保证人不再承担保证责任。一般保证的债权人在保证期间届满前对债务人提起诉讼或者申请仲裁的，从保证人拒绝承担保证责任的权利消灭之日起，开始计算保证债务的诉讼时效。连带责任保证的债权人在保证期间届满前请求保证人承担保证责任的，从债权人请求保证人承担保证责任之日起，开始计算保证债务的诉讼时效。

债权人和债务人未经保证人书面同意，协商变更主债权债务合同内容，减轻债务的，保证人仍对变更后的债务承担保证责任；加重债务的，保证人对加重的部分不承担保证责任。债权人和债务人变更主债权债务合同的履行期限，未经保证人书面同意的，保证期间不受影响。债权人转让全部或者部分债权，未通知保证人的，该转让对保证人不发生效力。保证人与债权人约定禁止债权转让，债权人未经保证人书面同意转让债权的，保证人对受让人不再承担保证责任。债权人未经保证人书面同意，允许债务人转移全部或者部分债务，保证人对未经其同意转移的债务不再承担保证责任，但是债权人和保证人另有约定的除外。第三人加入债务的，保证人的保证责任不受影响。一般保证的保证人在主债务履行期限届满后，向债权人提供债务人可供执行财产的真实情况，债权人放弃或者怠于行使权利致使该财产不能被执行的，保证人在其提供可供执行财产的价值范围内不再承担保证责任。

保证人承担保证责任后，除当事人另有约定外，有权在其承担保证责任的范围内向债务人追偿，享有债权人对债务人的权利，但是不得损害债权人的利益。保证人可以主张债务人对债权人的抗辩。债务人放弃抗辩的，保证人仍有权向债权人主张抗辩。债务人对债权人享有抵销权或者撤销权的，保证人可以在相应范围内拒绝承担保证责任。

2. 抵押权

（1）抵押权的概念

抵押权是指债权人对于债务人或者第三人提供的，不移转占有而作为债务履行担保的财产，在债务人不履行到期债务或者发生当事人约定的其他实现情形时，可就该财产折价或者以拍卖、变卖该财产的价款优先受偿的权利。其中，享有抵押权的人称为抵押权人；提供财产作为担保的债务人或者第三人称为抵押人，提供担保的财产称为抵押财产。抵押作为对物担保的一种形态，对抵押权人而言就特定物具有优先受偿性，不转移财产的占有又使抵押人可以充分利用其使用价值。因此。抵押制度作为"担保之王"，在现代市场经济社会中发挥着日益重要的作用。

（2）抵押权的设立

设立抵押权，当事人应当采用书面形式订立抵押合同。《民法典》规定，债务人或者第三人有权处分的下列财产可以抵押：①建筑物和其他土地附着物；②建设用地使用权；③海域使用权；④生产设备、原材料、半成品、产品；⑤正在建造的建筑物、船舶、航空器；⑥交通运输工具；⑦法律、行政法规未禁止抵押的其他财产。抵押人可以将上述所列财产一并抵押。《民法典》同时也规定不得抵押的财产范围，下列财产不得抵押：①土地所有权；②宅基地、自留地、自留山等集体所有土地的使用权，但是法律规定可以抵押的除外；③学校、幼儿园、医疗机构等为公益目的成立的非营利法人的教育设施、医疗卫生设施和其他公益设施；④所有权、使用权不明或者有争议的财产；⑤依法被查封、扣押、监管的财产；⑥法律、行政法规规定不得抵押的其他财产。

以建筑物和其他土地附着物、建设用地使用权、海域使用权或者正在建造的建筑物抵押的，应当办理抵押登记。抵押权自登记时设立。以动产抵押的，抵押权自抵押合同生效时设立；未经登记，不得对抗善意第三人。

（3）抵押权的实现

债务人不履行到期债务或者发生当事人约定的实现抵押权的情形，抵押权人可以与抵押人协议以抵押财产折价或者以拍卖、变卖该抵押财产所得的价款优先受偿。协议损害其他债权人利益的，其他债权人可以请求人民法院撤销该协议。抵押权人与抵押人未就抵押权实现方式达成协议的，抵押权人可以请求人民法院拍卖、变卖抵押财产。抵押财产折价或者变卖的，应当参照市场价格。

3. 质权

质权，是指债务人或第三人将其财产或者权利交债权人占有或控制，作为债权的担保，在债务人不履行债务或者发生当事人约定的其他实现情形时，债权人以该财产或者权利折价或拍卖、变卖所得价款受偿的权利。质权分为动产质权和权利质权。

（1）动产质权

为担保债务的履行，债务人或者第三人将其动产出质给债权人占有的，债务人不履行到期债务或者发生当事人约定的实现质权的情形，债权人有权就该动产优先受偿。前款规定的债务人或者第三人为出质人，债权人为质权人，交付的动产为质押财产。

设立质权，当事人应当采用书面形式订立质押合同。质押合同一般包括下列条款：①被担保债权的种类和数额；②债务人履行债务的期限；③质押财产的名称、数量等情况；④担保的范围；⑤质押财产交付的时间、方式。质权自出质人交付质押财产时设立。

债务人履行债务或者出质人提前清偿所担保的债权的，质权人应当返还质押财产。债务人不履行到期债务或者发生当事人约定的实现质权的情形，质权人可以与出质人协议以质押财产折价，也可以就拍卖、变卖质押财产所得的价款优先受偿。质押财产折价或者变卖的，应当参照市场价格。出质人可以请求质权人在债务履行期限届满后及时行使质权；质权人不行使的，出质人可以请求人民法院拍卖、变卖质押财产。出质人请求质权人及时行使质权，因质权人怠于行使权利造成出质人损害的，由质权人承担赔偿责任。质押财产折价或者拍卖、变卖后，其价款超过债权数额的部分归出质人所有，不足部分由债务人清偿。

（2）权利质权

债务人或者第三人有权处分的下列权利可以出质：①汇票、本票、支票；②债券、存款单；③仓单、提单；④可以转让的基金份额、股权；⑤可以转让的注册商标专用权、专利权、著作权等知识产权中的财产权；⑥现有的以及将有的应收账款；⑦法律、行政法规规定可以出质的其他财产权利。

4. 留置权

债务人不履行到期债务，债权人可以留置已经合法占有的债务人的动产，并有权就该动产优先受偿。上述规定的债权人为留置权人，占有的动产为留置财产。债权人留置的动产，应当与债权属于同一法律关系，但是企业之间留置的除外。留置财产为可分物的，留置财产的价值应当相当于债务的金额。

留置权人与债务人应当约定留置财产后的债务履行期限；没有约定或者约定不明确的，留置权人应当给债务人 60 日以上履行债务的期限，但是鲜活易腐等不易保管的动产除外。债务人逾期未履行的，留置权人可以与债务人协议以留置财产折价，也可以就拍卖、变卖留置财产所得的价款优先受偿。留置财产折价或者变卖的，应当参照市场价格。

债务人可以请求留置权人在债务履行期限届满后行使留置权；留置权人不行使的，债务人可以请求人民法院拍卖、变卖留置财产。留置财产折价或者拍卖、变卖后，其价款超过债权数额的部分归债务人所有，不足部分由债务人清偿。

5. 定金

当事人可以约定一方向对方给付定金作为债权的担保。定金合同自实际交付定金时成立。定金的数额由当事人约定；但是，不得超过主合同标的额的 20%，超过部分不产生定金的效力。实际交付的定金数额多于或者少于约定数额的，视为变更约定的定金数额。

债务人履行债务的，定金应当抵作价款或者收回。给付定金的一方不履行债务或者履行债务不符合约定，致使不能实现合同目的的，无权请求返还定金；收受定金的一方不履行债务或者履行债务不符合约定，致使不能实现合同目的的，应当双倍返还定金。

应当注意的是，定金与预付款在形式上好像完全一样，但它们的性质是完全不同的，定金起担保作用，而预付款只是起资助作用。当当事人违约时，定金起着制裁违约方、补偿守约方的作用，而预付款则无此作用。无论哪一方违约，均不得采取扣留预付款或要求双倍返还预付款的行为。定金也不同于违约金，定金是合同的一种担保方式，而违约金只是对违约的一种制裁手段，违约金并不事先支付，被违约方只能通过事后请求支付的方式才能真正获得。当事人既约定违约金，又约定定金的，一方违约时，对方可以选择适用违约金或者定金条款。定金不足以弥补一方违约造成的损失的，对方可以请求赔偿超过定金数额的损失。在建设工程勘察合同和设计合同中，通常都采用定金这种担保方式。

6. 工程建设领域内的保证金

《国务院办公厅关于清理规范工程建设领域保证金的通知》（国办发〔2016〕49 号）规定，对建筑业企业在工程建设中需缴纳的保证金，除依法依规设立的投标保证金、履约保证金、工程质量保证金、农民工工资保证金外，其他保证金一律取消；严禁新设保证金项目；转变保证金缴纳方式，推行银行保函制度；未按规定或合同约定返还保证金的，保证金收取方应向建筑业企业支付逾期返还违约金；在工程项目竣工前，已经缴纳履约保证金的，建设单位不得同时预留工程质量保证金。

（1）履约保证金

在建设工程施工合同中较为多见的履约保证金，履约保证金是工程发包人为防止承包人在合同执行过程中违反合同规定或违约，并弥补给发包人造成的经济损失。其形式有履约保证金、履约银行保函和履约担保书三种。《招标投标法》《工程建设项目施工招标投标办法》关于履约保证金的规定，仅约束承包人，不约束发包人，不适用"定金罚则"，也不符合《民法典》关于定金的规定。但是，如果合同当事人约定履约保证金具备定金性质时，发生纠纷则可以适用《民法典》关于定金的相关规定。

（2）工程质量保证金

住房城乡建设部、财政部《建设工程质量保证金管理办法》（建质〔2017〕138 号）规定，建设工程质量保证金是指发包人与承包人在建设工程承包合同中约定，从应付的工程款中预留，用以保证承包人在缺陷责任期内对建设工程出现的缺陷进行维修的资金。

9.5　建设工程合同的变更和终止

9.5.1　建设工程合同的变更

1. 建设工程合同的变更的概念

合同变更，是指在合同主体不变的情况下，对合同内容进行变动。工程建设项目具有规模大、结构复杂、建设周期长的特点，在建设工程合同履行的过程中，不可避免地会因为工程施工条件和环境的变化对建设工程合同进行内容变更。当事人协商一致，可以变更合同。当事人对合同变更的内容约定不明确的，推定为未变更。依照法律、行政法规的规定，合同的变更应当办理批准等手续的，依照其规定。

2. 建设工程合同变更的情形

根据《民法典》的规定，建设工程合同的变更，包括法定变更与协议变更两种情形。法定变更即依据法律规定而变更合同内容。协议变更，即合同当事人在合意的基础上，以协议的方式对合同的内容进行变更。

（1）法定原因的变更

《民法典》第八百零三条发包人未按照约定的时间和要求提供原材料、设备、场地、资金、技术资料的，承包人可以顺延工程日期，并有权请求赔偿停工、窝工等损失。这是在一方当事人违约的情形下，法律直接赋予另一方当事人变更合同的权利。

另外，根据《民法典》第五百八十五条的规定，约定的违约金低于造成的损失的，人民法院或者仲裁机构可以根据当事人的请求予以增加；约定的违约金过分高于造成的损失的，人民法院或者仲裁机构可以根据当事人的请求予以适当减少。

《民法典》第533条合同成立后，合同的基础条件发生了当事人在订立合同时无法预见的、不属于商业风险的重大变化，继续履行合同对于当事人一方明显不公平的，受不利影响的当事人可以与对方重新协商；在合理期限内协商不成的，当事人可以请求人民法院或者仲裁机构变更或者解除合同。人民法院或者仲裁机构应当结合案件的实际情况，根据公平原则变更或者解除合同。

（2）协议变更

《民法典》第五百四十三条规定，当事人协商一致，可以变更合同。变更必须取得当事人意思一致，当事人对合同变更的内容约定不明确的，推定为未变更。

建设工程的变更往往是通过工程签证、补充协议等形式来加以确认的。在中国建设工程造价管理协会于2002年发布的《工程造价咨询业务操作指导规程》中，工程签证被解释和定义为："按承发包合同约定，一般由承发包双方代表就施工过程中涉及合同价款之外的责任事件所作的签认证明。"建设工程施工合同所出现的工程签证，从法律定性上看，属于建设工程施工合同履行过程中的有关合同权利义务的增加或变更之性质。❶《施工合同司法解释（一）》明确了工程签证的法律意义，《施工合同司法解释》第二十条规定，当事人对工程量有争议的，按照施工过程中形成的签证等书面文件确认。承包人能够证明发包人同意其施工，但未能提供签证文件证明工程量发生的，可以按照当事人提供的其他证据确认实际发生的工程量。从该司法解释规定可以看到工程签证不是工程事实的简单记载，而是工程量争议确定的极其重要依据。

3. 建设工程合同变更的处理

（1）除了法定情形外，一般应由当事人协商一致

通常情况下，工程量的增减，均应有建设单位或施工方的工程变更单，经双方确认（签证）后实施。《建设工程施工合同（示范文本）》GF—2017—0201的10.4.2变更估价程序中规定，承包人应在收到变更指示后14天内，向监理人提交变更估价申请。监理人应在收到承包人提交的变更估价申请后7天内审查完毕并报送发包人，监理人对变更估价申请有异议，通知承包人修改后重新提交。发包人应在承包人提交变更估价申请后14天内审批完毕。发包人逾期未完成审批或未提出异议的，视为认可承包人提交的变更估价申请。

（2）必须遵循法定程序和方式

根据《民法典》规定，依照法律、行政法规的规定，合同的变更、转让、解除等情形应当办理批准等手续的，依照其规定。根据《建设工程质量管理条例》等相关规定，建设单位应当将施工图设计文件报县级以上人民政府建设行政主管部门或者其他有关部门审查，施工图设计文件未经审查批准的，不得使用。根据《建设工程勘察设计管理条例》等相关规定，建设工程勘察、设计文件内容需要作重大修改的，建设单位应当报经原审批机关批准后，方可修改。由此可见，施工图设计文件和勘察设计文件作为当事人之间合同权利义务的主要内容，如发生变更，应当经有关部门批准后才可以变更。

根据《民法典》第七百九十二条规定，国家重大建设工程合同，应当按照国家规定的

---

❶ 高宁. 浅议工程签证的法律性质及操作实务［J］. 法制与社会，2011（01）：74-75.

程序和国家批准的投资计划、可行性研究报告等文件订立。国家重大建设工程合同的变更，若涉及内容的重大变化，如规模扩大、工期变化、质量标准改变等，都应当按照合同订立审批的程序进行合同变更。

（3）建设工程合同的变更不具有溯及力

由于建设工程合同的变更是在原合同的基础上将合同内容发生变化，因此建设工程合同依法变更后，发包人与承包人应按变更后的合同履行义务，任何一方违反变更后的合同内容都将违约。同时，由于建设工程合同的变更只是原合同内容的局部变更而非全部变更，因此对原合同中未变更的内容，仍然继续有效，双方应继续按原合同约定的内容履行义务。

建设工程合同的变更不具有溯及既往的效力，已经履行的债务不因合同的变更而失去法律依据。也就是说，无论是发包人还是承包人，均不得以变更后的合同条款作为重新调整双方在变更前的权利义务关系的依据。

9.5.2　建设工程合同的转让

1. 建设工程合同的转让的概念

建设工程合同的转让，指的是合同的一方当事人依法将合同的权利义务全部或部分地转让给第三人，而合同内容并未发生变化的行为。其实质是建设工程合同主体的变更。

2. 建设工程合同的转让的类型

（1）建设工程合同权利的转让

建设工程合同权利的转让指的是建设工程合同的权利人与第三人订立合同，将自己的合同权利全部或部分转移给第三人。根据《民法典》第五百四十五条规定，债权人可以将债权的全部或者部分转让给第三人，但是有下列情形之一的除外：①根据债权性质不得转让；②按照当事人约定不得转让；③依照法律规定不得转让。当事人约定非金钱债权不得转让的，不得对抗善意第三人。当事人约定金钱债权不得转让的，不得对抗第三人。如承包人按照施工合同完工后，发包人拖欠工程款，承包人将索要工程款的权利转让给第三人。因为当事人将合同权利转让给第三人对于债务人来说，基本不会增加债务人的负担，债权人转让权利的，应当通知债务人。《民法典》第五百四十六条规定，债权人转让债权，未通知债务人的，该转让对债务人不发生效力。债权转让的通知不得撤销，但是经受让人同意的除外。

债权人转让债权的，受让人取得与债权有关的从权利，但是该从权利专属于债权人自身的除外。受让人取得从权利不因该从权利未办理转移登记手续或者未转移占有而受到影响。债务人接到债权转让通知后，债务人对让与人的抗辩，可以向受让人主张。因债权转让增加的履行费用，由让与人负担。

（2）建设工程合同义务的转让

建设工程合同义务的转让指的是建设工程合同中负有义务的一方当事人，将自己的合同义务全部或部分转让给第三人的行为。如发包人将支付拖欠工程款的义务协议转让给第三人。合同义务的转让关系到债权人的权利能否实现和在多大程度上实现，故《民法典》第五百五十一条规定，债务人将债务的全部或者部分转移给第三人的，应当经债权人同意。债务人或者第三人可以催告债权人在合理期限内予以同意，债权人未作表示的，视为不同意。

债务人转移债务的,新债务人可以主张原债务人对债权人的抗辩;原债务人对债权人享有债权的,新债务人不得向债权人主张抵销。债务人转移债务的,新债务人应当承担与主债务有关的从债务,但是该从债务专属于原债务人自身的除外。

债务的移转不同于债务加入,《民法典》第五百五十二条规定,第三人与债务人约定加入债务并通知债权人,或者第三人向债权人表示愿意加入债务,债权人未在合理期限内明确拒绝的,债权人可以请求第三人在其愿意承担的债务范围内和债务人承担连带债务。

(3) 建设工程合同权利义务的概括转让

建设工程合同权利义务的概括转让指的是建设工程合同的当事人将其在合同中的权利义务一并转移给第三人的行为,包括合同转让和企业合并或分立引起的概括转让。如发包人与承包人签订施工合同后,因故将合同转让给第三人,由第三人取代原发包人在施工合同中的地位,承受其权利义务。因为权利义务的概括转让,涉及受让人的履行能力和债权人的权利实现,所以根据《民法典》第五百五十五条规定,当事人一方经对方同意,可以将自己在合同中的权利和义务一并转让给第三人。合同的权利和义务一并转让的,适用债权转让、债务转移的有关规定。

3. 建设工程合同转让与建设工程合同转包

建设工程合同的转包,是指承包人承包工程后,不履行合同约定的责任和义务,将其承包的全部工程或者将其承包的全部工程肢解后以分包的名义分别转给其他单位或个人施工的行为。根据《建筑工程施工发包与承包违法行为认定查处管理办法》,转包,是指承包单位承包工程后,不履行合同约定的责任和义务,将其承包的全部工程或者将其承包的全部工程肢解后以分包的名义分别转给其他单位或个人施工的行为。建设工程合同的转让与转包表面看来,有相似之处,但二者存在本质区别:

(1) 建设工程合同转让与转包的主体不同。一方面,转让主体可以是发包人或承包人;转包主体则只能是承包人。另一方面,合同权利义务依法全部转让后,转让人退出原建设工程合同,受让人取代转让人的法律地位,成为原合同的一方当事人,受让人直接向合同对方负责。承包人转包后,存在两个合同关系,一个是原合同,当事人是发包人与承包人,另一个是转包合同,当事人是承包人与受让转包的次承包人,次承包人对原承包人负责,原承包人对发包人负责。

(2) 建设工程合同的转让只要依法进行,就是有效的;而转包是无效的。建设工程合同的转让,发包人转让合同的,只要经过了承包人的同意即可;承包人转让合同的,受让人应当具备相应的资质,并应经发包人同意,不过经过招标投标程序订立的建设工程合同,承包人不能转让,因为根据《招标投标法》规定,中标人将中标项目转让给他人,或者将中标项目肢解后分别转让给他人的,转让无效。我国现行法律明确规定禁止转包。《建筑法》第二十八条规定,禁止承包单位将其承包的全部建筑工程转包给他人,禁止承包单位将其承包的全部建筑工程肢解以后以分包的名义分别转包给他人。无论建设项目的转包是否经过发包人的同意,转包合同都是无效的。

4. 建设工程合同的转让与分包

建设工程合同的分包,指的是建设工程合同的总承包人经建设单位认可,将自己承建的工程中非基础和主体结构的部分工程发包给具备相应资质分包单位的行为。关于建设工程分包的法律性质,存在不同的认识。第一种观点认为,在法律性质上,建设工程分包合同属"并存的债务转移"。❶ 第二种观点认为，分包人向发包人的履行属于第三人代为履行。❷ 第三种观点认为，建设工程分包在理论上类似于债务代替履行，分包人向发包人的履行类似于第三人，但是分包人对于发包人并非完全不负责任，并且总承包人将其部分工作交于第三人时，须取得发包人同意，这又使其具有了债的转让的性质，所以建设工程分包的性质较为特殊。❸

《民法典》第七百九十一条第（二）款和第（三）款规定，总承包人或者勘察、设计、施工承包人经发包人同意，可以将自己承包的部分工作交由第三人完成。第三人就其完成的工作成果与总承包人或者勘察、设计、施工承包人向发包人承担连带责任。承包人不得将其承包的全部建设工程转包给第三人或者将其承包的全部建设工程支解以后以分包的名义分别转包给第三人。禁止承包人将工程分包给不具备相应资质条件的单位。禁止分包单位将其承包的工程再分包。建设工程主体结构的施工必须由承包人自行完成。《建筑法》第二十九条规定，建筑工程总承包单位可以将承包工程中的部分工程发包给具有相应资质条件的分包单位；但是，除总承包合同中约定的分包外，必须经建设单位认可。根据《建筑工程施工发包与承包违法行为认定查处管理办法》，违法分包，是指承包单位承包工程后违反法律法规规定，把单位工程或分部分项工程分包给其他单位或个人施工的行为。

建设工程项目的分包与转让都要经过合同对方当事人的同意，有相似之处，但也有本质区别：合同转让的主体可以是建设项目的发包人，也可以是建设项目的承包人。当事人之间仅存在发包人与受让人之间的一个合同法律关系，而且合同转让的次数不受限制。而工程分包主体只能是与发包人订立了建设工程合同的总承包人，合同的分包中存在总包合同与分包合同两个合同关系，而且，分包合同的内容不得超越总包合同，分包的次数仅限于一次，分包人不得再分包。分包是承包人与分包人之间独立的合同法律关系，因此分包工程价款应由承包人与分包单位结算。在第三人代为履行的情况下，当事人约定由第三人向债权人履行债务，但是第三人并没有加入到合同关系中来，也没有承担债务而成为合同当事人；发生纠纷时，第三人并无直接的法律责任。因此建设工程合同的分包并不属于第三人代为履行。在免责的债务承担中，第三人就移转的债务完全取代了债务人的法律地位，原债务人相当于免责了，因此建设工程合同也不属于"免责的债务承担"。而在并存的债务承担情况下，债权人与第三人订立协议，或者债务人和第三人订立协议，原债务人并不脱离合同关系，而第三人加入债务关系，与债务人连带承担合同义务的债务承担方式。在建设工程合同的分包中，分包人就其完成的工作成果与总包人一起向发包人承担连带责任，从性质上来看应属于并存的债务承担。

9.5.3　建设工程合同权利义务的终止

1. 建设工程合同的终止的概念

建设工程合同的终止，指的是建设工程合同因某种原因而引起当事人权利义务的消灭。建设工程合同终止的原因大致有三类：一是基于当事人的意思。二是基于合同目的的消灭，三是基于法律直接规定。建设工程合同终止主要包括合同履行完毕的自然终止，和

---

❶ 李健、张庆云. 建筑工程分包合同若干法律问题的分析［J］. 建筑，2001（08）：8-11.
❷ 李显东. 中国合同法要义与案例释解［M］. 北京：中国民主法制出版社，1999：974.
❸ 王红亮. 承揽合同·建设工程合同［M］. 北京：中国法制出版社，2000：204.

履行过程中某种原因导致的合同终止。根据《民法典》第五百五十七条的规定，有下列情形之一的，债权债务终止：①债务已经履行；②债务相互抵销；③债务人依法将标的物提存；④债权人免除债务；⑤债权债务同归于一人；⑥法律规定或者当事人约定终止的其他情形。合同解除的，该合同的权利义务关系终止。上述情形同样适用于建设工程合同的终止。建设工程实践中，除承发包双方当事人按照合同约定履行义务而导致合同的自然终止以外，最常见的就是因为合同解除而导致的建设工程合同的终止。

2. 建设工程合同的解除

（1）建设工程合同解除的概念和特征

建设工程合同的解除，指合同成立之后，尚未履行或未全部履行之前，合同当事人依法行使解除权，或者双方协商提前解除合同效力，致使合同权利义务关系终止的行为。合同解除具有如下特征：①合同的解除适用于合法有效的合同，而无效合同、可撤销合同不发生合同解除。②合同解除须具备法律规定的条件。非依照法律规定，当事人不得随意解除合同。③合同解除须有解除的行为。无论哪一方当事人享有解除合同的权利，其必须向对方提出解除合同的意思表示，才能达到合同解除的法律后果。④合同解除使合同关系自始消灭或者向将来消灭，可视为当事人之间未发生合同关系，或者合同尚存的权利义务不再履行。

（2）建设工程合同解除的种类

第一，协议解除。根据《民法典》第五百六十二条第（一）款规定，当事人协商一致，可以解除合同。协议解除，是指合同成立以后，在未履行或未完全履行之前，当事人双方通过协商解除合同，使合同效力消灭的行为。这种方式解除合同是在合同成立以后，而不是在合同订立时约定解除权。由于建设工程周期较长，在履行过程中，出现了某种情况，当事人认为没有必要继续履行合同，双方协商一致，解除建设工程合同。协议解除的法律特征：①协商解除本身是通过订立一个新的合同而解除原来的合同，当事人协商目的是达成一个解除合同的协议；②协商解除合同的内容由当事人双方协商确定，不得违背国家利益和社会公共利益，否则协议解除无效；③在协商解除的情况下，合同解除后是否恢复原状、如何恢复原状，也应当由当事人协商确定。这也是协商解除的办法与其他解除方法的不同之处。

第二，约定解除权解除。根据《民法典》第五百六十二条第（二）款规定，当事人可以约定一方解除合同的事由。解除合同的事由发生时，解除权人可以解除合同。约定解除权解除是指当事人双方在合同中约定，在合同成立以后，没有履行或没有完全履行之前，当事人一方在某种解除合同的条件成就时享有解除权，并可以通过行使合同解除权，使合同关系消灭。约定解除权解除的特征有：①约定解除权是指双方在合同中约定一方享有解除合同的权利。约定解除权属于事前的约定，它规定在将来发生一定情况时，一方享有解除权。②双方约定解除合同的条件。约定解除权的解除是由双方当事人在合同中约定未来可能出现的解除合同的条件。③享有解除权的一方实际行使解除权。解除合同的解除条件成就以后，使一方享有解除权。在这一点上约定解除权和附条件解除的合同是不同的，对于附解除条件的合同来说，如果双方约定的条件成就，就会导致合同自动解除。但如果是约定解除权解除的话，必须是由解除权人主动行使解除权，才能导致合同解除。

第三，法定解除。法定解除，是指在合同成立以后，没有履行或没有履行完毕以前，当事人一方通过行使法定的解除权而使合同效力消灭的行为。法定解除主要适用于不可抗力或当事人不履行合同的主要义务，致使合同的目的无法实现而解除合同的情形。《民法典》第 563 条规定，有下列情形之一的，当事人可以解除合同：①因不可抗力致使不能实现合同目的；②在履行期限届满前，当事人一方明确表示或者以自己的行为表明不履行主要债务；③当事人一方迟延履行主要债务，经催告后在合理期限内仍未履行；④当事人一方迟延履行债务或者有其他违约行为致使不能实现合同目的；⑤法律规定的其他情形。以持续履行的债务为内容的不定期合同，当事人可以随时解除合同，但是应当在合理期限之前通知对方。

（3）合同解除的程序

《民法典》第五百六十四条规定，法律规定或者当事人约定解除权行使期限，期限届满当事人不行使的，该权利消灭。法律没有规定或者当事人没有约定解除权行使期限，自解除权人知道或者应当知道解除事由之日起一年内不行使，或者经对方催告后在合理期限内不行使的，该权利消灭。解除权的行使期限一般只存在于约定解除期限的解除和法定解除中，而协商一致解除合同一般不会发生解除期限问题。

《民法典》第五百六十五条规定，当事人一方依法主张解除合同的，应当通知对方。合同自通知到达对方时解除；通知载明债务人在一定期限内不履行债务则合同自动解除，债务人在该期限内未履行债务的，合同自通知载明的期限届满时解除。对方对解除合同有异议的，任何一方当事人均可以请求人民法院或者仲裁机构确认解除行为的效力。当事人一方未通知对方，直接以提起诉讼或者申请仲裁的方式依法主张解除合同，人民法院或者仲裁机构确认该主张的，合同自起诉状副本或者仲裁申请书副本送达对方时解除。

依照法律、行政法规的规定，合同的解除等情形应当办理批准等手续的，依照其规定。

（4）合同解除的法律后果

根据《民法典》合同解除后，尚未履行的，终止履行；已经履行的，根据履行情况和合同性质，当事人可以请求恢复原状或者采取其他补救措施，并有权请求赔偿损失。合同因违约解除的，解除权人可以请求违约方承担违约责任，但是当事人另有约定的除外。主合同解除后，担保人对债务人应当承担的民事责任仍应当承担担保责任，但是担保合同另有约定的除外。

合同的权利义务关系终止，不影响合同中结算和清理条款的效力。建设工程合同终止后，往往还涉及承包人已完成了部分工程，发包人也已支付部分工程款，已履行部分如何结算等等，合同当事人进行经济结算以及处理合同善后事宜，仍需要有依据，因此结算和争议解决条款具有相对的独立性，不因合同的解除而失效。

（5）建设工程施工合同解除的特殊规定

《民法典》规定，承包人将建设工程转包、违法分包的，发包人可以解除合同。发包人提供的主要建筑材料、建筑构配件和设备不符合强制性标准或者不履行协助义务，致使承包人无法施工，经催告后在合理期限内仍未履行相应义务的，承包人可以解除合同。合同解除后，已经完成的建设工程质量合格的，发包人应当按照约定支付相应的工程价款；已经完成的建设工程质量不合格的，参照《民法典》关于建设工程施工合同无效，建设工程经验收合格的工程价款约定折价补偿的规定处理。

9.6　建设工程合同的违约责任

9.6.1　违约责任的概念和特征

违约责任，是指合同当事人因违反合同义务所承担的责任。违约责任的产生是以合同的有效存在为前提。《民法典》规定，当事人一方不履行合同义务或者履行合同义务不符合约定的，应当承担继续履行、采取补救措施或者赔偿损失等违约责任。违约责任具有如下特征：①违约责任的产生是以合同当事人不履行合同义务为条件的；②违约责任具有相对性，这是由合同关系的相对性决定的；③违约责任主要具有补偿性，即旨在弥补或补偿因违约行为造成的损害后果；④违约责任可以由合同当事人约定，但约定不符合法律要求的，将会被宣告无效或被撤销；⑤违约责任是民事责任的一种形式。

9.6.2　违约责任的构成要件

违约责任的构成要件是指违约当事人应具备何种条件才应承担违约责任。

1. 违约行为

违约行为是指合同当事人违反合同义务的行为。《民法典》采用了"当事人一方不履行合同义务或者履行合同义务不符合约定的"的表述来阐述违约行为的概念。

根据违约行为发生的时间，违约行为总体上可分为预期违约和实际违约。《民法典》也规定了预期违约制度，其第五百七十八条规定，当事人一方明确表示或者以自己的行为表明不履行合同义务的，对方可以在履行期限届满前请求其承担违约责任。

实际违约又可分为不履行（包括根本违约和拒绝履行）、不符合约定的履行和其他违反合同义务的行为；而不符合约定的履行又可分为迟延履行、质量有瑕疵的履行、不完全履行（包括部分履行、履行地点不当的履行和履行方法不当的履行）。

2. 不存在法定或约定的免责事由

根据《民法典》的规定，当事人一方不履行合同义务或者履行合同义务不符合约定的，应当违约责任。违约方如果能够证明其违约行为存在法定的或者约定的免责事由，便可免除违约责任。违约责任的免责事由既包括法定的责任事由，如不可抗力，也包括约定的责任事由，如免责条款。

根据《民法典》的规定，当事人一方因不可抗力不能履行合同的，根据不可抗力的影响，部分或者全部免除责任，但是法律另有规定的除外。因不可抗力不能履行合同的，应当及时通知对方，以减轻可能给对方造成的损失，并应当在合理期限内提供证明。当事人迟延履行后发生不可抗力的，不免除其违约责任。不可抗力，是指不能预见、不能避免并不能克服的客观情况。当事人一方因不可抗力不能履行合同的，应当及时通知对方，以减轻可能给对方造成的损失，并应当在合理期限内提供证明。

9.6.3　承担违约责任的方式

《民法典》规定，当事人一方不履行合同义务或者履行合同义务不符合约定的，应当承担继续履行、采取补救措施或者赔偿损失等违约责任。

1. 继续履行

《民法典》规定，当事人一方未支付价款、报酬、租金、利息，或者不履行其他金钱债务的，对方可以请求其支付。当事人一方不履行非金钱债务或者履行非金钱债务不符合约定的，对方可以请求履行，但是有下列情形之一的除外：①法律上或者事实上不能履行；②债务的标的不适于强制履行或者履行费用过高；③债权人在合理期限内未请求履行。有前款规定的除外情形之一，致使不能实现合同目的的，人民法院或者仲裁机构可以根据当事人的请求终止合同权利义务关系，但是不影响违约责任的承担。继续履行作为一种违约后的补救方式，是否要求违约方继续履行是非违约方的一项权利。继续履行可以与违约金、定金、赔偿损失并用，但不能与解除合同的方式并用。

当事人一方不履行债务或者履行债务不符合约定，根据债务的性质不得强制履行的，对方可以请求其负担由第三人替代履行的费用。

2. 采取补救措施

《民法典》规定，履行不符合约定的，应当按照当事人的约定承担违约责任。对违约责任没有约定或者约定不明确，依据《民法典》的规定仍不能确定的，受损害方根据标的的性质以及损失的大小，可以合理选择请求对方承担修理、重作、更换、退货、减少价款或者报酬等违约责任。

3. 违约金和定金

《民法典》规定，当事人可以约定一方违约时应当根据违约情况向对方支付一定数额的违约金，也可以约定因违约产生的损失赔偿额的计算方法。约定的违约金低于造成的损失的，人民法院或者仲裁机构可以根据当事人的请求予以增加；约定的违约金过分高于造成的损失的，人民法院或者仲裁机构可以根据当事人的请求予以适当减少。当事人就迟延履行约定违约金的，违约方支付违约金后，还应当履行债务。

当事人可以约定一方向对方给付定金作为债权的担保。定金合同自实际交付定金时成立。定金的数额由当事人约定；但是，不得超过主合同标的额的20%，超过部分不产生定金的效力。实际交付的定金数额多于或者少于约定数额的，视为变更约定的定金数额。债务人履行债务的，定金应当抵作价款或者收回。给付定金的一方不履行债务或者履行债务不符合约定，致使不能实现合同目的的，无权请求返还定金；收受定金的一方不履行债务或者履行债务不符合约定，致使不能实现合同目的的，应当双倍返还定金。

当事人既约定违约金，又约定定金的，一方违约时，对方可以选择适用违约金或者定金条款。定金不足以弥补一方违约造成的损失的，对方可以请求赔偿超过定金数额的损失。

4. 赔偿损失

《民法典》规定，当事人一方不履行合同义务或者履行合同义务不符合约定的，在履行义务或者采取补救措施后，对方还有其他损失的，应当赔偿损失。当事人一方不履行合同义务或者履行合同义务不符合约定，造成对方损失的，损失赔偿额应当相当于因违约所造成的损失，包括合同履行后可以获得的利益；但是，不得超过违约一方订立合同时预见到或者应当预见到的因违约可能造成的损失。

当事人一方违约后，对方应当采取适当措施防止损失的扩大；没有采取适当措施致使损失扩大的，不得就扩大的损失请求赔偿。当事人因防止损失扩大而支出的合理费用，由违约方负担。

当事人都违反合同的，应当各自承担相应的责任。当事人一方违约造成对方损失，对方对损失的发生有过错的，可以减少相应的损失赔偿额。

9.7　建设工程合同的示范文本和主要内容

9.7.1　建设工程合同的示范文本

合同示范文本，是指由规定的国家机关事先拟定的对当事人订立合同起示范作用的合同文本。由于建设工程合同的特殊性，国家对其合同文本的使用有较强的指导性，国务院建设行政主管部门和原国务院工商行政管理部门，相继制定了《建设项目工程总承包合同（示范文本）》《建设工程勘察合同（示范文本）》《建设工程设计合同（示范文本）》《建设工程委托监理合同（示范文本）》《建设工程施工合同（示范文本）》《建设工程施工专业分包合同（示范文本）》《建设工程施工劳务分包合同（示范文本）》等，作为指导建设工程发包人与承包人明确双方权利义务的主要参照。

合同示范文本对当事人订立合同起参考作用，但不要求当事人必须采用合同示范文本，即合同的成立与生效同当事人是否采用合同示范文本无直接关系。合同示范文本具有引导性、参考性，但无法律强制性，为非强制性使用文本。

《民法典》规定，格式条款是当事人为了重复使用而预先拟定，并在订立合同时未与对方协商的条款。采用格式条款订立合同的，提供格式条款的一方应当遵循公平原则确定当事人之间的权利和义务，并采取合理的方式提示对方注意免除或者减轻其责任等与对方有重大利害关系的条款，按照对方的要求，对该条款予以说明。提供格式条款的一方未履行提示或者说明义务，致使对方没有注意或者理解与其有重大利害关系的条款的，对方可以主张该条款不成为合同的内容。

9.7.2　《建设项目工程总承包合同（示范文本）》

1. 性质和适用范围

为指导建设项目工程总承包合同当事人的签约行为，维护合同当事人的合法权益，依据《民法典》《建筑法》《招标投标法》以及相关法律、法规，住房和城乡建设部、市场监管总局对《建设项目工程总承包合同示范文本（试行）》GF—2011—0216进行了修订，制定了《建设项目工程总承包合同（示范文本）》GF—2020—0216，自2021年1月1日起执行。

《建设项目工程总承包合同（示范文本）》为推荐使用的非强制性使用文本，适用于房屋建筑和市政基础设施项目工程总承包承发包活动，为推荐使用的非强制性使用文本，合同当事人可结合建设工程具体情况，参照《建设项目工程总承包合同（示范文本）》订立合同，并按照法律法规和合同约定承担相应的法律责任及合同权利义务。

2. 组成

《建设项目工程总承包合同（示范文本）》由合同协议书、通用合同条件和专用合同条件3部分组成。

（1）合同协议书

合同协议书共计11条，主要包括：工程概况、合同工期、质量标准、签约合同价与合同价格形式、工程总承包项目经理、合同文件构成、承诺、订立时间、订立地点、合同生效和合同份数，集中约定了合同当事人基本的合同权利义务。

（2）通用合同条件

通用合同条件是合同当事人根据《民法典》《建筑法》等法律法规的规定，就工程总承包项目的实施及相关事项，对合同当事人的权利义务作出的原则性约定。通用合同条件共计 20 条，具体条款分别为：第 1 条 一般约定，第 2 条 发包人，第 3 条 发包人的管理，第 4 条 承包人，第 5 条 设计，第 6 条 材料、工程设备，第 7 条 施工，第 8 条 工期和进度，第 9 条 竣工试验，第 10 条 验收和工程接收，第 11 条 缺陷责任与保修，第 12 条 竣工后试验，第 13 条 变更与调整，第 14 条 合同价格与支付，第 15 条 违约，第 16 条 合同解除，第 17 条 不可抗力，第 18 条 保险，第 19 条 索赔，第 20 条 争议解决。上述条款安排既考虑了现行法律法规对工程总承包活动的有关要求，也考虑了工程总承包项目管理的实际需要。

（3）专用合同条件

专用合同条件是合同当事人根据不同建设项目的特点及具体情况，通过双方的谈判、协商对通用合同条件原则性约定细化、完善、补充、修改或另行约定的合同条件。在编写专用合同条件时，应注意以下事项：①专用合同条件的编号应与相应的通用合同条件的编号一致；②在专用合同条件中有横道线的地方，合同当事人可针对相应的通用合同条件进行细化、完善、补充、修改或另行约定；如无细化、完善、补充、修改或另行约定，则填写"无"或划"/"；③对于在专用合同条件中未列出的通用合同条件中的条款，合同当事人根据建设项目的具体情况认为需要进行细化、完善、补充、修改或另行约定的，可在专用合同条件中，以同一条款号增加相关条款的内容。

9.7.3　《建设工程勘察合同（示范文本)》

1. 性质和适用范围

为了指导建设工程勘察合同当事人的签约行为，维护合同当事人的合法权益，住房和城乡建设部、原国家工商行政管理总局对《建设工程勘察合同（一）［岩土工程勘察、水文地质勘察（含凿井）、工程测量、工程物探]》GF—2000—0203 及《建设工程勘察合同（二）［岩土工程设计、治理、监测]》GF—2000—0204 进行修订，制定了《建设工程勘察合同（示范文本)》。

《建设工程勘察合同（示范文本)》为非强制性使用文本，合同当事人可结合工程具体情况，根据《建设工程勘察合同（示范文本)》订立合同，并按照法律法规和合同约定履行相应的权利义务，承担相应的法律责任。《建设工程勘察合同（示范文本)》适用于岩土工程勘察、岩土工程设计、岩土工程物探/测试/检测/监测、水文地质勘察及工程测量等工程勘察活动，岩土工程设计也可使用《建设工程设计合同示范文本（专业建设工程)》GF—2015—0210。

2. 组成

《示范文本》由合同协议书、通用合同条款和专用合同条款三部分组成。

（1）合同协议书

《示范文本》合同协议书共计 12 条，主要包括工程概况、勘察范围和阶段、技术要求及工作量、合同工期、质量标准、合同价款、合同文件构成、承诺、词语定义、签订时间、签订地点、合同生效和合同份数等内容，集中约定了合同当事人基本的合同权利义务。

（2）通用合同条款

通用合同条款是合同当事人根据相关法律法规的规定，就工程勘察的实施及相关事项对合同当事人的权利义务作出的原则性约定。通用合同条款具体包括一般约定、发包人、勘察人、工期、成果资料、后期服务、合同价款与支付、变更与调整、知识产权、不可抗力、合同生效与终止、合同解除、责任与保险、违约、索赔、争议解决及补充条款等共计17条。上述条款安排既考虑了现行法律法规对工程建设的有关要求，也考虑了工程勘察管理的特殊需要。

（3）专用合同条款

专用合同条款是对通用合同条款原则性约定的细化、完善、补充、修改或另行约定的条款。合同当事人可以根据不同建设工程的特点及具体情况，通过双方的谈判、协商对相应的专用合同条款进行修改补充。在使用专用合同条款时，应注意以下事项：①专用合同条款编号应与相应的通用合同条款编号一致；②合同当事人可以通过对专用合同条款的修改，满足具体项目工程勘察的特殊要求，避免直接修改通用合同条款；③在专用合同条款中有横道线的地方，合同当事人可针对相应的通用合同条款进行细化、完善、补充、修改或另行约定；如无细化、完善、补充、修改或另行约定，则填写"无"或划"/"。

9.7.4 《建设工程设计合同（示范文本）》

1.《建设工程设计合同示范文本（房屋建筑工程）》

（1）性质和适用范围

为了指导建设工程设计合同当事人的签约行为，维护合同当事人的合法权益，依据相关法律法规，住房城乡建设部、国家工商行政管理总局对《建设工程设计合同（一）（民用建设工程设计合同）》GF—2000—0209进行了修订，制定了《建设工程设计合同示范文本（房屋建筑工程）》GF—2015—0209。

《建设工程设计合同示范文本（房屋建筑工程）》供合同双方当事人参照使用，可适用于方案设计招标投标、队伍比选等形式下的合同订立。《建设工程设计合同示范文本（房屋建筑工程）》适用于建设用地规划许可证范围内的建筑物构筑物设计、室外工程设计、民用建筑修建的地下工程设计及住宅小区、工厂厂前区、工厂生活区、小区规划设计及单体设计等，以及所包含的相关专业的设计内容（总平面布置、竖向设计、各类管网管线设计、景观设计、室内外环境设计及建筑装饰、道路、消防、智能、安保、通信、防雷、人防、供配电、照明、废水治理、空调设施、抗震加固等）等工程设计活动。

（2）组成

《建设工程设计合同示范文本（房屋建筑工程）》由合同协议书、通用合同条款和专用合同条款三部分组成。①合同协议书。合同协议书集中约定了合同当事人基本的合同权利义务。②通用合同条款。通用合同条款是合同当事人根据相关法律法规的规定，就工程设计的实施及相关事项，对合同当事人的权利义务作出的原则性约定。通用合同条款既考虑了现行法律法规对工程建设的有关要求，也考虑了工程设计管理的特殊需要。③专用合同条款。专用合同条款是对通用合同条款原则性约定的细化、完善、补充、修改或另行约定的条款。合同当事人可以根据不同建设工程的特点及具体情况，通过双方的谈判、协商对相应的专用合同条款进行修改补充。在使用专用合同条款时，应注意以下事项：专用合同条款的编号应与相应的通用合同条款的编号一致；合同当事人可以通过对专用合同条款的修改，满足具体房屋建筑工程的特殊要求，避免直接修改通用合同条款；在专用合同条款中有横道线的地方，合同当事人可针对相应的通用合同条款进行细化、完善、补充、修改或另行约定；如无细化、完善、补充、修改或另行约定，则填写"无"或划"/"。

2.《建设工程设计合同（二）（专业建设工程设计合同)》

（1）性质和适用范围

为了指导建设工程设计合同当事人的签约行为，维护合同当事人的合法权益，依据相关法律法规，住房城乡建设部、国家工商行政管理总局对《建设工程设计合同（二）（专业建设工程设计合同)》GF—2000—0210进行了修订，制定了《建设工程设计合同示范文本（专业建设工程)》GF—2015—0210。

《建设工程设计合同示范文本（专业建设工程)》供合同双方当事人参照使用，适用于房屋建筑工程以外各行业建设工程项目的主体工程和配套工程（含厂/矿区内的自备电站、道路、专用铁路、通信、各种管网管线和配套的建筑物等全部配套工程）以及与主体工程、配套工程相关的工艺、土木、建筑、环境保护、水土保持、消防、安全、卫生、节能、防雷、抗震、照明工程等工程设计活动。

房屋建筑工程以外的各行业建设工程统称为专业建设工程，具体包括煤炭、化工石化医药、石油天然气（海洋石油）、电力、冶金、军工、机械、商物粮、核工业、电子通信广电、轻纺、建材、铁道、公路、水运、民航、市政、农林、水利、海洋等工程。

（2）组成

《建设工程设计合同示范文本（专业建设工程)》由合同协议书、通用合同条款和专用合同条款三部分组成。①合同协议书。《示范文本》合同协议书集中约定了合同当事人基本的合同权利义务。②通用合同条款。通用合同条款是合同当事人根据法律法规的规定，就工程设计的实施及相关事项，对合同当事人的权利义务作出的原则性约定。通用合同条款既考虑了现行法律法规对工程建设的有关要求，也考虑了工程设计管理的特殊需要。③专用合同条款。专用合同条款是对通用合同条款原则性约定的细化、完善、补充、修改或另行约定的条款。合同当事人可以根据不同建设工程的特点及具体情况，通过双方的谈判、协商对相应的专用合同条款进行修改补充。在使用专用合同条款时，应注意以下事项：专用合同条款的编号应与相应的通用合同条款的编号一致；合同当事人可以通过对专用合同条款的修改，满足具体建设工程的特殊要求，避免直接修改通用合同条款；在专用合同条款中有横道线的地方，合同当事人可针对相应的通用合同条款进行细化、完善、补充、修改或另行约定；如无细化、完善、补充、修改或另行约定，则填写"无"或划"/"。

9.7.5　《建设工程施工合同（示范文本)》

1.性质和适用范围

为了指导建设工程施工合同当事人的签约行为，维护合同当事人的合法权益，住房城乡建设部、国家工商行政管理总局对《建设工程施工合同（示范文本)》GF—2013—0201进行了修订，制定了《建设工程施工合同（示范文本)》GF—2017—0201。

《建设工程施工合同（示范文本)》为非强制性使用文本，适用于房屋建筑工程、土木工程、线路管道和设备安装工程、装修工程等建设工程的施工承发包活动，合同当事人可结合建设工程具体情况，根据《建设工程施工合同（示范文本)》订立合同，并按照法律法规规定和合同约定承担相应的法律责任及合同权利义务。

2. 组成

《建设工程施工合同（示范文本）》由合同协议书、通用合同条款和专用合同条款三部分组成。

（1）合同协议书

合同协议书共计 13 条，主要包括：工程概况、合同工期、质量标准、签约合同价和合同价格形式、项目经理、合同文件构成、承诺以及合同生效条件等重要内容，集中约定了合同当事人基本的合同权利义务。

（2）通用合同条款

通用合同条款是合同当事人根据法律法规的规定，就工程建设的实施及相关事项，对合同当事人的权利义务作出的原则性约定。通用合同条款共计 20 条，具体条款分别为：一般约定、发包人、承包人、监理人、工程质量、安全文明施工与环境保护、工期和进度、材料与设备、试验与检验、变更、价格调整、合同价格、计量与支付、验收和工程试车、竣工结算、缺陷责任与保修、违约、不可抗力、保险、索赔和争议解决。前述条款安排既考虑了现行法律法规对工程建设的有关要求，也考虑了建设工程施工管理的特殊需要。

（3）专用合同条款

专用合同条款是对通用合同条款原则性约定的细化、完善、补充、修改或另行约定的条款。合同当事人可以根据不同建设工程的特点及具体情况，通过双方的谈判、协商对相应的专用合同条款进行修改补充。在使用专用合同条款时，应注意以下事项：①专用合同条款的编号应与相应的通用合同条款的编号一致；②合同当事人可以通过对专用合同条款的修改，满足具体建设工程的特殊要求，避免直接修改通用合同条款；③在专用合同条款中有横道线的地方，合同当事人可针对相应的通用合同条款进行细化、完善、补充、修改或另行约定；如无细化、完善、补充、修改或另行约定，则填写"无"或划"/"。

第 10 章　建设工程监理法律制度

中共中央、国务院印发的《质量强国建设纲要》第六部分"提升建设工程品质"指出，"打造中国建造升级版。坚持百年大计、质量第一，树立全生命周期建设发展理念，构建现代工程建设质量管理体系，打造中国建造品牌。完善勘察、设计、监理、造价等工程咨询服务技术标准，鼓励发展全过程工程咨询和专业化服务。"工程监理作为工程质量安全的一项重要制度保障，对建设工程项目进行全过程控制和监督，在保障工程质量和安全生产，提高建设工程投资效益，保护人民生命和国家财产安全等方面发挥了显著作用，其重要性不容置疑。工程监理应当始终把人民群众的生命财产安全放在首位，始终坚持把安全管理制度落实到工程建设全过程、各环节，为建设工程项目顺利实施保驾护航。

10.1　建设工程监理概述

10.1.1　建设工程监理的产生与发展

1. 建设工程监理产生的背景

从新中国成立直至我国改革开放以前，我国固定资产投资基本上是由国家统一安排计划，由国家统一财政拨款。这种模式下建设工程管理的经验不能承袭升华，而教训却不断重复发生，使我国建设工程管理水平长期在低水平徘徊，当时建设工程领域中概算超估算、预算超概算、结算超预算、工期延长的现象较为普遍。1978 年我国实行改革开放以来，外商和国际组织纷纷来我国投资，"三资"项目、贷款项目越来越多，在这些项目的建设管理中，业主基本上都要求采用国际通用的工程管理制度，其中最有代表性、最有划时代意义的就是 1982 年世界银行贷款的"鲁布革水电站"项目，即设置"工程师"（Engineer）机构，按国际合同管理方式代表业主对工程进行现场综合监督管理，以保证项目管理的顺利实施。在随后的项目建设中，监理的介入使项目在投资控制、进度控制和质量控制方面均取得了令人满意的效果。例如利用世界银行贷款的京津塘高速公路建设，由我国监理工程师为主进行工程监理，在工程质量方面取得了突出成绩，赢得了国内外的好评，监理在工程建设上的突出表现，最终引起了我国建设领域行政管理层的重视与认同。原建设部于 1988 年 5 月成立了建设监理司，以指导全国的建设监理工作，开始开展建设监理学科学术研究，开展建设监理行业的试点工作。同年 7 月，建设部发布《关于开展建设监理工作的通知》，明确提出要建立建设监理制度。

2. 我国建设工程监理的历史发展

自 1988 年以来，分别以 1988 年的《关于开展建设监理工作的通知》（建字第 142 号文件）、1992 年的《工程建设监理规定》、1995 年的《工程建设监理规定》、2005 年"全国建设工程监理工作会议"为划分标志，我国的工程监理制度先后经历了改革试点、稳步发展、全面推行创新发展❶和转型升级阶段五个阶段。

（一）改革试点阶段（1988 年—1991 年）

1988 年 7 月，建设部发布了《关于开展建设监理工作的通知》，标志着我国监理事业的正式开始。同年 11 月，原建设部发出《关于开展建设监理试点工作的若干意见》，决定建设监理制先在北京、上海、南京、天津、宁波、沈阳、哈尔滨、深圳八市和能源、交通的水电与公路系统进行试点。1989 年 4 月，原交通部颁发《公路工程施工监理暂行办法》，并先后在京津塘高速公路、济南—青岛公路等 9 条高级公路建设中进行了监理试点。1989 年 7 月，原建设部发布《建设监理试行规定》，提出建立专业化、社会化的建设监理和以规划、协调、监督、服务为内容的政府监督管理的建设监理制度，标志着我国建设监理工作的正式实施。这一阶段的监理对象大多为国家、地方重点工程项目，这时期的监理方式主要为自行监理，是由业主直接派出人员组织监理。

（二）稳步发展阶段（1992 年—1995 年）

在此阶段，有关工程监理的法律法规得到进一步完善。我国先后颁布实施了《工程建设监理单位资质管理试行办法》（1992 年 1 月建设部颁布）、《监理工程师资格考试和注册试行办法》（1992 年 6 月建设部颁布）、《关于发布工程建设监理费有关规定的通知》（1992 年 9 月国家物价局和建设部颁布）、《工程建设监理规定》（1995 年 12 月建设部、国家计委颁布）。在此阶段，北京、上海、河北、浙江、湖南等省市政府或人大常委会也发布了本地区的建设监理法规。1995 年 10 月，建设部、国家工商行政管理局还联合发布了《工程建设监理合同（示范文本）》。随着监理的全面介入，大大促进了我国工程建设项目管理水平的提高。同时通过委托监理，使项目法人大大精简了筹建队伍。在推广方面，建设监理制度得到了更广泛的普及。

（三）全面推行阶段（1996 年—2005 年）

建设部和国家计划委员会颁布的《工程建设监理规定》（自 1996 年 1 月 1 日起实施），建设监理制度进入全面推行阶段。1997 年《建筑法》第三十条确立了工程监理在建设活动中的法律地位。此阶段，我国先后颁布实施的《建设工程质量管理条例》《建设工程安全生产管理条例》进一步明确了监理责任。为了规范工程监理行为，保障工程监理健康发展，建设部先后出台了《监理工程师资格考试和注册试行办法》《建设工程监理范围和规模标准规定》等部门规章；国务院铁道、交通、水利、信息产业等有关部门也出台了相应专业工程监理的部门规章。一些省市也相继出台了地方性法规和规章，如浙江省于 2001 年出台了《浙江省建设工程监理管理条例》，深圳市于 2002 年出台了《深圳经济特区建设工程监理条例》，四川、河北等省也以省长令形式出台了监理规定。这些法律、法规和规章的出台，初步形成了我国工程监理的法规体系，为工程监理工作提供了法律保障。❷

同时，《建设工程监理规范》GB 50319—2000 的颁发实施，标志着我国监理业有了统一的标准，在规范化的道路上迈进了一大步。工程监理制度的推行，对控制工程质量、投资、进度发挥了重要作用，取得了明显效果，促进了我国工程建设管理水平的提高。在铁

---

❶ 周羿. 工程监理企业开展项目管理服务的研究［D］. 上海：同济大学土木工程学院，2008.

❷ 原建设部副部长黄卫. 在全国建设工程监理工作会议上的讲话：改革创新、科学发展、努力开创工程监理工作的新局面［R］. 2005-6-29.

道、交通、水利、电力、冶金、机电、林业、矿山、航空航天、石油化工、信息产业、轻工纺织、房屋建筑和市政公用等各类建设工程中普遍实施了工程监理制度，尤其是在三峡工程、青藏铁路、西气东输、西电东送、南水北调等一批国家重点工程和大中型建设项目上，工程监理的作用日益明显，所以目前大多数建设单位从被动接受监理向主动选择监理转变。

我国工程监理队伍也不断发展壮大，工程监理行业已形成了总监理工程师、专业监理工程师、监理员三个层次的人才队伍。

（四）创新发展阶段（2006 年—2016 年）

2005 年 6 月 29 日至 30 日，建设部在大连召开了第七次全国建设监理工作会议。会议的主要内容是按照全面落实科学发展观的要求，回顾 10 年来建设监理工作取得的成就，总结、交流经验，表彰先进，分析建设监理面临的形式和存在的问题，研究建设监理工作的发展方向和改革措施，部署今后的建设监理工作，推进建设监理工作持续健康发展。

在此阶段，建设工程监理法律法规体系进一步完善，工程监理的行为及服务范围得到了明确和拓展。2006 年 1 月 26 日，建设部发布《注册监理工程师注册管理规定》（建设部令第 147 号），同时废止 1992 年 6 月 4 日建设部颁布的《监理工程师资格考试和注册试行办法》（建设部令第 18 号）。自 2006 年 4 月 1 日起施行的《注册监理工程师注册管理规定》，对于加强和规范注册监理工程师的管理，提高工程监理质量和水平，维护公共利益和建筑市场秩序，保障监理工程师的权利和义务等方面，都具有重要的意义。2006 年 10 月 16 日，建设部发布《关于落实建设工程安全生产监理责任的若干意见》（建市〔2006〕248 号），对建设工程安全生产监理的主要工作内容、工作程序、监理责任等作出了规定。2006 年 11 月 29 日，建设部发出《关于报送 2006 年建设工程监理统计报表的通知》，要求自 2006 年起正式实行《建设工程监理统计报表制度》。2007 年 1 月 22 日，建设部和商务部共同发布《外商投资建设工程服务企业管理规定》（建设部商务部令第 155 号），这是我国政府发布的第一个关于规范外商投资建设工程服务企业的管理性文件。2007 年 3 月 30 日，国家发展和改革委员会和建设部联合发布了《建设工程监理与相关服务收费管理规定》（发改价格〔2007〕670 号文）和《建设工程监理与相关服务收费标准》。这些规范性文件对于规范建设工程监理及相关服务收费行为，维护发包人和监理人双方合法权益，促进工程监理行业健康发展起到了重要的作用。

（五）转型升级阶段（2016 年至今）

从 2016 年开始，结合国外经验及国内市场变化，国家通过推动全过程工程咨询，开始推动和指导监理行业转型升级。

2003 年，建设部印发《关于培育发展工程总承包和工程项目管理企业的指导意见》（建市〔2003〕30 号）指出，工程总承包和工程项目管理是国际通行的工程建设项目组织实施方式。积极推行工程总承包和工程项目管理，是勘察、设计、施工、监理企业调整经营结构，增强综合实力，加快与国际工程承包和管理方式接轨，适应社会主义市场经济发展和加入世界贸易组织后新形势的必然要求。2004 年，建设部印发《建设工程项目管理试行办法》进一步明确，项目管理企业应当具有工程勘察、设计、施工、监理、造价咨询、招标代理等一项或多项资质。工程勘察、设计、施工、监理、造价咨询、招标代理等企业可以在本企业资质以外申请其他资质。为了贯彻落实《国务院关于加快发展服务业的若干意见》和《国务院关于投资体制改革的决定》的精神，推进有条件的大型工程监理单位创建工程项目管理企业，适应我国投资体制改革和建设项目组织实施方式改革的需要，提高工程建设管理水平，增强工程监理单位的综合实力及国际竞争，2008 年，住房和城乡建设部印发《关于大型工程监理单位创建工程项目管理企业的指导意见》。该《指导意见》明确，工程项目管理服务是服务业的重要组成部分，是国际通行的工程项目管理组织模式，也是工程监理单位拓展业务领域、提升竞争实力的有效途径。创建工程项目管理企业的大型工程监理单位要按照科学发展观的要求，适应社会主义市场经济和与国际惯例接轨的需要，因地制宜、实事求是地开展创建工程项目管理企业的工作。在创建过程中，应以工程项目管理企业的基本特征为目标，制定企业发展战略，分步实施。

2017 年，国务院办公厅印发《国务院办公厅关于促进建筑业持续健康发展的意见》（国办发〔2017〕19 号）提出完善工程建设组织模式，培育全过程工程咨询。鼓励投资咨询、勘察、设计、监理、招标代理、造价等企业采取联合经营、并购重组等方式发展全过程工程咨询，培育一批具有国际水平的全过程工程咨询企业。政府投资工程应带头推行全过程工程咨询，鼓励非政府投资工程委托全过程工程咨询服务。2017 年，住房和城乡建设部印发《住房城乡建设部关于开展全过程工程咨询试点工作的通知》（建市〔2017〕101 号），选择北京、上海、江苏、浙江、福建、湖南、广东、四川 8 省（市）以及中国建筑设计院有限公司等 40 家企业开展全过程工程咨询试点，健全全过程工程咨询管理制度，完善工程建设组织模式，培养有国际竞争力的企业，提高全过程工程咨询服务能力和水平，为全面开展全过程工程咨询积累经验。

《住房城乡建设部关于促进工程监理行业转型升级创新发展的意见》（建市〔2017〕145 号）要求，完善工程监理制度，更好发挥监理作用，促进工程监理行业转型升级、创新发展，鼓励支持监理企业为建设单位做好委托服务的同时，进一步拓展服务主体范围，积极为市场各方主体提供专业化服务。鼓励监理企业在立足施工阶段监理的基础上，向"上下游"拓展服务领域，提供项目咨询、招标代理、造价咨询、项目管理、现场监督等多元化的"菜单式"咨询服务。对于选择具有相应工程监理资质的企业开展全过程工程咨询服务的工程，可不再另行委托监理。鼓励监理企业积极探索政府和社会资本合作（PPP）等新型融资方式下的咨询服务内容、模式。引导监理企业加大科技投入，采用先进检测工具和信息化手段，创新工程监理技术、管理、组织和流程，提升工程监理服务能力和水平。鼓励大型监理企业采取跨行业、跨地域的联合经营、并购重组等方式发展全过程工程咨询，培育一批具有国际水平的全过程工程咨询企业。支持中小监理企业、监理事务所进一步提高技术水平和服务水平，为市场提供特色化、专业化的监理服务。推进建筑信息模型（BIM）在工程监理服务中的应用，不断提高工程监理信息化水平。鼓励工程监理企业抓住"一带一路"的国家战略机遇，主动参与国际市场竞争，提升企业的国际竞争力。实现工程监理服务多元化水平显著提升，服务模式得到有效创新，逐步形成以市场化为基础、国际化为方向、信息化为支撑的工程监理服务市场体系。行业组织结构更趋优化，形成以主要从事施工现场监理服务的企业为主体，以提供全过程工程咨询服务的综合性企业为骨干，各类工程监理企业分工合理、竞争有序、协调发展的行业布局。监理行业核心竞争力显著增强，培育一批智力密集型、技术复合型、管理集约型的大型工程建设咨询服务企业。

2019 年，国家发展改革委、住房和城乡建设部联合印发《关于推进全过程工程咨询服务发展的指导意见》（发改投资规〔2019〕515 号）要求以全过程咨询推动完善工程建设组织模式。在房屋建筑、市政基础设施等工程建设中，鼓励建设单位委托咨询单位提供招标代理、勘察、设计、监理、造价、项目管理等全过程咨询服务，满足建设单位一体化服务需求，增强工程建设过程的协同性。建设单位选择具有相应工程勘察、设计、监理或造价咨询资质的单位开展全过程咨询服务的，除法律法规另有规定外，可不再另行委托勘察、设计、监理或造价咨询单位。鼓励多种形式全过程工程咨询服务模式。除投资决策综合性咨询和工程建设全过程咨询外，咨询单位可根据市场需求，从投资决策、工程建设、运营等项目全生命周期角度，开展跨阶段咨询服务组合或同一阶段内不同类型咨询服务组合。鼓励和支持咨询单位创新全过程工程咨询服务模式，为投资者或建设单位提供多样化的服务。鼓励投资咨询、招标代理、勘察、设计、监理、造价、项目管理等企业，采取联合经营、并购重组等方式发展全过程工程咨询。

10.1.2　建设工程监理的概念和性质

1. 建设工程监理的概念

根据《建筑法》《建设工程监理规范》GB/T 50319—2013，我们认为建设工程监理是指具有相应资质的工程监理企业，接受建设单位的委托，依据法律、行政法规以及有关的技术标准、设计文件和建设工程监理合同及建设工程承包合同，在施工阶段对建设工程质量、进度、造价进行控制，对合同、信息进行管理，对工程建设相关方的关系进行协调，并履行建设工程安全生产管理法定职责的服务活动。建设工程监理不同于建设行政主管部门的监督管理。后者的行为主体是政府部门，它具有明显的强制性，是行政性的监督管理，它的任务、职责、内容不同于建设工程监理。同样，总承包单位对分包单位的监督管理也不能视为建设工程监理。

2. 建设工程监理的性质

《建筑法》明确指出，工程监理企业应当根据建设单位的委托，客观、公正地执行监理任务。《建设工程监理规范》GB/T 50319—2013 规定："工程监理单位应公平、独立、诚信、科学地开展建设工程监理与相关服务活动。"按照建设工程监理概论多本教材❶的观点，建设工程监理的性质包括服务性、科学性、独立性和公正性。

（1）服务性

建设工程监理具有服务性，是从它的业务性质方面定性的。建设工程监理是工程监理企业接受建设单位的委托而开展的一种高智能的有偿技术服务活动，是监理人员利用自己的工程建设知识、技能和经验为建设单位提供的监督管理服务。建设工程监理的主要手段是规划、控制、协调，主要任务是控制建设工程的投资、进度和质量，最终应当达到的基本目的是协助建设单位在计划的目标内将成投入使用。这就是建设工程监理的管理服务的内涵。在工程建设中，监理单位和人员利用自己的知识、技能和经验、信息以及必要的试验、检测手段，为建设单位提供管理服务。工程监理企业不能完全取代建设单位的管理活

---

❶　郑惠虹，胡红霞. 建设工程监理概论［M］. 北京：中国电力出版社，2009.
　　巩天真，张泽平. 建设工程监理概论［M］. 2 版. 北京：北京大学出版社，2009.
　　韩庆. 土木工程监理概论［M］. 北京：中国水利水电出版社，2008.

动。它不具有工程建设重大问题的决策权，它只能在授权范围内代表建设单位进行管理。建设工程监理的服务对象是建设单位。监理服务是按照委托监理合同的规定进行的，是受法律约束和保护的。

（2）科学性

科学性是由建设工程监理要达到的基本目的决定的。建设工程监理是为建设单位提供高智能的技术服务，是以协助建设单位实现其投资目的，力求在预定的投资、进度、质量目标内实现工程项目为己任的。监理的任务决定了建设工程监理必须遵循科学性的准则，即必须具有科学的思想、理论、方法和手段，必须具有发现和解决工程设计问题和处理施工中存在的技术与管理问题的能力，能够为建设单位提供高水平的专业服务，而这种科学性又必须以工程监理人员的高素质为前提。按照国际工程管理惯例，监理企业的监理工程师，必须具有相当的学历，并有长期从事工程建设工作的丰富实践经验，精通技术与管理，通晓经济与法律，他们需经有关部门考核合格并经政府主管部门登记注册，发给岗位证书，方能取得公认的合法资格。

（3）独立性

独立性是建设工程监理的一项国际惯例。国际咨询工程师联合会认为，工程监理企业是"作为一个独立的专业公司受聘于业主去履行服务的一方"，应当"根据合同进行工作"，监理工程师应当"作为一名独立的专业人员进行工作"，工程监理企业"相对于承包商、制造商、供应商，必须保持其行为的绝对独立性，不得从他们那里接受任何形式的好处，而使他的决定的公正性受到影响或不利于他行使委托人赋予他的职责"，监理工程师"不得与任何妨碍他作为一个独立的咨询工程师工作的商务活动有关"。《建筑法》明确指出，工程监理企业应当根据建设单位的委托，客观、公正地执行监理任务。《建设工程监理规范》GB/T 50319—2013规定，工程监理单位应公正、独立、诚信、科学地开展建设工程监理与相关服务活动。从事建设工程监理活动的监理企业是直接参与建设工程项目的"第三方"，它与建设单位及施工企业之间是一种平等的合同约定关系。当委托监理合同确定后，建设单位不得干涉监理企业的正常工作。按照独立性要求，工程监理单位应当严格地按照有关法律、法规、规章、工程建设文件、工程建设技术标准、建设工程委托监理合同、有关的建设工程合同等的规定实施监理；在委托监理的工程中，与承建单位不得有隶属关系和其他利害关系；在开展工程监理的过程中，必须建立自己的组织，按照自己的工作计划、程序、流程、方法、手段，根据自己的判断，独立地开展工作。

（4）公正性

在我国现有法规中，对工程监理单位的公正性做了如下的规定：《建筑法》第三十四条规定，工程监理单位应当根据建设单位的委托，客观、公正地执行监理任务。《工程建设监理规定》规定，监理单位应按照"公正、独立、自主"的原则，开展工程建设监理工作，公平地维护项目法人和被监理单位的合法权益。总监理工程师要公正地协调项目法人与被监理单位的争议等。

但是关于建设工程监理公正性的观点也是广受质疑的。由于建设监理单位的监理职责来于建设单位的授权，按照建设单位的要求对施工单位的工程建设行为进行监督，同时收取建设单位的报酬，因此很难保证监理单位的公正性。故要求监理单位站在"公正的第三方"的立场上，以事实为依据，以有关的法律法规和双方所签订的建设工程合同为准绳，独立、公正地解决和处理问题，就相当于要工程建设监理既当运动员又当裁判员，从而不可能做到公正的争议调解。

国际咨询工程师联合会（FIDIC）对公正性已经有所认识，并在 1999 年版 FIDIC 施工合同条件中对监理工程师的责任范围进行了相应的修订，否认了监理工程师是公正的第三方，免除了监理工程师的调解责任，并主张由 DAB（争端裁决委员会）对建设单位及承包商间产生的争议行使调解的权利。为了保证 DAB 的独立性和公正性，DAB 的成员均得到双方当事人的认可，且酬金由双方当事人分摊。至于在建设单位与承包商之间发生争议并提交仲裁时，工程监理需承担的举证责任，由于工程监理与建设单位间存在利害关系，也就不能保证工程监理所提供证据的有效性和可信性。其提供的证据只能作为一般当事人提供的证据采用，不应具有专家意见或鉴定结论的性质❶。

3. 监理单位的法律地位

目前社会各界对工程监理的认识存在分歧，对于监理单位的法律地位，有的认为监理企业应是独立的第三方，有的认为应是业主方的代表，还有的认为监理应代表政府等等。这种定位的不清晰，影响了工程监理行业的健康发展。我们认为对监理单位的法律地位的分析应该从几个方面来理解：

（1）监理单位与建设单位属于委托合同关系，监理单位的履行监理职责的权限来自于建设单位的授权。

《建筑法》规定，实行监理的建筑工程，由建设单位委托具有相应资质条件的工程监理单位监理。建设单位与其委托的工程监理单位应当订立书面委托监理合同。根据《民法典》关于委托合同的规定，建设单位与其委托的工程监理单位应当订立书面委托合同，工程建设监理的权利与义务是通过与建设单位所签订的委托监理合同赋予的：建设单位是监理任务的委托人，工程监理单位是监理任务的受托人。监理单位与施工单位是监理与被监理的关系。建设单位在工程建设中拥有选择勘察、设计、施工、监理单位以及确定建设规模、标准、功能等重大问题的决策权，工程监理单位则在建设单位的授权范围内从事项目监督管理服务。监理工程师则代表监理单位完成合同约定的委托事项。根据《建筑法》的规定，监理单位在履行监理职责时，除了要按照建设单位与监理单位之间签订的建设工程监理合同的约定对施工单位的工程建设行为进行监督外，还不得违反相关《建筑法》《招标投标法》《民法典》等法律法规以及监理单位职业道德标准的规定，以维护社会公共利益和公共安全。

（2）监理单位与建设单位的委托关系不得影响监理单位的独立法律地位，监理业务具有独立性。

依据有关法律法规的规定，监理单位是具有法人资格的企业，具有独立的法律地位，是我国法律体系中独立的民商事主体，不同资质等级的建筑工程监理单位承担不同的建筑工程监理业务。独立性是建设工程监理的一项国际惯例。从事建设工程监理活动的监理企业是直接参与建设工程项目的"第三方"，当委托监理合同确定后，建设单位不得干涉监理企业的正常工作。监理企业应依法独立地以自己的名义成立自己的组织，并且根据自己的工作准则，来行使工程承包合同及委托监理合同中所确认的职权，承担相应的职业道德

---

❶　王冠男，朱宏亮. 工程建设监理的法律地位及其公正性初探［J］. 建筑，2003（11）：47-50.

责任和法律责任。按照独立性要求，工程监理单位应当严格地按照有关法律、法规、规章、工程建设文件、工程建设技术标准、建设工程委托监理合同、有关的建设工程合同等的规定实施监理；在委托监理的工程中，与承建单位不得有隶属关系和其他利害关系；在开展工程监理的过程中，必须建立自己的组织，按照自己的工作计划、程序、流程、方法、手段，根据自己的判断，独立地开展工作。

虽然监理单位是受建设单位委托，代表建设单位对工程实施监理，并不意味着监理单位应当受建设单位指使，无条件听从建设单位的意见。如果把监理单位当作建设单位的质量代言人，或是建设单位、施工单位的现场质量管理员，就是片面理解了工程监理员的职责。

10.1.3　建设工程监理与项目管理的关系

建设工程监理是我国建筑业和基本建设管理体制改革发展的产物，国外没有与建设工程监理完全一致的概念。英国皇家特许建造学会（The Chartered Institute of Building, CIOB）对建设工程项目管理是这样定义的：从项目的开始到项目的完成，对项目进行全过程的计划、协调和控制。其目的是满足建设单位的要求，在给定的费用和所要求的质量标准下，按时完成具有一定功能和经济实用性的项目。《关于培育发展工程总承包和工程项目管理企业的指导意见》（建市〔2003〕30号）文件对建设工程项目管理的含义作了明确界定，即建设工程项目管理是指从事工程项目管理的企业受建设单位委托，按照合同约定在工程项目决策阶段为建设单位编制可行性研究报告，进行可行性分析和项目策划；在工程项目实施阶段，为建设单位提供招标代理、设计管理、采购管理、施工管理和试运行（竣工验收）等服务，代表建设单位对工程项目进行质量、安全、进度、费用、合同、信息等管理和控制。

根据《关于大型工程监理单位创建工程项目管理企业的指导意见》（建市〔2008〕226号）工程项目管理企业是以工程项目管理专业人员为基础，以工程项目管理技术为手段，以工程项目管理服务为主业，具有与提供专业化工程项目管理服务相适应的组织机构、项目管理体系、项目管理专业人员和项目管理技术，通过提供项目管理服务，创造价值并获取利润的企业。工程项目管理企业应具备以下基本特征：①具有工程项目投资咨询、勘察设计管理、施工管理、工程监理、造价咨询和招标代理等方面能力，能够在工程项目决策阶段为业主编制项目建议书、可行性研究报告，在工程项目实施阶段为业主提供招标管理、勘察设计管理、采购管理、施工管理和试运行管理等服务，代表业主对工程项目的质量、安全、进度、费用、合同、信息、环境、风险等方面进行管理。根据合同约定，可以为业主提供全过程或分阶段项目管理服务。②具有与工程项目管理服务相适应的组织机构和管理体系，在企业的组织结构、专业设置、资质资格、管理制度和运行机制等方面满足开展工程项目管理服务的需要。③掌握先进、科学的项目管理技术和方法，拥有先进的工程项目管理软件，具有完善的项目管理程序、作业指导文件和基础数据库，能够实现工程项目的科学化、信息化和程序化管理。④拥有配备齐全的专业技术人员和复合型管理人员构成的高素质人才队伍。配备与开展全过程工程项目管理服务相适应的注册监理工程师、注册造价工程师、一级注册建造师、一级注册建筑师、勘察设计注册工程师等各类执业人员和专业工程技术人员。⑤具有良好的职业道德和社会责任感，遵守国家法律法规、标准规范，科学、诚信地开展项目管理服务。

为进一步区分建设工程项目管理与建设工程监理的关系，我们可以从服务对象及提供者、业务范围、法律责任、行业准入等方面对两者进行比较分析，以便进一步搞清两者之间的关系及区别。

1. 在业务范围上

按照《建设工程项目管理试行办法》（建市〔2004〕200 号），建设工程项目管理的工作内容包括可行性研究、招标代理、造价咨询、工程监理和勘察设计、施工管理等。建设工程项目管理企业必须能够代表建设单位统筹资源，把前面提及的各种拆零细分的专业服务（前期策划、造价控制、设计过程管理、招标代理、监理、审图）以及其他管理因素"化零为整"进行综合管理。因此建设工程项目管理在某种程度上是对各种专业服务的整合与集成。而建设工程监理的主要工作内容可以归纳为"三控、两管、一协调"，它是对施工阶段的质量、进度、费用、安全等方面的监督管理，这在《建筑法》等法律法规中已作了明确规定。因此从业务范围上讲，建设工程监理是建设工程项目管理的重要组成部分，但不是项目管理的全部。工程项目管理与工程监理的另一大区别在于：前者可包括设计过程的项目管理（某些情况下还可以承担相应的设计工作），甚至包括项目前期策划，而建设工程监理一般不包括设计和设计过程管理，更不涉及项目前期策划。

2. 服务对象及提供者

建设工程项目管理范围较大。它不单纯是施工企业的项目管理，在建筑业中，项目参与各方都需要项目管理，如建设单位方项目管理、设计方项目管理、施工方项目管理、供货方项目管理等。但由于建设单位是建设工程项目生产过程的总集成者和总组织者，因此建设单位方的项目管理是一个项目的项目管理核心，若其缺乏项目管理经验，可委托专业的项目管理公司提供项目管理服务。没有或者缺乏项目管理经验的施工单位或者设计单位，也可委托专业的项目管理公司为其提供项目管理服务。此外项目参与各方，若其有足够的项目管理经验，也可以是建设工程项目管理服务的提供者。建设工程监理则不同。建设工程监理单位只是受建设单位的委托，依照法律法规及有关的技术标准、设计文件和合同实施监理。建设单位是建设工程监理的唯一服务对象。

3. 法律责任

由于我国建设工程项目管理还处于起步阶段，与之相适应的法律法规体系尚不完善。根据项目规模、性质不同其实施的灵活性较大，一般情况下项目管理的内容及深度要求可在与业主签订的合同中约定，明确责任。我国建设监理制从产生至今发展已有多年的历史，有一套较为成熟和完善的法律法规体系与之相配套，对工程监理工作的地位、权利、职责、义务和法律责任做出了明确的界定，形成了一套适用于监理的标准合同文本。

4. 行业准入

国家对建设工程监理行业实行市场准入制度，只有符合条件的监理单位才能进入本行业；监理工程师作为工程专业人员，必须通过考试发证注册登记才能执业。根据《建设工程项目管理试行办法》，我国建设工程项目管理市场对具备勘察、设计、施工、监理、造价咨询、招标代理资质的企业开放，同时对项目管理从业人员没有设定新的准入制度。建设工程项目管理相对于建设工程监理在服务对象、业务范围、行业准入等方面有了较大的扩展和延伸，可以根据建设单位的需求提供订单式的服务，以满足不同客户的不同需求。从某种程度上说，建设工程项目管理代表了工程监理今后的发展方向。因此应鼓励和支持有条件的监理企业向工程项目管理企业过渡，以适应自身的发展和市场的需要。

10.2 建设工程监理的实施

10.2.1 建设工程监理范围和规模标准规定

1. 建设工程监理的工作范围

建设工程监理包括两个方面：一是工程类别，其范围确定为各类土木工程、建筑工程、线路管道工程、设备安装工程和装修工程；二是工程建设阶段，其范围确定为工程建设投资决策阶段、勘察设计招标投标与勘察设计阶段、施工招标投标与施工阶段（包括设备采购与制造和工程质量保修）。

《建设工程监理规范》GB/T 50319—2013 适用于新建、扩建、改建建设工程监理与相关服务活动。实施建设工程监理前，建设单位应委托具有相应资质的工程监理单位，并以书面形式与工程监理单位订立建设工程监理合同，合同中应包括监理工作的范围、内容、服务期限和酬金，以及双方的义务、违约责任等相关条款。在订立建设工程监理合同时，建设单位将勘察、设计、保修阶段等相关服务一并委托的，应在合同中明确相关服务的工作范围、内容、服务期限和酬金等相关条款。

由于目前我国的监理工作在工程建设投资决策阶段、勘察设计招标投标与勘察设计阶段尚不够成熟，需要进一步探索完善，而在施工阶段（包括设备采购与制造和工程质量保修）的监理工作已经摸索总结出一套比较成熟的经验和做法，因而目前该规范主要适用于建设工程施工阶段的监理工作。

2. 建设工程强制监理的范围

《建筑法》规定，国务院可以规定实行强制监理的建筑工程的范围。《建设工程质量管理条例》规定了必须实行监理的建设工程范围。在此基础上，2000 年 12 月 29 日起施行的《建设工程监理范围和规模标准规定》（建设部令第 86 号）则对必须实行监理的建设工程作出了更具体的规定。根据《建设工程监理范围和规模标准规定》，我国现阶段必须实行工程建设监理的工作项目范围，具体包括以下几类工程：

（1）国家重点建设工程

国家重点建设工程，是指依据《国家重点建设项目管理办法》所确定的对国民经济和社会发展有重大影响的骨干项目。

（2）大中型公用事业工程

大中型公用事业工程，是指项目总投资额在 3000 万元以上的下列工程项目：①供水、供电、供气、供热等市政工程项目；②科技、教育、文化等项目；③体育、旅游、商业等项目；④卫生、社会福利等项目；⑤其他公用事业项目。

（3）成片开发建设的住宅小区工程

成片开发建设的住宅小区工程，建筑面积在 5 万平方米以上的住宅建设工程必须实行监理；5 万平方米以下的住宅建设工程，可以实行监理，具体范围和规模标准，由省、自治区、直辖市人民政府建设行政主管部门规定。为了保证住宅质量，对高层住宅及地基、结构复杂的多层住宅应当实行监理。

（4）利用外国政府或者国际组织贷款、援助资金的工程

①使用世界银行、亚洲开发银行等国际组织贷款资金的项目;②使用国外政府及其机构贷款资金的项目;③使用国际组织或者国外政府援助资金的项目。

(5) 国家规定必须实行监理的其他工程

其一,项目总投资额在 3000 万元以上关系社会公共利益、公众安全的下列基础设施项目:①煤炭、石油、化工、天然气、电力、新能源等项目;②铁路、公路、管道、水运、民航以及其他交通运输业等项目;③邮政、电信枢纽、通信、信息网络等项目;④防洪、灌溉、排涝、发电、引(供)水、滩涂治理、水资源保护、水土保持等水利建设项目;⑤道路、桥梁、地铁和轻轨交通、污水排放及处理、垃圾处理、地下管道、公共停车场等城市基础设施项目;⑥生态环境保护项目;⑦其他基础设施项目。第二,学校、影剧院、体育场馆项目。

10.2.2　建设工程监理的依据

《建筑法》规定,建筑工程监理应当依照法律、行政法规及有关的技术标准、设计文件和建筑工程承包合同,对承包单位施工质量、建设工期和建设资金使用等方面,代表建设单位实施监督。工程监理人员认为工程施工不符合工程设计要求、施工技术标准和合同约定的,有权要求施工企业改正。工程监理人员发现工程设计不符合建筑工程质量标准或者合同约定的质量要求的,应当报告建设单位要求设计单位改正。实施建筑工程监理前,建设单位应当将委托的工程监理单位、监理的内容及监理权限,书面通知被监理的建筑施工企业。《建设工程监理规范》GB/T 50319—2013 规定,实施建设工程监理应遵循下列主要依据:①法律法规及工程建设标准;②建设工程勘察设计文件;③建设工程监理合同及其他合同文件。具体来说建设工程监理的依据主要有:

1. 工程建设相关的法律法规、标准、规范

(1) 与工程建设相关的法律主要包括:《建筑法》《民法典》《招标投标法》等。

(2) 国务院制定的行政法规主要包括:《建设工程质量管理条例》《建设工程安全生产管理条例》等。

(3) 标准、规范主要包括:《工程建设标准强制性条文》《建设工程监理规范》以及有关的工程技术标准、规范、规程等。

2. 工程建设文件

工程建设文件包括:批准的可行性研究报告、建设项目选址意见书、建设用地规划许可证、建设工程规划许可证、审查批准的施工图设计文件、施工许可证等。

3. 建设工程合同和建设工程监理合同

工程监理企业应当根据下述两类合同进行监理,一是建设单位与工程监理企业签订的建设工程监理合同;二是建设单位与其他单位签订的建设工程合同,包括建设工程勘察设计合同、建设工程施工合同等。依法签订的建设工程合同,是工程建设监理工作具体控制工程投资、质量、进度的主要依据。监理工程师以此为尺度严格监理,并努力达到工程实施的依据。实施建设工程监理前,监理单位必须与建设单位签订合法的书面委托监理合同,以明确双方的权利和义务。建设工程委托监理合同是监理单位进行监理工作的主要依据。

10.2.3　建设工程监理的程序

建设工程监理单位在签订委托监理合同后,即可着手实施建设工程监理。建设工程监

理一般按照下列程序进行:

1. 确定项目总监理工程师并成立项目监理机构

监理单位应根据建设工程的规模、性质、业主对监理的要求,委派称职的人员担任项目总监理工程师,总监理工程师是一个建设工程监理工作的总负责人,他对内向监理单位负责,对外向业主负责。

2. 编制建设工程监理规划

建设工程监理规划是开展工程监理活动的纲领性文件,是项目监理机构全面开展建设工程监理工作的指导性文件。监理规划是在总监理工程师的主持下,针对项目的实际情况编制,经监理单位技术负责人批准,用来明确项目监理机构的工作目标,确定具体的监理工作制度、程序、方法和措施,指导项目监理机构全面开展监理工作的指导性文件。监理规划应结合工程实际情况,明确项目监理机构的工作目标,确定具体的监理工作制度、内容、程序、方法和措施。监理规划可在签订建设工程监理合同及收到工程设计文件后由总监理工程师组织编制,并应在召开第一次工地会议前报送建设单位。

编制监理规划应依据建设工程的相关法律法规及项目审批文件,与建设工程项目有关的标准、设计文件、技术资料,监理大纲、委托监理合同文件,以及与建设工程项目相关的合同文件。监理规划编审应遵循下列程序:①总监理工程师组织专业监理工程师编制;②总监理工程师签字后由工程监理单位技术负责人审批。监理规划应包括下列主要内容:工程概况;监理工作的范围、内容、目标;监理工作依据;监理组织形式、人员配备及进退场计划、监理人员岗位职责;监理工作制度;工程质量控制;工程造价控制;工程进度控制;安全生产管理的监理工作;合同与信息管理;组织协调;监理工作设施。

在实施建设工程监理过程中,实际情况或条件发生变化而需要调整监理规划时,应由总监理工程师组织专业监理工程师修改,并应经工程监理单位技术负责人批准后报建设单位。

3. 制定各专业监理实施细则

对专业性较强、危险性较大的分部分项工程,项目监理机构应编制监理实施细则。监理实施细则应在相应工程施工开始前由专业监理工程师编制,并应报总监理工程师审批。监理实施细则应符合监理规划的要求,并应具有可操作性。监理实施细则的编制应依据下列资料:监理规划、工程建设标准、工程设计文件、施工组织设计、(专项)施工方案。监理实施细则应包括下列主要内容:专业工程特点、监理工作流程、监理工作要点、监理工作方法及措施。在实施建设工程监理过程中,监理实施细则可根据实际情况进行补充、修改,并应经总监理工程师批准后实施。

4. 参与建设工程竣工验收并签署建设工程监理意见

项目监理机构发现施工存在质量问题的,或施工单位采用不适当的施工工艺,或施工不当,造成工程质量不合格的,应及时签发监理通知单,要求施工单位整改。整改完毕后,项目监理机构应根据施工单位报送的监理通知回复对整改情况进行复查,提出复查意见。对需要返工处理加固补强的质量缺陷,项目监理机构应要求施工单位报送经设计等相关单位认可的处理方案,并应对质量缺陷的处理过程进行跟踪检查,同时应对处理结果进行验收。对需要返工处理或加固补强的质量事故,项目监理机构应要求施工单位报送质量事故调查报告和经设计等相关单位认可的处理方案,并应对质量事故的处理过程进行跟踪检查，同时应对处理结果进行验收。项目监理机构应及时向建设单位提交质量事故书面报告，并应将完整的质量事故处理记录整理归档。项目监理机构应审查施工单位提交的单位工程竣工验收报审表及竣工资料，组织工程竣工预验收。存在问题的，应要求施工单位及时整改；合格的，总监理工程师应签认单位工程竣工验收报审表。工程竣工预验收合格后，项目监理机构应编写工程质量评估报告，并应经总监理工程师和工程监理单位技术负责人审核签字后报建设单位。

项目监理机构应参加由建设单位组织的竣工验收，对验收中提出的整改问题，应督促施工单位及时整改。工程质量符合要求的，总监理工程师应在工程竣工验收报告中签署意见。

5. 监理文件资料管理

项目监理机构应及时、准确、完整地收集、整理、编制、传递监理文件资料。项目监理机构应及时整理、分类汇总监理文件资料，并应按规定组卷，形成监理档案。工程监理单位应根据工程特点和有关规定，保存监理档案，并应向有关单位、部门移交需要存档的监理文件资料。

监理文件资料应包括下列主要内容：①勘察设计文件、建设工程监理合同及其他合同文件；②监理规划、监理实施细则；③设计交底和图纸会审会议纪要；④施工组织设计、（专项）施工方案、施工进度计划报审文件资料；⑤分包单位资格报审文件资料；⑥施工控制测量成果报验文件资料；⑦总监理工程师任命书，工程开工令、暂停令、复工令，开工或复工报审文件资料；⑧工程材料、构配件、设备报验文件资料；⑨见证取样和平行检验文件资料；⑩工程质量检查报验资料及工程有关验收资料；⑪工程变更、费用索赔及工程延期文件资料；⑫工程计量、工程款支付文件资料；⑬监理通知单、工作联系单与监理报告；⑭第一次工地会议、监理例会、专题会议等会议纪要；⑮监理月报、监理日志、旁站记录；⑯工程质量或生产安全事故处理文件资料；⑰工程质量评估报告及竣工验收监理文件资料和监理工作总结。

10.2.4　建设工程监理的任务和内容

由于建设工程监理工作具有技术管理、经济管理、合同管理、组织管理和工作协调等多项业务、职能。因此，对其工作内容方式方法范围和深度均有特殊要求。监理工作的内容在工程建设的不同阶段也不尽相同。一般来说建设工程监理工作的主要内容包括：协助建设单位进行工程项目可行性研究、优选设计方案、设计单位和施工单位审查设计文件、控制工程质量造价和工期监督、管理建设工程合同的履行以及协调建设单位与工程建设有关各方的工作、关系等。

1. 建设工程监理的任务

我国把建设监理的任务归纳为"三控制、两管理、一协调"，即投资控制、质量控制、进度控制，合同管理、信息管理和组织协调。其中心任务是实现三控制目标，且以合同管理为主要依据和手段来保证三控制目标最优实现。

（1）"三控制"

"三控制"是建设工程监理的核心工作，包括质量控制、投资控制和工期控制。工程进度控制是指项目实施阶段（包括设计准备、设计、施工、施工前准备各阶段）的进度控制。控制的目的是：通过采用控制措施，确保项目交付使用时间目标的实现。工程质量控制是指监理工程师组织参加施工的承包商，按合同标准进行建设，并对形成质量的诸因素进行检测、核验，对差异提出调整、纠正措施的监督管理过程。工程投资（成本）控制是指在工程项目投资范围内得到合理控制，是针对施工单位的工程造价控制，而对于建设单位和监理单位来说，就是成本控制了。工程项目的投资、进度和质量目标是相互关联、相互制约，具有对立统一关系的目标系统。三大目标是一个不可分割的目标系统，监理工程师在进行目标控制时应注意统筹兼顾，合理确定投资、进度、质量三大目标的标准，针对整个目标系统实施控制，防止盲目追求单一目标而冲击或干扰其他目标，以实现项目目标系统作为衡量目标控制效果的标准，追求目标系统整体效果。

（2）"两管理"

"两管理"是监理在项目内部的管理，主要是对建设工程合同管理、工程建设过程中有关信息的管理和安全管理。建设项目监理的合同贯穿于合同的签订、履行、变更或终止等活动的全过程。职业健康安全与环境管理是围绕着动态目标控制展开的，而安全则是工程建设过程中最重要的目标控制的基础。施工项目管理是一项复杂的现代化的管理活动，更要依靠大量的信息以及对大量信息的管理，并应用电子计算机进行辅助。

（3）"一协调"

"一协调"是协调参与工程建设各方的包括业主、施工、监理、审计、设计院、工程相关行政管理部门等工作关系。"一协调"指全面地组织协调（协调的范围分为内部的协调和外部的协调）。

2. 建设工程监理的内容

建设工程监理工作内容根据项目进度的不同，分为决策阶段监理、设计阶段监理、施工阶段监理和其他服务等四个部分。

（1）建设工程决策阶段的监理工作内容

建设工程决策阶段的工作主要是对投资决策、立项决策和可行性决策的咨询。建设工程的决策咨询，既不是监理单位替建设单位决策，更不是替政府决策，而是受建设单位或政府的委托选择决策咨询单位，协助建设单位或政府与决策咨询单位签订咨询合同，并监督合同的履行，对咨询意见进行评估。建设工程决策阶段监理的内容如下：①投资决策咨询。协助委托方选择投资决策咨询单位，并协助签订合同书；监督管理投资决策咨询合同的实施；对投资咨询意见评估，并提出监理报告。②建设工程立项决策咨询。协助委托方选择建设工程立项决策咨询单位，并协助签订合同书；监督管理立项决策咨询合同的实施；对立项决策咨询方案进行评估，并提出监理报告。③建设工程可行性研究决策咨询。协助委托方选择建设工程可行性研究单位，并协助签订可行性研究合同书；监督管理可行性研究合同的实施；对可行性研究报告进行评估，并提出监理报告。

（2）建设工程勘察设计阶段的监理工作内容

在建设工程勘察设计阶段监理的主要工作是对勘察、设计进度、质量和投资的监督管理，具体内容主要包括：①协助业主组织设计招标或设计方案竞赛，选择勘察、设计单位；②协助业主签订勘察、设计合同；③整理并提供设计所需的基础性资料；④参与设计方案的比选和优化；⑤按勘察、设计进度要求，配合业主做好与建设有关各方的协调工作，重点是为业主提供技术支持；⑥参与设备和材料的选型；⑦审核勘察、设计文件和造价文件；⑧检查、控制勘察、设计进度及质量。

（3）工程建设施工阶段的监理工作内容

① 施工准备阶段监理工作内容。主要包括：协助业主组织招标；协助业主签订施工合同及设备、材料采购合同；在设计交底前，熟悉设计文件，并对图纸中存在的问题通过建设单位向设计单位提出书面意见和建议；参加由建设单位组织的设计技术交底会，总监签认会议纪要；工程项目开工前，审查承包单位报送的施工组织设计（方案）报审表，提出审查意见，并经总监理工程师审核、签认后报建设单位；审查承包单位现场项目管理机构的质量管理体系、技术管理体系和质量保证体系；审查分包商的资格；检查测量放线控制成果及保护措施；审批开工申请。

② 施工阶段监理工作涉及工程质量控制、工程造价控制和工程进度控制三个方面。

在工程质量控制方面主要内容有：施工组织设计进行调整、补充或变动时，应经专业监理工程师审查，并应由总监签认；要求承包单位报送重点部位、关键工序的施工工艺和确保工程质量的措施；审定新材料、新工艺、新技术、新设备的施工工艺措施和证明材料，必要时组织专题论证；复验和确认承包单位在施工过程中报送的施工测量放线成果；审核承包单位报送的拟进场工程材料、构配件和设备报审表及其质量证明资料，并对进场的实物按照委托监理合同约定或有关工程质量管理文件规定的比例采用平行检验或见证取样方式进行抽检；定期检查承包单位的直接影响工程质量的计量设备的技术状况；施工过程进行巡视和检查。对隐蔽工程的隐蔽过程、下道工序施工完成后难以检查的重点部位，专业监理工程师应安排监理员进行旁站监理；现场检查隐蔽工程报验申请表和签认自检结果；审核承包单位报送的分项工程质量验评资料；对施工过程中出现的质量缺陷，应及时下达监理工程师通知，要求承包单位整改，并检查整改结果，做好记录；工存在重大质量隐患，可能造成质量事故或已经造成质量事故，总监理工程师应及时下达工程暂停令，要求承包单位停工整改；对需要返工处理或加固补强的质量事故，总监理工程师应责令承包单位报送质量事故调查报告和经设计单位等相关单位认可的处理方案，项目监理机构应对质量事故的处理过程和处理结果进行跟踪检查和验收。

在工程造价控制方面的主要内容是工程款支付。包括：现场计量，按施工合同的约定审核工程量清单和工程款支付申请表；审核承包单位报送的竣工结算报表并签发竣工结算文件和最终的工程款支付证书，报建设单位；造价风险分析与管理；审查工程变更的方案，确定工期、费用变更；及时收集、整理有关的施工和监理资料，为处理费用索赔提供证据。

在工程进度控制方面的主要内容有：总监理工程师审批承包单位报送的施工总进度计划；总监理工程师审批承包单位编制的年、季、月度施工进度计划；专业监理工程师对进度计划实施情况进行检查、分析；对进度目标进行风险分析，制定防范性对策，报送建设单位；总监理工程师应在监理月报中向建设单位报告工程进度和所采取进度控制措施的执行情况，并提出合理预防由建设单位原因导致的工程延期及其相关费用索赔的建议。

③ 工程竣工验收阶段监理工作内容。审查承包单位报送的竣工资料，并对工程质量进行竣工预验收。合格的，签署工程竣工报验单，并提出工程质量评估报告；参加由建设单位组织的竣工验收，并提供相关监理资料；对验收中提出的整改问题，项目监理机构应要求承包单位进行整改；总监理工程师会同参加验收的各方签署竣工验收报告。

④ 工程质量保修期的监理工作内容。承担质量保修期监理工作时，监理单位应安排

监理人员对建设单位提出的工程质量缺陷进行检查和记录，对承包单位进行修复的工程质量进行验收合格后予以签认。监理人员应对工程质量缺陷原因进行调查分析，并确定责任归属。对非承包单位原因造成的工程质量缺陷，监理人员应核实修复工程的费用和签署工程款支付证书，并报建设单位。

⑤ 施工合同管理的其他工作。

在工程暂停及复工方面，总监理工程师在签发工程暂停令时，应根据暂停工程的影响范围和影响程度，按照施工合同和委托监理合同的约定签发。在发生下列情况之一时总监理工程师可签发工程暂停令：建设单位要求暂停施工且工程需要暂停施工；为了保证工程质量而需要进行停工处理；施工出现了安全隐患，总监理工程师认为有必要停工以消除隐患；发生了必须暂时停止施工的紧急事件；承包单位未经许可擅自施工或拒绝项目监理机构管理。由于建设单位原因，或其他非承包单位原因导致工程暂停时，项目监理机构应如实记录所发生的实际情况。总监理工程师应在施工暂停原因消失，具备复工条件时，及时签署工程复工报审表，指令承包单位继续施工。由于承包单位原因导致工程暂停，在具备恢复施工条件时，项目监理机构应审查承包单位报送的复工申请及有关材料，同意后由总监理工程师签署工程复工报审表，指令承包单位继续施工。

在工程变更的管理方面：工程变更是指在工程项目实施过程中，按照合同约定的程序对部分或全部工程在材料、工艺、功能、构造、尺寸、技术指标、工程数量及施工方法等方面做出的改变。变更是指承包人根据监理签发设计文件及监理变更指令进行的、在合同工作范围内各种类型的变更，包括合同工作内容的增减、合同工程量的变化、因地质原因引起的设计更改、根据实际情况引起的结构物尺寸、标高的更改、合同外的任何工作等。项目监理机构处理工程变更应符合下列要求：项目监理机构在工程变更的质量、费用和工期方面取得建设单位授权后，总监理工程师应按施工合同规定与承包单位进行协商，经协商达成一致后，总监理工程师应将协商结果向建设单位通报，并由建设单位与承包单位在变更文件上签字；在项目监理机构未能就工程变更的质量、费用和工期方面取得建设单位授权时，总监理工程师应协助建设单位和承包单位进行协商，并达成一致；在建设单位和承包单位未能就工程变更的费用等方面达成协议时，项目监理机构应提出一个暂定的价格，作为临时支付工程进度款的依据。该项工程款最终结算时，应以建设单位和承包单位达成的协议为依据。在总监理工程师签发工程变更单之前，承包单位不得实施工程变更。未经总监理工程师审查同意而实施的工程变更，项目监理机构不得予以计量。

在费用索赔的处理方面：承包单位向建设单位提出费用索赔，项目监理机构应按下列程序处理：承包单位在施工合同规定的期限内向项目监理机构提交对建设单位的费用索赔意向通知书；总监理工程师指定专业监理工程师收集与索赔有关的资料；承包单位在承包合同规定的期限内向项目监理机构提交对建设单位的费用索赔申请表；总监理工程师初步审查费用索赔申请表；总监理工程师进行费用索赔审查，并在初步确定一个额度后，与承包单位和建设单位进行协商；总监理工程师应在施工合同规定的期限内签署费用索赔审批表，或在施工合同规定的期限内发出要求承包单位提交有关索赔报告的进一步详细资料的通知，待收到承包单位提交的详细资料后，按程序进行。

在工程延期及工程延误的处理方面：当承包单位提出工程延期要求符合施工合同文件的规定条件时，项目监理机构应予以受理。当影响工期事件具有持续性时，项目监理机构可在收到承包单位提交的阶段性工程延期申请表并经过审查后，先由总监理工程师签署工程临时延期审批表并通报建设单位。当承包单位提交最终的工程延期申请表后，项目监理机构应复查工程延期及临时延期情况，并由总监理工程师签署工程最终延期审批表。项目监理机构在作出临时工程延期批准或最终的工程延期批准之前，均应与建设单位和承包单位进行协商。当承包单位未能按照施工合同要求的工期竣工交付造成工期延误时，项目监理机构应按施工合同规定从承包单位应得款项中扣除误期损害赔偿费。

在合同争议的调解方面：项目监理机构接到合同争议的调解要求后应进行以下工作：及时了解合同争议的全部情况，包括进行调查和取证；及时与合同争议的双方进行磋商；在项目监理机构提出调解方案后，由总监理工程师进行争议调解；当调解未能达成一致时，总监理工程师应在施工合同规定的期限内提出处理该合同争议的意见；在争议调解过程中，除已达到了施工合同规定的暂停履行合同的条件之外，项目监理机构应要求施工合同的双方继续履行施工合同。在总监理工程师签发合同争议处理意见后，建设单位或承包单位在施工合同规定的期限内未对合同争议处理决定提出异议，在符合施工合同的前提下，此意见应成为最后的决定，双方必须执行。在合同争议的仲裁或诉讼过程中，项目监理机构接到仲裁机关或法院要求提供有关证据的通知后，应公正地向仲裁机关或法院提供与争议有关的证据。

在合同的解除方面：施工合同的解除必须符合法律程序。当建设单位违约导致施工合同最终解除时，项目监理机构应就承包单位按施工合同规定应得到的款项与建设单位和承包单位进行协商，并应按施工合同的规定确认承包单位应得到的全部款项，并书面通知建设单位和承包单位。由于承包单位违约导致施工合同终止后，项目监理机构应按程序清理承包单位的应得款项，或偿还建设单位的相关款项，并书面通知建设单位和承包单位。由于不可抗力或非建设单位、承包单位原因导致施工合同终止时，项目监理机构应按施工合同规定处理合同解除后的有关事宜。

在监理资料的管理方面：施工阶段的监理资料应包括下列内容：施工合同文件及委托监理合同；勘察设计文件；监理规划；监理实施细则；分包单位资格报审表；设计交底与图纸会审会议纪要；施工组织设计（方案）报审表；工程开工/复工报审表及工程暂停令；测量核验资料；工程进度计划；工程材料、构配件、设备的质量证明文件；检查试验资料；工程变更资料；隐蔽工程验收资料；工程计量单和工程款支付证书；监理工程师通知单；监理工作联系单；报验申请表；会议纪要；来往函件；监理日记；监理月报；质量缺陷与事故的处理文件；分部工程、单位工程等验收资料；索赔文件资料；竣工结算审核意见书；工程项目施工阶段质量评估报告等专题报告；监理工作总结等。监理资料必须及时整理、真实完整、分类有序。监理资料的管理应由总监理工程师负责，并指定专人具体实施。监理资料应在各阶段监理工作结束后及时整理归档。监理档案的编制及保存应按有关规定执行。

⑥监理企业可以接受业主委托，开展的其他委托业务：协助业主办理项目报建手续；协助业主办理项目申请供水、供电、供气、电信线路等协议或批文。

10.2.5　建设工程监理模式

1. 平行承发包模式条件下的监理模式

与建设工程平行承发包模式相适应的监理模式有以下两种主要形式：①业主委托一家

监理单位监理：这种模式要求被委托的监理单位应该具有较强的合同管理与组织协调能力，并能做好全面规划工作。②业主委托多家监理单位监理：这种监理委托模式是指业主委托多家监理单位为其进行监理服务。采用这种模式，监理单位对象相对单一，但建设工程监理工作被肢解，各监理单位各负其责，缺少一个对建设工程进行总体规划与协调控制的监理单位。

2. 设计或施工总分包模式条件下的监理模式

对设计或施工总分包模式，业主可以委托一家监理单位进行实施阶段全过程的监理，也可以分别按照设计阶段和施工阶段委托监理单位。前者的优点是监理单位可以对设计阶段和施工阶段的工程投资、进度、质量控制统筹考虑，合理进行总体规划协调，更可使监理工程师掌握设计思路与设计意图，有利于施工阶段的监理工作。

3. 项目总承包模式条件下的监理模式

在项目总承包模式下，一般宜委托一家监理单位进行监理。在这种模式下，监理工程师需具备较全面的知识，做好合同管理工作。

10.2.6　建设工程监理的形式

《建设工程质量管理条例》第三十八条规定，监理工程师应当按照工程监理规范的要求，采取旁站、巡视和平行检验等形式，对建设工程实施监理。

1. 旁站

旁站是指监理人员在建筑工程施工阶段，对关键部位和关键工序的施工质量进行现场旁站的全过程监督活动。

2. 巡视

巡视是指监理人员在施工部位或工序现场进行的定期或不定期的监督活动，是监督工作的日常程序。巡视主要是强调除了关键点的质量控制外，监理工程师还应对施工现场进行面上的巡查监理。

3. 平行检验

平行检验是指在施工单位自检的基础上，利用一定的检验或检测手段，由监理人员按一定比例独立进行的工程质量检验活动。平行检验体现了工程监理的独立性和工作的科学性，也是专业化管理的要求。平行检验主要是强调监理单位对施工单位已经检验的工程应及时进行检验。对于关键性、较大体量的工程实物，采取分段后平行检验的方式，有利于及时发现质量问题，及时采取措施予以纠正。

10.3　建设工程监理合同

10.3.1　建设工程监理合同的概念

1. 建设工程监理合同

建设工程监理合同的全称为建设工程委托监理合同，也简称为监理合同，是指工程建设单位委托监理单位对其工程项目进行管理，明确双方权利、义务的协议。建设单位（业主）称委托人，监理单位称受托人或监理人。《民法典》第七百九十六条规定，建设工程实行监理的，发包人应当与监理人采用书面形式订立委托监理合同。发包人与监理人的权利和义务以及法律责任，应当依照本编委托合同以及其他有关法律、行政法规的规定。

建设工程监理合同在性质上属于委托合同，具有委托合同的特征，除此之外还有以下特点：①监理合同的委托人必须是有国家批准的建设项目、落实投资计划的建设单位，作为受托人必须是依法成立具有法人资格的监理单位，并且所承担的工程监理业务应与单位资质相符合。②监理合同的订立必须符合工程项目建设程序和有关法律规定。③委托监理合同的标的是服务。监理合同与建设工程实施阶段所签订的其他合同的最大区别，就是标的性质上的差异。工程建设实施阶段所签订的其他合同，如勘察设计合同、施工合同、物资采购合同、加工承揽合同的标的物是产生新的物质或信息成果，而监理合同的标的是服务，即监理工程师凭据自己的知识、经验、技能受业主委托为其所签订的其他合同的履行实施监督和管理。正因为监理合同标的这一特殊性。

2. 建设工程监理相关当事人

建设工程监理的相关当事人有建设单位、监理单位及承包人。他们之间的法律关系主要是通过建设单位与监理单位之间签订的委托监理合同和建设单位与承包人之间签订的建设工程合同来约定的。建设单位与承包人之间权利义务关系的法律依据是双方所签订的建设工程合同，二者之间属于平等主体之间关于建设工程的承发包法律关系。建设单位与其委托的工程监理单位应当订立书面委托监理合同，二者之间是委托与被委托的合同关系。《民法典》规定，建设工程实行监理的，发包人应当与监理人采用书面形式订立委托监理合同。监理单位与承包人之间的关系属于监理与被监理的关系。在工程项目建设上，监理单位和承包人之间并不存在合同关系，监理单位和承包人之间的关系明确体现在建设单位与承包商签订的建设工程承发包合同中。《建筑法》第三十三条规定，实施建筑工程监理前，建设单位应当将委托的工程监理单位、监理的内容及监理权限，书面通知被监理的建筑施工企业。建设单位授权监理单位来监理工程，监理单位及其监理工程师接受委托之后，建设单位就把对工程建设的监理权授予监理单位。这样使得监理方在建设中的处于核心地位。被监理单位应当尊重和服从监理单位依照法律、法规、规章、标准、规范以及建设单位与被监理单位签订的合同进行的监理工作。监理单位及监理工程师应当客观公正地履行和行使监理职责和权利。

10.3.2　建设工程监理合同的订立

订立建设工程监理合同是一种法律行为，因此必须按照法律、行政法规规定的程序签订。根据 2018 年 6 月 1 日起施行《必须招标的工程项目规定》（国家发展和改革委员会令第 16 号）依法须招标建设工程的监理服务，应通过招标方式确定监理人。建设单位在为其建设工程委托监理单位时，从合同的签订前的准备直至合同的签订，一般应遵循以下程序：

1. 委托人对监理人的资格审查

委托人对监理人的资格审查可以通过招标预审（或后审）进行，也可以通过社会调查进行。委托人主要审查监理人的法人资格、单位资质以及其实际能力及社会信誉。社会信誉主要包括监理人员素质、主要检测设备情况和监理业绩等。

2. 监理人对委托人及工程的调查

监理人应当核查委托人是否具有签订合同的合法资格，核查该工程是否合法可行以及核查委托人是否具有相当的经济基础。

3. 监理人的风险、利益评估

监理人应考量自身实际条件后，判断承担该项目所能获得的预计利润。监理人应充分考虑自己的特点和竞争对手的实力后，判断投标风险及投标报价。

4. 中标后的合同谈判

无论是建设单位还是监理单位，都应本着平等协商的观念对合同条款进行磋商，不得违反监理招标及中标文件的实质性条款。在使用《建设工程委托监理合同（示范文本）》时，对通用条款的哪些条款不予采用，专用条款哪些需要具体规定，以及有附加协议条款的，都应逐条加以确认。

5. 监理合同的订立

建设单位和监理单位就建设工程委托监理合同的各项条款达成一致后，就可以正式签订合同文件。合同的签订，意味着委托关系的形成，双方的行为将受到合同的约束。订立合同时需注意的问题：①签订合同必须是双方法定代表人或经其授权的代表签署并监督执行；②双方的书面交往文件或确认某些口头协议的函件，构成招标投标文件，不可忽视；③通用条款和专用条款没有覆盖的内容，经双方达成一致应写入附加协议条款；④合同应做到文字简洁、清晰、严密，以保证意思表达准确。

6. 建设工程委托监理合同示范文本

推行建设工程委托监理合同示范文本，有利于提高合同签订的质量，有利于减少双方签订合同的工作量，也有利于保护合同当事人的合法权益。住房和城乡建设部、原国家工商行政管理总局对《建设工程委托监理合同（示范文本）》GF—2000—2002 进行了修订，制定了《建设工程监理合同（示范文本）》GF—2012—0202。《建设工程监理合同（示范文本）》GF—2012—0202 由"协议书""通用条件""专用条件""附录"等组成。

（1）协议书

"协议书"是一份标准的格式文件，其主要内容为工程概况、词语限定、组成本合同的文件、总监理工程师、签约酬金、期限、双方承诺和合同订立。组成本合同的文件包括：①协议书；②中标通知书（适用于招标工程）或委托书（适用于非招标工程）；③投标文件（适用于招标工程）或监理与相关服务建议书（适用于非招标工程）；④专用条件；⑤通用条件；⑥附录，即：附录A　相关服务的范围和内容；附录B　委托人派遣的人员和提供的房屋、资料、设备。本合同签订后，双方依法签订的补充协议也是本合同文件的组成部分。

（2）通用条件

其内容包括了定义与解释、监理人的义务、委托人的义务、违约责任、支付、合同生效、变更、暂停、解除与终止、争议解决、其他等。通用条款是委托监理合同的通用文件，适用于各类建设工程项目监理，是所有签约工程都应遵守的基本条件。

（3）专用条件

由于通用条款适用于所有的工程建设监理委托，因此其中的某些条款规定得比较笼统，需要在签订具体工程项目的监理委托合同时，就地域特点、专业特点和委托监理项目的特点，对通用条款中的某些条款进行补充、修正。如对委托监理的工作内容而言，认为通用条款中的条款还不够全面，允许在专用条款中增加双方议定的条款内容。①补充条款。"补充"是指标准条款中的某些条款明确规定，在该条款确定的原则下，在专用条款中进一步明确具体内容，使通用及专用条款中相同序号的条款共同组成一条内容完备的条款。②修正条款。"修正"是指标准条款中规定的程序方面的内容，如果双方认为不合适，可以在专用条款中予以修改。

（4）附录

包括附录 A "相关服务的范围和内容"、附录 B "委托人派遣的人员和提供的房屋、资料、设备"。

10.3.3　建设工程监理合同的履行

监理合同的履行，是指委托人与监理人双方依据监理合同的规定，实现各自享有的权利，并承担各自的义务。

1. 监理人应完成的监理工作

监理工作包括正常工作、附加工作。根据《建设工程监理合同（示范文本）》GF—2012—0202，"正常工作"指本合同订立时通用条件和专用条件中约定的监理人的工作，"附加工作"是指本合同约定的正常工作以外监理人的工作。

2. 监理人监理合同的履行

监理人监理合同的履行包括：①确定项目总监理工程师，建立项目监理机构；②制定工程项目监理规划；③制定工程项目监理实施细则；④在监理规划和实施细则的指导下开展监理工作；⑤提交工程建设监理档案资料。监理工作总结除包括工程概况、监理机构概况外，还应有目标控制完成情况，委托监理合同纠纷的处理情况，施工过程中出现的问题及合理化建议产生的实际效果情况等。

3. 监理酬金的支付

2007 年 3 月 30 日国家发展改革委、建设部联合颁布了《建设工程监理与相关服务收费管理规定》规定，建设工程监理与相关服务收费根据建设项目性质不同情况，分别实行政府指导价或市场调节价。依法必须实行监理的建设工程施工阶段的监理收费实行政府指导价；其他建设工程施工阶段的监理收费和其他阶段的监理与相关服务收费实行市场调节价。根据 2016 年 1 月 1 日《关于废止部分规章和规范性文件的决定》（国家发展和改革委员会令第 31 号），《建设工程监理与相关服务收费管理规定》（发改价格〔2007〕670 号）废止。2016 年 1 月 1 日起，自建设工程监理服务费用全部实行市场调节价。

10.4　建设监理的法律责任

建设监理的法律责任是指监理单位或监理工程师违反现行法律法规、合同条款等规定，没有履行或没有适当履行其所规定的义务，而应承担的法律规定的不利后果。❶ 根据建设监理行为的具体性质和危害程度的不同，把建设监理的法律责任分为建设监理的民事责任、建设监理的刑事责任和建设监理的行政责任。❷

10.4.1　建设监理民事责任

1. 我国现行法关于建设监理民事责任的一般规定

（1）《民法典》中的有关规定

---

❶　张佳锋. 我国建设监理责任的法律分析［D］. 重庆：西南政法大学，2009.
❷　张佳锋. 我国建设监理责任的法律分析［D］. 重庆：西南政法大学，2009.

《民法典》第五百七十七条规定："当事人一方不履行合同义务或者履行合同义务不符合约定的，应当承担继续履行、采取补救措施或者赔偿损失等违约责任。"第一千一百六十五条规定："行为人因过错侵害他人民事权益造成损害的，应当承担侵权责任。依照法律规定推定行为人有过错，其不能证明自己没有过错的，应当承担侵权责任。"第九百二十九条规定："有偿的委托合同，因受托人的过错造成委托人损失的，委托人可以请求赔偿损失。……受托人超越权限造成委托人损失的，应当赔偿损失。"

（2）《建筑法》中的有关规定

《建筑法》第三十五条规定："工程监理单位不按照委托监理合同的约定履行监理义务，对应当监督检查的项目不检查或者不按照规定检查，给建设单位造成损失的，应当承担相应的赔偿责任。工程监理单位与承包单位串通，为承包单位谋取非法利益，给建设单位造成损失的，应当与承包单位承担连带赔偿责任。"第八十条规定："在建筑物的合理使用寿命内，因建筑工程质量不合格受到损害的，有权向责任者要求赔偿。"

2. 建设监理的侵权责任

侵权责任即因侵权行为发生的民事责任。侵权行为是指行为人侵害他人的财产或者人身权益，依法应当承担民事责任的行为，以及依照法律特别规定应当承担民事责任的其他致人损害的行为。❶

（1）监理民事侵权责任

在监理民事侵权责任方面，根据《民法典》第一千一百九十一条的规定，用人单位的工作人员因执行工作任务造成他人损害的，由用人单位承担侵权责任。用人单位承担侵权责任后，可以向有故意或者重大过失的工作人员追偿。若是由监理单位造成的侵权，则监理单位是其责任主体，若是由监理工程师因执行工作任务造成的侵权，则由监理单位承担侵权责任后，可以向有故意或者重大过失的监理工程师追偿。监理侵权行为大多属于我国民法规定的一般侵权行为，建设监理损害赔偿责任适用过错归责原则，由受害人对监理单位的主观过错承担举证责任。特殊情况下适用过错推定归责原则，由监理单位举证证明自己对于损害的发生没有主观过错。

我国相关法律、法规和规章对于监理共同侵权行为承担连带责任有明确规定。《建筑法》第三十五条第（二）款规定，工程监理单位与承包单位串通，为承包单位谋取非法利益，给建设单位造成损失的，应当与承包单位承担连带赔偿责任。《建筑法》第六十九条第（一）款规定，工程监理单位与建设单位或者建筑施工企业串通，弄虚作假、降低工程质量的，责令改正，处以罚款，降低资质等级或者吊销资质证书；有违法所得的，予以没收；造成损失的，承担连带赔偿责任；构成犯罪的，依法追究刑事责任。《建设工程质量管理条例》第六十七条规定，工程监理单位有下列行为之一的，责令改正，处50万元以上100万元以下的罚款，降低资质等级或者吊销资质证书；有违法所得的，予以没收；造成损失的，承担连带赔偿责任：（1）与建设单位或者施工单位串通，弄虚作假、降低工程质量的；（2）将不合格的建设工程、建筑材料、建筑构配件和设备按照合格签字的。《实施工程建设强制性标准监督规定》第十九条规定，工程监理单位违反强制性标准规定，将不合格的建设工程以及建筑材料、建筑构配件和设备按照合格签字的，责令改正，处50

---

❶ 王利明. 民法［M］. 6版. 北京：中国人民大学出版社，2010：559.

万元以上 100 万元以下的罚款，降低资质等级或者吊销资质证书；有违法所得的，予以没收；造成损失的，承担连带赔偿责任。不区分监理单位的主观状态是故意还是过失，只要工程监理单位违反强制性标准规定，将不合格的建设工程以及建筑材料、建筑构配件和设备按照合格签字的，造成损失的，就要与其他单位承担连带责任，即采用严格责任的归责原则。

（2）建设监理的违约责任

违约责任即违反合同的民事责任，是指合同当事人一方不履行或者不适当履行合同义务所应承担的继续履行、采取补救措施、赔偿损失、支付违约金等民事法律后果。[1] 在建设监理违约责任的方面，应注意：一是建设单位和监理单位是监理委托合同的当事双方，根据合同相对性原则，对建设单位的违约责任在外部应由监理单位来承担。监理单位承担违约赔偿责任后，有权在单位内部向有过错行为的监理工程师追偿，监理单位在聘用监理工程师时，也应在与其签订的工作合同中明确这一内容。二是监理单位只对监理工程师执行工作任务时的监理行为所造成的违约行为承担责任。第三，在建设工程实践中，可能经常发生的是混合责任，即监理工程师的过错行为同时导致民事、行政和刑事责任发生。根据《民法典》第一百八十七条规定，民事主体因同一行为应当承担民事责任、行政责任和刑事责任的，承担行政责任或者刑事责任不影响承担民事责任；民事主体的财产不足以支付的，优先用于承担民事责任。

违约责任的归责原则，是指基于一定的归责事由确定违约责任承担的法律原则。《民法典》确立了以严格责任原则为主，以过错责任原则为辅的违约责任归责原则。根据《民法典》第九百二十九条，"有偿的委托合同，因受托人的过错造成委托人损失的，委托人可以请求赔偿损失"，规定的委托合同违约责任归责原则为过错责任原则，"受托人超越权限造成委托人损失的，应当赔偿损失"，对于越权违约适用的是严格责任归责原则。《建筑法》第 35 条第 1 款规定，工程监理单位不按照委托监理合同的约定履行监理义务，对应当监督检查的项目不检查或者不按照规定检查，给建设单位造成损失的，应当承担相应的赔偿责任。显然，《建筑法》对监理违约采用了严格责任原则。虽然《建筑法》和《民法典》对监理违约责任的归责原则存在分歧，但建设监理的违约责任，首先是民法学意义上的概念，应当适用《民法典》关于违约责任的归责原则。

10.4.2　建设监理行政责任

建设监理的行政责任指监理单位、监理人员实施了法律、法规所禁止的行为而引起的行政上必须承担的法律后果。监理单位是否承担行政责任，关键看其是否发生了违反相关法律、法规的行为，但其行为并不一定需要导致后果。[2]

1. 建设监理行政责任的一般规定

《建筑法》第六十九条规定："工程监理单位与建设单位或者建筑施工企业串通，弄虚作假、降低工程质量的，责令改正，处以罚款，降低资质等级或者吊销资质证书；有违法所得的，予以没收；造成损失的，承担连带赔偿责任；构成犯罪的，依法追究刑事责任。工程监理单位转让监理业务的，责令改正，没收违法所得，可以责令停业整顿，降低资质

---

[1]　王利明. 民法 ［M］. 6 版. 北京：中国人民大学出版社，2010：559.
[2]　吴旭艺. 浅析建设工程安全生产的监理责任 ［J］. 山西建筑，2007（27）：228.

等级；情节严重的，吊销资质证书。"《建设工程质量管理条例》第七十二条规定："违反本条例规定，注册建筑师、注册结构工程师、监理工程师等注册执业人员因过错造成质量事故的，责令停止执业1年；造成重大质量事故的，吊销执业资格证书，5年以内不予注册；情节特别恶劣的，终身不予注册。"

2. 建设监理行政责任的责任主体及责任承担

建设监理行政责任的责任主体有两个：一是监理单位；二是监理工程师个人。监理工程师个人承担行政责任时有以下几种情况：（1）以个人名义承接业务的；（2）涂改、倒卖、出租、出借或者以其他形式非法转让注册证书或者执业印章的；（3）泄露执业中应当保守的秘密并造成严重后果的；（4）超出规定执业范围或者聘用单位业务范围从事执业活动的；（5）弄虚作假提供执业活动成果的；（6）同时受聘于两个或者两个以上的单位，从事执业活动的；（7）未按照《建设工程质量管理条例》的要求履行监理职责，降低工程质量的行为；（8）未按照《建设工程安全生产管理条例》的要求履行监理职责，导致重大安全事故的行为等。❶

监理单位和监理工程师的上述违法行为，应当接受行政处罚，承担行政责任，由各级建设行政主管机关根据法律规定，给予违法行为人一定的行政处分和行政处罚。视情节轻重对监理单位的行政处分和处罚方式主要有：责令改正、降低资质登记、责令监理单位停业整顿、罚款、没收非法所得、吊销资质证书等。对监理工程师的行政处分和处罚方式主要有：没收违法所得、暂停执业、罚款或吊销执业证书等形式。❷

10.4.3　建设监理刑事责任

1. 建设监理刑事责任的一般规定

（1）《建筑法》中的有关规定

《建筑法》第六十九条规定："工程监理单位与建设单位或施工企业串通，弄虚作假、降低工程质量的，责令改正，处以罚款。降低资质等级或者吊销资质证书，有违法所得的，予以没收；造成损失的，承担连带赔偿责任；构成犯罪的，依法追究刑事责任。"

（2）《刑法》中的有关规定

建设监理的刑事犯罪主要适用工程重大安全事故罪和重大责任事故罪。《刑法》第一百三十四条第（一）款规定，在生产、作业中违反有关安全管理的规定，因而发生重大伤亡事故或者造成其他严重后果的，处3年以下有期徒刑或者拘役；情节特别恶劣的，处3年以上7年以下有期徒刑。《刑法》第一百三十七条规定，建设单位、设计单位、施工单位、工程监理单位违反国家规定，降低工程质量标准，造成重大安全事故的，对直接责任人员，处5年以下有期徒刑或者拘役，并处罚金；后果特别严重的，处5年以上10年以下有期徒刑，并处罚金。

2. 犯罪构成要件分析

《刑法》第一百三十四条规定了重大责任事故罪。该罪的犯罪主体是自然人，犯罪的主观方面是过失，侵犯的犯罪客体是安全生产的管理秩序，犯罪的客观方面是在生产、作业中违反有关安全管理的规定，或者强令他人违章冒险作业，因而发生重大伤亡事故或者

---

❶ 席绪军. 建设工程监理的法律责任问题研究 [D]. 上海：复旦大学，2009.

❷ 石礼花. 建设工程监理责任探讨 [J]. 科技情报开发与经济，2005，87（04）：193.

造成其他严重后果。监理个人不服管理、违反规章制度，从而导致发生重大伤亡事故或者造成其他严重后果的，属于监理个人按照自己的个人意志所从事的行为，应由监理个人承担刑事责任，即重大责任事故罪，它是自然人犯罪，而不是单位犯罪。❶

《刑法》第一百三十七条规定了工程重大安全事故罪。《刑法》第 137 条明确规定是"建设单位、设计单位、施工单位、工程监理单位"实施了违反国家规定，降低质量标准的行为，这就表明，该犯罪的主体只能是单位，而不可能是自然人。❷ 犯罪的主观方面是过失，侵犯的犯罪客体是安全生产的管理秩序和工程质量标准，犯罪的客观方面是单位违反国家规定，降低工程质量标准，造成重大安全事故。但对于该犯罪的处罚采取的是单罚制，即只处罚直接责任人员，对单位并不处罚。❸

工程重大安全事故罪的直接责任人员的认定。所谓"直接责任人员"，就是其实施的行为与发生的重大安全事故具有直接关系的人员，包括直接参与工程建设的亲临现场的工程监理人员以及对是否降低工程质量具有决定权的领导人员。建设监理实行总监理工程师负责制，这里的领导人员主要是指项目的总监理工程师。❹

---

❶ 席绪军. 建设工程监理的法律责任问题研究 [D]. 上海：复旦大学，2009.
❷ 张佳锋. 我国建设监理责任的法律分析 [D]. 重庆：西南政法大学，2009.
❸ 席绪军. 建设工程监理的法律责任问题研究 [D]. 上海：复旦大学，2009.
❹ 张佳锋. 我国建设监理责任的法律分析 [D]. 重庆：西南政法大学，2009.

第11章 建设工程安全生产法律制度

《中共中央 国务院关于推进安全生产领域改革发展的意见》（中发〔2016〕32号）中指出，"贯彻以人民为中心的发展思想，始终把人的生命安全放在首位，正确处理安全与发展的关系，大力实施安全发展战略，为经济社会发展提供强有力的安全保障。"党的二十大报告指出，"坚持安全第一、预防为主，建立大安全大应急框架，完善公共安全体系，推动公共安全治理模式向事前预防转型。推进安全生产风险专项整治，加强重点行业、重点领域安全监管。提高防灾减灾救灾和重大突发公共事件处置保障能力，加强国家区域应急力量建设。"安全生产工作坚持中国共产党的领导。建设工程安全生产法律制度要求安全生产工作应当以人为本，坚持人民至上、生命至上，把保护人民生命安全摆在首位，树牢安全发展理念，坚持安全第一、预防为主、综合治理的方针，从源头上防范化解重大安全风险。

11.1 建设工程安全生产管理法律制度概述

建设工程施工具有人员流动性大，露天高处作业多，手工操作，体力劳动繁重等特点，这决定了建设工程施工安全事故的多发性和易发性。《中共中央 国务院关于推进安全生产领域改革发展的意见》（中发〔2016〕32号）中指出，贯彻以人民为中心的发展思想，始终把人的生命安全放在首位，正确处理安全与发展的关系，大力实施安全发展战略，为经济社会发展提供强有力的安全保障。《安全生产法》规定，安全生产工作坚持中国共产党的领导。安全生产工作应当以人为本，坚持人民至上、生命至上，把保护人民生命安全摆在首位，树牢安全发展理念，坚持安全第一、预防为主、综合治理的方针，从源头上防范化解重大安全风险。安全生产工作实行管行业必须管安全、管业务必须管安全、管生产经营必须管安全，强化和落实生产经营单位主体责任与政府监管责任，建立生产经营单位负责、职工参与、政府监管、行业自律和社会监督的机制。

建设工程安全生产管理是指在新建、改建、扩建和拆除等建设活动中，运用各种有效资源，通过计划、组织、协调和控制等手段，控制物的不安全因素和人的不安全行为，防止和减少安全事故，实现安全生产的管理活动。与该管理活动相关的法律制度包括建设工程安全生产监督管理制度、建设工程安全生产责任制度、建设工程安全生产许可制度、建设工程重大安全事故的处理制度以及建设工程安全生产法律责任制度等。这些制度作为一个整体，共同发挥着保障建设工程生产安全的作用建筑工程安全生产意义重大，它直接关系到公众生命与财产安全，关系到社会稳定与和谐发展。

11.1.1 建筑工程安全生产管理的立法概况

从2001年起我国建筑施工安全事故数量和死亡人数的总量呈逐年下降趋势，但建筑业仍是我国安全事故高发行业之一，每年施工的死亡人数仅次于交通运输和矿山井下，在全国各行业中居第三位。从全国工程生产安全事故情况统计情况可以看出，高处坠落、坍塌、物体打击、起重伤害及触电仍然是建筑安装工程的重大危险因素。造成安全事故的原因在于责任不落实、监管不到位、安全技术规范在施工中得不到落实、有章不循，冒险蛮干，以包代管，安全管理薄弱、一线操作人员安全意识和技能较差等。建筑安全事故给国家、社会，特别是给事故死伤人员的家庭造成了极为重大的损失和影响。

建筑安全生产管理直接关系到生命和财产安全，是工程建设活动管理的重要内容之一。为此，全国人民代表大会常务委员会和国务院制定了一系列有关建筑安全生产的法律、法规，具体见表 11-1。

建设安全生产的法律、法规一览表　　　　　　　表 11-1

法律文件	简称	文件性质	施行与修订日期
《中华人民共和国建筑法》	《建筑法》	法律	自 1998 年 3 月 1 日起施行 2011 年 4 月 22 日第一次修正 2019 年 4 月 23 日第二次修正
《中华人民共和国安全生产法》	《安全生产法》	法律	自 2002 年 11 月 1 日起施行 2009 年 8 月 27 日第一次修正 2014 年 8 月 31 日第二次修正 2021 年 6 月 10 日第三次修正
《中华人民共和国特种设备安全法》	《特种设备安全法》	法律	自 2014 年 1 月 1 日起施行
《中华人民共和国劳动法》	《劳动法》	法律	自 1995 年 1 月 1 日起施行 2009 年 8 月 27 日第一次修正 2018 年 12 月 29 日第二次修正
《中华人民共和国劳动合同法》	《劳动合同法》	法律	自 2008 年 1 月 1 日起施行 2012 年 12 月 28 日修正
《中华人民共和国消防法》	《消防法》	法律	自 2009 年 5 月 1 日起施行 2019 年 4 月 23 日第一次修正 2021 年 4 月 29 日第二次修正
《建设工程安全生产管理条例》	无	行政法规	自 2004 年 2 月 1 日起施行
《特种设备安全监察条例》	无	行政法规	自 2003 年 6 月 1 日起施行 2009 年 1 月 24 日修订
《生产安全事故报告和调查处理条例》	无	行政法规	自 2007 年 6 月 1 日起施行
《安全生产许可证条例》	无	行政法规	自 2004 年 1 月 13 日起施行 2013 年 7 月 18 日第一次修订 2014 年 7 月 29 日第二次修订
《生产安全事故应急条例》	无	行政法规	自 2019 年 4 月 1 日起施行
《国务院关于特大安全事故行政责任追究的规定》	无	行政法规	自 2001 年 4 月 21 日起施行
《工伤保险条例》	无	行政法规	自 2004 年 1 月 1 日起施行 2010 年 12 月 8 日修订

国务院建设行政主管部门也通过了一些关于建设安全生产的部门规章和其他规范性法律文件。具体见表 11-2。

建设安全生产的部门规章及规范性法律文件　　　　　　　　表 11-2

文件名称	文号	施行与修订日期
《建筑施工企业主要负责人项目负责人和专职安全生产管理人员安全生产管理规定》	住房和城乡建设部令第 17 号	自 2014 年 9 月 1 日起施行
《建筑起重机械安全监督管理规定》	建设部令第 166 号	自 2008 年 6 月 1 日起施行
《安全生产事故隐患排查治理暂行规定》	国家安全生产监督管理总局令第 16 号	自 2008 年 2 月 1 日起施行
《生产安全事故应急预案管理办法》	国家安全生产监督管理总局令第 88 号	自 2016 年 7 月 1 日起施行 2019 年 7 月 11 日修订
《生产经营单位安全培训规定》	国家安全生产监督管理总局令第 3 号	自 2006 年 3 月 1 日起施行 2013 年 8 月 29 日第一次修订 2015 年 5 月 29 日第二次修订
《安全生产培训管理办法》	国家安全生产监督管理总局令第 44 号	自 2012 年 3 月 1 日起施行 2013 年 8 月 29 日第一次修订 2015 年 5 月 29 日第二次修订
《实施工程建设强制性标准监督规定》	建设部令第 81 号	自 2000 年 8 月 25 日起施行。 根据 2015 年 1 月 22 日住房和城乡建设令第 23 号、2021 年 3 月 30 日住房和城乡建设部令第 52 号修改
《建筑施工企业安全生产许可证管理规定》	建设部令第 128 号	自 2004 年 7 月 5 日起施行 2015 年 1 月 22 日修订
《危险性较大的分部分项工程安全管理规定》	住房和城乡建设部令第 37 号	自 2018 年 6 月 1 日起施行 2019 年 3 月 13 日修订
《应急管理行政执法人员依法履职管理规定》	应急管理部令第 9 号	自 2022 年 12 月 1 日起施行
《安全生产违法行为行政处罚办法》	国家安全生产监督管理总局令第 15 号	自 2008 年 1 月 1 日起施行 2015 年 1 月 16 日修订
《建设项目安全设施"三同时"监督管理办法》	国家安全生产监督管理总局 36 号令	自 2015 年 5 月 1 日起施行
《生产安全事故罚款处罚规定（试行）》	国家安全生产监督管理总局令第 13 号	自 2007 年 7 月 12 日起施行 2011 年 9 月 1 日第一次修正 2015 年 4 月 2 日第二次修正

续表

文件名称	文号	施行与修订日期
《建筑施工企业主要负责人、项目负责人和专职安全生产管理人员安全生产管理规定实施意见》	建质〔2015〕206 号	自 2015 年 12 月 10 日起施行
《建筑施工企业安全生产管理机构设置及专职安全生产管理人员配备办法》	建质〔2008〕91 号	自 2008 年 5 月 13 日起施行
《建筑施工企业负责人及项目负责人施工现场带班暂行办法》	建质〔2011〕111 号	自 2011 年 7 月 22 日起施行
《建筑施工特种作业人员管理规定》	建质〔2008〕75 号	自 2008 年 6 月 1 日起施行
《建筑起重机械备案登记办法》	建质〔2008〕76 号	自 2008 年 6 月 1 日起施行
《建设工程高大模板支撑系统施工安全监督管理导则》	建质〔2009〕254 号	自 2009 年 10 月 26 日起施行
《建筑施工企业安全生产许可证动态监管暂行办法》	建质〔2008〕121 号	自 2008 年 6 月 30 日起施行
《建筑施工安全生产标准化考评暂行办法》	建质〔2014〕111 号	自 2014 年 7 月 31 日起施行

除前述法律、行政法规、部门规章和其他规范性法律文件之外，国家还颁布了很多关于建设安全生产管理的安全生产标准和技术规范。目前，在建筑工程安全生产领域，我国已经形成了以《建筑法》《安全生产法》《建设工程安全生产管理条例》《生产安全事故报告和调查处理条例》《安全生产许可证条例》等法律和行政法规为主干，以住房和城乡建设部、人力资源和社会保障部、原国家安全生产监督管理局等相关部委发布的部门规章、强制性安全技术规范及地方性法规为分支的法律法规体系。建筑业相关法律、法规，是国家从宏观层面上对建筑业进行监管的法律依据；建筑标准规范属于技术法规，是国家从微观层面上对建筑工程各个生产阶段、各种工序及产品进行管理的法律依据。前述规范构成了广义的建筑安全生产管理法规。

11.1.2　安全生产工作的指导思想

1. 安全生产工作坚持中国共产党的领导

安全生产是关系人民群众生命财产安全的大事，是经济社会协调健康发展的标志，是党和政府对人民利益高度负责的要求。当前，我国工业化、城镇化持续推进，生产经营规模不断扩大，传统和新型生产经营方式并存，各类事故隐患和安全风险交织叠加，生产安全事故易发多发的特点仍然比较明显。针对这些新情况和新问题，党中央统筹全局、协调各方，持续推动安全生产领域改革发展取得新进展，特别是《中共中央 国务院关于推进安全生产领域改革发展的意见》（中发〔2016〕32 号），作为新中国成立以来第一个以党中央、国务院名义出台的安全生产工作的纲领性文件，对新时代我国安全生产领域改革发展的指导思想、基本原则、目标任务和具体措施提出了明确要求。《中共中央 国务院关于推进安全生产领域改革发展的意见》提出，贯彻以人民为中心的发展思想，始终把人的生命安全放在首位，正确处理安全与发展的关系，大力实施安全发展战略，为经济社会发展提供强有力的安全保障。从这些年的实践看，坚持党的领导，是我国安全生产形势持续向好的决定性因素。贯彻落实党的十九届五中全会和《中共中央 国务院关于推进安全生产领域改革发展的意见》精神，《安全生产法》增加规定安全生产工作坚持中国共产党的领导，有利于统筹推进安全生产系统治理，大力提升我国安全生产整体水平。

2. 安全生产工作的基本理念。

中国特色社会主义进入新时代，安全生产工作的理念不断发展、丰富和完善。党的十九届五中全会提出，坚持人民至上、生命至上，把保护人民生命安全摆在首位，全面提高公共安全保障能力。

(1) 安全生产工作以人为本，坚持人民至上、生命至上，把保护人民生命安全摆在首位。以人为本，就是要以人的生命和健康为本。作为生产经营单位，在生产经营活动中，要做到以人为本，就要以尊重职工、爱护职工、维护职工的人身安全为出发点，以消灭生产经营活动中的潜在隐患为主要目的。要关心职工人身安全和身体健康，不断改善劳动环境和工作条件。真正能做到工作为了人，干工作依靠人，绝不能以牺牲人的生命作为代价发展经济。

(2) 树牢安全发展的理念。坚持以人民为中心的发展思想，就是既要让人民富起来，又要让人民的安全和健康得到切实保障。发展是安全的基础和保障，安全是发展的前提和条件。血的教训表明，诸多事故都是"重发展轻安全、重效益轻安全"种下的苦果。发展理念上的失向、失序、失衡，往往是最大的风险隐患。安全发展理念要求在安全生产工作中坚持统筹兼顾，协调发展，正确处理安全生产与经济社会发展、安全生产与速度质量效益的关系，坚持把安全生产放在重要位置，促进区域、行业领域的科学、安全、可持续发展，绝不能以牺牲人的生命健康换取一时的发展。要自觉坚持安全发展，使经济社会发展切实建立在安全保障能力不断增强、劳动者生命安全和身体健康得到切实保障的基础上，确保人民群众平安幸福地享有经济发展和社会进步的成果。要大力实施安全发展战略，坚持依法依规，综合治理。健全完善安全生产法律法规、制度标准体系，严格安全生产执法，严厉打击非法违法行为，综合运用法律、行政、经济等手段，推动安全生产工作规范、有序、高效开展。

11.1.3 建设工程安全生产管理原则及管理方针

1. 安全生产管理原则

《安全生产法》规定，安全生产工作实行管行业必须管安全、管业务必须管安全、管生产经营必须管安全原则，即"三个必须"原则。"三个必须"原则，明确了各方面的安全生产责任，健全完善了安全生产综合监管与行业监管相结合的工作机制，有利于加强协作、形成合力，建立比较完善的责任体系。"三个必须"原则明确了政府部门的安全监管职责。管行业必须管安全，明确了负有安全监管职责的各个部门，要在各自的职责范围内，对所负责行业、领域的安全生产工作实施监督管理。同时，"三个必须"原则也明确了生产经营单位的决策层和管理层的安全管理职责。管业务必须管安全，管生产经营必须管安全，具体到生产经营单位中，就是主要负责人是安全生产的第一责任人，其他负责人都要根据分管的业务，对安全生产工作承担一定职责，负担一定的责任。在厘清责任、分清界限的同时，"三个必须"原则还要求负有安全监管职责的部门之间要相互配合、齐抓共管、信息共享、资源共用，依法加强安全生产监督管理工作，切实形成监管合力。

2. 安全生产管理方针

《安全生产法》规定，安全生产工作应当以人为本，坚持人民至上、生命至上，把保护人民生命安全摆在首位，树牢安全发展理念，坚持安全第一、预防为主、综合治理的方针，从源头上防范化解重大安全风险。这一方针是开展安全生产工作总的指导方针，是长期实践的经验总结。

（1）安全第一。安全第一，就是要在生产经营活动中，在处理保证安全与实现生产经营活动的其他各项目标的关系上，要始终把安全特别是从业人员和其他人员的人身安全放在首位，实行"安全优先"的原则。在确保安全的前提下，努力实现生产经营的其他目标。当安全工作与其他活动发生冲突和矛盾时，其他活动要服从安全，绝不能以牺牲人的生命、健康为代价换取发展和效益。安全第一，体现了以人为本的发展思想，是预防为主，综合治理的统帅，没有安全第一的思想，预防为主就失去了思想支撑，综合治理就失去了整治依据。

（2）预防为主。预防为主是安全生产方针的核心和具体体现，是实施安全生产的根本途径，也是实现安全第一的根本途径。所谓预防为主，就是要把预防生产安全事故的发生放在安全生产工作的首位。对安全生产的管理，主要不是在发生事故后去组织抢救，进行事故调查，找原因、追责任、堵漏洞，而要谋事在先、尊重科学、探索规律，采取有效的事前控制措施，千方百计预防事故的发生，做到防患于未然，将事故消灭在萌芽状态。坚持预防为主，就要坚持培训教育为主，在提高生产经营单位主要负责人、安全管理人员和从业人员的安全素质上下功夫，最大限度地减少违章指挥、违章作业、违反劳动纪律的现象，努力做到"不伤害自己，不伤害他人，不被他人伤害，保护他人不被伤害"。只有把安全生产的重点放在建立事故隐患预防体系上，超前防范，才能有效避免和减少事故，实现安全第一。

（3）综合治理。将综合治理纳入安全生产方针，标志着对安全生产的认识上升到一个新的高度，是贯彻落实新发展理念的具体体现。所谓综合治理，就是要综合运用法律、经济、行政等手段，从发展规划、行业管理、安全投入、科技进步、经济政策、教育培训、安全文化以及责任追究等方面着手，建立安全生产长效机制。综合治理，秉承"安全发展"的理念，从遵循和适应安全生产的规律出发，运用法律、经济、行政等手段，多管齐下，并充分发挥社会、职工、舆论的监督作用，形成标本兼治、齐抓共管的格局。综合治理，是一种新的安全管理模式，它是保证"安全第一，预防为主"的安全管理目标实现的重要手段和方法，只有不断健全和完善综合治理工作机制，才能有效贯彻安全生产方针。

2019 年 11 月 29 日，习近平总书记在主持中央政治局第十九次集体学习时讲话指出，要健全风险防范化解机制、坚持从源头上防范化解重大安全风险，真正把问题解决在萌芽之时、成灾之前。这一重要论述是对安全生产基本方针的进一步提炼和升华，对安全生产具有很强的指导意义。实践一再表明，许多事故的发生，都经历了从无到有、从小到大、从量变到质变的动态发展过程。因此，从以事故处置为主的被动反应模式向以风险预防为主的主动管控模式转变，是一种更经济、更安全、更有效的应急管理策略。具体而言，就是要严格安全生产市场准入，经济社会发展要以安全为前提，严防风险演变、隐患升级导致生产安全事故发生。

11.2 建设工程安全生产管理

11.2.1 我国安全生产管理的发展历程

我国历来重视劳动保护、安全生产工作。新中国成立前夕，中国人民政治协商会议通过的《共同纲领》明确规定："公私企业一般实行8小时至10小时工作制""保护女工的特殊利益""实行工矿检查制度，以改进工矿的安全和卫生设备"。新中国一成立，中央人民政府就设立了劳动部，劳动部下设劳动保护司，各地方劳动部门设劳动保护处、科，作为劳动保护工作的专管机构。政府许多产业部相继在部内的生产或人事部门设立了专管劳动保护工作的机构。中华全国总工会在各级工会中设立了劳动保护部，工会基层组织一般设立了劳动保护委员会，以加强对企业劳动保护的监督。1950年10月，政务院批准的《中央人民政府劳动部试行组织条例》和《省、市劳动局暂行组织通则》都规定，各级劳动部门自建立伊始，即担负起监督、指导各产业部门和工矿企业劳动保护工作的任务，对工矿企业的劳动保护和安全生产工作实施监督管理。1956年9月，国务院批准的《劳动部组织简则》规定，劳动部负责"管理劳动保护工作，监督检查国民经济各部门的劳动保护、安全技术和工业卫生工作，领导劳动保护监督机构的工作，检查企业中的重大事故并且提出结论性的处理意见"。

1979年5月，原国家劳动总局召开全国劳动保护座谈会，重新肯定加强安全生产立法和建立安全生产监察制度的重要性和迫切性。1982年2月，国务院发布《矿山安全条例》《矿山安全监察条例》《锅炉压力容器安全监察暂行条例》，宣布在各级劳动部门设立矿山、职业安全卫生和锅炉压力容器安全监察机构。1983年5月，国务院常务会议批准的《劳动人事部任务与职责》中规定，劳动人事部负责贯彻执行党和国家的方针、政策、法律和指示，研究拟定有关劳动保护的具体方针、政策和规章制度，综合管理劳动保护、矿山安全、锅炉压力容器安全工作，实行国家监察。提出劳动保护规划要求，督促各地区、各部门改善劳动条件，推动劳动保护科学研究和宣传教育工作，参加重大伤亡事故的处理。劳动人事部设劳动保护局、矿山安全监察局和锅炉压力容器安全监察局。

国家为了协调各部门和更有利于开展全国安全生产监督管理工作，1985年1月全国安全生产委员会成立。全国安全生产委员会为我国的安全生产作出了巨大贡献，由于种种原因，全国安全生产委员会于1993年被撤销。1993年，国务院下发了《关于加强安全生产工作的通知》，在明确规定原劳动部负责综合管理全国安全生产工作，对安全生产实行国家监察的同时，也明确要求各级综合管理生产的部门和行业主管部门，在管生产的同时必须管安全，提出一个建立社会主义市场经济过程中的新安全生产管理体制，即实行"企业负责、行业管理、国家监察、群众监督"的新体制。随后，在实践中又增加了劳动者遵章守纪的内容，形成了"企业负责、行业管理、国家监察、群众监督、劳动者遵章守纪"的安全管理体制。

1998年，在国务院机构改革中，国务院决定成立劳动和社会保障部，将原劳动部承担的安全生产综合管理、职业安全卫生监察、矿山安全卫生监察的职能，交由国家经济贸易委员会（简称国家经贸委）承担；原劳动部承担的职业卫生监察职能，交由卫生部承担；原劳动部承担的锅炉压力容器监察职能，交由国家质量技术监督局承担；劳动保护工作中的女职工和未成年人工作特殊保护、工作时间和休息时间，以及工伤保险、劳动保护争议与劳动关系仲裁等职能，仍由劳动和社会保障部承担。国家经贸委成立安全生产局后，综合管理全国安全生产工作，对安全生产行使国家监督监察管理职权；拟订全国安全生产综合法律、法规、政策、标准；组织协调全国重大安全事故的处理。

2000 年 12 月，为适应我国安全生产工作的需要，进一步加强对安全生产的监督管理，预防和减少各类伤亡事故，国务院决定成立国家安全生产监督管理局和国家煤矿安全监察局，实行一个机构、两块牌子。涉及煤矿安全监察方面的工作，以国家煤矿安全监察局的名义实施。国家安全生产监督管理局是综合管理全国安全生产工作、履行国家安全生产监督管理和煤矿安全监察职能的行政机构，由原国家经贸委负责管理。

2001 年 3 月，国务院决定成立国务院安全生产委员会，安全生产委员会成员由国家经贸委、公安部、监察部、全国总工会等部门的主要负责人组成。安全生产委员会办公室设在国家安全生产监督管理局。

2003 年 3 月，第十届全国人民代表大会第一次会议通过了《国务院机构改革方案》。《方案》将国家经济贸易委员会管理的国家安全生产监督管理局改为国务院直属机构，负责全国安全生产综合监督管理和煤矿安全监察。安全生产机构从削减到恢复，再到单独设置，体现了我国政府对安全生产工作的高度重视，标志着我国安全生产监督管理工作达到了一个更高的高度。

2004 年 11 月，国务院调整补充了部分省级煤矿安全监察机构，将煤矿安全监察办事处改为监察分局。与国家煤矿安全监察局的垂直管理不同的是，安全生产监督管理的体制是在省、地、市分别设置安全生产监督管理部门，由各级地方政府分级管理。

2005 年 2 月，国家安全生产监督管理局调整为国家安全生产监督管理总局，升为正部级，为国务院直属机构；国家煤矿安全监察局单独设立，为副部级，为国家安全生产监督管理总局管理的国家局。把国家安全监管局升为总局，提高了政府安全生产监督管理的权威性和严肃性，使政府对企业安全生产管理力度明显加大，并且有利于规范我国安全生产监督管理体制和机制。

2018 年 3 月，根据第十三届全国人民代表大会第一次会议批准的国务院机构改革方案，批准设立中华人民共和国应急管理部。应急管理部将分散在国家安全生产监督管理总局、国务院办公厅、公安部（消防）、民政部、国土资源部、水利部、农业部、林业局、地震局以及防汛抗旱指挥部、国家减灾委、抗震救灾指挥部、森林防火指挥部等的应急管理相关职能进行整合，在很大程度上可以实现对全灾种的全流程和全方位的管理，有利于提升公共安全保障能力。应急管理部的成立整合了多个政府部门，有利于减少这些部门之间进行相互协作的难度，提升应急管理的协同绩效。应急管理部的成立将应急响应与日常管理统筹起来，有利于提升日常的预防与准备，推动风险的源头治理，从根本上保障人民群众的生命财产安全。

11.2.2　建设工程安全生产监督管理体制

行政机关对建筑工程安全生产的监督管理，是指各级人民政府建设行政主管部门及其授权的建筑工程安全生产监督机构，对建筑工程安全生产所实施的行政监督管理。目前，我国对建设工程（含土木工程、建筑工程、线路管道和设备安装工程）安全生产的行政监督管理是分级进行的，各个建设行政主管部门，因级别不同，其具有的监督管理职责也有所不同。

1. 建筑工程安全生产的监督管理体制

我国在建筑工程安全生产的监督管理领域，实行的是统一管理与分级管理，综合管理与专门管理相结合的管理体制。《建筑法》第四十三条，《安全生产法》第十条和《建设工程安全生产管理条例》第三十九条、第四十条对这一管理体制作出了明确规定。按照前述规定，对于建筑工程安全生产工作的监督管理，各部门的分工如下：县级以上地方各级人民政府应急管理部门是"综合管理"部门；县级以上各级政府的建设行政主管部门是"具体主管"部门；县级以上各级政府的其他有关部门，是"专项管理"部门。"综合管理"部门负责指导、协调和监督政府各有关主管部门的安全生产监督管理工作；"具体主管"和"专项管理"部门负责本行业或领域内的安全生产监督管理工作并承担相应的行政监管责任。

《安全生产法》规定，国务院应急管理部门依法对全国安全生产工作实施综合监督管理；县级以上地方各级人民政府应急管理部门依法对本行政区域内安全生产工作实施综合监督管理。国务院交通运输、住房和城乡建设、水利、民航等有关部门依照本法和其他有关法律、行政法规的规定，在各自的职责范围内对有关行业、领域的安全生产工作实施监督管理；县级以上地方各级人民政府有关部门依照本法和其他有关法律、法规的规定，在各自的职责范围内对有关行业、领域的安全生产工作实施监督管理。对新兴行业、领域的安全生产监督管理职责不明确的，由县级以上地方各级人民政府按照业务相近的原则确定监督管理部门。应急管理部门和对有关行业、领域的安全生产工作实施监督管理的部门，统称负有安全生产监督管理职责的部门。负有安全生产监督管理职责的部门应当相互配合、齐抓共管、信息共享、资源共用，依法加强安全生产监督管理工作（表11-3）。

建筑工程安全生产监督管理部门及职责　　　　　　　　　表 11-3

县级以上地方各级人民政府	根据本行政区域内的安全生产状况，组织有关部门按照职责分工，对本行政区域内容易发生重大生产安全事故的生产经营单位进行严格检查
	县级以上各级人民政府及其有关部门对报告重大事故隐患或者举报安全生产违法行为的有功人员，给予奖励
应急管理部门	按照分类分级监督管理的要求，制定安全生产年度监督检查计划，并按照年度监督检查计划进行监督检查，发现事故隐患，应当及时处理
负有安全生产监督管理职责的部门	严格依照有关法律、法规和国家标准或者行业标准规定的安全生产条件和程序对涉及安全生产的事项需要审查批准（包括批准、核准、许可、注册、认证、颁发证照等）或者验收进行审查； 　　对未依法取得批准或者验收合格的单位擅自从事有关活动的，负责行政审批的部门发现或者接到举报后应当立即予以取缔，并依法予以处理。对已经依法取得批准的单位，负责行政审批的部门发现其不再具备安全生产条件的，应当撤销原批准
	对存在重大事故隐患的生产经营单位作出停产停业、停止施工、停止使用相关设施或者设备的决定，生产经营单位拒不执行，有发生生产安全事故的现实危险的，在保证安全的前提下，经本部门主要负责人批准，负有安全生产监督管理职责的部门可以采取通知有关单位停止供电、停止供应民用爆炸物品等措施，强制生产经营单位履行决定

续表

负有安全生产监督管理职责的部门	建立安全生产违法行为信息库，如实记录生产经营单位及其有关从业人员的安全生产违法行为信息；对违法行为情节严重的生产经营单位及其有关从业人员，应当及时向社会公告，并通报行业主管部门、投资主管部门、自然资源主管部门、生态环境主管部门、证券监督管理机构以及有关金融机构。 加强对生产经营单位行政处罚信息的及时归集、共享、应用和公开，对生产经营单位作出处罚决定后七个工作日内在监督管理部门公示系统予以公开曝光，强化对违法失信生产经营单位及其有关从业人员的社会监督，提高全社会安全生产诚信水平
	建立举报制度，公开举报电话、信箱或者电子邮件地址等网络举报平台，受理有关安全生产的举报
应急管理部门和其他负有安全生产监督管理职责的部门	依法开展安全生产行政执法工作，对生产经营单位执行有关安全生产的法律、法规和国家标准或者行业标准的情况进行监督检查，行使以下职权：（1）进入生产经营单位进行检查，调阅有关资料，向有关单位和人员了解情况；（2）对检查中发现的安全生产违法行为，当场予以纠正或者要求限期改正；对依法应当给予行政处罚的行为，依照本法和其他有关法律、行政法规的规定作出行政处罚决定；（3）对检查中发现的事故隐患，应当责令立即排除；重大事故隐患排除前或者排除过程中无法保证安全的，应当责令从危险区域内撤出作业人员，责令暂时停产停业或者停止使用相关设施、设备；重大事故隐患排除后，经审查同意，方可恢复生产经营和使用；（4）对有根据认为不符合保障安全生产的国家标准或者行业标准的设施、设备、器材以及违法生产、储存、使用、经营、运输的危险物品予以查封或者扣押，对违法生产、储存、使用、经营危险物品的作业场所予以查封，并依法作出处理决定

2. 生产经营单位主体责任与政府监管责任

《安全生产法》规定，强化和落实生产经营单位的主体责任与政府监管责任。生产经营单位是生产经营活动的主体，也是安全生产工作责任的直接承担主体。生产经营单位安全生产主体责任，是指生产经营单位依照法律、法规规定，应当履行的安全生产法定职责和义务。生产经营单位承担的安全生产主体责任，是指生产经营单位在生产经营活动全过程中必须按照本法和有关法律法规的规定履行义务、承担责任。比如应当按要求设置安全生产管理机构或者配备安全生产管理人员，保障安全生产条件所需的资金投入，对从业人员进行安全生产教育和培训，建设工程项目的安全设施必须与主体工程同时设计、同时施工、同时投入生产和使用，等等。生产经营单位既是社会经济活动中的建设者又是受益者，是安全生产中不容置疑的责任主体，在社会生产中负有不可推卸的社会责任。生产经营单位必须认识到安全生产是坚持科学发展理念的内在要求，也是生产经营单位生存与发展的必然选择。增强安全生产主体责任，实现安全生产，是生产经营单位追求利益最大化的最终目的，是实现物质利益和社会效益的最佳结合。强化和落实生产经营单位的主体责任，是保障经济社会协调发展的必然要求，是实现企业可持续发展的客观要求。

政府监管责任是与生产经营单位主体责任联系十分紧密的责任。按照"三个必须"和谁主管谁负责的原则，政府有关部门对安全生产负有监督管理的职责。应急管理部门负责安全生产法规标准和政策规划制定修订、执法监督、事故调查处理、应急救援管理、统计分析、宣传教育培训等综合性工作，承担职责范围内行业领域安全生产监管执法职责。负有安全生产监督管理职责的有关部门依法依规履行相关行业领域安全生产监管职责，强化监管执法，严厉查处违法违规行为。其他行业领域主管部门负有安全生产管理责任，要将安全生产工作作为行业领域管理的重要内容，从行业规划、产业政策、法规标准、行政许可等方面加强行业安全生产工作，指导督促企事业单位加强安全管理。

11.2.3 安全生产工作机制

《安全生产法》规定，安全生产工作要建立生产经营单位负责、职工参与、政府监管、行业自律和社会监督的机制。建立这一工作机制的主要目的，是形成安全生产齐抓共管的工作格局。

1. 生产经营单位负责

生产经营单位负责，就要求落实生产经营单位的安全生产主体责任，生产经营单位必须严格遵守和执行安全生产法律法规、规章制度与技术标准，依法依规加强安全生产，加大安全投入，健全安全管理机构，加强对从业人员的培训，保持安全设施设备的完好有效。

2. 职工参与

职工参与，就是通过安全生产教育，提高广大职工的自我保护意识和安全生产意识，职工有权对本单位的安全生产工作提出建议。对本单位安全生产工作中存在的问题，有权提出批评、检举和控告，有权拒绝违章指挥和强令冒险作业。要充分发挥工会、共青团、妇联组织的作用，依法维护和落实生产经营单位职工对安全生产的参与权与监督权，鼓励职工监督举报各类安全隐患，对举报者予以奖励。

3. 政府监管

政府监管，就是要切实履行监管部门安全生产管理和监督职责。健全完善安全生产综合监管与行业监管相结合的工作机制，强化应急管理部门对安全生产的综合监管，全面落实行业主管部门的专业监管、行业管理和指导职责。各部门要加强协作，形成监管合力，在各级政府统一领导下，严厉打击违法生产、经营等影响安全生产的行为，对拒不执行监管监察指令的生产经营单位，要依法依规从重处罚。

4. 行业自律

行业自律，主要是指行业协会等行业组织要自我约束。一方面各个行业要遵守国家法律、法规和政策，另一方面行业组织要通过行规行约制约本行业生产经营单位的行为。通过行业间的自律，促使相当一部分生产经营单位能从自身安全生产的需要和保护从业人员生命健康的角度出发，自觉开展安全生产工作，切实履行生产经营单位的法定职责和社会责任。

5. 社会监督

社会监督，就是要充分发挥社会监督的作用，任何单位和个人有权对违反安全生产的行为进行检举和控告。发挥新闻媒体的舆论监督作用。安全生产的社会监督主要包括社会组织的监督和社会公众的监督。

（1）社会组织的监督包括：①工会的监督。工会有权对建设项目的安全设施与主体工程同时设计、同时施工、同时投入生产和使用进行监督，提出意见。工会对生产经营单位违反安全生产法律、法规，侵犯从业人员合法权益的行为，有权要求纠正；发现生产经营单位违章指挥、强令冒险作业或者发现事故隐患时，有权提出解决的建议，生产经营单位应当及时研究答复；发现危及从业人员生命安全的情况时，有权向生产经营单位建议组织从业人员撤离危险场所，生产经营单位必须立即作出处理。工会有权依法参加事故调查，向有关部门提出处理意见，并要求追究有关人员的责任。②基层群众性自治组织的监督。居民委员会、村民委员会发现其所在区域内的生产经营单位存在事故隐患或者安全生产违法行为时，应当向当地人民政府或者有关部门报告。③新闻媒体的监督。新闻、出版、广播、电影、电视等单位有进行安全生产公益宣传教育的义务，有对违反安全生产法律、法规的行为进行舆论监督的权利。④社会中介机构的监督。承担安全评价、认证、检测、检验的中介机构，可通过其服务行为对相关安全生产事项实施监督管理。

（2）社会公众的监督主要是指，任何单位或者个人对事故隐患或者安全生产违法行为，均有权向负有安全生产监督管理职责的部门报告或者举报。因安全生产违法行为造成重大事故隐患或者导致重大事故，致使国家利益或者社会公共利益受到侵害的，人民检察院可以根据民事诉讼法、行政诉讼法的相关规定提起公益诉讼。县级以上各级人民政府及其有关部门对报告重大事故隐患或者举报安全生产违法行为的有功人员，给予奖励。负有安全生产监督管理职责的部门应当建立举报制度，公开举报电话、信箱或者电子邮件地址等网络举报平台，受理有关安全生产的举报。

11.2.4　生产经营单位对安全生产的监督管理

生产经营单位在日常的生产经营活动中，必须加强对安全生产的监督管理；对于存在较大危险因素的场地、设备及施工作业，更应依法进行重点检查、管理，以防生产安全事故的发生。对此，《安全生产法》作出了明确的规定。

1. 管理机构、人员

生产经营单位的全员安全生产责任制应当明确各岗位的责任人员、责任范围和考核标准等内容。生产经营单位应当建立相应的机制，加强对全员安全生产责任制落实情况的监督考核，保证全员安全生产责任制的落实。建筑施工等单位应当设置安全生产管理机构或者配备专职安全生产管理人员。

2. 检查及处理

生产经营单位的安全生产管理人员应当根据本单位的生产经营特点，对安全生产状况进行经常性检查。对检查中发现的安全问题，应立即处理；不能处理的，应及时报告本单位的有关负责人，检查及处理情况应记录在案。生产经营单位应当建立安全风险分级管控制度，按照安全风险分级采取相应的管控措施。

3. 相关义务

（1）教育、督促及告知义务。生产经营单位应教育和督促从业人员严格执行本单位的安全生产规章制度和安全操作规程；并向从业人员如实告知作业场所和工作岗位存在的危险因素、防范措施以及事故应急措施。

（2）警示义务。生产经营单位应当在有较大危险因素的生产经营场所和有关设施、设备上，设置明显的安全警示标志，以引起人们对危险因素的注意，预防生产安全事故的发生。

4. 管理措施

（1）危险作业的管理。生产经营单位进行爆破、吊装等危险作业，应安排专门人员进行现场安全管理，确保操作规程的遵守和安全措施的落实。

（2）重大危险源的管理。生产经营单位对危险物品大量聚集的重大危险源应当登记建档，进行定期检测、评估、监控，并制定应急预案，告知从业人员和相关人员在紧急情况下应当采取的应急措施。

（3）设备的管理。生产经营单位不得使用国家明令淘汰、禁止使用的危及生产安全的工艺、设备；对使用的安全设备必须进行经常性维护、保养，并定期检测，以保证正常运转。维护、保养、检测应当作好记录，并由有关人员签字。

（4）特种设备及危险物品的管理。生产经营单位使用的涉及生命安全、危险性较大的特种设备（如锅炉、压力容器、电梯、起重机械等）以及危险物品（如易燃易爆品、危险化学品等）的容器、运输工具，必须是按照国家有关规定，由专业生产单位生产，并且必须经具有专业资质的检测、检验机构检测，检测合格，取得安全使用证或安全标志后，方可投入使用。

11.3　建设工程安全生产许可证制度

《安全生产许可证条例》中规定，国家对矿山企业、建筑施工企业和危险化学品、烟花爆竹、民用爆炸物品生产企业（以下统称企业）实行安全生产许可制度。企业未取得安全生产许可证的，不得从事生产活动。

《建筑施工企业安全生产许可证管理规定》中规定，本规定所称建筑施工企业，是指从事土木工程、建筑工程、线路管道和设备安装工程及装修工程的新建、扩建、改建和拆除等有关活动的企业。建筑施工企业未取得安全生产许可证的，不得从事建筑施工活动。

《住房和城乡建设部办公厅关于建筑施工企业安全生产许可证等证书电子化的意见》（建办质函〔2019〕375号）规定，各省级住房和城乡建设主管部门可根据工作需要，对相关证书实行电子化管理作出明确规定，其他地区住房和城乡建设主管部门对依法核发的电子证书应予认可。

11.3.1　申请领取安全生产许可证的条件

《建筑施工企业安全生产许可证管理规定》规定，建筑施工企业取得安全生产许可证，应当具备下列安全生产条件：①建立、健全安全生产责任制，制定完备的安全生产规章制度和操作规程；②保证本单位安全生产条件所需资金的投入；③设置安全生产管理机构，按照国家有关规定配备专职安全生产管理人员；④主要负责人、项目负责人、专职安全生产管理人员经建设主管部门或者其他有关部门考核合格；⑤特种作业人员经有关业务主管部门考核合格，取得特种作业操作资格证书；⑥管理人员和作业人员每年至少进行1次安全生产教育培训并考核合格；⑦依法参加工伤保险，依法为施工现场从事危险作业的人员办理意外伤害保险，为从业人员交纳保险费；⑧施工现场的办公、生活区及作业场所和安全防护用具、机械设备、施工机具及配件符合有关安全生产法律、法规、标准和规程的要求；⑨有职业危害防治措施，并为作业人员配备符合国家标准或者行业标准的安全防护用具和安全防护服装；⑩有对危险性较大的分部分项工程及施工现场易发生重大事故的部位、环节的预防、监控措施和应急预案；⑪有生产安全事故应急救援预案、应急救援组织或者应急救援人员，配备必要的应急救援器材、设备；⑫法律、法规规定的其他条件。

11.3.2　安全生产许可证的申请

《安全生产许可证条例》规定，省、自治区、直辖市人民政府建设主管部门负责建筑施工企业安全生产许可证的颁发和管理，并接受国务院建设主管部门的指导和监督。《建筑施工企业安全生产许可证管理规定》进一步明确，建筑施工企业从事建筑施工活动前，应当依照本规定向企业注册所在地省、自治区、直辖市人民政府住房城乡建设主管部门申请领取安全生产许可证。

建筑施工企业申请安全生产许可证时，应当向住房城乡建设主管部门提供下列材料：①建筑施工企业安全生产许可证申请表；②企业法人营业执照；③与申请安全生产许可证应当具备的安全生产条件相关的文件、材料。建筑施工企业申请安全生产许可证，应当对申请材料实质内容的真实性负责，不得隐瞒有关情况或者提供虚假材料。

建设主管部门应当自受理建筑施工企业的申请之日起 45 日内审查完毕；经审查符合安全生产条件的，颁发安全生产许可证；不符合安全生产条件的，不予颁发安全生产许可证，书面通知企业并说明理由。企业自接到通知之日起应当进行整改，整改合格后方可再次提出申请。建设主管部门审查建筑施工企业安全生产许可证申请，涉及铁路、交通、水利等有关专业工程时，可以征求铁路、交通、水利等有关部门的意见。

11.3.3　安全生产许可证的政府监管

1. 安全生产许可证的有效期

安全生产许可证的有效期为 3 年。安全生产许可证有效期满需要延期的，企业应当于期满前 3 个月向原安全生产许可证颁发管理机关办理延期手续。企业在安全生产许可证有效期内，严格遵守有关安全生产的法律法规，未发生死亡事故的，安全生产许可证有效期届满时，经原安全生产许可证颁发管理机关同意，不再审查，安全生产许可证有效期延期 3 年。

2. 安全生产许可证的变更

建筑施工企业变更名称、地址、法定代表人等，应当在变更后 10 日内，到原安全生产许可证颁发管理机关办理安全生产许可证变更手续。建筑施工企业破产、倒闭、撤销的，应当将安全生产许可证交回原安全生产许可证颁发管理机关予以注销。建筑施工企业遗失安全生产许可证，应当立即向原安全生产许可证颁发管理机关报告，并在公众媒体上声明作废后，方可申请补办。安全生产许可证申请表采用原建设部规定的统一式样。安全生产许可证采用国务院安全生产监督管理部门规定的统一式样。安全生产许可证分正本和副本，正、副本具有同等法律效力。《住房和城乡建设部关于取消部分部门规章和规范性文件设定的证明事项的决定》（建法规〔2019〕6 号）中规定，建筑施工企业安全生产许可证遗失补办，由申请人告知资质许可机关，由资质许可机关在官网发布信息。

3. 安全生产许可证的暂扣、吊销和撤销

未取得安全生产许可证的，不得从事建筑施工活动。住房城乡建设主管部门在审核发放施工许可证时，应当对已经确定的建筑施工企业是否有安全生产许可证进行审查，对没有取得安全生产许可证的，不得颁发施工许可证。安全生产许可证颁发管理机关发现企业不再具备安全生产条件的，应当暂扣或者吊销安全生产许可证。企业不得转让、冒用安全生产许可证或者使用伪造的安全生产许可证。

建筑施工企业取得安全生产许可证后，不得降低安全生产条件，并应当加强日常安全生产管理，接受建设主管部门的监督检查。安全生产许可证颁发管理机关发现企业不再具备安全生产条件的，应当暂扣或者吊销安全生产许可证。取得安全生产许可证的建筑施工企业，发生重大安全事故的，暂扣安全生产许可证并限期整改。建筑施工企业不再具备安

全生产条件的，暂扣安全生产许可证并限期整改；情节严重的，吊销安全生产许可证。

安全生产许可证颁发管理机关或者其上级行政机关发现有下列情形之一的，可以撤销已经颁发的安全生产许可证：①安全生产许可证颁发管理机关工作人员滥用职权、玩忽职守颁发安全生产许可证的；②超越法定职权颁发安全生产许可证的；③违反法定程序颁发安全生产许可证的；④对不具备安全生产条件的建筑施工企业颁发安全生产许可证的；⑤依法可以撤销已经颁发的安全生产许可证的其他情形。

11.3.4　安全生产许可证违法行为应承担的主要法律责任

1. 未取得安全生产许可证擅自从事施工活动应承担的法律责任

未取得安全生产许可证擅自进行生产的，责令停止生产，没收违法所得，并处 10 万元以上 50 万元以下的罚款；造成重大事故或者其他严重后果，构成犯罪的，依法追究刑事责任。

建筑施工企业未取得安全生产许可证擅自从事建筑施工活动的，责令其在建项目停止施工，没收违法所得，并处 10 万元以上 50 万元以下的罚款；造成重大安全事故或者其他严重后果，构成犯罪的，依法追究刑事责任。

2. 安全生产许可证有效期满未办理延期手续继续从事施工活动应承担的法律责任

安全生产许可证有效期满未办理延期手续，继续进行生产的，责令停止生产，限期补办延期手续，没收违法所得，并处 5 万元以上 10 万元以下的罚款；逾期仍不办理延期手续，继续进行生产的，依照未取得安全生产许可证擅自进行生产的规定处罚。

安全生产许可证有效期满未办理延期手续，继续从事建筑施工活动的，责令其在建项目停止施工，限期补办延期手续，没收违法所得，并处 5 万元以上 10 万元以下的罚款；逾期仍不办理延期手续，继续从事建筑施工活动的，依照未取得安全生产许可证擅自从事建筑施工活动的规定处罚。

3. 转让安全生产许可证等应承担的法律责任

转让安全生产许可证的，没收违法所得，处 10 万元以上 50 万元以下的罚款，并吊销其安全生产许可证；构成犯罪的，依法追究刑事责任；接受转让的，依照未取得安全生产许可证擅自进行生产的规定处罚。冒用安全生产许可证或者使用伪造的安全生产许可证的，依照未取得安全生产许可证擅自进行生产的规定处罚。

建筑施工企业转让安全生产许可证的，没收违法所得，处 10 万元以上 50 万元以下的罚款，并吊销安全生产许可证；构成犯罪的，依法追究刑事责任；接受转让的，依照未取得安全生产许可证擅自从事建筑施工活动的规定处罚。冒用安全生产许可证或者使用伪造的安全生产许可证的，依照未取得安全生产许可证擅自从事建筑施工活动的规定处罚。

4. 以不正当手段取得安全生产许可证应承担的法律责任

建筑施工企业隐瞒有关情况或者提供虚假材料申请安全生产许可证的，不予受理或者不予颁发安全生产许可证，并给予警告，1 年内不得申请安全生产许可证。建筑施工企业以欺骗、贿赂等不正当手段取得安全生产许可证的，撤销安全生产许可证，3 年内不得再次申请安全生产许可证；构成犯罪的，依法追究刑事责任。

5. 暂扣安全生产许可证并限期整改的规定

取得安全生产许可证的建筑施工企业，发生重大安全事故的，暂扣安全生产许可证并限期整改。建筑施工企业不再具备安全生产条件的，暂扣安全生产许可证并限期整改；情节严重的，吊销安全生产许可证。

11.4　建设单位和相关单位的安全生产责任制度

为了加强建设工程安全生产监督管理，保障人民群众生命和财产安全，在我国境内从事建设工程的新建、扩建、改建和拆除等有关活动，建设单位、勘察单位、设计单位、施工单位、工程监理单位及其他与建设工程安全生产有关的单位，必须遵守安全生产法律、法规的规定，保证建设工程安全生产，依法承担建设工程安全生产责任。

11.4.1　建设单位的安全责任

1. 向施工单位提供资料的责任

建设单位应当向建筑施工企业提供与施工现场相关的地下管线资料，建筑施工企业应当采取措施加以保护。建设单位应当向施工单位提供施工现场及毗邻区域内供水、排水、供电、供气、供热、通信、广播电视等地下管线资料，气象和水文观测资料，相邻建筑物和构筑物、地下工程的有关资料，并保证资料的真实、准确、完整。建设单位因建设工程需要，向有关部门或者单位查询前款规定的资料时，有关部门或者单位应当及时提供。

2. 不得向有关单位提出影响安全生产的违法要求

建设单位不得对勘察、设计、施工、工程监理等单位提出不符合建设工程安全生产法律、法规和强制性标准规定的要求，不得压缩合同约定的工期。

3. 建设单位应当保证安全生产投入

建设单位应当提供建设工程安全生产作业环境及安全施工措施所需的费用。生产经营单位应当具备的安全生产条件所必需的资金投入，由生产经营单位的决策机构、主要负责人或者个人经营的投资人予以保证，并对由于安全生产所必需的资金投入不足导致的后果承担责任。建设单位在编制工程概算时，应当确定建设工程安全作业环境及安全施工措施所需费用。

4. 不得明示或暗示施工单位使用不符合安全施工要求的物资

建设单位不得明示或者暗示施工单位购买、租赁、使用不符合安全施工要求的安全防护用具、机械设备、施工机具及配件、消防设施和器材。

5. 办理施工许可证或开工报告时应当报送安全施工措施

建设单位在申请领取施工许可证时，应当提供建设工程有关安全施工措施的资料。依法批准开工报告的建设工程，建设单位应当自开工报告批准之日起 15 日内，将保证安全施工的措施报送建设工程所在地的县级以上人民政府建设行政主管部门或者其他有关部门备案。

6. 应当将拆除工程发包给具有相应资质的施工单位

涉及建筑主体和承重结构变动的装修工程，建设单位应当在施工前委托原设计单位或者具有相应资质条件的设计单位提出设计方案；没有设计方案的，不得施工。建设单位应当将拆除工程发包给具有相应资质等级的施工单位。建设单位应当在拆除工程施工 15 日前，将下列资料报送建设工程所在地的县级以上地方人民政府建设行政主管部门或者其他有关部门备案：①施工单位资质等级证明；②拟拆除建筑物、构筑物及可能危及毗邻建筑的说明；③拆除施工组织方案；④堆放、清除废弃物的措施。实施爆破作业的，应当遵守国家有关民用爆炸物品管理的规定。

7. 办理特殊作业申请批准手续的责任

有下列情形之一的，建设单位应当按照国家有关规定办理申请批准手续：①需要临时占用规划批准范围以外场地的；②可能损坏道路、管线、电力、邮电通讯等公共设施的；③需要临时停水、停电、中断道路交通的；④需要进行爆破作业的；⑤法律、法规规定需要办理报批手续的其他情形。例如实施爆破作业的，还应当遵守国家有关民用爆炸物品管理的规定。根据《民用爆炸物品管理条例》规定，使用爆破器材的单位，必须经上级主管部门审查同意，并持说明使用爆破器材的地点、品名、数量、用途、四邻距离的文件和安全操作规程，向所在地县、市公安局申请领取《爆炸物品使用许可证》，方准使用。根据《民用爆炸物品管理条例》规定，进行大型爆破作业，或在城镇与其他居民聚居的地方、风景名胜区和重要工程设施附近进行控制爆破作业，施工单位必须事先将爆破作业方案报县、市以上主管部门批准，并征得所在地县、市公安局同意，方准爆破作业。

8. 建设单位违法行为应承担的法律责任

建设单位未提供建设工程安全生产作业环境及安全施工措施所需费用的，责令限期改正；逾期未改正的，责令该建设工程停止施工。建设单位未将保证安全施工的措施或者拆除工程的有关资料报送有关部门备案的，责令限期改正，给予警告。

建设单位有下列行为之一的，责令限期改正，处 20 万元以上 50 万元以下的罚款；造成重大安全事故，构成犯罪的，对直接责任人员，依照刑法有关规定追究刑事责任；造成损失的，依法承担赔偿责任：①对勘察、设计、施工、工程监理等单位提出不符合安全生产法律、法规和强制性标准规定的要求的；②要求施工单位压缩合同约定的工期的；③将拆除工程发包给不具有相应资质等级的施工单位的。

11.4.2 勘察、设计单位的安全责任

1. 勘察单位的安全责任

勘察单位的安全责任建设工程勘察是工程建设的基础性工作。建设工程勘察文件，是建设工程项目规划、选址和设计的重要依据，其勘察成果是否科学、准确，对建设工程安全生产具有重要影响。《建设工程安全生产管理条例》规定，勘察单位应当按照法律、法规和工程建设强制性标准进行勘察，提供的勘察文件应当真实、准确，满足建设工程安全生产的需要。勘察单位在勘察作业时，应当严格执行操作规程，采取措施保证各类管线、设施和周边建筑物、构筑物的安全。勘察单位的安全责任包括：

（1）确保勘察文件的质量，以保证后续工作安全的责任。勘察单位应当按照法律、法规和工程建设强制性标准进行勘察，提供的勘察文件应当真实、准确，满足建设工程安全生产的需要。

（2）科学勘察，以保证周边建筑物安全的责任。勘察单位在勘察作业时，应当严格按照操作规程，采取措施保证各类管线、设施和周边建筑物、构筑物的安全。

2. 设计单位的安全责任

工程设计是工程建设的灵魂。在建设工程项目确定后，工程设计便成为工程建设中最重要、最关键的环节，对安全施工有着重要影响。《建筑法》对设计单位的安全责任有明确规定："建筑工程设计应符合按照国家规定制定的建筑安全规程和技术规范，保证工程的安全性能。"根据《建设工程安全生产管理条例》规定，设计单位的安全责任包括：

（1）按照法律、法规和工程建设强制性标准进行设计。设计单位应当按照法律、法规和工程建设强制性标准进行设计，防止因设计不合理导致生产安全事故的发生。

（2）提出防范生产安全事故的指导意见和措施建议。设计单位应当考虑施工安全操作和防护的需要，对涉及施工安全的重点部位和环节在设计文件中注明，并对防范生产安全事故提出指导意见。采用新结构、新材料、新工艺的建设工程和特殊结构的建设工程，设计单位应当在设计中提出保障施工作业人员安全和预防生产安全事故的措施建议。

（3）对设计成果承担责任。设计单位和注册建筑师等注册执业人员应当对其设计负责。

3. 勘察、设计单位应承担的法律责任

《建设工程安全生产管理条例》规定，勘察单位、设计单位有下列行为之一的，责令限期改正，处 10 万元以上 30 万元以下的罚款；情节严重的，责令停业整顿，降低资质等级，直至吊销资质证书；造成重大安全事故，构成犯罪的，对直接责任人员，依照刑法有关规定追究刑事责任；造成损失的，依法承担赔偿责任：①未按照法律、法规和工程建设强制性标准进行勘察、设计的；②采用新结构、新材料、新工艺的建设工程和特殊结构的建设工程，设计单位未在设计中提出保障施工作业人员安全和预防生产安全事故的措施建议的。

注册执业人员未执行法律、法规和工程建设强制性标准的，责令停止执业 3 个月以上 1 年以下；情节严重的，吊销执业资格证书，5 年内不予注册；造成重大安全事故的，终身不予注册；构成犯罪的，依照刑法有关规定追究刑事责任。

11.4.3　工程监理单位的安全责任

工程监理是监理单位受建设单位的委托，依照法律、法规和建设工程监理规范的规定，对工程建设实施的监督管理。

1. 对安全技术措施或专项施工方案进行审查

工程监理单位应当审查施工组织设计中的安全技术措施或者专项施工方案是否符合工程建设强制性标准。施工组织设计中应当包括安全技术措施和施工现场临时用电方案，对基坑支护与降水工程、土方开挖工程、模板工程、起重吊装工程、脚手架工程、拆除、爆破工程等达到一定规模的危险性较大的分部分项工程，还应当编制专项施工方案。工程监理单位要对这些安全技术措施和专项施工方案进行审查，重点审查是否符合工程建设强制性标准；对于达不到强制性标准的，应当要求施工单位进行补充和完善。

2. 依法对施工安全事故隐患进行处理

工程监理单位在实施监理过程中，发现存在安全事故隐患的，应当要求施工单位整改；情况严重的，应当要求施工单位暂时停止施工，并及时报告建设单位。施工单位拒不整改或者不停止施工的，工程监理单位应当及时向有关主管部门报告。

3. 承担建设工程安全生产的监理责任

工程监理单位和监理工程师应当按照法律、法规和工程建设强制性标准实施监理，并对建设工程安全生产承担监理责任。工程监理单位有下列行为之一的，责令限期改正；逾期未改正的，责令停业整顿，并处 10 万元以上 30 万元以下的罚款；情节严重的，降低资质等级，直至吊销资质证书；造成重大安全事故，构成犯罪的，对直接责任人员，依照刑法有关规定追究刑事责任；造成损失的，依法承担赔偿责任：①未对施工组织设计中的安全技术措施或者专项施工方案进行审查的；②发现安全事故隐患未及时要求施工单位整改或者暂时停止施工的；③施工单位拒不整改或者不停止施工，未及时向有关主管部门报告的；④未依照法律、法规和工程建设强制性标准实施监理的。

11.4.4 检验检测单位的安全责任

《安全生产法》规定，承担安全评价、认证、检测、检验职责的机构应当具备国家规定的资质条件，并对其作出的安全评价、认证、检测、检验结果的合法性、真实性负责。承担安全评价、认证、检测、检验职责的机构应当建立并实施服务公开和报告公开制度，不得租借资质、挂靠、出具虚假报告。

《建设工程安全生产管理条例》规定，检验检测机构对检测合格的施工起重机械和整体提升脚手架、模板等自升式架设设施，应当出具安全合格证明文件，并对检测结果负责。《安全生产法》规定，承担安全评价、认证、检测、检验的机构应当具备国家规定的资质条件，并对其作出的安全评价、认证、检测、检验的结果负责。

《特种设备安全法》规定，……起重机械……的安装、改造、重大修理过程，应当经特种设备检验机构按照安全技术规范的要求进行监督检验；未经监督检验或者监督检验不合格的，不得出厂或者交付使用。特种设备检验、检测机构的检验、检测人员应当经考核，取得检验、检测人员资格，方可从事检验、检测工作。特种设备检验、检测机构的检验、检测人员不得同时在两个以上检验、检测机构中执业；变更执业机构的，应当依法办理变更手续。特种设备检验、检测机构及其检验、检测人员应当依法为特种设备生产、经营、使用单位提供安全、可靠、便捷、诚信的检验、检测服务。特种设备检验、检测机构及其检验、检测人员应当客观、公正、及时地出具检验、检测报告，并对检验、检测结果和鉴定结论负责。特种设备检验、检测机构及其检验、检测人员在检验、检测中发现特种设备存在严重事故隐患时，应当及时告知相关单位，并立即向负责特种设备安全监督管理的部门报告。负责特种设备安全监督管理的部门应当组织对特种设备检验、检测机构的检验、检测结果和鉴定结论进行监督抽查，但应当防止重复抽查。监督抽查结果应当向社会公布。特种设备生产、经营、使用单位应当按照安全技术规范的要求向特种设备检验、检测机构及其检验、检测人员提供特种设备相关资料和必要的检验、检测条件，并对资料的真实性负责。特种设备检验、检测机构及其检验、检测人员对检验、检测过程中知悉的商业秘密，负有保密义务。特种设备检验、检测机构及其检验、检测人员不得从事有关设备的生产、经营活动，不得推荐或者监制、监销特种设备。特种设备检验机构及其检验人员利用检验工作故意刁难特种设备生产、经营、使用单位的，特种设备生产、经营、使用单位有权向负责特种设备安全监督管理的部门投诉，接到投诉的部门应当及时进行调查处理。

11.4.5 出租机械设备和施工机具及配件单位的安全责任

《建设工程安全生产管理条例》规定，为建设工程提供机械设备和配件的单位，应当按照安全施工的要求配备齐全有效的保险、限位等安全设施和装置。《建设工程安全生产管理条例》规定，出租的机械设备和施工机具及配件，应当具有生产（制造）许可证、产品合格证。出租单位应当对出租的机械设备和施工机具及配件的安全性能进行检测，在签订租赁协议时，应当出具检测合格证明。禁止出租检测不合格的机械设备和施工机具及配件。

2008年1月建设部发布的《建筑起重机械安全监督管理规定》规定，出租单位出租的建筑起重机械和使用单位购置、租赁、使用的建筑起重机械应当具有特种设备制造许可证、产品合格证、制造监督检验证明。出租单位在建筑起重机械首次出租前，自购建筑起重机械的使用单位在建筑起重机械首次安装前，应当持建筑起重机械特种设备制造许可证、产品合格证和制造监督检验证明到本单位工商注册所在地县级以上地方人民政府建设主管部门办理备案。出租单位应当在签订的建筑起重机械租赁合同中，明确租赁双方的安全责任，并出具建筑起重机械特种设备制造许可证、产品合格证、制造监督检验证明、备案证明和自检合格证明，提交安装使用说明书。有下列情形之一的建筑起重机械，不得出租、使用：①属国家明令淘汰或者禁止使用的；②超过安全技术标准或者制造厂家规定的使用年限的；③经检验达不到安全技术标准规定的；④没有完整安全技术档案的；⑤没有齐全有效的安全保护装置的。建筑起重机械有以上第①、②、③项情形之一的，出租单位或者自购建筑起重机械的使用单位应当予以报废，并向原备案机关办理注销手续。从事建筑起重机械安装、拆卸活动的单位应当依法取得建设主管部门颁发的相应资质和建筑施工企业安全生产许可证，并在其资质许可范围内承揽建筑起重机械安装、拆卸工程。

11.4.6　施工起重机械和自升式架设设施安装、拆卸单位的安全责任

建筑起重机械，是指纳入特种设备目录，在房屋建筑工地和市政工程工地安装、拆卸、使用的起重机械，如塔式起重机、物料提升机等。自升式架设设施，是指通过自有装置可将自身升高的架设设施，如整体提升脚手架等。

1. 安装、拆卸施工起重机械和自升式架设设施必须具备相应的资质

《建设工程安全生产管理条例》规定，在施工现场安装、拆卸施工起重机械和整体提升脚手架、模板等自升式架设设施，必须由具有相应资质的单位承担。按照《建筑业企业资质管理规定》和《建筑业企业资质标准》的规定，从事施工起重机械、附着升降脚手架等安拆活动的单位，应当按照资质条件申请资质，经审查合格并取得专业承包资质证书后，方可在资质许可的范围内从事其安装、拆卸活动。

2. 编制安装、拆卸方案和现场监督

《建设工程安全生产管理条例》规定，安装、拆卸施工起重机械和整体提升脚手架、模板等自升式架设设施，应当编制拆装方案、制定安全施工措施，并由专业技术人员现场监督。《建筑起重机械安全监督管理规定》进一步规定，建筑起重机械使用单位和安装单位应当在签订的建筑起重机械安装、拆卸合同中明确双方的安全生产责任。实行施工总承包的，施工总承包单位应当与安装单位签订建筑起重机械安装、拆卸工程安全协议书。安装单位应当履行下列安全职责：①按照安全技术标准及建筑起重机械性能要求，编制建筑起重机械安装、拆卸工程专项施工方案，并由本单位技术负责人签字；②按照安全技术标准及安装使用说明书等检查建筑起重机械及现场施工条件；③组织安全施工技术交底并签字确认；④制定建筑起重机械安装、拆卸工程生产安全事故应急救援预案；⑤将建筑起重机械安装、拆卸工程专项施工方案，安装、拆卸人员名单，安装、拆卸时间等材料报施工总承包单位和监理单位审核后，告知工程所在地县级以上地方人民政府建设主管部门。安装单位应当按照建筑起重机械安装、拆卸工程专项施工方案及安全操作规程组织安装、拆卸作业。安装单位的专业技术人员、专职安全生产管理人员应当进行现场监督，技术负责人应当定期巡查。

3. 出具自检合格证明、进行安全使用说明、办理验收手续的责任

《建设工程安全生产管理条例》规定，施工起重机械和整体提升脚手架、模板等自升式架设设施安装完毕后，安装单位应当自检，出具自检合格证明，并向施工单位进行安全使用说明，办理验收手续并签字。

《建筑起重机械安全监督管理规定》进一步规定，建筑起重机械安装完毕后，安装单位应当按照安全技术标准及安装使用说明书的有关要求对建筑起重机械进行自检、调试和试运转。自检合格的，应当出具自检合格证明，并向使用单位进行安全使用说明。建筑起重机械安装完毕后，使用单位应当组织出租、安装、监理等有关单位进行验收，或者委托具有相应资质的检验检测机构进行验收。建筑起重机械经验收合格后方可投入使用，未经验收或者验收不合格的不得使用。实行施工总承包的，由施工总承包单位组织验收。

4. 依法对施工起重机械和自升式架设设施进行检测

《建设工程安全生产管理条例》规定，施工起重机械和整体提升脚手架、模板等自升式架设设施的使用达到国家规定的检验检测期限的，必须经具有专业资质的检验检测机构检测。经检测不合格的，不得继续使用。

11.5 施工单位的安全生产责任制度

施工单位是工程建设活动中的重要主体之一，在施工安全中居于核心地位，是绝大部分生产安全事故的直接责任方。《安全生产法》规定，生产经营单位必须遵守本法和其他有关安全生产的法律、法规，加强安全生产管理，建立健全全员安全生产责任制和安全生产规章制度，加大对安全生产资金、物资、技术、人员的投入保障力度，改善安全生产条件，加强安全生产标准化、信息化建设，构建安全风险分级管控和隐患排查治理双重预防机制，健全风险防范化解机制，提高安全生产水平，确保安全生产。《建筑法》还规定，建筑施工企业必须依法加强对建筑安全生产的管理，执行安全生产责任制度，采取有效措施，防止伤亡和其他安全生产事故的发生。《建设工程安全生产管理条例》对施工单位的市场准入、施工单位的安全生产行为规范和安全生产条件以及施工单位主要负责人、项目负责人、安全管理人员和作业人员的安全责任，作出了明确的规定。

11.5.1 施工单位应当具备相应的资质

《安全生产法》《建设工程安全生产管理条例》对施工单位的资质作出了规定，施工单位从事建设工程的新建、扩建、改建和拆除等活动，应当具备国家规定的注册资本、专业技术人员、技术装备和安全生产等条件，依法取得相应等级的资质证书，并在其资质等级许可的范围内承揽工程。

11.5.2 施工单位相关负责人员的安全责任

施工单位主要负责人和项目负责人的安全素质直接关系到施工安全，必须将其应负的施工安全责任法律化。《住房和城乡建设部 应急管理部关于加强建筑施工安全事故责任企业人员处罚的意见》（建质规〔2019〕9号）规定，建筑施工企业主要负责人、项目负责人和专职安全生产管理人员等必须具备相应的安全生产知识和管理能力。对没有履行安全生产职责、造成生产安全事故特别是较大及以上事故发生的建筑施工企业有关责任人员，住房和城乡建设主管部门要依法暂停或撤销其与安全生产相关执业资格、岗位证书，并依

法实施职业禁入；构成犯罪的，依法追究刑事责任。

1. 施工单位主要负责人的安全责任

（1）施工单位主要负责人的安全责任

《安全生产法》规定，生产经营单位的主要负责人对本单位安全生产工作负有下列职责：①建立健全并落实本单位全员安全生产责任制，加强安全生产标准化建设；②组织制定并实施本单位安全生产规章制度和操作规程；③组织制定并实施本单位安全生产教育和培训计划；④保证本单位安全生产投入的有效实施；⑤组织建立并落实安全风险分级管控和隐患排查治理双重预防工作机制，督促、检查本单位的安全生产工作，及时消除生产安全事故隐患；⑥组织制定并实施本单位的生产安全事故应急救援预案；⑦及时、如实报告生产安全事故。

《建筑法》规定，建筑施工企业的法定代表人对本企业的安全生产负责。《建设工程安全生产管理条例》规定，施工单位主要负责人依法对本单位的安全生产工作全面负责。施工单位应当建立、健全安全生产责任制和安全教育培训制度，制定安全生产规章制度和操作规程，保证本单位安全生产条件所需资金的投入，对所承担的建设工程进行定期和专项安全检查，并做好安全检查记录。

《建筑施工企业主要负责人、项目负责人和专职安全生产管理人员安全生产管理规定》（住房和城乡建设部令第 17 号）中规定，主要负责人应当与项目负责人签订安全生产责任书，确定项目安全生产考核目标、奖惩措施，以及企业为项目提供的安全管理和技术保障措施。工程项目实行总承包的，总承包企业应当与分包企业签订安全生产协议，明确双方安全生产责任。《住房和城乡建设部关于印发建筑施工企业主要负责人 项目负责人和专职安全生产管理人员安全生产管理规定实施意见的通知》（建质〔2015〕206 号）中规定，企业主要负责人包括法定代表人、总经理（总裁）、分管安全生产的副总经理（副总裁）、分管生产经营的副总经理（副总裁）、技术负责人、安全总监等。

2016 年 12 月 9 日，《中共中央 国务院关于推进安全生产领域改革发展的意见》中指出，企业实行全员安全生产责任制度，法定代表人和实际控制人同为安全生产第一责任人，主要技术负责人负有安全生产技术决策和指挥权，强化部门安全生产职责，落实一岗双责。

（2）施工单位项目负责人的安全责任

施工单位的项目负责人作为生产经营单位主要负责人，应当对建设工程项目的安全生产负责。项目负责人在施工活动中占有非常重要的地位，代表施工企业法定代表人对项目组织实施中劳动力的调配、资金的使用、建筑材料的购进等行使决策权。因此，施工单位的项目负责人应当对建设工程项目施工安全负全面责任，是项目安全生产的第一责任人。为了加强对项目负责人安全资格的管理，明确其安全生产职责，《建设工程安全生产管理条例》规定，施工单位的项目负责人应当由取得相应执业资格的人员担任，对建设工程项目的安全施工负责，落实安全生产责任制度、安全生产规章制度和操作规程，确保安全生产费用的有效使用，并根据工程的特点组织制定安全施工措施，消除安全事故隐患，及时、如实报告生产安全事故。

原人事部、原建设部《建造师执业资格制度暂行规定》（人发〔2002〕111 号）中规定，建造师经注册后，有权以建造师名义担任建设工程项目施工的项目经理及从事其他施工活动的管理。《建筑施工企业主要负责人、项目负责人和专职安全生产管理人员安全生产管理规定》中规定，项目负责人对本项目安全生产管理全面负责，应当建立项目安全生产管理体系，明确项目管理人员安全职责，落实安全生产管理制度，确保项目安全生产费用有效使用。项目负责人应当按规定实施项目安全生产管理，监控危险性较大分部分项工程，及时排查处理施工现场安全事故隐患，隐患排查处理情况应当记入项目安全管理档案；发生事故时，应当按规定及时报告并开展现场救援。工程项目实行总承包的，总承包企业项目负责人应当定期考核分包企业安全生产管理情况。

2. 建筑施工企业负责人及项目负责人施工现场带班制度

（1）施工单位负责人施工现场带班制度

《国务院关于进一步加强企业安全生产工作的通知》（国发〔2010〕23 号）规定，强化生产过程管理的领导责任。企业主要负责人和领导班子成员要轮流现场带班。《建筑施工企业负责人及项目负责人施工现场带班暂行办法》（建质〔2011〕111 号）进一步规定，企业负责人带班检查是指由建筑施工企业负责人带队实施对工程项目质量安全生产状况及项目负责人带班生产情况的检查。建筑施工企业负责人，是指企业的法定代表人、总经理、主管质量安全和生产工作的副总经理、总工程师和副总工程师。建筑施工企业法定代表人是落实企业负责人及项目负责人施工现场带班制度的第一责任人，对落实带班制度全面负责。建筑施工企业负责人要定期带班检查，每月检查时间不少于其工作日的 25%。建筑施工企业负责人带班检查时，应认真做好检查记录，并分别在企业和工程项目存档备查。工程项目进行超过一定规模的危险性较大的分部分项工程施工时，建筑施工企业负责人应到施工现场进行带班检查。工程项目出现险情或发现重大隐患时，建筑施工企业负责人应到施工现场带班检查，督促工程项目进行整改，及时消除险情和隐患。对于有分公司（非独立法人）的企业集团，集团负责人因故不能到现场的，可书面委托工程所在地的分公司负责人对施工现场进行带班检查。

（2）施工单位项目负责人施工现场带班制度

《建筑施工企业负责人及项目负责人施工现场带班暂行办法》规定，项目负责人是工程项目质量安全管理的第一责任人，应对工程项目落实带班制度负责。项目负责人带班生产是指项目负责人在施工现场组织协调工程项目的质量安全生产活动。项目负责人在同一时期只能承担一个工程项目的管理工作。项目负责人带班生产时，要全面掌握工程项目质量安全生产状况，加强对重点部位、关键环节的控制，及时消除隐患。要认真做好带班生产记录并签字存档备查。项目负责人每月带班生产时间不得少于本月施工时间的 80%。因其他事务需离开施工现场时，应向工程项目的建设单位请假，经批准后方可离开。离开期间应委托项目相关负责人负责其外出时的日常工作。

《住房城乡建设部办公厅关于进一步加强危险性较大的分部分项工程安全管理的通知》（建办质〔2017〕39 号）中规定，施工单位项目经理是危大工程安全管控第一责任人，必须在危大工程施工期间现场带班，超过一定规模的危大工程施工时，施工单位负责人应当带班检查。

3. 施工单位安全生产管理机构和专职安全生产管理人员的职责

《安全生产法》规定，矿山、金属冶炼、建筑施工、运输单位和危险物品的生产、经营、储存、装卸单位，应当设置安全生产管理机构或者配备专职安全生产管理人员。生产经营单位的安全生产管理机构以及安全生产管理人员履行下列职责：①组织或者参与拟订本单位安全生产规章制度、操作规程和生产安全事故应急救援预案；②组织或者参与本单位安全生产教育和培训，如实记录安全生产教育和培训情况；③组织开展危险源辨识和评估，督促落实本单位重大危险源的安全管理措施；④组织或者参与本单位应急救援演练；⑤检查本单位的安全生产状况，及时排查生产安全事故隐患，提出改进安全生产管理的建议；⑥制止和纠正违章指挥、强令冒险作业、违反操作规程的行为；⑦督促落实本单位安全生产整改措施。生产经营单位可以设置专职安全生产分管负责人，协助本单位主要负责人履行安全生产管理职责。

生产经营单位的安全生产管理机构以及安全生产管理人员应当恪尽职守，依法履行职责。生产经营单位作出涉及安全生产的经营决策，应当听取安全生产管理机构以及安全生产管理人员的意见。生产经营单位不得因安全生产管理人员依法履行职责而降低其工资、福利等待遇或者解除与其订立的劳动合同。生产经营单位的安全生产管理人员应当根据本单位的生产经营特点，对安全生产状况进行经常性检查；对检查中发现的安全问题，应当立即处理；不能处理的，应当及时报告本单位有关负责人，有关负责人应当及时处理。检查及处理情况应当如实记录在案。生产经营单位的安全生产管理人员在检查中发现重大事故隐患，依照以上规定向本单位有关负责人报告，有关负责人不及时处理的，安全生产管理人员可以向主管的负有安全生产监督管理职责的部门报告，接到报告的部门应当依法及时处理。

《建设工程安全生产管理条例》还规定，施工单位应当设立安全生产管理机构，配备专职安全生产管理人员。专职安全生产管理人员负责对安全生产进行现场监督检查。发现安全事故隐患，应当及时向项目负责人和安全生产管理机构报告；对违章指挥、违章操作的，应当立即制止。

（1）建筑施工企业安全生产管理机构的职责

《建筑施工企业安全生产管理机构设置及专职安全生产管理人员配备办法》（建质〔2008〕91号）规定，建筑施工企业应当依法设置安全生产管理机构，在企业主要负责人的领导下开展本企业的安全生产管理工作。建筑施工企业安全生产管理机构具有以下职责：①宣传和贯彻国家有关安全生产法律法规和标准；②编制并适时更新安全生产管理制度并监督实施；③组织或参与企业生产安全事故应急救援预案的编制及演练；④组织开展安全教育培训与交流；⑤协调配备项目专职安全生产管理人员；⑥制订企业安全生产检查计划并组织实施；⑦监督在建项目安全生产费用的使用；⑧参与危险性较大工程安全专项施工方案专家论证会；⑨通报在建项目违规违章查处情况；⑩组织开展安全生产评优评先表彰工作；⑪建立企业在建项目安全生产管理档案；⑫考核评价分包企业安全生产业绩及项目安全生产管理情况；⑬参加生产安全事故的调查和处理工作；⑭企业明确的其他安全生产管理职责。

（2）建筑施工企业安全生产管理机构专职安全生产管理人员的职责

建筑施工企业安全生产管理机构专职安全生产管理人员在施工现场检查过程中具有以下职责：①查阅在建项目安全生产有关资料、核实有关情况；②检查危险性较大工程安全专项施工方案落实情况；③监督项目专职安全生产管理人员履责情况；④监督作业人员安全防护用品的配备及使用情况；⑤对发现的安全生产违章违规行为或安全隐患，有权当场予以纠正或作出处理决定；⑥对不符合安全生产条件的设施、设备、器材，有权当场作出查封的处理决定；⑦对施工现场存在的重大安全隐患有权越级报告或直接向建设主管部门报告；⑧企业明确的其他安全生产管理职责。

（3）建设工程项目专职安全生产管理人员的职责

建筑施工企业应当实行建设工程项目专职安全生产管理人员委派制度。建设工程项目的专职安全生产管理人员应当定期将项目安全生产管理情况报告企业安全生产管理机构。

项目专职安全生产管理人员具有以下主要职责：①负责施工现场安全生产日常检查并做好检查记录；②现场监督危险性较大工程安全专项施工方案实施情况；③对作业人员违规违章行为有权予以纠正或查处；④对施工现场存在的安全隐患有权责令立即整改；⑤对于发现的重大安全隐患，有权向企业安全生产管理机构报告；⑥依法报告生产安全事故情况。

（4）建设工程项目安全生产领导小组的职责

建筑施工企业应当在建设工程项目组建安全生产领导小组。建设工程实行施工总承包的，安全生产领导小组由总承包企业、专业承包企业和劳务分包企业项目经理、技术负责人和专职安全生产管理人员组成。

安全生产领导小组的主要职责：①贯彻落实国家有关安全生产法律法规和标准；②组织制定项目安全生产管理制度并监督实施；③编制项目生产安全事故应急救援预案并组织演练；④保证项目安全生产费用的有效使用；⑤组织编制危险性较大工程安全专项施工方案；⑥开展项目安全教育培训；⑦组织实施项目安全检查和隐患排查；⑧建立项目安全生产管理档案；⑨及时、如实报告安全生产事故。

（5）专职安全生产管理人员的配备要求

建筑施工企业安全生产管理机构专职安全生产管理人员的配备应满足下列要求，并应根据企业经营规模、设备管理和生产需要予以增加：①建筑施工总承包资质序列企业：特级资质不少于6人；一级资质不少于4人；二级和二级以下资质企业不少于3人。②建筑施工专业承包资质序列企业：一级资质不少于3人；二级和二级以下资质企业不少于2人。③建筑施工劳务分包资质序列企业：不少于2人。④建筑施工企业的分公司、区域公司等较大的分支机构应依据实际生产情况配备不少于2人的专职安全生产管理人员。

总承包单位配备项目专职安全生产管理人员应当满足下列要求：（1）建筑工程、装修工程按照建筑面积配备：①1万平方米以下的工程不少于1人；②1万～5万平方米的工程不少于2人；③5万平方米及以上的工程不少于3人，且按专业配备专职安全生产管理人员。（2）土木工程、线路管道、设备安装工程按照工程合同价配备：①5000万元以下的工程不少于1人；②5000万～1亿元的工程不少于2人；③1亿元及以上的工程不少于3人，且按专业配备专职安全生产管理人员。

分包单位配备项目专职安全生产管理人员应当满足下列要求：①专业承包单位应当配置至少1人，并根据所承担的分部分项工程的工程量和施工危险程度增加。②劳务分包单位施工人员在50人以下的，应当配备1名专职安全生产管理人员；50人～200人的，应当配备2名专职安全生产管理人员；200人及以上的，应当配备3名及以上专职安全生产管理人员，并根据所承担的分部分项工程施工危险实际情况增加，不得少于工程施工人员总人数的5‰。

采用新技术、新工艺、新材料或致害因素多、施工作业难度大的工程项目，项目专职安全生产管理人员的数量应当根据施工实际情况，在以上规定的配备标准上增加。施工作业班组可以设置兼职安全巡查员，对本班组的作业场所进行安全监督检查。建筑施工企业应当定期对兼职安全巡查员进行安全教育培训。

4. 施工作业人员安全生产的权利和义务

《安全生产法》规定，生产经营单位的从业人员有依法获得安全生产保障的权利，并应当依法履行安全生产方面的义务。生产经营单位与从业人员订立的劳动合同，应当载明有关保障从业人员劳动安全、防止职业危害的事项，以及依法为从业人员办理工伤保险的事项。生产经营单位不得以任何形式与从业人员订立协议，免除或者减轻其对从业人员因生产安全事故伤亡依法应承担的责任。《建筑法》规定，建筑施工企业和作业人员在施工过程中，应当遵守有关安全生产的法律、法规和建筑行业安全规章、规程，不得违背指挥或者违章作业。作业人员有权对影响人身健康的作业程序和作业条件提出改进意见，有权获得安全生产所需的防护用品。作业人员对危及生命安全和人身健康的行为有权提出批评、检举和控告。

(1) 施工作业人员安全生产的权利

按照《建筑法》《安全生产法》《建设工程安全生产管理条例》等法律、行政法规的规定，施工作业人员主要享有如下的安全生产权利：①知情权和建议权。《安全生产法》规定，生产经营单位的从业人员有权了解其作业场所和工作岗位存在的危险因素、防范措施及事故应急措施，有权对本单位的安全生产工作提出建议。《建筑法》规定，作业人员有权对影响人身健康的作业程序和作业条件提出改进意见。《建设工程安全生产管理条例》进一步规定，施工单位应当向作业人员提供安全防护用具和安全防护服装，并书面告知危险岗位的操作规程和违章操作的危害。②施工安全防护用品的获得权。《安全生产法》规定，生产经营单位必须为从业人员提供符合国家标准或者行业标准的劳动防护用品，并监督、教育从业人员按照使用规则佩戴、使用。《建筑法》规定，作业人员有权获得安全生产所需的防护用品。《建设工程安全生产管理条例》进一步规定，施工单位应当向作业人员提供安全防护用具和安全防护服装。③批评、检举、控告权及拒绝违章指挥权。《建筑法》规定，作业人员对危及生命安全和人身健康的行为有权提出批评、检举和控告。《建设工程安全生产管理条例》进一步规定，作业人员有权对施工现场的作业条件、作业程序和作业方式中存在的安全问题提出批评、检举和控告，有权拒绝违章指挥和强令冒险作业。《安全生产法》还规定，生产经营单位不得因从业人员对本单位安全生产工作提出批评、检举、控告或者拒绝违章指挥、强令冒险作业而降低其工资、福利等待遇或者解除与其订立的劳动合同。④紧急避险权。《安全生产法》规定，从业人员发现直接危及人身安全的紧急情况时，有权停止作业或者在采取可能的应急措施后撤离作业场所。生产经营单位不得因从业人员在上述紧急情况下停止作业或者采取紧急撤离措施而降低其工资、福利等待遇或者解除与其订立的劳动合同。《建设工程安全生产管理条例》也规定，在施工中发生危及人身安全的紧急情况时，作业人员有权立即停止作业或者在采取必要的应急措施后撤离危险区域。⑤获得工伤保险和意外伤害保险赔偿的权利。《建筑法》规定，建筑施工企业应当依法为职工参加工伤保险缴纳工伤保险费。鼓励企业为从事危险作业的职工办理意外伤害保险，支付保险费。⑥请求民事赔偿权。《安全生产法》规定，生产经营单位发生生产安全事故后，应当及时采取措施救治有关人员。因生产安全事故受到损害的从业人员，除依法享有工伤保险外，依照有关民事法律尚有获得赔偿的权利的，有权提出赔偿要求。

《安全生产法》规定，生产经营单位与从业人员订立的劳动合同，应当载明有关保障从业人员劳动安全、防止职业危害的事项，以及依法为从业人员办理工伤保险的事项。生产经营单位不得以任何形式与从业人员订立协议，免除或者减轻其对从业人员因生产安全事故伤亡依法应承担的责任。生产经营单位使用被派遣劳动者的，被派遣劳动者享有规定的从业人员的权利，并应当履行规定的从业人员的义务。

（2）施工作业人员安全生产的义务

按照《建筑法》《安全生产法》《建设工程安全生产管理条例》等法律、行政法规的规定，施工作业人员主要应当履行如下安全生产义务：①守法遵章和正确使用安全防护用具等的义务。《安全生产法》规定，从业人员在作业过程中，应当严格落实岗位安全责任，遵守本单位的安全生产规章制度和操作规程，服从管理，正确佩戴和使用劳动防护用品。《建筑法》规定，建筑施工企业和作业人员在施工过程中，应当遵守有关安全生产的法律、法规和建筑行业安全规章、规程，不得违章指挥或者违章作业。《建设工程安全生产管理条例》进一步规定，作业人员应当遵守安全施工的强制性标准、规章制度和操作规程，正确使用安全防护用具、机械设备等。②接受安全生产教育培训的义务。《安全生产法》规定，从业人员应当接受安全生产教育和培训，掌握本职工作所需的安全生产知识，提高安全生产技能，增强事故预防和应急处理能力。《建设工程安全生产管理条例》也规定，作业人员进入新的岗位或者新的施工现场前，应当接受安全生产教育培训。未经教育培训或者教育培训考核不合格的人员，不得上岗作业。劳务派遣单位要加强劳务派遣工基本安全知识培训，劳务使用单位要确保劳务派遣工与本企业职工接受同等安全培训。③施工安全事故隐患报告的义务。《安全生产法》规定，从业人员发现事故隐患或者其他不安全因素，应当立即向现场安全生产管理人员或者本单位负责人报告；接到报告的人员应当及时予以处理。生产经营单位使用被派遣劳动者的，被派遣劳动者应当履行本法规定的从业人员的义务。

11.5.3　施工总承包和分包单位的安全生产责任

《安全生产法》规定，两个以上生产经营单位在同一作业区域内进行生产经营活动，可能危及对方生产安全的，应当签订安全生产管理协议，明确各自的安全生产管理职责和应当采取的安全措施，并指定专职安全生产管理人员进行安全检查与协调。矿山、金属冶炼建设项目和用于生产、储存、装卸危险物品的建设项目的施工单位应当加强对施工项目的安全管理，不得倒卖、出租、出借、挂靠或者以其他形式非法转让施工资质，不得将其承包的全部建设工程转包给第三人或者将其承包的全部建设工程支解以后以分包的名义分别转包给第三人，不得将工程分包给不具备相应资质条件的单位。

1. 总承包单位应当承担的法定安全生产责任

施工现场安全由建筑施工企业负责。实行施工总承包的，由总承包单位负责。①分包合同应当明确总分包双方的安全生产责任。总承包单位依法将建设工程分包给其他单位的，分包合同中应当明确各自的安全生产方面的权利、义务。②统一组织编制建设工程生产安全应急救援预案。施工单位应当根据建设工程施工的特点、范围，对施工现场易发生重大事故的部位、环节进行监控，制定施工现场生产安全事故应急救援预案。实行施工总承包的，由总承包单位统一组织编制建设工程生产安全事故应急救援预案，工程总承包单位和分包单位按照应急救援预案，各自建立应急救援组织或者配备应急救援人员，配备救援器材、设备，并定期组织演练。③自行完成建设工程主体结构的施工和负责上报施工生产安全事故。总承包单位应当自行完成建设工程主体结构的施工。实行施工总承包的建设工程，由总承包单位负责上报事故。④承担连带责任。总承包单位和分包单位对分包工程的安全生产承担连带责任。

2. 分包单位应当承担的法定安全生产责任

《建筑法》规定，分包单位向总承包单位负责，服从总承包单位对施工现场的安全生产管理。《建设工程安全生产管理条例》进一步规定，分包单位应当服从总承包单位的安全生产管理，分包单位不服从管理导致生产安全事故的，由分包单位承担主要责任。

11.5.4　施工单位安全生产教育培训制度

《安全生产法》规定，生产经营单位应当对从业人员进行安全生产教育和培训，保证从业人员具备必要的安全生产知识，熟悉有关的安全生产规章制度和安全操作规程，掌握本岗位的安全操作技能，了解事故应急处理措施，知悉自身在安全生产方面的权利和义务。未经安全生产教育和培训合格的从业人员，不得上岗作业。《建筑法》规定，建筑施工企业应当建立健全劳动安全生产教育培训制度，加强对职工安全生产的教育培训；未经安全生产教育培训的人员，不得上岗作业。

1. 施工单位管理人员的培训考核

《安全生产法》规定，生产经营单位的主要负责人和安全生产管理人员必须具备与本单位所从事的生产经营活动相应的安全生产知识和管理能力。……建筑施工、运输单位的主要负责人和安全生产管理人员，应当由主管的负有安全生产监督管理职责的部门对其安全生产知识和管理能力考核合格。考核不得收费。《建设工程安全生产管理条例》则规定，施工单位的主要负责人、项目负责人、专职安全生产管理人员应当经建设行政主管部门或者其他部门考核合格后方可任职。施工单位应当对管理人员和作业人员每年至少进行一次安全生产教育培训，其教育培训情况记入个人工作档案。安全生产教育培训考核不合格的人员，不得上岗。

《建筑施工企业主要负责人、项目负责人和专职安全生产管理人员安全生产管理规定》还规定，企业主要负责人、项目负责人和专职安全生产管理人员合称为"安管人员"。"安管人员"应当通过其受聘企业，向企业工商注册地的省、自治区、直辖市人民政府住房城乡建设主管部门申请安全生产考核，并取得安全生产考核合格证书。安全生产考核合格证书有效期为 3 年，证书在全国范围内有效。建筑施工企业应当建立安全生产教育培训制度，制定年度培训计划，每年对"安管人员"进行培训和考核，考核不合格的，不得上岗。

2. 特种作业人员的培训考核

《安全生产法》规定，生产经营单位的特种作业人员必须按照国家有关规定经专门的安全作业培训，取得相应资格，方可上岗作业。《建设工程安全生产管理条例》进一步规定，垂直运输机械作业人员、安装拆卸工、爆破作业人员、起重信号工、登高架设作业人员等特种作业人员，必须按照国家有关规定经过专门的安全作业培训，并取得特种作业操作资格证书后，方可上岗作业。

《建筑施工特种作业人员管理规定》（建质〔2008〕75号）规定，建筑施工特种作业包括：①建筑电工；②建筑架子工；③建筑起重信号司索工；④建筑起重机械司机；⑤建筑起重机械安装拆卸工；⑥高处作业吊篮安装拆卸工；⑦经省级以上人民政府建设主管部门认定的其他特种作业。

3. 施工单位从业人员的安全生产教育培训

《安全生产法》规定，生产经营单位应当对从业人员进行安全生产教育和培训，保证从业人员具备必要的安全生产知识，熟悉有关的安全生产规章制度和安全操作规程，掌握本岗位的安全操作技能，了解事故应急处理措施，知悉自身在安全生产方面的权利和义务。未经安全生产教育和培训合格的从业人员，不得上岗作业。生产经营单位使用被派遣劳动者的，应当对被派遣劳动者进行岗位安全操作规程和安全操作技能的教育和培训。劳务派遣单位应当对被派遣劳动者进行必要的安全生产教育和培训。生产经营单位应当建立安全生产教育和培训档案，如实记录安全生产教育和培训的时间、内容、参加人员以及考核结果等情况。

《建设工程安全生产管理条例》还规定，施工单位应当对管理人员和作业人员每年至少进行一次安全生产教育培训，其教育培训情况记入个人工作档案。安全生产教育培训考核不合格的人员，不得上岗。

4. 进入新岗位或者新施工现场前的安全生产教育培训

《建设工程安全生产管理条例》规定，作业人员进入新的岗位或者新的施工现场前，应当接受安全生产教育培训。未经教育培训或者教育培训考核不合格的人员，不得上岗作业。

5. 采用新技术、新工艺、新设备、新材料前的安全生产教育培训

《安全生产法》规定，生产经营单位采用新工艺、新技术、新材料或者使用新设备，必须了解、掌握其安全技术特性，采取有效的安全防护措施，并对从业人员进行专门的安全生产教育和培训。《建设工程安全生产管理条例》规定，施工单位在采用新技术、新工艺、新设备、新材料时，应当对作业人员进行相应的安全生产教育培训。

11.5.5 施工单位安全生产费用的提取和使用管理

《安全生产法》规定，生产经营单位应当具备的安全生产条件所必需的资金投入，由生产经营单位的决策机构、主要负责人或者个人经营的投资人予以保证，并对由于安全生产所必需的资金投入不足导致的后果承担责任。有关生产经营单位应当按照规定提取和使用安全生产费用，专门用于改善安全生产条件。安全生产费用在成本中据实列支。《建设工程安全生产管理条例》进一步规定，施工单位对列入建设工程概算的安全作业环境及安全施工措施所需费用，应当用于施工安全防护用具及设施的采购和更新、安全施工措施的落实、安全生产条件的改善，不得挪作他用。

安全生产费用是指企业按照规定标准提取在成本中列支，专门用于完善和改进企业或者项目安全生产条件的资金。安全费用按照"企业提取、政府监管、确保需要、规范使用"的原则进行管理。

1. 施工单位安全费用的提取管理

《企业安全生产费用提取和使用管理办法》（财资〔2022〕136号）中规定，建设工程

施工企业以建筑安装工程造价为依据，于月末按工程进度计算提取企业安全生产费用。提取标准如下：①矿山工程 3.5%；②铁路工程、房屋建筑工程、城市轨道交通工程 3%；③水利水电工程、电力工程 2.5%；④冶炼工程、机电安装工程、化工石油工程、通信工程 2%；⑤市政公用工程、港口与航道工程、公路工程 1.5%。建设工程施工企业编制投标报价应当包含并单列企业安全生产费用，竞标时不得删减。

《建筑工程安全防护、文明施工措施费用及使用管理规定》（建办〔2005〕89 号）中规定，建筑工程安全防护、文明施工措施费用是由《建筑安装工程费用项目组成》中措施费所含的文明施工费、环境保护费、临时设施费、安全施工费组成。安全施工费由临边、洞口、交叉、高处作业安全防护费，危险性较大工程安全措施费及其他费用组成。

建设单位、设计单位在编制工程概（预）算时，应当依据工程所在地工程造价管理机构测定的相应费率，合理确定工程安全防护、文明施工措施费。依法进行工程招投标的项目，招标方或具有资质的中介机构编制招标文件时，应当按照有关规定并结合工程实际单独列出安全防护、文明施工措施项目清单。投标方应当根据现行标准规范，结合工程特点、工期进度和作业环境要求，在施工组织设计文件中制定相应的安全防护、文明施工措施，并按照招标文件要求结合自身的施工技术水平、管理水平对工程安全防护、文明施工措施项目单独报价。投标方安全防护、文明施工措施的报价，不得低于依据工程所在地工程造价管理机构测定费率计算所需费用总额的 90%。

建设单位与施工单位应当在施工合同中明确安全防护、文明施工措施项目总费用，以及费用预付、支付计划，使用要求、调整方式等条款。建设单位与施工单位在施工合同中对安全防护、文明施工措施费用预付、支付计划未作约定或约定不明的，合同工期在一年以内的，建设单位预付安全防护、文明施工措施项目费用不得低于该费用总额的 50%；合同工期在一年以上的（含一年），预付安全防护、文明施工措施费用不得低于该费用总额的 30%，其余费用应当按照施工进度支付。

《建筑安装工程费用项目组成》（建标〔2013〕44 号）中规定，安全文明施工费包括：①环境保护费：是指施工现场为达到环保部门要求所需要的各项费用。②文明施工费：是指施工现场文明施工所需要的各项费用。③安全施工费：是指施工现场安全施工所需要的各项费用。④临时设施费：是指施工企业为进行建设工程施工所必须搭设的生活和生产用的临时建筑物、构筑物和其他临时设施费用，包括临时设施的搭设、维修、拆除、清理费或摊销费等。

2. 施工单位安全费用的使用管理

《企业安全生产费用提取和使用管理办法》规定，建设工程施工企业安全生产费用应当用于以下支出：①完善、改造和维护安全防护设施设备支出（不含"三同时"要求初期投入的安全设施），包括施工现场临时用电系统、洞口或临边防护、高处作业或交叉作业防护、临时安全防护、支护及防治边坡滑坡、工程有害气体监测和通风、保障安全的机械设备、防火、防爆、防触电、防尘、防毒、防雷、防台风、防地质灾害等设施设备支出；②应急救援技术装备、设施配置及维护保养支出，事故逃生和紧急避难设施设备的配置和应急救援队伍建设、应急预案制修订与应急演练支出；③开展施工现场重大危险源检测、评估、监控支出，安全风险分级管控和事故隐患排查整改支出，工程项目安全生产信息化建设、运维和网络安全支出；④安全生产检查、评估评价（不含新建、改建、扩建项目安全评价）、咨询和标准化建设支出；⑤配备和更新现场作业人员安全防护用品支出；⑥安全生产宣传、教育、培训和从业人员发现并报告事故隐患的奖励支出；⑦安全生产适用的新技术、新标准、新工艺、新装备的推广应用支出；⑧安全设施及特种设备检测检验、检定校准支出；⑨安全生产责任保险支出；⑩与安全生产直接相关的其他支出。建设单位应当在合同中单独约定并于工程开工日一个月内向承包单位支付至少50%企业安全生产费用。总包单位应当在合同中单独约定并于分包工程开工日一个月内将至少50%企业安全生产费用直接支付分包单位并监督使用，分包单位不再重复提取。工程竣工决算后结余的企业安全生产费用，应当退回建设单位。

《建筑工程安全防护、文明施工措施费用及使用管理规定》中规定，实行工程总承包的，总承包单位依法将建筑工程分包给其他单位的，总承包单位与分包单位应当在分包合同中明确安全防护、文明施工措施费用由总承包单位统一管理。安全防护、文明施工措施由分包单位实施的，由分包单位提出专项安全防护措施及施工方案，经总承包单位批准后及时支付所需费用。建设单位应当按照本规定及合同约定及时向施工单位支付安全防护、文明施工措施费，并督促施工企业落实安全防护、文明施工措施。施工单位应当确保安全防护、文明施工措施费专款专用，在财务管理中单独列出安全防护、文明施工措施项目费用清单备查。施工单位安全生产管理机构和专职安全生产管理人员负责对建筑工程安全防护、文明施工措施的组织实施进行现场监督检查，并有权向建设主管部门反映情况。工程总承包单位对建筑工程安全防护、文明施工措施费用的使用负总责。总承包单位应当按照本规定及合同约定及时向分包单位支付安全防护、文明施工措施费用。总承包单位不按本规定和合同约定支付费用，造成分包单位不能及时落实安全防护措施导致发生事故的，由总承包单位负主要责任。

11.5.6 施工现场安全防护制度

1. 编制安全技术措施、临时用电方案和安全专项施工方案

（1）编制安全技术措施、临时用电方案

《建筑法》规定，建筑施工企业在编制施工组织设计时，应当根据建筑工程的特点制定相应的安全技术措施；对专业性较强的工程项目，应当编制专项安全施工组织设计，并采取安全技术措施。《建设工程安全生产管理条例》规定，施工单位应当在施工组织设计中编制安全技术措施和施工现场临时用电方案。

（2）安全专项施工方案的编制

《建设工程安全生产管理条例》规定，对下列达到一定规模的危险性较大的分部分项工程编制专项施工方案，并附具安全验算结果，经施工单位技术负责人、总监理工程师签字后实施，由专职安全生产管理人员进行现场监督：①基坑支护与降水工程；②土方开挖工程；③模板工程；④起重吊装工程；⑤脚手架工程；⑥拆除、爆破工程；⑦国务院建设行政主管部门或者其他有关部门规定的其他危险性较大的工程。对以上所列工程中涉及深基坑、地下暗挖工程、高大模板工程的专项施工方案，施工单位还应当组织专家进行论证、审查。

所谓危险性较大的分部分项工程（以下简称"危大工程"），是指房屋建筑和市政基础设施工程在施工过程中，容易导致人员群死群伤或者造成重大经济损失的分部分项工程。《危险性较大的分部分项工程安全管理规定》（住房和城乡建设部令第37号）规定，施工

单位应当在危大工程施工前组织工程技术人员编制专项施工方案。实行施工总承包的，专项施工方案应当由施工总承包单位组织编制。危大工程实行分包的，专项施工方案可以由相关专业分包单位组织编制。专项施工方案应当由施工单位技术负责人审核签字、加盖单位公章，并由总监理工程师审查签字、加盖执业印章后方可实施。危大工程实行分包并由分包单位编制专项施工方案的，专项施工方案应当由总承包单位技术负责人及分包单位技术负责人共同审核签字并加盖单位公章。对于超过一定规模的危大工程，施工单位应当组织召开专家论证会对专项施工方案进行论证。实行施工总承包的，由施工总承包单位组织召开专家论证会。专家论证前专项施工方案应当通过施工单位审核和总监理工程师审查。专家论证会后，应当形成论证报告，对专项施工方案提出通过、修改后通过或者不通过的一致意见。专家对论证报告负责并签字确认。专项施工方案经论证不通过的，施工单位修改后应当按照本规定的要求重新组织专家论证。

建设单位应当依法提供真实、准确、完整的工程地质、水文地质和工程周边环境等资料。建设单位应当组织勘察、设计等单位在施工招标文件中列出危大工程清单，要求施工单位在投标时补充完善危大工程清单并明确相应的安全管理措施。建设单位应当按照施工合同约定及时支付危大工程施工技术措施费以及相应的安全防护文明施工措施费，保障危大工程施工安全。施工单位应当在施工现场显著位置公告危大工程名称、施工时间和具体责任人员，并在危险区域设置安全警示标志。施工单位应当严格按照专项施工方案组织施工，不得擅自修改专项施工方案。因规划调整、设计变更等原因确需调整的，修改后的专项施工方案应当按照规定重新审核和论证。

2. 安全施工技术交底

安全技术交底，通常有施工工种安全技术交底、分部分项工程施工安全技术交底、大型特殊工程单项安全技术交底、设备安装工程技术交底以及采用新工艺、新技术、新材料施工的安全技术交底等。

《建设工程安全生产管理条例》规定，建设工程施工前，施工单位负责项目管理的技术人员应当对有关安全施工的技术要求向施工作业班组、作业人员作出详细说明，并由双方签字确认。《危险性较大的分部分项工程安全管理规定》中规定，专项施工方案实施前，编制人员或者项目技术负责人应当向施工现场管理人员进行方案交底。施工现场管理人员应当向作业人员进行安全技术交底，并由双方和项目专职安全生产管理人员共同签字确认。

3. 施工现场安全防范措施

《建筑法》规定，建筑施工企业应当在施工现场采取维护安全、防范危险、预防火灾等措施；有条件的，应当对施工现场实行封闭管理。施工现场对毗邻的建筑物、构筑物和特殊作业环境可能造成损害的，建筑施工企业应当采取安全防护措施。《国务院办公厅关于促进建筑业持续健康发展的意见》（国办发〔2017〕19 号）中规定，全面落实安全生产责任，加强施工现场安全防护，特别要强化对深基坑、高支模、起重机械等危险性较大的分部分项工程的管理，以及对不良地质地区重大工程项目的风险评估或论证。

（1）危险部位设置安全警示标志

《安全生产法》规定，生产经营单位应当在有较大危险因素的生产经营场所和有关设施、设备上，设置明显的安全警示标志。《建设工程安全生产管理条例》进一步规定，施工单位应当在施工现场入口处、施工起重机械、临时用电设施、脚手架、出入通道口、楼梯口、电梯井口、孔洞口、桥梁口、隧道口、基坑边沿、爆破物及有害危险气体和液体存放处等危险部位，设置明显的安全警示标志。安全警示标志必须符合国家标准。施工单位应当根据不同施工阶段和周围环境及季节、气候的变化，在施工现场采取相应的安全施工措施。施工现场暂时停止施工的，施工单位应当做好现场防护，所需费用由责任方承担，或者按照合同约定执行。

《安全生产法》规定，生产经营单位进行爆破、吊装、动火、临时用电以及国务院应急管理部门会同国务院有关部门规定的其他危险作业，应当安排专门人员进行现场安全管理，确保操作规程的遵守和安全措施的落实。《危险化学品安全管理条例》还规定，进行可能危及危险化学品管道安全的施工作业，施工单位应当在开工的7日前书面通知管道所属单位，并与管道所属单位共同制定应急预案，采取相应的安全防护措施。管道所属单位应当指派专门人员到现场进行管道安全保护指导。

（2）施工现场临时设施的安全卫生要求

《安全生产法》规定，生产经营场所和员工宿舍应当设有符合紧急疏散要求、标志明显、保持畅通的出口、疏散通道。禁止占用、锁闭、封堵生产经营场所或者员工宿舍的出口、疏散通道。

《建设工程安全生产管理条例》规定，施工单位应当将施工现场的办公、生活区与作业区分开设置，并保持安全距离；办公、生活区的选址应当符合安全性要求。职工的膳食、饮水、休息场所等应当符合卫生标准。施工单位不得在尚未竣工的建筑物内设置员工集体宿舍。施工现场临时搭建的建筑物应当符合安全使用要求。施工现场使用的装配式活动房屋应当具有产品合格证。《食品安全法》规定，学校、托幼机构、养老机构、建筑工地等集中用餐单位的食堂应当严格遵守法律、法规和食品安全标准；从供餐单位订餐的，应当从取得食品生产经营许可的企业订购，并按照要求对订购的食品进行查验。

（3）对施工现场周边的安全防护措施

《建设工程安全生产管理条例》规定，施工单位对因建设工程施工可能造成损害的毗邻建筑物、构筑物和地下管线等，应当采取专项防护措施。在城市市区内的建设工程，施工单位应当对施工现场实行封闭围挡。

4. 施工现场的环境保护

《建筑法》规定，施工单位应当遵守有关环境保护法律、法规的规定，在施工现场采取措施，防止或减少粉尘、废气、废水、固体废物、噪声、振动和施工照明对人和环境的危害和污染。《建设工程安全生产管理条例》规定，施工单位应当遵守有关环境保护法律、法规的规定，在施工现场采取措施，防止或者减少粉尘、废气、废水、固体废物、噪声、振动和施工照明对人和环境的危害和污染。

5. 安全防护设备、机械设备等的安全管理

《安全生产法》规定，生产经营单位必须对安全设备进行经常性维护、保养，并定期检测，保证正常运转。维护、保养、检测应当作好记录，并由有关人员签字。生产经营单位不得关闭、破坏直接关系生产安全的监控、报警、防护、救生设备、设施，或者篡改、隐瞒、销毁其相关数据、信息。

《建设工程安全生产管理条例》规定，施工单位采购、租赁的安全防护用具、机械设

备、施工机具及配件，应当具有生产（制造）许可证、产品合格证，并在进入施工现场前进行查验。施工现场的安全防护用具、机械设备、施工机具及配件必须由专人管理，定期进行检查、维修和保养，建立相应的资料档案，并按照国家有关规定及时报废。施工单位在使用施工起重机械和整体提升脚手架、模板等自升式架设设施前，应当组织有关单位进行验收，也可以委托具有相应资质的检验检测机构进行验收；使用承租的机械设备和施工机具及配件的，由施工总承包单位、分包单位、出租单位和安装单位共同进行验收。验收合格的方可使用。

《特种设备安全监察条例》规定的施工起重机械，在验收前应当经有相应资质的检验检测机构监督检验合格。施工单位应当自施工起重机械和整体提升脚手架、模板等自升式架设设施验收合格之日起 30 日内，向建设行政主管部门或者其他有关部门登记。登记标志应当置于或者附着于该设备的显著位置。

11.5.7　施工现场的消防安全制度

1. 施工单位消防安全责任人和消防安全职责

《国务院关于加强和改进消防工作的意见》（国发〔2011〕46 号）中规定，机关、团体、企业事业单位法定代表人是本单位消防安全第一责任人。2019 年 4 月经修订后公布的《消防法》规定，机关、团体、企业、事业等单位应当履行下列消防安全职责：①落实消防安全责任制，制定本单位的消防安全制度、消防安全操作规程，制定灭火和应急疏散预案；②按照国家标准、行业标准配置消防设施、器材，设置消防安全标志，并定期组织检验、维修，确保完好有效；③对建筑消防设施每年至少进行一次全面检测，确保完好有效，检测记录应当完整准确，存档备查；④保障疏散通道、安全出口、消防车通道畅通，保证防火防烟分区、防火间距符合消防技术标准；⑤组织防火检查，及时消除火灾隐患；⑥组织进行有针对性的消防演练；⑦法律、法规规定的其他消防安全职责。单位的主要负责人是本单位的消防安全责任人。

重点工程的施工现场多定为消防安全重点单位，按照《消防法》的规定，除应当履行所有单位都应当履行的职责外，还应当履行下列消防安全职责：①确定消防安全管理人，组织实施本单位的消防安全管理工作；②建立消防档案，确定消防安全重点部位，设置防火标志，实行严格管理；③实行每日防火巡查，并建立巡查记录；④对职工进行岗前消防安全培训，定期组织消防安全培训和消防演练。

《建设工程安全生产管理条例》还规定，施工单位应当在施工现场建立消防安全责任制度，确定消防安全责任人，制定用火、用电、使用易燃易爆材料等各项消防安全管理制度和操作规程，设置消防通道、消防水源，配备消防设施和灭火器材，并在施工现场入口处设置明显标志。建设工程的建设、设计、施工和监理等单位应当遵守消防法律、法规、规章和工程建设消防技术标准，在工程设计使用年限内对工程的消防设计、施工质量承担终身责任。

2. 施工单位消防安全自我评估和防火检查

《国务院关于加强和改进消防工作的意见》中指出，要建立消防安全自我评估机制，消防安全重点单位每季度、其他单位每半年自行或委托有资质的机构对本单位进行一次消防安全检查评估，做到安全自查、隐患自除、责任自负。《关于进一步加强建设工程施工现场消防安全工作的通知》中规定，施工单位应及时纠正违章操作行为，及时发现火灾隐患并采取防范、整改措施。国家、省级等重点工程的施工现场应当进行每日防火巡查，其他施工现场也应根据需要组织防火巡查。

3. 建设工程消防施工的质量和安全责任

《消防法》规定，建设工程的消防设计、施工必须符合国家工程建设消防技术标准。建设、设计、施工、工程监理等单位依法对建设工程的消防设计、施工质量负责。

特殊建设工程未经消防设计审查或者审查不合格的，建设单位、施工单位不得施工；其他建设工程，建设单位未提供满足施工需要的消防设计图纸及技术资料的，有关部门不得发放施工许可证或者批准开工报告。因施工等特殊情况需要使用明火作业的，应当按照规定事先办理审批手续，采取相应的消防安全措施；作业人员应当遵守消防安全规定。进行电焊、气焊等具有火灾危险作业的人员和自动消防系统的操作人员，必须持证上岗，并遵守消防安全操作规程。

4. 施工单位的消防安全教育培训和消防演练

《国务院关于加强和改进消防工作的意见》指出，要加强对单位消防安全责任人、消防安全管理人、消防控制室操作人员和消防设计、施工、监理人员及保安、电（气）焊工、消防技术服务机构从业人员的消防安全培训。

2009 年 5 月公安部、住房和城乡建设部等 9 部委发布的《社会消防安全教育培训规定》中规定，在建工程的施工单位应当开展下列消防安全教育工作：①建设工程施工前应当对施工人员进行消防安全教育；②在建设工地醒目位置、施工人员集中住宿场所设置消防安全宣传栏，悬挂消防安全挂图和消防安全警示标识；③对明火作业人员进行经常性的消防安全教育；④组织灭火和应急疏散演练。

11.5.8 生物安全风险防控

《生物安全法》规定，有关单位和个人应当配合做好生物安全风险防控和应急处置等工作。任何单位和个人不得编造、散布虚假的生物安全信息。县级以上人民政府有关部门应当依法开展生物安全监督检查工作，被检查单位和个人应当配合，如实说明情况，提供资料，不得拒绝、阻挠。任何单位和个人发现传染病、动植物疫病的，应当及时向医疗机构、有关专业机构或者部门报告。依法应当报告的，任何单位和个人不得瞒报、谎报、缓报、漏报，不得授意他人瞒报、谎报、缓报，不得阻碍他人报告。

重大新发突发传染病，是指我国境内首次出现或者已经宣布消灭再次发生，或者突然发生，造成或者可能造成公众健康和生命安全严重损害，引起社会恐慌，影响社会稳定的传染病。重大新发突发动物疫情，是指我国境内首次发生或者已经宣布消灭的动物疫病再次发生，或者发病率、死亡率较高的潜伏动物疫病突然发生并迅速传播，给养殖业生产安全造成严重威胁、危害，以及可能对公众健康和生命安全造成危害的情形。

《房屋建筑和市政基础设施工程施工现场新冠肺炎疫情常态化防控工作指南》（建办质函〔2020〕489 号）规定，建设单位是工程项目疫情常态化防控总牵头单位，负责施工现场疫情常态化防控工作指挥、协调和保障等事项。施工总承包单位负责施工现场疫情常态化防控各项工作组织实施。监理单位负责审查施工现场疫情常态化防控工作方案，开展检查并提出建议。建设、施工、监理项目负责人是本单位工程项目疫情常态化防控和质量安全的第一责任人。因疫情常态化防控发生的防疫费用，可计入工程造价。

11.5.9　生产安全事故隐患排查治理制度

《安全生产法》规定，生产经营单位应当建立安全风险分级管控制度，按照安全风险分级采取相应的管控措施。生产经营单位应当建立健全并落实生产安全事故隐患排查治理制度，采取技术、管理措施，及时发现并消除事故隐患。事故隐患排查治理情况应当如实记录，并通过职工大会或者职工代表大会、信息公示栏等方式向从业人员通报。其中，重大事故隐患排查治理情况应当及时向负有安全生产监督管理职责的部门和职工大会或者职工代表大会报告。县级以上地方各级人民政府负有安全生产监督管理职责的部门应当将重大事故隐患纳入相关信息系统，建立健全重大事故隐患治理督办制度，督促生产经营单位消除重大事故隐患。

《房屋市政工程生产安全重大隐患排查治理挂牌督办暂行办法》（建质〔2011〕158号）进一步规定，重大隐患是指在房屋建筑和市政工程施工过程中，存在的危害程度较大、可能导致群死群伤或造成重大经济损失的生产安全隐患。建筑施工企业是房屋市政工程生产安全重大隐患排查治理的责任主体，应当建立健全重大隐患排查治理工作制度，并落实到每一个工程项目。企业及工程项目的主要负责人对重大隐患排查治理工作全面负责。建筑施工企业应当定期组织安全生产管理人员、工程技术人员和其他相关人员排查每一个工程项目的重大隐患，特别是对深基坑、高支模、地铁隧道等技术难度大、风险大的重要工程应重点定期排查。对排查出的重大隐患，应及时实施治理消除，并将相关情况进行登记存档。

建筑施工企业应及时将工程项目重大隐患排查治理的有关情况向建设单位报告。建设单位应积极协调勘察、设计、施工、监理、监测等单位，并在资金、人员等方面积极配合做好重大隐患排查治理工作。住房城乡建设主管部门接到工程项目重大隐患举报，应立即组织核实，属实的由工程所在地住房城乡建设主管部门及时向承建工程的建筑施工企业下达《房屋市政工程生产安全重大隐患治理挂牌督办通知书》，并公开有关信息，接受社会监督。承建工程的建筑施工企业接到《房屋市政工程生产安全重大隐患治理挂牌督办通知书》后，应立即组织治理。确认重大隐患消除后，向工程所在地住房城乡建设主管部门报送治理报告，并提请解除督办。工程所在地住房城乡建设主管部门收到建筑施工企业提出的重大隐患解除督办申请后，应当立即进行现场审查。审查合格的，依照规定解除督办。审查不合格的，继续实施挂牌督办。

11.6　建设工程生产安全事故的应急救援与调查处理

11.6.1　生产安全事故应急救援预案

《安全生产法》规定，生产经营单位应当制定本单位生产安全事故应急救援预案，与所在地县级以上地方人民政府组织制定的生产安全事故应急救援预案相衔接，并定期组织演练。《建设工程安全生产管理条例》规定，施工单位应当制定本单位生产安全事故应急救援预案，建立应急救援组织或者配备应急救援人员，配备必要的应急救援器材、设备，并定期组织演练。《生产安全事故应急条例》规定，生产经营单位应当加强生产安全事故应急工作，建立、健全生产安全事故应急工作责任制，其主要负责人对本单位的生产安全事故应急工作全面负责。

1. 施工生产安全事故应急救援预案的编制

《安全生产法》规定，生产经营单位对重大危险源应当登记建档，进行定期检测、评估、监控，并制定应急预案，告知从业人员和相关人员在紧急情况下应当采取的应急措施。生产经营单位应当按照规定将本单位重大危险源及有关安全措施、应急措施报有关地方人民政府应急管理部门和有关部门备案。有关地方人民政府应急管理部门和有关部门应当通过相关信息系统实现信息共享。《建设工程安全生产管理条例》规定，施工单位应当根据建设工程施工的特点、范围，对施工现场易发生重大事故的部位、环节进行监控，制定施工现场生产安全事故应急救援预案。《生产安全事故应急条例》规定，生产经营单位应当针对本单位可能发生的生产安全事故的特点和危害，进行风险辨识和评估，制定相应的生产安全事故应急救援预案，并向本单位从业人员公布。生产安全事故应急救援预案应当符合有关法律、法规、规章和标准的规定，具有科学性、针对性和可操作性，明确规定应急组织体系、职责分工以及应急救援程序和措施。

《生产安全事故应急预案管理办法》规定，生产经营单位应急预案分为综合应急预案、专项应急预案和现场处置方案。综合应急预案，是指生产经营单位为应对各种生产安全事故而制定的综合性工作方案，是本单位应对生产安全事故的总体工作程序、措施和应急预案体系的总纲。专项应急预案，是指生产经营单位为应对某一种或者多种类型生产安全事故，或者针对重要生产设施、重大危险源、重大活动防止生产安全事故而制定的专项性工作方案。现场处置方案，是指生产经营单位根据不同生产安全事故类型，针对具体场所、装置或者设施所制定的应急处置措施。综合应急预案应当规定应急组织机构及其职责、应急预案体系、事故风险描述、预警及信息报告、应急响应、保障措施、应急预案管理等内容。专项应急预案应当规定应急指挥机构与职责、处置程序和措施等内容。现场处置方案应当规定应急工作职责、应急处置措施和注意事项等内容。生产经营单位应当在编制应急预案的基础上，针对工作场所、岗位的特点，编制简明、实用、有效的应急处置卡。应急处置卡应当规定重点岗位、人员的应急处置程序和措施，以及相关联络人员和联系方式，便于从业人员携带。

2. 应急准备

（1）生产安全事故应急救援预案的修订

有下列情形之一的，生产安全事故应急救援预案制定单位应当及时修订相关预案：①制定预案所依据的法律、法规、规章、标准发生重大变化；②应急指挥机构及其职责发生调整；③安全生产面临的风险发生重大变化；④重要应急资源发生重大变化；⑤在预案演练或者应急救援中发现需要修订预案的重大问题；⑥其他应当修订的情形。

（2）应急救援协议与应急救援队伍

建筑施工单位应当建立应急救援队伍；其中，小型企业或者微型建筑施工单位，可以不建立应急救援队伍，但应当指定兼职的应急救援人员，并且可以与邻近的应急救援队伍签订应急救援协议。工业园区、开发区等产业聚集区域内的建筑施工单位，可以联合建立应急救援队伍。应急救援队伍的应急救援人员应当具备必要的专业知识、技能、身体素质和心理素质。应急救援队伍建立单位或者兼职应急救援人员所在单位应当按照国家有关规定对应急救援人员进行培训；应急救援人员经培训合格后，方可参加应急救援工作。应急救援队伍应当配备必要的应急救援装备和物资，并定期组织训练。建筑施工单位应当及时将本单位应急救援队伍建立情况按照国家有关规定报送县级以上人民政府负有安全生产监督管理职责的部门，并依法向社会公布。

建筑施工单位应当至少每半年组织 1 次生产安全事故应急救援预案演练，并将演练情况报送所在地县级以上地方人民政府负有安全生产监督管理职责的部门。建筑施工单位应当根据本单位可能发生的生产安全事故的特点和危害，配备必要的灭火、排水、通风以及危险物品稀释、掩埋、收集等应急救援器材、设备和物资，并进行经常性维护、保养，保证正常运转。

（3）应急值班制度

建筑施工单位应当建立应急值班制度，配备应急值班人员。规模较大、危险性较高的易燃易爆物品、危险化学品等危险物品的生产、经营、储存、运输单位应当成立应急处置技术组，实行 24 小时应急值班。

（4）应急教育和培训

建筑施工单位应当对从业人员进行应急教育和培训，保证从业人员具备必要的应急知识，掌握风险防范技能和事故应急措施。建筑施工单位可以通过生产安全事故应急救援信息系统办理生产安全事故应急救援预案备案手续，报送应急救援预案演练情况和应急救援队伍建设情况；但依法需要保密的除外。

3. 应急救援

发生生产安全事故后，生产经营单位应当立即启动生产安全事故应急救援预案，采取下列一项或者多项应急救援措施，并按照国家有关规定报告事故情况：①迅速控制危险源，组织抢救遇险人员；②根据事故危害程度，组织现场人员撤离或者采取可能的应急措施后撤离；③及时通知可能受到事故影响的单位和人员；④采取必要措施，防止事故危害扩大和次生、衍生灾害发生；⑤根据需要请求邻近的应急救援队伍参加救援，并向参加救援的应急救援队伍提供相关技术资料、信息和处置方法；⑥维护事故现场秩序，保护事故现场和相关证据；⑦法律、法规规定的其他应急救援措施。

有关地方人民政府及其部门接到生产安全事故报告后，应当按照国家有关规定上报事故情况，启动相应的生产安全事故应急救援预案，并按照应急救援预案的规定采取下列一项或者多项应急救援措施：①组织抢救遇险人员，救治受伤人员，研判事故发展趋势以及可能造成的危害；②通知可能受到事故影响的单位和人员，隔离事故现场，划定警戒区域，疏散受到威胁的人员，实施交通管制；③采取必要措施，防止事故危害扩大和次生、衍生灾害发生，避免或者减少事故对环境造成的危害；④依法发布调用和征用应急资源的决定；⑤依法向应急救援队伍下达救援命令；⑥维护事故现场秩序，组织安抚遇险人员和遇险遇难人员亲属；⑦依法发布有关事故情况和应急救援工作的信息；⑧法律、法规规定的其他应急救援措施。有关地方人民政府不能有效控制生产安全事故的，应当及时向上级人民政府报告。上级人民政府应当及时采取措施，统一指挥应急救援。

应急救援队伍接到有关人民政府及其部门的救援命令或者签有应急救援协议的生产经营单位的救援请求后，应当立即参加生产安全事故应急救援。应急救援队伍根据救援命令参加生产安全事故应急救援所耗费用，由事故责任单位承担；事故责任单位无力承担的，由有关人民政府协调解决。

发生生产安全事故后，有关人民政府认为有必要的，可以设立由本级人民政府及其有关部门负责人、应急救援专家、应急救援队伍负责人、事故发生单位负责人等人员组成的应急救援现场指挥部，并指定现场指挥部总指挥。现场指挥部实行总指挥负责制，按照本级人民政府的授权组织制定并实施生产安全事故现场应急救援方案，协调、指挥有关单位和个人参加现场应急救援。参加生产安全事故现场应急救援的单位和个人应当服从现场指挥部的统一指挥。在生产安全事故应急救援过程中，发现可能直接危及应急救援人员生命安全的紧急情况时，现场指挥部或者统一指挥应急救援的人民政府应当立即采取相应措施消除隐患，降低或者化解风险，必要时可以暂时撤离应急救援人员。

生产安全事故发生地人民政府应当为应急救援人员提供必需的后勤保障，并组织通信、交通运输、医疗卫生、气象、水文、地质、电力、供水等单位协助应急救援。现场指挥部或者统一指挥生产安全事故应急救援的人民政府及其有关部门应当完整、准确地记录应急救援的重要事项，妥善保存相关原始资料和证据。生产安全事故的威胁和危害得到控制或者消除后，有关人民政府应当决定停止执行依照本条例和有关法律、法规采取的全部或者部分应急救援措施。

4. 施工总分包单位的职责分工

《建设工程安全生产管理条例》规定，实行施工总承包的，由总承包单位统一组织编制建设工程生产安全事故应急救援预案，工程总承包单位和分包单位按照应急救援预案，各自建立应急救援组织或者配备应急救援人员，配备救援器材、设备，并定期组织演练。

11.6.2　生产安全事故的等级划分

《安全生产法》规定，生产安全一般事故、较大事故、重大事故、特别重大事故的划分标准由国务院规定。

《生产安全事故报告和调查处理条例》规定，根据生产安全事故（以下简称事故）造成的人员伤亡或者直接经济损失，事故一般分为以下等级：①特别重大事故，是指造成30人以上死亡，或者100人以上重伤（包括急性工业中毒，下同），或者1亿元以上直接经济损失的事故；②重大事故，是指造成10人以上30人以下死亡，或者50人以上100人以下重伤，或者5000万元以上1亿元以下直接经济损失的事故；③较大事故，是指造成3人以上10人以下死亡，或者10人以上50人以下重伤，或者1000万元以上5000万元以下直接经济损失的事故；④一般事故，是指造成3人以下死亡，或者10人以下重伤，或者1000万元以下直接经济损失的事故。本条例规定所称的"以上"包括本数，所称的"以下"不包括本数。《生产安全事故报告和调查处理条例》还规定，没有造成人员伤亡，但是社会影响恶劣的事故，国务院或者有关地方人民政府认为需要调查处理的，依照规定执行。

11.6.3　安全生产事故报告

《建筑法》规定，施工中发生事故时，建筑施工企业应当采取紧急措施减少人员伤亡和事故损失，并按照国家有关规定及时向有关部门报告。《建设工程安全生产管理条例》进一步规定，施工单位发生生产安全事故，应当按照国家有关伤亡事故报告和调查处理的规定，及时、如实地向负责安全生产监督管理的部门、建设行政主管部门或者其他有关部门报告；特种设备发生事故的，还应当同时向特种设备安全监督管理部门报告。实行施工总承包的建设工程，由总承包单位负责上报事故。

1. 施工生产安全事故报告的基本要求

《安全生产法》规定，生产经营单位发生生产安全事故后，事故现场有关人员应当立即报告本单位负责人。单位负责人接到事故报告后，应当迅速采取有效措施，组织抢救，防止事故扩大，减少人员伤亡和财产损失，并按照国家有关规定立即如实报告当地负有安全生产监督管理职责的部门，不得隐瞒不报、谎报或者迟报，不得故意破坏事故现场、毁灭有关证据。

《特种设备安全法》进一步规定，特种设备发生事故后，事故发生单位应当按照应急预案采取措施，组织抢救，防止事故扩大，减少人员伤亡和财产损失，保护事故现场和有关证据，并及时向事故发生地县级以上人民政府负责特种设备安全监督管理的部门和有关部门报告。与事故相关的单位和人员不得迟报、谎报或者瞒报事故情况，不得隐匿、毁灭有关证据或者故意破坏事故现场。

（1）事故报告的时间要求

《生产安全事故报告和调查处理条例》规定，事故发生后，事故现场有关人员应当立即向本单位负责人报告；单位负责人接到报告后，应当于 1 小时内向事故发生地县级以上人民政府安全生产监督管理部门和负有安全生产监督管理职责的有关部门报告。情况紧急时，事故现场有关人员可以直接向事故发生地县级以上人民政府安全生产监督管理部门和负有安全生产监督管理职责的有关部门报告。

安全生产监督管理部门和负有安全生产监督管理职责的有关部门接到事故报告后，应当依照下列规定上报事故情况，并通知公安机关、劳动保障行政部门、工会和人民检察院：①特别重大事故、重大事故逐级上报至国务院安全生产监督管理部门和负有安全生产监督管理职责的有关部门；②较大事故逐级上报至省、自治区、直辖市人民政府安全生产监督管理部门和负有安全生产监督管理职责的有关部门；③一般事故上报至设区的市级人民政府安全生产监督管理部门和负有安全生产监督管理职责的有关部门。安全生产监督管理部门和负有安全生产监督管理职责的有关部门依照前款规定上报事故情况，应当同时报告本级人民政府。国务院安全生产监督管理部门和负有安全生产监督管理职责的有关部门以及省级人民政府接到发生特别重大事故、重大事故的报告后，应当立即报告国务院。必要时，安全生产监督管理部门和负有安全生产监督管理职责的有关部门可以越级上报事故情况。安全生产监督管理部门和负有安全生产监督管理职责的有关部门逐级上报事故情况，每级上报的时间不得超过 2 小时。

（2）事故报告的内容要求

《生产安全事故报告和调查处理条例》规定，报告事故应当包括下列内容：①事故发生单位概况；②事故发生的时间、地点以及事故现场情况；③事故的简要经过；④事故已经造成或者可能造成的伤亡人数（包括下落不明的人数）和初步估计的直接经济损失；⑤已经采取的措施；⑥其他应当报告的情况。

事故报告后出现新情况的，应当及时补报。自事故发生之日起 30 日内，事故造成的伤亡人数发生变化的，应当及时补报。道路交通事故、火灾事故自发生之日起 7 日内，事故造成的伤亡人数发生变化的，应当及时补报。

2. 事故救援与现场保护

《安全生产法》规定，生产经营单位发生生产安全事故时，单位的主要负责人应当立即组织抢救，并不得在事故调查处理期间擅离职守。《建设工程安全生产管理条例》进一步规定，发生生产安全事故后，施工单位应当采取措施防止事故扩大，保护事故现场。需要移动现场物品时，应当做出标记和书面记录，妥善保管有关证物。

（1）组织应急抢救工作

《生产安全事故报告和调查处理条例》规定，事故发生单位负责人接到事故报告后，应当立即启动事故相应应急预案，或者采取有效措施，组织抢救，防止事故扩大，减少人员伤亡和财产损失。事故发生地有关地方人民政府、安全生产监督管理部门和负有安全生产监督管理职责的有关部门接到事故报告后，其负责人应当立即赶赴事故现场，组织事故救援。

（2）妥善保护事故现场

《生产安全事故报告和调查处理条例》规定，事故发生后，有关单位和人员应当妥善保护事故现场以及相关证据，任何单位和个人不得破坏事故现场、毁灭相关证据。因抢救人员、防止事故扩大以及疏通交通等原因，需要移动事故现场物件的，应当做出标志，绘制现场简图并做出书面记录，妥善保存现场重要痕迹、物证。

11.6.4 生产安全事故的调查

《安全生产法》规定，事故调查处理应当按照科学严谨、依法依规、实事求是、注重实效的原则，及时、准确地查清事故原因，查明事故性质和责任，评估应急处置工作，总结事故教训，提出整改措施，并对事故责任单位和人员提出处理建议。事故调查报告应当依法及时向社会公布。

1. 事故调查的管辖

《生产安全事故报告和调查处理条例》规定，特别重大事故由国务院或者国务院授权有关部门组织事故调查组进行调查。重大事故、较大事故、一般事故分别由事故发生地省级人民政府、设区的市级人民政府、县级人民政府负责调查。省级人民政府、设区的市级人民政府、县级人民政府可以直接组织事故调查组进行调查，也可以授权或者委托有关部门组织事故调查组进行调查。未造成人员伤亡的一般事故，县级人民政府也可以委托事故发生单位组织事故调查组进行调查。上级人民政府认为必要时，可以调查由下级人民政府负责调查的事故。

自事故发生之日起30日内（道路交通事故、火灾事故自发生之日起7日内），因事故伤亡人数变化导致事故等级发生变化，依照《生产安全事故报告和调查处理条例》规定应当由上级人民政府负责调查的，上级人民政府可以另行组织事故调查组进行调查。

特别重大事故以下等级事故，事故发生地与事故发生单位不在同一个县级以上行政区域的，由事故发生地人民政府负责调查，事故发生单位所在地人民政府应当派人参加。

2. 事故调查组的组成与职责

事故调查组的组成应当遵循精简、高效的原则。根据事故的具体情况，事故调查组由有关人民政府、安全生产监督管理部门、负有安全生产监督管理职责的有关部门、监察机关、公安机关以及工会派人组成，并应当邀请人民检察院派人参加。事故调查组可以聘请有关专家参与调查。

事故调查组成员应当具有事故调查所需要的知识和专长，并与所调查的事故没有直接利害关系。事故调查组组长由负责事故调查的人民政府指定。事故调查组组长主持事故调查组的工作。

3. 事故调查组的职责

事故调查组履行下列职责：①查明事故发生的经过、原因、人员伤亡情况及直接经济损失；②认定事故的性质和事故责任；③提出对事故责任者的处理建议；④总结事故教训，提出防范和整改措施；⑤提交事故调查报告。

事故调查组有权向有关单位和个人了解与事故有关的情况，并要求其提供相关文件、资料，有关单位和个人不得拒绝。事故发生单位的负责人和有关人员在事故调查期间不得擅离职守，并应当随时接受事故调查组的询问，如实提供有关情况。事故调查中发现涉嫌犯罪的，事故调查组应当及时将有关材料或者其复印件移交司法机关处理。事故调查中需要进行技术鉴定的，事故调查组应当委托具有国家规定资质的单位进行技术鉴定。必要时，事故调查组可以直接组织专家进行技术鉴定。技术鉴定所需时间不计入事故调查期限。事故调查组成员在事故调查工作中应当诚信公正、恪尽职守，遵守事故调查组的纪律，保守事故调查的秘密。未经事故调查组组长允许，事故调查组成员不得擅自发布有关事故的信息。

事故直接经济损失统计是调查组的职责之一，按照现在执行的劳动部《企业职工伤亡事故经济损失统计标准》GB 6721-86 中的关于事故直接经济损失的规定，直接经济损失包括死亡赔偿金，也包括政府部门对事故责任单位的罚款。至于对死亡人员家属的赔偿死亡赔偿金数额的具体确定是事故善后处理的一部分，一般而言死亡赔偿金由生产经营单位和从业人员家属按照或参照有关民事法律自行协商处理，协商不成时，按民事案件经民事诉讼解决。囿于事故调查组提交事故调查报告的时间有限，事故赔偿完成的时限根本无法保证。至于事故罚款，它最基本的依据是事故调查报告中关于事故责任的认定。事故责任的认定以调查报告生效为前提，事故调查报告的生效条件是形成报告并经过政府的批复。如此一来，事故调查报告和事故罚款互相成为对方的前置条件。没有调查报告确定不了事故罚款，没有事故罚款形成不了事故调查报告。由此，最终导致事故调查报告中关于直接经济损失只能是估计的数据。

4. 事故调查组的权利与纪律

事故调查组有权向有关单位和个人了解与事故有关的情况，并要求其提供相关文件、资料，有关单位和个人不得拒绝。事故发生单位的负责人和有关人员在事故调查期间不得擅离职守，并应当随时接受事故调查组的询问，如实提供有关情况。事故调查中发现涉嫌犯罪的，事故调查组应当及时将有关材料或者其复印件移交司法机关处理。事故调查中需要进行技术鉴定的，事故调查组应当委托具有国家规定资质的单位进行技术鉴定。必要时，事故调查组可以直接组织专家进行技术鉴定。技术鉴定所需时间不计入事故调查期限。

事故调查组成员在事故调查工作中应当诚信公正、恪尽职守，遵守事故调查组的纪律，保守事故调查的秘密。未经事故调查组组长允许，事故调查组成员不得擅自发布有关事故的信息。

5. 事故调查报告的期限与内容

事故调查组应当自事故发生之日起 60 日内提交事故调查报告；特殊情况下，经负责事故调查的人民政府批准，提交事故调查报告的期限可以适当延长，但延长的期限最长不超过 60 日。

事故调查报告应当包括下列内容：①事故发生单位概况；②事故发生经过和事故救援情况；③事故造成的人员伤亡和直接经济损失；④事故发生的原因和事故性质；⑤事故责任的认定以及对事故责任者的处理建议；⑥事故防范和整改措施。事故调查报告应当附具有关证据材料。事故调查组成员应当在事故调查报告上签名。事故调查报告报送负责事故调查的人民政府后，事故调查工作即告结束。事故调查的有关资料应当归档保存。

6. 对事故调查报告异议的处理

安全事故调查报告全面反映事故情况，特别是对事故性质和责任的判断，直接影响事故有关当事人的权益，是调查报告的关键部分。因此，有关行政部门应在其职责范围内，在事故调查报告中客观真实地反映事故原因和损害后果，准确界定事故性质，明确事故责任方和其行政责任。依照《生产安全事故报告和调查处理条例》的规定，事故调查组应当自事故发生之日起60日内提交事故调查报告，有关人民政府应当作出事故处理批复，这是在事故调查阶段和事故处理阶段形成的重要法律文书。安全生产监督管理机关根据同级人民政府对该事故调查报告的批复，作出相应的行政处罚和处分。行政关系相对人对行政处罚、处分有异议的，可以提起行政诉讼。

11.6.5 施工生产安全事故的处理

1. 事故处理时限和落实批复

《生产安全事故报告和调查处理条例》规定，重大事故、较大事故、一般事故，负责事故调查的人民政府应当自收到事故调查报告之日起15日内做出批复；特别重大事故，30日内做出批复，特殊情况下，批复时间可以适当延长，但延长的时间最长不超过30日。

有关机关应当按照人民政府的批复，依照法律、行政法规规定的权限和程序，对事故发生单位和有关人员进行行政处罚，对负有事故责任的国家工作人员进行处分。事故发生单位应当按照负责事故调查的人民政府的批复，对本单位负有事故责任的人员进行处理。

负有事故责任的人员涉嫌犯罪的，依法追究刑事责任。

2. 事故发生单位的防范和整改措施

事故发生单位应当认真吸取事故教训，落实防范和整改措施，防止事故再次发生。防范和整改措施的落实情况应当接受工会和职工的监督。

安全生产监督管理部门和负有安全生产监督管理职责的有关部门应当对事故发生单位落实防范和整改措施的情况进行监督检查。

3. 处理结果的公布

事故处理的情况由负责事故调查的人民政府或者其授权的有关部门、机构向社会公布，依法应当保密的除外。

11.6.6 工伤保险和意外伤害保险

《安全生产法》规定，生产经营单位必须依法参加工伤保险，为从业人员缴纳保险费。国家鼓励生产经营单位投保安全生产责任保险；属于国家规定的高危行业、领域的生产经营单位，应当投保安全生产责任保险。《建筑法》规定，建筑施工企业应当依法为职工参加工伤保险缴纳工伤保险费。鼓励企业为从事危险作业的职工办理意外伤害保险，支付保险费。

1. 工伤保险

《工伤保险条例》规定，中华人民共和国境内的企业、事业单位、社会团体、民办非企业单位、基金会、律师事务所、会计师事务所等组织和有雇工的个体工商户（以下称用人单位）应当依照本条例规定参加工伤保险，为本单位全部职工或者雇工（以下称职工）缴纳工伤保险费。中华人民共和国境内的企业、事业单位、社会团体、民办非企业单位、基金会、律师事务所、会计师事务所等组织的职工和个体工商户的雇工，均有依照本条例的规定享受工伤保险待遇的权利。

（1）工伤保险基金

工伤保险基金由用人单位缴纳的工伤保险费、工伤保险基金的利息和依法纳入工伤保险基金的其他资金构成。工伤保险费根据以支定收、收支平衡的原则，确定费率。国家根据不同行业的工伤风险程度确定行业的差别费率，并根据工伤保险费使用、工伤发生率等情况在每个行业内确定若干费率档次。

用人单位应当按时缴纳工伤保险费。职工个人不缴纳工伤保险费。用人单位缴纳工伤保险费的数额为本单位职工工资总额乘以单位缴费费率之积。跨地区、生产流动性较大的行业，可以采取相对集中的方式异地参加统筹地区的工伤保险。工伤保险基金存入社会保障基金财政专户，用于规定的工伤保险待遇，劳动能力鉴定，工伤预防的宣传、培训等费用，以及法律、法规规定的用于工伤保险的其他费用的支付。任何单位或者个人不得将工伤保险基金用于投资运营、兴建或者改建办公场所、发放奖金，或者挪作其他用途。

（2）工伤认定

职工有下列情形之一的，应当认定为工伤：①在工作时间和工作场所内，因工作原因受到事故伤害的；②工作时间前后在工作场所内，从事与工作有关的预备性或者收尾性工作受到事故伤害的；③在工作时间和工作场所内，因履行工作职责受到暴力等意外伤害的；④患职业病的；⑤因工外出期间，由于工作原因受到伤害或者发生事故下落不明的；⑥在上下班途中，受到非本人主要责任的交通事故或者城市轨道交通、客运轮渡、火车事故伤害的；⑦法律、行政法规规定应当认定为工伤的其他情形。

职工有下列情形之一的，视同工伤：①在工作时间和工作岗位，突发疾病死亡或者在48小时之内经抢救无效死亡的；②在抢险救灾等维护国家利益、公共利益活动中受到伤害的；③职工原在军队服役，因战、因公负伤致残，已取得革命伤残军人证，到用人单位后旧伤复发的。职工有以上第①项、第②项情形的，按照《工伤保险条例》的有关规定享受工伤保险待遇；职工有以上第③项情形的，按照《工伤保险条例》的有关规定享受除一次性伤残补助金以外的工伤保险待遇。

职工符合以上的规定，但是有下列情形之一的，不得认定为工伤或者视同工伤：①故意犯罪的；②醉酒或者吸毒的；③自残或者自杀的。

职工发生事故伤害或者按照职业病防治法规定被诊断、鉴定为职业病，所在单位应当自事故伤害发生之日或者被诊断、鉴定为职业病之日起30日内，向统筹地区社会保险行政部门提出工伤认定申请。遇有特殊情况，经报社会保险行政部门同意，申请时限可以适当延长。用人单位未按以上规定提出工伤认定申请的，工伤职工或者其近亲属、工会组织在事故伤害发生之日或者被诊断、鉴定为职业病之日起1年内，可以直接向用人单位所在地统筹地区社会保险行政部门提出工伤认定申请。用人单位未在以上规定的时限内提交工伤认定申请，在此期间发生符合《工伤保险条例》规定的工伤待遇等有关费用由该用人单位负担。

社会保险行政部门受理工伤认定申请后，根据审核需要可以对事故伤害进行调查核实，用人单位、职工、工会组织、医疗机构以及有关部门应当予以协助。职业病诊断和诊断争议的鉴定，依照职业病防治法的有关规定执行。对依法取得职业病诊断证明书或者职业病诊断鉴定书的，社会保险行政部门不再进行调查核实。职工或者其近亲属认为是工伤，用人单位不认为是工伤的，由用人单位承担举证责任。

社会保险行政部门应当自受理工伤认定申请之日起 60 日内作出工伤认定的决定，并书面通知申请工伤认定的职工或者其近亲属和该职工所在单位。社会保险行政部门对受理的事实清楚、权利义务明确的工伤认定申请，应当在 15 日内作出工伤认定的决定。作出工伤认定决定需要以司法机关或者有关行政主管部门的结论为依据的，在司法机关或者有关行政主管部门尚未作出结论期间，作出工伤认定决定的时限中止。社会保险行政部门工作人员与工伤认定申请人有利害关系的，应当回避。

（3）劳动能力鉴定

职工发生工伤，经治疗伤情相对稳定后存在残疾、影响劳动能力的，应当进行劳动能力鉴定。劳动能力鉴定是指劳动功能障碍程度和生活自理障碍程度的等级鉴定。劳动功能障碍分为 10 个伤残等级，最重的为 1 级，最轻的为 10 级。生活自理障碍分为 3 个等级：生活完全不能自理、生活大部分不能自理和生活部分不能自理。

劳动能力鉴定由用人单位、工伤职工或者其近亲属向设区的市级劳动能力鉴定委员会提出申请，并提供工伤认定决定和职工工伤医疗的有关资料。设区的市级劳动能力鉴定委员会应当自收到劳动能力鉴定申请之日起 60 日内作出劳动能力鉴定结论，必要时，作出劳动能力鉴定结论的期限可以延长 30 日。劳动能力鉴定结论应当及时送达申请鉴定的单位和个人。申请鉴定的单位或者个人对设区的市级劳动能力鉴定委员会作出的鉴定结论不服的，可以在收到该鉴定结论之日起 15 日内向省、自治区、直辖市劳动能力鉴定委员会提出再次鉴定申请。省、自治区、直辖市劳动能力鉴定委员会作出的劳动能力鉴定结论为最终结论。自劳动能力鉴定结论作出之日起 1 年后，工伤职工或者其近亲属、所在单位或者经办机构认为伤残情况发生变化的，可以申请劳动能力复查鉴定。

（4）工伤保险待遇

职工因工作遭受事故伤害或者患职业病进行治疗，享受工伤医疗待遇。

① 工伤的治疗。职工治疗工伤应当在签订服务协议的医疗机构就医，情况紧急时可以先到就近的医疗机构急救。治疗工伤所需费用符合工伤保险诊疗项目目录、工伤保险药品目录、工伤保险住院服务标准的，从工伤保险基金支付。职工住院治疗工伤的伙食补助费，以及经医疗机构出具证明，报经办机构同意，工伤职工到统筹地区以外就医所需的交通、食宿费用从工伤保险基金支付，基金支付的具体标准由统筹地区人民政府规定。工伤职工到签订服务协议的医疗机构进行工伤康复的费用，符合规定的，从工伤保险基金支付。工伤职工因日常生活或者就业需要，经劳动能力鉴定委员会确认，可以安装假肢、矫形器、假眼、假牙和配置轮椅等辅助器具，所需费用按照国家规定的标准从工伤保险基金支付。

② 工伤医疗的停工留薪期。职工因工作遭受事故伤害或者患职业病需要暂停工作接

受工伤医疗的，在停工留薪期内，原工资福利待遇不变，由所在单位按月支付。停工留薪期一般不超过 12 个月。伤情严重或者情况特殊，经设区的市级劳动能力鉴定委员会确认，可以适当延长，但延长不得超过 12 个月。

③ 工伤职工的护理。生活不能自理的工伤职工在停工留薪期需要护理的，由所在单位负责。工伤职工已经评定伤残等级并经劳动能力鉴定委员会确认需要生活护理的，从工伤保险基金按月支付生活护理费。生活护理费按照生活完全不能自理、生活大部分不能自理或者生活部分不能自理 3 个不同等级支付，其标准分别为统筹地区上年度职工月平均工资的 50%、40% 或者 30%。

④ 职工因工致残的待遇。职工因工致残被鉴定为 1 级至 4 级伤残的，保留劳动关系，退出工作岗位，享受以下待遇：从工伤保险基金按伤残等级支付一次性伤残补助金，标准为：1 级伤残为 27 个月的本人工资，2 级伤残为 25 个月的本人工资，3 级伤残为 23 个月的本人工资，4 级伤残为 21 个月的本人工资；从工伤保险基金按月支付伤残津贴，标准为：1 级伤残为本人工资的 90%，2 级伤残为本人工资的 85%，3 级伤残为本人工资的 80%，4 级伤残为本人工资的 75%。伤残津贴实际金额低于当地最低工资标准的，由工伤保险基金补足差额；工伤职工达到退休年龄并办理退休手续后，停发伤残津贴，按照国家有关规定享受基本养老保险待遇。基本养老保险待遇低于伤残津贴的，由工伤保险基金补足差额。职工因工致残被鉴定为 1 级至 4 级伤残的，由用人单位和职工个人以伤残津贴为基数，缴纳基本医疗保险费。职工因工致残被鉴定为 5 级、6 级伤残的，享受以下待遇：从工伤保险基金按伤残等级支付一次性伤残补助金，标准为：5 级伤残为 18 个月的本人工资，6 级伤残为 16 个月的本人工资；保留与用人单位的劳动关系，由用人单位安排适当工作。难以安排工作的，由用人单位按月发给伤残津贴，标准为：5 级伤残为本人工资的 70%，6 级伤残为本人工资的 60%，并由用人单位按照规定为其缴纳应缴纳的各项社会保险费。伤残津贴实际金额低于当地最低工资标准的，由用人单位补足差额。经工伤职工本人提出，该职工可以与用人单位解除或者终止劳动关系，由工伤保险基金支付一次性工伤医疗补助金，由用人单位支付一次性伤残就业补助金。职工因工致残被鉴定为 7 级至 10 级伤残的，享受以下待遇：从工伤保险基金按伤残等级支付一次性伤残补助金，标准为：7 级伤残为 13 个月的本人工资，8 级伤残为 11 个月的本人工资，9 级伤残为 9 个月的本人工资，10 级伤残为 7 个月的本人工资；劳动、聘用合同期满终止，或者职工本人提出解除劳动、聘用合同的，由工伤保险基金支付一次性工伤医疗补助金，由用人单位支付一次性伤残就业补助金。

⑤ 职工因工死亡的丧葬补助金、抚恤金和一次性工亡补助金。职工因工死亡，其近亲属按照下列规定从工伤保险基金领取丧葬补助金、供养亲属抚恤金和一次性工亡补助金：丧葬补助金为 6 个月的统筹地区上年度职工月平均工资；供养亲属抚恤金按照职工本人工资的一定比例发给由因工死亡职工生前提供主要生活来源、无劳动能力的亲属。标准为：配偶每月 40%，其他亲属每人每月 30%，孤寡老人或者孤儿每人每月在上述标准的基础上增加 10%。核定的各供养亲属的抚恤金之和不应高于因工死亡职工生前的工资。一次性工亡补助金标准为上一年度全国城镇居民人均可支配收入的 20 倍。伤残职工在停工留薪期内因工伤导致死亡的，其近亲属享受以上规定的待遇。1 级至 4 级伤残职工在停工留薪期满后死亡的，其近亲属可以享受以上第（1）项、第（2）项规定的待遇。

（5）针对建筑行业特点的工伤保险制度

人力资源社会保障部、住房城乡建设部、国家安监总局、全国总工会《关于进一步做好建筑业工伤保险工作的意见》（人社部发〔2014〕103号）提出，针对建筑行业的特点，建筑施工企业对相对固定的职工，应按用人单位参加工伤保险；对不能按用人单位参保、建筑项目使用的建筑业职工特别是农民工，按项目参加工伤保险。按用人单位参保的建筑施工企业应以工资总额为基数依法缴纳工伤保险费。以建设项目为单位参保的，可以按照项目工程总造价的一定比例计算缴纳工伤保险费。要充分运用工伤保险浮动费率机制，根据各建筑企业工伤事故发生率、工伤保险基金使用等情况适时适当调整费率，促进企业加强安全生产，预防和减少工伤事故。建设单位要在工程概算中将工伤保险费用单独列支，作为不可竞争费，不参与竞标，并在项目开工前由施工总承包单位一次性代缴本项目工伤保险费，覆盖项目使用的所有职工，包括专业承包单位、劳务分包单位使用的农民工。

对认定为工伤的建筑业职工，各级社会保险经办机构和用人单位应依法按时足额支付各项工伤保险待遇。对在参保项目施工期间发生工伤、项目竣工时尚未完成工伤认定或劳动能力鉴定的建筑业职工，其所在用人单位要继续保证其医疗救治和停工期间的法定待遇，待完成工伤认定及劳动能力鉴定后，依法享受参保职工的各项工伤保险待遇；其中应由用人单位支付的待遇，工伤职工所在用人单位要按时足额支付，也可根据其意愿一次性支付。针对建筑业工资收入分配的特点，对相关工伤保险待遇中难以按本人工资作为计发基数的，可以参照统筹地区上年度职工平均工资作为计发基数。未参加工伤保险的建设项目，职工发生工伤事故，依法由职工所在用人单位支付工伤保险待遇，施工总承包单位、建设单位承担连带责任；用人单位和承担连带责任的施工总承包单位、建设单位不支付的，由工伤保险基金先行支付，用人单位和承担连带责任的施工总承包单位、建设单位应当偿还；不偿还的，由社会保险经办机构依法追偿。

建设单位、施工总承包单位或具有用工主体资格的分包单位将工程（业务）发包给不具备用工主体资格的组织或个人，该组织或个人招用的劳动者发生工伤的，发包单位与不具备用工主体资格的组织或个人承担连带赔偿责任。

2. 建筑意外伤害保险

《建筑法》规定，鼓励企业为从事危险作业的职工办理意外伤害保险，支付保险费。《建设工程安全生产管理条例》还规定，施工单位应当为施工现场从事危险作业的人员办理意外伤害保险。意外伤害保险费由施工单位支付。实行施工总承包的，由总承包单位支付意外伤害保险费。意外伤害保险期限自建设工程开工之日起至竣工验收合格止。

（1）建筑意外伤害保险的范围和保险期限

原建设部《关于加强建筑意外伤害保险工作的指导意见》（建质〔2003〕107号）中指出，建筑施工企业应当为施工现场从事施工作业和管理的人员，在施工活动过程中发生的人身意外伤亡事故提供保障，办理建筑意外伤害保险、支付保险费。范围应当覆盖工程项目。已在企业所在地参加工伤保险的人员，从事现场施工时仍可参加建筑意外伤害保险。保险期限应涵盖工程项目开工之日到工程竣工验收合格日。提前竣工的，保险责任自行终止。因延长工期的，应当办理保险顺延手续。

各地建设行政主管部门要结合本地区实际情况，确定合理的最低保险金额。最低保险金额要能够保障施工伤亡人员得到有效的经济补偿。施工企业办理建筑意外伤害保险时，投保的保险金额不得低于此标准。

（2）建筑意外伤害保险的保险费和费率

保险费应当列入建筑安装工程费用。保险费由施工企业支付，施工企业不得向职工摊派。施工企业和保险公司双方应本着平等协商的原则，根据各类风险因素商定建筑意外伤害保险费率，提倡差别费率和浮动费率。差别费率可与工程规模、类型、工程项目风险程度和施工现场环境等因素挂钩。浮动费率可与施工企业安全生产业绩、安全生产管理状况等因素挂钩。对重视安全生产管理、安全业绩好的企业可采用下浮费率；对安全生产业绩差、安全管理不善的企业可采用上浮费率。通过浮动费率机制，激励投保企业安全生产的积极性。

（3）建筑意外伤害保险的投保

施工企业应在工程项目开工前，办理完投保手续。鉴于工程建设项目施工工艺流程中各工种调动频繁、用工流动性大，投保应实行不记名和不计人数的方式。工程项目中有分包单位的由总承包施工企业统一办理，分包单位合理承担投保费用。业主直接发包的工程项目由承包企业直接办理。投保人办理投保手续后，应将投保有关信息以布告形式张贴于施工现场，告之被保险人。

3．安全生产责任保险

《安全生产法》规定，国家鼓励生产经营单位投保安全生产责任保险；属于国家规定的高危行业、领域的生产经营单位，应当投保安全生产责任保险。

（1）安全生产责任保险的概念和投保

《安全生产责任保险实施办法》（安监总办〔2017〕140 号）规定，安全生产责任保险，是指保险机构对投保的生产经营单位发生的生产安全事故造成的人员伤亡和有关经济损失等予以赔偿，并且为投保的生产经营单位提供生产安全事故预防服务的商业保险。安全生产责任保险的保费由生产经营单位缴纳，不得以任何方式摊派给从业人员个人。《企业安全生产费用提取和使用管理办法》明确规定了企业安全生产费用可由企业用于安全生产责任保险、承运人责任险等与安全生产直接相关的法定保险支出。

建筑施工等高危行业领域的生产经营单位应当投保安全生产责任保险。鼓励其他行业领域生产经营单位投保安全生产责任保险。《安全生产法》规定，高危行业、领域的生产经营单位未按照国家规定投保安全生产责任保险的，责令限期改正，处 5 万元以上 10 万元以下的罚款；逾期未改正的，处 10 万元以上 20 万元以下的罚款。

（2）安全生产责任保险与工伤保险等其他险种

安全生产责任保险是一种带有公益性质的强制性商业保险，建筑施工等高危行业领域的生产经营单位必须投保，同时在保险费率、保险条款、预防服务等方面必须加以严格规范。在功能上，安全生产责任保险的保障范围不仅包括企业从业人员，还包括第三者的人员伤亡和财产损失，以及相关救援救护、事故鉴定和法律诉讼等费用。安全生产责任保险还具有事故预防功能，保险机构必须为投保单位提供事故预防服务，帮助企业查找风险隐患，提高安全管理水平，从而有效防止生产安全事故的发生。而工伤保险是一种强制性的社会保险，雇主责任险、公众责任险、意外伤害险等是普通的商业保险，保障范围均不及安责险，并且缺乏事故预防功能。总之，安责险与工伤保险及其他相关险种相比，覆盖群体范围更广、保障更加充分、赔偿更加及时、预防服务更加到位。

《安全生产责任保险实施办法》规定，按照本办法请求的经济赔偿，不影响参保的生产经营单位从业人员（含劳务派遣人员）依法请求工伤保险赔偿的权利。同一生产经营单位的从业人员获取的保险金额应当实行同一标准，不得因用工方式、工作岗位等差别对待。各地区根据实际情况确定安全生产责任保险中涉及人员死亡的最低赔偿金额，每死亡一人按不低于 30 万元赔偿，并按本地区城镇居民上一年度人均可支配收入的变化进行调整。对未造成人员死亡事故的赔偿保险金额度在保险合同中约定。对生产经营单位已投保的与安全生产相关的其他险种，应当增加或将其调整为安全生产责任保险，增强事故预防功能。

11.7　建设工程生产安全事故责任追究制度

《安全生产法》规定，国家实行生产安全事故责任追究制度，依照本法和有关法律、法规的规定，追究生产安全事故责任单位和责任人员的法律责任。《生产安全事故报告和调查处理条例》第五章专门就事故责任追究问题作出了具体规定。《生产安全事故报告和调查处理条例》的有关规定，涵盖了事故责任要件、事故责任主体、实施法律制裁等法律适用问题。

11.7.1　生产安全事故责任的构成要件

《生产安全事故报告和调查处理条例》规定，对责任事故的责任者依法追究法律责任。不论是事故发生单位还是有关人民政府、安全生产监督管理部门、负有安全生产监督管理职责的有关部门及其有关人员，凡是实施了《生产安全事故报告和调查处理条例》规定的违法行为的，都要对其实施责任追究。但在如何界定其是否负有责任并且是否应当追究责任的法律适用上，应当遵循责任法定的原则，明确严格、具体的法律界限。根据法理，确定事故责任的要件有四个，缺一不可。

1. 责任承担主体未履行义务

确定是否属于事故责任承担主体，一要看其是否负有法定义务，二要看其是否履行了法定义务。负有法定义务而未履行其义务的，承担法律责任。依照《生产安全事故报告和调查处理条例》有关责任追究的规定，事故发生单位及其有关人员必须是在安全生产管理和事故报告、救援、接受与配合调查等方面负有法定义务而未履行其义务的，才承担相应的法律责任。有关人民政府、安全生产监督管理部门和负有安全生产监督管理职责的有关部门及其有关人员，在事故报告、救援、调查和处理等项工作中不履行法定职责或者义务的，也要承担相应的法律责任。

2. 责任承担主体实施了违法行为

事故责任承担主体主观上必须有违法的故意或者过失，客观上独立并且直接实施了《生产安全事故报告和调查处理条例》规定的具有社会危害性的违法行为。这里要强调的是，责任者实施的违法行为的范围不得扩大或者缩小，必须是安全生产法律、法规有关义务性规范和禁止性规范中明文规定的行为。实施了法无规定的行为，不能认定或者推定为违法行为。

3. 违法行为应与事故发生有直接的因果关系

确定是否应负法律责任，必须搞清楚违法行为与损害后果之间是否具有直接的因果关系。所谓直接的因果关系，应当是出自行为人的故意或者过失而实施的违法行为，直接导致事故的发生。在这个问题上，既应坚持对事故的直接责任者不放过，也应注意不要把一些间接原因推导成为直接原因，从而扩大责任追究的范围。

4. 责任承担主体必须是依法应当予以制裁的

根据《生产安全事故报告和调查处理条例》的规定，实施责任追究的不仅是未履行法定义务、实施了违法行为并造成危害后果的责任承担主体，而且必须是法律、行政法规明文规定应当给予法律制裁的责任承担主体。也就是说，只具备了前三个要件还不够，还要同时具备第四个要件，才能实施责任追究。因为对某些实施了一般违法行为、危害后果和违法情节显著轻微的责任者，有关法律、法规并不规定都要给予法律制裁。所以，只有法律、法规明文规定应当承担法律责任的，才能实施责任追究。

11.7.2　事故责任承担主体的确定

事故责任承担主体即事故责任者，是指未履行法定义务、实施了相关违法行为、对事故发生和事故报告、救援、调查处理负有责任并应受法律制裁的社会组织和个人。依照《生产安全事故报告和调查处理条例》的规定，应受到责任追究的事故责任承担主体主要有四种：

1. 事故发生单位

《安全生产法》规定，生产经营单位是生产经营活动的主体，依法应当履行加强管理、确保安全生产的义务；因其违法造成事故的，应当承担相应的法律责任。《生产安全事故报告和调查处理条例》规定，生产经营单位（事故发生单位）发生生产安全事故后，负有报告、救援和接受调查的义务。据此，生产经营单位对事故发生负有直接责任，应当作为独立的责任主体承担法律责任。

2. 事故发生单位有关人员

《生产安全事故报告和调查处理条例》规定，不仅要追究事故发生单位的责任，还要对其有关人员实行责任追究。事故发生单位有关人员包括负有责任的主要负责人、直接负责的主管人员和其他直接责任人员。"主要负责人"包括企业法定代表人、实际控制人等对生产经营活动负全面领导责任、有主要决策指挥权的负责人；"直接负责的主管人员"包括负有直接领导、管理责任的有关负责人、安全管理机构的负责人和管理人员；"其他直接责任人员"包括负有直接责任的从业人员和其他人员。

3. 有关政府、部门工作人员

《生产安全事故报告和调查处理条例》规定，有关地方人民政府、安全生产监督管理部门和负有安全生产监督管理职责的有关部门实施违法行为，对其直接负责的主管人员和其他直接责任人员予以责任追究。"直接负责的主管人员"包括负有责任的有关地方人民政府的领导人、安全生产监督管理部门和有关部门的负责人；"其他直接责任人员"包括负有责任的行政机关内设机构的负责人和其他工作人员。

4. 中介机构及其相关人员

《生产安全事故报告和调查处理条例》规定，对发生事故的单位提供虚假证明的中介机构及其相关人员实行责任追究。

11.7.3　事故责任承担主体的法律责任

《生产安全事故报告和调查处理条例》明确了事故责任承担主体承担法律责任方式，

有行政责任和刑事责任两种，两种责任方式可以单独适用或者并用。

1. 行政责任

注册执业人员未执行法律、法规和工程建设强制性标准的，责令停止执业 3 个月以上 1 年以下；情节严重的，吊销执业资格证书，5 年内不予注册；造成重大安全事故的，终身不予注册；构成犯罪的，依照刑法有关规定追究刑事责任。《关于加强建筑施工安全事故责任企业人员处罚的意见》（建质规〔2019〕9 号）规定，对没有履行安全生产职责、造成生产安全事故特别是较大及以上事故发生的建筑施工企业有关责任人员，住房和城乡建设主管部门要依法暂停或撤销其与安全生产相关执业资格、岗位证书，并依法实施职业禁入。

《生产安全事故报告和调查处理条例》规定应当实施责任追究的行政责任主体包括行政主体和企业主体两类，事故责任承担主体不同则责任追究的规定也不同。行政主体包括对事故负有责任的有关地方人民政府、安全生产监管部门和有关部门中的工作人员。企业主体包括事故发生单位及其有关人员。两类主体因违反国家行政管理法律、法规的规定而应当承担的法律责任是行政责任。

2. 刑事责任

《建筑法》规定，建筑施工企业违反规定，对建筑安全事故隐患不采取措施予以消除构成犯罪的，依法追究刑事责任。建筑施工企业的管理人员违章指挥、强令职工冒险作业，因而发生重大伤亡事故或者造成其他严重后果的，依法追究刑事责任。《建设工程安全生产管理条例》规定，施工单位的主要负责人、项目负责人未履行安全生产管理职责的，责令限期改正；逾期未改正的，责令施工单位停业整顿；造成重大安全事故、重大伤亡事故或者其他严重后果，构成犯罪的，依照刑法有关规定追究刑事责任。《建设工程安全生产管理条例》规定，作业人员不服管理、违反规章制度和操作规程冒险作业造成重大伤亡事故或者其他严重后果，构成犯罪的，依照刑法有关规定追究刑事责任。《生产安全事故报告和调查处理条例》规定对事故责任承担主体中构成刑事犯罪的，依法追究刑事责任。刑事责任主体也包括行政主体和企业主体两类。两类主体的有关人员的违法行为触犯《中华人民共和国刑法》关于安全生产犯罪规定的，应当承担相应的刑事责任。引发建设工程施工安全生产事故的行为，侵害的是不特定对象的人身权或财产权。由该类行为所构成的犯罪，规定在《中华人民共和国刑法》"危害公共安全罪"一章中。具体而言，在"危害公共安全罪"一章中，《中华人民共和国刑法》对重大责任事故罪、重大劳动安全事故罪、工程重大安全事故罪等重大责任事故犯罪的犯罪构成及刑事责任作了规定。

（1）工程重大安全事故罪。《中华人民共和国刑法》第一百三十七条规定，建设单位、设计单位、施工单位、工程监理单位违反国家规定，降低工程质量标准，造成重大安全事故的，对直接责任人员，处 5 年以下有期徒刑或者拘役，并处罚金；后果特别严重的，处 5 年以上 10 年以下有期徒刑，并处罚金。《最高人民法院、最高人民检察院关于办理危害生产安全刑事案件适用法律若干问题的解释》（法释〔2015〕22 号）规定，发生安全事故，具有下列情形之一的，应当认定为"造成重大安全事故"，对直接责任人员，处 5 年以下有期徒刑或者拘役，并处罚金：①造成死亡 1 人以上，或者重伤 3 人以上的；②造成直接经济损失 100 万元以上的；③其他造成严重后果或者重大安全事故的情形。

（2）重大责任事故罪。《中华人民共和国刑法》第一百三十四条第（一）款规定，在生产、作业中违反有关安全管理的规定，因而发生重大伤亡事故或者造成其他严重后果的，处 3 年以下有期徒刑或者拘役；情节特别恶劣的，处 3 年以上 7 年以下有期徒刑。重大责任事故罪的犯罪主体，包括对生产、作业负有组织、指挥或者管理职责的负责人、管理人员、实际控制人、投资人等人员，以及直接从事生产、作业的人员。

（3）强令、组织他人违章冒险作业罪。《中华人民共和国刑法》第一百三十四条第（二）款规定，强令他人违章冒险作业，或者明知存在重大事故隐患而不排除，仍冒险组织作业，因而发生重大伤亡事故或者造成其他严重后果的，处 5 年以下有期徒刑或者拘役；情节特别恶劣的，处 5 年以上有期徒刑。《最高人民法院、最高人民检察院关于办理危害生产安全刑事案件适用法律若干问题的解释（二）》（法释〔2022〕19 号）规定，明知存在事故隐患，继续作业存在危险，仍然违反有关安全管理的规定，有下列情形之一的，属于刑法第一百三十四条第（二）款规定的"强令他人违章冒险作业"：①以威逼、胁迫、恐吓等手段，强制他人违章作业的；②利用组织、指挥、管理职权，强制他人违章作业的；③其他强令他人违章冒险作业的情形。明知存在重大事故隐患，仍然违反有关安全管理的规定，不排除或者故意掩盖重大事故隐患，组织他人作业的，属于刑法第一百三十四条第（二）款规定的"冒险组织作业"。

（4）危险作业罪。《中华人民共和国刑法》第一百三十四条之一规定，在生产、作业中违反有关安全管理的规定，有下列情形之一，具有发生重大伤亡事故或者其他严重后果的现实危险的，处一年以下有期徒刑、拘役或者管制：①关闭、破坏直接关系生产安全的监控、报警、防护、救生设备、设施，或者篡改、隐瞒、销毁其相关数据、信息的；②因存在重大事故隐患被依法责令停产停业、停止施工、停止使用有关设备、设施、场所或者立即采取排除危险的整改措施，而拒不执行的；③涉及安全生产的事项未经依法批准或者许可，擅自从事矿山开采、金属冶炼、建筑施工，以及危险物品生产、经营、储存等高度危险的生产作业活动的。

（5）重大劳动安全事故罪。《中华人民共和国刑法》第一百三十五条第（一）款规定，安全生产设施或者安全生产条件不符合国家规定，因而发生重大伤亡事故或者造成其他严重后果的，对直接负责的主管人员和其他直接责任人员，处 3 年以下有期徒刑或者拘役；情节特别恶劣的，处 3 年以上 7 年以下有期徒刑。《最高人民法院、最高人民检察院关于办理危害生产安全刑事案件适用法律若干问题的解释》（法释〔2015〕22 号）规定，发生安全事故，具有下列情形之一的，应当认定为"发生重大伤亡事故或者造成其他严重后果"：①造成死亡 1 人以上，或者重伤 3 人以上的；②造成直接经济损失 100 万元以上的；③其他造成严重后果或者重大安全事故的情形。

第 12 章　建设工程质量管理法律制度

党的二十大报告指出，"高质量发展是全面建设社会主义现代化国家的首要任务。发展是党执政兴国的第一要务。""坚持把发展经济的着力点放在实体经济上，推进新型工业化，加快建设制造强国、质量强国、航天强国、交通强国、网络强国、数字中国。实施产业基础再造工程和重大技术装备攻关工程，支持专精特新企业发展，推动制造业高端化、智能化、绿色化发展。"建设工程质量安全是国民经济、社会发展的基础保障，是人民生命财产安全的设施基石，关乎国计民生。习近平总书记对住房和城乡建设领域质量安全工作的要求，得到建设领域的积极响应和全面落实，建设工程质量安全监管与治理责任重大。面对工程建设理念革新、模式变革、技术进步、质量需求日益提高的新形势，面对涵盖全寿命周期质量安全监管的新职责，面对建筑新法规、新标准、新技术、新模式、新体系、新内涵的新内容，面对工程质量形成复杂性、产品交易契约动态性、主体利益差异性、低端竞争激烈性、信用体系缺失性、工程腐败频发性、建设模式变革性、技术革新频繁性、职业工人乏困性的多重挑战，需要探索工程质量安全监管的一体化治理体系，以全面保证国家与公众的建设工程安全使用与环境质量，持续改进质量保证能力与水平。

12.1　建设工程质量法律制度概述

12.1.1　建设工程质量

1. 建设工程质量的概念和特点

（1）建设工程质量的概念

建设工程质量分为狭义和广义两种含义。狭义的工程质量是指工程符合业主需要而具备使用功能。这一概念强调的是工程的实体质量，如基础是否坚固、主体结构是否安全以及通风、采光是否合理等。广义的工程质量不仅包括工程的实体质量，还包括形成实体质量的工作质量。工作质量是指参与工程的建设者，为了保证工程实体质量所从事工作的水平和完善程度，包括社会工作质量，如社会调查、市场预测、质量回访和保修服务等；生产过程工作质量，如管理工作质量、技术工作质量和后勤工作质量等。工作质量直接决定了实体质量，工程实体质量的好坏是决策、建设工程勘察、设计、施工等单位各方面、各环节工作质量的综合反映。基于质量管理和控制的角度，国内外大多倾向于从广义上理解建设工程质量。本章涉及的建设工程质量为狭义上的建设工程质量，仅指工程实体质量，即在国家现行的有关法律、法规、技术标准、设计文件和合同中，对于工程的安全、适用、经济和美观等特性的综合要求。

（2）建设工程质量的特点

与一般的产品质量相比较，工程质量具有如下一些特点：①影响因素多，质量变动大。决策、设计、材料、机械、环境、施工工艺、管理制度以及参建人员素质等均直接或间接地影响工程质量。②隐蔽性强，终检局限性大。建设工程在生产过程中，由于工序交接多、中间产品多、隐蔽工程多，若不及时检查并发现其存在的质量问题，完工后表面质量可能很好，从而容易产生判断错误，导致不合格的建设工程被确认为是合格的建设工程。有的工程质量问题在终检时是很难通过肉眼判断出来的，有时即使用上检测工具，也不一定能发现问题。③对社会环境影响大。工程质量不仅直接影响使用者的生产生活，而且还影响着社会可持续发展的环境，特别是有关绿化、环保和噪声等方面的问题。

2. 建设工程质量形成过程与影响因素分析

工程建设的不同阶段，对工程项目质量的形成起着不同的作用和影响。①项目可行性研究对建设工程质量的影响。工程项目的可行性研究阶段，需要确定工程项目的质量要求，并与投资目标相协调，项目的可行性研究直接影响项目的决策质量和设计质量。②项目决策对建设工程质量的影响。项目决策阶段是通过项目可行性研究和项目评估，对项目的建设方案作出决策，项目决策阶段对工程质量的影响主要是确定工程项目应达到的质量目标和水平。③工程勘察、设计对建设工程质量的影响。工程勘察、设计阶段是影响工程质量的关键环节。地质勘察工作的内容、深度和可靠程度，将决定工程设计方案能否正确考虑场地的地层构造、岩土的性质、不良地质现象及地下水位等工程地质条件。地质勘察失控会直接产生工程质量隐患，如果依据不合格的地质勘察报告进行设计，就可能产生严重的后果。④工程施工对建设工程质量的影响。工程施工活动决定了设计意图能否体现，它直接关系到工程的安全可靠、使用功能的保证，以及外表观感能否体现建筑设计的艺术水平。在一定程度上，工程施工是形成实体质量的决定性环节。⑤工程竣工验收对建设工程质量的影响。竣工验收和交付使用阶段是影响工程质量的重要环节。在工程竣工验收阶段，建设单位组织设计、施工、监理等有关单位对施工阶段的质量进行最终检验，以考核质量目标是否符合设计阶段的质量要求。工程竣工验收是保证最终产品质量的重要手段。

12.1.2　建设工程质量管理的主要法律法规

建设工程质量管理一直是国家工程建设管理的重要内容，建设工程质量立法也一直是工程立法的重点。为此，全国人民代表大会常务委员会和国务院制定了一系列有关建筑安全生产的法律、法规，具体见表 12-1。《建筑法》第六章将"建设工程质量管理"予以专章规定，2000 年 1 月 30 日国务院制定了与《建筑法》配套实施的《建设工程质量管理条例》。该条例对建设行为主体的有关责任和义务作出了明确的规定。

建设工程质量管理的法律、法规一览表　　　　　　　　表 12-1

法律文件	简称	文件性质	施行与修订日期
《中华人民共和国建筑法》	《建筑法》	法律	自 1998 年 3 月 1 日起施行 2011 年 4 月 22 日第一次修正 2019 年 4 月 23 日第二次修正
《中华人民共和国产品质量法》	《产品质量法》	法律	自 1993 年 9 月 1 日起施行 2000 年 7 月 8 日第一次修正 2009 年 8 月 27 日第二次修正 2018 年 12 月 29 日第三次修正

法律文件	简称	文件性质	施行与修订日期
《中华人民共和国节约能源法》	《节约能源法》	法律	自 2008 年 4 月 1 日起施行 2016 年 7 月 2 日第一次修正 2018 年 10 月 26 日第二次修正
《建设工程质量管理条例》	无	法律	2000 年 1 月 30 日发布起施行 2017 年 10 月 7 日第一次修订 2019 年 4 月 23 日第二次修订
《民用建筑节能条例》	无	行政法规	自 2008 年 10 月 1 日施行

除此以外，国务院建设行政主管部门及其相关部门也曾先后颁发一系列调整建设工程质量的建设行政规章及一般规范性文件，具体见表 12-2。

建设安全生产的部门规章及规范性法律文件 表 12-2

文件名称	文号	施行与修订日期	文件性质
《房屋建筑和市政基础设施工程竣工验收备案管理办法》	建设部令第 78 号	自 2000 年 4 月 7 日起施行 2009 年 10 月 19 日修改	部门规章
《房屋建设工程质量保修办法》	建设部令第 80 号	自 2000 年 6 月 30 日起施行	部门规章
《建设工程质量检测管理办法》	建设部令第 141 号	自 2005 年 11 月 1 日起施行 2015 年 5 月 4 日修改	部门规章
《房屋建筑和市政基础设施工程质量监督管理规定》	住房和城乡建设部令第 5 号	自 2010 年 9 月 1 日起施行	部门规章
《城市地下管线工程档案管理办法》	建设部令第 136 号	自 2005 年 5 月 1 日起施行 2011 年 1 月 26 日第一次修改 2019 年 3 月 13 日第二次修改	部门规章
《房屋建筑工程和市政基础设施工程实行见证取样和送检的规定》	建建〔2000〕211 号	自 2000 年 9 月 26 日起施行	规范性法律文件
《建设工程质量监督机构和人员考核管理办法》	建质〔2007〕184 号	自 2007 年 7 月 26 日起施行	规范性法律文件
《房屋建筑和市政基础设施工程竣工验收规定》	建质〔2013〕171 号	自 2013 年 12 月 2 日起施行	规范性法律文件
《建设工程质量保证金管理办法》	建质〔2017〕138 号	自 2017 年 6 月 20 日起施行	规范性法律文件
《建筑工程五方责任主体项目负责人质量终身责任追究暂行办法》	建质〔2014〕124 号	自 2014 年 8 月 25 日起施行	规范性法律文件

除前述法律、行政法规、部门规章和其他规范性法律文件之外，国家还颁布了很多关于建设工程质量管理的标准和技术规范。

目前，在建设工程质量管理领域，我国已经形成了以《建筑法》《产品质量法》《建设工程质量管理条例》《民用建筑节能条例》等法律和行政法规为主干，以住房和城乡建设部等相关部委发布的部门规章、强制性安全技术规范及地方性法规为分支的建设工程质量管理法律法规体系。

12.1.3　我国建设工程质量政府监督管理的发展历程

建设工程质量政府监督制度的发展，对于提高建设工程质量，促进建筑行业质量的发展，起到了积极推动作用。有学者认为，我国建设工程质量政府监督管理制度的发展，以《关于改革建筑业和基本建设管理体制若干问题的暂行规定》《建设工程质量管理办法》和《建设工程质量管理条例》等三个文件为标志的建立、规范和深化改革的三个阶段。[1] 也有学者把监理制度的建立包括在内，认为我国建设工程质量政府监督管理大致经历了施工单位自身管控，建设单位检查验收、建立政府质量监管制度和建立监理监督制度四个阶段。[2] 也有学者从我国应该建立建设工程质量保险着手，认为我国建设工程质量管理的发展大致经历 4 个阶段：（1）第一阶段（1953—1963 年）——单一的施工企业内部检查制度；（2）第二阶段（1963—1984 年）——第二方建设单位质量验收检查制度；（3）第三阶段（1984—2000 年）——政府建设工程质量等级核验制度的形成；（4）第四阶段（2000 年至今）——推行竣工验收备案制度。我国在实施建设工程质量保险后，我国的工程质量管理将进入第 5 个阶段。[3] 我们认为，我国建设工程质量政府监督管理大致经历了以下四个阶段：

1. 施工单位自身管控阶段（1953 年—1963 年）

新中国成立初期，在国家计划经济管控下，建设项目由国家政府计划，财政拨款，政府进行行政管理，建设活动由国家性质的建筑公司及其工人自行完成，由建筑公司自身对所建设工程质量进行检查管控。

1953 年《中央人民政府重工业部关于在基本建设中深入贯彻责任制与提高工程质量的指示》中提出：基本建设部门应当根据本身建立责任制的情况，进行自我检查，确定负责人；参与的部门如建设单位、施工单位、设计部门都应负技术监督的责任。该项指示的出台标志着我国开始形成工程质量管理制度，表明质量责任制开始逐渐被接受并推广。

1955 年 4 月，国务院将城市建设总局划拨出来成立城市建设总局，由建筑工程管理部门管理建筑企业，针对建筑企业的各类问题进行直接行政干预。此举标志着我国建筑工程管理部门成为重要的代表国家检查质量安全规制的主体。以国务院为统领，其他部门既各司其职又相互配合的建筑业安全规制机构体系初步建立。

此时政府对各建设工程参与主体只是一种单向的行政命令管理，投资活动由国家行政部门从上而下层层拨付。建设工程质量由建筑施工单位进行内部自检、自评、自控、自管。但是在这种单一的施工企业内部检查制度的实施过程中，一旦工期和产量与质量要求产生矛盾，施工企业往往选择牺牲质量，导致自检工作不能完全有效开展，质量管理的目

的无法达到。❶

2. 建设单位检查验收阶段（1963 年—1984 年）

由于单一的施工单位内部质量检查制度无法有效保障工程质量，建工部在 1963 年制定颁布《建筑安装工程技术监督工作条例》，加强对施工单位的管理力度，并开始编制《建筑工程质量检验评定标准》。此举标志着我国工程质量管理从原来单一的施工单位内部质量检查制度逐渐进入建设单位质量检查验收制度。国家规定由建设单位对建设工程项目施工过程进行检查，对关键隐蔽工程内容进行验收，甲方牵制和制约乙方的模式有效促进工程质量的提高。但当时建设工程行业法律法规仍未健全，工程勘察、设计、施工、验收缺乏统一的标准规范来约束，管理效果具有明显的局限性。

然而，随后而来的"文革"使得建筑业初步建立起来的制度、办法，遭到了一定程度的影响，工程质量管理工作并未有所发展。直至 1978 年党的十一届三中全会之后，我国的基本建设工作才得到了迅速的发展，但由于建设规模膨胀过快，质量管理工作没有完全跟上建设步伐。仅 1980 年到 1982 年间，全国就发生房屋倒塌事故 327 起。建设工程质量管理面临的严峻形势，迫切要求改革原有的工程质量管理体制，迅速提升全国工程质量。

1983 年，城乡建设环境保护部和国家技术监督局联合颁布《建设工程质量监督条例》，提出建立质量监督机构，强化施工企业内部的质量管理，强调质监机构的相对独立性和权威性，提出在全国推行工程质量管理制度，并明确建设、施工、勘察设计等单位的质量责任义务与相关部门的职责分工。

3. 政府建设工程质量等级核验制度（1984 年—2000 年）

20 世纪 80 年代伴随着经济体制转轨，原有的工程建设管理体制已无法满足发展的要求，建设工程质量事故频发。为改变这种严峻情况，1984 年国务院颁布《关于改革建筑业和基本建设管理体制若干问题的暂行规定》（国发〔1984〕123 号文）提出："改革工程质量监督办法"，大中型工业、交通建设项目，由建设单位负责监督检查；对于一般民用项目，在地方政府领导下，按城市建立有权威的工程质量监督机构，根据有关法规和技术标准，对本地区的工程质量进行监督检查，该机构实行企业化管理，向委托单位收取一定的监督和检测费用。该《暂时规定》规定要求在地方政府的领导下，按区域成立建设工程质量管理机构，根据有关法规和技术标准，对本地区的工程质量进行监督检查，标志着我国建设工程质量政府监督制度的正式建立。继而我国开始在全国县级以上建设行政管理部门成立质量监督机构，接受建设行政主管部门的委托，行使工程质量监管职能。

1985 年建设部颁发《建设工程质量监督站工作暂行规定》，1986 年 3 月，国家计委、建设银行下发《关于工程质量监督机构监督范围和取费标准的通知》，要求于 1986 年年底以前完成制定工程质量监督办法和建立监督机构的工作，并要求逐步建立健全工程质量检测机构。经过两年多的时间，我国建立起了覆盖全国的工程质量监督机构体系，形成了相当规模的监督队伍。此举标志着我国在施工单位自检、建设单位抽检的基础上，建立了质量监督机构，形成自检、抽检和第三方监督相结合的质量管理体系，推动了质量管理工作由政府单向行政管理向专业技术质量管理转变，由第二方检查向政府质量监管、施工企业自控、建设单位检查相结合转变。

---

❶ 李慧民、马海骋、盛金喜. 建设工程质量保险制度基础［M］. 北京：科学出版社，2017.

1987 年 5 月 3 日城乡建设环境保护部《建筑工程质量监督站工作补充规定》（城建字第 261 号），确立了建筑工程质量监督站是当地政府履行工程质量监督的专职执法机构，质监站实行站长负责制，受监工程实行质量监督员负责制，对质监站站长和监督员的资质条件和职能规范做出了规定。1987 年 1 月 23 日《建筑工程质量责任暂行规定》（城建字第 52 号）中规定，建筑工程的勘察、设计、施工、构配件生产单位以及相应的建筑材料、设备供应单位，应对自己的勘察设计、施工的工程质量和生产、供应的产品质量承担责任。这一阶段，我国建设工程质量政府监督的主要内容局限于建设过程中的实体质量的抽样检查和建设工程质量等级的核定上，实际上已转变成为质量责任主体之一。

1990 年 4 月 9 日《建设工程质量监督管理规定》（建字第 151 号文），标志着建设工程质量政府监督管理步入规范化轨道。该《规定》明确了由政府授权的质量监督机构，对各类新建、改建和扩建的工业、交通和民用、市政公用工程及建筑配件实行监督的权力，明确监督的依据是国家颁发的有关法律、法规、技术标准及设计文件，并且对工程质量监督机构的职责、管理人员资质、工程监督程序、监督内容、权限与责任做出了明确的规定。

1993 年 11 月 16 日《建设工程质量管理办法》（建设部第 29 号令）规定了建设单位、工程勘察设计单位、施工单位、建筑材料、构配件生产和设备供应单位的质量责任和义务，它标志着建设工程质量监督管理纳入法治化轨道。《建设工程质量管理办法》明确了建设工程的范围是指房屋建设、土木工程、设备安装、管线铺设等工程；界定了建设工程质量是指在国家现行的有关法律法规、技术标准、设计文件和合同中，对工程的安全、适用、经济、美观等特性的综合要求，体现了工程质量的综合性。《建设工程质量管理办法》的最大特点是首次将建设单位纳入建设工程质量责任主体，明确规定其质量责任和义务；对建设、勘察设计、施工和构配件生产等单位违反《建设工程质量管理办法》所规定的质量责任和义务的惩罚做出了明文规定，依法承担相应的责任；对于从事工程质量监督的工作人员做出了违法承担责任和处罚的规定，保证工程质监工作的权威性、法制性；对阻碍进行工程质量监督的国家工作人员依法执行公务的，依法处罚，为工程质量依法监督提供了法律支持。❶

4. 推行竣工验收备案制度阶段（2000 年至今）

2000 年《建设工程质量管理条例》推行竣工验收备案制度对工程建设各方责任主体的质量行为进行约束，恢复质量监督机构的执法地位，使其能够依法对参建各方建设主体的质量行为实施严格、公正的监督，促使各方建设主体承担法律法规规定的责任和义务。

《建设工程质量管理条例》从根本上改变了工程质量管理工作方式，实现政府由直接验收核定工程质量等级向竣工验收备案转变，由微观监督向宏观监督转变，由阶段监督向全过程监督转变，由直接监督向间接监督转变，并针对政府承担的质量监管责任，质量监督机构承担的监督责任，以及参与各方承担的己方质量责任进行了清晰的界定。《建设工程质量管理条例》的实施体现了工程质量政府监督的事前控制思想和依法监督的思想。由此质量监督机构也从责任主体中解脱出来，转为受政府部门委托执法的机构。

---

❶　方华林. 建设工程质量政府监督管理模式的研究［D］. 广州：华南理工大学，2011.

2000 年 7 月 18 日，建设部下发《关于建设工程质量监督机构深化改革的指导意见》指出工程质量政府监督的主要目的，提出对监督机构深化改革的指导意见，对各方性质、责任与要求进行具体界定，标志我国工程质量管理在社会主义市场经济体制下步入宏观调控管理深化改革的新阶段。

2003 年 8 月 5 日，建设部印发《工程质量监督工作导则》，对工程质量监督机构的工作内容、相关制度的制定、工程各方主体的质量行为监督和实体的监督等进行规范。但《导则》作为规范性文件，法律层级依然较低，尤其未明确工程质量监督机构的定位，造成工程质量监督机构在工程实践中指导性和约束力不足，无法适应我国建筑业发展的新环境。

根据 2008 年 12 月财政部《关于公布取消和停止征收 100 项行政事业性收费项目的通知》精神，自 2009 年 1 月 1 日起取消质量监督费，使质量监督机构的执法地位相对独立，真正代表政府对工程质量实施监督。

随后，住房和城乡建设部相继出台了一些与建设工程质量管理的部门规章和规范性法律文件，主要包括《房屋建筑和市政基础设施工程竣工验收规定》《建筑工程五方责任主体项目负责人质量终身责任追究暂行办法》等。

12.1.4 我国现行建设工程质量政府监督管理的行政管理模式

1. 我国的建设工程质量监督管理体制

《建设工程质量管理条例》规定，国务院建设行政主管部门对全国的建设工程质量实施统一监督管理。国务院铁路、交通、水利等有关部门按照国务院规定的职责分工，负责对全国的有关专业建设工程质量的监督管理。

国务院发展计划部门按照国务院规定的职责，组织稽查特派员，对国家出资的重大建设项目实施监督检查。国务院经济贸易主管部门按照国务院规定的职责，对国家重大技术改造项目实施监督检查。

县级以上地方人民政府建设行政主管部门对本行政区域内的建设工程质量实施监督管理。县级以上地方人民政府交通、水利等有关部门在各自的职责范围内，负责对本行政区域内的专业建设工程质量的监督管理。建设工程质量监督管理，可以由建设行政主管部门或者其他有关部门委托的建设工程质量监督机构具体实施。

建设工程质量监督管理，可以由建设行政主管部门或者其他有关部门委托的建设工程质量监督机构具体实施。从事房屋建筑工程和市政基础设施工程质量监督的机构，必须按照国家有关规定经国务院建设行政主管部门或者省、自治区、直辖市人民政府建设行政主管部门考核；从事专业建设工程质量监督的机构，必须按照国家有关规定经国务院有关部门或者省、自治区、直辖市人民政府有关部门考核。经考核合格后，方可实施质量监督。在政府加强监督的同时，还要发挥社会监督的巨大作用，任何单位和个人对建设工程的质量事故、质量缺陷都有权检举、控告、投诉。

2. 建设工程政府监督检查的内容和措施

工程质量监督管理，是指主管部门依据有关法律法规和工程建设强制性标准，对工程实体质量和工程建设、勘察、设计、施工、监理单位和质量检测等单位的工程质量行为实施监督。建设工程政府质量监督管理法律依据很多，主要包括有《建筑法》《建设工程质量管理条例》，以及住房和城乡建设部的部门规章和一些规范性法律文件。

《建设工程质量管理条例》规定，国务院建设行政主管部门和国务院铁路、交通、水利等有关部门以及县级以上地方人民政府建设行政主管部门和其他有关部门，应当加强对有关建设工程质量的法律、法规和强制性标准执行情况的监督检查。《房屋建筑和市政基础设施工程质量监督管理规定》（住房和城乡建设部令第 5 号）规定，工程质量监督管理应当包括下列内容：①执行法律法规和工程建设强制性标准的情况；②抽查涉及工程主体结构安全和主要使用功能的工程实体质量；③抽查工程质量责任主体和质量检测等单位的工程质量行为；④抽查主要建筑材料、建筑构配件的质量；⑤对工程竣工验收进行监督；⑥组织或者参与工程质量事故的调查处理；⑦定期对本地区工程质量状况进行统计分析；⑧依法对违法违规行为实施处罚。

县级以上人民政府建设行政主管部门和其他有关部门履行监督检查职责时，有权采取下列措施：①要求被检查的单位提供有关工程质量的文件和资料；②进入被检查单位的施工现场进行检查；③发现有影响工程质量的问题时，责令改正。有关单位和个人对县级以上人民政府建设行政主管部门和其他有关部门进行的监督检查应当支持与配合，不得拒绝或者阻碍建设工程质量监督检查人员依法执行职务。《建设工程质量管理条例》规定，供水、供电、供气、公安消防等部门或者单位不得明示或者暗示建设单位、施工单位购买其指定的生产供应单位的建筑材料、建筑构配件和设备。

3. 建设工程质量监督机构

根据《建设工程质量管理条例》的规定，建设工程质量监督管理，可由建设行政主管部门或者其他有关部门委托的建设工程质量监督机构具体实施。《建设工程质量监督机构和人员考核管理办法》（建质〔2007〕184 号）规定，建设工程质量监督机构是指受县级以上地方人民政府建设主管部门或有关部门委托，经省级人民政府建设主管部门或国务院有关部门考核认定，依据国家的法律、法规和工程建设强制性标准，对工程建设实施过程中各参建责任主体和有关单位的质量行为及工程实体质量进行监督管理的具有独立法人资格的单位。

国务院建设主管部门对全国建设工程质量监督机构和人员考核工作实施统一监督管理。铁路、交通、水利、信息、民航等国务院有关部门按照国务院规定的职责分工对所属的专业工程质量监督机构和人员实施考核管理。省、自治区、直辖市人民政府建设主管部门对本行政区域内建设工程质量监督机构和人员进行考核管理和业务指导。监督机构应具备的基本条件：①具有一定数量的监督人员：地市级以上人民政府建设主管部门所属的监督机构（以下简称地市级以上监督机构）不少于 9 人；县级人民政府建设主管部门所属的监督机构（以下简称县级监督机构，包括县级市）不少于 3 人；监督人员专业结构合理，建筑工程水、电、智能化等安装专业技术人员与土建工程专业技术人员相配套；监督人员数量占监督机构总人数的比例不低于 75％。②有固定的工作场所和适应工程质量监督检查工作需要的仪器、设备和工具等；③有健全的工作制度和管理制度；④具备与质量监督工作相适应的信息化管理条件。监督人员应当具备一定的专业技术能力和监督执法知识，熟悉掌握国家有关的法律、法规和工程建设强制性标准，具有良好职业道德。

4. 建设工程质量事故报告制度

《建设工程质量管理条例》规定，建设工程发生质量事故，有关单位应当在 24 小时内向当地建设行政主管部门和其他有关部门报告。对重大质量事故，事故发生地的建设行政主管部门和其他有关部门应当按照事故类别和等级向当地人民政府和上级建设行政主管部门和其他有关部门报告。特别重大质量事故的调查程序按照国务院有关规定办理。

《生产安全事故报告和调查处理条例》规定，特别重大事故，是指造成 30 人以上死亡，或者 100 人以上重伤（包括急性工业中毒），或者 1 亿元以上直接经济损失的事故。特别重大事故、重大事故逐级上报至国务院安全生产监督管理部门和负有安全生产监督管理职责的有关部门。每级上报的时间不得超过 2 小时。必要时，安全生产监督管理部门和负有安全生产监督管理职责的有关部门可以越级上报事故情况。

5. 有关质量违法行为应承担的法律责任

《建设工程质量管理条例》规定，发生重大工程质量事故隐瞒不报、谎报或者拖延报告期限的，对直接负责的主管人员和其他责任人员依法给予行政处分。供水、供电、供气、公安消防等部门或者单位明示或者暗示建设单位或者施工单位购买其指定的生产供应单位的建筑材料、建筑构配件和设备的，责令改正。国家机关工作人员在建设工程质量监督管理工作中玩忽职守、滥用职权、徇私舞弊，构成犯罪的，依法追究刑事责任；尚不构成犯罪的，依法给予行政处分。

12.2　建设工程质量责任制度

《建筑工程五方责任主体项目负责人质量终身责任追究暂行办法》（建质〔2014〕124号）规定，建筑工程开工建设前，建设、勘察、设计、施工、监理单位法定代表人应当签署授权书，明确本单位项目负责人。建筑工程五方责任主体项目负责人质量终身责任，是指参与新建、扩建、改建的建筑工程项目负责人按照国家法律法规和有关规定，在工程设计使用年限内对工程质量承担相应责任。工程质量终身责任实行书面承诺和竣工后永久性标牌等制度。2017 年 2 月国务院办公厅《关于促进建筑业持续健康发展的意见》中规定，全面落实各方主体的工程质量责任，特别要强化建设单位的首要责任和勘察、设计、施工单位的主体责任。严格执行工程质量终身责任制，在建筑物明显部位设置永久性标牌，公示质量责任主体和主要责任人。

12.2.1　建设单位的质量责任与义务

《关于促进建筑业持续健康发展的意见》中明确提出，"特别要强化建设单位的首要责任"。建设单位有权选择承包单位，有权对建设过程进行检查、控制，对建设工程进行验收，是建设工程的重要责任主体，在整个建设活动中居于主导地位。

1. 依法发包工程

建筑业企业资质等级是对从事工程建设活动资格和能力的评价，是国家实行建设市场准入管理的重要手段。《建设工程勘察设计资质管理规定》《建筑业企业资质管理规定》《工程监理企业资质管理规定》等均对工程勘察单位、工程设计单位、施工企业和工程监理单位的资质等级、资质标准、业务范围等作了明确规定。

《建设工程质量管理条例》规定，建设单位应当将工程发包给具有相应资质等级的单位。建设单位不得将建设工程肢解发包。建设单位应当依法对工程建设项目的勘察、设计、施工、监理以及与工程建设有关的重要设备、材料等的采购进行招标。《建筑工程五方责任主体项目负责人质量终身责任追究暂行办法》进一步规定，建设单位项目负责人对工程质量承担全面责任，不得违法发包、肢解发包，不得以任何理由要求勘察、设计、施工、监理单位违反法律法规和工程建设标准，降低工程质量，其违法违规或不当行为造成工程质量事故或质量问题应当承担责任。

2. 依法向有关单位提供原始资料

《建设工程质量管理条例》规定，建设单位必须向有关的勘察、设计、施工、工程监理等单位提供与建设工程有关的原始资料。原始资料必须真实、准确、齐全。

在工程实践中，建设单位根据委托任务必须向勘察单位提供如勘察任务书、项目规划总平面图、地下管线、地形地貌等在内的基础资料；向设计单位提供政府有关部门批准的项目建议书、可行性研究报告等立项文件，设计任务书，有关城市规划、专业规划设计条件，勘察成果及其他基础资料；向施工单位提供概算批准文件，建设项目正式列入国家、部门或地方的年度固定资产投资计划，建设用地的征用资料，施工图纸及技术资料，建设资金和主要建筑材料、设备的来源落实资料，建设项目所在地规划部门批准文件，施工现场完成"三通一平"的平面图等资料；向工程监理单位提供的原始资料，除包括给施工单位的资料外，还要有建设单位与施工单位签订的承包合同文本。❶

3. 建设单位的禁止性行为

《建筑法》规定，建设单位不得以任何理由，要求建筑设计单位或者建筑施工企业在工程设计或者施工作业中，违反法律、行政法规和建筑工程质量、安全标准，降低工程质量。《建设工程质量管理条例》进一步规定，建设工程发包单位，不得迫使承包方以低于成本的价格竞标，不得任意压缩合理工期。建设单位不得明示或者暗示设计单位或者施工单位违反工程建设强制性标准，降低建设工程质量。《政府投资条例》规定，政府投资项目应当按照国家有关规定合理确定并严格执行建设工期，任何单位和个人不得非法干预。《建设工程抗震管理条例》规定，建设单位应当对建设工程勘察、设计和施工全过程负责，在勘察、设计和施工合同中明确拟采用的抗震设防强制性标准，按照合同要求对勘察设计成果文件进行核验，组织工程验收，确保建设工程符合抗震设防强制性标准。建设单位不得明示或者暗示勘察、设计、施工等单位和从业人员违反抗震设防强制性标准，降低工程抗震性能。

4. 依法报审施工图设计文件

施工图设计文件是设计文件的重要内容，是编制施工图预算、安排材料、设备订货和非标准设备制作，进行施工、安装和工程验收等工作的依据。《建设工程质量管理条例》第十一条规定，施工图设计文件审查的具体办法，由国务院建设行政主管部门、国务院其他有关部门制定。施工图设计文件未经审查批准的，不得使用。

5. 依法实行工程监理

《建设工程质量管理条例》规定，实行监理的建设工程，建设单位应当委托具有相应资质等级的工程监理单位进行监理，也可以委托具有工程监理相应资质等级并与被监理工程的施工承包单位没有隶属关系或者其他利害关系的该工程的设计单位进行监理。下列建设工程必须实行监理：①国家重点建设工程；②大中型公用事业工程；③成片开发建设的

---

❶ 全国一级建造师执业资格考试用书编写委员会. 建设工程法规及相关知识 [M]. 北京：中国建筑工业出版社，2022：305.

住宅小区工程；④利用外国政府或者国际组织贷款、援助资金的工程；⑤国家规定必须实行监理的其他工程。

6. 依法办理工程质量监督手续

《建设工程质量管理条例》第十三条规定，建设单位在开工前，应当按照国家有关规定办理工程质量监督手续，工程质量监督手续可以与施工许可证或者开工报告合并办理。建设单位在开工之前，应当依法到建设行政主管部门或铁路、交通、水利等有关管理部门，或其委托的工程质量监督机构办理工程质量监督手续，接受政府主管部门的工程质量监督。建设单位办理工程质量监督手续，应提供以下文件和资料：①工程规划许可证；②设计单位资质等级证书；③监理单位资质等级证书，监理合同及《工程项目监理登记表》；④施工单位资质等级证书及营业执照副本；⑤工程勘察设计文件；⑥中标通知书及施工承包合同等。

7. 依法保证建筑材料等符合要求

《建设工程质量管理条例》规定，按照合同约定，由建设单位采购建筑材料、建筑构配件和设备的，建设单位应当保证建筑材料、建筑构配件和设备符合设计文件和合同要求。建设单位不得明示或者暗示施工单位使用不合格的建筑材料、建筑构配件和设备。

8. 依法进行装修工程

建筑设计方案是根据建筑物的功能要求，具体确定建筑标准、结构形式、建筑物的空间和平面布置以及建筑群体的安排。所以，对于涉及建筑主体和承重结构变动的装修工程，必须重新进行计算和设计，形成新的设计方案。《建设工程质量管理条例》规定，涉及建筑主体和承重结构变动的装修工程，建设单位应当在施工前委托原设计单位或者具有相应资质等级的设计单位提出设计方案；没有设计方案的，不得施工。房屋建筑使用者在装修过程中，不得擅自变动房屋建筑主体和承重结构。

9. 组织竣工验收并移交建设项目档案

《建设工程质量管理条例》规定，建设单位收到建设工程竣工报告后，应当组织设计、施工、工程监理等有关单位进行竣工验收。建设工程竣工验收应当具备下列条件：①完成建设工程设计和合同约定的各项内容；②有完整的技术档案和施工管理资料；③有工程使用的主要建筑材料、建筑构配件和设备的进场试验报告；④有勘察、设计、施工、工程监理等单位分别签署的质量合格文件；⑤有施工单位签署的工程保修书。建设工程经验收合格的，方可交付使用。建设单位应当严格按照国家有关档案管理的规定，及时收集、整理建设项目各环节的文件资料，建立、健全建设项目档案，并在建设工程竣工验收后，及时向建设行政主管部门或者其他有关部门移交建设项目档案。

10. 建设单位质量违法行为应承担的法律责任

《建筑法》规定，建设单位违反本法规定，要求建筑设计单位或者建筑施工企业违反建筑工程质量、安全标准，降低工程质量的，责令改正，可以处以罚款；构成犯罪的，依法追究刑事责任。

《建设工程质量管理条例》规定，建设单位有下列行为之一的，责令改正，处 20 万元以上 50 万元以下的罚款：①迫使承包方以低于成本的价格竞标的；②任意压缩合理工期的；③明示或者暗示设计单位或者施工单位违反工程建设强制性标准，降低工程质量的；④施工图设计文件未经审查或者审查不合格，擅自施工的；⑤建设项目必须实行工程监理而未实行工程监理的；⑥未按照国家规定办理工程质量监督手续的；⑦明示或者暗示施工单位使用不合格的建筑材料、建筑构配件和设备的；⑧未按照国家规定将竣工验收报告、有关认可文件或者准许使用文件报送备案的。

《建筑工程五方责任主体项目负责人质量终身责任追究暂行办法》规定，发生本办法第六条所列情形之一的，对建设单位项目负责人按以下方式进行责任追究：①项目负责人为国家公职人员的，将其违法违规行为告知其上级主管部门及纪检监察部门，并建议对项目负责人给予相应的行政、纪律处分；②构成犯罪的，移送司法机关依法追究刑事责任；③处单位罚款数额 5％以上 10％以下的罚款；④向社会公布曝光。

12.2.2　勘察设计单位的质量责任与义务

《建筑法》规定，建筑工程的勘察、设计单位必须对其勘察、设计的质量负责。勘察、设计文件应当符合有关法律、行政法规的规定和建筑工程质量、安全标准、建筑工程勘察、设计技术规范以及合同的约定。

1. 依法承揽工程的勘察、设计业务

《建设工程质量管理条例》规定，从事建设工程勘察、设计的单位应当依法取得相应等级的资质证书，并在其资质等级许可的范围内承揽工程。禁止勘察、设计单位超越其资质等级许可的范围或者以其他勘察、设计单位的名义承揽工程。禁止勘察、设计单位允许其他单位或者个人以本单位的名义承揽工程。勘察、设计单位不得转包或者违法分包所承揽的工程。

2. 勘察、设计必须执行强制性标准

《建设工程质量管理条例》规定，勘察、设计单位必须按照工程建设强制性标准进行勘察、设计，并对其勘察、设计的质量负责。注册建筑师、注册结构工程师等注册执业人员应当在设计文件上签字，对设计文件负责。

《建筑工程五方责任主体项目负责人质量终身责任追究暂行办法》进一步规定，勘察、设计单位项目负责人应当保证勘察设计文件符合法律法规和工程建设强制性标准的要求，对因勘察、设计导致的工程质量事故或质量问题承担责任。

3. 勘察单位提供的勘察成果必须真实、准确

工程勘察成果文件是设计和施工的基础资料和重要依据。其真实准确与否直接影响到设计、施工质量，因而工程勘察成果必须真实准确、安全可靠。《建设工程质量管理条例》规定，勘察单位提供的地质、测量、水文等勘察成果必须真实、准确。

4. 设计依据和设计深度

勘察成果文件是设计的基础资料，是设计的依据。《建设工程质量管理条例》规定，设计单位应当根据勘察成果文件进行建设工程设计。设计文件应当符合国家规定的设计深度要求，注明工程合理使用年限。

关于建设工程的设计合理使用年限，主要指建筑主体结构的设计使用年限。根据《建筑结构可靠度设计统一标准》GB 50068—2018 和《民用建筑设计通则》GB 50352—2019的规定，建设工程的设计合理使用年限分为四类：①对于临时性建筑，其设计使用年限为5 年；②对于易于替换结构构件的建筑，其设计使用年限为 25 年；③对于普通房屋和构筑物，其设计使用年限为 50 年；④对于纪念性建筑和特别重要的建筑结构，其结构设计使用年限为 100 年。此外，对于专业建筑工程，则应按照相应的专业技术规范要求确定其

设计合理使用年限。

5. 依法规范设计对建筑材料等的选用

《建筑法》《建设工程质量管理条例》都规定，设计单位在设计文件中选用的建筑材料、建筑构配件和设备，应当注明规格、型号、性能等技术指标，其质量要求必须符合国家规定的标准。除有特殊要求的建筑材料、专用设备、工艺生产线等外，设计单位不得指定生产厂、供应商。

6. 依法对设计文件进行设计交底

《建设工程质量管理条例》规定，设计单位应当就审查合格的施工图设计文件向施工单位作出详细说明。设计文件的设计交底，通常的做法是设计文件完成后，通过建设单位发给施工单位，再由设计单位将设计的意图、特殊的工艺要求，以及建筑、结构、设备等各专业在施工中的难点、疑点和容易发生的问题等向施工单位作详细说明，并负责解释施工单位对设计图纸的疑问。

7. 依法参与建设工程质量事故分析

《建设工程质量管理条例》规定，设计单位应当参与建设工程质量事故分析，并对因设计造成的质量事故，提出相应的技术处理方案。

8. 勘察、设计单位质量违法行为应承担的法律责任

《建设法》规定，建筑设计单位不按照建筑工程质量、安全标准进行设计的，责令改正，处以罚款；造成工程质量事故的，责令停业整顿，降低资质等级或者吊销资质证书，没收违法所得，并处罚款；造成损失的，承担赔偿责任；构成犯罪的，依法追究刑事责任。

《建设工程质量管理条例》规定，有下列行为之一的，责令改正，处10万元以上30万元以下的罚款：①勘察单位未按照工程建设强制性标准进行勘察的；②设计单位未根据勘察成果文件进行工程设计的；③设计单位指定建筑材料、建筑构配件的生产厂、供应商的；④设计单位未按照工程建设强制性标准进行设计的。有以上所列行为，造成工程质量事故的，责令停业整顿，降低资质等级；情节严重的，吊销资质证书；造成损失的，依法承担赔偿责任。

《建筑工程五方责任主体项目负责人质量终身责任追究暂行办法》规定，发生本办法第六条所列情形之一的，对勘察单位项目负责人、设计单位项目负责人按以下方式进行责任追究：①项目负责人为注册建筑师、勘察设计注册工程师的，责令停止执业1年；造成重大质量事故的，吊销执业资格证书，5年以内不予注册；情节特别恶劣的，终身不予注册；②构成犯罪的，移送司法机关依法追究刑事责任；③处单位罚款数额5%以上10%以下的罚款；④向社会公布曝光。

12.2.3 施工单位的质量责任与义务

施工单位是工程建设的重要责任主体之一。《建筑法》规定，建筑施工企业对工程的施工质量负责。《国务院办公厅关于促进建筑业持续健康发展的意见》（国办发〔2017〕19号）中规定，全面落实各方主体的工程质量责任，特别要强化建设单位的首要责任和勘察、设计、施工单位的主体责任。严格执行工程质量终身责任制，在建筑物明显部位设置永久性标牌，公示质量责任主体和主要责任人。《建筑工程五方责任主体项目负责人质量终身责任追究暂行办法》（建质〔2014〕124号）规定，建筑工程开工建设前，建设、勘察、设计、施工、监理单位法定代表人应当签署授权书，明确本单位项目负责人。工程质量终身责任实行书面承诺和竣工后永久性标牌等制度。

1. 依法承揽工程的施工业务

《建设工程质量管理条例》规定，施工单位应当依法取得相应等级的资质证书，并在其资质等级许可的范围内承揽工程。禁止施工单位超越本单位资质等级许可的业务范围或者以其他施工单位的名义承揽工程。禁止施工单位允许其他单位或者个人以本单位的名义承揽工程。施工单位不得转包或者违法分包工程。

2. 施工单位对施工质量负责

《建设工程质量管理条例》定，施工单位对建设工程的施工质量负责。施工单位应当建立质量责任制，确定工程项目的项目经理、技术负责人和施工管理负责人。《建设工程抗震管理条例》规定，工程总承包单位、施工单位及工程监理单位应当建立建设工程质量责任制度，加强对建设工程抗震设防措施施工质量的管理。国家鼓励工程总承包单位、施工单位采用信息化手段采集、留存隐蔽工程施工质量信息。施工单位应当按照抗震设防强制性标准进行施工。《建筑工程五方责任主体项目负责人质量终身责任追究暂行办法》规定，施工单位项目经理应当按照经审查合格的施工图设计文件和施工技术标准进行施工，对因施工导致的工程质量事故或质量问题承担责任。

3. 总分包单位的质量责任

《建筑法》规定，建筑工程实行总承包的，工程质量由工程总承包单位负责，总承包单位将建筑工程分包给其他单位的，应当对分包工程的质量与分包单位承担连带责任。分包单位应当接受总承包单位的质量管理。《建设工程质量管理条例》进一步规定，建设工程实行总承包的，总承包单位应当对全部建设工程质量负责；建设工程勘察、设计、施工、设备采购的一项或者多项实行总承包的，总承包单位应当对其承包的建设工程或者采购的设备的质量负责。总承包单位依法将建设工程分包给其他单位的，分包单位应当按照分包合同的约定对其分包工程的质量向总承包单位负责，总承包单位与分包单位对分包工程的质量承担连带责任。《建设工程抗震管理条例》规定，实行施工总承包的，隔震减震装置属于建设工程主体结构的施工，应当由总承包单位自行完成。

4. 按照工程设计图纸和施工技术标准施工

《建筑法》规定，建筑施工企业必须按照工程设计图纸和施工技术标准施工，不得偷工减料。工程设计的修改由原设计单位负责，建筑施工企业不得擅自修改工程设计。《建设工程质量管理条例》进一步规定，施工单位必须按照工程设计图纸和施工技术标准施工，不得擅自修改工程设计，不得偷工减料。施工单位在施工过程中发现设计文件和图纸有差错的，应当及时提出意见和建议。《建设工程消防监督管理规定》要求，施工单位必须按照国家工程建设消防技术标准和经消防设计审核合格或者备案的消防设计文件组织施工，不得擅自改变消防设计进行施工，降低消防施工质量。

5. 对建筑材料、设备等进行检验检测

《建筑法》规定，建筑施工企业必须按照工程设计要求、施工技术标准和合同的约定，对建筑材料、建筑构配件和设备进行检验，不合格的不得使用。《建设工程质量管理条例》进一步规定，施工单位必须按照工程设计要求、施工技术标准和合同约定，对建筑材料、建筑构配件、设备和商品混凝土进行检验，检验应当有书面记录和专人签字；未经检验或者检验不合格的，不得使用。施工人员对涉及结构安全的试块、试件以及有关材料，应当在建设单位或者工程监理单位监督下现场取样，并送具有相应资质等级的质量检测单位进行检测。

6. 施工质量检验制度

《建设工程质量管理条例》规定，施工单位必须建立、健全施工质量的检验制度，严格工序管理，做好隐蔽工程的质量检查和记录。隐蔽工程在隐蔽前，施工单位应当通知建设单位和建设工程质量监督机构。施工质量检验，通常是指工程施工过程中工序质量检验（或称为过程检验），包括预检、自检、交接检、专职检、分部工程中间检验以及隐蔽工程检验等。

隐蔽工程，是指在施工过程中某一道工序所完成的工程实物，被后一工序形成的工程实物所隐蔽，而且不可以逆向作业的那部分工程。隐蔽工程被后续工序隐蔽后，其施工质量就很难检验及认定。所以，隐蔽工程在隐蔽前，施工单位除了要做好检查、检验并做好记录外，还应当及时通知建设单位（实施监理的工程为监理单位）和建设工程质量监督机构，以接受政府监督和向建设单位提供质量保证。

7. 建设工程的返修

《建筑法》规定，对已发现的质量缺陷，建筑施工企业应当修复。《建设工程质量管理条例》进一步规定，施工单位对施工中出现质量问题的建设工程或者竣工验收不合格的建设工程，应当负责返修。《民法典》也作了相应规定，因施工人的原因致使建设工程质量不符合约定的，发包人有权请求施工人在合理期限内无偿修理或者返工、改建。经过修理或者返工、改建后，造成逾期交付的，施工人应当承担违约责任。不论是施工过程中出现质量问题的建设工程，还是竣工验收时发现质量问题的工程，施工单位都要负责返修。对于非施工单位原因造成的质量问题，施工单位也应当负责返修，但是因此而造成的损失及返修费用由责任方负责。

8. 建立健全职工教育培训制度

《建设工程质量管理条例》规定，施工单位应当建立、健全教育培训制度，加强对职工的教育培训；未经教育培训或者考核不合格的人员，不得上岗作业。

9. 违法行为应承担的法律责任

（1）违反资质管理规定和转包、违法分包造成质量问题应承担的法律责任

《建筑法》规定，建筑施工企业转让、出借资质证书或者以其他方式允许他人以本企业的名义承揽工程的，……对因该项承揽工程不符合规定的质量标准造成的损失，建筑施工企业与使用本企业名义的单位或者个人承担连带赔偿责任。承包单位将承包的工程转包的，或者违反本法规定进行分包的，……对因转包工程或者违法分包的工程不符合规定的质量标准造成的损失，与接受转包或者分包的单位承担连带赔偿责任。

（2）偷工减料等违法行为应承担的法律责任

《建筑法》规定，建筑施工企业在施工中偷工减料的，使用不合格的建筑材料、建筑构配件和设备的，或者有其他不按照工程设计图纸或者施工技术标准施工的行为的，责令改正，处以罚款；情节严重的，责令停业整顿，降低资质等级或者吊销资质证书；造成建筑工程质量不符合规定的质量标准的，负责返工、修理，并赔偿因此造成的损失；构成犯罪的，依法追究刑事责任。《建设工程质量管理条例》规定，施工单位在施工中偷工减料的，使用不合格的建筑材料、建筑构配件和设备的，或者有不按照工程设计图纸或者施工

技术标准施工的其他行为的，责令改正，处工程合同价款 2% 以上 4% 以下的罚款；造成建设工程质量不符合规定的质量标准的，负责返工、修理，并赔偿因此造成的损失；情节严重的，责令停业整顿，降低资质等级或者吊销资质证书。

（3）项目经理违法行为应承担的法律责任

《建筑工程五方责任主体项目负责人质量终身责任追究暂行办法》规定，符合下列情形之一的，县级以上地方人民政府住房城乡建设主管部门应当依法追究项目负责人的质量终身责任：①发生工程质量事故；②发生投诉、举报、群体性事件、媒体报道并造成恶劣社会影响的严重工程质量问题；③由于勘察、设计或施工原因造成尚在设计使用年限内的建筑工程不能正常使用；④存在其他需追究责任的违法违规行为。对施工单位项目经理按以下方式进行责任追究：①项目经理为相关注册执业人员的，责令停止执业 1 年；造成重大质量事故的，吊销执业资格证书，5 年以内不予注册；情节特别恶劣的，终身不予注册；②构成犯罪的，移送司法机关依法追究刑事责任；③处单位罚款数额 5% 以上 10% 以下的罚款；④向社会公布曝光。

（4）检验检测违法行为应承担的法律责任

《建设工程质量管理条例》规定，施工单位未对建筑材料、建筑构配件、设备和商品混凝土进行检验，或者未对涉及结构安全的试块、试件以及有关材料取样检测的，责令改正，处 10 万元以上 20 万元以下的罚款；情节严重的，责令停业整顿，降低资质等级或者吊销资质证书；造成损失的，依法承担赔偿责任。《建设工程抗震管理条例》规定，施工单位未对隔震减震装置取样送检或者使用不合格隔震减震装置的，责令改正，处 10 万元以上 20 万元以下的罚款；情节严重的，责令停业整顿，并处 20 万元以上 50 万元以下的罚款，降低资质等级或者吊销资质证书；造成损失的，依法承担赔偿责任。

（5）构成犯罪的追究刑事责任

《建设工程质量管理条例》规定，建设单位、设计单位、施工单位、工程监理单位违反国家规定，降低工程质量标准，造成重大安全事故，构成犯罪的，对直接责任人员依法追究刑事责任。建设、勘察、设计、施工、工程监理单位的工作人员因调动工作、退休等原因离开该单位后，被发现在该单位工作期间违反国家有关建设工程质量管理规定，造成重大工程质量事故的，仍应当依法追究法律责任。《刑法》第一百三十七条规定，建设单位、设计单位、施工单位、工程监理单位违反国家规定，降低工程质量标准，造成重大安全事故的，对直接责任人员处 5 年以下有期徒刑或者拘役，并处罚金；后果特别严重的，处 5 年以上 10 年以下有期徒刑，并处罚金。

12.2.4　工程监理单位的质量责任和义务

工程监理单位接受建设单位的委托，代表建设单位，对建设工程进行管理。因此，工程监理单位也是建设工程质量的责任主体之一。

1. 依法承担工程监理业务

《建筑法》规定，工程监理单位应当在其资质等级许可的监理范围内，承担工程监理业务。工程监理单位不得转让工程监理业务。《建设工程质量管理条例》进一步规定，工程监理单位应当依法取得相应等级的资质证书，并在其资质等级许可的范围内承担工程监理业务。禁止工程监理单位超越本单位资质等级许可的范围或者以其他工程监理单位的名义承担工程监理业务。禁止工程监理单位允许其他单位或者个人以本单位的名义承担工程监理业务。工程监理单位不得转让工程监理业务。

2. 对有隶属关系或其他利害关系的回避

《建筑法》《建设工程质量管理条例》均规定，工程监理单位与被监理工程的施工承包单位以及建筑材料、建筑构配件和设备供应单位有隶属关系或者其他利害关系的，不得承担该项建设工程的监理业务。

3. 监理工作的依据和监理责任

《建设工程质量管理条例》规定，工程监理单位应当依照法律、法规以及有关技术标准、设计文件和建设工程承包合同，代表建设单位对施工质量实施监理，并对施工质量承担监理责任。《建筑工程五方责任主体项目负责人质量终身责任追究暂行办法》进一步规定，监理单位总监理工程师应当按照法律法规、有关技术标准、设计文件和工程承包合同进行监理，对施工质量承担监理责任。

4. 工程监理的职责和权限

《建设工程质量管理条例》规定，工程监理单位应当选派具备相应资格的总监理工程师和监理工程师进驻施工现场。未经监理工程师签字，建筑材料、建筑构配件和设备不得在工程上使用或者安装，施工单位不得进行下一道工序的施工。未经总监理工程师签字，建设单位不拨付工程款，不进行竣工验收。

5. 工程监理单位质量违法行为应承担的法律责任

《建筑法》规定，工程监理单位与建设单位或者建筑施工企业串通，弄虚作假、降低工程质量的，责令改正，处以罚款，降低资质等级或者吊销资质证书；有违法所得的，予以没收；造成损失的，承担连带赔偿责任；构成犯罪的，依法追究刑事责任。

《建设工程质量管理条例》规定，工程监理单位有下列行为之一的，责令改正，处 50 万元以上 100 万元以下的罚款，降低资质等级或者吊销资质证书；有违法所得的，予以没收；造成损失的，承担连带赔偿责任：①与建设单位或者施工单位串通、弄虚作假、降低工程质量的；②将不合格的建设工程、建筑材料、建筑构配件和设备按照合格签字的。

《建筑工程五方责任主体项目负责人质量终身责任追究暂行办法》规定，发生本办法所列情形之一的，对监理单位总监理工程师按以下方式进行责任追究：①责令停止注册监理工程师执业 1 年；造成重大质量事故的，吊销执业资格证书，5 年以内不予注册；情节特别恶劣的，终身不予注册；②构成犯罪的，移送司法机关依法追究刑事责任；③处单位罚款数额 5％以上 10％以下的罚款；④向社会公布曝光。

12.2.5　有关单位的消防设计、施工质量责任与义务

《建设工程消防设计审查验收管理暂行规定》（住房和城乡建设部令第 51 号）规定，建设单位依法对建设工程消防设计、施工质量负首要责任。设计、施工、工程监理、技术服务等单位依法对建设工程消防设计、施工质量负主体责任。建设、设计、施工、工程监理、技术服务等单位的从业人员依法对建设工程消防设计、施工质量承担相应的个人责任。

1. 建设单位的消防设计、施工质量责任与义务

建设单位应当履行下列消防设计、施工质量责任和义务：①不得明示或者暗示设计、施工、工程监理、技术服务等单位及其从业人员违反建设工程法律法规和国家工程建设消防技术标准，降低建设工程消防设计、施工质量；②依法申请建设工程消防设计审查、消

防验收，办理备案并接受抽查；③实行工程监理的建设工程，依法将消防施工质量委托监理；④委托具有相应资质的设计、施工、工程监理单位；⑤按照工程消防设计要求和合同约定，选用合格的消防产品和满足防火性能要求的建筑材料、建筑构配件和设备；⑥组织有关单位进行建设工程竣工验收时，对建设工程是否符合消防要求进行查验；⑦依法及时向档案管理机构移交建设工程消防有关档案。

2. 设计单位的消防设计、施工质量责任与义务

设计单位应当履行下列消防设计、施工质量责任和义务：①按照建设工程法律法规和国家工程建设消防技术标准进行设计，编制符合要求的消防设计文件，不得违反国家工程建设消防技术标准强制性条文；②在设计文件中选用的消防产品和具有防火性能要求的建筑材料、建筑构配件和设备，应当注明规格、性能等技术指标，符合国家规定的标准；③参加建设单位组织的建设工程竣工验收，对建设工程消防设计实施情况签章确认，并对建设工程消防设计质量负责。

3. 施工单位的消防设计、施工质量责任与义务

施工单位应当履行下列消防设计、施工质量责任和义务：①按照建设工程法律法规、国家工程建设消防技术标准，以及经消防设计审查合格或者满足工程需要的消防设计文件组织施工，不得擅自改变消防设计进行施工，降低消防施工质量；②按照消防设计要求、施工技术标准和合同约定检验消防产品和具有防火性能要求的建筑材料、建筑构配件和设备的质量，使用合格产品，保证消防施工质量；③参加建设单位组织的建设工程竣工验收，对建设工程消防施工质量签章确认，并对建设工程消防施工质量负责。

4. 工程监理单位的消防设计、施工质量责任与义务

工程监理单位应当履行下列消防设计、施工质量责任和义务：①按照建设工程法律法规、国家工程建设消防技术标准，以及经消防设计审查合格或者满足工程需要的消防设计文件实施工程监理；②在消防产品和具有防火性能要求的建筑材料、建筑构配件和设备使用、安装前，核查产品质量证明文件，不得同意使用或者安装不合格的消防产品和防火性能不符合要求的建筑材料、建筑构配件和设备；③参加建设单位组织的建设工程竣工验收，对建设工程消防施工质量签章确认，并对建设工程消防施工质量承担监理责任。

12.3　建设工程质量检测制度

《建筑法》规定，建筑施工企业必须按照工程设计要求、施工技术标准和合同的约定，对建筑材料、建筑构配件和设备进行检验，不合格的不得使用。《建设工程质量管理条例》进一步规定，施工单位必须按照工程设计要求、施工技术标准和合同约定，对建筑材料、建筑构配件、设备和商品混凝土进行检验，检验应当有书面记录和专人签字；未经检验或者检验不合格的，不得使用。施工人员对涉及结构安全的试块、试件以及有关材料，应当在建设单位或者工程监理单位监督下现场取样，并送具有相应资质等级的质量检测单位进行检测。《建设工程抗震管理条例》规定，隔震减震装置用于建设工程前，施工单位应当在建设单位或者工程监理单位监督下进行取样，送建设单位委托的具有相应建设工程质量检测资质的机构进行检测。禁止使用不合格的隔震减震装置。

12.3.1　建设工程质量检测

建设工程质量检测工作是建筑工程质量监督管理工作的重要手段。根据《建设工程质量检测管理办法》，建设工程质量检测（简称质量检测）是指工程质量检测机构（以下简称检测机构）接受委托，依据国家有关法律、法规和工程建设强制性标准，对涉及结构安全项目的抽样检测和对进入施工现场的建筑材料、构配件的见证取样检测。

1. 普通送检

施工单位对进入施工现场的建筑材料、建筑构配件、设备和商品混凝土实行检验制度，是施工单位质量保证体系的重要组成部分，也是保证施工质量的重要前提。施工单位必须按照工程设计要求、施工技术标准和合同约定，在使用前对建筑材料、建筑构配件、设备和商品混凝土等进行送检，送检数量和频次必须满足工程验收规范的要求。

2. 施工检测的见证取样和送检制度

见证取样和送检，是指在建设单位或工程监理单位人员的见证下，由施工单位的现场试验人员对工程中涉及结构安全的试块、试件和材料在现场取样，并送至具有法定资格的质量检测单位进行检测的活动。

《建设部关于印发〈房屋建筑工程和市政基础设施工程实行见证取样和送检的规定〉的通知》（建建〔2000〕211号）中规定，涉及结构安全的试块、试件和材料见证取样和送检的比例不得低于有关技术标准中规定应取样数量的30％。下列试块、试件和材料必须实施见证取样和送检：①用于承重结构的混凝土试块；②用于承重墙体的砌筑砂浆试块；③用于承重结构的钢筋及连接接头试件；④用于承重墙的砖和混凝土小型砌块；⑤用于拌制混凝土和砌筑砂浆的水泥；⑥用于承重结构的混凝土中使用的掺加剂；⑦地下、屋面、厕浴间使用的防水材料；⑧国家规定必须实行见证取样和送检的其他试块、试件和材料。

见证人员应由建设单位或该工程的监理单位中具备施工试验知识的专业技术人员担任，并由建设单位或该工程的监理单位书面通知施工单位、检测单位和负责该项工程的质量监督机构。在施工过程中，见证人员应按照见证取样和送检计划，对施工现场的取样和送检进行见证。取样人员应在试样或其包装上作出标识、封志。标识和封志应标明工程名称、取样部位、取样日期、样品名称和样品数量，并由见证人员和取样人员签字。见证人员应制作见证记录，并将见证记录归入施工技术档案。见证人员和取样人员应对试样的代表性和真实性负责。见证取样的试块、试件和材料送检时，应由送检单位填写委托单，委托单应有见证人员和送检人员签字。检测单位应检查委托单及试样上的标识和封志，确认无误后方可进行检测。检测单位应严格按照有关管理规定和技术标准进行检测，出具公正、真实、准确的检测报告。见证取样和送检的检测报告必须加盖见证取样检测的专用章。

12.3.2　建设工程质量检测的历史沿革

建设工程质量检测工作是工程质量监督管理工作的重要手段。建设工程质量检测行业的发展大致可分为三个时期。

1. 第一个时期（1985年以前）

由于当时我国还处于计划经济阶段，建筑企业都是国家和集体所有。建设工程质量检测主要为二种形式：一种是建筑企业内部试验室，另一种是科研院校内部试验室。前者是为本企业服务，不受市场的约束，后者是具有教学科研性质的试验室，检测市场没有任何竞争力。

2. 第二个时期（1985 年—2005 年）

改革开放以后，建筑业的多元化形成，我国加强了对建设工程及其所用材料、制品、设备的质量监督检测工作。为提高工程质量，防止工程质量事故的发生，原城乡建设环境保护部于 1985 年 10 月 21 日颁发了《建筑工程质量检测工作规定》的通知，带有政府色彩的各级质量监督管理部门的检测机构纷纷产生。这类检测机构由于以政府为背景，使其克服了成立时间短的劣势，通过垄断的形式在规模和检测能力上迅速占据优势，成为建筑工程质量检测的主要力量。但是，由于受到政府政策的保护，他们的服务意识差，仪器、设备落后，技术水平不高，自身竞争能力差，检测市场比较混乱。2000 年 9 月，《建设部关于印发〈房屋建筑工程和市政基础设施工程实行见证取样和送检的规定〉的通知》（建建〔2000〕211 号），规范房屋建筑工程和市政基础设施工程中涉及结构安全的试块、试件和材料的见证取样和送检工作，保证工程质量。

3. 第三个时期（2005 年至今）

第三个时期以 2005 年 10 月 18 日原建设部出台了《建设工程质量检测管理办法》（建设部令第 141 号）为标志。该《办法》中规定，检测机构是具有独立法人资格的中介机构，不得与行政机关，法律、法规授权的具有管理公共事务职能的组织以及所检测工程项目相关的设计单位、施工单位、监理单位有隶属关系或者其他利害关系。现在检测行业正处于第三个时期，住房城乡建设主管部门和各地建设主管部门都出台了各种文件和措施，加强质量检测机构建设，规范质量检测行为，明确检测机构应当对检测数据承担法律责任，以保证工程质量检测的科学性和公正性。2015 年 5 月 4 日，住房和城乡建设部修改了《建设工程质量检测管理办法》，删除了附件二"检测机构资质标准"的第一条第一项，取消了专项检测机构和见证取样检测机构的注册资本的要求。

12.3.3　建设工程质量检测机构资质管理

《建设工程质量检测管理办法》规定，工程质量检测机构是具有独立法人资格的中介机构。检测机构不得与行政机关、法律法规授权的具有管理公共事务职能的组织以及所检测工程项目相关的设计单位、施工单位、监理单位有隶属关系或者其他利害关系。按照其承担的检测业务内容分为专项检测机构资质和见证取样检测机构资质。检测机构未取得相应的资质证书，不得承担本办法规定的质量检测业务。质量检测业务由工程项目建设单位委托具有相应资质的检测机构进行检测。委托方与被委托方应当签订书面合同。

专项检测机构和见证取样检测机构应满足下列基本条件：①所申请检测资质对应的项目应通过计量认证；②有质量检测、施工、监理或设计经历，并接受了相关检测技术培训的专业技术人员不少于 10 人；边远的县（区）的专业技术人员可不少于 6 人；③有符合开展检测工作所需的仪器、设备和工作场所；其中，使用属于强制检定的计量器具，要经过计量检定合格后，方可使用；④有健全的技术管理和质量保证体系。

专项检测机构除应满足基本条件外，还需满足下列条件：①地基基础工程检测类。专业技术人员中从事工程桩检测工作 3 年以上并具有高级或者中级职称的不得少于 4 名，其中 1 人应当具备注册岩土工程师资格。②主体结构工程检测类。专业技术人员中从事结构工程检测工作 3 年以上并具有高级或者中级职称的不得少于 4 名，其中 1 人应当具备二级注册结构工程师资格。③建筑幕墙工程检测类。专业技术人员中从事建筑幕墙检测工作 3 年以上并具有高级或者中级职称的不得少于 4 名。④钢结构工程检测类。专业技术人员中从事钢结构机械连接检测、钢网架结构变形检测工作 3 年以上并具有高级或者中级职称的不得少于 4 名，其中 1 人应当具备二级注册结构工程师资格。

见证取样检测机构除应满足基本条件外，专业技术人员中从事检测工作 3 年以上并具有高级或者中级职称的不得少于 3 名；边远的县（区）可不少于 2 人。

国务院建设主管部门负责对全国质量检测活动实施监督管理，并负责制定检测机构资质标准。省、自治区、直辖市人民政府建设主管部门负责对本行政区域内的质量检测活动实施监督管理，并负责检测机构的资质审批。市、县人民政府建设主管部门负责对本行政区域内的质量检测活动实施监督管理。工程检测机构的资质标准、资质申请等具体内容在本书第二章有专门阐述，在此不再赘述。

12.3.4　建设工程质量检测范围及业务内容

《建设工程质量管理条例》第 31 条规定，施工人员对涉及结构安全的试块、试件以及有关材料，应当在建设单位或者工程监理单位监督下现场取样，并送具有相应资质等级的质量检测单位进行检测。《建筑工程施工质量验收统一标准》GB 50300—2013 3.0.3 建筑工程的施工质量控制应符合下列规定：1 建筑工程采用的主要材料、半成品、成品、建筑构配件、器具和设备应进行进场检验……。3.0.6　建筑工程施工质量应按下列要求进行验收……4　对涉及结构安全、节能、环境保护和主要使用功能的试块、试件及材料，应在进场时或施工中按规定进行见证检验……。

根据《建设工程质量检测管理办法》，检测机构从事的质量检测业务有：专项检测和见证取样检测。专项检测包括：①地基基础工程检测。包括地基及复合地基承载力静载检测；桩的承载力检测；桩身完整性检测以及锚杆锁定力检测。②主体结构工程现场检测。包括混凝土、砂浆、砌体强度现场检测；钢筋保护层厚度检测；混凝土预制构件结构性能检测以及后置埋件的力学性能检测。③建筑幕墙工程检测。包括建筑幕墙的气密性、水密性、风压变形性能、层间变位性能检测以及硅酮结构胶相容性检测。④钢结构工程检测。包括钢结构焊接质量无损检测；钢结构防腐及防火涂装检测；钢结构节点、机械连接用紧固标准件及高强度螺栓力学性能检测；钢网架结构的变形检测。见证取样检测包括：①水泥物理力学性能检验；②钢筋（含焊接与机械连接）力学性能检验；③砂、石常规检验；④混凝土、砂浆强度检验；⑤简易土工试验；⑥混凝土掺加剂检验；⑦预应力钢绞线、锚夹具检验；⑧沥青、沥青混合料检验。

建设工程质量检测业务由工程项目建设单位委托具有相应资质的检测机构进行检测。委托方与被委托方应当签订书面合同。检测机构不得转包建设工程质量检测业务。检测机构跨省、自治区、直辖市承担建设工程质量检测业务的，应当向工程所在地的省、自治区、直辖市人民政府建设主管部门备案。

12.3.5　建设工程质量检测责任

检测机构完成检测业务后，应当及时出具检测报告。检测报告经检测人员签字、检测机构法定代表人或者其授权的签字人签署，并加盖检测机构公章或者检测专用章后方可生效。检测报告经建设单位或者工程监理单位确认后，由施工单位归档。见证取样检测的检测报告中应当注明见证人单位及姓名。任何单位和个人不得明示或者暗示检测机构出具虚假检测报告，不得篡改或者伪造检测报告。如果检测结果利害关系人对检测结果发生争议的，由双方共同认可的检测机构复检，复检结果由提出复检方报当地建设主管部门备案。

检测机构应当将检测过程中发现的建设单位、监理单位、施工单位违反有关法律、法规和工程建设强制性标准的情况，以及涉及结构安全检测结果的不合格情况，及时报告工程所在地建设主管部门。检测机构应当建立档案管理制度，并应当单独建立检测结果不合格项目台账。检测人员不得同时受聘于两个或者两个以上的检测机构。检测机构和检测人员不得推荐或者监制建筑材料、构配件和设备。检测机构不得与行政机关，法律、法规授权的具有管理公共事务职能的组织以及所检测工程项目相关的设计单位、施工单位、监理单位有隶属关系或者其他利害关系。检测机构不得转包检测业务。检测机构应当对其检测数据和检测报告的真实性和准确性负责。检测机构违反法律、法规和工程建设强制性标准，给他人造成损失的，应当依法承担相应的赔偿责任。

违反规定，未取得相应的资质，擅自承担本办法规定的检测业务的，其检测报告无效，由县级以上地方人民政府建设主管部门责令改正，并处1万元以上3万元以下的罚款。检测机构隐瞒有关情况或者提供虚假材料申请资质的，省、自治区、直辖市人民政府建设主管部门不予受理或者不予行政许可，并给予警告，1年之内不得再次申请资质。以欺骗、贿赂等不正当手段取得资质证书的，由省、自治区、直辖市人民政府建设主管部门撤销其资质证书，3年内不得再次申请资质证书；并由县级以上地方人民政府建设主管部门处以1万元以上3万元以下的罚款；构成犯罪的，依法追究刑事责任。

检测机构违反规定，有下列行为之一的，由县级以上地方人民政府建设主管部门责令改正，可并处1万元以上3万元以下的罚款；构成犯罪的，依法追究刑事责任：①超出资质范围从事检测活动的；②涂改、倒卖、出租、出借、转让资质证书的；③使用不符合条件的检测人员的；④未按规定上报发现的违法违规行为和检测不合格事项的；⑤未按规定在检测报告上签字盖章的；⑥未按照国家有关工程建设强制性标准进行检测的；⑦档案资料管理混乱，造成检测数据无法追溯的；⑧转包检测业务的。

检测机构伪造检测数据，出具虚假检测报告或者鉴定结论的，县级以上地方人民政府建设主管部门给予警告，并处3万元罚款；给他人造成损失的，依法承担赔偿责任；构成犯罪的，依法追究其刑事责任。

12.4　建设工程质量验收制度

工程质量验收建设工程质量控制的重要环节，它包括工程施工质量验收和工程竣工验收两个方面，具体包括分户验收、专业验收、竣工验收等。通过对工程建设中间产出品和最终产品的质量验收，从过程控制和终端把关两个方面进行工程项目的质量控制，以确保达到业主所要求的使用价值，实现建设投资的经济效益和社会效益。

12.4.1　住宅工程的分户验收

住宅工程涉及千家万户，住宅工程质量的好坏直接关系到广大人民群众的切身利益。

《关于做好住宅工程质量分户验收工作的通知》（建质〔2009〕291号）规定，推进住宅工程质量分户验收，提高住宅工程质量水平。

1. 住宅工程质量分户验收的概念和内容

（1）分户验收的概念

住宅工程质量分户验收（以下简称分户验收），是指建设单位组织施工、监理等单位，在住宅工程各检验批、分项、分部工程验收合格的基础上，在住宅工程竣工验收前，依据国家有关工程质量验收标准，对每户住宅及相关公共部位的观感质量和使用功能等进行检查验收，并出具验收合格证明的活动。

（2）分户验收内容

分户验收内容主要包括：①地面、墙面和顶棚质量；②门窗质量；③栏杆、护栏质量；④防水工程质量；⑤室内主要空间尺寸；⑥给水排水系统安装质量；⑦室内电气工程安装质量；⑧建筑节能和采暖工程质量；⑨有关合同中规定的其他内容。

2. 分户验收的依据和程序

（1）分户验收的依据

分户验收依据为国家现行有关工程建设标准，主要包括住宅建筑规范、混凝土结构工程施工质量验收、砌体工程施工质量验收、建筑装饰装修工程施工质量验收、建筑地面工程施工质量验收、建筑给水排水及采暖工程施工质量验收、建筑电气工程施工质量验收、建筑节能工程施工质量验收、智能建筑工程质量验收、屋面工程质量验收、地下防水工程质量验收等标准规范，以及经审查合格的施工图设计文件。

（2）分户验收程序

分户验收应当按照以下程序进行：①根据分户验收的内容和住宅工程的具体情况确定检查部位、数量；②按照国家现行有关标准规定的方法，以及分户验收的内容适时进行检查；③每户住宅和规定的公共部位验收完毕，应填写《住宅工程质量分户验收表》，建设单位和施工单位项目负责人、监理单位项目总监理工程师分别签字；④分户验收合格后，建设单位必须按户出具《住宅工程质量分户验收表》，并作为《住宅质量保证书》的附件，一同交给住户。

分户验收不合格，不能进行住宅工程整体竣工验收。同时，住宅工程整体竣工验收前，施工单位应制作工程标牌，将工程名称、竣工日期和建设、勘察、设计、施工、监理单位全称镶嵌在该建筑工程外墙的显著部位。

3. 分户验收的组织实施

分户验收由施工单位提出申请，建设单位组织实施，施工单位项目负责人、监理单位项目总监理工程师及相关质量、技术人员参加，对所涉及的部位、数量按分户验收内容进行检查验收。已经预选物业公司的项目，物业公司应当派人参加分户验收。

建设、施工、监理等单位应严格履行分户验收职责，对分户验收的结论进行签认，不得简化分户验收程序。对于经检查不符合要求的，施工单位应及时进行返修，监理单位负责复查。返修完成后重新组织分户验收。工程质量监督机构要加强对分户验收工作的监督检查，发现问题及时监督有关方面认真整改，确保分户验收工作质量。对在分户验收中弄虚作假、降低标准或将不合格工程按合格工程验收的，依法对有关单位和责任人进行处罚，并纳入不良行为记录。

12.4.2　建设工程的专业验收

1. 专业验收的概念和性质

（1）专业验收的概念

《建设工程质量管理条例》规定，建设单位应当自建设工程竣工验收合格之日起 15 日内，将建设工程竣工验收报告和规划、公安消防、环保等部门出具的认可文件或者准许使用文件报建设行政主管部门或者其他有关部门备案。专业验收是指规划、公安消防、人防等行政管理部门依照法律、法规的规定，对建设工程项目落实工程报建审批事项情况所作的检验和认可。

专业验收的类型主要包括：①规划验收。主要是依据《城乡规划法》及国务院有关规定，审核建设工程是否按批准的《建设工程规划许可证》及其附件、附图确定的内容进行建设等。②消防验收。主要是依据《消防法》和《建设工程消防设计审查验收管理暂行规定》，检查建设项目消防设施是否符合消防监督意见要求。③人防验收。主要是依据《人防法》，检查防空设施是否实施到位、符合要求。④环保验收（"三同时"验收）。主要是依据《建设项目环境保护管理条例》对建设项目水、气、声、渣等环境保护措施落实情况进行查验，以考核该建设项目是否达到环境保护要求。⑤用地验收。主要是依据《土地管理法》及国务院有关规定，对建设项目是否按批准的土地位置和面积使用土地、是否改变土地用途、是否擅自增加容积率等进行检查。⑥房地产开发项目验收。主要是依据《城市房地产开发经营管理条例》，对房地产开发项目涉及公共安全的内容进行检查。此外，还包括其他涉及工程建设的各类验收。如《气象灾害防御条例》规定，对新建、改建、扩建建（构）筑物进行竣工验收，应当同时验收雷电防护装置并有气象主管机构参加。雷电易发区内的矿区、旅游景点或者投入使用的建（构）筑物、设施需要单独安装雷电防护装置的，雷电防护装置的设计审核和竣工验收由县级以上地方气象主管机构负责。《防雷装置设计审核和竣工验收规定》（中国气象局令第 21 号）规定，防雷装置实行竣工验收制度。建设单位应当向气象主管机构提出申请，填写《防雷装置竣工验收申请书》，新建、改建、扩建建（构）筑物竣工验收时，建设单位应当通知当地气象主管机构同时验收防雷装置。

（2）专业验收的性质

对于专业验收是否属于行政许可，理论上分歧较大，实践中做法也不一。如规划验收，有的地方政府规定其属于行政许可，并通过政府令公布，有的则将其作为非许可的行政审批事项，还有的将其作为行政许可的事后监管措施。《城乡规划法》第 45 条规定，县级以上地方人民政府城乡规划主管部门按照国务院规定对建设工程是否符合规划条件予以核实。未经核实或者经核实不符合规划条件的，建设单位不得组织竣工验收。也即《城乡规划法》规定规划部门对建设工程是否符合规划条件予以"核实"，以与《行政许可法》第 61 条"核查"相衔接。由此，除国家法律、法规层面有统一规定外，其他专业验收均应属于行政许可的事后监管措施，而非单设的行政许可。

2. 建设工程竣工规划验收

《城乡规划法》规定，县级以上地方人民政府城乡规划主管部门按照国务院规定对建设工程是否符合规划条件予以核实。未经核实或者经核实不符合规划条件的，建设单位不得组织竣工验收。建设单位应当在竣工验收后 6 个月内向城乡规划主管部门报送有关竣工验收资料。

建设工程竣工后，建设单位应当依法向城乡规划行政主管部门提出竣工规划验收申请，由城乡规划行政主管部门按照选址意见书、建设用地规划许可证、建设工程规划许可证、乡村建设规划许可证及其有关规划的要求，对建设工程进行规划验收，包括对建设用地范围内的各项工程建设情况、建筑物的使用性质、位置、间距、层数、标高、平面、立面、外墙装饰材料和色彩、各类配套服务设施、临时施工用房、施工场地等进行全面核查，并作出验收记录。对于验收合格的，由城乡规划行政主管部门出具规划认可文件或核发建设工程竣工规划验收合格证。

《城乡规划法》还规定，建设单位未在建设工程竣工验收后 6 个月内向城乡规划主管部门报送有关竣工验收资料的，由所在地城市、县人民政府城乡规划主管部门责令限期补报；逾期不补报的，处 1 万元以上 5 万元以下的罚款。

3. 建设工程的消防验收

《消防法》规定，国务院住房和城乡建设主管部门规定应当申请消防验收的建设工程竣工，建设单位应当向住房和城乡建设主管部门申请消防验收。上述规定以外的其他建设工程，建设单位在验收后应当报住房和城乡建设主管部门备案，住房和城乡建设主管部门应当进行抽查。依法应当进行消防验收的建设工程，未经消防验收或者消防验收不合格的，禁止投入使用；其他建设工程经依法抽查不合格的，应当停止使用。根据《建设工程消防设计审查验收管理暂行规定》（住房和城乡建设部令第 51 号）对特殊建设工程实行消防验收制度。特殊建设工程竣工验收后，建设单位应当向消防设计审查验收主管部门申请消防验收；未经消防验收或者消防验收不合格的，禁止投入使用。

（1）特殊建设工程

《建设工程消防设计审查验收管理暂行规定》规定，具有下列情形之一的建设工程是特殊建设工程：①总建筑面积大于 2 万平方米的体育场馆、会堂，公共展览馆、博物馆的展示厅；②总建筑面积大于 1.5 万平方米的民用机场航站楼、客运车站候车室、客运码头候船厅；③总建筑面积大于 1 万平方米的宾馆、饭店、商场、市场；④总建筑面积大于 2500 平方米的影剧院，公共图书馆的阅览室，营业性室内健身、休闲场馆，医院的门诊楼，大学的教学楼、图书馆、食堂，劳动密集型企业的生产加工车间，寺庙、教堂；⑤总建筑面积大于 1000 平方米的托儿所、幼儿园的儿童用房，儿童游乐厅等室内儿童活动场所，养老院、福利院，医院、疗养院的病房楼，中小学校的教学楼、图书馆、食堂，学校的集体宿舍，劳动密集型企业的员工集体宿舍；⑥总建筑面积大于 500 平方米的歌舞厅、录像厅、放映厅、卡拉 OK 厅、夜总会、游艺厅、桑拿浴室、网吧、酒吧，具有娱乐功能的餐馆、茶馆、咖啡厅；⑦国家工程建设消防技术标准规定的一类高层住宅建筑；⑧城市轨道交通、隧道工程，大型发电、变配电工程；⑨生产、储存、装卸易燃易爆危险物品的工厂、仓库和专用车站、码头，易燃易爆气体和液体的充装站、供应站、调压站；⑩国家机关办公楼、电力调度楼、电信楼、邮政楼、防灾指挥调度楼、广播电视楼、档案楼；⑪设有本条第①项至第⑥项所列情形的建设工程；⑫本条第⑩项、第⑪项规定以外的单体建筑面积大于 4 万平方米或者建筑高度超过 50 米的公共建筑。

（2）特殊建设工程的消防验收

建设单位组织竣工验收时，应当对建设工程是否符合下列要求进行查验：①完成工程消防设计和合同约定的消防各项内容；②有完整的工程消防技术档案和施工管理资料（含涉及消防的建筑材料、建筑构配件和设备的进场试验报告）；③建设单位对工程涉及消防的各分部分项工程验收合格；施工、设计、工程监理、技术服务等单位确认工程消防质量符合有关标准；④消防设施性能、系统功能联调联试等内容检测合格。经查验不符合上述规定的建设工程，建设单位不得编制工程竣工验收报告。消防设计审查验收主管部门应当自受理消防验收申请之日起 15 日内出具消防验收意见。实行规划、土地、消防、人防、档案等事项联合验收的建设工程，消防验收意见由地方人民政府指定的部门统一出具。

（3）其他建设工程的消防备案与抽查

其他建设工程竣工验收合格之日起 5 个工作日内，建设单位应当报消防设计审查验收主管部门备案。消防设计审查验收主管部门应当对备案的其他建设工程进行抽查。抽查工作推行"双随机、一公开"制度，随机抽取检查对象，随机选派检查人员。消防设计审查验收主管部门应当自其他建设工程被确定为检查对象之日起 15 个工作日内，按照建设工程消防验收有关规定完成检查，制作检查记录。检查结果应当通知建设单位，并向社会公示。建设单位收到检查不合格整改通知后，应当停止使用建设工程，并组织整改，整改完成后，向消防设计审查验收主管部门申请复查。消防设计审查验收主管部门应当自收到书面申请之日起 7 个工作日内进行复查，并出具复查意见。复查合格后方可使用建设工程。

4. 建设工程竣工环保验收

《建设项目环境保护管理条例》规定，编制环境影响报告书、环境影响报告表的建设项目竣工后，建设单位应当按照国务院环境保护行政主管部门规定的标准和程序，对配套建设的环境保护设施进行验收，编制验收报告。建设单位在环境保护设施验收过程中，应当如实查验、监测、记载建设项目环境保护设施的建设和调试情况，不得弄虚作假。除按照国家规定需要保密的情形外，建设单位应当依法向社会公开验收报告。分期建设、分期投入生产或者使用的建设项目，其相应的环境保护设施应当分期验收。编制环境影响报告书、环境影响报告表的建设项目，其配套建设的环境保护设施经验收合格，方可投入生产或者使用；未经验收或者验收不合格的，不得投入生产或者使用。

5. 建筑工程节能验收

《节约能源法》规定，国家实行固定资产投资项目节能评估和审查制度。不符合强制性节能标准的项目，建设单位不得开工建设；已经建成的，不得投入生产、使用。政府投资项目不符合强制性节能标准的，依法负责项目审批的机关不得批准建设。《民用建筑节能条例》进一步规定，建设单位组织竣工验收，应当对民用建筑是否符合民用建筑节能强制性标准进行查验；对不符合民用建筑节能强制性标准的，不得出具竣工验收合格报告。

建筑节能工程施工质量的验收，主要应按照国家标准《建筑节能工程施工质量验收规范》GB 50411 以及《建筑工程施工质量验收统一标准》GB 50300，各专业工程施工质量验收规范等执行。单位工程竣工验收应在建筑节能分部工程验收合格后进行。建筑节能工程为单位建筑工程的一个分部工程，并按规定划分为分项工程和检验批。建筑节能工程应按照分项工程进行验收，当建筑节能分项工程的工程量较大时，可以将分项工程划分为若干个检验批进行验收。当建筑节能工程验收无法按照要求划分分项工程或检验批时，可由建设、施工、监理等各方协商进行划分。但验收项目、验收内容、验收标准和验收记录均应遵守规范的规定。

（1）建筑节能分部工程进行质量验收的条件

建筑节能分部工程的质量验收，应在检验批、分项工程全部合格的基础上，进行建筑围护结构的外墙节能构造实体检验，严寒、寒冷和夏热冬冷地区的外窗气密性现场检测，以及系统节能性能检测和系统联合试运转与调试，确认建筑节能工程质量达到验收的条件后方可进行。

（2）建筑节能分部工程验收的组织

建筑节能工程验收的程序和组织应遵守《建筑工程施工质量验收统一标准》GB 50300的要求，并符合下列规定：①节能工程的检验批验收和隐蔽工程验收应由监理工程师主持，施工单位相关专业的质量检查员与施工员参加；②节能分项工程验收应由监理工程师主持，施工单位项目技术负责人和相关专业的质量检查员、施工员参加；必要时可邀请设计单位相关专业的人员参加；③节能分部工程验收应由总监理工程师（建设单位项目负责人）主持，施工单位项目经理、项目技术负责人和相关专业的质量检查员、施工员参加；施工单位的质量或技术负责人应参加，设计单位节能设计人员应参加。

（3）建筑节能工程验收的程序

①施工单位自检评定。建筑节能分部工程施工完成后，施工单位对节能工程质量进行检查，确认符合节能设计文件要求后，填写《建筑节能分部工程质量验收表》，并由项目经理和施工单位负责人签字。②监理单位进行节能工程质量评估。监理单位收到《建筑节能分部工程质量验收表》后，应全面审查施工单位的节能工程验收资料且整理监理资料，对节能各分项工程进行质量评估，监理工程师及项目总监在《建筑节能分部工程质量验收表》中签字确认验收结论。③建筑节能分部工程验收。由监理单位总监理工程师（建设单位项目负责人）主持验收会议，组织施工单位的相关人员、设计单位节能设计人员对节能工程质量进行检查验收。验收各方对工程质量进行检查，提出整改意见。建筑节能质量监督管理部门的验收监督人员到施工现场对节能工程验收的组织形式、验收程序、执行验收标准等情况进行现场监督，发现有违反规定程序、执行标准或评定结果不准确的，应要求有关单位改正或停止验收。对未达到国家验收标准合格要求的质量问题，签发监督文书。④施工单位按验收意见进行整改。施工单位按照验收各方提出的整改意见进行整改；整改完毕后，建设、监理、设计、施工单位对节能工程的整改结果进行确认。对建筑节能工程存在重要的整改内容的项目，质量监督人员参加复查。⑤节能工程验收结论。符合建筑节能工程质量验收规范的工程为验收合格，即通过节能分部工程质量验收。对节能工程验收不合格工程，按《建筑节能工程施工质量验收规范》和其他验收规范的要求整改完后，重新验收。⑥验收资料归档。建筑节能工程施工质量验收合格后，相应的建筑节能分部工程验收资料应作为建设工程竣工验收资料中的重要组成部分归档。

《民用建筑节能条例》规定，建设单位对不符合民用建筑节能强制性标准的民用建筑项目出具竣工验收合格报告的，由县级以上地方人民政府建设主管部门责令改正，处民用建筑项目合同价款 2% 以上 4% 以下的罚款；造成损失的，依法承担赔偿责任。

12.4.3　建设工程竣工验收

《建筑法》规定，交付竣工验收的建筑工程，必须符合规定的建筑工程质量标准，有完整的工程技术经济资料和经签署的工程保修书，并具备国家规定的其他竣工条件。建筑工程竣工经验收合格后，方可交付使用；未经验收或者验收不合格的，不得交付使用。

1. 建设工程竣工验收与竣工验收备案

《建设工程质量管理条例》颁布实施以后，政府对建设工程质量的监督管理方式，发生了根本性的转变，由过去的"管理主义"模式转变为"裁判主义"模式。这种模式的改变反映在确认工程质量结果——竣工验收上，表现为以前由政府（通过专门机构）确认验收结果发证，转变为由各类建设单位将竣工验收合格结果报政府（通过职能部门）备案的工作方式。建设工程质量监督部门从原先的工程质量核定主体转变为现在的质量监督管理主体，建设工程质量竣工验收中各主体的权利义务分配发生了重大调整。

《建设工程质量管理条例》第十七条规定，建设单位应当严格按照国家有关档案管理的规定，及时收集、整理建设项目各环节的文件资料，建立、健全建设项目档案，并在建设工程竣工验收后，及时向建设行政主管部门或者其他有关部门移交建设项目档案。《建设工程质量管理条例》第四十九条规定，建设单位应当自建设工程竣工验收合格之日起15 日内，将建设工程竣工验收报告和规划、公安消防、环保等部门出具的认可文件或者准许使用文件报建设行政主管部门或者其他有关部门备案。建设行政主管部门或者其他有关部门发现建设单位在竣工验收过程中有违反国家有关建设工程质量管理规定行为的，责令停止使用，重新组织竣工验收。

建设工程竣工验收，是指建设工程完工且具备法定和约定条件后，由建设单位组织有关单位依法定程序及相关依据对所有工程项目进行全面检验与测试。工程竣工验收系建设单位等平等地位的合同主体基于法律规定及合同约定自主进行的一种行为，是上述平等主体对施工单位是否全面履行合同义务、建设工程质量是否符合合同约定的一种确认，具有民事法律行为的性质，其效力及于合同各方。工程竣工验收备案，则是建设工程质量监督部门在建设单位申请备案并提交完整的建设工程竣工验收有关文件的情况下予以备案，以供查考的行为。竣工验收备案并未对建设工程质量作任何实体的认定，仅是对建设单位自主组织的竣工验收行为等进行程序性、形式性的审查。因此，在建设工程质量的实体认定上，竣工验收具有决定性的意义，其也是竣工验收备案的必要前提和基础。

2. 建设工程竣工验收的主体

《建设工程质量管理条例》规定，建设单位收到建设工程竣工报告后，应当组织设计、施工、工程监理等有关单位进行竣工验收。对工程进行竣工检查和验收，是建设单位法定的权利和义务。在建设工程完工后，承包单位应当向建设单位提供完整的竣工资料和竣工验收报告，提请建设单位组织竣工验收。建设单位收到竣工验收报告后，应及时组织有设计、施工、工程监理等有关单位参加的竣工验收，检查整个工程项目是否已按照设计要求和合同约定全部建设完成，并符合竣工验收条件。

3. 竣工验收应当具备的法定条件

《建筑法》规定，交付竣工验收的建筑工程，必须符合规定的建筑工程质量标准，有完整的工程技术经济资料和经签署的工程保修书，并具备国家规定的其他竣工条件。建筑工程竣工经验收合格后，方可交付使用；未经验收或者验收不合格的，不得交付使用。《建设工程质量管理条例》第十六条规定，建设单位收到建设工程竣工报告后，应当组织设计、施工、工程监理等有关单位进行竣工验收。建设工程竣工验收应当具备下列条件：①完成建设工程设计和合同约定的各项内容；②完整的技术档案和施工管理资料；③有工程使用的主要建筑材料、建筑构配件和设备的进场试验报告；④有勘察、设计、施工、工程监理等单位分别签署的质量合格文件；⑤有施工单位签署的工程保修书。第四十九条规定，建设行政主管部门或者其他部门发现建设单位在竣工验收过程中违反国家有关建设工程质量管理规定行为的，责令停止使用，重新组织竣工验收。

4. 竣工验收标准、规范体系及要求

工程施工质量验收统一标准、规范体系由《建筑工程施工质量验收统一标准》GB 50300—2013和各专业验收规范共同组成。《建筑工程施工质量验收统一标准》GB 50300—2013规定了建筑工程施工质量应按下列要求进行验收：①工程质量验收均应在施工单位自检合格的基础上进行；②参加工程施工质量验收的各方人员应具备相应的资格；③检验批的质量应按主控项目和一般项目验收；④对涉及结构安全、节能、环境保护和主要使用功能的试块、试件及材料，应在进场时或施工中按规定进行见证检验；⑤隐蔽工程在隐蔽前应由施工单位通知监理单位进行验收，并应形成验收文件，验收合格后方可继续施工；⑥对涉及结构安全、节能、环境保护和使用功能的重要分部工程，应在验收前按规定进行抽样检验；⑦工程的观感质量应由验收人员现场检查，并应共同确认。建筑工程施工质量验收合格应符合下列规定：①符合工程勘察、设计文件的要求；②符合本标准和相关专业验收规范的规定。

《建筑工程施工质量验收统一标准》GB 50300—2013规定，建筑工程质量验收应划分为单位工程、分部工程、分项工程和检验批（表12-3）。

单位工程、分部工程、分项工程和检验批的验收标准规定　　　　　　表12-3

	单位工程	分部工程	分项工程	检验批
划分	具备独立施工条件并能形成独立使用功能的建筑物或构筑物为一个单位工程。对于规模较大的单位工程，可将其能形成独立使用功能的部分划分为一个子单位工程	可按专业性质、工程部位确定。当分部工程较大或较复杂时，可按材料种类、施工特点、施工程序、专业系统及类别将分部工程划分为若干子分部工程	应按主要工种、材料、施工工艺、设备类别进行划分	可根据施工、质量控制和专业验收的需要，按工程量、楼层、施工段、变形缝进行划分
合格规定	1. 所含分部工程的质量均应验收合格。2. 质量控制资料应完整。3. 所含分部工程中有关安全、节能、环境保护和主要使用功能的检测资料应完整。4. 主要使用功能的抽查结果应符合相关专业验收规范的规定。5. 观感质量验收应符合要求	1. 所含分项工程的质量均应验收合格。2. 质量控制资料应完整。3. 有关安全、节能、环境保护和主要使用功能的抽样检测结果应符合有关规定。4. 观感质量验收应符合要求	1. 所含检验批的质量均应验收合格。2. 所含检验批的质量验收记录应完整	1. 主控项目的质量经抽样检验均应合格。2. 一般项目的质量经抽样检验合格。当采用计数抽样时，合格点率应符合有关专业验收规范的规定，且不得存在严重缺陷。对于计数抽样的一般项目，正常检验一次、二次抽样可按本标准附录D判定；3. 具有完整的施工操作依据、质量检查记录

续表

	单位工程	分部工程	分项工程	检验批
验收的程序和组织	单位工程中的分包工程完工后，分包单位应对所承包的工程项目进行自检，并应按本标准规定的程序进行验收。验收时，总包单位应派人参加。分包单位应将所分包工程的质量控制资料整理完整后，移交给总包单位。 单位工程完工后，应组织有关人员进行自检。总监理工程师应组织各专业监理工程师对工程质量进行竣工预验收。存在施工质量问题时，应由施工单位及时整改。整改完毕后，由施工单位向建设单位提交工程竣工报告，申请工程竣工验收	应由总监理工程师组织施工单位项目负责人和项目技术、质量负责人等进行验收。 勘察、设计单位项目负责人和施工单位技术、质量部门负责人应参加地基与基础部分工程的验收。 设计单位项目负责人和施工单位技术、质量部门负责人应参加主体结构、节能分部工程的验收	应由专业监理工程师组织施工单位项目专业技术负责人等进行验收	应由专业监理工程师组织施工单位项目专业质量检查员、专业工长等进行验收

5. 建设工程竣工验收报告

工程竣工验收合格后，建设单位应当及时提出工程竣工验收报告。工程竣工验收报告主要包括工程概况，建设单位执行基本建设程序情况，对工程勘察、设计、施工、监理等方面的评价，工程竣工验收时间、程序、内容和组织形式，工程竣工验收意见等内容。

12.4.4 竣工验收报告备案

《建设工程质量管理条例》规定，建设单位应当自建设工程竣工验收合格之日起 15 日内，将建设工程竣工验收报告和规划、公安消防、环保等部门出具的认可文件或者准许使用文件报建设行政主管部门或者其他有关部门备案。建设行政主管部门或者其他有关部门发现建设单位在竣工验收过程中有违反国家有关建设工程质量管理规定行为的，责令停止使用，重新组织竣工验收。

1. 竣工验收备案的时间及须提交的文件

《房屋建筑和市政基础设施工程竣工验收备案管理办法》（住房城乡建设部令第 2 号）规定，建设单位应当自工程竣工验收合格之日起 15 日内，依照规定，向工程所在地的县级以上地方人民政府建设主管部门备案。

建设单位办理工程竣工验收备案应当提交下列文件：①工程竣工验收备案表；②工程竣工验收报告。竣工验收报告应当包括工程报建日期，施工许可证号，施工图设计文件审查意见，勘察、设计、施工、工程监理等单位分别签署的质量合格文件及验收人员签署的竣工验收原始文件，市政基础设施的有关质量检测和功能性试验资料以及备案机关认为需要提供的有关资料；③法律、行政法规规定应当由规划、环保等部门出具的认可文件或者准许使用文件；④法律规定应当由公安消防部门出具的对大型的人员密集场所和其他特殊建设工程验收合格的证明文件；⑤施工单位签署的工程质量保修书；⑥法规、规章规定必须提供的其他文件。住宅工程还应当提交《住宅质量保证书》和《住宅使用说明书》。

《城市地下管线工程档案管理办法》（建设部令第 136 号）还规定，建设单位在地下管线工程竣工验收备案前，应当向城建档案管理机构移交下列档案资料：①地下管线工程项目准备阶段文件、监理文件、施工文件、竣工验收文件和竣工图；②地下管线竣工测量成果；③其他应当归档的文件资料（电子文件、工程照片、录像等）。建设单位向城建档案管理机构移交的档案资料应当符合《建设工程文件归档规范》GB/T 50328 的要求。

2. 竣工验收备案文件的签收和处理

《房屋建筑和市政基础设施工程竣工验收备案管理办法》规定，备案机关收到建设单位报送的竣工验收备案文件，验证文件齐全后，应当在工程竣工验收备案表上签署文件收讫。工程竣工验收备案表一式两份，1 份由建设单位保存，1 份留备案机关存档。工程质量监督机构应当在工程竣工验收之日起 5 日内，向备案机关提交工程质量监督报告。备案机关发现建设单位在竣工验收过程中有违反国家有关建设工程质量管理规定行为的，应当在收讫竣工验收备案文件 15 日内，责令停止使用，重新组织竣工验收。

3. 竣工验收备案违反规定的处罚

《房屋建筑和市政基础设施工程竣工验收备案管理办法》规定，建设单位在工程竣工验收合格之日起 15 日内未办理工程竣工验收备案的，备案机关责令限期改正，处 20 万元以上 50 万元以下罚款。

建设单位将备案机关决定重新组织竣工验收的工程，在重新组织竣工验收前，擅自使用的，备案机关责令停止使用，处工程合同价款 2% 以上 4% 以下罚款。建设单位采用虚假证明文件办理工程竣工验收备案的，工程竣工验收无效，备案机关责令停止使用，重新组织竣工验收，处 20 万元以上 50 万元以下罚款；构成犯罪的，依法追究刑事责任。备案机关决定重新组织竣工验收并责令停止使用的工程，建设单位在备案之前已投入使用或者建设单位擅自继续使用造成使用人损失的，由建设单位依法承担赔偿责任。

《城市地下管线工程档案管理办法》规定，建设单位违反本办法规定，未移交地下管线工程档案的，由建设主管部门责令改正，处 1 万元以上 10 万元以下的罚款；对单位直接负责的主管人员和其他直接责任人员，处单位罚款数额 5% 以上 10% 以下的罚款；因建设单位未移交地下管线工程档案，造成施工单位在施工中损坏地下管线的，建设单位依法承担相应的责任。

4. 施工单位应提交的档案资料

《城市建设档案管理规定》规定，建设单位应当在工程竣工验收后 3 个月内，向城建档案馆报送一套符合规定的建设工程档案。凡建设工程档案不齐全的，应当限期补充。对改建、扩建和重要部位维修的工程，建设单位应组织设计、施工单位据实修改、补充和完善原建设工程档案。

《建设工程文件归档规范》规定，勘察、设计、施工、监理等单位应将本单位形成的工程文件立卷后向建设单位移交。建设工程项目实行总承包管理的，总包单位应负责收集、汇总各分包单位形成的工程档案，并应及时向建设单位移交；各分包单位应将本单位形成的工程文件整理、立卷后及时移交总包单位。建设工程项目由几个单位承包的，各承包单位应负责收集、整理立卷其承包项目的工程文件，并应及时向建设单位移交。每项建设工程应编制一套电子档案，随纸质档案一并移交城建档案管理机构。电子档案签署了具有法律效力的电子印章或电子签名的，可不移交相应纸质档案。

12.4.5　未经竣工验收而交付使用的工程质量责任

建设工程的竣工验收在施工合同的履行过程中具有重要的意义，作为施工过程的最后一道程序，是全面检验施工质量的重要环节。《建筑法》规定，建筑工程竣工时，屋顶、墙面不得留有渗漏、开裂等质量缺陷；对已发现的质量缺陷，建筑施工企业应当修复。《建设工程质量管理条例》规定，施工单位对施工中出现质量问题的建设工程或者竣工验收不合格的建设工程，应当负责返修。

1. 竣工工程质量争议的处理

（1）承包方责任的处理

《民法典》规定，因施工人的原因致使建设工程质量不符合约定的，发包人有权请求施工人在合理期限内无偿修理或者返工、改建。经过修理或者返工、改建后，造成逾期交付的，施工人应当承担违约责任。如果承包人拒绝修理、返工或改建的，《施工合同司法解释（一）》第十二条规定，因承包人的原因造成建设工程质量不符合约定，承包人拒绝修理、返工或者改建，发包人请求减少支付工程价款的，人民法院应予支持。

（2）发包方责任的处理

《建筑法》规定，建设单位不得以任何理由，要求建筑设计单位或者建筑施工企业在工程设计或者施工作业中，违反法律、行政法规和建筑工程质量、安全标准，降低工程质量。《施工合同司法解释（一）》第十三条规定，发包人具有下列情形之一，造成建设工程质量缺陷，应当承担过错责任：①提供的设计有缺陷；②提供或者指定购买的建筑材料、建筑构配件、设备不符合强制性标准；③直接指定分包人分包专业工程。承包人有过错的，也应当承担相应的过错责任。

2. 建设工程未经验收不得提前使用的相关法律规定

《民法典》第七百九十九条规定，建设工程竣工后，发包人应当根据施工图纸及说明书、国家颁发的施工验收规范和质量检验标准及时进行验收。验收合格的，发包人应当按照约定支付价款，并接收该建设工程。建设工程竣工经验收合格后，方可交付使用；未经验收或者验收不合格的，不得交付使用。《建筑法》第六十一条规定，交付竣工验收的建筑工程，必须符合规定的建筑工程质量标准，有完整的工程技术经济资料和经签署的工程保修书，并具备国家规定的其他竣工条件。建筑工程竣工验收合格后，方可交付使用；未经验收或者验收不合格的，不得交付使用。《城市房地产开发经营管理条例》第十七条规定，房地产开发项目竣工，依照《建设工程质量管理条例》的规定验收合格后，方可交付使用。《建设工程质量管理条例》规定，建设单位收到建设工程竣工报告后，应当组织设计、施工、工程监理等有关单位进行竣工验收。建设工程经验收合格的，方可交付使用。

从上述法律法规可知，建设工程必须经过竣工验收后方可交付使用。但前述规定，仅是规定了工程经验收合格方可交付使用，未就建设工程提前使用的原因及建设工程提前使用所产生的法律后果作出具体的规定。

3. 工程未经验收提前使用后质量问题责任承担

实践中存在建设工程未经竣工验收合格而交付使用的情况。《施工合同司法解释（一）》第十四条规定，建设工程未经竣工验收，发包人擅自使用后，又以使用部分质量不符合约定为由主张权利的，人民法院不予支持；但是承包人应当在建设工程的合理使用寿命内对地基基础工程和主体结构质量承担民事责任。

关于"合理使用寿命"问题，目前我国法律还没有统一规定，具体各类建设工程的合理使用年限，要根据建筑物的使用功能、所处的自然环境等因素，由相关技术部门作出判断。根据《民用建筑设计通则（试行）》一般认为按民用建筑主体结构确定的建筑耐久年限分为四级：一级耐久年限为 100 年以上，适用于重要的建筑和高层建筑（指 10 层以上住宅建筑、总高度超过 24 米的公共建筑及综合性建筑）；二级耐久年限为 50～100 年，适用于一般建筑；三级耐久年限为 25～50 年，适用于次要建筑；四级耐久年限为 15 年以下，适用于临时性建筑，耐久年限即为工程合理使用年限，建筑单位如有地基和主体结构发生质量缺陷，是否在合理使用寿命内引起争议，应首先确定该建筑物的合理使用寿命。已有确定年限的，以该年限为准；无确定年限的由原设计单位或有权确认的部门确定，并按此确定的年限为准。

12.4.6 建设工程竣工结算

《民法典》规定，建设工程竣工后，发包人应当根据施工图纸及说明书、国家颁发的施工验收规范和质量检验标准及时进行验收。验收合格的，发包人应当按照约定支付价款，并接收该建设工程。《建筑法》也规定，发包单位应当按照合同的约定，及时拨付工程款项。《行政事业性国有资产管理条例》规定，各部门及其所属单位采用建设方式配置资产的，应当在建设项目竣工验收合格后及时办理资产交付手续，并在规定期限内办理竣工财务决算，期限最长不得超过 1 年。各部门及其所属单位对已交付但未办理竣工财务决算的建设项目，应当按照国家统一的会计制度确认资产价值。

1. 工程竣工结算方式

《建设工程价款结算暂行办法》（财建〔2004〕369 号）规定，工程完工后，双方应按照约定的合同价款及合同价款调整内容以及索赔事项，进行工程竣工结算。工程竣工结算分为单位工程竣工结算、单项工程竣工结算和建设项目竣工总结算。

2. 竣工结算文件的编制、提交与审查

（1）竣工结算文件的提交。《建筑工程施工发包与承包计价管理办法》（住房和城乡建设部令第 16 号）规定，工程完工后，承包方应当在约定期限内提交竣工结算文件。《建设工程价款结算暂行办法》规定，承包人应在合同约定期限内完成项目竣工结算编制工作，未在规定期限内完成并且提不出正当理由延期的，责任自负。

（2）竣工结算文件的编审。单位工程竣工结算由承包人编制，发包人审查；实行总承包的工程，由具体承包人编制，在总包人审查的基础上，发包人审查。单项工程竣工结算或建设项目竣工总结算由总（承）包人编制，发包人可直接进行审查，也可以委托具有相应资质的工程造价咨询机构进行审查。政府投资项目，由同级财政部门审查。单项工程竣工结算或建设项目竣工总结算经发、承包人签字盖章后有效。《建筑工程施工发包与承包计价管理办法》规定，国有资金投资建筑工程的发包方，应当委托具有相应资质的工程造价咨询企业对竣工结算文件进行审核，并在收到竣工结算文件后的约定期限内向承包方提出由工程造价咨询企业出具的竣工结算文件审核意见；逾期未答复的，按照合同约定处理，合同没有约定的，竣工结算文件视为已被认可。非国有资金投资的建筑工程发包方，应当在收到竣工结算文件后的约定期限内予以答复，逾期未答复的，按照合同约定处理，合同没有约定的，竣工结算文件视为已被认可；发包方对竣工结算文件有异议的，应当在答复期内向承包方提出，并可以在提出异议之日起的约定期限内与承包方协商；发包方在协商期内未与承包方协商或者经协商未能与承包方达成协议的，应当委托工程造价咨询企业进行竣工结算审核，并在协商期满后的约定期限内向承包方提出由工程造价咨询企业出具的竣工结算文件审核意见。

（3）承包方异议的处理。承包方对发包方提出的工程造价咨询企业竣工结算审核意见有异议的，在接到该审核意见后 1 个月内，可以向有关工程造价管理机构或者有关行业组织申请调解，调解不成的，可以依法申请仲裁或者向人民法院提起诉讼。

（4）竣工结算文件的确认与备案。工程竣工结算文件经发承包双方签字确认的，应当作为工程决算的依据，未经对方同意，另一方不得就已生效的竣工结算文件委托工程造价咨询企业重复审核。发包方应当按照竣工结算文件及时支付竣工结算款。竣工结算文件应当由发包方报工程所在地县级以上地方人民政府住房城乡建设主管部门备案。

3. 竣工结算文件的审查期限

《建设工程价款结算暂行办法》规定，单项工程竣工后，承包人应在提交竣工验收报告的同时，向发包人递交竣工结算报告及完整的结算资料，发包人应按以下规定时限进行核对（审查）并提出审查意见：①500 万元以下，从接到竣工结算报告和完整的竣工结算资料之日起 20 天；②500 万元～2000 万元，从接到竣工结算报告和完整的竣工结算资料之日起 30 天；③2000 万元～5000 万元，从接到竣工结算报告和完整的竣工结算资料之日起 45 天；④5000 万元以上，从接到竣工结算报告和完整的竣工结算资料之日起 60 天。

建设项目竣工总结算在最后一个单项工程竣工结算审查确认后 15 天内汇总，送发包人后 30 天内审查完成。《建筑工程施工发包与承包计价管理办法》规定，发承包双方在合同中对竣工结算文件提交、审核的期限没有明确约定的，应当按照国家有关规定执行；国家没有规定的，可认为其约定期限均为 28 日。

4. 工程竣工价款结算

《建设工程价款结算暂行办法》规定，发包人收到承包人递交的竣工结算报告及完整的结算资料后，应按以上规定的期限（合同约定有期限的，从其约定）进行核实，给予确认或者提出修改意见。发包人根据确认的竣工结算报告向承包人支付工程竣工结算价款，保留 5% 左右的质量保证（保修）金，待工程交付使用 1 年质保期到期后清算（合同另有约定的，从其约定），质保期内如有返修，发生费用应在质量保证（保修）金内扣除。工程竣工结算以合同工期为准，实际施工工期比合同工期提前或延后，发、承包双方应按合同约定的奖惩办法执行。

5. 索赔及合同以外零星项目工程价款结算

发承包人未能按合同约定履行自己的各项义务或发生错误，给另一方造成经济损失的，由受损方按合同约定提出索赔，索赔金额按合同约定支付。

发包人要求承包人完成合同以外零星项目，承包人应在接受发包人要求的 7 天内就用工数量和单价、机械台班数量和单价、使用材料和金额等向发包人提出施工签证，发包人签证后施工，如发包人未签证，承包人施工后发生争议的，责任由承包人自负。

发包人和承包人要加强施工现场的造价控制，及时对工程合同外的事项如实记录并履行书面手续。凡由发、承包双方授权的现场代表签字的现场签证以及发、承包双方协商确定的索赔等费用，应在工程竣工结算中如实办理，不得因发、承包双方现场代表的中途变更改变其有效性。

6. 未按规定时限办理事项的处理

发包人收到竣工结算报告及完整的结算资料后，在《建设工程价款结算暂行办法》规定或合同约定期限内，对结算报告及资料没有提出意见，则视同认可。

承包人如未在规定时间内提供完整的工程竣工结算资料，经发包人催促后 14 天内仍未提供或没有明确答复，发包人有权根据已有资料进行审查，责任由承包人自负。

根据确认的竣工结算报告，承包人向发包人申请支付工程竣工结算款。发包人应在收到申请后 15 天内支付结算款，到期没有支付的应承担违约责任。承包人可以催告发包人支付结算价款，如达成延期支付协议，发包人应按同期银行贷款利率支付拖欠工程价款的利息。如未达成延期支付协议，承包人可以与发包人协商将该工程折价，或申请人民法院将该工程依法拍卖，承包人就该工程折价或者拍卖的价款优先受偿。

7. 工程价款结算争议处理

工程造价咨询机构接受发包人或承包人委托，编审工程竣工结算，应按合同约定和实际履约事项认真办理，出具的竣工结算报告经发、承包双方签字后生效。当事人一方对报告有异议的，可对工程结算中有异议部分，向有关部门申请咨询后协商处理，若不能达成一致的，双方可按合同约定的争议或纠纷解决程序办理。

发包人对工程质量有异议，已竣工验收或已竣工未验收但实际投入使用的工程，其质量争议按该工程保修合同执行；已竣工未验收且未实际投入使用的工程以及停工、停建工程的质量争议，应当就有争议部分的竣工结算暂缓办理，双方可就有争议的工程委托有资质的检测鉴定机构进行检测，根据检测结果确定解决方案，或按工程质量监督机构的处理决定执行，其余部分的竣工结算依照约定办理。当事人对工程造价发生合同纠纷时，可通过下列办法解决：①双方协商确定；②按合同条款约定的办法提请调解；③向有关仲裁机构申请仲裁或向人民法院起诉。

《施工合同司法解释（一）》第十九条规定，当事人对建设工程的计价标准或者计价方法有约定的，按照约定结算工程价款。因设计变更导致建设工程的工程量或者质量标准发生变化，当事人对该部分工程价款不能协商一致的，可以参照签订建设工程施工合同时当地建设行政主管部门发布的计价方法或者计价标准结算工程价款。建设工程施工合同有效，但建设工程经竣工验收不合格的，依照民法典第五百七十七条规定处理。《施工合同司法解释（一）》第二十一条规定，当事人约定，发包人收到竣工结算文件后，在约定期限内不予答复，视为认可竣工结算文件的，按照约定处理。承包人请求按照竣工结算文件结算工程价款的，人民法院应予支持。

8. 工程价款结算管理

《建设工程价款结算暂行办法》规定，工程竣工后，发、承包双方应及时办清工程竣工结算。否则，工程不得交付使用，有关部门不予办理权属登记。

12.5 建设工程质量保修制度

建设工程实行质量保修制度，是《建筑法》确立的一项基本法律制度。建设工程质量保修制度，是指建设工程竣工经验收后，在规定的保修期限内，因勘察、设计、施工、材料等原因造成的质量缺陷，应当由施工承包单位负责维修、返工或更换，由责任单位负责赔偿损失的法律制度。《建设工程质量管理条例》则在建设工程的保修范围、保修期限和保修责任等方面，对该项制度做出了更具体的规定。《建筑法》第六十二条和《建设工程质量管理条例》第三十九条均明确规定，建筑工程实行质量保修制度。

12.5.1　建设工程质量的保修范围和保修期限

1. 建设工程质量保修书

《建筑法》规定，建筑工程的保修范围应当包括地基基础工程、主体结构工程、屋面防水工程和其他土建工程，以及电气管线、上下水管线的安装工程，供热、供冷系统工程等项目。当然，不同类型的建设工程，其保修范围有所不同。

《建设工程质量管理条例》第十六条规定，有施工单位签署的工程保修书，是建设工程竣工验收应具备的条件之一。工程质量保修书也是一种合同，是发承包双方就保修范围、保修期限和保修责任等设立权利义务的协议，集中体现了承包单位对发包单位的工程质量保修承诺。建设工程承包单位在向建设单位提交工程竣工验收报告时，应当向建设单位出具质量保修书。质量保修书中应当明确建设工程的保修范围、保修期限和保修责任等。

2. 建设工程的最低保修期限

《建筑法》规定，保修的期限应当按照保证建筑物合理寿命年限内正常使用，维护使用者合法权益的原则确定。具体的保修范围和最低保修期限由国务院规定。

《建设工程质量管理条例》规定，在正常使用条件下，建设工程的最低保修期限为：①基础设施工程、房屋建筑的地基基础工程和主体结构工程，为设计文件规定的该工程的合理使用年限；②屋面防水工程、有防水要求的卫生间、房间和外墙面的防渗漏，为 5 年；③供热与供冷系统，为 2 个采暖期、供冷期；④电气管线、给排水管道、设备安装和装修工程，为 2 年。其他项目的保修期限由发包方与承包方约定。建设工程的保修期，自竣工验收合格之日起计算。

上述保修范围属于法律强制性规定。超出该范围的其他项目的保修不是强制的，而是属于发承包双方意思自治的领域。最低保修期限同样属于法律强制性规定，发承包双方约定的保修期限不得低于条例规定的期限，但可以延长。保修期限上规定了各专业工程的"最低保修期"，同时规定当事人双方可以就其他项目的保修期限作出约定。上述规定属于法律、法规强制性规定，合同当事人必须遵守，对保修范围的约定不得少于上述内容，同时保修期限不得低于最低保修期，否则约定无效。

建设工程质量保修期的具体期限在符合《建筑工程质量管理条例》中保修范围和最低保修期限的情况下由承发包当事人在合同中约定具体的保修期限。《建设工程质量管理条例》规定，建设行政主管部门或者其他有关部门发现建设单位在竣工验收过程中有违反国家有关建设工程质量管理规定行为的，责令停止使用，重新组织竣工验收。

3. 建设工程超过合理使用年限后需要继续使用的规定

施工单位在质量保修书中，应当向建设单位承诺保修范围、保修期限和有关具体实施保修的措施，如保修的方法、人员及联络办法，保修答复和处理时限，不履行保修责任的罚则等。

《建设工程质量管理条例》规定，建设工程在超过合理使用年限后需要继续使用的，产权所有人应当委托具有相应资质等级的勘察、设计单位鉴定，并根据鉴定结果采取加固、维修等措施，重新界定使用期。

12.5.2 建设工程的保修责任

1. 建设工程的质量保修范围

《建设工程质量管理条例》规定，建设工程在保修范围和保修期限内发生质量问题的，施工单位应当履行保修义务，并对造成的损失承担赔偿责任。《施工合同司法解释（一）》第十八条规定，因保修人未及时履行保修义务，导致建筑物毁损或者造成人身损害、财产损失的，保修人应当承担赔偿责任。保修人与建筑物所有人或者发包人对建筑物毁损均有过错的，各自承担相应的责任。《施工合同司法解释（一）》第十三条规定，发包人具有下列情形之一，造成建设工程质量缺陷，应当承担过错责任：①提供的设计有缺陷；②提供或者指定购买的建筑材料、建筑构配件、设备不符合强制性标准；③直接指定分包人分包专业工程。承包人有过错的，也应当承担相应的过错责任。以上法规和司法解释明确施工单位的损害赔偿责任仅仅局限于保修期限内的保修范围内的质量问题。

《房屋建筑工程质量保修办法》规定，房屋建筑工程在保修范围和保修期限内出现质量缺陷，施工单位应当履行保修义务。保修费用由质量缺陷的责任方承担。房屋建筑工程保修期从工程竣工验收合格之日起计算。《房屋建筑工程质量保修办法》还规定了三种不属于保修范围的情况，包括：①因使用不当造成的质量缺陷；②第三方造成的质量缺陷；③不可抗力造成的质量缺陷。

2. 建设工程的质量保修程序

《房屋建筑工程质量保修办法》对建设工程质量的保修程序具体规定如下：①房屋建筑工程在保修期限内出现质量缺陷的，建设单位或者房屋建筑所有人应当向施工单位发出保修通知。②施工单位接到保修通知后，应当到现场核查情况，在保修书约定的时间内予以保修。发生涉及结构安全或者严重影响使用功能的紧急抢修事故，施工单位接到保修通知后，应当立即到达现场抢修。③发生涉及结构安全的质量缺陷，建设单位或者房屋建筑所有人应当立即向当地建设行政主管部门报告，采取安全防范措施；由原设计单位或者具有相应资质等级的设计单位提出保修方案，施工单位实施保修，原工程质量监督机构负责监督。④保修完成后，由建设单位或者房屋建筑所有人组织验收。涉及结构安全的，应当报当地建设行政主管部门备案。⑤施工单位不按工程质量保修书约定保修的，建设单位可以另行委托其他单位保修，由原施工单位承担相应责任。

12.5.3 建设工程质量保证金

2016年6月《国务院办公厅关于清理规范工程建设领域保证金的通知》规定，对建筑业企业在工程建设中需缴纳的保证金，除依法依规设立的投标保证金、履约保证金、工程质量保证金、农民工工资保证金外，其他保证金一律取消；严禁新设保证金项目；转变保证金缴纳方式，推行银行保函制度；未按规定或合同约定返还保证金的，保证金收取方应向建筑业企业支付逾期返还违约金；在工程项目竣工前，已经缴纳履约保证金的，建设单位不得同时预留工程质量保证金。

1. 建设工程质量保证金的概念

《建设工程质量保证金管理办法》（建质〔2017〕138号）规定，建设工程质量保证金（以下简称保证金）是指发包人与承包人在建设工程承包合同中约定，从应付的工程款中预留，用以保证承包人在缺陷责任期内对建设工程出现的缺陷进行维修的资金。

缺陷是指建设工程质量不符合工程建设强制性标准、设计文件，以及承包合同的约定。缺陷责任期一般为 1 年，最长不超过 2 年，由发、承包双方在合同中约定。缺陷责任期从工程通过竣工验收之日起计。由于承包人原因导致工程无法按规定期限进行竣工验收的，缺陷责任期从实际通过竣工验收之日起计。由于发包人原因导致工程无法按规定期限进行竣工验收的，在承包人提交竣工验收报告 90 天后，工程自动进入缺陷责任期。

2. 质量保证金的预留与使用管理

（1）质量保证金的预留

发包人应当在招标文件中明确保证金预留、返还等内容，并与承包人在合同条款中对涉及保证金的下列事项进行约定：①保证金预留、返还方式；②保证金预留比例、期限；③保证金是否计付利息，如计付利息，利息的计算方式；④缺陷责任期的期限及计算方式；⑤保证金预留、返还及工程维修质量、费用等争议的处理程序；⑥缺陷责任期内出现缺陷的索赔方式；⑦逾期返还保证金的违约金支付办法及违约责任。

缺陷责任期内，实行国库集中支付的政府投资项目，保证金的管理应按国库集中支付的有关规定执行。其他政府投资项目，保证金可以预留在财政部门或发包方。缺陷责任期内，如发包方被撤销，保证金随交付使用资产一并移交使用单位管理，由使用单位代行发包人职责。社会投资项目采用预留保证金方式的，发、承包双方可以约定将保证金交由第三方金融机构托管。发包人应按照合同约定方式预留保证金，保证金总预留比例不得高于工程价款结算总额的 3%。合同约定由承包人以银行保函替代预留保证金的，保函金额不得高于工程价款结算总额的 3%。

（2）质量保证金的使用管理

推行银行保函制度，承包人可以银行保函替代预留保证金。在工程项目竣工前，已经缴纳履约保证金的，发包人不得同时预留工程质量保证金。采用工程质量保证担保、工程质量保险等其他保证方式的，发包人不得再预留保证金。

缺陷责任期内，由承包人原因造成的缺陷，承包人应负责维修，并承担鉴定及维修费用。如承包人不维修也不承担费用，发包人可按合同约定从保证金或银行保函中扣除，费用超出保证金额的，发包人可按合同约定向承包人进行索赔。承包人维修并承担相应费用后，不免除对工程的损失赔偿责任。由他人原因造成的缺陷，发包人负责组织维修，承包人不承担费用，且发包人不得从保证金中扣除费用。

3. 质量保证金的返还

缺陷责任期内，承包人认真履行合同约定的责任，到期后，承包人向发包人申请返还保证金。发包人在接到承包人返还保证金申请后，应于 14 天内会同承包人按照合同约定的内容进行核实。如无异议，发包人应当按照约定将保证金返还给承包人。对返还期限没有约定或者约定不明确的，发包人应当在核实后 14 天内将保证金返还承包人，逾期未返还的，依法承担违约责任。发包人在接到承包人返还保证金申请后 14 天内不予答复，经催告后 14 天内仍不予答复，视同认可承包人的返还保证金申请。

发包人和承包人对保证金预留、返还以及工程维修质量、费用有争议的，按承包合同约定的争议和纠纷解决程序处理。建设工程实行工程总承包的，总承包单位与分包单位有关保证金的权利与义务的约定，参照本办法关于发包人与承包人相应权利与义务的约定执行。

4.质量保证金的返还与保修义务的履行

《施工合同司法解释（一）》引入了《建设工程质量保证金管理办法》中关于缺陷责任期的起算点规定，在第十七条规定，有下列情形之一，承包人请求发包人返还工程质量保证金的，人民法院应予支持：①当事人约定的工程质量保证金返还期限届满；②当事人未约定工程质量保证金返还期限的，自建设工程通过竣工验收之日起满2年；③因发包人原因建设工程未按约定期限进行竣工验收的，自承包人提交工程竣工验收报告90日后当事人约定的工程质量保证金返还期限届满；当事人未约定工程质量保证金返还期限的，自承包人提交工程竣工验收报告90日后起满2年。发包人返还工程质量保证金后，不影响承包人根据合同约定或者法律规定履行工程保修义务。

12.5.4 建设工程质量损害赔偿责任

1.建设工程质量损害赔偿责任的相关法律规定

目前，涉及建设工程质量责任方面的特别法共计60余个，主要分散在《建筑法》《建设工程质量管理条例》等法律法规中。这些有关建设工程质量责任的法律规范集民事、行政、刑事责任于一体，形成了分散式立法体例。目前，我国对建设工程或建筑物的质量责任条文主要有：

《建筑法》第八十条规定，在建筑物的合理使用寿命内，因建筑工程质量不合格受到损害的，有权向责任者要求赔偿。《建设工程质量管理条例》第四十一条规定，建设工程在保修范围和保修期限内发生质量问题的，施工单位应当履行保修义务，并对造成的损失承担赔偿责任。第四十二条规定，建设工程在超过合理使用年限后需要继续使用的，产权所有人应当委托具有相应资质等级的勘察、设计单位鉴定，并根据鉴定结果采取加固、维修等措施，重新界定使用期。《房屋建筑工程质量保修办法》第十四条规定，在保修期限内，因房屋建筑工程质量缺陷造成房屋所有人、使用人或者第三方人身、财产损害的，房屋所有人、使用人或者第三方可以向建设单位提出赔偿要求。《施工合同司法解释（一）》第十八条规定，因保修人未及时履行保修义务，导致建筑物毁损或者造成人身、财产损害的，保修人应当承担赔偿责任。保修人与建筑物所有人或者发包人对建筑物毁损均有过错的，各自承担相应的责任。

2.建设工程质量损害赔偿责任的义务主体

《建筑法》第八十条规定，在建筑物的合理使用寿命内，因建筑工程质量不合格受到损害的，有权向责任者要求赔偿。关于"责任者"的范围，该条并没有明确。《建设工程质量管理条例》第三条对此作了明确规定，建设单位、勘察单位、设计单位、施工单位、工程监理单位依法对建设工程质量负责。可见，建设工程质量缺陷的损害赔偿责任主体包括了上述五个单位。因这些主体的原因产生的建筑质量问题，造成他人人身、财产损失的，这些单位应当承担相应的赔偿责任。受损害人可以向上述主体中对建筑物缺陷负有责任者要求赔偿，也可以向各方共同提出赔偿要求，在查明原因的基础上由真正责任者承担赔偿责任。由于《城市房地产开发经营管理条例》规定，房地产开发企业开发建设的房地产项目，应当符合有关法律、法规的规定和建筑工程质量、安全标准、建筑工程勘察、设计、施工的技术规范以及合同的约定。房地产开发企业应当对其开发建设的房地产项目的质量承担责任。勘察、设计、施工、监理等单位应当依照有关法律、法规的规定或者合同的约定，承担相应的责任。因此，因建设工程质量缺陷而受到损害的除建设单位以外的受害人，可以直接向建设单位要求损害赔偿，建设单位向受害人承担责任后，在分清责任的基础上，再由勘察、设计、施工、监理等单位对其蒙受的损失进行赔偿的问题，按相应的法律、法规或者合同的约定处理。

（1）建设单位的赔偿责任

根据《建设工程质量管理条例》，建设单位承担赔偿责任的情形有：①未组织竣工验收，擅自交付使用，造成损失的；②验收不合格，擅自交付使用，造成损失的；③对不合格的建设工程按照合格工程验收，造成损失的；④涉及建筑主体或者承重结构变动的装修工程，没有设计方案擅自施工，造成损失的。

（2）勘察、设计单位的赔偿责任

根据《建筑法》《建设工程质量管理条例》，勘察、设计单位承担赔偿责任的情形有：①勘察单位未按照工程建设强制性标准进行勘察，造成工程质量事故，并造成损失的；②建筑设计单位不按照建筑工程质量、安全标准进行设计，造成工程质量事故，并造成损失的；③设计单位未根据勘察成果文件进行工程设计，造成工程质量事故，并造成损失的；④设计单位指定建筑材料、建筑构配件的生产厂、供应商，造成工程质量事故，并造成损失的。

（3）施工单位的赔偿责任

根据《建筑法》《建设工程质量管理条例》，施工单位承担赔偿责任的情形有：①施工企业转让、出借资质证书或者以其他方式允许他人以本企业的名义承揽工程，对因该项承揽工程不符合规定的质量标准造成的损失，施工企业与使用本企业名义的单位或者个人承担连带赔偿责任；②承包单位将承包的工程转包的，或者违反建筑法规定进行分包，对因转包工程或者违法分包的工程不符合规定的质量标准造成的损失，与接受转包或者分包的单位承担连带赔偿责任；③施工企业在施工中偷工减料、使用不合格的建筑材料、建筑构配件和设备，或者有其他不按照工程设计图纸或者施工技术标准施工的行为，造成建筑工程质量不符合规定的质量标准的，负责返工、修理，并赔偿因此造成的损失；④施工企业违反建筑法规定，不履行保修义务或者拖延履行保修义务的，对在保修期内因屋顶、墙面渗漏、开裂等质量缺陷造成的损失，承担赔偿责任；⑤施工企业未对建筑材料、建筑构配件、设备和商品混凝土进行检验，或者未对涉及结构安全的试块、试件以及有关材料取样检测，造成损失的，依法承担赔偿责任。

（4）工程监理单位的赔偿责任

根据《建筑法》《建设工程质量管理条例》，工程监理单位承担赔偿责任的情形有：①工程监理单位与建设单位或者建筑施工企业串通，弄虚作假、降低工程质量，造成损失的，承担连带赔偿责任；②将不合格的建设工程、建筑材料、建筑构配件和设备按照合格签字，造成损失的，承担连带赔偿责任。

另外，根据《建筑法》第七十九条规定，负责颁发建筑工程施工许可证的部门及其工作人员对不符合施工条件的建筑工程颁发施工许可证的，负责工程质量监督检查或者竣工验收的部门及其工作人员对不合格的建筑工程出具质量合格文件或者按合格工程验收的，造成的损失，由该部门承担相应的赔偿责任。

最后，对于建筑材料、建筑构配件和设备生产厂商的质量责任追究，适用《产品质量法》的规定和我国相应的法规、规章的规定。《建筑法》《建设工程质量管理条例》对此没有具体规定，并不说明其无需负质量责任。《产品质量法》第二条第（三）款明确规定："建筑工程不适用本法规定。但是，建设工程使用的建筑材料、建筑构配件和设备，属于前款规定的产品范围的，适用本法规定"。这一规定表明由于建设工程质量缺陷给他人造成损害的，如果能够证明造成损害的原因是建筑材料、建筑构配件和设备存在质量瑕疵，受损害人可以依据《产品质量法》提起民事赔偿诉讼。

3. 建设工程质量损害赔偿责任的主要类型

在缺陷责任期和质量保修期内，如果发生质量问题并造成了损害，则承包人承担保修义务的同时，责任方还应承担损害赔偿责任。在缺陷责任期、质量保修期届满后的建筑物的合理使用寿命内，如果发生质量问题，责任人仍然应当承担赔偿责任。建设工程质量责任从建设单位与勘察、设计、施工、监理等单位之间的关系来看，是一种合同责任。如果由于质量不合格给建设单位造成损害，则发生侵权责任和违约责任的竞合。《民法典》第一百八十六条规定，因当事人一方的违约行为，损害对方人身权益、财产权益的，受损害方有权选择请求其承担违约责任或者侵权责任。所以，建设单位可以从保护自身利益的角度出发，对由于不同责任而产生的不同请求权作出选择：如果由于工程质量缺陷仅造成建设单位的财产损失，如修理、重建等，应按合同纠纷处理；如果由于工程质量缺陷造成建设单位的人员伤亡及其精神损害的，应按侵权责任处理。

（1）《建设工程质量管理条例》规定，因施工承包人在质量保修期内未及时履行保修义务，导致建筑物毁损或者造成人身、财产损害的，保修人应当承担赔偿责任。保修人与建筑物所有人或发包人对建筑物毁损均有过错的，各自承担相应的责任。即使施工承包人履行了保修义务，仍因质量缺陷发生了损害后果，经鉴定若属于勘察、设计、施工、监理等单位的责任，这些单位仍应承担损害赔偿责任。

（2）《房屋建筑工程质量保修办法》规定，因保修不及时造成新的人身、财产损害，由造成拖延的责任方承担赔偿责任。

（3）《施工合同司法解释（一）》规定，发包人具有下列情形之一，造成建设工程质量缺陷，应当承担过错责任：①提供的设计有缺陷；②提供或者指定购买的建筑材料、建筑构配件、设备不符合强制性标准；③直接指定分包人分包专业工程。承包人有过错的，也应当承担相应的过错责任。

（4）《民法典》的相关规定。《民法典》第一千二百五十二条规定，建筑物、构筑物或者其他设施倒塌、塌陷造成他人损害的，由建设单位与施工单位承担连带责任，但是建设单位与施工单位能够证明不存在质量缺陷的除外。建设单位、施工单位赔偿后，有其他责任人的，有权向其他责任人追偿。因所有人、管理人、使用人或者第三人的原因，建筑物、构筑物或者其他设施倒塌、塌陷造成他人损害的，由所有人、管理人、使用人或者第三人承担侵权责任。第一款是针对建筑物存在质量缺陷引起倒塌事故的情形，第二款是针对除建筑物质量缺陷和自然原因之外的人为原因引起倒塌事故的情形。由此可以得出，第一款中的"其他责任人"包括勘察设计单位、监理单位和不合格建筑材料供应单位；第二款中的"其他责任人"具有兜底条款的作用，包括所有人或管理人和其他任何致建筑物倒塌的第三人。《民法典》第一千二百五十三条规定建筑物、构筑物或者其他设施及其搁置物、悬挂物发生脱落、坠落造成他人损害，所有人、管理人或者使用人不能证明自己没有过错的，应当承担侵权责任。所有人、管理人或者使用人赔偿后，有其他责任人的，有权向其他责任人追偿。

12.6　建设工程质量保险

12.6.1　建设工程质量保险概念和内涵

从国内外的建设工程质量保险制度来看，建设工程质量保险往往并不是一个单一的险种，而是多个保险所构成的一个完整的体系。原建设部与保监会在《关于推进建筑工程质量保险工作的意见》（建质〔2005〕133 号）也明确指出"建设工程质量保险是一种转移在工程建设和使用期间可能的质量缺陷引起的经济责任的方式，它由能够转移工程技术风险、落实质量责任的一系列保险产品组成，包括建筑工程一切险、安装工程一切险、工程质量保证保险和相关职业责任保险等。其中，工程质量保证保险主要为工程竣工后一定期限内出现的主体结构问题和渗漏问题等提供风险保障"。

因此，建设工程质量保险应当是有广义和狭义之分的，广义上的建设工程质量保险应当是一个由多个与工程质量相关的险种所共同构成的体系，而狭义上的建设工程质量保险只是其中的一个具体险种。2006 年 9 月 19 日，中国人民财产保险股份有限公司推出"建筑工程质量保险"这一新产品，该保险责任范围是保险合同中载明的、由投保人开发的建筑物，按规定的建设程序竣工验收合格满一年后，经保险人指定的建筑工程质量检查机构检查通过，在正常使用条件下，因潜在缺陷在保险期间内发生质量事故造成建筑物的损坏，经被保险人向保险人提出索赔申请，保险人按照本保险合同的约定负责赔偿修理、加固或重置的费用。该"建筑工程质量保险"实际上就是狭义上的建设工程质量保险。

12.6.2　我国建设工程质量保险的产生与发展

1979 年中国人民保险公司为配合恢复财产保险业务，拟定了《建筑工程一切险》和《安装工程一切险》的条款及保单。1979 年 8 月，中国人民银行、国家计委、国家建委、财政部、外贸部和国家外汇管理总局颁发了《关于办理引进成套设备、补偿贸易等财产保险的联合通知》，规定国内基建单位应将引进的建设项目的保险费列入投资概算，向中国人民保险公司投保建筑工程险或安装工程险。1985 年，国家计委、中国人民银行和国家审计署在联合下发的《关于基本建设项目保险问题》的通知中指出："对建设项目实行强制保险加大了基建投资，增加了工程造价，这种做法不妥"。此通知还规定，国家预算内的"拨贷款"项目和国家计划用信贷资金安排的基建项目不投保财产保险，各地区、各企业、各部门自筹资金的基建项目是否投保，自主决定。

1994 年国家建设部、中国建设银行印发了《关于调整建筑安装工程费用项目组成的若干规定》，调整后建筑安装工程费用增加了保险费项目，部分保险费可列入工程成本。1995 年我国颁布实施《保险法》，除法定保险外，实行自愿投保原则。中国人民保险公司1993 年开始重新组织编写《建筑工程一切险条款》和《安装工程一切险条款》，拟定了新条款，经中国人民银行颁布并于 1995 年 1 月 1 日生效。

《建筑法》第四十八条规定，施工企业必须为从事危险作业的职工办理意外伤害保险，支付保险费。据此，施工企业职工意外伤害保险属强制性保险，投保人是施工企业或施工企业委托的项目经理部，被保险人为工程施工中从事危险作业的职工，也可以是施工现场的管理人员及工作人员，规定意外伤害保险费作为直接工程费中现场管理费的组成部分，列入建筑安装工程成本，由建设单位支出。建设部于 1999 年 12 月发文规定在北京、上海和深圳市开展工程设计责任保险的试点工作。《建设工程施工合同（示范文本）》GF—2017—0201 规定，除专用合同条款另有约定外，发包人应投保建筑工程一切险或安装工程一切险；发包人委托承包人投保的，因投保产生的保险费和其他相关费用由发包人承担。《建设工程施工合同（示范文本）》GF—2017—0201 规定，发包人应依照法律规定参加工伤保险，并为在施工现场的全部员工办理工伤保险，缴纳工伤保险费，并要求监理人及由发包人为履行合同聘请的第三方依法参加工伤保险。发包人和承包人可以为其施工现场的全部人员办理意外伤害保险并支付保险费，包括其员工及为履行合同聘请的第三方的人员，具体事项由合同当事人在专用合同条款约定。除专用合同条款另有约定外，承包人应为其施工设备等办理财产保险。

在实践中，一些地方也陆续开展了建筑职工意外伤害保险的试行工作。如四川省建设厅 2000 年 12 月 14 日发布了《关于印发〈四川省建筑企业职工意外伤害保险试行办法〉的通知》，决定从 2001 年 1 月 1 日起在全省建筑施工企业中实行从事危险作业的职工意外伤害保险制度。上海、山东、河北、辽宁、重庆等省市也开展了意外伤害保险试点工作。

2003 年 4 月 24 日，建设部印发《关于加强 2003 年工程质量工作的意见》，表示要积极推进工程质量保险制度。该意见指出，2003 年重点推进和开办设计责任险和工程质量保证保险等险种，要在 15 个以上省市开展设计保险工作，并力争两年内，在全国全面实施工程设计保险制度。建设部同日印发的《关于加强 2003 年建筑安全生产工作的意见》全面推行建筑意外伤害保险工作。2003 年 5 月 23 日，建设部发布了《关于加强建筑意外伤害保险工作的指导意见》，对建筑意外伤害保险的范围、保险期限、保险金额、保险费、投保、索赔、安全服务以及行业自保等提出了指导意见，加强和规范了建筑意外伤害保险工作。

2005 年 8 月 5 日，建设部、保监会联合发布了《关于推进建设工程质量保险工作的意见》，为在我国进一步推行工程质量保险工作提出了基本制度框架。2006 年 9 月 19 日，中国人民财产保险股份有限公司率先在北京、上海、天津、大连、青岛、厦门、深圳、兰州等 14 个城市推出了新版的建筑工程质量保险产品，这标志着全国范围的建设工程质量保险试点工作正式启动。

12.6.3 建设工程质量保险的种类

根据原建设部与中国保监会联合发布的《关于推进建设工程质量保险工作的意见》（建质〔2005〕133 号）的规定，建设工程质量保险主要有以下险种。

1. 相关职业责任险

职业责任保险是承保各种专业人员由于自身工作过失而造成合同对方、第三者财产损失或人身伤害的赔偿责任保险。勘察、设计、监理等单位因工作失误或疏忽而造成的损失，可通过投保执业责任险来解决。职业责任保险只承担经济赔偿责任，对于其他的法律责任则不予承保。

2. 建设工程质量保证保险

工程竣工后，依然存在着潜在的风险，工程质量保证保险正是基于建筑物使用周期长、承包商流动性大的特点而专门设立的。工程质量保证保险的标的是建设工程保修期限内建筑物本身及其他有关的人身财产。中国人民财产保险股份有限公司"建筑工程质量保险"即为工程质量保证保险。

（1）适用范围。获得国家或当地建设主管部门资质认可的建筑开发商均可作为本保险合同的投保人，于工程开工前就其开发的住宅商品房及写字楼工程投保本保险。对上述建筑物具有所有权的自然人、法人或其他组织为本保险合同的被保险人。

（2）保险责任。由投保人开发的建筑物，按规定的建设程序竣工验收合格满一年后，经保险人指定的建筑工程质量检查控制机构检查通过，在正常使用条件下，因潜在缺陷在保险期间内发生下列质量事故造成建筑物的损坏，经被保险人向保险人提出索赔申请，保险人按照本保险合同的约定负责赔偿修理、加固或重置的费用：①整体或局部倒塌；②地基产生超出设计规范允许的不均匀沉降；③阳台、雨篷、挑檐等悬挑构件坍塌或出现影响使用安全的裂缝、破损、断裂；④主体结构部位出现影响结构安全的裂缝、变形、破损、断裂。

（3）保险合同的成立与生效。投保人，于工程开工前投保本保险，保险人同意承保，保险合同成立。建筑物竣工验收合格满一年后，投保人应就其开发的建筑物，向保险人指定的建筑工程质量检查控制机构申请质量检查，上述机构检查通过后，本保险合同自检查通过之日起生效。保险期间为十年，自保险合同生效之日起算。

3. 建筑工程一切险

建筑工程一切险是承保各类民用、工业和公用事业建筑工程项目，包括道路、桥梁、水坝、港口等，在建造过程中因自然灾害或意外事故而引起的一切损失的险种。因在建工程抗灾能力差，危险程度高，一旦发生损失，不仅会对工程本身造成巨大的物质财富损失，甚至可能殃及邻近人员与财物。因此，随着各种新建、扩建、改建的建设工程项目日渐增多，许多保险公司已经开设这一险种。建筑工程一切险往往还加保第三者责任险。第三者责任险是指在保险有效期内因在施工工地上发生意外事故造成在施工工地及邻近地区的第三者人身伤亡或财产损失，依法应由被保险人承担的经济赔偿责任。

（1）投保人与被保险人

《建设工程施工合同（示范文本）》（GF—2017—0201）中规定，除专用合同条款另有约定外，发包人应投保建筑工程一切险或安装工程一切险；发包人委托承包人投保的，因投保产生的保险费和其他相关费用由发包人承担。

建筑工程一切险的被保险人范围较宽，所有在工程进行期间，对该项工程承担一定风险的有关各方（即具有可保利益的各方），均可作为被保险人。如果被保险人不止一家，则各家接受赔偿的权利以不超过其对保险标的的可保利益为限。被保险人具体包括：①业主或工程所有人；②承包商或者分包商；③技术顾问，包括业主聘用的建筑师、工程师及其他专业顾问。

（2）保险责任范围

保险人对下列原因造成的损失和费用，负责赔偿：①自然事件，指地震、海啸、雷电、飓风、台风、龙卷风、风暴、暴雨、洪水、水灾、冻灾、冰雹、地崩、山崩、雪崩、火山爆发、地面下陷下沉及其他人力不可抗拒的破坏力强大的自然现象；②意外事故，指不可预料的以及被保险人无法控制并造成物质损失或人身伤亡的突发性事件，包括火灾和爆炸。

（3）除外责任

保险人对下列各项原因造成的损失不负责赔偿：①设计错误引起的损失和费用；②自

然磨损、内在或潜在缺陷、物质本身变化、自燃、自热、氧化、锈蚀、渗漏、鼠咬、虫蛀、大气（气候或气温）变化、正常水位变化或其他渐变原因造成的保险财产自身的损失和费用；③因原材料缺陷或工艺不善引起的保险财产本身的损失以及为换置、修理或矫正这些缺点错误所支付的费用；④非外力引起的机械或电气装置的本身损失，或施工用机具、设备、机械装置失灵造成的本身损失；⑤维修保养或正常检修的费用；⑥档案、文件、账簿、票据、现金、各种有价证券、图表资料及包装物料的损失；⑦盘点时发现的短缺；⑧领有公共运输行驶执照的，或已由其他保险予以保障的车辆、船舶和飞机的损失；⑨除非另有约定，在保险工程开始以前已经存在或形成的位于工地范围内或其周围的属于被保险人的财产的损失；⑩除非另有约定，在保险单保险期限终止以前，保险财产中已由工程所有人签发完工验收证书或验收合格或实际占有或使用或接收的部分。

（4）第三者责任险

建筑工程一切险如果加保第三者责任险，保险人对下列原因造成的损失和费用，负责赔偿：①在保险期限内，因发生与所保工程直接相关的意外事故引起工地内及邻近区域的第三者人身伤亡、疾病或财产损失；②被保险人因上述原因支付的诉讼费用以及事先经保险人书面同意而支付的其他费用。

（5）赔偿金额

保险人对每次事故引起的赔偿金额以法院或政府有关部门根据现行法律裁定的应由被保险人偿付的金额为准，但在任何情况下，均不得超过保险单明细表中对应列明的每次事故赔偿限额。在保险期限内，保险人经济赔偿的最高赔偿责任不得超过本保险单明细表中列明的累计赔偿限额。

（6）保险期限

建筑工程一切险的保险责任自保险工程在工地动工或用于保险工程的材料、设备运抵工地之时起始，至工程所有人对部分或全部工程签发完工验收证书或验收合格，或工程所有人实际占用或使用或接收该部分或全部工程之时终止，以先发生者为准。但在任何情况下，保险期限的起始或终止不得超出保险单明细表中列明的保险生效日或终止日。

4. 安装工程一切险

安装工程一切险是承保安装机器、设备、储油罐、钢结构工程、起重机、吊车以及包含机械工程因素的各种安装工程的险种。由于科学技术日益进步，现代工业的机器设备已进入电子计算机操控的时代，工艺精密、构造复杂，技术高度密集，价格十分昂贵。在安装、调试机器设备的过程中遇到自然灾害和意外事故的发生都会造成巨大的经济损失。安装工程一切险可以保障机器设备在安装、调试过程中，被保险人可能遭受的损失能够得到经济补偿。安装工程一切险往往还加保第三者责任险。安装工程一切险的第三者责任险，负责被保险人在保险期限内，因发生意外事故，造成在工地及邻近地区的第三者人身伤亡、疾病或财产损失，依法应由被保险人赔偿的经济损失，以及因此而支付的诉讼费用和经保险人书面同意支付的其他费用。

（1）保险责任范围

保险人对因自然灾害、意外事故（具体内容与建筑工程一切险基本相同）造成的损失和费用，负责赔偿。

（2）除外责任

其除外责任与建筑工程一切险的第②⑤⑥⑦⑧⑨⑩相同，不同之处主要是：①因设计错误、铸造或原材料缺陷或工艺不善引起的保险财产本身的损失以及为换置、修理或矫正这些缺点错误所支付的费用；②由于超负荷、超电压、碰线、电弧、漏电、短路、大气放电及其他电气原因造成电气设备或电气用具本身的损失；③施工用机具、设备、机械装置失灵造成的本身损失。

（3）保险期限

安装工程一切险的保险责任自保险工程在工地动工或用于保险工程的材料、设备运抵工地之时起始，至工程所有人对部分或全部工程签发完工验收证书或验收合格，或工程所有人实际占有或使用接收该部分或全部工程之时终止，以先发生者为准。但在任何情况下，安装期保险期限的起始或终止不得超出保险单明细表中列明的保险生效日或终止日。

安装工程一切险的保险期内，一般应包括一个试车考核期。试车考核期的长短一般根据安装工程合同中的约定进行确定，但不得超出安装工程保险单明细表中列明的试车和考核期限。安装工程一切险对考核期的保险责任一般不超过 3 个月，若超过 3 个月，应另行加收保险费。安装工程一切险对于旧机器设备不负考核期的保险责任，也不承担其维修期的保险责任。

（4）安装工程一切险与建筑工程一切险的区别

安装工程一切险与建筑工程一切险的区别：①建筑工程保险的标的从开工以后逐步增加，保险额也逐步提高，而安装工程一切险的保险标的一开始就存放于工地，保险公司一开始就承担着全部货价的风险，风险比较集中。在机器安装好之后，试车、考核所带来的危险以及在试车过程中发生气器损坏的危险是相当大的，这些危险在建筑工程险部分是没有的。②在一般情况下，自然灾难造成建筑工程一切险的保险标的损失的可能性较大，而安装工程一切险的保险标的多数是建筑物内安装及设备（石化、桥梁、钢结构建筑物等除外），受自然灾难（洪水、台风、暴雨等）损失的可能性较小，受人为事故损失的可能性较大，这就要督促被保险人加强现场安全操作治理，严格执行安全操作规程。③安装工程在交接前必须经过试车考核，而在试车期内，任何潜在的因素都可能造成损失，损失率要占安装工期内的总损失的一半以上。由于风险集中，试车期的安装工程一切险的保险费率通常占整个工期的保费的 1/3 左右，而且对旧机器设备不承担赔付责任。总的来讲，安装工程一切险的风险较大，保险费率也要高于建筑工程一切险。

第 13 章　建设工程环境保护法律制度

党的二十大报告指出，"大自然是人类赖以生存发展的基本条件。尊重自然、顺应自然、保护自然，是全面建设社会主义现代化国家的内在要求。必须牢固树立和践行绿水青山就是金山银山的理念，站在人与自然和谐共生的高度谋划发展。""我们要推进美丽中国建设，坚持山水林田湖草沙一体化保护和系统治理，统筹产业结构调整、污染治理、生态保护、应对气候变化，协同推进降碳、减污、扩绿、增长，推进生态优先、节约集约、绿色低碳发展。""积极稳妥推进碳达峰碳中和。"工程建设从业单位应当采取措施，防治在生产建设或者其他活动中产生的废气、废水、废渣、医疗废物、粉尘、恶臭气体、放射性物质以及噪声、振动、光辐射、电磁辐射等对环境的污染和危害。工程建设应当保护和改善环境，防治污染和其他公害，保障公众健康，推进生态文明建设，促进经济社会可持续发展。

13.1　建设工程环境保护法律制度概述

建设工程在其整个寿命周期内的各个阶段都对环境产生巨大影响，这些影响包括建设工程粉尘和施工噪声污染，资源的过度消耗和能源的过度浪费等，不一而足。基于建设工程对环境的巨大影响，各国都制定了相应法律法规来保护人类赖以生存的环境，防治建设工程对环境的影响。

13.1.1　建设工程的环境问题

建设活动是一项规模大、耗时长的生产活动，这一活动引发的环境问题所产生的危害，一般具有覆盖面广、持续时间长和事发突然等特点。与工程建设活动相伴生的环境问题大体有两类：其一是，资源的过度消耗和能源的过度浪费问题；其二是，施工过程的不当排放和残余物的不当处理引发的问题。一个建设工程项目，在其寿命周期包括规划设计阶段、施工阶段、运行维护阶段和拆除阶段，它对环境的影响贯穿于建设工程的各个阶段。

1. 建设工程项目规划设计阶段的环境问题

规划设计阶段虽然不直接产生环境影响和破坏，但是这一阶段对环境产生的间接影响却很大。建设单位对项目的选址，以及设计师对建设工程的结构、构件、材料的选用，均与建设项目对资源的消耗和环境的影响密切相关。如是之故，完善项目规划设计阶段的环境保护法律法规是从源头上解决建设工程环境问题的治本措施。

2. 建设工程项目施工阶段的环境问题

在施工准备期，原材料的获取对环境的不利影响包括以下方面：对能源和资源的耗费，对土地和森林的破坏，水、大气以及噪声污染的产生。❶ 在施工过程中，不同的施工

---

❶　和丽萍，卢云涛，陈异晖. 建设项目环境影响评价中面临的政策性制约因素及对策研究 [J]. 环境与可持续发展，2012，37（06）：60-64.

阶段对环境有不同的影响。

（1）地下施工阶段

基坑，尤其是深基坑在开挖时，一般会对其周围的土体位移和地下水位产生不利影响，并可能对邻近结构的安全构成威胁，甚至对其构成破坏；在进行打桩施工时，通常会伴生剧烈的振动，并发出巨大的噪声，这会对周围居民的健康产生不利影响。

（2）地面施工阶段

在施工现场，工程建设材料一般都是随意堆放，且无遮盖，无围栏；稍有风来，便是尘土飞扬，若有雨降，更是污水横流。施工废水一般含有大量的污染物质，如建材粉末、杂物、泥沙等，在绝大多数的施工场地，前述废水与建设施工人员倾倒的生活污水往往不加区分，不经任何过滤措施就直接排入下水道，它们很容易在城市市区的排水管网中形成淤积，并进而对雨季的排水防涝形成障碍。运载散粒状工程建设材料、回填土、废料、废土的运输车辆，由于防范措施不到位，在运输途中往往会发生尘土撒落现象。在施工现场及其周围，树木往往会被任意砍伐，绿地会被肆意铲除。工程竣工后，平整场地通常会就地取材，使用施工剩余的灰土、沙石、砖瓦和杂物等，这一做法给园林绿化工作制造了很大的困难。前述种种行为，极为严重地破坏了城市环境。❶

3. 建设工程项目运行维护至拆除阶段的环境问题

在运行维护阶段，建设工程引发的环境问题，主要是其对能源的大量消耗。在世界范围，从平均水平来看，总能耗的 37% 为建筑能耗所占用。发达国家总能耗的 30%～40% 为建筑能耗所占用；其中，约 20% 为建筑使用能耗所占用，约 10% 为设备、材料、施工用能所占用。❷ 在我国，全国总能耗的大约 25% 为建筑能耗所占用；其中，9%～11% 为建设使用能耗所占用；近几年来，随着商用建筑和住宅的增多，建筑能耗在总能耗中所占的比例还在不断增长。

在运行维护阶段，建设工程引发的另外一个环境问题，是由装修材料带来的。装修材料会释放有害物质，对建筑物内的空气造成污染。装修材料中的化学物质渗透到室内，会对健康造成持续性的危害。其重则致人生病，甚至死亡；轻则影响人的舒适程度。

在拆除阶段，建设工程引发的环境问题，主要是由噪声、粉尘和建筑垃圾带来的。其中，对环境影响最大的，当属建筑垃圾。在我国，每年城市垃圾的产生量已经超过 1 亿吨；其中，建筑垃圾占垃圾总量的三到四成，约为 4000 万吨。目前，我国多数建设工程尚未采取适宜的方式来处理建筑垃圾：大部分建筑垃圾以简易填埋方式进行处置，还有一部分建筑垃圾以露天堆放方式放置。❸

13.1.2　建设工程环境保护的法律法规

建设工程环境保护，是工程建设活动管理的重要内容之一。为此，全国人民代表大会常务委员会和国务院制定了一系列有关建设工程环境保护的法律、法规。我国环境保护的法律主要包括环境保护基本法、环境保护单行法和其他部门法中关于环境保护的规定。环境保护基本法在环境法律体系中，除宪法之外占有核心的最高地位。它是一种综合性的实

---

❶ 黄志军. 城市规划建设中的环境保护策略的分析 [J]. 民营科技，2014（03）：279.

❷ 蔡虎瑞，纪冰冰. 浅析建筑工程施工中节能技术的应用 [J]. 河南科技，2015（10）：81-83.

❸ 董伟，郭秋兰. 城镇建筑垃圾的处置现状及综合开发利用对策 [J]. 山西农经，2015（12）：102.

体法，即对环境与资源保护方面的重大问题加以全面调整的立法，一般是对环境与资源保护的目的、范围、环境政策、环境保护的方针、原则、管理制度、组织机构、法律责任等作出原则规定。它是制定其他单行环境保护法规的依据。《环境保护法》是我国的环境保护基本法。作为一部综合性的基本法，它对环境保护的主要问题作了全面的规定。环境保护单行法是针对特定的保护对象，如某种环境要素或特定的环境社会关系而进行专门调整的立法。它以宪法和环境保护基本法为依据，又是宪法和环境保护基本法的具体化。环境保护单行法规一般比较具体详细，是进行环境管理、处理环境纠纷的直接依据。它在环境法律体系中数量最多，占有重要地位。具体包括《水污染防治法》《固体废物污染环境防治法》《大气污染防治法》《环境噪声污染防治法》等等。其他部门法中关于环境保护的规定主要是指我国《民法典》《刑法》《治安管理处罚法》等法律中关于环境保护的规定，体现了环境保护法综合性的特点，同时也反映了法律生态化的趋势。具体见表 13-1。

建设工程环境保护的法律、法规一览表　　　　　　　　表 13-1

法律文件	简称	文件性质	施行与修订日期
《中华人民共和国环境保护法》	《环境保护法》	法律	1989 年 12 月 26 日通过；2014 年 4 月 24 日修订，自 2015 年 1 月 1 日起施行
《中华人民共和国水污染防治法》	《水污染防治法》	法律	1984 年 5 月 11 日通过；1996 年 5 月 15 日第一次修正；2008 年 2 月 28 日修订；2017 年 6 月 27 日第二次修正
《中华人民共和国固体废物污染环境防治法》	《固体废物污染环境防治法》	法律	1995 年 10 月 30 日通过；2004 年 12 月 29 日第一次修订；2013 年 6 月 29 日第一次修正；2015 年 4 月 24 日第二次修正；2016 年 11 月 7 日第三次修正；2020 年 4 月 29 日第二次修订，自 2020 年 9 月 1 日起施行
《中华人民共和国大气污染防治法》	《大气污染防治法》	法律	1987 年 9 月 5 日通过；1995 年 8 月 29 日第一次修正；2000 年 4 月 29 日第一次修订；2015 年 8 月 29 日第二次修订；2018 年 10 月 26 日第二次修正
《中华人民共和国噪声污染防治法》	《噪声污染防治法》	法律	自 2022 年 6 月 5 日起施行
《中华人民共和国清洁生产促进法》	《清洁生产促进法》	法律	自 2003 年 1 月 1 日起施行；2012 年 2 月 29 日修正
《中华人民共和国循环经济促进法》	《循环经济促进法》	法律	自 2009 年 1 月 1 日起施行；2018 年 10 月 26 日修正
《中华人民共和国节约能源法》	《节约能源法》	法律	1997 年 11 月 1 日通过；2007 年 10 月 28 日修订，自 2008 年 4 月 1 日起施行；2016 年 7 月 2 日第一次修正；2018 年 10 月 26 日第二次修正

法律文件	简称	文件性质	施行与修订日期
《中华人民共和国环境影响评价法》	《环境影响评价法》	法律	自 2003 年 9 月 1 日起施行；2016 年 7 月 2 日第一次修正；2018 年 12 月 29 日第二次修正
《中华人民共和国可再生能源法》	《可再生能源法》	法律	自 2006 年 1 月 1 日起施行；2009 年 12 月 26 日修正
《建设项目环境保护管理条例》	《建设项目环境保护管理条例》	行政法规	自 1998 年 11 月 29 日起施行；2017 年 7 月 16 日修订
《公共机构节能条例》	《公共机构节能条例》	行政法规	自 2008 年 10 月 1 日起施行；2017 年 3 月 1 日修订
《民用建筑节能条例》	《民用建筑节能条例》	行政法规	自 2008 年 10 月 1 日起施行
《城市市容和环境卫生管理条例》	《城市市容和环境卫生管理条例》	行政法规	1992 年 6 月 28 日国务院令第 101 号发布，自 1992 年 8 月 1 日起施行；2011 年 1 月 8 日第一次修订；2017 年 3 月 1 日第二次修订
《排污许可管理条例》	《排污许可管理条例》	行政法规	自 2021 年 3 月 1 日起施行

生态环境主管部门、国务院建设行政主管部门等部门也通过了一些关于建设工程环境保护的部门规章和其他规范性法律文件。具体见表 13-2。

建设工程环境保护的部门规章及规范性法律文件　　　　表 13-2

文件名称	文号	施行与修订日期	文件性质
《建设项目环境影响评价文件分级审批规定》	环境保护部令第 5 号	自 2009 年 3 月 1 日起施行	部门规章
《建设项目环境影响评价行为准则与廉政规定》	国家环境保护总局令第 30 号	自 2006 年 1 月 1 日起施行；2021 年 1 月 4 日修订	部门规章
《城市建筑垃圾管理规定》	建设部令第 139 号	2005 年 3 月 23 日公布，自 2005 年 6 月 1 日起施行	部门规章
《环境保护主管部门实施按日连续处罚办法》	环境保护部令第 28 号	2014 年 12 月 15 日通过，自 2015 年 1 月 1 日起施行	部门规章
《环境保护主管部门实施查封、扣押办法》	环境保护部令第 29 号	2014 年 12 月 15 日通过，自 2015 年 1 月 1 日起施行	部门规章
《环境保护主管部门实施限制生产、停产整治办法》	环境保护部令第 30 号	2014 年 12 月 15 日通过，自 2015 年 1 月 1 日起施行	部门规章
《企业环境信息依法披露管理办法》	生态环境部令第 24 号	自 2022 年 2 月 8 日起施行	部门规章
《民用建筑节能管理规定》	建设部令第 143 号	2005 年 10 月 28 日通过自 2006 年 1 月 1 日起施行	部门规章
《重点用能单位节能管理办法》	国家发展和改革委员会令第 15 号	2018 年 2 月 22 日修订，自 2018 年 5 月 1 日起施行	部门规章
《碳排放权交易管理办法（试行）》	生态环境部令第 19 号	自 2021 年 2 月 1 日起施行	部门规章

除前述法律、行政法规、部门规章和其他规范性法律文件之外，国家还颁布了很多关于建设工程环境保护的环境标准、环境保护地方性法规、地方政府规章以及我国参加或缔结的有关环境资源保护的双边、多边协定和国际条约，属于对国家环境保护法律、法规的补充和完善。目前，我国的环境保护法律体系已经相对健全，形成了以《环境保护法》这部环境基本法为中心，以污染防治控制法和环境要素保护法为两翼，并辅之以环境监管方面的法律法规为一体的、全面协调的法律体系。

13.1.3 建设工程环境保护的主要法律制度

环境保护的基本法律制度是指按照环境保护法的基本理念和基本原则确立的，通过环境立法具体表现的，普遍适用于环境与资源保护各个领域的法律规范的总称。主要包括：环境规划制度、环境标准制度、环境影响评价制度、"三同时"制度、环境许可证制度、排污收费制度和突发环境事件应急制度。在环境保护法律制度中，与建设工程关系最为密切的制度是建设工程项目环境影响评价制度和建设工程项目"三同时"制度。

1. 建设工程项目环境影响评价制度

（1）建设工程项目环境影响评价制度的立法

1964 年，在加拿大召开的国际环境质量评价学术会议上提出了"环境影响评价"这一概念。"环境影响评价"作为一项法律制度，最初在美国得以确立。随后，环境影响评价制度在法国、澳大利亚、瑞典、英国、德国、日本等国得以确立，环境影响评价工作也陆续得以开展。

2002 年我国《环境影响评价法》首次在立法上界定了"环境影响评价"这一概念。环境影响评价，是指对规划和建设项目实施后可能造成的环境影响进行分析、预测和评估，提出预防或者减轻不良环境影响的对策和措施，进行跟踪监测的方法与制度。《环境影响评价法》以专章的形式在第三章规定了建设项目的环境影响评价，2016 年 7 月 2 日和 2018 年 12 月 29 日分别对《环境影响评价法》进行了修正。

《环境保护法》规定，编制有关开发利用规划，建设对环境有影响的项目，应当依法进行环境影响评价。未依法进行环境影响评价的开发利用规划，不得组织实施；未依法建设项目，不得开工建设。《噪声污染防治法》规定，新建、改建、扩建可能产生噪声污染的建设项目，应当依法进行环境影响评价。《建设项目环境保护管理条例》规定，国家实行建设项目环境影响评价制度。

（2）环境影响评价的分类管理

国家根据建设项目对环境的影响程度，对建设项目的环境影响评价实行分类管理。建设单位应当按照下列规定组织编制环境影响报告书、环境影响报告表或者填报环境影响登记表（以下统称环境影响评价文件）：①可能造成重大环境影响的，应当编制环境影响报告书，对产生的环境影响进行全面评价；②可能造成轻度环境影响的，应当编制环境影响报告表，对产生的环境影响进行分析或者专项评价；③对环境影响很小、不需要进行环境影响评价的，应当填报环境影响登记表。建设项目的环境影响评价分类管理名录，由国务院生态环境主管部门制定并公布。

《建设项目环境保护管理条例》进一步规定，国家根据建设项目对环境的影响程度，按照下列规定对建设项目的环境保护实行分类管理：①建设项目对环境可能造成重大影响的，应当编制环境影响报告书，对建设项目产生的污染和对环境的影响进行全面、详细的评价；②建设项目对环境可能造成轻度影响的，应当编制环境影响报告表，对建设项目产生的污染和对环境的影响进行分析或者专项评价；③建设项目对环境影响很小，不需要进行环境影响评价的，应当填报环境影响登记表。建设项目环境影响评价分类管理名录，由国务院环境保护行政主管部门在组织专家进行论证和征求有关部门、行业协会、企事业单位、公众等意见的基础上制定并公布。

建设项目的环境影响报告书应当包括下列内容：①建设项目概况；②建设项目周围环境现状；③建设项目对环境可能造成影响的分析、预测和评估；④建设项目环境保护措施及其技术、经济论证；⑤建设项目对环境影响的经济损益分析；⑥对建设项目实施环境监测的建议；⑦环境影响评价的结论。环境影响报告表和环境影响登记表的内容和格式，由国务院生态环境主管部门制定。

建设项目的环境影响评价，应当避免与规划的环境影响评价相重复。作为一项整体建设项目的规划，按照建设项目进行环境影响评价，不进行规划的环境影响评价。已经进行了环境影响评价的规划包含具体建设项目的，规划的环境影响评价结论应当作为建设项目环境影响评价的重要依据，建设项目环境影响评价的内容应当根据规划的环境影响评价审查意见予以简化。

（3）环境影响评价文件的编制与审批

建设单位可以委托技术单位对其建设项目开展环境影响评价，编制建设项目环境影响报告书、环境影响报告表；建设单位具备环境影响评价技术能力的，可以自行对其建设项目开展环境影响评价，编制建设项目环境影响报告书、环境影响报告表。建设单位应当对建设项目环境影响报告书、环境影响报告表的内容和结论负责，接受委托编制建设项目环境影响报告书、环境影响报告表的技术单位对其编制的建设项目环境影响报告书、环境影响报告表承担相应责任。除国家规定需要保密的情形外，对环境可能造成重大影响、应当编制环境影响报告书的建设项目，建设单位应当在报批建设项目环境影响报告书前，举行论证会、听证会，或者采取其他形式，征求有关单位、专家和公众的意见。建设单位报批的环境影响报告书应当附具对有关单位、专家和公众的意见采纳或者不采纳的说明。

依法应当编制环境影响报告书、环境影响报告表的建设项目，建设单位应当在开工建设前将环境影响报告书、环境影响报告表报有审批权的环境保护行政主管部门审批；建设项目的环境影响评价文件未依法经审批部门审查或者审查后未予批准的，建设单位不得开工建设。环境保护行政主管部门审批环境影响报告书、环境影响报告表，应当重点审查建设项目的环境可行性、环境影响分析预测评估的可靠性、环境保护措施的有效性、环境影响评价结论的科学性等，并分别自收到环境影响报告书之日起 60 日内、收到环境影响报告表之日起 30 日内，作出审批决定并书面通知建设单位。环境保护行政主管部门可以组织技术机构对建设项目环境影响报告书、环境影响报告表进行技术评估，并承担相应费用；技术机构应当对其提出的技术评估意见负责，不得向建设单位、从事环境影响评价工作的单位收取任何费用。依法应当填报环境影响登记表的建设项目，建设单位应当按照国务院环境保护行政主管部门的规定将环境影响登记表报建设项目所在地县级环境保护行政主管部门备案。环境保护行政主管部门应当开展环境影响评价文件网上审批、备案和信息公开。

建设项目有下列情形之一的，环境保护行政主管部门应当对环境影响报告书、环境影响报告表作出不予批准的决定：①建设项目类型及其选址、布局、规模等不符合环境保护法律法规和相关法定规划；②所在区域环境质量未达到国家或者地方环境质量标准，且建设项目拟采取的措施不能满足区域环境质量改善目标管理要求；③建设项目采取的污染防治措施无法确保污染物排放达到国家和地方排放标准，或者未采取必要措施预防和控制生态破坏；④改建、扩建和技术改造项目，未针对项目原有环境污染和生态破坏提出有效防治措施；⑤建设项目的环境影响报告书、环境影响报告表的基础资料数据明显不实，内容存在重大缺陷、遗漏，或者环境影响评价结论不明确、不合理。

国务院生态环境主管部门负责审批下列建设项目的环境影响评价文件：①核设施、绝密工程等特殊性质的建设项目；②跨省、自治区、直辖市行政区域的建设项目；③由国务院审批的或者由国务院授权有关部门审批的建设项目。上述规定以外的建设项目的环境影响评价文件的审批权限，由省、自治区、直辖市人民政府规定。建设项目可能造成跨行政区域的不良环境影响，有关生态环境主管部门对该项目的环境影响评价结论有争议的，其环境影响评价文件由共同的上一级生态环境主管部门审批。建设项目的环境影响评价文件经批准后，建设项目的性质、规模、地点、采用的生产工艺或者防治污染、防止生态破坏的措施发生重大变动的，建设单位应当重新报批建设项目的环境影响评价文件。建设项目的环境影响评价文件自批准之日起超过 5 年，方决定该项目开工建设的，其环境影响评价文件应当报原审批部门重新审核；原审批部门应当自收到建设项目环境影响评价文件之日起 10 日内，将审核意见书面通知建设单位。

建设项目的环境影响评价文件未依法经审批部门审查或者审查后未予批准的，建设单位不得开工建设。

（4）环境影响的后评价

建设项目建设过程中，建设单位应当同时实施环境影响报告书、环境影响报告表以及环境影响评价文件审批部门审批意见中提出的环境保护对策措施。在项目建设、运行过程中产生不符合经审批的环境影响评价文件的情形的，建设单位应当组织环境影响的后评价，采取改进措施，并报原环境影响评价文件审批部门和建设项目审批部门备案；原环境影响评价文件审批部门也可以责成建设单位进行环境影响的后评价，采取改进措施。

生态环境主管部门应当对建设项目投入生产或者使用后所产生的环境影响进行跟踪检查，对造成严重环境污染或者生态破坏的，应当查清原因、查明责任。对属于建设项目环境影响报告书、环境影响报告表存在基础资料明显不实，内容存在重大缺陷、遗漏或者虚假，环境影响评价结论不正确或者不合理等严重质量问题的，依照规定追究建设单位及其相关责任人员和接受委托编制建设项目环境影响报告书、环境影响报告表的技术单位及其相关人员的法律责任；属于审批部门工作人员失职、渎职，对依法不应批准的建设项目环境影响报告书、环境影响报告表予以批准的，依照规定追究其法律责任。

（5）未依法编制、报批和审批建设项目环境影响文件的法律责任

《环境影响评价法》规定，建设项目环境影响报告书、环境影响报告表存在基础资料明显不实，内容存在重大缺陷、遗漏或者虚假，环境影响评价结论不正确或者不合理等严重质量问题的，由设区的市级以上人民政府生态环境主管部门对建设单位处 50 万元以上 200 万元以下的罚款，并对建设单位的法定代表人、主要负责人、直接负责的主管人员和

其他直接责任人员，处 5 万元以上 20 万元以下的罚款。接受委托编制建设项目环境影响报告书、环境影响报告表的技术单位违反国家有关环境影响评价标准和技术规范等规定，致使其编制的建设项目环境影响报告书、环境影响报告表存在基础资料明显不实，内容存在重大缺陷、遗漏或者虚假，环境影响评价结论不正确或者不合理等严重质量问题的，由设区的市级以上人民政府生态环境主管部门对技术单位处所收费用 3 倍以上 5 倍以下的罚款；情节严重的，禁止从事环境影响报告书、环境影响报告表编制工作；有违法所得的，没收违法所得。编制单位有上述规定的违法行为的，编制主持人和主要编制人员 5 年内禁止从事环境影响报告书、环境影响报告表编制工作；构成犯罪的，依法追究刑事责任，并终身禁止从事环境影响报告书、环境影响报告表编制工作。

《环境保护法》规定，建设单位未依法提交建设项目环境影响评价文件或者环境影响评价文件未经批准，擅自开工建设的，由负有环境保护监督管理职责的部门责令停止建设，处以罚款，并可以责令恢复原状。企业事业单位和其他生产经营者的建设项目未依法进行环境影响评价，被责令停止建设，拒不执行，尚不构成犯罪的，除依照有关法律法规规定予以处罚外，由县级以上人民政府环境保护主管部门或者其他有关部门将案件移送公安机关，对其直接负责的主管人员和其他直接责任人员，处 10 日以上 15 日以下拘留；情节较轻的，处 5 日以上 10 日以下拘留。《环境影响评价法》进一步规定，建设单位未依法报批建设项目环境影响报告书、报告表，或者未依法重新报批或者报请重新审核环境影响报告书、报告表，擅自开工建设的，由县级以上生态环境主管部门责令停止建设，根据违法情节和危害后果，处建设项目总投资额 1% 以上 5% 以下的罚款，并可以责令恢复原状；对建设单位直接负责的主管人员和其他直接责任人员，依法给予行政处分。建设项目环境影响报告书、报告表未经批准或者未经原审批部门重新审核同意，建设单位擅自开工建设的，依照前款的规定处罚、处分。建设单位未依法备案建设项目环境影响登记表的，由县级以上生态环境主管部门责令备案，处 5 万元以下的罚款。

《环境影响评价法》规定，负责审核、审批、备案建设项目环境影响评价文件的部门在审批、备案中收取费用的，由其上级机关或者监察机关责令退还；情节严重的，对直接负责的主管人员和其他直接责任人员依法给予行政处分。

2. 建设工程项目"三同时"制度

（1）建设工程项目"三同时"制度的立法

"三同时"制度，是建设项目规划设计阶段的一项重要法律制度，该制度始于 20 世纪 70 年代初。国务院在 1972 年批转的《国家计委、国家建委关于官厅水库污染情况和解决意见的报告》中，提出了"工厂建设与三废利用工程要同时设计、同时施工、同时投产"的要求。《环境保护法》第四十一条规定，建设项目中防治污染的设施，应当与主体工程同时设计、同时施工、同时投产使用。防治污染的设施应当符合经批准的环境影响评价文件的要求，不得擅自拆除或者闲置。《建设项目环境保护管理条例》规定，建设项目需要配套建设的环境保护设施，必须与主体工程同时设计、同时施工、同时投产使用。

《水污染防治法》《固体废物污染防治法》《海洋环境保护法》《放射性污染防治法》《噪声污染防治法》等中对"三同时"制度也有明确的规定。建设项目需要配套建设的环境保护设施，必须与主体工程同时设计、同时施工、同时投产使用。建设项目的主体工程完工后，需要进行试生产的，其配套建设的环境保护设施必须与主体工程同时投入试运行。建设项目需要配套建设的环境保护设施经验收合格，该建设项目方可正式投入生产或者使用。

"三同时"制度与环境影响评价制度，共同构成了遵循"预防为主"原则的完整的建设项目环境保护法律制度。二者相互结合，相得益彰，在环境保护方面效果显著。

（2）"三同时"制度的实施要求

建设项目一般包括设计、施工和投入使用三个阶段。"三同时"制度贯穿于建设项目的全过程，对不同阶段提出了特定的管理要求。①同时设计。同时设计是指在对有关建设项目的主体工程进行设计时，设计单位必须按照国家规定的设计程序进行，执行环境影响报告书（表）的编审制度，并且环境保护的设施必须与主体工程同时进行设计。《建设项目环境保护管理条例》规定，建设项目的初步设计，应当按照环境保护设计规范的要求，编制环境保护篇章，落实防治环境污染和生态破坏的措施以及环境保护设施投资概算。建设单位应当将环境保护设施建设纳入施工合同，保证环境保护设施建设进度和资金，并在项目建设过程中同时组织实施环境影响报告书、环境影响报告表及其审批部门审批决定中提出的环境保护对策措施。②同时施工。同时施工是指建设项目中有关环境保护的设施必须与主体工程同时进行施工。在施工阶段中，环保设施施工单位应按主体工程施工计划安排施工进度，并保证建设进度与资金落实。为确保工程环境保护设施按质按期完成，建设单位应及时向环境保护行政主管部门书面报告环保工程进展情况，环境保护行政主管部门根据施工进展及存在的问题提出意见。施工期间，建设单位与施工单位负责落实施工的环境污染防治措施。③同时投产并使用。同时投产并使用是指要求建设项目在正式投产或使用前，建设单位必须向负责审批的环保部门提交环境保护设施竣工验收报告。经验收合格并发给相应的合格证书，该环境保护设施方可正式投产使用。《建设项目环境保护管理条例》规定，编制环境影响报告书、环境影响报告表的建设项目竣工后，建设单位应当按照国务院环境保护行政主管部门规定的标准和程序，对配套建设的环境保护设施进行验收，编制验收报告。建设单位在环境保护设施验收过程中，应当如实查验、监测、记载建设项目环境保护设施的建设和调试情况，不得弄虚作假。除按照国家规定需要保密的情形外，建设单位应当依法向社会公开验收报告。分期建设、分期投入生产或者使用的建设项目，其相应的环境保护设施应当分期验收。

编制环境影响报告书、环境影响报告表的建设项目，其配套建设的环境保护设施经验收合格，方可投入生产或者使用；未经验收或者验收不合格的，不得投入生产或者使用。前款规定的建设项目投入生产或者使用后，应当按照国务院环境保护行政主管部门的规定开展环境影响后评价。环境保护行政主管部门应当对建设项目环境保护设施设计、施工、验收、投入生产或者使用情况，以及有关环境影响评价文件确定的其他环境保护措施的落实情况，进行监督检查。环境保护行政主管部门应当将建设项目有关环境违法信息记入社会诚信档案，及时向社会公开违法者名单。

（3）违反"三同时"制度的法律后果

《建设项目环境保护管理条例》规定，违反规定，建设单位编制建设项目初步设计未落实防治环境污染和生态破坏的措施以及环境保护设施投资概算，未将环境保护设施建设纳入施工合同，或者未依法开展环境影响后评价的，由建设项目所在地县级以上环境保护行政主管部门责令限期改正，处 5 万元以上 20 万元以下的罚款；逾期不改正的，处 20 万元以上 100 万元以下的罚款。违反规定，建设单位在项目建设过程中未同时组织实施环境影响报告书、环境影响报告表及其审批部门审批决定中提出的环境保护对策措施的，由建设项目所在地县级以上环境保护行政主管部门责令限期改正，处 20 万元以上 100 万元以下的罚款；逾期不改正的，责令停止建设。

《建设项目环境保护管理条例》规定，违反规定，需要配套建设的环境保护设施未建成、未经验收或者验收不合格，建设项目即投入生产或者使用，或者在环境保护设施验收中弄虚作假的，由县级以上环境保护行政主管部门责令限期改正，处 20 万元以上 100 万元以下的罚款；逾期不改正的，处 100 万元以上 200 万元以下的罚款；对直接负责的主管人员和其他责任人员，处 5 万元以上 20 万元以下的罚款；造成重大环境污染或者生态破坏的，责令停止生产或者使用，或者报经有批准权的人民政府批准，责令关闭。违反规定，建设单位未依法向社会公开环境保护设施验收报告的，由县级以上环境保护行政主管部门责令公开，处 5 万元以上 20 万元以下的罚款，并予以公告。

13.2　建设工程施工环境保护

《环境保护法》规定，排放污染物的企业事业单位和其他生产经营者，应当采取措施，防治在生产建设或者其他活动中产生的废气、废水、废渣、医疗废物、粉尘、恶臭气体、放射性物质以及噪声、振动、光辐射、电磁辐射等对环境的污染和危害。排放污染物的企业事业单位，应当建立环境保护责任制度，明确单位负责人和相关人员的责任。

《建筑法》规定，建筑施工企业应当遵守有关环境保护和安全生产的法律、法规的规定，采取控制和处理施工现场的各种粉尘、废气、废水、固体废物以及噪声、振动对环境的污染和危害的措施。《建设工程安全生产管理条例》进一步规定，施工单位应当遵守有关环境保护法律、法规的规定，在施工现场采取措施，防止或者减少粉尘、废气、废水、固体废物、噪声、振动和施工照明对人和环境的危害和污染。《排污许可管理条例》规定，依照法律规定实行排污许可管理的企业事业单位和其他生产经营者，应当依照本条例规定申请取得排污许可证；未取得排污许可证的，不得排放污染物。

13.2.1　施工现场环境噪声污染防治

根据《噪声污染防治法》，噪声，是指在工业生产、建筑施工、交通运输和社会生活中产生的干扰周围生活环境的声音。噪声污染，是指超过噪声排放标准或者未依法采取防控措施产生噪声，并干扰他人正常生活、工作和学习的现象。在工程建设领域，环境噪声污染的防治主要包括两个方面：一是施工现场环境噪声污染的防治；二是建设项目环境噪声污染的防治。后者主要是解决建设项目建成后使用过程中可能产生的环境噪声污染问题，前者则是要解决建设工程施工过程中产生的施工噪声污染问题。

1. 施工现场环境噪声污染的防治

建筑施工噪声，是指在建筑施工过程中产生的干扰周围生活环境的声音。随着城市化进程的不断加快及工程建设的大规模开展，施工噪声污染问题日益突出，严重影响周围居民的正常生活。

（1）明确施工单位的噪声污染防治责任

建设单位应当按照规定将噪声污染防治费用列入工程造价，在施工合同中明确施工单位的噪声污染防治责任。施工单位应当按照规定制定噪声污染防治实施方案，采取有效措施，减少振动、降低噪声。建设单位应当监督施工单位落实噪声污染防治实施方案。

（2）优先使用低噪声设备

在噪声敏感建筑物集中区域施工作业，应当优先使用低噪声施工工艺和设备。国务院工业和信息化主管部门会同国务院生态环境、住房和城乡建设、市场监督管理等部门，公布低噪声施工设备指导名录并适时更新。

（3）设置自动监测系统

在噪声敏感建筑物集中区域施工作业，建设单位应当按照国家规定，设置噪声自动监测系统，与监督管理部门联网，保存原始监测记录，对监测数据的真实性和准确性负责。

（4）禁止夜间进行产生环境噪声污染施工作业的规定

在噪声敏感建筑物集中区域，禁止夜间进行产生噪声的建筑施工作业，但抢修、抢险施工作业，因生产工艺要求或者其他特殊需要必须连续施工作业的除外。因特殊需要必须连续施工作业的，应当取得地方人民政府住房和城乡建设、生态环境主管部门或者地方人民政府指定的部门的证明，并在施工现场显著位置公示或者以其他方式公告附近居民。噪声敏感建筑物，是指用于居住、科学研究、医疗卫生、文化教育、机关团体办公、社会福利等需要保持安静的建筑物。

（5）政府监管部门的现场检查

《噪声污染防治法》规定，生态环境主管部门和其他负有噪声污染防治监督管理职责的部门，有权对排放噪声的单位或者场所进行现场检查。被检查者应当如实反映情况，提供必要的资料，不得拒绝或者阻挠。实施检查的部门、人员对现场检查中知悉的商业秘密应当保密。检查人员进行现场检查，不得少于 2 人，并应当主动出示执法证件。

（6）法律责任

《噪声污染防治法》规定，违反规定，建设单位、施工单位有下列行为之一，由工程所在地人民政府指定的部门责令改正，处 1 万元以上 10 万元以下的罚款；拒不改正的，可以责令暂停施工：①超过噪声排放标准排放建筑施工噪声的；②未按照规定取得证明，在噪声敏感建筑物集中区域夜间进行产生噪声的建筑施工作业的。

《噪声污染防治法》规定，违反规定，有下列行为之一，由工程所在地人民政府指定的部门责令改正，处 5000 元以上 5 万元以下的罚款；拒不改正的，处 5 万元以上 20 万元以下的罚款：①建设单位未按照规定将噪声污染防治费用列入工程造价的；②施工单位未按照规定制定噪声污染防治实施方案，或者未采取有效措施减少振动、降低噪声的；③在噪声敏感建筑物集中区域施工作业的建设单位未按照国家规定设置噪声自动监测系统，未与监督管理部门联网，或者未保存原始监测记录的；④因特殊需要必须连续施工作业，建设单位未按照规定公告附近居民的。

2. 建设项目环境噪声污染的防治

新建、改建、扩建可能产生噪声污染的建设项目，应当依法进行环境影响评价。建设项目的噪声污染防治设施应当与主体工程同时设计、同时施工、同时投产使用。建设项目在投入生产或者使用之前，建设单位应当依照有关法律法规的规定，对配套建设的噪声污染防治设施进行验收，编制验收报告，并向社会公开。未经验收或者验收不合格的，该建设项目不得投入生产或者使用。

建设噪声敏感建筑物，应当符合民用建筑隔声设计相关标准要求，不符合标准要求的，不得通过验收、交付使用；在交通干线两侧、工业企业周边等地方建设噪声敏感建筑物，还应当按照规定间隔一定距离，并采取减少振动、降低噪声的措施。

3. 交通运输噪声污染的防治

建设工程施工有着大量的运输任务，还会产生交通运输噪声。交通运输噪声，是指机动车、铁路机车车辆、城市轨道交通车辆、机动船舶、航空器等交通运输工具在运行时产生的干扰周围生活环境的声音。

《噪声污染防治法》规定，机动车的消声器和喇叭应当符合国家规定。禁止驾驶拆除或者损坏消声器、加装排气管等擅自改装的机动车以轰鸣、疾驶等方式造成噪声污染。使用机动车音响器材，应当控制音量，防止噪声污染。机动车应当加强维修和保养，保持性能良好，防止噪声污染。机动车、铁路机车车辆、城市轨道交通车辆、机动船舶等交通运输工具运行时，应当按照规定使用喇叭等声响装置。警车、消防救援车、工程救险车、救护车等机动车安装、使用警报器，应当符合国务院公安等部门的规定；非执行紧急任务，不得使用警报器。

13.2.2　施工现场大气污染防治

在工程建设领域，对于大气污染的防治，也包括建设项目和施工现场两大方面。

1. 施工现场大气污染的防治

《大气污染防治法》规定，企业事业单位和其他生产经营者应当采取有效措施，防止、减少大气污染，对所造成的损害依法承担责任。企业事业单位和其他生产经营者向大气排放污染物的，应当依照法律法规和国务院生态环境主管部门的规定设置大气污染物排放口。禁止通过偷排、篡改或者伪造监测数据、以逃避现场检查为目的的临时停产、非紧急情况下开启应急排放通道、不正常运行大气污染防治设施等逃避监管的方式排放大气污染物。

建设单位应当将防治扬尘污染的费用列入工程造价，并在施工承包合同中明确施工单位扬尘污染防治责任。施工单位应当制定具体的施工扬尘污染防治实施方案。施工单位应当在施工工地设置硬质围挡，并采取覆盖、分段作业、择时施工、洒水抑尘、冲洗地面和车辆等有效防尘降尘措施。建筑土方、工程渣土、建筑垃圾应当及时清运；在场地内堆存的，应当采用密闭式防尘网遮盖。工程渣土、建筑垃圾应当进行资源化处理。

施工单位应当在施工工地公示扬尘污染防治措施、负责人、扬尘监督管理主管部门等信息。暂时不能开工的建设用地，建设单位应当对裸露地面进行覆盖；超过三个月的，应当进行绿化、铺装或者遮盖。禁止在人口集中地区和其他依法需要特殊保护的区域内焚烧沥青、油毡、橡胶、塑料、皮革、垃圾以及其他产生有毒有害烟尘和恶臭气体的物质。

运输煤炭、垃圾、渣土、砂石、土方、灰浆等散装、流体物料的车辆应当采取密闭或者其他措施防止物料遗撒造成扬尘污染，并按照规定路线行驶。装卸物料应当采取密闭或者喷淋等方式防治扬尘污染。贮存煤炭、煤矸石、煤渣、煤灰、水泥、石灰、石膏、砂土等易产生扬尘的物料应当密闭；不能密闭的，应当设置不低于堆放物高度的严密围挡，并采取有效覆盖措施防治扬尘污染。码头、矿山、填埋场和消纳场应当实施分区作业，并采取有效措施防治扬尘污染。

2. 建设项目大气污染的防治

《大气污染防治法》规定，新建、扩建、改建向大气排放污染物的项目，必须遵守国家有关建设项目环境保护管理的规定。

建设项目的环境影响报告书，必须对建设项目可能产生的大气污染和对生态环境的影响作出评价，规定防治措施，并按照规定的程序报生态环境主管部门审查批准。例如，新建、扩建排放二氧化硫的火电厂和其他大中型企业，超过规定的污染物排放标准或者总量控制指标的，必须建设配套脱硫、除尘装置或者采取其他控制二氧化硫排放、除尘的措施；炼制石油、生产合成氨、煤气和燃煤焦化、有色金属冶炼过程中排放含有硫化物气体的，应当配备脱硫装置或者采取其他脱硫措施。建设项目投入生产或者使用之前，其大气污染防治设施必须经过生态环境主管部门验收，达不到国家有关建设项目环境保护管理规定的要求的建设项目，不得投入生产或者使用。

3. 对向大气排放污染物单位的监管

《大气污染防治法》规定，地方各级人民政府应当加强对建设施工和运输的管理，保持道路清洁，控制料堆和渣土堆放，扩大绿地、水面、湿地和地面铺装面积，防治扬尘污染。

从事房屋建筑、市政基础设施建设、河道整治以及建筑物拆除等施工单位，应当向负责监督管理扬尘污染防治的主管部门备案。企业事业单位和其他生产经营者在生产经营活动中产生恶臭气体的，应当科学选址，设置合理的防护距离，并安装净化装置或者采取其他措施，防止排放恶臭气体。

企业事业单位和其他生产经营者违反法律法规规定排放大气污染物，造成或者可能造成严重大气污染，或者有关证据可能灭失或者被隐匿的，县级以上人民政府生态环境主管部门和其他负有大气环境保护监督管理职责的部门，可以对有关设施、设备、物品采取查封、扣押等行政强制措施。

4. 碳排放权交易管理

《碳排放权交易管理办法（试行）》规定，碳排放是指煤炭、石油、天然气等化石能源燃烧活动和工业生产过程以及土地利用变化与林业等活动产生的温室气体排放，也包括因使用外购的电力和热力等所导致的温室气体排放。碳排放权是指分配给重点排放单位的规定时期内的碳排放额度。

《碳排放权交易管理办法（试行）》规定，温室气体排放单位符合下列条件的，应当列入温室气体重点排放单位名录：①属于全国碳排放权交易市场覆盖行业；②年度温室气体排放量达到 2.6 万吨二氧化碳当量。生态环境部根据国家温室气体排放控制要求，综合考虑经济增长、产业结构调整、能源结构优化、大气污染物排放协同控制等因素，制定碳排放配额总量确定与分配方案。省级生态环境主管部门应当根据生态环境部制定的碳排放配额总量确定与分配方案，向本行政区域内的重点排放单位分配规定年度的碳排放配额。碳排放配额分配以免费分配为主，可以根据国家有关要求适时引入有偿分配。全国碳排放权交易市场的交易产品为碳排放配额，生态环境部可以根据国家有关规定适时增加其他交易产品。重点排放单位以及符合国家有关交易规则的机构和个人，是全国碳排放权交易市场的交易主体。碳排放权交易应当通过全国碳排放权交易系统进行，可以采取协议转让、单向竞价或者其他符合规定的方式。

13.2.3　施工现场水污染防治

水污染防治包括江河、湖泊、运河、渠道、水库等地表水体以及地下水体的污染防治。《水污染防治法》规定，水污染防治应当坚持预防为主、防治结合、综合治理的原则，优先保护饮用水水源，严格控制工业污染、城镇生活污染，防治农业面源污染，积极推进生态治理工程建设，预防、控制和减少水环境污染和生态破坏。

1. 施工现场水污染的防治

《水污染防治法》规定，排放水污染物，不得超过国家或者地方规定的水污染物排放标准和重点水污染物排放总量控制指标。①禁止向水体排放油类、酸液、碱液或者剧毒废液。禁止在水体清洗装贮过油类或者有毒污染物的车辆和容器。禁止向水体排放、倾倒放射性固体废物或者含有高放射性和中放射性物质的废水。向水体排放含低放射性物质的废水，应当符合国家有关放射性污染防治的规定和标准。②禁止向水体排放、倾倒工业废渣、城镇垃圾和其他废弃物。禁止将含有汞、镉、砷、铬、铅、氰化物、黄磷等的可溶性剧毒废渣向水体排放、倾倒或者直接埋入地下。存放可溶性剧毒废渣的场所，应当采取防水、防渗漏、防流失的措施。禁止在江河、湖泊、运河、渠道、水库最高水位线以下的滩地和岸坡堆放、存贮固体废弃物和其他污染物。③禁止利用渗井、渗坑、裂隙、溶洞，私设暗管，篡改、伪造监测数据，或者不正常运行水污染防治设施等逃避监管的方式排放水污染物。禁止利用无防渗漏措施的沟渠、坑塘等输送或者存贮含有毒污染物的废水、含病原体的污水和其他废弃物。④在饮用水水源保护区内，禁止设置排污口。在风景名胜区水体、重要渔业水体和其他具有特殊经济文化价值的水体的保护区内，不得新建排污口。在保护区附近新建排污口，应当保证保护区水体不受污染。⑤兴建地下工程设施或者进行地下勘探、采矿等活动，应当采取防护性措施，防止地下水污染。人工回灌补给地下水，不得恶化地下水质。

《城镇排水与污水处理条例》规定，城镇排水主管部门应当会同有关部门，按照国家有关规定划定城镇排水与污水处理设施保护范围，并向社会公布。在保护范围内，有关单位从事爆破、钻探、打桩、顶进、挖掘、取土等可能影响城镇排水与污水处理设施安全的活动的，应当与设施维护运营单位等共同制定设施保护方案，并采取相应的安全防护措施。建设工程开工前，建设单位应当查明工程建设范围内地下城镇排水与污水处理设施的相关情况。城镇排水主管部门及其他相关部门和单位应当及时提供相关资料。建设工程施工范围内有排水管网等城镇排水与污水处理设施的，建设单位应当与施工单位、设施维护运营单位共同制定设施保护方案，并采取相应的安全保护措施。因工程建设需要拆除、改动城镇排水与污水处理设施的，建设单位应当制定拆除、改动方案，报城镇排水主管部门审核，并承担重建、改建和采取临时措施的费用。

《城镇污水排入排水管网许可管理办法》进一步规定，未取得排水许可证，排水户不得向城镇排水设施排放污水。各类施工作业需要排水的，由建设单位申请领取排水许可证。因施工作业需要向城镇排水设施排水的，排水许可证的有效期，由城镇排水主管部门根据排水状况确定，但不得超过施工期限。排水户应当按照排水许可证确定的排水类别、总量、时限、排放口位置和数量、排放的污染物项目和浓度等要求排放污水。排水户不得有下列危及城镇排水设施安全的行为：①向城镇排水设施排放、倾倒剧毒、易燃易爆物质、腐蚀性废液和废渣、有害气体和烹饪油烟等；②堵塞城镇排水设施或者向城镇排水设施内排放、倾倒垃圾、渣土、施工泥浆、油脂、污泥等易堵塞物；③擅自拆卸、移动和穿凿城镇排水设施；④擅自向城镇排水设施加压排放污水。排水户因发生事故或者其他突发事件，排放的污水可能危及城镇排水与污水处理设施安全运行的，应当立即停止排放，采取措施消除危害，并按规定及时向城镇排水主管部门等有关部门报告。城镇排水主管部门实施排水许可不得收费。

2. 发生事故或者其他突发性事件

《水污染防治法》规定，企业事业单位发生事故或者其他突发性事件，造成或者可能造成水污染事故的，应当立即启动本单位的应急方案，采取隔离等应急措施，防止水污染物进入水体，并向事故发生地的县级以上地方人民政府或者生态环境主管部门报告。

13.2.4　施工现场固体废物污染环境防治

固体废物，是指在生产、生活和其他活动中产生的丧失原有利用价值或者虽未丧失利用价值但被抛弃或者放弃的固态、半固态和置于容器中的气态的物品、物质以及法律、行政法规规定纳入固体废物管理的物品、物质。固体废物污染环境，是指固体废物在产生、收集、贮存、运输、利用、处置的过程中产生的危害环境的现象。《固体废物污染环境防治法》规定，国家推行绿色发展方式，促进清洁生产和循环经济发展。国家倡导简约适度、绿色低碳的生活方式，引导公众积极参与固体废物污染环境防治。固体废物污染环境防治坚持减量化、资源化和无害化的原则。任何单位和个人都应当采取措施，减少固体废物的产生量，促进固体废物的综合利用，降低固体废物的危害性。固体废物污染环境防治坚持污染担责的原则。产生、收集、贮存、运输、利用、处置固体废物的单位和个人，应当采取措施，防止或者减少固体废物对环境的污染，对所造成的环境污染依法承担责任。

1. 固体废物污染环境的监督管理

县级以上人民政府应当将固体废物污染环境防治工作纳入国民经济和社会发展规划、生态环境保护规划，并采取有效措施减少固体废物的产生量、促进固体废物的综合利用、降低固体废物的危害性，最大限度降低固体废物填埋量。国务院生态环境主管部门应当会同国务院有关部门根据国家环境质量标准和国家经济、技术条件，制定固体废物鉴别标准、鉴别程序和国家固体废物污染环境防治技术标准。国务院标准化主管部门应当会同国务院发展改革、工业和信息化、生态环境、农业农村等主管部门，制定固体废物综合利用标准。综合利用固体废物应当遵守生态环境法律法规，符合固体废物污染环境防治技术标准。使用固体废物综合利用产物应当符合国家规定的用途、标准。国务院生态环境主管部门应当会同国务院有关部门建立全国危险废物等固体废物污染环境防治信息平台，推进固体废物收集、转移、处置等全过程监控和信息化追溯。

收集、贮存、运输、利用、处置固体废物的单位和其他生产经营者，应当加强对相关设施、设备和场所的管理和维护，保证其正常运行和使用。产生、收集、贮存、运输、利用、处置固体废物的单位和其他生产经营者，应当采取防扬散、防流失、防渗漏或者其他防止污染环境的措施，不得擅自倾倒、堆放、丢弃、遗撒固体废物。禁止任何单位或者个人向江河、湖泊、运河、渠道、水库及其最高水位线以下的滩地和岸坡以及法律法规规定的其他地点倾倒、堆放、贮存固体废物。在生态保护红线区域、永久基本农田集中区域和其他需要特别保护的区域内，禁止建设工业固体废物、危险废物集中贮存、利用、处置的设施、场所和生活垃圾填埋场。

转移固体废物出省、自治区、直辖市行政区域贮存、处置的，应当向固体废物移出地的省、自治区、直辖市人民政府生态环境主管部门提出申请。移出地的省、自治区、直辖市人民政府生态环境主管部门应当及时商经接受地的省、自治区、直辖市人民政府生态环境主管部门同意后，在规定期限内批准转移该固体废物出省、自治区、直辖市行政区域。未经批准的，不得转移。转移固体废物出省、自治区、直辖市行政区域利用的，应当报固体废物移出地的省、自治区、直辖市人民政府生态环境主管部门备案。移出地的省、自治区、直辖市人民政府生态环境主管部门应当将备案信息通报接受地的省、自治区、直辖市人民政府生态环境主管部门。禁止中华人民共和国境外的固体废物进境倾倒、堆放、处置。国家逐步实现固体废物零进口。

生态环境主管部门应当会同有关部门建立产生、收集、贮存、运输、利用、处置固体废物的单位和其他生产经营者信用记录制度，将相关信用记录纳入全国信用信息共享平台。县级以上人民政府应当将工业固体废物、生活垃圾、危险废物等固体废物污染环境防治情况纳入环境状况和环境保护目标完成情况年度报告，向本级人民代表大会或者人民代表大会常务委员会报告。

2. 施工现场固体废物污染环境的防治

根据《固体废物污染环境防治法》，固体废物主要分为：工业固体废物、生活垃圾、建筑垃圾、农业固体废物等和危险废物。施工现场的固体废物主要是建筑垃圾、生活垃圾和危险废物。

（1）生活垃圾

生活垃圾，是指在日常生活中或者为日常生活提供服务的活动中产生的固体废物，以及法律、行政法规规定视为生活垃圾的固体废物。国家推行生活垃圾分类制度。生活垃圾分类坚持政府推动、全民参与、城乡统筹、因地制宜、简便易行的原则。县级以上地方人民政府应当按照产生者付费原则，建立生活垃圾处理收费制度。县级以上人民政府应当统筹安排建设城乡生活垃圾收集、运输、处理设施，确定设施厂址，提高生活垃圾的综合利用和无害化处置水平，促进生活垃圾收集、处理的产业化发展，逐步建立和完善生活垃圾污染环境防治的社会服务体系。

产生生活垃圾的单位、家庭和个人应当依法履行生活垃圾源头减量和分类投放义务，承担生活垃圾产生者责任。任何单位和个人都应当依法在指定的地点分类投放生活垃圾。禁止随意倾倒、抛撒、堆放或者焚烧生活垃圾。机关、事业单位等应当在生活垃圾分类工作中起示范带头作用。已经分类投放的生活垃圾，应当按照规定分类收集、分类运输、分类处理。从事城市新区开发、旧区改建和住宅小区开发建设、村镇建设的单位，以及机场、码头、车站、公园、商场、体育场馆等公共设施、场所的经营管理单位，应当按照国家有关环境卫生的规定，配套建设生活垃圾收集设施。

禁止擅自关闭、闲置或者拆除生活垃圾处理设施、场所；确有必要关闭、闲置或者拆除的，应当经所在地的市、县级人民政府环境卫生主管部门商所在地生态环境主管部门同意后核准，并采取防止污染环境的措施。

（2）建筑垃圾

建筑垃圾，是指建设单位、施工单位新建、改建、扩建和拆除各类建筑物、构筑物、管网等，以及居民装饰装修房屋过程中产生的弃土、弃料和其他固体废物。县级以上地方人民政府应当加强建筑垃圾污染环境的防治，建立建筑垃圾分类处理制度，应当制定包括源头减量、分类处理、消纳设施和场所布局及建设等在内的建筑垃圾污染环境防治工作规划。县级以上地方人民政府环境卫生主管部门负责建筑垃圾污染环境防治工作，建立建筑垃圾全过程管理制度，规范建筑垃圾产生、收集、贮存、运输、利用、处置行为，推进综合利用，加强建筑垃圾处置设施、场所建设，保障处置安全，防止污染环境。工程施工单位应当编制建筑垃圾处理方案，采取污染防治措施，并报县级以上地方人民政府环境卫生主管部门备案。工程施工单位应当及时清运工程施工过程中产生的建筑垃圾等固体废物，并按照环境卫生主管部门的规定进行利用或者处置。工程施工单位不得擅自倾倒、抛撒或者堆放工程施工过程中产生的建筑垃圾。

《城市建筑垃圾管理规定》规定，建筑垃圾处置实行减量化、资源化、无害化和谁产生、谁承担处置责任的原则。国家鼓励建筑垃圾综合利用，鼓励建设单位、施工单位优先采用建筑垃圾综合利用产品。建筑垃圾消纳、综合利用等设施的设置，应当纳入城市市容环境卫生专业规划。城市人民政府市容环境卫生主管部门应当根据城市内的工程施工情况，制定建筑垃圾处置计划，合理安排各类建设工程需要回填的建筑垃圾。禁止涂改、倒卖、出租、出借或者以其他形式非法转让城市建筑垃圾处置核准文件。任何单位和个人不得将建筑垃圾混入生活垃圾，不得将危险废物混入建筑垃圾，不得擅自设立弃置场受纳建筑垃圾。施工单位应当及时清运工程施工过程中产生的建筑垃圾，并按照城市人民政府市容环境卫生主管部门的规定处置，防止污染环境。施工单位不得将建筑垃圾交给个人或者未经核准从事建筑垃圾运输的单位运输。处置建筑垃圾的单位在运输建筑垃圾时，应当随车携带建筑垃圾处置核准文件，按照城市人民政府有关部门规定的运输路线、时间运行，不得丢弃、遗撒建筑垃圾，不得超出核准范围承运建筑垃圾。任何单位和个人不得随意倾倒、抛撒或者堆放建筑垃圾。

(3) 危险废物

危险废物，是指列入国家危险废物名录或者根据国家规定的危险废物鉴别标准和鉴别方法认定的具有危险特性的固体废物。对危险废物的容器和包装物以及收集、贮存、运输、利用、处置危险废物的设施、场所，应当按照规定设置危险废物识别标志。产生危险废物的单位，应当按照国家有关规定和环境保护标准要求贮存、利用、处置危险废物，不得擅自倾倒、堆放。禁止经中华人民共和国过境转移危险废物。

从事收集、贮存、利用、处置危险废物经营活动的单位，应当按照国家有关规定申请取得许可证。许可证的具体管理办法由国务院制定。禁止无许可证或者未按照许可证规定从事危险废物收集、贮存、利用、处置的经营活动。禁止将危险废物提供或者委托给无许可证的单位或者其他生产经营者从事收集、贮存、利用、处置活动。收集、贮存危险废物，应当按照危险废物特性分类进行。禁止混合收集、贮存、运输、处置性质不相容而未经安全性处置的危险废物。贮存危险废物应当采取符合国家环境保护标准的防护措施。禁止将危险废物混入非危险废物中贮存。从事收集、贮存、利用、处置危险废物经营活动的单位，贮存危险废物不得超过一年；确需延长期限的，应当报经颁发许可证的生态环境主管部门批准；法律、行政法规另有规定的除外。

转移危险废物的，应当按照国家有关规定填写、运行危险废物电子或者纸质转移联单。跨省、自治区、直辖市转移危险废物的，应当向危险废物移出地省、自治区、直辖市人民政府生态环境主管部门申请。移出地省、自治区、直辖市人民政府生态环境主管部门应当及时商经接受地省、自治区、直辖市人民政府生态环境主管部门同意后，在规定期限内批准转移该危险废物，并将批准信息通报相关省、自治区、直辖市人民政府生态环境主管部门和交通运输主管部门。未经批准的，不得转移。运输危险废物，应当采取防止污染环境的措施，并遵守国家有关危险货物运输管理的规定。禁止将危险废物与旅客在同一运输工具上载运。收集、贮存、运输、利用、处置危险废物的场所、设施、设备和容器、包装物及其他物品转作他用时，应当按照国家有关规定经过消除污染处理，方可使用。产生、收集、贮存、运输、利用、处置危险废物的单位，应当依法制定意外事故的防范措施和应急预案，并向所在地生态环境主管部门和其他负有固体废物污染环境防治监督管理职责的部门备案；生态环境主管部门和其他负有固体废物污染环境防治监督管理职责的部门应当进行检查。

3. 建设项目固体废物污染环境的防治

《固体废物污染环境防治法》规定，建设产生、贮存、利用、处置固体废物的项目，应当依法进行环境影响评价，并遵守国家有关建设项目环境保护管理的规定。建设项目的环境影响评价文件确定需要配套建设的固体废物污染环境防治设施，应当与主体工程同时设计、同时施工、同时投入使用。建设项目的初步设计，应当按照环境保护设计规范的要求，将固体废物污染环境防治内容纳入环境影响评价文件，落实防治固体废物污染环境和破坏生态的措施以及固体废物污染环境防治设施投资概算。建设单位应当依照有关法律法规的规定，对配套建设的固体废物污染环境防治设施进行验收，编制验收报告，并向社会公开。

13.3　建设工程节约能源法律制度

节约资源是我国的基本国策。节约能源是指加强用能管理，采取技术上可行、经济上合理以及环境和社会可以承受的措施，从能源生产到消费的各个环节，降低消耗、减少损失和污染物排放、制止浪费，有效、合理地利用能源。国家实施节约与开发并举、把节约放在首位的能源发展战略。

13.3.1　施工合理使用与节约能源

在工程建设领域，节约能源主要包括建筑节能和施工节能两个方面。《民用建筑节能条例》规定，民用建筑节能，是指在保证民用建筑使用功能和室内热环境质量的前提下，降低其使用过程中能源消耗的活动。施工节能则是要解决施工过程中的节约能源问题，如《绿色施工导则》规定，绿色施工是指工程建设中，在保证质量、安全等基本要求的前提下，通过科学管理和技术进步，最大限度地节约资源与减少对环境负面影响的施工活动，实现四节一环保（节能、节地、节水、节材和环境保护）。

1. 合理使用与节约能源

（1）节能的产业政策

《节约能源法》规定，国家实行有利于节能和环境保护的产业政策，限制发展高耗能、高污染行业，发展节能环保型产业。国家对落后的耗能过高的用能产品、设备和生产工艺实行淘汰制度。禁止使用国家明令淘汰的用能设备、生产工艺。国家鼓励企业制定严于国家标准、行业标准的企业节能标准。

（2）用能单位的法定义务

用能单位应当按照合理用能的原则，加强节能管理，制定并实施节能计划和节能技术措施，降低能源消耗。用能单位应当建立节能目标责任制，对节能工作取得成绩的集体、个人给予奖励。用能单位应当定期开展节能教育和岗位节能培训。用能单位应当加强能源计量管理，按照规定配备和使用经依法检定合格的能源计量器具。用能单位应当建立能源消费统计和能源利用状况分析制度，对各类能源的消费实行分类计量和统计，并确保能源消费统计数据真实、完整。任何单位不得对能源消费实行包费制。

（3）循环经济的法律要求

循环经济是指在生产、流通和消费等过程中进行的减量化、再利用、资源化活动的总称。减量化，是指在生产、流通和消费等过程中减少资源消耗和废物产生。再利用，是指将废物直接作为产品或者经修复、翻新、再制造后继续作为产品使用，或者将废物的全部或者部分作为其他产品的部件予以使用。资源化，是指将废物直接作为原料进行利用或者对废物进行再生利用。《循环经济促进法》规定，发展循环经济应当在技术可行、经济合理和有利于节约资源、保护环境的前提下，按照减量化优先的原则实施。在废物再利用和资源化过程中，应当保障生产安全，保证产品质量符合国家规定的标准，并防止产生再次污染。企业事业单位应当建立健全管理制度，采取措施，降低资源消耗，减少废物的产生量和排放量，提高废物的再利用和资源化水平。

2. 建筑节能

《节约能源法》规定，国家实行固定资产投资项目节能评估和审查制度。不符合强制性节能标准的项目，建设单位不得开工建设；已经建成的，不得投入生产、使用。政府投资项目不符合强制性节能标准的，依法负责项目审批的机关不得批准建设。国家鼓励在新建建筑和既有建筑节能改造中使用新型墙体材料等节能建筑材料和节能设备，安装和使用太阳能等可再生能源利用系统。建筑工程的建设、设计、施工和监理单位应当遵守建筑节能标准。

（1）采用太阳能、地热能等可再生能源

《民用建筑节能条例》规定，国家鼓励和扶持在新建建筑和既有建筑节能改造中采用太阳能、地热能等可再生能源。在具备太阳能利用条件的地区，有关地方人民政府及其部门应当采取有效措施，鼓励和扶持单位、个人安装使用太阳能热水系统、照明系统、供热系统、采暖制冷系统等太阳能利用系统。

（2）新建建筑节能

国家推广使用民用建筑节能的新技术、新工艺、新材料和新设备，限制使用或者禁止使用能源消耗高的技术、工艺、材料和设备。国家限制进口或者禁止进口能源消耗高的技术、材料和设备。建设单位、设计单位、施工单位不得在建筑活动中使用列入禁止使用目录的技术、工艺、材料和设备。①施工图审查机构的节能义务。施工图设计文件审查机构应当按照民用建筑节能强制性标准对施工图设计文件进行审查；经审查不符合民用建筑节能强制性标准的，县级以上地方人民政府建设主管部门不得颁发施工许可证。②建设单位的节能义务。建设单位不得明示或者暗示设计单位、施工单位违反民用建筑节能强制性标准进行设计、施工，不得明示或者暗示施工单位使用不符合施工图设计文件要求的墙体材料、保温材料、门窗、采暖制冷系统和照明设备。按照合同约定由建设单位采购墙体材料、保温材料、门窗、采暖制冷系统和照明设备的，建设单位应当保证其符合施工图设计文件要求。建设单位组织竣工验收，应当对民用建筑是否符合民用建筑节能强制性标准进行查验；对不符合民用建筑节能强制性标准的，不得出具竣工验收合格报告。③设计单位、施工单位、工程监理单位的节能义务。设计单位、施工单位、工程监理单位及其注册执业人员，应当按照民用建筑节能强制性标准进行设计、施工、监理。施工单位应当对进入施工现场的墙体材料、保温材料、门窗、采暖制冷系统和照明设备进行查验；不符合施工图设计文件要求的，不得使用。工程监理单位发现施工单位不按照民用建筑节能强制性标准施工的，应当要求施工单位改正；施工单位拒不改正的，工程监理单位应当及时报告建设单位，并向有关主管部门报告。墙体、屋面的保温工程施工时，监理工程师应当按照工程监理规范的要求，采取旁站、巡视和平行检验等形式实施监理。未经监理工程师签字，墙体材料、保温材料、门窗、采暖制冷系统和照明设备不得在建筑上使用或者安装，施工单位不得进行下一道工序的施工。

（3）既有建筑节能

既有建筑节能改造，是指对不符合民用建筑节能强制性标准的既有建筑的围护结构、供热系统、采暖制冷系统、照明设备和热水供应设施等实施节能改造的活动。既有建筑节能改造应当根据当地经济、社会发展水平和地理气候条件等实际情况，有计划、分步骤地实施分类改造。县级以上地方人民政府建设主管部门应当对本行政区域内既有建筑的建设年代、结构形式、用能系统、能源消耗指标、寿命周期等组织调查统计和分析，制定既有建筑节能改造计划，明确节能改造的目标、范围和要求，报本级人民政府批准后组织实施。实施既有建筑节能改造，应当符合民用建筑节能强制性标准，优先采用遮阳、改善通风等低成本改造措施。既有建筑围护结构的改造和供热系统的改造，应当同步进行。国家机关办公建筑的节能改造费用，由县级以上人民政府纳入本级财政预算。居住建筑和教育、科学、文化、卫生、体育等公益事业使用的公共建筑节能改造费用，由政府、建筑所有权人共同负担。国家鼓励社会资金投资既有建筑节能改造。

（4）建筑用能系统运行节能

建筑所有权人或者使用权人应当保证建筑用能系统的正常运行，不得人为损坏建筑围护结构和用能系统。国家机关办公建筑和大型公共建筑的所有权人或者使用权人应当建立健全民用建筑节能管理制度和操作规程，对建筑用能系统进行监测、维护，并定期将分项用电量报县级以上地方人民政府建设主管部门。县级以上地方人民政府节能工作主管部门应当会同同级建设主管部门确定本行政区域内公共建筑重点用电单位及其年度用电限额。县级以上地方人民政府建设主管部门应当对本行政区域内国家机关办公建筑和公共建筑用电情况进行调查统计和评价分析。国家机关办公建筑和大型公共建筑采暖、制冷、照明的能源消耗情况应当依照法律、行政法规和国家其他有关规定向社会公布。国家机关办公建筑和公共建筑的所有权人或者使用权人应当对县级以上地方人民政府建设主管部门的调查统计工作予以配合。供热单位应当建立健全相关制度，加强对专业技术人员的教育和培训。供热单位应当改进技术装备，实施计量管理，并对供热系统进行监测、维护，提高供热系统的效率，保证供热系统的运行符合民用建筑节能强制性标准。县级以上地方人民政府建设主管部门应当对本行政区域内供热单位的能源消耗情况进行调查统计和分析，并制定供热单位能源消耗指标；对超过能源消耗指标的，应当要求供热单位制定相应的改进措施，并监督实施。

3. 施工节能

《循环经济促进法》规定，建筑设计、建设、施工等单位应当按照国家有关规定和标准，对其设计、建设、施工的建筑物及构筑物采用节能、节水、节地、节材的技术工艺和小型、轻型、再生产品。有条件的地区，应当充分利用太阳能、地热能、风能等可再生能源。

（1）节材与材料资源利用

国家鼓励利用无毒无害的固体废物生产建筑材料，鼓励使用散装水泥，推广使用预拌混凝土和预拌砂浆。禁止损毁耕地烧砖。在国务院或者省、自治区、直辖市人民政府规定的期限和区域内，禁止生产、销售和使用黏土砖。《绿色施工导则》进一步规定，图纸会审时，应审核节材与材料资源利用的相关内容，达到材料损耗率比定额损耗率降低30%；根据施工进度、库存情况等合理安排材料的采购、进场时间和批次，减少库存；现场材料堆放有序；储存环境适宜，措施得当；保管制度健全，责任落实；材料运输工具适宜，装卸方法得当，防止损坏和遗洒；根据现场平面布置情况就近卸载，避免和减少二次搬运；采取技术和管理措施提高模板、脚手架等的周转次数；优化安装工程的预留、预埋、管线路径等方案；应就地取材，施工现场500公里以内生产的建筑材料用量占建筑材料总重量的70%以上。

（2）节水与水资源利用

《循环经济促进法》规定，国家鼓励和支持使用再生水。企业应当发展串联用水系统和循环用水系统，提高水的重复利用率。企业应当采用先进技术、工艺和设备，对生产过程中产生的废水进行再生利用。《绿色施工导则》进一步对提高用水效率、非传统水源利用和安全用水作出规定。

在提高用水效率方面：施工中采用先进的节水施工工艺；施工现场喷洒路面、绿化浇灌不宜使用市政自来水。现场搅拌用水、养护用水应采取有效的节水措施，严禁无措施浇水养护混凝土；施工现场供水管网应根据用水量设计布置，管径合理、管路简捷，采取有效措施减少管网和用水器具的漏损；现场机具、设备、车辆冲洗用水必须设立循环用水装置。施工现场办公区、生活区的生活用水采用节水系统和节水器具，提高节水器具配置比率。项目临时用水应使用节水型产品，安装计量装置，采取针对性的节水措施；施工现场建立可再利用水的收集处理系统，使水资源得到梯级循环利用；施工现场分别对生活用水与工程用水确定用水定额指标，并分别计量管理；大型工程的不同单项工程、不同标段、不同分包生活区，凡具备条件的应分别计量用水量。在签订不同标段分包或劳务合同时，将节水定额指标纳入合同条款，进行计量考核；对混凝土搅拌站点等用水集中的区域和工艺点进行专项计量考核。施工现场建立雨水、中水或可再利用水的搜集利用系统。

在非传统水源利用方面：优先采用中水搅拌、中水养护，有条件的地区和工程应收集雨水养护；处于基坑降水阶段的工地，宜优先采用地下水作为混凝土搅拌用水、养护用水、冲洗用水和部分生活用水；现场机具、设备、车辆冲洗，喷洒路面，绿化浇灌等用水，优先采用非传统水源，尽量不使用市政自来水；大型施工现场，尤其是雨量充沛地区的大型施工现场建立雨水收集利用系统，充分收集自然降水用于施工和生活中适宜的部位；力争施工中非传统水源和循环水的再利用量大于 30％。

在安全用水方面：在非传统水源和现场循环再利用水的使用过程中，应制定有效的水质检测与卫生保障措施，确保避免对人体健康、工程质量以及周围环境产生不良影响。

（3）节能与能源利用

《绿色施工导则》对节能措施，机械设备与机具，生产、生活及办公临时设施，施工用电及照明分别作出规定。

在节能措施方面：制订合理施工能耗指标，提高施工能源利用率；优先使用国家、行业推荐的节能、高效、环保的施工设备和机具，如选用变频技术的节能施工设备等；施工现场分别设定生产、生活、办公和施工设备的用电控制指标，定期进行计量、核算、对比分析，并有预防与纠正措施；在施工组织设计中，合理安排施工顺序、工作面，以减少作业区域的机具数量，相邻作业区充分利用共有的机具资源。安排施工工艺时，应优先考虑耗用电能的或其他能耗较少的施工工艺。避免设备额定功率远大于使用功率或超负荷使用设备的现象；根据当地气候和自然资源条件，充分利用太阳能、地热等可再生能源。

在机械设备与机具方面：建立施工机械设备管理制度，开展用电、用油计量，完善设备档案，及时做好维修保养工作，使机械设备保持低耗、高效的状态；选择功率与负载相匹配的施工机械设备，避免大功率施工机械设备低负载长时间运行。机电安装可采用节电型机械设备，如逆变式电焊机和能耗低、效率高的手持电动工具等，以利节电。机械设备宜使用节能型油料添加剂，在可能的情况下，考虑回收利用，节约油量；合理安排工序，提高各种机械的使用率和满载率，降低各种设备的单位耗能。

在生产、生活及办公临时设施方面：利用场地自然条件，合理设计生产、生活及办公临时设施的体形、朝向、间距和窗墙面积比，使其获得良好的日照、通风和采光。南方地区可根据需要在其外墙窗设遮阳设施；临时设施宜采用节能材料，墙体、屋面使用隔热性能好的材料，减少夏天空调、冬天取暖设备的使用时间及耗能量；合理配置采暖、空调、风扇数量，规定使用时间，实行分段分时使用，节约用电。

在施工用电及照明方面：临时用电优先选用节能电线和节能灯具，临电线路合理设计、布置，临电设备宜采用自动控制装置。采用声控、光控等节能照明灯具；照明设计以满足最低照度为原则，照度不应超过最低照度的 20％。

（4）节地与施工用地保护

《绿色施工导则》对临时用地指标、临时用地保护、施工总平面布置分别作出规定。

在临时用地指标方面：根据施工规模及现场条件等因素合理确定临时设施，如临时加工厂、现场作业棚及材料堆场、办公生活设施等的占地指标。临时设施的占地面积应按用地指标所需的最低面积设计；要求平面布置合理、紧凑，在满足环境、职业健康与安全及文明施工要求的前提下尽可能减少废弃地和死角，临时设施占地面积有效利用率大于 90％。

在临时用地保护方面：应对深基坑施工方案进行优化，减少土方开挖和回填量，最大限度地减少对土地的扰动，保护周边自然生态环境；红线外临时占地应尽量使用荒地、废地，少占用农田和耕地。工程完工后，及时对红线外占地恢复原地形、地貌，使施工活动对周边环境的影响降至最低；利用和保护施工用地范围内原有绿色植被。对于施工周期较长的现场，可按建筑永久绿化的要求，安排场地新建绿化。

在施工总平面布置方面：施工总平面布置应做到科学、合理，充分利用原有建筑物、构筑物、道路、管线为施工服务；施工现场搅拌站、仓库、加工厂、作业棚、材料堆场等布置应尽量靠近已有交通线路或即将修建的正式或临时交通线路，缩短运输距离；临时办公和生活用房应采用经济、美观、占地面积小、对周边地貌环境影响较小，且适合于施工平面布置动态调整的多层轻钢活动板房、钢骨架水泥活动板房等标准化装配式结构。生活区与生产区应分开布置，并设置标准的分隔设施；施工现场围墙可采用连续封闭的轻钢结构预制装配式活动围挡，减少建筑垃圾，保护土地；施工现场道路按照永久道路和临时道路相结合的原则布置。施工现场内形成环形通路，减少道路占用土地；临时设施布置应注意远近结合（本期工程与下期工程），努力减少和避免大量临时建筑拆迁和场地搬迁。

13.3.2　施工节能技术进步和激励措施

1. 节能技术进步

《节约能源法》规定，国家鼓励、支持节能科学技术的研究、开发、示范和推广，促进节能技术创新与进步。

（1）政府政策引导

国务院管理节能工作的部门会同国务院科技主管部门发布节能技术政策大纲，指导节能技术研究、开发和推广应用。县级以上各级人民政府应当把节能技术研究开发作为政府科技投入的重点领域，支持科研单位和企业开展节能技术应用研究，制定节能标准，开发节能共性和关键技术，促进节能技术创新与成果转化。

（2）政府资金扶持

《循环经济促进法》规定，国务院和省、自治区、直辖市人民政府设立发展循环经济的有关专项资金，支持循环经济的科技研究开发、循环经济技术和产品的示范与推广、重大循环经济项目的实施、发展循环经济的信息服务等。利用财政性资金引进循环经济重大技术、装备的，应当制定消化、吸收和创新方案，报有关主管部门审批并由其监督实施；有关主管部门应当根据实际需要建立协调机制，对重大技术、装备的引进和消化、吸收、创新实行统筹协调，并给予资金支持。

2. 节能激励措施

按照《节约能源法》《循环经济促进法》的规定，主要有如下相关的节能激励措施：

（1）财政安排节能专项资金

中央财政和省级地方财政安排节能专项资金，支持节能技术研究开发、节能技术和产品的示范与推广、重点节能工程的实施、节能宣传培训、信息服务和表彰奖励等。国家通过财政补贴支持节能照明器具等节能产品的推广和使用。

（2）税收优惠

国家对生产、使用列入国务院管理节能工作的部门会同国务院有关部门制定并公布的节能技术、节能产品推广目录的需要支持的节能技术、节能产品，实行税收优惠等扶持政策。国家运用税收等政策，鼓励先进节能技术、设备的进口，控制在生产过程中耗能高、污染重的产品的出口。国家对促进循环经济发展的产业活动给予税收优惠，并运用税收等措施鼓励进口先进的节能、节水、节材等技术、设备和产品，限制在生产过程中耗能高、污染重的产品的出口。企业使用或者生产列入国家清洁生产、资源综合利用等鼓励名录的技术、工艺、设备或者产品的，按照国家有关规定享受税收优惠。

（3）信贷支持

国家引导金融机构增加对节能项目的信贷支持，为符合条件的节能技术研究开发、节能产品生产以及节能技术改造等项目提供优惠贷款。国家推动和引导社会有关方面加大对节能的资金投入，加快节能技术改造。对符合国家产业政策的节能、节水、节地、节材、资源综合利用等项目，金融机构应当给予优先贷款等信贷支持，并积极提供配套金融服务。对生产、进口、销售或者使用列入淘汰名录的技术、工艺、设备、材料或者产品的企业，金融机构不得提供任何形式的授信支持。

（4）价格政策

国家实行有利于节能的价格政策，引导施工单位和个人节能。国家运用财税、价格等政策，支持推广电力需求侧管理、合同能源管理、节能自愿协议等节能办法。国家实行有利于资源节约和合理利用的价格政策，引导单位和个人节约和合理使用水、电、气等资源性产品。

（5）表彰奖励

各级人民政府对在节能管理、节能科学技术研究和推广应用中有显著成绩以及检举严重浪费能源行为的单位和个人，给予表彰和奖励。企业事业单位应当对在循环经济发展中作出突出贡献的集体和个人给予表彰和奖励。

13.4　绿色建筑法律制度

随着人类与环境的矛盾越来越冲突，可持续发展的理念在全球范围内得到了广泛的认可。目前，我国城乡建设增长方式仍然粗放，发展质量和效益不高，建筑建造和使用过程能源资源消耗高、利用效率低的问题比较突出，绿色建筑被认为是解决建筑业可持续发展的有效途径。发展绿色建筑能够在节能减排、保护环境和促进生态文明建设等多方面有重大意义。

13.4.1　绿色建筑的内涵

"绿色建筑"（Green Building）的理念在国际上最早产生于 20 世纪 60 年代，是在生态学和建筑学综合研究之下所提出的。20 世纪 70 年代的石油能源危机，使人们意识到耗用自然资源最多的建筑产业必须走可持续发展的道路，从而使绿色建筑的理念愈发受到人们的关注。20 世纪 80 年代，随着建筑节能技术的推陈出新，绿色建筑的相关研究也逐渐成为德、英、法等发达国家建筑研究的新热点。1990 年，世界首个绿色建筑标准在英国发布。1992 年，在巴西里约热内卢的"联合国环境与发展大会"上，与会者第一次正式确立"绿色建筑"概念，绿色建筑由此成为兼顾环境与健康的研究体系，并在越来越多的国家实施和推广，成为当今世界建筑发展的重要方向。

"绿色建筑"的概念于 20 世纪 90 年代开始引入我国，自 1992 年巴西里约热内卢的"联合国环境与发展大会"以来，我国政府相继颁布了若干相关纲要、导则和政策规定，大力推动绿色建筑的发展。2006 年，建设部国家质量监督检验检疫总局正式颁布了《绿色建筑评价标准》GB/T 50378—2006，同时签署了"绿色建筑科技行动"合作协议，为绿色建筑技术发展和科技成果产业化奠定了基础。2007 年出台了《绿色建筑评价技术细则（试行）》和《绿色建筑评价标识管理办法》，此后又相继启动了《绿色工业建筑评价标

准》和《绿色办公建筑评价标准》编制工作，逐步完善了适合中国国情的绿色建筑评价体系。❶

绿色建筑也称生态建筑、生态化建筑、可持续建筑。根据住房城乡建设部《绿色建筑评价标准》GB/T 50378—2014，绿色建筑（green building），"指在建筑的全寿命周期内，最大限度地节约资源（节能、节地、节水、节材），保护环境和减少污染，为人们提供健康、适用和高效的使用空间，与自然和谐共生的建筑"。绿色建筑的内涵包括四个方面：一是广义上的节能，除"四节"外，主要是强调减少各种资源的浪费；节能就是要求人们在构建和使用建筑物的全过程中，最大限度地节约资源、保护环境、呵护生态和减少污染，将因人类对建筑物的构建和使用活动所造成的对地球资源与环境的负荷和影响降到最低限度。二是保护环境，强调的是减少环境污染，减少二氧化碳排放；三是满足人们使用上的要求，为人们提供"健康""适用"和"高效"的使用空间；创造"健康""适用"和"高效"的使用空间是人们构建和使用建筑物的基本要求之一。四是强调与自然和谐共生。自然和谐即要求人们在构建和使用建筑物的全过程中，亲近、关爱与呵护人与建筑物所处的自然生态环境，将认识世界、适应世界、关爱世界和改造世界统一起来，做到人、建筑与自然和谐共生。只有这样，才能兼顾与协调经济效益、社会效益和环境效益，实现国民经济、人类社会和生态环境又好又快的可持续发展。

13.4.2 绿色建筑与可持续发展

1. 绿色建筑与可持续发展

可持续发展是在人类面临文明加速进化与生态环境不断恶化、富裕与贫穷的差距不断拉大这两大失衡的背景下产生的一种新的发展模式和发展观。应当承认，发展是一个内涵不断丰富的概念和范畴。传统的发展观是单纯的经济增长观，即片面强调物质财富的增长，而经济社会发展到目前这个阶段，应当强调经济、社会诸方面的协调可持续发展。

1987年联合国世界环境与发展委员会在《我们共同的未来》中，对可持续发展给出了一个较为权威性的概念，即"既满足当代人的需求，又不对后代人满足其自身需求的能力构成危害的发展。"因而，可持续发展的核心，即在于正确处理人与自然、人与人之间的关系，要求人类以最高的智力水平和泛爱的责任感去规范自己的行为，创造和谐的世界。要求人们在做出每一个行为选择时，不仅要考虑本代人的利益的平衡，同时要考虑代际人的利益平衡。

在对可持续发展概念的一般解释中，我们强烈地感到，可持续发展战略本身便蕴含着为保证这个战略实现的法治机理，或者说可持续发展战略的实现是要以相应的法治发展战略为后盾的。但诚如前述，我国学者在对经济法基本原则进行不懈研究、不断提炼的过程中，都始终未将可持续发展纳入经济法的原则体系之中。这种状况或许可以解释为：可持续发展目标可纳入社会整体经济效益原则、国家适度干预、经济公平、经济效益以及经济安全的分析框架之中，换言之，经济法在贯彻上述原则的同时，已经体现了既注重本代人利益平衡，也注重代际人的利益平衡的思想，不把可持续发展作为独立原则，既可以避免经济法原则之间在内容上的交叉，又可以在不同的发展阶段赋予经济法原则以新的、符合

❶ 牛东宇，张国川. 促进我国绿色建筑发展的若干问题及对策 [J]. 城市建设理论研究：电子版，2015 (05)：482-483.

时代精神的解释。我国已经将可持续发展战略提到议事日程。《中国 21 世纪议程》明确提出，"要在 2000 年前后初步建立起与可持续发展有关的立法体系"。

绿色建筑遵循可持续发展原则，体现绿色平衡理念，通过科学的整体设计，集成绿化配置、自然通风、自然采光、低能耗围护结构、太阳能利用、地热利用、中水利用、绿色建材和智能控制等高新技术，充分展示人文与建筑、环境及科技的和谐统一。绿色建筑具有选址规划绿色合理、资源利用高效循环、综合措施有效节能、建筑环境健康舒适、废物排放减量无害、建筑功能灵活适宜等六大特点，不仅可满足人们的生理和心理需求，而且能源和资源的消耗最为经济合理，对绿色环境的冲击最小。绿色建筑与传统建筑相比，绿色建筑不再局限于仅考虑建筑自身系统的可行性，而是在建筑与环境相互协调的基础上，以自然生态系统良性循环为基本原则，综合考虑生态环境、社会经济、历史文化、生活方式、建筑法则和适宜技术等多种因素而设计、建造和使用的建筑，其核心内涵就是为了节约资源和保护环境。❶

2. 绿色建筑与生态文明

生态文明是人类文明发展的一个新的阶段，即工业文明之后的文明形态；生态文明是人类遵循人、自然、社会和谐发展这一客观规律而取得的物质与精神成果的总和；生态文明是以人与自然、人与人、人与社会和谐共生、良性循环、全面发展、持续繁荣为基本宗旨的社会形态。

党的十八大报告明确提出大力推进生态文明建设。建设生态文明，是关系人民福祉、关乎民族未来的长远大计。面对资源约束趋紧、环境污染严重、生态系统退化的严峻形势，必须树立尊重自然、顺应自然、保护自然的生态文明理念，把生态文明建设放在突出地位，融入经济建设、政治建设、文化建设、社会建设各方面和全过程，努力建设美丽中国，实现中华民族永续发展。坚持节约资源和保护环境的基本国策，坚持节约优先、保护优先、自然恢复为主的方针，着力推进绿色发展、循环发展、低碳发展，形成节约资源和保护环境的空间格局、产业结构、生产方式及生活方式，从源头上扭转生态环境恶化趋势，为人民创造良好生产生活环境，为全球生态安全作出贡献。党的十八届三中全会进一步指出，建设生态文明，必须建立系统完整的生态文明制度体系，用制度保护生态环境。党的二十大报告提出要推动绿色发展，促进人与自然和谐共生，这是对生态文明建设的新要求和新谋划。

大力发展绿色建筑是建设生态文明的重要举措。党的十七届五中全会提出，"面对日趋强化的资源环境约束，要加快构建资源节约、环境友好的生产方式和消费模式，增强可持续发展能力"。推进发展绿色建筑，把节能环保和绿色低碳理念体现到城市规划、工业生产、建筑施工与生活消费等各个领域，将有效提高生态文明水平。绿色建筑标准要求在全寿命周期内最大限度节能、节地、节水、节材，保护环境和减少污染，有效促进资源节约与环境保护。绿色建筑标准充分体现了以人为本的理念，要求为人们提供健康、舒适、安全的居住、工作和活动空间，对建筑物日照环境、采光通风和热舒适性都有明确规定，将为城乡居民改善居住条件、促进消费升级提供基本制度保障。

---

❶ 李学征. 中国绿色建筑的政策研究［D］. 重庆：重庆大学，2006.

13.4.3 我国绿色建筑法规体系

虽然也出台了一系列推动绿色建筑的政策和规定等，但目前我国没有专门对绿色建筑领域的立法，且相关的法律中缺少绿色建筑的具体内容，缺乏明确的法律责任与处罚措施。当涉及法律层面的问题时，现有政策和规定难以解决绿色建筑发展过程当中涉及的各种法律问题。我国第一部规范建筑活动的法律《建筑法》对建筑节能、新型建材和建筑科技等工作没有做出强制性的规定，而是采用了"支持""鼓励"和"提倡"的文字表述。目前，出台的关于绿色建筑的文件，如国家发展改革委、住房城乡建设部颁布的《绿色建筑行动实施方案》，地方出台的关于绿色建筑和建筑节能的管理规定等文件多是以"方案、规定"等字样出现，缺乏对绿色建筑中行为各方的法律约束，缺乏法律效力，很难有效解决、制约和调节绿色建筑活动当中出现的与绿色建筑发展不符的各种问题和行为。❶ 我国绿色建筑法规制度体系的系统性不足，特别是《建筑法》《能源法》《节约能源法》等没有明确绿色建筑的定位，绿色建筑的上位法缺乏。此种情况，从绿色建筑规划到绿色建筑拆除都没有健全的法律法规予以支持，也没有有效的法规制度予以约束，这必然会导致绿色建筑建设不佳，难以建成真正意义上的绿色建筑，相应的绿色建筑的发展也必然会受到一定影响。❷ 目前，我国绿色建筑的法律法规体系按照从宏观到微观的顺位，可以分为法律、行政法规及地方性法规、部门规章及标准和配套制度等四个层次。

1. 法律

我国在绿色建筑方面没有专门的法律。我国绿色建筑法律体系是以建筑节能制度为基础，关于绿色建筑方面的法律规定，多散见于《节约能源法》《建筑法》和《可再生能源法》等法律之中。

《节约能源法》从法律上把节约能源确立为国家发展经济的长远战略方针，《节约能源法》在"合理使用与节约能源"一章中专门规定了"建筑节能"。《节约能源法》第一次从国家法律的层面对建筑节能作了专章规定，对建筑节能工作提出了明确的要求，这在一定程度上促进了绿色建筑的发展。《建筑法》规定，国家扶持建筑业的发展，支持建筑科学技术研究，提高房屋建筑设计水平，鼓励节约能源和保护环境，提倡采用先进技术、先进设备、先进工艺、新型建筑材料和现代管理方式。《建筑法》进一步在"建筑安全生产管理"中规定，建筑施工企业应当遵守有关环境保护和安全生产的法律、法规的规定，采取控制和处理施工现场的各种粉尘、废气、废水、固体废物以及噪声、振动对环境的污染和危害的措施。《可再生能源法》规定，国家鼓励和支持可再生能源并网发电。建设可再生能源并网发电项目，应当依照法律和国务院的规定取得行政许可或者报送备案。国家鼓励单位和个人安装和使用太阳能热水系统、太阳能供热采暖和制冷系统、太阳能光伏发电系统等太阳能利用系统。

2. 行政法规

绿色建筑方面的行政法规与法律相同，我国目前没有专门规制绿色建筑方面行政法规。关于绿色建筑方面的行政法规方面的规定，多散见于《民用建筑节能条例》《公共机构节能条例》等行政法规之中。我国关于建筑节能方面的行政法规主要包括：《建设工程

---

❶ 朱敏. 国内绿色建筑发展现状与立法的必要性研究 [J]. 城市建设理论研究：电子版，2016 (15).

❷ 李崇乔. 绿色建筑发展现状、挑战与政策建议 [J]. 建材发展导向，2017 (10).

质量管理条例》和《民用建筑节能条例》，特别是《民用建筑节能条例》，为绿色建筑的实施提供了可操作性的法规依据，把我国建筑节能工作推到了一个新的阶段。

《公共机构节能条例》规定，推行公共机构节能，是贯彻落实科学发展观，加快建设资源节约型、环境友好型社会的重要举措，也是公共机构加强自身建设、树立良好社会形象的必然要求。《公共机构节能条例》规定了八个方面的基本管理制度：（1）明确规定公共机构负责人对本单位节能工作全面负责。（2）规定公共机构应当建立、健全本单位节能管理的规章制度。（3）规定公共机构应当实行能源消费计量制度，区分用能种类、用能系统实行能源消费分户、分类、分项计量。（4）规定公共机构应当指定专人负责能源消费统计，如实记录能源消费计量原始数据，建立统计台账。（5）规定公共机构应当在有关部门制定的能源消耗定额范围内使用能源，加强能源消耗支出管理。（6）明确规定公共机构应当优先采购列入节能产品、设备政府采购名录和环境标志产品政府采购名录中的产品、设备。（7）规定公共机构新建建筑和既有建筑维修改造应当严格执行国家有关建筑节能设计、施工、调试、竣工验收等方面的规定和标准。（8）实行能源审计制度。

《民用建筑节能条例》在不增加新的行政许可的前提下，对新建建筑节能实施全过程的监管，主要体现在：（1）在规划许可阶段，要求城乡规划主管部门在进行规划审查时，应当就设计方案是否符合民用建筑节能强制性标准征求同级建设主管部门的意见；对于不符合民用建筑节能强制性标准的，不予颁发建设工程规划许可证。（2）在设计阶段，要求新建建筑的施工图设计文件必须符合民用建筑节能强制性标准。施工图设计文件审查机构应当按照民用建筑节能强制性标准对施工图设计文件进行审查；经审查不符合民用建筑节能强制性标准的，建设主管部门不得颁发施工许可证。（3）在建设阶段，建设单位不得要求设计单位、施工单位违反民用建筑节能强制性标准进行设计、施工；设计单位、施工单位、工程监理单位及其注册执业人员必须严格执行民用建筑节能强制性标准；工程监理单位对施工单位不执行民用建筑节能强制性标准的，有权要求其改正，并及时报告。（4）在竣工验收阶段，建设单位应当将民用建筑是否符合民用建筑节能强制性标准作为查验的重要内容；对不符合民用建筑节能强制性标准的，不得出具竣工验收合格报告。（5）在商品房销售阶段，要求房地产开发企业向购买人明示所售商品房的能源消耗指标、节能措施和保护要求、保温工程保修期等信息。（6）在使用保修阶段，明确规定施工单位在保修范围和保修期内，对发生质量问题的保温工程负有保修义务，并对造成的损失依法承担赔偿责任。《民用建筑节能条例》确立既有建筑节能改造的原则，强化对既有建筑节能改造的管理，明确既有建筑节能改造的标准和要求，确立既有建筑节能改造费用的负担方式。

3. 部门规章及规范性法律文件

目前，与绿色建筑相关的节能规章是我国绿色建筑制度的主体，为我国绿色建筑的发展提供了重要的政策保证。国务院下属的各部委先后出台了多部与法律法规配套的关于建筑节能或绿色建筑的部门规章和其他规范性法律文件，主要包括《民用建筑节能管理规定》《重点用能单位节能管理办法》《关于加快推动我国绿色建筑发展的实施意见》《绿色建筑创建行动方案》（建标〔2020〕65 号）《绿色建筑标识管理办法》（建标规〔2021〕1号）等等。其中《民用建筑节能管理规定》规定，鼓励民用建筑节能的科学研究和技术开发，推广应用节能型的建筑、结构、材料、用能设备和附属设施及相应的施工工艺、应用技术和管理技术，促进可再生能源的开发利用。《重点用能单位节能管理办法》规定，重点用能单位应当贯彻执行国家和地方有关节能的法律、法规、规章、政策和标准，按照合理用能的原则，加强节能管理，降低能源消耗，接受所在地县级以上人民政府管理节能工作的部门的管理。《关于加快推动我国绿色建筑发展的实施意见》（财建〔2012〕167 号）对绿色建筑的发展起到重要的宏观指导作用，对我国绿色建筑由"启蒙"时代向"快速发展"时代转变起到积极的推动作用，对建设生态城市也具有特殊意义。❶

4. 技术标准规范、评估体系、技术导则

我国目前已经制定了多个与绿色建筑相关的标准规范，包括推行新型建材和新型墙材的标准，初步建立了国家和地方绿色建筑标准体系，已经发布的绿色建筑标准包括《绿色建筑评价标准》GB/T 50378—2019《民用建筑节能设计标准（采暖居住建筑部分）》《夏热冬冷地区居住建筑节能设计标准》。绿色建筑技术导则包括《绿色施工导则》《绿色工业建筑评价技术细则》《绿色超高层建筑评价技术细则》《民用建筑能效测评标识技术导则（试行）》及《绿色保障性住房技术导则》等等。

5. 政策

我国在绿色建筑的倡导和规制方面，政策居多。在国家节能减排大趋势下，政府的宏观政策导向要求商品房的开发愈加注重节能和环保性能。为此，国家发展和改革委员会、住房和城乡建设部、自然资源部及生态环境部等相继为工程建设行业制定了包括土地、财税、建筑标准、环境监督核查等措施在内的多项政策，用以保障绿色建筑的应用和推广。

纵观我国目前推动绿色建筑发展的法律法规，《建筑法》对建筑节能仅有"支持""鼓励"和"提倡"的表述，而没有制定具体条款，对建筑节能难以起到实际作用。《节约能源法》第三章第三节对建筑物的设计和建设的节能工作做出了规定，但是这些规定过于原则、笼统，缺乏指导性和可操作性；第六章虽然对于违反建筑节能标准的法律责任作出规定，但是由于前面的规定过于宽泛，使这些罚则形同虚设，且其惩戒力度较轻，对于违规者无法起到威慑作用，从而导致执行不力。总体来说，我国绿色建筑的法律法规体系在结构上还很不完善，大部分的法律规范偏重原则性，缺乏具体的实施细则，法律法规体系尚未完全形成。

---

❶ 中国建设报通讯员. 2012 建筑节能与绿色建筑政策文件及解读 [N]. 中国建设报，2012-9-18.

第14章 工程建设标准法律制度

中国特色社会主义已进入新时代，我国经济社会发展已由过去高速度增长转入高质量发展阶段。党的十九大提出，"必须坚持质量第一、效益优先"。标准是质量基础设施的重要组成部分，应当发挥标准对促进转型升级、引领创新驱动的支撑作用，高质量的发展离不开先进标准的支撑。标准是世界"通用语言"，标准化在促进世界互联互通，便利各国经贸往来中作用日益凸显。《标准化法》对国家积极推动参与国际标准化活动，推动中国标准与国外标准之间的转化运用，推动标准化工作与国际规则深度融合提供了法律依据，有助于我国更高水平的对外开放。

14.1 工程建设标准概述

14.1.1 工程建设标准的概念和特点

1. 标准与工程建设标准

标准是指对重复性事物和概念所作的统一规定。它以科学、技术和实践经验的综合成果为基础，经有关方面协商一致，由主管机构批准，以特定形式发布，作为共同遵守的准则和依据。《标准化法》规定，本法所称标准（含标准样品），是指农业、工业、服务业以及社会事业等领域需要统一的技术要求。《标准化法实施条例》规定，对下列需要统一的技术要求，应当制定标准：①工业产品的品种、规格、质量、等级或者安全、卫生要求；②工业产品的设计、生产、试验、检验、包装、储存、运输、使用的方法或者生产、储存、运输过程中的安全、卫生要求；③有关环境保护的各项技术要求和检验方法；④建设工程的勘察、设计、施工、验收的技术要求和方法；⑤有关工业生产、工程建设和环境保护的技术术语、符号、代号、制图方法、互换配合要求；⑥农业（含林业、牧业、渔业）产品（含种子、种苗、种畜、种禽）的品种、规格、质量、等级、检验、包装、储存、运输以及生产技术、管理技术的要求；⑦信息、能源、资源、交通运输的技术要求。

工程建设标准指对基本建设中各类工程的勘察、规划、设计、施工、安装、验收等需要协调统一的事项所制定的标准。工程建设标准是为在工程建设领域内获得最佳秩序，对建设工程的勘察、规划、设计、施工、安装、验收、运营维护及管理等活动和结果需要协调统一的事项所制定的共同的、重复使用的技术依据和准则，对促进技术进步，保证工程的安全、质量、环境和公众利益，实现最佳社会效益、经济效益、环境效益和最佳效率等，具有直接作用和重要意义。

2. 标准化立法

标准化是指在经济、技术、科学及管理等社会实践中，对重复性事物和概念通过制定、实施标准，达到统一，以获得最佳秩序和社会效益的过程。工程建设标准化是为在工程建设领域内获得最佳秩序，对实际的或潜在的问题制定共同的和重复使用的规则的活动。为了加强标准化工作，提升产品和服务质量，促进科学技术进步，保障人身健康和生命财产安全，维护国家安全、生态环境安全，提高经济社会发展水平，1988 年 12 月 29 日第七届全国人民代表大会常务委员会第五次会议通过了《中华人民共和国标准化法》，2017 年 11 月 4 日第十二届全国人民代表大会常务委员会第三十次会议对《标准化法》进行了修订。

除《标准化法》外，我国关于工程建设标准的法律法规主要有《标准化法实施条例》（国务院第 53 号令，自 1990 年 4 月 6 日起施行）、《强制性国家标准管理办法》（国家市场监督管理总局令第 25 号，自 2020 年 6 月 1 日起施行）、《工程建设国家标准管理办法》（建设部令第 24 号，自 1992 年 12 月 30 日起施行）、《工程建设行业标准管理办法》（建设部令第 24 号，自 1992 年 12 月 30 日起施行）、《实施工程建设强制性标准监督规定》（建设部令第 81 号，自 2000 年 8 月 25 日起施行；根据 2015 年 1 月 22 日住房和城乡建设部令第 23 号《住房和城乡建设部关于修改〈市政公用设施抗灾设防管理规定〉等部门规章的决定》修正）、《团体标准管理规定》（国标委〔2019〕1 号，自 2019 年 1 月 9 日起施行）等等。

3. 工程建设标准的特点

（1）前瞻性。工程建设标准是工程建设中共同的和重复使用的规则、导则或特性的文件。因此，工程建设标准将决定未来工程的要求，具有一定的前瞻性。

（2）科学性。工程建设标准是以科学、技术和实践经验的综合成果为基础制定出来的，经过综合研究、比较、选择并分析其在实践活动中的可行性、合理性后纳入标准之中，为获得最佳秩序提供答案，揭示了工程建设活动的规律。标准也是根据科技的快速发展而不断修订，始终反映最新技术状况，适应新技术、新工艺、新产品、新材料的应用，成为积累实践经验的一种形式。工程建设标准不仅要考虑技术条件，也考虑经济条件和管理水平，综合分析，统筹兼顾，以求在可能的条件下获得最佳效果。

（3）民主性。工程建设标准不是局部的、片面的经验总结，因而就不应反映局部的利益，更不应体现个别人的主观意志，它是协商一致的产物。标准化活动领域的广泛性、标准化对象的复杂性，决定了标准的制定必须经过标准涉及的各方对其内容进行充分协调，形成统一意见，体现民主性，以保证标准的全局性、公正性。

（4）权威性。工程建设是经公认机构批准，经过该机构对标准制定的过程、内容进行审查，确认标准的科学性、可行性，以规范性文件的形式批准发布。由此，也确立了标准的约束性，特别是强制性标准更具有法规性。

14.1.2 国家标准、行业标准、地方标准和团体标准、企业标准

《标准化法》规定，标准包括国家标准、行业标准、地方标准和团体标准、企业标准。国家标准分为强制性标准、推荐性标准，行业标准、地方标准是推荐性标准。强制性标准必须执行。国家鼓励采用推荐性标准。按照标准的适用范围对标准进行分类，标准可以分为国家标准、行业标准、地方标准和团体标准、企业标准。

1. 国家标准

国家标准是指对全国经济技术发展有重大意义，需要在全国范围内统一的技术要求所制定的标准。对保障人身健康和生命财产安全、国家安全、生态环境安全以及满足经济社会管理基本需要的技术要求，应当制定强制性国家标准。对满足基础通用、与强制性国家

标准配套、对各有关行业起引领作用等需要的技术要求，可以制定推荐性国家标准。

1992年12月建设部发布的《工程建设国家标准管理办法》规定，对需要在全国范围内统一的下列技术要求，应当制定国家标准：（1）工程建设勘察、规划、设计、施工（包括安装）及验收等通用的质量要求；（2）工程建设通用的有关安全、卫生和环境保护的技术要求；（3）工程建设通用的术语、符号、代号、量与单位、建筑模数和制图方法；（4）工程建设通用的试验、检验和评定等方法；（5）工程建设通用的信息技术要求；（6）国家需要控制的其他工程建设通用的技术要求。法律另有规定的，依照法律的规定执行。

下列标准属于强制性标准：（1）工程建设勘察、规划、设计、施工（包括安装）及验收等通用的综合标准和重要的通用的质量标准；（2）工程建设通用的有关安全、卫生和环境保护的标准；（3）工程建设重要的通用的术语、符号、代号、量与单位、建筑模数和制图方法标准；（4）工程建设重要的通用的试验、检验和评定方法等标准；（5）工程建设重要的通用的信息技术标准；（6）国家需要控制的其他工程建设通用的标准。

强制性标准以外的标准是推荐性标准。推荐性标准，国家鼓励企业自愿采用。

2. 行业标准

行业标准是指对没有国家标准而又需要在全国某个行业范围内统一的技术要求，所制定的标准。对没有推荐性国家标准、需要在全国某个行业范围内统一的技术要求，可以制定行业标准。

1992年12月建设部发布的《工程建设行业标准管理办法》规定，对没有国家标准而需要在全国某个行业范围内统一的下列技术要求，可以制定行业标准：（1）工程建设勘察、规划、设计、施工（包括安装）及验收等行业专用的质量要求；（2）工程建设行业专用的有关安全、卫生和环境保护的技术要求；（3）工程建设行业专用的术语、符号、代号、量与单位和制图方法；（4）工程建设行业专用的试验、检验和评定等方法；（5）工程建设行业专用的信息技术要求；（6）其他工程建设行业专用的技术要求。

行业标准不得与国家标准相抵触。行业标准的某些规定与国家标准不一致时，必须有充分的科学依据和理由，并经国家标准的审批部门批准。行业标准在相应的国家标准实施后，应当及时修订或废止。

3. 地方标准

地方标准是由地方（省、自治区、直辖市）标准化主管机构或专业主管部门批准，发布，在某一地区范围内统一的标准。为满足地方自然条件、风俗习惯等特殊技术要求，可以制定地方标准。

4. 团体标准

团体标准是指由团体按照自己（团体）确立的制定程序，自主制定、发布、采纳，并由社会自愿采用的标准。因此，团体标准是依法成立的社会团体为满足市场和创新需要，协调相关市场主体共同制定的标准。企业采用后，对企业的产品就具有强制性。《标准化法》规定，国家鼓励学会、协会、商会、联合会、产业技术联盟等社会团体协调相关市场主体共同制定满足市场和创新需要的团体标准，由本团体成员约定采用或者按照本团体的规定供社会自愿采用。

5. 企业标准

企业标准是在企业范围内需要协调、统一的技术要求、管理要求和工作要求所制定的标准，是企业组织生产、经营活动的依据。企业可以根据需要自行制定企业标准，或者与其他企业联合制定企业标准。《标准化法》规定，企业可以根据需要自行制定企业标准，或者与其他企业联合制定企业标准。

推荐性国家标准、行业标准、地方标准、团体标准、企业标准的技术要求不得低于强制性国家标准的相关技术要求。国家鼓励社会团体、企业制定高于推荐性标准相关技术要求的团体标准、企业标准。

14.1.3 强制性标准和推荐性标准

根据标准的性质对标准进行分类，标准可以分为强制性标准和推荐性标准。《标准化法》规定，国家标准分为强制性标准、推荐性标准，行业标准、地方标准是推荐性标准。强制性标准必须执行。国家鼓励采用推荐性标准。

对保障人身健康和生命财产安全、国家安全、生态环境安全以及满足经济社会管理基本需要的技术要求，应当制定强制性国家标准。《强制性国家标准管理办法》规定，强制性国家标准的技术要求应当全部强制，并且可验证、可操作。对满足基础通用、与强制性国家标准配套、对各有关行业起引领作用等需要的技术要求，可以制定推荐性国家标准。

14.2 工程建设标准的制定

14.2.1 工程建设国家标准的制定

《工程建设国家标准管理办法》规定，制订国家标准的工作程序按准备、征求意见、送审和报批四个阶段进行。

1. 强制性国家标准的制定

《标准化法》规定，国务院有关行政主管部门依据职责负责强制性国家标准的项目提出、组织起草、征求意见和技术审查。国务院标准化行政主管部门负责强制性国家标准的立项、编号和对外通报。

省、自治区、直辖市人民政府标准化行政主管部门可以向国务院标准化行政主管部门提出强制性国家标准的立项建议，由国务院标准化行政主管部门会同国务院有关行政主管部门决定。社会团体、企业事业组织以及公民可以向国务院标准化行政主管部门提出强制性国家标准的立项建议，国务院标准化行政主管部门认为需要立项的，会同国务院有关行政主管部门决定。

《强制性国家标准管理办法》规定，制定强制性国家标准应当结合国情采用国际标准。强制性国家标准应当有明确的标准实施监督管理部门，并能够依据法律、行政法规、部门规章的规定对违反强制性国家标准的行为予以处理。

2. 推荐性国家标准的制定

推荐性国家标准由国务院标准化行政主管部门制定。《工程建设国家标准管理办法》规定，制订国家标准的工作程序按准备、征求意见、送审和报批四个阶段进行。

3. 工程建设国家标准的批准发布和编号

《标准化法》规定，强制性国家标准由国务院批准发布或者授权批准发布。强制性标准文本应当免费向社会公开。国家推动免费向社会公开推荐性标准文本。《强制性国家标准管理办法》规定，国务院标准化行政主管部门应当自发布之日起 20 日内在全国标准信息公共服务平台上免费公开强制性国家标准文本。强制性国家标准的解释与标准具有同等效力。解释发布后，国务院标准化行政主管部门应当自发布之日起 20 日内在全国标准信息公共服务平台上免费公开解释文本。

《工程建设国家标准管理办法》规定，工程建设国家标准的编号由国家标准代号、发布标准的顺序号和发布标准的年号组成。强制性国家标准的代号为"GB"，推荐性国家标准的代号为"GB/T"。例如：《建筑工程施工质量验收统一标准》GB 50300—2013，其中 GB 表示强制性国家标准，50300 表示标准发布顺序号，2013 表示 2013 年批准发布；《工程建设施工企业质量管理规范》GB/T 50430—2017，其中 GB/T 表示推荐性国家标准，50430 表示标准发布顺序号，2017 表示 2017 年批准发布。

4. 国家标准的复审与修订

国家标准实施后，应当根据科学技术的发展和工程建设的需要，由该国家标准的管理部门适时组织有关单位进行复审。复审一般在国家标准实施后 5 年进行 1 次。复审可以采取函审或会议审查，一般由参加该标准编制或审查的单位或个人参加。国家标准复审后，标准管理单位应当提出其继续有效或者予以修订、废止的意见，经该国家标准的主管部门确认后报国务院工程建设行政主管部门批准。凡属下列情况之一的国家标准，应当进行局部修订：①国家标准的部分规定已制约了科学技术新成果的推广应用；②国家标准的部分规定经修订后可取得明显的经济效益、社会效益、环境效益；③国家标准的部分规定有明显缺陷或与相关的国家标准相抵触；④需要对现行的国家标准做局部补充规定。

《强制性国家标准管理办法》规定，国务院标准化行政主管部门应当通过全国标准信息公共服务平台接收社会各方对强制性国家标准实施情况的意见建议，并及时反馈组织起草部门。组织起草部门应当根据反馈和评估情况，对强制性国家标准进行复审，提出继续有效、修订或者废止的结论，并送国务院标准化行政主管部门。复审周期一般不得超过 5 年。复审结论为修订强制性国家标准的，组织起草部门应当在报送复审结论时提出修订项目。强制性国家标准的修订，按照规定的强制性国家标准制定程序执行；个别技术要求需要调整、补充或者删减，采用修改单方式予以修订的，无需经国务院标准化行政主管部门立项。复审结论为废止强制性国家标准的，由国务院标准化行政主管部门通过全国标准信息公共服务平台向社会公开征求意见，并以书面形式征求强制性国家标准的实施监督管理部门意见。公开征求意见一般不得少于 30 日。无重大分歧意见或者经协调一致的，由国务院标准化行政主管部门依据国务院授权以公告形式废止强制性国家标准。

14.2.2　工程建设行业标准的制定

《标准化法》规定，对没有推荐性国家标准、需要在全国某个行业范围内统一的技术要求，可以制定行业标准。行业标准由国务院有关行政主管部门制定，报国务院标准化行政主管部门备案。行业标准由国务院有关行政主管部门审批、编号和发布。

工程建设行业标准的制订、修订程序，也可以按准备、征求意见、送审和报批四个阶段进行。工程建设行业标准实施后，根据科学技术的发展和工程建设的实际需要，该标准的批准部门应当适时进行复审，确认其继续有效或予以修订、废止。一般也是 5 年复审 1 次，复审结果报国务院工程建设行政主管部门备案。

14.2.3 工程建设地方标准的制定

我国幅员辽阔，各地的自然条件差异较大，而工程建设在许多方面要受到自然条件的影响。例如，我国的黄土地区、冻土地区以及膨胀土地区，对建筑技术的要求有很大区别。因此，工程建设标准除国家标准、行业标准外，还需要有相应的地方标准。《标准化法》规定，为满足地方自然条件、风俗习惯等特殊技术要求，可以制定地方标准。

14.2.4 工程建设团体标准的制定

《标准化法》规定，国家鼓励学会、协会、商会、联合会、产业技术联盟等社会团体协调相关市场主体共同制定满足市场和创新需要的团体标准，由本团体成员约定采用或者按照本团体的规定供社会自愿采用。

1. 团体标准的定性和基本要求

《团体标准管理规定》（国标委联〔2019〕1号）规定，团体标准是依法成立的社会团体为满足市场和创新需要，协调相关市场主体共同制定的标准。《标准化法》规定，制定团体标准，应当遵循开放、透明、公平的原则，保证各参与主体获取相关信息，反映各参与主体的共同需求，并应当组织对标准相关事项进行调查分析、实验、论证。国家支持在重要行业、战略性新兴产业、关键共性技术等领域利用自主创新技术制定团体标准、企业标准。《团体标准管理规定》进一步规定，禁止利用团体标准实施妨碍商品、服务自由流通等排除、限制市场竞争的行为。团体标准应当符合相关法律法规的要求，不得与国家有关产业政策相抵触。团体标准的技术要求不得低于强制性标准的相关技术要求。国家鼓励社会团体制定高于推荐性标准相关技术要求的团体标准；鼓励制定具有国际领先水平的团体标准。

2. 团体标准制定的程序

制定团体标准的一般程序包括：提案、立项、起草、征求意见、技术审查、批准、编号、发布、复审。征求意见应当明确期限，一般不少于30日。涉及消费者权益的，应当向社会公开征求意见，并对反馈意见进行处理协调。技术审查原则上应当协商一致。如需表决，不少于出席会议代表人数的3/4同意方为通过。起草人及其所在单位的专家不能参加表决。团体标准应当按照社会团体规定的程序批准，以社会团体文件形式予以发布。

团体标准编号依次由团体标准代号、社会团体代号、团体标准顺序号和年代号组成。社会团体应当公开其团体标准的名称、编号、发布文件等基本信息。团体标准涉及专利的，还应当公开标准涉及专利的信息。鼓励社会团体公开其团体标准的全文或主要技术内容。

国家实行团体标准自我声明公开和监督制度社会团体应当自我声明其公开的团体标准符合法律法规和强制性标准的要求，符合国家有关产业政策，并对公开信息的合法性、真实性负责。国家鼓励社会团体通过标准信息公共服务平台自我声明公开其团体标准信息。社会团体到标准信息公共服务平台上自我声明公开信息的，需提供社会团体法人登记证书、开展团体标准化工作的内部工作部门及工作人员信息、团体标准制修订程序等相关文件，并自我承诺对以上材料的合法性、真实性负责。

14.2.5 工程建设企业标准的制定

《标准化法》规定，企业可以根据需要自行制定企业标准，或者与其他企业联合制定企业标准。推荐性国家标准、行业标准、地方标准、团体标准、企业标准的技术要求不得低于强制性国家标准的相关技术要求。国家鼓励社会团体、企业制定高于推荐性标准相关技术要求的团体标准、企业标准。

国家实行企业标准自我声明公开和监督制度。企业应当公开其执行的强制性标准、推荐性标准、团体标准或者企业标准的编号和名称；企业执行自行制定的企业标准的，还应当公开产品、服务的功能指标和产品的性能指标。国家鼓励企业标准通过标准信息公共服务平台向社会公开。企业应当按照标准组织生产经营活动，其生产的产品、提供的服务应当符合企业公开标准的技术要求。

14.3　工程建设标准的实施

14.3.1　工程建设强制性标准实施的规定

工程建设强制性标准是指直接涉及工程质量、安全、卫生及环境保护等方面的工程建设标准强制性条文。我国工程建设领域所出现的各类工程质量事故，大多是没有贯彻或没有严格贯彻强制性标准的结果。因此，《标准化法》规定，强制性标准，必须执行。《建筑法》规定，建筑活动应当确保建筑工程质量和安全，符合国家的建设工程安全标准。

1. 工程建设各方主体实施强制性标准的规定

《建筑法》规定，建设单位不得以任何理由，要求建筑设计单位或者建筑施工企业在工程设计或者施工作业中，违反法律、行政法规和建筑工程质量、安全标准，降低工程质量。

建筑工程设计应当符合按照国家规定制定的建筑安全规程和技术规范，保证工程的安全性能。勘察、设计文件应当符合有关法律、行政法规的规定和建筑工程质量、安全标准、建筑工程勘察、设计技术规范以及合同的约定。设计文件选用的建筑材料、建筑构配件和设备，应当注明其规格、型号、性能等技术指标，其质量要求必须符合国家规定的标准。

建筑工程监理应当依照法律、行政法规及有关的技术标准、设计文件和建筑工程承包合同，对承包单位在施工质量、建设工期和建设资金使用等方面，代表建设单位实施监督。工程监理人员认为工程施工不符合工程设计要求、施工技术标准和合同约定的，有权要求建筑施工企业改正。工程监理人员发现工程设计不符合建筑工程质量标准或者合同约定的质量要求的，应当报告建设单位要求设计单位改正。

《建设工程质量管理条例》进一步规定，建设单位不得明示或者暗示设计单位或者施工单位违反工程建设强制性标准，降低建设工程质量。建筑设计单位和建筑施工企业对建设单位违反规定提出的降低工程质量的要求，应当予以拒绝。勘察、设计单位必须按照工程建设强制性标准进行勘察、设计，并对其勘察、设计的质量负责。施工单位必须按照工程设计图纸和施工技术标准施工，不得擅自修改工程设计，不得偷工减料。施工单位必须按照工程设计要求、施工技术标准和合同约定，对建筑材料、建筑构配件、设备和商品混凝土进行检验，检验应当有书面记录和专人签字；未经检验或者检验不合格的，不得使用。

2. 对工程建设强制性标准的监督管理机构

《强制性国家标准管理办法》规定，强制性国家标准发布后实施前，企业可以选择执行原强制性国家标准或者新强制性国家标准。新强制性国家标准实施后，原强制性国家标准同时废止。《实施工程建设强制性标准监督规定》规定，在中华人民共和国境内从事新建、扩建、改建等工程建设活动，必须执行工程建设强制性标准。建设工程勘察、设计文件中规定采用的新技术、新材料，可能影响建设工程质量和安全，又没有国家技术标准的，应当由国家认可的检测机构进行试验、论证，出具检测报告，并经国务院有关主管部门或者省、自治区、直辖市人民政府有关主管部门组织的建设工程技术专家委员会审定后，方可使用。

国务院住房城乡建设主管部门负责全国实施工程建设强制性标准的监督管理工作。国务院有关主管部门按照国务院的职能分工负责实施工程建设强制性标准的监督管理工作。县级以上地方人民政府住房城乡建设主管部门负责本行政区域内实施工程建设强制性标准的监督管理工作。

建设项目规划审查机构应当对工程建设规划阶段执行强制性标准的情况实施监督；施工图设计文件审查单位应当对工程建设勘察、设计阶段执行强制性标准的情况实施监督；建筑安全监督管理机构应当对工程建设施工阶段执行施工安全强制性标准的情况实施监督；工程质量监督机构应当对工程建设施工、监理、验收等阶段执行强制性标准的情况实施监督。

建设项目规划审查机关、施工图设计文件审查单位、建筑安全监督管理机构、工程质量监督机构的技术人员必须熟悉、掌握工程建设强制性标准。

3. 对工程建设强制性标准监督检查的内容和方式

强制性标准监督检查的内容包括：（1）有关工程技术人员是否熟悉、掌握强制性标准；（2）工程项目的规划、勘察、设计、施工、验收等是否符合强制性标准的规定；（3）工程项目采用的材料、设备是否符合强制性标准的规定；（4）工程项目的安全、质量是否符合强制性标准的规定；（5）工程中采用的导则、指南、手册、计算机软件的内容是否符合强制性标准的规定。

工程建设标准批准部门应当定期对建设项目规划审查机关、施工图设计文件审查单位、建筑安全监督管理机构、工程质量监督机构实施强制性标准的监督进行检查，对监督不力的单位和个人，给予通报批评，建议有关部门处理。工程建设标准批准部门应当对工程项目执行强制性标准情况进行监督检查。监督检查可以采取重点检查、抽查和专项检查的方式。

建设行政主管部门或者有关行政主管部门在处理重大事故时，应当有工程建设标准方面的专家参加；工程事故报告应当包含是否符合工程建设强制性标准的意见。工程建设标准批准部门应当将强制性标准监督检查结果在一定范围内公告。

14.3.2 工程建设标准相关违法行为及法律责任

1. 建设单位违法行为应承担的法律责任

《建筑法》规定，建设单位违反本法规定，要求建筑设计单位或者建筑施工企业违反建筑工程质量、安全标准，降低工程质量的，责令改正，可以处以罚款；构成犯罪的，依法追究刑事责任。

《建设工程质量管理条例》规定，建设单位有下列行为之一的，责令改正，处 20 万元以上 50 万元以下的罚款……（3）明示或者暗示设计单位或者施工单位违反工程建设强制性标准，降低工程质量的……

《实施工程建设强制性标准监督规定》中规定，建设单位有下列行为之一的，责令改正，并处以 20 万元以上 50 万元以下的罚款：(1) 明示或者暗示施工单位使用不合格的建筑材料、建筑构配件和设备的；(2) 明示或者暗示设计单位或者施工单位违反工程建设强制性标准，降低工程质量的。

2. 勘察、设计单位违法行为应承担的法律责任

《建筑法》规定，建筑设计单位不按照建筑工程质量、安全标准进行设计的，责令改正，处以罚款；造成工程质量事故的，责令停业整顿，降低资质等级或者吊销资质证书，没收违法所得，并处罚款；造成损失的，承担赔偿责任；构成犯罪的，依法追究刑事责任。

《建设工程质量管理条例》规定，有下列行为之一的，责令改正，处 10 万元以上 30 万元以下的罚款：(1) 勘察单位未按照工程建设强制性标准进行勘察的……(4) 设计单位未按照工程建设强制性标准进行设计的。有以上所列行为，造成工程质量事故的，责令停业整顿，降低资质等级；情节严重的，吊销资质证书；造成损失的，依法承担赔偿责任。

《实施工程建设强制性标准监督规定》中规定，勘察、设计单位违反工程建设强制性标准进行勘察、设计的，责令改正，并处以 10 万元以上 30 万元以下的罚款。有前款行为，造成工程质量事故的，责令停业整顿，降低资质等级；情节严重的，吊销资质证书；造成损失的，依法承担赔偿责任。

3. 施工企业违法行为应承担的法律责任

《建筑法》规定，建筑施工企业在施工中偷工减料的，使用不合格的建筑材料、建筑构配件和设备的，或者有其他不按照工程设计图纸或者施工技术标准施工的行为的，责令改正，处以罚款；情节严重的，责令停业整顿，降低资质等级或者吊销资质证书；造成建筑工程质量不符合规定的质量标准的，负责返工、修理，并赔偿因此造成的损失；构成犯罪的，依法追究刑事责任。

《标准化法》规定，生产、销售、进口产品或者提供服务不符合强制性标准，或者企业生产的产品、提供的服务不符合其公开标准的技术要求的，依法承担民事责任。

生产、销售、进口产品或者提供服务不符合强制性标准的，依照《中华人民共和国产品质量法》《中华人民共和国进出口商品检验法》《中华人民共和国消费者权益保护法》等法律、行政法规的规定查处，记入信用记录，并依照有关法律、行政法规的规定予以公示；构成犯罪的，依法追究刑事责任。

企业未依照本法规定公开其执行的标准的，由标准化行政主管部门责令限期改正；逾期不改正的，在标准信息公共服务平台上公示。

《建设工程质量管理条例》规定，施工单位在施工中偷工减料的，使用不合格的建筑材料、建筑构配件和设备的，或者有不按照工程设计图纸或者施工技术标准施工的其他行为的，责令改正，处工程合同价款 2% 以上 4% 以下的罚款；造成建设工程质量不符合规定的质量标准的，负责返工、修理，并赔偿因此造成的损失；情节严重的，责令停业整顿，降低资质等级或者吊销资质证书。

《实施工程建设强制性标准监督规定》中规定，施工单位违反工程建设强制性标准的，

责令改正，处工程合同价款 2%以上 4%以下的罚款；造成建设工程质量不符合规定的质量标准的，负责返工、修理，并赔偿因此造成的损失；情节严重的，责令停业整顿，降低资质等级或者吊销资质证书。

4. 工程监理单位违法行为应承担的法律责任

《实施工程建设强制性标准监督规定》规定，工程监理单位违反强制性标准规定，将不合格的建设工程以及建筑材料、建筑构配件和设备按照合格签字的，责令改正，处 50 万元以上 100 万元以下的罚款，降低资质等级或者吊销资质证书；有违法所得的，予以没收；造成损失的，承担连带赔偿责任。

5. 相关主体的刑事责任

《建设工程质量管理条例》规定，建设单位、设计单位、施工单位、工程监理单位违反国家规定，降低工程质量标准，造成重大安全事故，构成犯罪的，对直接责任人员依法追究刑事责任。

参 考 文 献

1. 马凤玲. 建设工程法律法规实务 [M]. 徐州：中国矿业大学出版社，2016.

2. 马凤玲. 经济法概论 [M]. 北京：中国建筑工业出版社，2013.

3. 马凤玲，李敏，王德东. 工程建设法规概论 [M]. 2版. 北京：中国建筑工业出版社，2018.

4. 马凤玲，刘晓宏，等. 建设工程安全生产法规及应用 [M]. 北京：中国电力出版社，2016.

5. 隋卫东，马凤玲，等. 建设工程环保节能法规及应用 [M]. 北京：中国电力出版社，2016.

6. 李恒，马凤玲. 工程建设法：法律制度与实务技能 [M]. 3版. 北京：法律出版社，2020.

7. 刘国涛，马凤玲. 知识产权战略学 [M]. 北京：知识产权出版社，2016.

8. 刘国涛，马凤玲，等. 协同创新视域中的工程法学研究 [M]. 北京：知识产权出版社，2019.

9. 何佰洲. 工程建设法规教程 [M]. 北京：中国建筑工业出版社. 2009.

10. 土建学科教学指导委员会. 建设法规教程 [M]. 4版. 北京：中国建筑工业出版社，2018.

11. 朱宏亮，张伟，等. 建设法规教程 [M]. 2版. 北京：中国建筑工业出版社，2019.

12. 何红锋. 招标投标法实施条例条文解读与案例分析 [M]. 北京：中国电力出版社，2015.

13. 何红锋. 工程建设中的合同法与招标投标法 [M]. 3版. 北京：中国计划出版社，2014.

14. 樊永强. 政府采购法律实务与案例精析 [M]. 北京：法律出版社，2018.

15. 朱树英. 工程合同实务问答 [M]. 北京：法律出版社，2007.

16. 朱树英. 建设工程法律实务 [M]. 北京：法律出版社，2001.

17. 朱树英. 工程总承包实务问答 [M]. 北京：法律出版社，2020.

18. 顾永才. 建设法规 [M]. 5版. 北京：科学出版社，2021.

19. 鲁正，等. 建设工程法规 [M]. 北京：机械工业出版社，2018.

20. 隋卫东，等. 城乡规划法 [M]. 济南：山东大学出版社，2009.

21. 耿慧志. 城乡规划管理与法规 [M]. 2版. 北京：中国建筑工业出版社，2019.

22. 何明俊. 城乡规划法学 [M]. 南京：东南大学出版社，2017.

23. 施春风. 中华人民共和国土地管理法解读 [M]. 北京：中国法制出版社，2019.

24. 严金明. 土地法学 [M]. 北京：中国人民大学出版社，2020.

25. 行政法与行政诉讼法学编写组. 行政法与行政诉讼法学 [M]. 2版. 北京：高等教育出版社，2018.

26. 姜明安. 行政法与行政诉讼法 [M]. 7版. 北京：北京大学出版社，2019.

27. 张水波，陈永强. 国际工程总承包EPC交钥匙合同与管理 [M]. 北京：中国电力出版社，2009.

28. 建设工程法规及相关知识编写组成员. 建设工程法规及相关知识：2022年版全国一级建造师执业资格考试用书 [M]. 北京：中国建筑工业出版社，2022.

29. 谭敬慧. 建设工程疑难问题与法律事务 [M]. 北京：法律出版社，2016.

30. 民法学编写组. 民法学 [M]. 2版. 北京：高等教育出版社，2022.

31. 王利明，杨立新. 民法学 [M]. 6版. 北京：高等教育出版社，2020.

32. 郭家汉. 建设工程法律风险防范实务 [M]. 北京：知识产权出版社，2013.

33. 周佑勇. 工程法学 [M]. 2版. 北京：中国人民大学出版社，2017.

34. 最高人民法院民事审判第一庭. 最高人民法院新建设工程施工合同司法解释（一）理解与适用 [M]. 北京：人民法院出版社，2021.

35. 曹文衔，宿辉，曲笑飞. 民法典建设工程合同章条文释解与司法适用 [M]. 北京：法律出版社，2021.